U0454272

湖北省公益学术著作出版专项资金
Hubei Special Funds for Academic and Public-interest Publications

清代海洋活动编年

丛书主编 / 王颖

清代光绪朝前期海洋活动编年

王颖 编

WUHAN UNIVERSITY PRESS
武汉大学出版社

图书在版编目(CIP)数据

清代光绪朝前期海洋活动编年/王颖编.—武汉:武汉大学出版社,2022.5

清代海洋活动编年/王颖主编

湖北省公益学术著作出版专项资金项目

ISBN 978-7-307-21516-0

Ⅰ.清… Ⅱ.王… Ⅲ.海洋—文化史—中国—清代 Ⅳ.①K249.03 ②P7-05

中国版本图书馆 CIP 数据核字(2020)第 083253 号

责任编辑:陈 帆　　责任校对:李孟潇　　版式设计:马 佳

出版发行:**武汉大学出版社**　(430072 武昌 珞珈山)

(电子邮箱:cbs22@ whu.edu.cn 网址:www.wdp. com.cn)

印刷:武汉精一佳印刷有限公司

开本:720×1000 1/16　印张:44　字数:912 千字　插页:2

版次:2022 年 5 月第 1 版　2022 年 5 月第 1 次印刷

ISBN 978-7-307-21516-0　定价:218.00 元

总　序

作为一门新兴的学科，海洋史的概念一直较为模糊，在实践中也颇为混乱。一般情况下，我们所关注的是它的空间地域分界，而事实上对这一课题产生深远影响的还有时间范畴，以一个具体的地理标准，比如与海岸线的距离来圈定研究对象，不仅是一件极其困难的事情，同时也是非常危险的事情。我们站在一个全新的文明一步步崛起的历程中，同时也站在一个旧时代或旧观念逐渐受到冲击直至被突破的过程中。因此，大凡与海洋文明逐渐兴起这一历史进程产生关联的事件，无论是否发生在海滨，都会被纳入我们的视野。与此相适应，即使是发生在海滨的一些重要历史现象，由于只是内陆文明或旧观念的一种惯常性的延续，也可能被我们所忽视。

这种新文明的萌芽或旧观念的突破，在我们看来，大致表现在两个方面：一是对海洋的兴趣的发生，包括探索、征服与抗争等诸多方面；一是以海洋为渠道进入中土的外来文化所引起的摩擦与磨合。简而言之，我们更倾向把事件的性质而非事件发生的区域作为更为重要的条件，这是我们无意于对沿海地区、海岸地区与海洋区域作出严格区分的主要原因，次要的原因则在于这种区分可能会带来很多无法掌控的变数，使我们很难做到一以贯之。

在事件的选择上，惯常性也是一个非常重要的标准。在某些历史阶段，一些看起来似乎极其偶然的、零散的事件，因其所潜藏的新的转机自然会受到特别的关注，而在相关事件发生较为频繁的历史场合，波及范围的大小就成为筛选的重要因素。总之，我们所认定的“大事件”标准是动态的，是立足其成长性的。具体而言，在清前期与中期，一些在其他场合显得无足轻重的历史现象也可能被视为“大事件”，而在清晚期，对于大事件的限定就较为严苛，必须是重大而影响深远的历史事件。

因此，书中大量出现的以下现象不应该让我们感叹惊奇：新闻报纸的创办、研究学会的成立、新式学校的创建、内地矿山的开发、现代机器的引入、重要铁路的铺设、现代股票与银行的出现，甚至包括博彩业的兴起，这些看似与海洋生活没有直接关联的事件都一一被我们罗列出来。因为在我们看来，它们主要是“漂洋过海”而来，其所体现的不仅是来源渠道的不同，更主要的是展现了新的社会精神面貌。

对于一些具体案例而言，这样的处理违背了一致性原则——大多数读者已经养成了由始至终的阅读习惯，自觉不自觉会有一种阅读期待——但这终究与我们的体例不合。我们务必要强调的是，综合型的类书并非专门史的蓄积。我们所期待的，是永远屹立在浪头之上，和它一起奔向前方而忽略身后振耳的喧嚣声。至于沿海水师甚至内河水师的沿革变迁，以及船厂船坞的建设、外来船舶的购入，我们则自始至终保持了足够的重视——这些国人最直接探索海洋的活动，它们的意义到目前为止还没有得到充分的肯定。

最后要说明的是，本书的惯常性不仅体现在事件的选择上，更体现在视野的选择上，而后者尤其值得关注，这也正是我们一直把《清实录》作为建构编年核心的原因所在。随着清史研究的深入，众多尘封的细节被人们一一挖掘出来，毫无疑问，新近出现的研究成果应该会更接近历史真相，但我们叙述时依然围绕《清实录》来进行，这是因为我们需要一个一以贯之的视角。细节固然重要，但只有被纳入朝廷视野并为官方所评论的事件才更具有里程碑的意义。

凡　例

一、是书以清朝年号纪元，农历纪事，注明干支与公元，按照年、月、日的时间顺序排列清朝二百六十八年发生之事件，上起顺治元年(1644年)清军入关，下迄宣统三年(1911年)清帝退位。同一日发生之事件，集中到同一条目之下。

二、是书以海洋为线索，凡发生在清代海疆之政治、军事、文化、社会、外交以及自然灾害等重要事件，都尽可能加以罗列。

三、是书尽力考索事件发生之具体时日，凡无法质证时日者，概以“是月”“是春”或“是年”等形式加以提示。

四、持续多日或数月之事件，一般罗列于上奏或朱批之日，再追溯其前因后果。同一事件只在同一处完整叙述，不分列于多处重复表述。

五、是书采信之文献，一般以清代官书《清实录》为主，同时有选择地利用方志、谱牒、稗史、笔记小说、文集、报刊以及人物传记等资料，包括外国政府相关历史文件，以及今人研究成果。

六、是书采用文献史料时，均注明其具体出处以备考核。凡加引号者，除斟酌给予标点外，一律属直接引用，保留原貌，包括具有时代特色鲜明的特殊用语如“谕”“朕”“奴才”等。不加引号而自行概述者，亦尽可能说明出处。凡不加注释者，一般出自《清实录》，其具体卷数可见上下则条目。

七、与海洋无关但对清朝影响甚大的重要事件，也简单加以注明，如清朝历代帝王的更替等。清朝历代帝王，以年号相称。

目　　录

光绪元年　乙亥　公元 1875 年

春正月初二日庚子（2 月 7 日）

赏朝鲜正副使臣李会正等漳绒蟒缎有差。①

初七日乙巳（2 月 12 日）

闽浙总督李鹤年奏，天气严寒，省标官兵，请缓至来年合操报闻。

初九日丁未（2 月 14 日）

礼部奏，令朝鲜使臣随班行礼报闻。

初十日戊申（2 月 15 日）

沈葆桢等奏，台湾后山亟须耕垦，请开旧禁一折。福建台湾全岛自隶版图以来因后山各番社习俗异宜。曾禁内地民人渡台及私入番境，以杜滋生事端。现经沈葆桢等将后山地面设法开辟，旷土亟须招垦，一切规制自宜因时变通，所有从前不准内地民人渡台各例禁，清廷着悉与开除。

沈葆桢等奏请饬建祠，以祀嘉义县阵亡文武员弁潘恭赞等，并附祀阵亡义民。②

沈葆桢奏请在台湾府中建立郑成功专祠。③

---

① 《清实录·德宗景皇帝实录》卷三。

② 《清实录·德宗景皇帝实录》卷三。

③ 吴元炳辑：《沈文肃公政书》卷五《请建延平王祠折》，台北文海出版社 1967 年影印，第 24～25 页。

十二日庚戌(2月17日)

沈葆桢等奏，履勘台湾琅峤形势，拟于车城南猴洞地方，建设县治，名曰恒春，先设知县一员以资治理。

十五日癸丑(2月20日)

广东巡抚张兆栋奏，广东诱拐出洋匪犯渐少。

十六日甲寅(2月21日)

马嘉理被杀。上年六月，英国驻华公司威妥玛派翻译官马嘉理，前往云南迎接英印政府由缅甸而来的探路队。在缅甸会合后，马嘉理在先行返回途中，被杀于永昌府辖盏达副宣抚司属蛮允地方。

二十日戊午(2月25日)

浙江巡抚杨昌濬奏，歼除洋盗出力各员，请予奖励。得旨：准其择尤保奖，毋许冒滥。①

廿三日辛酉(2月28日)

总理各国事务衙门奏，闽省电线，购回自办，请饬沈葆桢会同李鸿章等妥筹办理，从之。

廿六日甲子(3月3日)

浙江巡抚杨昌濬奏，筹修浙江自仁和等县境内至江苏交界一带桥梁塘路，以速邮传。②

廿八日丙寅(3月5日)

以办学期满，著有成效，予广东同文馆提调协领王镇雄优叙。

---

① 《清实录·德宗景皇帝实录》卷三。

② 《清实录·德宗景皇帝实录》卷三。

廿九日丁卯(3 月 6 日)

总理各国事务衙门奏筹办海防事宜，并丁日昌条陈海洋水师章程。①

二月初三日辛未(3 月 10 日)

成都将军魁玉等奏，法国赫捷德赴川，派委前贵东道多文会同办理教案。

初十日戊寅(3 月 17 日)

上年十二月间，边匪窜至凤凰城属界北井子一带盘踞。本年正月，复有韩把头匪股窜至龙王庙，亦向北井子盘踞抢掠。清廷着都兴阿等饬令派出之协领德印等督率队伍，驰往凤凰城会同该城守尉等剿办，悉数歼除。②

十二日庚辰(3 月 19 日)

英国使臣威妥玛照会总理衙门，就马嘉理被杀之事，提出：一、中国须派专人前往腾越调查，英使馆及印度当局派员参与；二、英印政府如认为必要，可再次派探测队前往云南考察；三、中国赔偿银十五万两；四、中英应立即商定落实咸丰八年《天津条约》第四款所规定之外国公使优待办法；五、两国商定办法，依约免除英商于正税及子口半税之外的各种负担；六、解决各地历年未结之教案。③

十四日壬午(3 月 21 日)

蠲缓海州续被海啸之板浦新坝及大伊河东之大南、大北、大牛等庄应征新旧钱漕有差。

十八日丙戌(3 月 25 日)

颁赏琉球国入贡使臣毛精长等缎匹，及该国王缎匹文绮如例。④

---

① 《清实录·德宗景皇帝实录》卷三。

② 《清实录·德宗景皇帝实录》卷四。

③ 丁名楠等：《帝国主义侵华史》第一卷，人民出版社 1961 年版，第 241~242 页。

④ 《清实录·德宗景皇帝实录》卷四。

廿五日癸巳(4月1日)

现在江省筹办海防，修筑炮台，购买枪炮等件，需款甚急，清廷着李瀚章、翁同爵、王文韶即将前次奉拨欠解银两扫数筹解，以应要需。①

廿七日乙未(4月3日)

礼亲王世铎等奏报遵旨会议海防事宜。海防一事诚为今日不可再缓之举，练兵、简器、造船、筹饷、用人、持久系办防至计。此外，李鸿章等所议遣使驻扎日本及泰西各国均属可行，应请饬下总理衙门酌度情形，奏明办理。②

三月初二日己亥(4月7日)

江苏巡抚吴元炳奏，琉球国遣使入贡。

初三日庚子(4月8日)

台湾狮头社生番，戕害刺桐脚庄民，戕勇伤官，现复结党，在刺桐脚沿海一带伏路伺杀，道路为之不通。清廷着沈葆桢、文煜等饬令唐定奎妥为调度，督饬各营审慎进剿。③

初八日乙巳(4月13日)

福州将军文煜奏，琉球国贡船货物，按例免税。报闻。

十二日己酉(4月17日)

两江总督刘坤一等奏，江北漕粮由海运解通，并酌议章程十二条。下部

① 《清实录·德宗景皇帝实录》卷四。

② 中国史学会主编：《洋务运动》，《中国近代史资料丛刊》第1册，上海人民出版社1961年版，第118~120页。

③ 《清实录·德宗景皇帝实录》卷五。

知之。①

十五日壬子(4 月 20 日)

以河神灵应，加山东金龙四大王封号曰“锡祜”。②

廿一日戊午(4 月 26 日)

英使威妥玛赴总理各国事务衙门，议办英国翻译官马嘉理在云南边境被戕一案。

以台防出力，赏给洋匠博郎提督衔、哥嘉游击衔、都布阿三等宝星。③

廿八日乙丑(5 月 3 日)

左宗棠奏，海防塞防实在情形，若此时即拟停兵节饷，于海防未必有益，于边塞大有所妨，清廷命其以钦差大臣督办新疆军务。④

是月

北洋大臣李鸿章与税务司赫德议定，在英国阿摩士庄船厂，订购炮艇四艘。

夏四月初二日戊辰(5 月 6 日)

总理各国事务衙门奏，四川夔关扣留外国货船索赔一案，请旨办理。⑤

初六日壬申(5 月 10 日)

岑毓英奏，英国翻译官马嘉理被戕一案，现委大员带兵查办一折。

① 《清实录·德宗景皇帝实录》卷五。
② 《清实录·德宗景皇帝实录》卷五。
③ 《清实录·德宗景皇帝实录》卷六。
④ 《清实录·德宗景皇帝实录》卷六。
⑤ 《清实录·德宗景皇帝实录》卷七。

初十日丙子(5月14日)

浙江巡抚杨昌濬奏，运漕轮船沉失，溺毙委员石师铸等，请恤。①

十二日戊寅(5月16日)

山东巡抚丁宝桢奏，筹办东省海防，拟派总兵陈择辅，由轮船驰赴广东，雇觅制造军火之精巧工匠，并由粤出洋购买机器，由外洋选觅洋匠。②

丁宝桢代奏，候补同知直隶州知州薛福成条陈治平六策、海防密议十条，其中有制器造船、筹饷开矿、练水师、购铁甲及保商整税、择交储才等。③

十三日己卯(5月17日)

以神灵显应，敕加福建、台湾海神封号曰“敷仁”。

沈葆桢等奏，台湾南路剿番及北路、中路开山情形各一折。

督办船政大臣沈葆桢奏，派艺童随同日意格出洋游历，允之。

十五日辛巳(5月19日)

装载浙江海盐等县粮米七千二百七十石、木料货物八百四十九件的海运轮船“福星”号，由沪赴津。二月二十八日，行至撩木洋地面，因海洋大雾，被英国怡和洋行货轮船“澳顺”号撞沉，计淹毙六十五人，货物全部沉失。清廷责令赔偿，着李鸿章、刘坤一督饬道员冯焌光照会英国刑司领事官，迅将此案按照条约办理。

直隶总督李鸿章奏，请缓长芦本届正课奏销，以恤商艰。允之。又奏，请以主事区谔良会同原委容闳，驻美经理肄业幼童。从之。④

十八日甲申(5月22日)

山东匪首高希田及其伙党，逃匿长山岛、海阳岛一带，经丁宝桢派令游击李扬

---

① 《清实录·德宗景皇帝实录》卷七。

② 《清实录·德宗景皇帝实录》卷七。

③ 薛福成：《应诏陈言》，《庸庵文编》卷一，光绪十三年(1887)刻本。

④ 《清实录·德宗景皇帝实录》卷七。

威等，管带师船，驰往会剿该游击分布兵勇，将该处匪巢全行焚毁，生擒及歼毙贼匪多名。惟逆首高希田已由岛后掠船北窜。①

十九日乙酉（5 月 23 日）

御史恭鍹奏，粤海关税务，皆系家丁办理，至有总办名目，渔利营私诸多影射，请饬委员襄办。

云南巡抚岑毓英奏，请饬阻止印度大臣派员来滇。从之。

廿六日壬辰（5 月 30 日）

总理各国事务衙门奏，遵议筹办海防各事宜。清廷批示，南北洋地面过宽，界连数省，必须分段督办。派李鸿章督办北洋海防事宜，派沈葆桢督办南洋海防事宜。

崇实奏，近日防剿情形，请将出力阵亡各员恩准奖恤，并请饬严禁民间私卖洋枪炮械。清廷着总理各国事务衙门，即行分咨直隶、山东各海口及沿海省分，严密稽查，一概不准民间私相贩卖。如有故违，即着严拿惩办。

是月，崇实奏，请饬催欠解银两，并恳添筹拨一折。奉省挑选练兵饷项，经户部奏拨山东、江西地丁，及江苏厘金、江海关六成洋税各项下，共银十二万两，仅据山东、江西、江海关各解到银一万两，江苏报解银二万两，其余尚欠解银七万两。清廷着丁宝桢、吴元炳、刘秉璋迅将欠解饷银，扫数筹解，并着户部添筹饷银十万两，即于附近省分或沿海地方指拨，以裕兵食。

以前江西巡抚沈葆桢为两江总督，兼充办理通商事务大臣。②

五月初一日丁酉（6 月 4 日）

福州船政局所造“元凯”号轮船下水，为该局所造同类轮船之第十六艘。③

初二日戊戌（6 月 5 日）

前据英翰文铦奏，按季加买足金，可否暂停交纳等语。清廷批复：所有粤海关

---

① 《清实录·德宗景皇帝实录》卷八。

② 《清实录·德宗景皇帝实录》卷八。

③ 刘传标：《近代中国船政大事编年与资料选编》第 1 册，九州出版社 2011 年版，第 175 页。

按季加买足金五百两，嗣后着毋庸呈进。①

初三日己亥(6月6日)

署盛京将军崇实等奏，锦州地面辽阔，请仿照金州添设洋枪队，以操为防。允之。

十一日丁未(6月14日)

刘长佑奏，防剿越南逆匪，现在筹办情形等语。越南逆匪黄崇英，闻有粤军进剿之信，派人赴河内乞援。法人初许发兵，后复中止。彼族居心叵测，亟宜严密防维。清廷着刘长佑饬令各统领随时确探，密为设防，毋稍大意。

沈葆桢等奏，南路剿番，攻克各社情形一折。南路竹坑等番社，经提督唐定奎等督军深入捣巢攻险，将竹坑、本武并内外狮头等社，先后剿克，余番逃窜。现在分兵进扎，择要扼守。所有台湾开山抚番事宜，是否仍须亲为督率，抑奏派大员经理，清廷着该督迅速酌度具奏。

以台湾管带轮船，悉心教练，赏洋员美德兰等三等宝星。②

十二日戊申(6月15日)

直隶通永道英良，浙江嘉兴府知府许瑶光，清廷着李鸿章、杨昌濬悉心察看，如意不能胜任，即行据实参奏，毋稍迁就。

十三日己酉(6月16日)

山东巡抚丁宝桢奏，请将东省登荣水师津贴，与外委以下应领饷项米折等银，统以改设营，一律免扣二成；又请饬部另颁统领登州、荣成水师两营副将流传敕书一道。均允之。③

十四日庚戌(6月17日)

总理各国事务衙门奏，请饬南北洋大臣与沿海督抚，声明外国军火，只准官

① 《清实录·德宗景皇帝实录》卷九。
② 《清实录·德宗景皇帝实录》卷九。
③ 《清实录·德宗景皇帝实录》卷九。

买，随时由海关稽查；又保举主事陈兰彬等九员，堪备遴选出使。均从之。①

十六日壬子(6 月 19 日)

本日有旨派李瀚章前往云南查办马嘉理被戕一案。②

十七日癸丑(6 月 20 日)

岑毓英奏，马嘉理被戕一案，尚无结论。岑毓英又奏，请饬各省关筹解拨饷，并催四川欠饷等语。滇省现在筹办边防，设立练军需饷孔亟，所有浙江、福建并镇江东海两关，奉拨滇省本年兵饷银，共六十四万二千七百余两，及浙江奉拨丙子年春季兵饷二十万两，清廷着李鹤年等督饬藩运各司，及各关监督迅速筹解。③

十八日甲寅(6 月 21 日)

崇实奏，派军分路进剿，并饬轮船堵截海口一折。奉天贼匪于大东沟沙河子，分筑两围。现经崇实派令陈济清等，分路进攻，其叆阳边门等处，复派左宝贵等，择要扼扎。

廿二日戊午(6 月 25 日)

福建巡抚王凯泰奏，巡抚移扎台湾，奉准部议，拟请先驰赴台湾，履勘情形，会同妥筹。

户部奏，粤海关办买内务府按季足金一千两，办解造办处按季足金一千两。此项金价银两向由该关四成洋税项下动用。现在洋税支绌，该关应解该二处金两，可否量为酌减，抑或暂行停解。下所司议寻议，现当海关税务支绌之际，势难兼顾，自系实在情形。拟请将此项金两，量为酌减每季由粤海关办买足金一千两，分解内务府及造办处各五百两，以备应用。从之。④

① 《清实录·德宗景皇帝实录》卷九。
② 《清实录·德宗景皇帝实录》卷一〇。
③ 《清实录·德宗景皇帝实录》卷一〇。
④ 《清实录·德宗景皇帝实录》卷一〇。

廿五日辛酉(6月28日)

两广总督英翰奏，查看海防情形及现在应办事宜。又奏，防务紧要，拟借洋款二百万两均下所司议。寻议：海防经费请于江苏等省厘金项下提拨，拟借洋款，应毋庸议，从之。又奏，调道员裕庚等赴粤差委，从之。①

六月初五日庚午(7月7日)

奉省大东沟贼匪，经崇实派军剿办，擒斩匪首高希田、宋三好等多名。②

初九日甲戌(7月11日)

崇实奏，请饬催山东欠解饷银等语。前经户部奏准，由山东应征地丁项下拨给奉省饷银二万两，仅解到一万一千两。现在奉省调兵助剿，支应浩繁，待饷孔殷。清廷着丁宝桢将欠解饷银九千两迅速解赴奉省，以济急需。

直隶总督李鸿章奏，调阅德国雅里阿特兵船，执礼甚恭，技艺娴熟，请赏给该国总兵等官宝星，以示联络。从之。

拨直隶开花炮六尊，火药七千磅，并枪械全件，解赴奉天军营。③

初十日乙亥(7月12日)

总理衙门遵旨筹拨南北洋海防经费，拟自本年七月始，每年由洋税、厘金两项拨银约计四百万两。④

十二日丁丑(7月14日)

刘长佑奏，越南国王因奉到穆宗毅皇帝遗诏，拟遣使恭进香礼，又赍递表文方物，庆贺登极各折。清廷着该抚即行查照成案，奏明办理。

① 《清实录·德宗景皇帝实录》卷一〇。

② 《清实录·德宗景皇帝实录》卷一一。

③ 《清实录·德宗景皇帝实录》卷一一。

④ 中国史学会主编：《洋务运动》，《中国近代史资料丛刊》第1册，上海人民出版社1961年版，第162~164页。

岑毓英奏，查明马嘉理被戕情形，暨阻止威妥玛带兵入滇各折片。据称马嘉理被戕一案，查系野人杀害，现在严拿此案凶犯务获，听候英国观审之员到滇，讯明惩办。①

十三日戊寅(7 月 15 日)

李鸿章奏，秘鲁使臣到津，请简派大员，互换条约，并请派丁日昌商办各折片。秘鲁国通商和约，并查办华工专条，上年经李鸿章与该国使臣议定，公同画押。现在秘鲁使臣爱勒谟尔来津换约，清廷着照李鸿章所请，即派丁日昌将上年所立条约，与该使臣互换，仍着李鸿章将应办一切事宜，随时筹画，以期悉臻妥协。华工在秘鲁各处山寮，受其陵虐，必须妥议办法。李鸿章拟于前定查办专条互换时，再由换约大臣给与照会，令将以前虐待华人各情弊，严为禁革之处，即着照所拟办理。各国事务衙门知照内阁，将秘鲁汉洋字合订条约及专条一分，请用御宝，迅速发交丁日昌，祇领遵办，本日谕旨一道，一并发往。如该使臣索看凭据，着丁日昌另行恭录，给与阅看，俟换约事毕，此旨仍缴还军机处备查。②

沈葆桢等奏，台南番社输诚并北路中路抚番情形，拿获嘉义县滋事匪徒。官军攻克狮头等社后，附近各社番目到营乞抚，经提督唐定奎示以条约，均尚输服。清廷即着督饬该提督，将应办各事，次第妥筹，务令怀德畏威，以为一劳永逸之计。沈葆桢已谕令来京陛见，所有台湾开山抚番事宜，清廷着王凯泰督率夏献纶等，实心办理。沈葆桢着俟与王凯泰妥筹具奏后，再行内渡，将船政事宜，妥为交代，即日启程北上。福建内地并台湾所属各县及各番社，着详细绘图呈览并着将各种番族形状，另行详绘成帙，一并呈进。

现月，以船政告成，予道员夏献纶等优叙，主事陈宗谦等升叙加衔有差。③

十六日辛巳(7 月 18 日)

准前护江苏巡抚、苏州布政使刘郇膏，在上海建立专祠。从署两江总督刘坤一等请也。

---

① 《清实录·德宗景皇帝实录》卷一一。

② 《清实录·德宗景皇帝实录》卷一一；王彦威：《清季外交史料》卷二，书目文献出版社 1987 年版，第 8~10 页；陈翰笙：《华工出国史料汇编》第一辑，中华书局 1984 年版，第 1015~1016 页。

③ 《清实录·德宗景皇帝实录》卷一一。

廿二日丁亥(7月24日)

琉球国副使蔡呈祚回国，在途病故，赐恤如例。①

廿七日壬辰(7月29日)

礼部奏，朝鲜国拨舟济军，请加恩施。得旨：着该部详查成案，应如何仿照办理，奏明请旨，寻奏，援照成案。拟赏蟒缎、妆缎、倭缎、锦缎、闪缎、表缎等件，从之。②

秋七月初一日乙未(8月1日)

江南制造局所建“驭远”号轮船，完工成军，归南洋水师，首任管带蒋超英。③

初三日丁酉(8月3日)

英使威妥玛在天津与李鸿章商谈马嘉理一案。④

初六日庚子(8月6日)

总理各国事务衙门奏，马嘉理被戕一案，现接英国使臣照会，与岑毓英折内语有关涉一折。前据岑毓英奏称，腾越并无副将李姓，仅有卸署腾越镇之候补参将李珍国。此次威妥玛给与该衙门照会，复称李姓亲抵缅甸，赍送诏书等情。清廷着李瀚章即将全案查讯明确，务获正凶。⑤

初八日壬寅(8月8日)

英使威妥玛派使馆汉文正使(翻译参赞)梅辉立来见李鸿章，传达其愿在天津

---

① 《清实录·德宗景皇帝实录》卷一二。

② 《清实录·德宗景皇帝实录》卷一二。

③ 刘传标：《近代中国船政大事编年与资料选编》第1册，九州出版社2011年版，第178页。

④ 王彦威：《清季外交史料》卷二，书目文献出版社1987年版，第21页。

⑤ 《清实录·德宗景皇帝实录》卷一三。

商议滇案，并提出以下六条：一、中国须派钦差大臣去英国说明滇案，所派大臣应为一二品大员；二、遣派使臣必须明发上谕，使中外共知；三、明发谕旨，将云南地方相关责任人进行议处；四、所派使臣赴英时请由印度都城经过，与其总督会晤，说明滇事；五、滇缅交界道路须任英人通行，并由中国使臣与英领印度妥商边界贸易章程；六、各国驻京公使除与总署商议交涉事情外，还请准与各部院大臣交往应酬。①

初九日癸卯(8 月 9 日)

工部奏，请饬催生息银两一折。山东运司历年欠解工部生息银四万七千余两，清廷着丁宝桢严饬该运司，将历年欠解生息银两，务于本年八月内照数解交。②

初十日甲辰(8 月 10 日)

户部奏，请饬催各省关欠解京饷一折。本年京饷，经户部奏拨并续拨银八百万两，均限五月前解到一半，年终一律解清。兹据该部查明，截至六月十六日止，除已经解到，报解起程划拨等款外，尚有山西地丁银七十五万两、山东地丁银十九万两、浙江地丁银十万两、湖北地丁银十七万两、湖南地丁银三万两、河南地丁银十五万两、安徽地丁银十万两、江西地丁银十万两、长芦盐课加价银三十万两、两淮盐课盐厘银三十五万两、两浙盐课盐厘银八万两、河东加课羡余银五万两、广东盐课帑息银十六万两、山东盐课加价银十三万两、福建盐课银五万两、湖北盐厘银六万两、湖南盐厘银三万两、四川盐厘津贴银二十二万两、福建茶税税厘银二十八万两、粤海关税余银七万两、闽海关洋税银二十八万两、九江关洋税银三十二万八千余两、浙海关常洋两税银二十六万两、江海关洋税银十八万五千余两、江汉关洋税银十四万两、天津关常洋两税银十三万五千余两、赣关税银五万两、江西厘金银二万两、江苏厘金银五万两、浙江厘金银五万两、广东厘金银五万两、湖北厘金银二万两，共未解银四百九十三万九千余两。

军机大臣等奏，遵议东三省饷需一折。东三省为根本重地，现当整饬戎行之际，自明年为始，每年由部拨银七十万两，作为东三省的饷。清廷批示，东三省自此次添给饷需后，该署将军等，务当共体时艰，撙节支放，实用实销，毋任稍有浮冒，以资饱腾，仍着体察情形，妥为筹画，将各城应征租课暨海口船规等项，力求

① 李鸿章：《述威使要求六事》，《李文忠公全集·译署函稿》卷三，上海商务印书馆 1921 年影印，第 33~35 页。

② 《清实录·德宗景皇帝实录》卷一三。

整顿，俾输将起色，则备豫有资，勿徒恃岁增俸饷以为长策。

李鸿章、丁日昌奏，秘鲁国换约事竣，将添议照会照覆各稿，钞录呈览，并请派使臣保护华工，暨请严禁拐骗各折片。清廷密谕：秘鲁换约事宜，业经李鸿章等与秘鲁使臣订定，将用宝条约专条。其余洋文条约专条，暂存天津海关道署，俟秘鲁国将汉文条约专条送到，即由津海关道与秘鲁使臣补换，毋庸再派换约大臣，办理甚为周妥。惟换约事宜，中国总以汉文为凭，着李鸿章、丁日昌俟将原订汉文条约专条送到，再行刊刻通行，以期周密。保护华工一节，亦已加立照会，复将除弊各层，明白指出，自宜派员前往秘鲁国，按照条约等件，凡遇可为华工保护除弊之处，随时议立章程。着总理各国事务衙门，会同李鸿章、沈葆桢、刘坤一，妥为筹议，奏明办理。澳门等处向设有招工局，拐骗华人，实堪痛恨，现在澳门之大西洋官，虽有停止招工之信，然暗中招雇，仍难保其必无。其次，如汕头、厦门及闽粤二省不通商口岸，往往有夹板轮船，私自贩买，亟宜设法严禁，以杜奸谋。着英翰、张兆栋、李鹤年、王凯泰，督同官绅，按照条约，妥拟杜弊章程，奏明实力照办，不得稍涉含糊。至总税务司及闽粤各口税务司，久悉诱拐确情，并着总理各国事务衙门，饬行总税务司，由闽粤各口税务司一并妥议稽查之法，详悉具奏。如各口稽查严密，著有成效，准由南北洋大臣奏明请奖。①

十四日戊申(8月14日)

沈葆桢等奏，台北拟建府厅县治，并船政需费，请拨四成洋税各折。清廷批复，台北开煤一节，现经委员何恩绮等亲往履勘，惟鸡笼附近之老寮坑等处，堪以开采，并须雇用洋工、制器开凿。着照所请，俟该委员带同洋人翟萨，到郡详询情形，明定章程，核实开办，务须派员妥为经理。即有需用洋人之处，仍当权自我操，勿任彼族搀越。台南番族，据奏业已就抚，现将淮军陆续凯撤内渡，另调各营，填扎刺桐脚、琅峤等处，办理尚为妥协。惟现因云南边境有戕害英国翻译官马嘉理一案，南洋防务甚关紧要，前谕沈葆桢俟该处应办事宜妥筹具奏后，再行内渡。现在台郡事宜渐次就绪，着将善后诸务与王凯泰妥为筹商，即交该抚接办，即行前赴新任，筹办海防，毋庸来京陛见。②

十六日庚戌(8月16日)

闽浙总督李鹤年奏，闽省设立电线为难情形，谨陈买回自办大略。下部知之。

---

① 《清实录·德宗景皇帝实录》卷一三。

② 《清实录·德宗景皇帝实录》卷一三。

廿一日乙卯(8 月 21 日)

崇实请将山海关道征存四成洋税银两，尽数截留充饷之处。

总理各国事务衙门、户部奏，闽厂船政经费，前经奏明自同治五年十二月起，准于闽海关税六成项下，每月拨银五万两充用。兹据该大臣沈葆桢，沥陈闽海关拮据情形，所欠船政经费六十万两，恳将闽海关洋税四成项下匀拨。此因船政为海防一大端，从权议准。自本年七月以前解部库款，准令拨抵。七月以后，续征四成洋税，解还部库，以清界限。嗣后船政经费，仍遵定章，由闽海关六成项下、每月拨银五万两，以符定章，不得提用海防经费。得旨允行。①

廿二日丙辰(8 月 22 日)

署盛京将军崇实奏，山海关地界辽阔，哨探巡查，必不可少。同治六年，前任副都统长善，奏请派弁巡逻，日久废弛裁撤，请仍照旧章变通办理，不必限定人数，只期事专责成。从之。

廿五日己未(8 月 25 日)

内务府奏，差务紧要，请饬催解欠款一折。直隶长芦盐政及山东欠解内务府帑利生息银两，为数甚巨，报解寥寥。现在该衙门备办要差，需款孔急。清廷着直隶总督、山东巡抚，将历年拖欠内务府帑利银两，无论如何设法，各先行筹解银二十万两，务于八月内解交该衙门应用。嗣后务须年清年款，不得稍有拖欠，以济要需。②

廿八日壬戌(8 月 28 日)

沈葆桢等奏，会筹全台大局，并巡抚兼顾省、台情形一折。据称抚番开山，实为豫筹防海地步，不但关系台湾安危，并关系南北全局。现在台地南北路径渐通，所有应办各事宜，必须妥为区画，为一劳永逸之计。据奏，巡抚宜兼顾省、台，若另设一省，且恐诸多窒碍。

总理各国事务衙门奏，请饬李瀚章迅速到滇查办事件。英使威妥玛在津，与李

---

① 《清实录·德宗景皇帝实录》卷一四。

② 《清实录·德宗景皇帝实录》卷一四。

鸿章叠次晤面，该使藉端要挟，语甚迫切，虽迹近恫吓。

两江总督沈葆桢等奏，台湾营伍废弛，拟仿淮楚军营制，以五百人为一营，将南、淡、嘉义三营调至府城，合府城三营、安平三营为一支，专顾台、凤、嘉三县；其北路两营，合鹿港一营为一支，专顾彰化一带；艋舺、沪尾、噶玛兰三营为一支，专顾淡、兰一带。①

命福建按察使郭嵩焘，开缺以侍郎候补。命候补侍郎郭嵩焘、直隶候补道许钤身为出使英国钦差大臣，许钤身并赏给二品顶戴。郭嵩焘正式赴任是在明年滇案结束以后，时一片哗然，副使改为刘锡鸿。②

八月初一日乙丑(8月31日)

刘长佑奏，遵查越南国王遣使进香赍表庆贺成案，请旨办理一折。清廷批示：越南国王阮福时，以接奉遗诏，欲遣使远来进香，自系出于至诚。惟是穆宗毅皇帝梓宫，谨已择期于本年九月内奉移山陵，该国王遣使进香，计到京时已不及恭荐。且该国现在剿办各股匪，尚未葳事。着刘长佑即行知该国王，不必遣使远来进香。其庆贺登极方物，亦毋庸呈进，以示怀柔藩服至意。

以记名提督唐定奎为直隶正定镇总兵官。③

初二日丙寅(9月1日)

张兆栋奏，因随员人等招摇滋事，请将两广总督英翰着交部议处，开缺来京，听候部议。寻议：英翰、裕庚、文星瑞、陈澍霖，均应即行革职。从之。

以江西巡抚刘坤一为两广总督。未到任以前，以广东巡抚张兆栋暂行兼署。

初四日戊辰(9月3日)

浙江巡抚杨昌濬奏，杭州府属东塘念汛，东头泰字号起，至碣字号止，间段建复鱼鳞石塘一百四十六丈五尺，拆修鱼鳞石塘三十二丈，一律告成；又拗裂矬陷石塘一百余丈，亦经加高理砌；西头工段较长，现已将聚字号起，至封字号止，及毗连镇汛典字等号，共计建复鱼鳞石塘二百十八丈，先行办竣。又奏，勘估东塘念汛大口门石塘工程，自经字号起，至宗字号止，共长一千八百六十丈，分别拆修建

① 《清实录·德宗景皇帝实录》卷一四。

② 《郭嵩焘奏稿》，岳麓书社1983年版，第387页。

③ 《清实录·德宗景皇帝实录》卷一五。

复，均在柴坝后面兴筑；并拟于策字号起，至州字号止，塘外一律添筑柴坝，共约估银八十九万一千一百余两，请于塘工经费项下动支给办。又奏，东、中、西三防坍损石塘坦埽。同治六年，奏明每年拟拨银八十余万两，今已将三防石工一律估报，连历年办竣坦埽盘头等工，共估用银五百九十余万两，加以未办各工计算，较之当时拟拨数目，可少用一百六十万两。均报闻。①

初五日己巳(9 月 4 日)

署两江总督刘坤一奏，照案挑练新兵各营。江南提标各营内挑兵二百五十名，另行募补二百五十名，立为提标新兵副营，驻扎松江府城内；狼山镇标陆汛兵丁内挑兵三百名，驻扎通州城内；福山镇标陆汛兵丁内挑兵四百名，驻扎福山口。报闻。

初八日壬申(9 月 7 日)

李鸿章奏，英国翻译官马嘉理被戕一案，现与英国使臣威妥玛会商情形一折。据称此案现与威妥玛辩论，威妥玛于谕旨发钞一节，争之尤力，请将简派使臣及责问岑毓英等办理迟延各节，明降谕旨等语。李鸿章另片奏，请饬薛焕赴滇帮办等语。清廷着吴棠传知该前侍郎薛焕，迅速赴滇，帮同李瀚章办理一切，以资得力。②

沈葆桢奏，船政局所造第十七、十八号轮船，正日夜赶工，拟分别命名为“艺新”、“登瀛洲”。③

十四日戊寅(9 月 13 日)

丁宝桢奏，川省采办天坛望镫杆木植，请仍由海运津等语。山东运河，本不宽深，两岸率多湾曲，近因黄水迭次冲漫，南来船只，绕越而行，节节阻浅。若此项木植，仍由运河行走，必致掉运不灵，贻误匪浅。清廷着吴棠仍照直隶总督李鸿章等原议，将此项木植由上海搭船运津，以期迅速。另奏，各国兵船多只，前来烟台停泊等语。清廷着丁宝桢密为防范，并将以后情形，随时

① 《清实录 · 德宗景皇帝实录》卷一五。

② 《清实录 · 德宗景皇帝实录》卷一五。

③ 中国史学会主编：《洋务运动》，《中国近代史资料丛刊》第 5 册，上海人民出版社 1961 年版，第 172 页。

探明具奏。

沈葆桢等奏，淮军各营，业于六七月间内渡，全数凯撤，台湾事宜业交王凯泰接办。总兵宋桂芳已经到台，前往苏澳。清廷指示，两江关系紧要，沈葆桢将船政交代后，迅赴新任，毋庸来京陛见。

福州将军文煜等奏，海神助顺，请于安平海口专建祠宇，并敕加封号。下礼部议。

予积劳瘴故，福建船政绅士分省知县吴鼎燮、台湾稽查路工浙江参将卢为霖、帮办抚番候选县丞莫廷璋，祭葬恤荫。

抚恤琉球国遭风难民如例。①

十六日庚辰(9月15日)

岑毓英奏，马嘉理被戕之案，遵查覆奏一折。参将李珍国，既协同赍送诏书，驰回腾越，即着刘岳昭、岑毓英懔遵前旨，将该员速调来省，以待质证。现在已经拿获凶犯九名，究系何项之人，是何名姓，并是否实在正凶。李瀚章到滇后，着将此案始末根由，确切查明，按律惩办，不准再事迟延，亦不得以岑毓英奏报在先，稍存成见。李珍国及团绅等在省，尤当质证明确。总期情真罪当，足以服远人之心，而不使有所借口。

赏朝鲜国王缎匹如例。②

十七日辛巳(9月16日)

广西巡抚刘长佑奏，请将南宁府厂，自同治三年起，未征越南进关槟榔税银，全数豁免。以后额征税银，暂行停止。均下部议。

十八日壬午(9月17日)

前据御史恭鎧奏，粤海关税务，请饬委员襄办，当谕令英翰等会商具奏。兹据英翰等奏称，查明粤海关大关事宜，均系该监督自行经理，从不假手家丁。在事人等，尚无纵私渔利情事。其大小远近各口，或专用委员，或酌派家丁，系遵乾隆年间奏定章程办理，请仍循照旧章。清廷着照旧办理。③

① 《清实录·德宗景皇帝实录》卷一五。

② 《清实录·德宗景皇帝实录》卷一六。

③ 《清实录·德宗景皇帝实录》卷一六。

江南制造局为南洋水师所建总第七号铁甲炮艇“金瓯”号下水。①

廿五日己丑(9 月 24 日)

兵部奏，议覆候补同知直隶州知州薛福成条陈，所请减存直省绿营兵额，各省情形不同，请饬各督抚通盘筹画，悉心妥议。吉林、黑龙江挑练马队，请饬盛京、吉林、黑龙江各将军归入，侍读杨绍和条奏，东三省官兵一并妥议，具奏；各大吏荐举轮船将才，应请饬下沿海各督抚，于水师人员内，拣选熟悉水性、能胜轮船将才，开单列保，以备擢用。从之。②

廿六日庚寅(9 月 25 日)

沈葆桢奏，请派郭嵩焘督理船政一折。前已有旨，将福建按察使郭嵩焘开缺以侍郎候补，与直隶候补道许钤身，均充出使英国钦差大臣，并令郭嵩焘即行交卸起程北上。沈葆桢此次奏报，自系尚未接奉前旨。所有督理船政事宜，清廷着沈葆桢悉心会商，另行遴选妥员奏请简派。③

廿七日辛卯(9 月 26 日)

清廷指示，所有闽厂船政，着丁日昌认真督办，准其专折奏事。

廿九日癸巳(9 月 28 日)

李瀚章奏，马嘉理被戕之案，遵旨筹办情形一折。此案查办已逾半年，耽延愈久，枝节愈多，现在英国使臣照会，即以杨玉科等所查各节，系属虚诬，并谓马嘉理遇害，及调兵拦击柏郎等情，皆由中国官员所致。

清廷制定宣示谕旨体制，及酌定各部院大臣与各国驻京大臣往来办法。④

---

① 刘传标：《近代中国船政大事编年与资料选编》第 1 册，九州出版社 2011 年版，第 180 页。

② 《清实录 · 德宗景皇帝实录》卷一六。

③ 《清实录 · 德宗景皇帝实录》卷一六。

④ 《清实录 · 德宗景皇帝实录》卷一六。

九月初二日乙未(9月30日)

丁日昌奏，遵旨迅速起程一折。闽厂船政，关系紧要，丁日昌现拟力疾起程，即着懔遵前旨，迅速到闽，毋庸绕赴广东，致稽时日。所有船政事宜，沈葆桢即交李鹤年等暂行兼顾，督率道员吴仲翔一手经理，俟丁日昌到闽后，再行交代。并着沈葆桢即行起程，前赴两江新任，以重职守。

给事中陈彝奏，闽省陆路安设电线，恳请停止。清廷着该衙门议奏。①

初六日己亥(10月4日)

曾国荃奏，请饬催欠解生息银两一折。据称长芦等处应解河工生息银两，截至光绪元年六月底止，两淮欠解银一百八十一万两，长芦欠解银九十五万七千五百八十余两，山东欠解银三十一万七百两。现在河南垫发之款已多，嗣后难于兼顾，请饬分别筹解等语。清廷着李鸿章饬令长芦运司，先行措银十万两；丁宝桢饬令山东运司，先行措银四万两，勒限解至河南。②

初七日庚子(10月5日)

侍郎袁保恒奏，夷务重大，请饬中外臣工共维大局一折。清廷着该衙门议奏。

十一日甲辰(10月9日)

总理各国事务衙门奏，申明各国条约，请饬各省遵照一折。洋人入内地游历，各国条约内均经载明，必须请有执照，盖用中国印信，经过地方，随时呈验放行。傥有不法情事，亦载明就近交领事官办理，沿途只可拘禁，不可陵虐。如非体面有身家之人，概不许给与执照。条约本极明晰，地方官不难分别办理。近有英国翻译官马嘉理，在云南边境被戕一案，其为何人戕害，业派李瀚章驰往查办。嗣后各省督抚，务当通饬所属地方官，细核条约本意。遇有各国执持护照之人入境，必须照约妥为分别办理，以安中外而杜衅端。

崇礼奏，办公需款，请拨银两等语。山海关旗营操防，一切均关紧要，自应量

① 《清实录·德宗景皇帝实录》卷一七。

② 《清实录·德宗景皇帝实录》卷一七。

为筹拨。清廷着李鸿章饬令山海关道，于该衙门税务项下，无论何款，每年筹拨银四百两，自光绪二年起，按年拨交该营，作为长年津贴经费，俾资应用。①

十二日乙巳（10 月 10 日）

署盛京将军崇实奏，私贩外洋枪炮，例无治罪明文，请旨饬议。下所司议。

以剿办岛匪出力，给登州营游击李扬威等奖叙有差。

十三日丙午（10 月 11 日）

延煦、毕道远奏，全漕告竣，请将办运出力员弁奖励一折。本年江浙、江北、湖广海运，暨山东河运，奉天额运漕粮，先后抵通。经延煦、毕道远督率坐粮厅等，验收完竣。②

十六日己酉（10 月 14 日）

第四批留美幼童三十名由上海出洋。同治十年七月，两江总督曾国藩、直隶总督李鸿章联名奏请，选派聪颖幼童赴美学习，每年三十名，共四年。同治十一年七月，首批留美幼童出洋，至此共计一百二十名。

十八日辛亥（10 月 16 日）

沈葆桢奏，船政欠款，请饬闽海关补筹足额，并以后洋税先尽解济一折。福建船厂经费不敷，经户部等衙门奏明，将闽海关四成洋税项下余银四十万两，尽数拨归应用。七月以后，续征四成洋税，提拨四十万两，解还部库。嗣后船政经费，即由闽海关六成项下，每月拨解银五万两，俾资接济。现在闽海关于七月以前，止拨过四成银十五万两。船政刻下需款甚殷，沈葆桢等请提七月以后之四十万两，以十五万两补解部库，以二十五万两交还船政，以符四十万两之数，即着照所议办理。嗣后六成项下，每月应解之五万两，着文煜先尽筹解，毋稍延缓，致误要需。船政与海防相为维系，丁日昌日内计可到闽。沈葆桢将该处一切事宜，交代清楚，即懔遵前旨，速赴两江总督新任。此后船政各事，仍着沈葆桢、文煜、李鹤年、王凯

① 《清实录·德宗景皇帝实录》卷一七。

② 《清实录·德宗景皇帝实录》卷一七。

泰、丁日昌妥为筹画，毋得始勤终惰，致隳前功。①

廿四日丁巳(10月22日)

岑毓英奏，拿获劫杀马嘉理案内凶犯，提省听候审办一折。英国翻译官马嘉理被戕一案，前据岑毓英奏，已获凶犯九名。兹复据奏称，前获之犯，除在监病故之六滥幹、阿用二名外，尚存七名。又经总兵蒋宗汉、督同参将李珍国，带兵在云岩硐山，生擒凶犯尔同巴等八名，并搜获马匹赃物等件。②

廿八日辛酉(10月26日)

沈葆桢等奏，台湾各路现办情形。王凯泰奏，因病请假，请饬督臣代办武闱乡试各折片。清廷批复：台湾各社生番，驯顽不一。现在分路开山，即着分别妥筹办理，将归化者善为拊循，抗拒者加以惩创，俾知怀德畏威，以期一劳永逸。王字番社，性尤凶悍，现令就抚各番，转相劝导。傥竟始终怙恶，着俟开路工竣后，厚集兵力，再筹剿抚。所有招垦裁勇各事宜，沈葆桢等务当随时会商，悉心筹办，毋稍疏懈。③

廿九日壬戌(10月27日)

英翰奏，沥陈粤省情形，并现在应办事宜一折。据称粤东海防练兵，应赶紧办理，并吏治民情，亟宜整顿，及变通理财事宜等语。清廷着刘坤一到任后，将英翰所陈各情，悉心查酌，奏明办理。④

三十日癸亥(10月28日)

刘长佑奏，官军剿除越南股匪，沿途克复各府州县，擒斩首逆一折。此次刘长佑亲赴南宁，指授机宜，督饬左右两军，出关剿办越南股匪，迭将该国各府州县克复，并生擒黄崇英、周建新，及各要逆正法。⑤

---

① 《清实录·德宗景皇帝实录》卷一八。
② 王彦威：《清季外交史料》卷四，书目文献出版社1987年版，第4~5页。
③ 《清实录·德宗景皇帝实录》卷一八。
④ 《清实录·德宗景皇帝实录》卷一八。
⑤ 《清实录·德宗景皇帝实录》卷一八。

冬十月初六日己巳(11 月 3 日)

福州将军文煜奏，琉球国贡船回国，随带货物，请循例免税。报闻。

朝鲜国正使李昇应等三人，在神武门外瞻觐。

初七日庚午(11 月 4 日)

户部奏，请饬各省赶解京饷一折。本年京饷前经户部原拨、续拨，共银八百万两，统限年内解齐。兹据该部查明，截至九月二十日止，除划拨解到、报解起程等款外，尚有山西地丁银五十万两、山东地丁银十四万两、湖北地丁银八万两、河南地丁银十万两、安徽地丁银十万两、江西地丁银十万两、长芦盐课加价银三十万两、两淮盐课盐厘银三十万两、河东加课羡余银五万两、广东盐课帑息银八万两、山东盐课加价银五万两、福建盐课银五万两、湖北盐厘银五万两、四川盐厘津贴银十万两、福建茶税税厘银十七万两、粤海关税赢余银二万两、闽海关洋税银七万两、九江关洋税银十八万六千余两、浙海关常洋两税银二十六万两、江海关洋税银十三万五千余两、江汉关洋税银三万两、天津关常洋两税银十三万五千余两、赣关税银五万两、江西厘金银二万两、江苏厘金银一万两、浙江厘金银二万五千两、广东厘金银二万五千两，共未解银三百十三万余两。

总理各国事务衙门奏，议覆给事中陈彝奏请停止安设闽省陆路电线一折。此次电线系中国自造，与前此设自洋人者不同，民情能否安贴，仍应由闽浙总督李鹤年等，详为体察，妥筹办理，从之。①

初八日辛未(11 月 5 日)

加赏朝鲜国王如意、文锦，朝鲜世子如意、长寿佛、玉器、文具等物。

十一日甲戌(11 月 8 日)

丁宝桢奏，筹办山东海防，并设立机器局制造军火各一折。据称东省海面，应设防之处有三，拟先于烟台地方兴筑炮台，次及威海卫，然后议办登郡，庶缓急有备，不致绌于饷力等语。清廷即着李鸿章、丁宝桢悉心会商，妥筹办理，总期足资捍卫，不致徒糜饷需。该省设立机器局，先造子药，俟造成后，再行制造枪炮。清

① 《清实录・德宗景皇帝实录》卷一九。

廷着该抚督饬委员详细讲求，陆续制办，以资利用，并将经费撙节支销，报部查核。

山东巡抚丁宝桢奏，分拨山东“飞云”轮船，照闽省定章，核明用项。清廷下部核奏。①

十四日丁丑（11 月 11 日）

直隶总督李鸿章奏，山海关短征新增赢余银两，仍请照案拨补。清廷下户部议。

十五日戊寅（11 月 12 日）

崇实等奏，请拨东三省来年俸饷并请饬催欠饷一折。东三省官兵俸饷，前经军机大臣等奏准，自明年为始，每年由部拨银七十万两。其应分拨奉天等省数目，令该署将军等，于请拨时，分别声叙。兹据奏称，现届请拨之期，按照七十万两实数，分拨奉天银二十六万两、吉林银十三万四千六十二两零，并打牲乌拉银三万五千九百三十七两零、黑龙江银二十七万两，清廷即着户部照数筹拨，令各该省赶紧解齐，以便散放明年春饷。②

十六日己卯（11 月 13 日）

杨昌濬奏，浙省沿海南田岛，请旨开禁一折。浙江象山、宁海两县交界之南田岛地方，向系封禁，现在附近居民，因该处土性沃饶，每潜往搭寮开垦，清廷着照所请，即行开禁，听民耕作，并着杨昌濬派员前往查勘，悉心筹办，务臻妥善。所有清丈界址，征收粮赋，以及招来承垦，移官设兵各事宜，即行妥议具奏。另奏，大衢山地亩，请查丈升科。定海厅属大衢山，向系荒地，并无封禁明文，现在该山居民甚众，生齿日繁，清廷着督饬该地方官，勘明田亩分数，按则升科，并确查户口、人丁、田亩、山场，实有若干，将粮赋征税事宜，一并议奏。

沈葆桢奏，起程赴任一折。清廷批复：沈葆桢现赴两江新任，船政一切事务仍着与丁日昌随时商办。至所称经费万难，亟应设法支持。着文煜、李鹤年、王凯泰悉心筹商。所有旧欠款项，即行设法补足，其按月协济之款，亦须如期解济。丁日

---

① 《清实录·德宗景皇帝实录》卷一九。

② 《清实录·德宗景皇帝实录》卷一九。

昌到闽后，即将应办事宜，实心经理。所造轮船，务期工坚料实，庶不致徒耗饷需也。①

十八日辛巳(11月15日)

前据崇实等奏，奉省大东沟现办善后情形一折，当谕令该部议奏。嗣复据崇实等奏称，升科一节，请先明降谕旨。流民私种边地，例禁綦严，惟既垦荒成熟，从前亦曾奉旨允准征租，现在该处地亩，小民开垦多年，乐输租税，朝廷恩施格外原可宽其既往，以遂民生。所有大东沟一带已熟地亩，清廷着准其一律升科。无论旗民，凡认地开垦者，一体编入户口册籍。其凤凰边门外，朝鲜贡道应留界址，仍须明定限制，毋任侵占，不准越界生事。②

十九日壬午(11月16日)

大理寺少卿王家璧奏，英国翻译官马嘉理被戕一案，请谕外国使臣，静候查办，并饬各疆臣修备设防。下总理各国事务衙门知之。

廿一日甲申(11月18日)

以防海剿番，冲冒瘴雾，予台湾积劳病故文武员弁梁文德等十九员优恤。

廿四日丁亥(11月21日)

以敕封朝鲜世子，命前盛京户部侍郎志和为正使，内阁学士乌拉喜崇阿为副使。

三十日癸巳(11月27日)

沈葆桢等奏，筹巡抚兼顾省台情形暨台湾各路续办事宜；王凯泰奏，整饬台地营伍吏治、士习民风各折片。至巡抚有全省地方之责，自难常川驻台，王凯泰拟于冬春驻台，夏秋驻省，庶两地均可兼顾，清廷着照所请办理。③

---

① 《清实录·德宗景皇帝实录》卷二〇。
② 《清实录·德宗景皇帝实录》卷二〇。
③ 《清实录·德宗景皇帝实录》卷二〇。

十一月初一日甲午(11月28日)

前据崇实等奏，请拨东三省来年俸饷银七十万两，当令户部照数筹拨。兹据户部奏称，奉天省应需俸饷银二十六万两，拟拨山东丙子年地丁银六万五千两、河南丙子年地丁银六万五千两、驿站存剩银二万两、两淮盐厘银六万两、扬州关丙子年常税银五万两；吉林省应需俸饷银十三万四千六十二两零，拟拨长芦丙子年盐课银二万四千六十二两零、山东丙子年地丁银三万两、河南丙子年地丁银三万两、东海关丙子年常税银五万两；吉林打牲乌拉应需俸饷银三万五千九百三十七两零，拟拨长芦丙子年盐课银一万五千九百三十七两零、江苏厘金银二万两；黑龙江应需俸饷银二十七万两，拟拨长芦丙子年盐课银三万两、福建丙子年盐课银四万两、安徽丙子年地丁银三万两、山东丙子年地丁银三万两、河南丙子年地丁银三万两、驿站存剩银三万两、直隶旗租银三万两、江苏厘金银二万两、淮安关常税银三万两；共银七十万两，请饬各省照拨等语。清廷着各该督抚等按照户部指拨银数，迅速解赴盛京户部交纳。①

初二日乙未(11月29日)

封朝鲜国王李熙之子李坧为世子，其进献礼物，准其留抵下次正贡，以示体恤。

初四日丁酉(12月1日)

以候补侍郎郭嵩焘署兵部左侍郎，并在总理各国事务衙门行走。

初八日辛丑(12月5日)

总理各国事务衙门奏，议覆户部左侍郎袁保恒条陈交涉练兵留意人才一折，应令中外臣工，查明臣衙门叠次奏案，认真筹办。又奏，各关税饷增收已逾千万，原定经费七十四万八千二百两，不敷办公，议加经费三十五万两。均从之。

以才堪胜任，予同文馆教习内阁中书衔严良勋，六部主事选用。

---

① 《清实录·德宗景皇帝实录》卷二一。

初九日壬寅（12 月 6 日）

命江宁布政使梅启照来京陛见。①

福州将军文煜等奏，福州厦门电线，向丹国买回自办。后因阻力甚大，未获允准，既而将线路拆毁，运至台湾。②

十二日乙巳（12 月 9 日）

李瀚章等奏，遵旨查办马嘉理被戕大概情形，请将办理不善各员革职审讯一折。据奏由滇至缅，中隔野人土司地界，该处向多匪徒勾抢。其时腾越绅民，闻洋人带有洋兵多名，将入关内，是以集团自卫。马嘉理由滇赴缅，执有护照，沿途地方妥为护送无误。嗣由缅回滇，未经知会地方官派人迎护，以致不法匪徒，伺隙乘机劫杀各情。③

十四日丁未（12 月 11 日）

总理各国事务衙门奏，古巴地方，如美、日两国用兵，应由陈兰彬探明，相机进止，并郭嵩焘、许钤身出使英国一事，来春登程时，应随时酌夺，奏明办理。报闻。

以前江苏巡抚丁日昌为福建巡抚。

赏四品衔郎中陈兰彬以三四品京堂候补，三品衔同知容闳道员用，并加二品顶戴，充出使美国、日国、秘国钦差大臣。

以古巴华工被虐，往查出力，赏候选光禄寺典簿叶源濬等，并前江海关税务司洋员马福臣等，加衔有差。④

十五日戊申（12 月 12 日）

昨派陈兰彬、容闳充出使大臣，着该衙门查照出使英国成案，照会各国，嗣后

---

① 《清实录·德宗景皇帝实录》卷二一。

② 中国史学会主编：《洋务运动》，《中国近代史资料丛刊》第 6 册，上海人民出版社 1961 年版，第 31 页。

③ 《清实录·德宗景皇帝实录》卷二一。

④ 《清实录·德宗景皇帝实录》卷二一。

均照此办理。①

十六日己酉(12月13日)

吏部奏，会办海运各员，可否仍照原请给奖。得旨：陈炳泰等均着照原请奖励。此系海运初改新章，事务较繁，姑允所请，从优给奖。嗣后仍不得援以为例。②

廿九日壬戌(12月26日)

李鹤年奏，参劾武职各员等语。福建铜山营参将陈登三年力就衰，难期振作，着勒令休致。铜山营守备张荣贵人尚勇敢，不谙水师事务，着开缺改留陆路，仍以守备补用。豫保守备之海坛右营千总王钦寿，声名平常，嗜好太重，着即行革职，并注销"豫保"字样，不准留营，以肃营政。③

十二月初一日甲子(12月28日)

抚恤琉球国遭风难民如例。

初五日戊辰(公元1876年1月1日)

朝鲜国正使判宗正卿府事李秉文、副使曹判书赵寅熙、书状官掌令郑元和三人，在神武门外瞻觐。④

初七日庚午(公元1876年1月3日)

赏朝鲜国王文绮、珍玩、缎匹如例。

初九日壬申(公元1876年1月5日)

山东巡抚丁宝桢奏，漕豆漕麦，请改征粟米。允之。又奏，东纲疲累，请将销

① 《清实录·德宗景皇帝实录》卷二一。
② 《清实录·德宗景皇帝实录》卷二二。
③ 《清实录·德宗景皇帝实录》卷二二。
④ 《清实录·德宗景皇帝实录》卷二三。

引厘捐展缓。下部议。

初十日癸酉(公元 1876 年 1 月 6 日)

总理各国事务衙门奏，拟定各部院大臣与各国使臣往来开办情形。报闻。

以派办电线，率立合同，冒昧贻误，革福建道员丁嘉玮职，勒令回籍，并不准投效各路军营。①

十四日丁丑(公元 1876 年 1 月 10 日)

以剿平大东沟贼匪出力，赏防御广龄等花翎、德贵等蓝翎，余升叙加衔有差。

十六日己卯(公元 1876 年 1 月 12 日)

两江总督沈葆桢等奏，江南财力凋敝，淮关、浒墅关请暂缓开设。允之。②

十九日壬午(公元 1876 年 1 月 15 日)

日本公使森有礼，照会总署，称朝鲜为独立之国，日本与朝鲜之事务，于战国与日本间条约无涉。③

二十日癸未(公元 1876 年 1 月 16 日)

前据沈葆桢等先后具奏，台北拟建府厅县治，请移扎南北路同知酌改台地营制；台属考试，请归巡抚主政，当派军机大臣会同该部妥议具奏。兹据奏称，沈葆桢等所奏各节，系为因时制宜起见，自应准如所请等语。清廷着照军机大臣等所议，准其于福建、台北、艋舺地方，添设知府一缺，名为台北府，仍隶于台湾兵备道。附府添设知县一缺，名为淡水县。其竹堑地方，原设淡水厅同知，即行裁汰，改设新竹县知县一缺。并于噶玛兰厅旧治，添设宜兰县知县一缺，即改噶玛兰厅通判为台北府分防通判，移扎鸡笼地方。福建巡抚现在既有驻台之日，其台地营制，并着照所议。该处千总以下，由巡抚考拔；守备以上，仍会同总督拣选题补。台湾

① 《清实录・德宗景皇帝实录》卷二三。

② 《清实录・德宗景皇帝实录》卷二四。

③ 王彦威：《清季外交史料》卷四，书目文献出版社 1987 年版，第 29~32 页。

镇总兵，撤去挂印字样，归巡抚节制，即将安平协副将裁撤。台湾南路同知即着移扎卑南，北路同知改为中路，移扎水沙连，各加抚民字样。台湾学政事宜，并着归巡抚兼理。①

廿一日甲申(公元1876年1月17日)

总理各国事务衙门奏，日本欲与朝鲜修好，应由礼部转行朝鲜。从之。

廿二日乙酉(公元1876年1月18日)

沈葆桢、丁日昌奏，养船经费不敷，请归地方官设筹支应。

丁日昌奏，请收回成命各一折。清廷批复：丁日昌向来办事认真，不避嫌怨，特畀以福建巡抚重任，系属为地择人。该抚惟当力任其难，将任内应办事宜，随时整顿，并将海防及中外交涉事件，会商文煜、李鹤年悉心办理，以副委任，毋许固辞。至地方与船政，事难兼顾，自系实在情形，即着丁日昌会同沈葆桢酌保一二员，奏请简派。所有船厂事务，责成该员经理，仍由该督等随时稽查，以期周妥。船政衙门，支销款项甚巨，前拨养船经费，不敷应用。沈葆桢、丁日昌请将养船项下，应销各款统归地方官筹措支应，以免顾此失彼。应如何筹画款项，宽为应付之处。着文煜、沈葆桢、李鹤年、丁日昌斟酌情形，妥议章程奏明办理。②

廿三日丙戌(公元1876年1月19日)

浙江巡抚杨昌濬奏，浙省南、北二新关，请暂缓开设。允之。

廿四日丁亥(公元1876年1月20日)

陕甘总督左宗棠奏，遵旨出关，饷源涸竭，拟续借大批洋款。③

廿八日辛卯(公元1876年1月24日)

日本公使森有礼，访李鸿章于保定，就中、日、朝三者关系，双方展开辩论

---

① 《清实录·德宗景皇帝实录》卷二四。

② 《清实录·德宗景皇帝实录》卷二四。

③ 《清实录·德宗景皇帝实录》卷二四。

式会谈。①

廿九日壬辰(公元 1876 年 1 月 25 日)

赏朝鲜国正使李秉文、副使赵寅熙缎匹、荷包，如例。

是月

沈葆祯以闽厂洋员日意格，赴欧洲订办轮船部件之便，派学生刘步蟾、林泰曾、魏瀚、陈季同随往英法游历。②

是年

全国海关出口货值银六千八百九十一万二千九百二十九两，进口货值银六千七百八十万三千二百四十七两，出超银一百一十万九千六百八十二两，征收货税银(海关洋税)一千一百九十六万八千一百零九两。③

英国怡和洋行轮船开始在中国航行。④

罗大春接任福建轮船队统领(第二任)，下辖福建船政自制"扬武"号巡洋舰等十三艘，及外购"靖海"号炮艇等三艘，总吨位达一万三千多吨。⑤

光绪二年　丙子　公元 1876 年

春正月初三日乙未(1 月 28 日)

闽浙总督李鹤年奏，福建巡抚丁日昌现未接篆，暂将关防封存。得旨：前已谕

① 李鸿章:《日本使臣森有礼署使郑永宁来署晤谈节略》,《李文忠公全集·译署函稿》卷四，上海商务印书馆 1921 年影印，第 33~35 页。

② 中国史学会主编:《洋务运动》,《中国近代史资料丛刊》第 8 册，上海人民出版社 1961 年版，第 482 页。

③ 刘锦藻:《清朝续文献通考·国用四》卷六六，商务印书馆 1934 年版，第 8225~8229 页。

④ 袁继成:《近代中国租界史稿》，中国财经出版社 1988 年版，第 377 页。

⑤ 刘传标:《近代中国船政大事编年与资料选编》第 1 册，九州出版社 2011 年版，第 188 页。

令丁日昌接印任事，毋许固辞矣。①

初七日己亥(2月1日)

命南洋大臣沈葆桢筹借洋款一千万两，作为西征军饷。

十一日癸卯(2月5日)

以攻克越南者岩贼巢，予升任广西巡抚前广西布政使严树森，调任四川布政使前广西布政使文格，优叙赏左江道周星誉、守备周辛杰等花翎，同知魏鼎薰、府经历吴庆芾等蓝翎，副将李玉书“巴图鲁”名号，余升叙加衔开复有差。

蠲免浙江杭嘉松属仁和、海沙、芦沥、鲍郎、横浦、浦东等场，荒芜沙淤坍废，尚未垦复各灶地荡涂，应征光绪元年灶课钱粮。②

十八日庚戌(2月12日)

总理衙门照会日本使臣森有礼，强调朝鲜为中国所属之邦。“纾其难，解其纷，期其安全，中国之于朝鲜自任之事也，此待属邦之实也。”③

二十日壬子(2月14日)

岑毓英奏，请饬部改拨常年兵饷，并催浙江欠饷一折。据称浙江欠解协滇饷银六十七万九千余两，迄今两年，分厘未解。其常年兵饷，又经部拨浙江银四十万两，欠数过多，恐难筹解，请饬部改拨别省，并饬催浙江欠解一半饷银等语。清廷着杨昌濬迅速源源拨解，以清积欠，不准宕延。至前由浙江指拨滇省乙亥及丙子年春季兵饷，共银四十万两，岑毓英请改拨别省有着之款，勒限解滇，着户部速议具奏。④

廿一日癸丑(2月15日)

予故福建福宁镇总兵宋桂芳议恤加等，并予附祀王凯泰台湾府专祠，从福州将

① 《清实录·德宗景皇帝实录》卷二五。

② 《清实录·德宗景皇帝实录》卷二五。

③ 王彦威：《清季外交史料》卷五，书目文献出版社1987年版，第3~4页。

④ 《清实录·德宗景皇帝实录》卷二五。

军文煜、闽浙总督李鹤年请也。

抚恤琉球国遭风难民如例。

廿三日乙卯(2 月 17 日)

黑龙江将军丰绅等奏，筹备海防，需用火药孔亟，拟动用本处租钱就地制造。下部知之。

二月初二日甲子(2 月 26 日)

日本强迫朝鲜与之订立《江华条约》，宣称“朝鲜为自主之邦，保有与日本平等之权”，日本船只得在朝鲜任何港口停泊。①

初四日丙寅(2 月 28 日)

总理各国事务衙门奏，德国使臣巴兰德，面称中国有一兽，名“四不象”，为本国及各国所无，请给一对，送至本国。查四不象一物，为南苑中所有，隶奉宸苑管理，如蒙俞允，应知照奉宸苑办理。从之。②

初七日己巳(3 月 2 日)

沈葆桢等奏，筹议关外饷需，碍难借用洋款，暨江苏拟力筹西征协饷各折。据称借用洋款，耗息甚多，海关部库，均受其害，应于各省关移缓就急，并江苏竭力筹借等语。③

初十日壬申(3 月 5 日)

前据丁日昌奏，地方与船政事难兼顾，当经谕令会同沈葆桢酌保一二员，奏请简派经理船政。兹据沈葆桢、丁日昌奏称，顺天府府尹吴赞诚，深谙算学，直隶津海关道黎兆棠，熟悉洋务，请于二员中简派一员，来闽接办等语。吴赞诚、黎兆棠品学才识，李鸿章谅所深知，于经理船政事宜能否胜任，该二员中何人尤为得力，

---

① 《(朝鲜李朝)高宗实录》卷一三，科学出版社 1959 年版，第 15~17 页。

② 《清实录·德宗景皇帝实录》卷二六。

③ 《清实录·德宗景皇帝实录》卷二六。

清廷着李鸿章详晰据实奏闻，再降谕旨。①

十二日甲戌(3月7日)

福建船政学堂增设电报专业，招收新生七十多人，聘请丹麦大北公司工程师培训学员，这是近代中国第一所电报学校。②

十四日丙子(3月9日)

前据丁宝桢奏，东省筹办海防，拟于烟台等处建筑炮台，自为屏蔽海疆门户。兹据奏称，业于烟台审定地势，派员购料兴工。惟海面地段绵长，势难广为布置，拟令沿海居民，多种树株，以资屏蔽等语。清廷批复：现办海防事宜，系为未雨绸缪，自应不动声色，随时妥筹，俾臻完备。若虑敌人窥伺，必于二千余里之遥，一律种树，不独于事无济，且恐地方官办理失宜，转滋纷扰。该抚惟当于应行设防之处，扼要筹办，一面慎选牧令，训练营伍，认真整顿地方，以为自强之计。所奏沿海种树之处，着毋庸议。③

十五日丁丑(3月10日)

总理各国事务衙门奏，琼州通商，酌定开办日期，并请查照粤潮两关成案办理。允之。

廿三日乙酉(3月18日)

浙江巡抚杨昌濬奏，歼灭大股洋盗，择尤核实保奖。得旨：杨春和等均着照所请奖励。

豁免浙江省同治十年以前民欠，及缓带地漕等款银钱米谷。④

英使威妥玛照会总理衙门，要求允许上海英商修造吴淞铁路。⑤

① 《清实录·德宗景皇帝实录》卷二六。
② 刘传标：《近代中国船政大事编年与资料选编》第1册，九州出版社2011年版，第191页。
③ 《清实录·德宗景皇帝实录》卷二六。
④ 《清实录·德宗景皇帝实录》卷二六。
⑤ 宓必成：《中国近代铁路史资料》第1册，中华书局1963年版，第42~44页。

三月初一日癸巳(3 月 26 日)

文煜等奏，台湾北路旧勇，请分别汰留。丁日昌奏，署知县朱干隆纵勇殃民，请撤任参办各折片。

左宗棠前议借洋款一千万两以备应用，因耗息过多，现请减借用四百万两。清廷加恩着于户部库存四成洋税项下，拨给银二百万两，并准其借用洋款五百万两，各省应解西征协饷提前拨解三百万两，以足一千万两之数。所借洋款，着仍遵前旨，在各省应协西征新饷内，分年拨还。

福建巡抚丁日昌奏，于署内设清理词讼局，饬各府州县分别上控自理，每月报具四柱清册。全结者奖，八成以上记功，不及五成记过。从之。①

初三日乙未(3 月 28 日)

福建船政船厂所建第十七号炮船“艺新”号下水。②

初七日己亥(4 月 1 日)

据丁日昌奏，台湾抚番开山事宜，巡抚难以兼顾，请另派员专办台事。前据沈葆桢等奏，会筹巡抚兼顾省台情形，拟于冬春驻台，夏秋驻省，当经降旨，照所请办理。巡抚有全省地方之责，台湾亦为所辖，若另派大员专办台务，恐事权不一，转致纷更。清廷着丁日昌仍遵前旨，冬春驻台，夏秋驻省，以期两地兼顾。该抚驻台后，所有省城一切应办事宜，着李鹤年随时会商，妥为经理。

命顺天府府尹吴赞诚开缺，以三品京堂候补督办福建船政事宜。③

初十日壬寅(4 月 4 日)

福建水师提督彭楚汉奏，出洋督缉，并修厦防炮台。④

---

① 《清实录・德宗景皇帝实录》卷二七。

② 刘传标：《近代中国船政大事编年与资料选编》第 1 册，九州出版社 2011 年版，第 192 页。

③ 《清实录・德宗景皇帝实录》卷二七。

④ 《清实录・德宗景皇帝实录》卷二七。

十五日丁未（4月9日）

广西巡抚严树森奏，越南国王以丁丑年正贡届期，请宣进关日期。得旨：着庆爱查照向例进关之期，行令该国王遵照办理。①

十九日辛亥（4月13日）

总理各国事务衙门奏，观审洋员到滇，并陈英国使臣议论情形一折。威妥玛赴该衙门辩论此案，据称格维讷观审后，须到缅甸或仍由内地回京，或由海道北来，俟接其文书后说出办法。如不肯行，自有办法等语。清廷指示，格维讷一经赴缅，则办理益无凭借，势必枝节横生，且恐其回京后，威妥玛信其一面之词，百端狡执，更形棘手。着李瀚章、薛焕悉心查办，务须实事求是，并须就格维讷未经赴缅之先，将案中紧要关键及罪名各节，逐一切实拟议，有以折服其心，再行奏明办理。至格维讷将来赴缅时，并派明干文员，伴同前行，即作为查看边界贸易情形，至滇缅交界为止，以示防维。

总理各国事务衙门奏，英国商人在上海租地，擅欲开筑铁路，请饬相机妥办各折片。据称此事现经该衙门与英国使臣威妥玛往返辩论，令其转饬禁止，该使臣未肯允从，且谓专派梅辉立前赴上海，与该国水师提督协同办理等语。开筑铁路，该国领事麦华陀并未照会商办，遽欲兴筑，自应据理驳斥。清廷着沈葆桢、吴元炳妥为筹画，并密饬道员冯焌光详酌机宜，悉心办理，务期力杜后患而免衅端。至张华滨弓背形地，及蕴草滨北岸地亩，麦华陀致冯焌光函件，既有允其收价放赎之条，正可乘机开导，令其退回，着沈葆桢等相机筹办。美国领事在虹口马路添租地亩一节，亦恐为开筑铁路地步，并着沈葆桢等设法禁阻，妥为办理。

以上海机器制造局出力，赏西国员匠傅兰雅等十一名加衔有差。②

廿一日癸丑（4月15日）

漕运总督文彬奏，浙江荒歉，所有漕项钱粮，请展限三月造报。允行。

---

① 《清实录·德宗景皇帝实录》卷二七。

② 《清实录·德宗景皇帝实录》卷二八。

廿二日甲寅（4 月 16 日）

命闽浙总督李鹤年入觐，以福州将军文煜兼署闽浙总督。

廿四日丙辰（4 月 18 日）

文煜等奏，请将舞弊侵饷各员革职审办一折。据称，同知衔黄德沛，在台湾经理营务，与参将黄得桂通同舞弊，有盗用关防、私卖功牌、侵蚀饷银等情。副将衔参将黄得桂，着即先行革职；同知衔黄德沛，着即斥革，交文煜等严行查办。①

廿六日戊午（4 月 20 日）

朝鲜国王咨称与日本修好通商，凡大小事，用两国臣僚平等通信。港口商界，不许携带他国客商，及奇技淫巧物事。报闻。

查办云南事件四川总督李瀚章等奏，英参赞格维讷来滇观审讫，遵查马嘉理初来腾越及出境，岑毓英饬已革总兵蒋宗汉、已革同知吴启亮、都司徐成林，保护无事。马嘉理有致蒋宗汉谢函，后与柏郎入滇，未先知照地方官，行抵户宋河，突遇匪戕。及其宾从四人，柏郎行抵南平河，亦被匪阻。戕阻英员之犯，除已格毙、监毙外，节将解到匪首而通凹、腊都等十一名，认供不讳。在逃蔺小红，由岑毓英勒缉。起获马嘉理马匹、什物五十六件，已点交格维讷，并派员护送由腾越出关。②

廿九日辛酉（4 月 23 日）

德国都司李劢协教练炮队，期满回国，请赏二等宝星；并派游击卞长胜等七人，随赴德国武备院学习。③

夏四月初六日丁卯（4 月 29 日）

总理各国事务衙门奏，日本已与朝鲜换约。报闻。④

---

① 《清实录·德宗景皇帝实录》卷二八。

② 《清实录·德宗景皇帝实录》卷二八。

③ 李鸿章：《卞长胜等赴德国学习片》，《李文忠公全集·奏稿》卷二七，上海商务印书馆 1921 年影印，第 3~4 页。

④ 《清实录·德宗景皇帝实录》卷二九。

初八日己巳(5月1日)

恭亲王等前往英使馆会晤威妥玛，言滇案业已审毕，应由双方商议结案。后者旋即照会，以为“滇省问案，直同儿戏”。①

十二日癸酉(5月5日)

命广东碣石水师总兵官李扬升，来京觐见。②

十三日甲戌(5月6日)

文煜等奏，劣员侵吞工费，请革职追办一折。花翎福建补用道遇缺即补知府凌定国，经管建造台湾安平口三鲲身炮台，胆敢任意侵蚀，现经查出浮冒各款，已有一万四千余两之多，实属贪劣。凌定国着即革职严讯究追，傥延不措完，即行严参治罪。③

廿三日甲申(5月16日)

都察院奏，江西举人廖连城，呈递海防策图一折。清廷着该衙门咨行，李鸿章查核，是否可行，酌量办理。④

五月初二日壬辰(5月24日)

两广总督刘珅一等奏，琼州海口于三月间开办通商，民情安静。下所司知之。

初四日甲午(5月26日)

总理各国事务衙门奏，闽省举行保护船只章程：一、定地段以专责成；二、明赏罚以免推诿；三、定章程以免紊乱；四、定酬劳以资鼓励；五、广晓谕以资劝

① 王彦威：《清季外交史料》卷六，书目文献出版社1987年版，第5页。
② 《清实录·德宗景皇帝实录》卷二九。
③ 《清实录·德宗景皇帝实录》卷二九。
④ 《清实录·德宗景皇帝实录》卷三〇。

戒。请饬下南北洋大臣及各省将军督抚，晓谕所属沿海地方，通行办理。从之。①

初九日己亥(5 月 31 日)

刑部奏遵议李庆翱等审拟谋害洋商各犯，应否再讯，抑照众供确凿定拟。得旨：着照李庆翱、丁宝桢原拟办理。

十一日辛丑(6 月 2 日)

英使威妥玛提出议结滇案六条办法：一、由总理衙门上奏惋惜马嘉理，并请旨晓谕各处保护洋人，张贴告示；二、英方可派员赴各处查看是否张贴；三、凡有中国人伤害英国人案件，英方得派员观审；四、双方派人商议滇缅边界通商事宜；五、英国得在云南大理、四川重庆派驻领事官；六、增加通商口岸，如奉天大孤山、湖南岳州、湖北宜昌、安徽芜湖等，且各项洋货在本口完纳正税后即不再重征，入内地则请税单再完半税。②

十四日甲辰(6 月 5 日)

丁宝桢奏，现拟招商贩运，以济民食一折。据称东省天时亢旱，粮价日增，拟招邻省贩买米麦杂粮商贩来东售卖，以济民食。奉天、江南等省丰稔，粮价平减，即令该商等赴彼购运，经过关卡，请免抽厘税等语。清廷着照所请。所有山东商贩赴奉天、江南等省贩运米麦杂粮，沿途关卡应完厘税，均着暂予停免。

山东巡抚丁宝桢奏，德国兵官瑞乃尔教练有成，请赏给三等宝星。报闻。③

十六日丙午(6 月 7 日)

刘长佑奏，密陈滇省洋务情形等语。清廷批示：云南五金并产，据有矿山之利，自宜设法开采。至简练劲军，择要扼扎，亦有备无患之计。均着刘长佑随时体察情形，奏明办理，用副委任。

福州将军文煜奏，筹解左宗棠出关饷银十万两。报闻。④

---

① 《清实录·德宗景皇帝实录》卷三一。

② 王彦威：《清季外交史料》卷六，书目文献出版社 1987 年版，第 8~9 页。

③ 《清实录·德宗景皇帝实录》卷三一。

④ 《清实录·德宗景皇帝实录》卷三二。

十七日丁未(6月8日)

福州将军署闽浙总督文煜等奏，请将疏防劫案之晋江县知县金锡蕃等议处。又奏，匿报词讼、押犯、悬牌不实之同知李钟霖等，请摘案给限清结。均从之。

廿三日癸丑(6月14日)

前因丁宝桢奏，东省亢旱情形，拟招商前赴奉天等省贩运米粮，当经谕令李鸿章等查照办理，并因直省亦经久旱，谕令该督抚等，随时抚恤，一面饬属刨挖蝻孽，以免贻害农田。兹据沈葆桢奏，阅兵抵扬，即见流亡遍野，大半籍隶徐海，并闻淮徐一带，牛疫流行。山东界内，已有蝻孽，盗案叠出，饥民日众。现经文彬饬令提督唐宏成等，会同地方官前往弹压等语。①

廿四日甲寅(6月15日)

礼部奏，据盛京礼部送到朝鲜国王咨文，所称本年二月间，宁古塔副都统派员监视会宁交易完竣后，复行侦探朝鲜与俄人打仗，是否有无。该国王以本不通涉、无所相诘等词答覆等语。外国交涉事件，自应慎密从事。该副都统以未知有无之事，遽行往来通问，诚恐别生枝节，转滋事端。清廷着崇实严密确查，据实具奏。②

廿五日乙卯(6月16日)

本日据恭亲王宝鋆、沈桂芬面奏，英国翻译官马嘉理被戕一案，叠经该王大臣与英使威妥玛辩论。该使藉此一事，多方要求。其有尚可通融者，业经酌量允准；有碍难准行者，当经驳斥。该使不遂所求，遽于昨日出京等语。清廷指示，如该使行抵天津，往见李鸿章议及此事，该督即可相机开导，就近商办。如该使到津后径欲南行，该督亦须与之晤商，冀可早了此案，不至迁延。

廿七日丁巳(6月18日)

文煜、丁日昌奏请调员襄办洋务一折。据称闽省洋务需人，请调办理上海招商

---

① 《清实录·德宗景皇帝实录》卷三二。

② 《清实录·德宗景皇帝实录》卷三二。

局候选道唐廷枢，暨副将王荣和来闽襄办。清廷即着李鸿章、沈葆桢、吴元炳饬令唐廷枢等，迅即赴闽，以资差委。

福州将军兼署闽浙总督文煜等奏，筹议救护洋面遇险船只章程。得旨：前经总理各国事务衙门奏，闽省拟行保护中外船只遇险章程，请饬各省一体遵行，业经照准矣。

直隶总督李鸿章奏，同治十三年以前未完长芦灶课钱粮，请照民粮一律豁免。报闻。①

三十日庚申（6 月 21 日）

英使威妥玛拒绝与李鸿章在津商议滇案，乘轮船南下上海。②

闰五月初一日辛酉（6 月 22 日）

李鸿章等奏，英使过津会晤，无可商办，现已起程赴沪，将其来信钞录呈览一折。英使威妥玛，因马嘉理一案，多方要挟。经总理各国事务衙门反覆开导，所拟八条，渐次就绪，忽于五月二十四日，全行翻变，遽尔出京。迨行抵天津后，复经李鸿章与之辩论，该使固执成见，无可会商，已于三十日起身前赴上海。清廷批示：该使狡诈性成，遇事反覆无常，此次或因寄电信回国，或等候格维讷由缅回沪，别逞狡谋，均未可知。现以听候该国主回示为词，其在上海必有暗为布置之事。着沈葆桢密饬上海道慎密察看，或派委明干妥慎之员，赴沪严密访察，该使究竟作何举动，详悉奏闻。沈葆桢或藉地方公事之便，前赴上海，就近体察情形，设法转圜，统由该督相机筹办。李鸿章仍当随时与沈葆桢彼此联络声气，互为知照。所有一切情形，随时密速奏闻，以慰廑系。③

初二日壬戌（6 月 23 日）

福建船政船厂所建第十八号木制巡海快船“登瀛洲”号木壳运船，完工下水。④

---

① 《清实录·德宗景皇帝实录》卷三二。

② 李鸿章：《威妥玛决裂赴沪折》，《李文忠公全集·奏稿》卷二七。

③ 《清实录·德宗景皇帝实录》卷三三。

④ 刘传标：《近代中国船政大事编年与资料选编》第 1 册，九州出版社 2011 年版，第 194 页。

初三日癸亥(6月24日)

以记名总兵丁泗滨为广东碣石镇总兵官。

初五日乙丑(6月26日)

侍郎袁保恒奏，夷情叵测，请简拨劲旅以备调遣一折：“中外交涉事务，原宜力维和局，衅端不可自我而开。惟夷情叵测，亦不可不思患豫防。前谕南北洋大臣筹办沿海防务，现在办理情形如何?”清廷着李鸿章、沈葆桢妥慎筹商，认真布置，以期缓急可恃，不致临事周章，方为妥善。至山东、河南、安徽各省，现在精劲马步，尚有若干，着丁宝桢、李庆翱、裕禄各于该省兵勇内，挑选劲旅，派委久经战阵之员统领，无事则随时训练，有事即听候调遣，尤须慎密措置，不可稍涉张惶。①

初八日戊辰(6月29日)

李鸿章奏直境被旱情形，及筹办救荒事宜一折。近畿一带，旱象已形，灾黎糊口维艰，亟应豫筹接济。李鸿章前奏，招商贩运奉天粮米赴津，以备转运平粜，业经降旨，准照所请办理。兹该督以仓储久虚，本年旱区较广，必须宽为筹备，已于运道关库动支银十万两，发交轮船招商局，分赴奉天、江苏、安徽、湖广等省，采买米麦杂粮运津，存备赈需，仍劝谕绅商富户，不拘银米，量力集捐，并饬属酌筹款项，以作平粜资本。清廷即着照所拟，督饬承办各员及地方官妥为经理。此次轮船办运救荒粮米，即着援照沙船海运漕粮章程，准其搭货二成，进出海口，免其输税。其捐输赈款，着准其查照上届赈捐章程，核给奖叙。并着崇实、庆裕、沈葆桢、翁同爵、吴元炳、裕禄饬令沿途关卡，于此项商贩及采买米粮经过，免征厘税，迅速查验放行，不准藉端留难。仍出示严禁粮户遏粜居奇，以资利运。②

初十日庚午(7月1日)

文煜、丁日昌奏，福建省城骤遭水患，现办拯恤情形一折。本年福建福州等府属，雨水过多，五月中旬，省城连日大雨，又值海潮骤涌，溪河漫溢，城内外水深

---

① 《清实录·德宗景皇帝实录》卷三三。

② 《清实录·德宗景皇帝实录》卷三三。

丈余至一二尺不等，田庐均被淹没，间有伤毙人口。另奏，闽清县被水淹浸，居民尚无伤毙。

十五日乙亥(7月6日)

沈葆桢奏，覆陈察看威妥玛到沪情形等语。清廷仍着沈葆桢饬令上海道等慎密察访，随时奏闻。此次麦华陀请领执照，赴扬州一带采访盐价，难保非有所觊觎，为要求地步。着李鸿章、沈葆桢随时确探情形具奏。

追予江苏各属殉难官绅吴进等、士民妇女一千八百四十二员名口，旌恤如例。

廿三日癸未(7月14日)

总理各国事务衙门奏，滇案尚无把握，请饬南北洋大臣，体察沿海沿江情形，密筹整顿一折。滇省戕毙马嘉理一案，英使以要求未遂，遽行出京。梅辉立、赫德先后赴上海，与威妥玛商议，能否转圜，正不可知。洋人诡谲性成，此次藉端寻衅，肆意要挟，虽未显言决裂，而意殊叵测。据沈葆桢探闻，英使有调印度兵船之信。其欲藉兵恫吓，亦在意中，亟宜豫为防范，以杜诡谋。前谕南北洋大臣筹办海防，现已一年之久，究竟办理情形，有无实际。清廷着李鸿章、沈葆桢悉心筹画，务将现在海防、江防实力整顿，不得虚应故事，庶几有备无患，以维大局。昨据侍郎袁保恒奏，海防不足深恃，宜讲求陆战，以求实用一折。所奏不为无见。沿海地方，为洋人往来必由之路，筹防实关紧要，断不可稍涉疏虞，致启外人窥伺。至为久远之谋，则陆路战兵，亦当就中国之所长，勤加训练，俾成劲旅，以辅海防之不足。应如何选将练兵，俾资得力之处，着李鸿章、沈葆桢酌度情形，妥筹具奏。①

廿五日乙酉(7月16日)

刘坤一奏，遵查办理粤省事宜一折。粤东防海练兵，均关紧要，而察吏安民、理财捕盗各节，亦宜切实讲求。刘坤一拟将虎门之威远下横档等处，及潮崎䗷等处各炮台，分别兴修；将原练及添练各兵，更番调练；轮拖各船之勇，尽数裁汰；水师各船，分别裁减；制造大号木壳兵轮船，分布沿海；以及筹办饷糈，整饬吏治，查禁赌博，缉捕盗匪。②

---

① 《清实录·德宗景皇帝实录》卷三三。

② 《清实录·德宗景皇帝实录》卷三三。

廿六日丙戌(7月17日)

赫德自上海来函，请李鸿章速奏明请旨，赴烟台与威妥玛会商滇案。①

六月初一日庚寅(7月21日)

文煜等奏，请饬催各省积欠协饷一折。闽省库藏支绌，现在骤遭水患，拯救抚恤，需用甚繁，亟应力筹接济。清廷着刘坤一、张兆栋于积欠闽饷银二十四万余两内，酌解五成银十二万两；杨昌濬于积欠闽饷银四十三万两内，酌解四成银十六万两；刘秉璋、李文敏于积欠闽饷银一百三十余万两内，酌解尾数解三十万两。该督抚等督饬各藩司迅速筹措，务于本年六月间，如数解清，以济急需。沿江、沿海防务，关系紧要，陆路战兵实以辅海防之不足。前已有旨谕令刘坤一等，力加整顿，并着杨昌濬、刘秉璋、李文敏实力整顿，通饬各营汛，勤加训练，统领尤贵得人，技艺务臻纯熟，总期一兵得一兵之用，能战能守，缓急可恃，庶不至有名无实，徒糜饷需。②

初二日辛卯(7月22日)

御史林拱枢奏，台地紧要，请饬抚臣东渡筹办，并酌用本地头目各折片。前经沈葆桢等奏会筹巡抚兼顾省台情形，拟于冬春驻台、夏秋驻省，当照所请办理。兹据林拱枢奏称，台湾系全省安危，现办抚番开山事宜，系属创始，关系甚重，必须重臣亲临调度，方有裨益。清廷着文煜、丁日昌酌度情形，悉心会商。如果台事紧要，即着丁日昌前往认真经理。傥目前不必渡台，亦当饬令该镇道等，妥慎筹办，不可稍涉大意。该御史所奏招来开垦，及收用本地头目各节，并着文煜等酌核办理。③

初四日癸巳(7月24日)

刘坤一奏，特参广东庸劣武职各员，请旨分别降革勒休一折。广东水师提标中军参将黄贤彪、万州营游击保应熊、委署平镇营都司周升、阳江镇右营守备黄奇勇，均着即行革职。调署增城营参将双达，着以都司降补。题补水师提标后营游击

① 王彦威:《清季外交史料》卷六，书目文献出版社1987年版，第20~22页。

② 《清实录·德宗景皇帝实录》卷三四。

③ 《清实录·德宗景皇帝实录》卷三四。

张兆桂，着以守备降补。化石营都司孟志远，着以千总降补。南韶连镇左营守备谭顺德、右营守备陈礼，均着勒令休致。新会营候补守备卢庆酆、督标候补守备侯鹏飞，均着革退标营，不准再行投效，以肃营伍。

初八日丁酉(7月28日)

大学士直隶总督李鸿章，着作为全权大臣，便宜行事，即赴烟台，与英国驻京大臣威妥玛，会商一切事务。

山东巡抚丁宝桢奏，东海关常税短征，委因税源不旺，请免赔免议。下户部议。①

十一日庚子(7月31日)

文煜、丁日昌奏，特参侵蚀潜逃之副将及通同作弊之总兵，请旨革拿惩处，并筹办漳浦匪徒各折片。沿海筹办防务，全赖带兵员弁，洁己奉公，认真整顿。乃福建副将丁泰，奉委募带师船，竟敢短额虚冒，克扣勇粮，迨经丁日昌访查，复敢焚船潜逃。总兵戴德祥，以统带之员，转为捏词具报，意图弥缝。若不严行惩办，何以肃行伍而儆官邪。署福宁镇总兵戴德祥、尽先补用副将丁泰，着一并革职拿问，交文煜、丁日昌严饬所属，即将丁泰拿解到省，提同戴德祥彻底讯究，按律惩办。戴德祥于所部侵冒勇粮，通同舞弊，尤属居心叵测，着即严行研讯。傥查有瓜分情弊，即行立正典刑，以肃军令。

沈葆桢等奏，迭擒巨匪，并筹防徐海情形一折。江苏毗连山东地方，向多幅匪出没。现在海州西乡，有匪首赵庆安，胆敢纠约多人，至山东郯城之奶奶庙，潜谋起事。经该处文武，派队驰往合拿，将赵庆安及张飞豹擒获正法。清廷仍着沈葆桢、文彬、吴元炳督饬所属，认真缉拿余匪，毋使一名漏网。

文煜等奏，闽省被水较重，亟需商贩运米接济，请饬经过各关，免税放行。清廷着沈葆桢、吴元炳、杨昌濬转饬所辖各关，无论中外船只，凡有运米赴闽者，一概免税放行，俾广招来而资接济。②

十三日壬寅(8月2日)

以襄办山海关通商事务出力，予海城县知县王寿嵩等奖叙。

① 《清实录·德宗景皇帝实录》卷三四。

② 《清实录·德宗景皇帝实录》卷三四。

十六日乙巳(8月5日)

本日据恭亲王等将李鸿章致总理各国事务衙门信一件，暨钞录津郡告白一件呈览。该处绅民，以李鸿章将赴烟台，心怀疑虑，分递呈禀恳留。该督深恐违众即行，不免谣说讹传，致生事故，先派道员许钤身等前赴烟台，面见威妥玛，邀其来津会议。该使能来与否，正不可定。此次李鸿章系奉旨派往之员，必须前往会商，不令有所借口。清廷着该督将此次寄奉谕旨，择要宣示，剀切晓谕，使津郡绅民，知李鸿章此行系遵奉谕旨前往，不能中止。且到烟台，不过会商事宜，并无他故，无所用其疑虑，庶人心安帖，不致激生事端。该督谅能筹画妥协也。威使十五日准抵烟台，是该督未启程之先，已可得许钤身等回报，即可相机酌度，定期启程，迅速蒇事。①

廿一日庚戌(8月10日)

以擅离职守、以私废公，革署浙江海门镇标左营游击候补都司布国桢职。

廿三日壬子(8月12日)

李鸿章奏，豫筹驰赴烟台事宜一折。所称优待驻京使臣及调兵等费，并提案到京三端，清廷着军机大臣会同总理各国事务衙门，迅速妥议具奏。俟奏明后，即行知照李鸿章妥筹办理。该督惟当明白晓谕津郡绅民，不必过生疑虑，一面弹压地方，无令滋生事端。前据穆腾阿奏，密陈洋务情形，宜固天津后路，保举总兵程文炳等各员，堪胜统领。该员等才具若何，李鸿章自必周知，着该督酌度具奏。

李鸿章奏调员差委。前任天津道丁寿昌，素得民心，前因丁忧回籍，现计服阕在迩，着沈葆桢、裕禄传知该员，迅速航海赴津，交李鸿章差遣委用，毋稍稽延。②

廿四日癸丑(8月13日)

已故福建福宁镇总兵宋桂芳，前在台湾北路，统领兵勇，亏挪公项银两，现尚

① 《清实录·德宗景皇帝实录》卷三五；王彦威：《清季外交史料》卷六，书目文献出版社1987年版，第24页。

② 《清实录·德宗景皇帝实录》卷三五。

短银二千三百九十余两之多。清廷着黎培敬饬提该故员家属，勒限追缴，解闽归款。如敢延不完缴，即着从严参办。

福州将军兼署闽浙总督文煜奏，台湾水陆各营兵，汰弱留强，暂停召募。报闻。①

廿五日甲寅(8 月 14 日)

清廷谕令：此次李鸿章前赴烟台，与英使威妥玛会商一切，难保其不多方要求，如优待驻京使臣一节，但使无碍体制，尚可酌量允准。赔款一节，或于原议二十万外酌加若干，亦尚可行。至滇案提京一节，事多窒碍，且该使特藉此为案外要挟之计，非必注意在此。总之该使诡谲性成，非常情所能逆料，李鸿章惟当临几审断，权衡缓急轻重情形，妥筹办理，以维大局。②

廿九日戊午(8 月 18 日)

督办福建船政候补三品京堂吴赞诚奏，船工情形，及铁胁厂布置，并自置轮机，酌改省煤新式。又奏，派总兵吴世忠，带同各船出洋操练。均报闻。

朝鲜国正使判中枢府事韩敦源、副使礼曹判书林翰洙、书状官司仆寺正闵种默，于午门外瞻觐。③

秋七月十三日辛未(8 月 31 日)

浙江巡抚杨昌濬奏，海塘捐输停止。下部知之。

署吉林将军古尼音布奏，调盛京协领依克津布教练洋操。从之。④

十八日丙子(9 月 5 日)

御史林拱枢奏，本年夏间，福建省城，既遭水患，又被水灾，兼以六月间，飓风大作，田禾受伤，灾祲叠见，捐赈俱穷，请饬该督抚挪款济用，并饬浙江等省迅解协饷等语。清廷着该署督等迅即详查具奏，一面筹款招商，购米赈抚，严饬该地

① 《清实录·德宗景皇帝实录》卷三五。
② 《清实录·德宗景皇帝实录》卷三五。
③ 《清实录·德宗景皇帝实录》卷三五。
④ 《清实录·德宗景皇帝实录》卷三六。

方官认真办理。闽省筹办赈济，需款孔亟，所有浙江、广东、江西旧欠闽省协饷，并着刘坤一、杨昌濬、张兆栋、刘秉璋督饬藩司迅速提解，以应急需。

两广总督刘坤一等奏，粤东高廉等处，伏莽肃清，请将关税项下原拨剿捕勇粮，改充海防经费。得旨允行。又奏，调署高州镇琼州镇总兵黄廷彪，请暂缓入觐。允之。①

威妥玛提交《议结滇案草约十六款》。②

廿四日壬午(9 月 11 日)

福州将军文煜等奏，海防有事，召募勇营，分驻分路巡防，请将记名提督高登玉等，留于闽浙补用。从之。又奏，请将谙习轮船管驾、熟习水务洋情之提标参将贝锦泉开缺，以原保总兵归闽补用。从之。③

廿六日甲申(9 月 13 日)

《中英烟台条约》共分三大部分十六款，附有《另议专条》。主要内容为：中国向英国偿款白银 20 万两；中国派出使大臣带国书前往英国，对滇案表示“惋惜”；云南当局应与英国所派官员商订滇缅来往通商章程；自 1877 年起，以五年为限，英国派官员驻云南大理或其他相宜地方，察看通商情形；英国仍保留由印度派员赴云南之权；总理衙门应照会各国驻京大臣，请其会同该衙门就通商口岸的中外会审案件议定划一章程；凡遇内地各省地方或通商口岸，有涉及英人生命财产的案件，英使可派员前往观审；中外交涉案件，被告为何国人，即向何国官员控告，由被告所属国官员依本国法律审判；增开宜昌、芜湖、温州、北海四处为通商口岸；准许英商船在沿江的大通、安庆、湖口、沙市等处停泊起卸货物；各口租界免收洋货厘金；新旧通商口岸尚未划定租界者都要“划定界址”。此外，《另议专条》中规定英国可派探路队由北京经甘肃、青海或四川等地进入西藏，或由印度进藏。④

廿九日丁亥(9 月 16 日)

沈葆桢奏，提督丁忧开缺，请旨简放一折。长江水师提督李成谋，现丁母忧。

① 《清实录·德宗景皇帝实录》卷三七。

② 李鸿章：《烟台议结滇案折》，《李文忠公全集·奏稿》卷二七。

③ 《清实录·德宗景皇帝实录》卷三七。

④ 王彦威：《清季外交史料》卷七，书目文献出版社 1987 年版，第 7~14 页。

该提督劳勚夙著，熟悉水师情形，整顿营务，深资得力。清廷着改为署任，毋庸开缺，准其扶柩回籍，百日孝满，即回署任。其未回任以前，长江水师提督，着吴家榜暂行兼护。

三十日戊子(9 月 17 日)

李鸿章奏，遵旨驰赴烟台，与英国使臣会办滇案各折片。英国翻译官马嘉理，前在云南腾越边界被戕，该处地方文武，不能留心保护，咎有应得，本应分别惩办。既据李鸿章奏，英国使臣威妥玛，以为责其既往，莫若保其将来，请将案内各犯宽免等语。清廷着照所请，除署腾越镇总兵蒋宗汉、腾越厅同知吴启亮业经革职，毋庸议外，已革都司李珍国，及匪犯而通凹、腊都等十一名，应得罪名，均着加恩宽免。惟马嘉理系英国所派职员，由云南前赴缅甸，发有护照，往返均应保护，乃马嘉理猝遭戕害，同行之员并被击阻，殊失朝廷和好之意。嗣后各直省督抚，当懔遵上年九月十一日谕旨，严饬所属，凡遇各国执有护照之人，往来内地，务须照约相待，妥为保护。如有违约侵陵伤害情事，即惟该省大小官吏是问。并着总理各国事务衙门，拟定告示，咨行各省遵照办理。各该地方官均宜讲求条约，以期中外相安，傥有外国官民被戕，迅即查拿正凶，勒限办结，不得任意迁延，致干咎戾。马嘉理一案现已办结，云南边界通商事宜，俟英国派员到时，即着云贵总督云南巡抚选派妥干大员，前往该省边界查看情形，商订章程，随时奏明办理。

直隶总督李鸿章奏，上海洋商擅筑铁路，开行火车，拟派员妥定办法章程。报闻。又奏，带赴烟台各员，拟酌保奖。得旨：准其酌保数员，毋许冒滥。①

八月初八日丙申(9 月 25 日)

文煜等奏，请将撤任之副将革职等语。前署台湾北路协副将郝富有，听任汛弁营书，图利蒙耸，将无辜民人陈叶作为陈愠命案帮凶，送县讯办，拖累良民，又将已裁营汛，滥委军功蓝得胜代理，以致诬良窝匪，酿成命案，复为营兵回护开脱，实属谬妄。郝富有着即行革职，永不叙用，以肃营伍。

闽浙总督文煜等奏，前因御史林拱枢奏，台地紧要，请饬抚臣东渡筹办。当经降旨，谕饬督抚酌度情形。今遵旨将酌度省台情形。报闻。得旨：仍着该抚随时酌量。如可暂缓赴台，即着饬令该镇道妥为经理。遇有紧要事宜，再行驰往调度，期无遗误。

以谬妄不职，革署台湾嘉义县知县杨宝吾职，并查办。

---

① 《清实录·德宗景皇帝实录》卷三七。

以营务废弛，才不胜任，降台湾嘉义营参将洪金升为都司，留于福建补用。

抚恤琉球国遭风难民如例。①

十三日辛丑(9月30日)

命出使英国大臣二品顶戴直隶候补道许钤身，改充出使日本国钦差大臣。翰林院编修何如璋，以侍讲升用，并加三品衔，充出使日本国副使。②

十八日丙午(10月5日)

抚恤琉球国遭风难民如例。

十九日丁未(10月6日)

杨昌濬奏，杭州等属被水被风情形一折。本年入夏以后，浙江杭州等所属之余杭等县，雨水过多，田庐多被淹没，并有淹毙人口。台州府属之临海等县猝被飓风，海潮陡涨，平地水深数尺，居民淹毙者不少。清廷着杨昌濬督饬委员及该地方官，确切查勘，妥为抚恤，毋任失所。③

九月初一日戊午(10月17日)

以计擒洋盗出力，予江苏南汇营游击李绍亮等，升叙加衔有差，赏外委陈发蓝翎。

以台湾剿服番社、开山出力，予知府田端书三品衔。

以弄权舞弊、屡误差操，革长江水师总兵官易其祥、千总周庆基等职，均留任。④

初十日丁卯(10月26日)

山东巡抚丁宝桢奏，海运漕船，在洋遭风沉溺，请免赔补。允之。

---

① 《清实录·德宗景皇帝实录》卷三八。

② 《清实录·德宗景皇帝实录》卷三八。

③ 《清实录·德宗景皇帝实录》卷三九。

④ 《清实录·德宗景皇帝实录》卷四〇。

十一日戊辰(10 月 27 日)

以丁忧服阕前署两江总督何璟为闽浙总督。

调四川总督李瀚章为湖广总督，以山东巡抚丁宝桢为四川总督，调云南巡抚文格为山东巡抚，实授署云南巡抚潘鼎新为云南巡抚。①

十二日己巳(10 月 28 日)

总理各国事务衙门奏，拟出使章程十二条。一、拟由礼部铸造铜关防，颁发出使各国大臣各一颗，其文曰“大清钦差出使大臣关防”。二、出使各国大臣，自到某国之日起，以三年为期，副使一律办理。三、出使各国大臣，分头、二、三等名目，此次办理伊始，均暂作为二等。四、所带参赞领事翻译等员，由该大臣酌定人数，亦以三年为期，年满奏奖。五、到各国后，除紧要事件随时陈奏外，其寻常事件，函咨该衙门转为入奏。六、有兼摄数国事务者，应如何分驻之处，由该大臣酌定。七、月给俸薪，照现在实职官阶支给。二、三品充二等钦差者，月给俸薪一千二百两；三、四品充三等钦差者，三品一千两，四品八百两；其四品充二等者，月给一千两；副使俸薪，月给银七百两。八、兼摄数国事务者，月给俸薪，毋庸另加，副使一律办理。九、俸薪自到某国之日起，按数支给，扣足三年为期，期满停支。如接办大臣未到，期满大臣尚未交卸，按照在任日期算给，俟接办大臣到后住支。其参赞、领事、翻译等员，如经接办大臣留用者，俸薪即从年满日期接算支给。十、出使各国大臣及副使以下各员，由中国起程，及差次回华，行装归装，各按照三个月俸薪银数支给，均由各关六成洋税内动支。十一、每年俸薪及一切经费，由该大臣按年分晰造报。十二、俸薪及一切经费，由江海关汇齐按年汇寄。如所请行。②

十八日乙亥(11 月 3 日)

传谕实录馆总裁官，所有自咸丰十一年七月十七日以后，至同治十三年十二月初五日止，凡有交涉外国事件，着照皇考文宗显皇帝实录之例，另为一书。该总裁等敬谨纂辑，毋稍漏略。

---

① 《清实录・德宗景皇帝实录》卷四〇。

② 《清实录・德宗景皇帝实录》卷四〇。

十九日丙子(11 月 4 日)

闽浙总督文煜奏，台湾各属，自四月至六月，风雨为灾。报闻。

山东巡抚丁宝桢奏，青州益都各属，虫旱成灾，设法抚恤，各绅富捐助银米，请仿直隶赈捐成案，核计给奖。从之。①

二十日丁丑(11 月 5 日)

两江总督沈葆桢等奏，请将海州改隶淮扬道管辖。下吏部议。

广西巡抚涂宗瀛奏，越南国王阮福时，遣使臣裴文禩等，表进丁丑岁贡品，于八月初一日进关。下礼部知之。

三十日丁亥(11 月 15 日)

两江总督沈葆桢等奏，江北漕粮，借黄济运，徒耗经费，且恐牵动大河全局，贻害数省，拟请暂行海运，以期无误正供。下部议。

以欠解漕项，革已故江苏奉贤县知县王起仁职，勒限查追。②

是秋

两广总督刘坤一以八万元购买英商香港黄埔船坞公司在黄埔的柯拜、录顺、于仁船坞及厂房、机器设备，合同成议。后刘坤一等先后在黄埔长洲开设水雷局、造船局、鱼雷局及水师学堂。③

冬十月初三日庚寅(11 月 18 日)

福建海坛镇总兵官黄联开因病休致，以记名总兵贝锦泉为海坛镇总兵官。

---

① 《清实录·德宗景皇帝实录》卷四〇。

② 《清实录·德宗景皇帝实录》卷四〇。

③ 刘传标：《近代中国船政大事编年与资料选编》第 1 册，九州出版社 2011 年版，第 197 页。

初五壬辰(11 月 20 日)

崇厚奏，出使随员，请豫为慎选一折。

初七日甲午(11 月 22 日)

命山东巡抚丁宝桢来京陛见，以布政使李元华暂署山东巡抚。

以随办洋务出力，予户部候补主事钱荣增、道员许钤身、朱其诏、天津府知府马绳武、候补知州薛福成等奖叙有差。

十二日己亥(11 月 27 日)

以山东创设机器局规模完备，郎中徐建寅俟经手事竣，送部引见，济东泰武临道薛福辰，赏给二品顶戴。从巡抚丁宝桢请也。①

所购英厂之两艘炮舰驶来大沽，李鸿章亲自前往验看，命名为“龙骧”、“虎威”。②

十七日甲辰(12 月 2 日)

延煦、毕道远奏，全漕告竣，请将办运出力员弁奖励一折。本年江苏、浙江、江西、湖北海运，暨山东河运漕粮、奉天牛庄等米豆，先后抵通。经延煦毕道远督率坐粮厅等验收完竣，办理均无贻误。延煦、毕道远着交部议叙，所保出力各员，着该部议奏。

福州船政局所造第十九号木壳轮船“泰安”号，建成下水。该船局所造第一号铁壳轮船正加紧施工，预计明年二三月下水。③

十八日乙巳(12 月 3 日)

两江总督沈葆桢等奏，吴城、金陵两船厂，需用樟板等，价值渐贵，请随时变

---

① 《清实录 · 德宗景皇帝实录》卷四一。

② 李鸿章：《验收因果购到船炮折》，《李文忠公全集 · 奏稿》卷二八。

③ 中国史学会主编：《洋务运动》，《中国近代史资料丛刊》第 5 册，上海人民出版社 1961 年版，第 184 页。

通办理。允之。

以擒获海州结幅匪首出力，予两江游击王林、都司王兴堂、千总华源泉等分别升叙，予记名提督王得胜、海州知州林达泉随带加三级。

以拿办铜锣庄匪犯出力，予台湾道夏献纶、淡水同知陈星聚、游击乐文玮、守备吴三胜、千总林金安等，升叙有差，复福州都司杨金宝职。①

出使英国大臣郭嵩焘、刘锡鸿自上海出发，前往伦敦。随行有参赞黎庶昌、英籍顾问马格里、翻译禧在明(爱尔兰人)及役人等共三十余名。

二十日丁未(12 月 5 日)

江南织造锡奎等奏，本年洋商购丝较多，丝价尤昂，请仍饬浙江抚臣确查时价，取结报部，以免赔累。得旨：着户部咨行江浙督抚，查明现在丝价，再行议奏。

廿四日辛亥(12 月 9 日)

太常寺卿陈兰彬奏，招商局轮船，关系大局，请饬疆臣认真经理一折。据称洋人轮船之入中国，为害最甚。中国自创办招商局轮船以来，洋人不能尽占中国之利，办理已有成效，为中外大局一关键。惟宜昌等处新添口岸，仍觉招商局船少力薄，宜及时厚集其势，以为富强之本。请饬南北洋大臣督饬局员，认真经理，并加拨江浙漕米，以资挽运。②

廿七日甲寅(12 月 12 日)

出使英国大臣郭嵩焘奏，候选同知薛福成、刑部主事黄贻楫、充日本副使何如璋、兵部主事潘骏德、候选知府杨昉，皆可胜出使之任，请饬总理各国事务衙门存记。又奏，前任山东巡抚阎敬铭、前任浙江盐运使朱孙诒、前任福建延邵道文吉、湖南候补道裴荫森，皆有守有为，请加录用。报闻。③

廿八日乙卯(12 月 13 日)

古尼音布等奏，补立界牌，请派员会办等语。宁古塔等城所属之松河、察河口

① 《清实录·德宗景皇帝实录》卷四一。

② 《清实录·德宗景皇帝实录》卷四一。

③ 《清实录·德宗景皇帝实录》卷四一。

等处，与俄国分立界牌，现据查明有被水火冲毁之处。古尼音布等已照会俄国，会同补立。清廷着派宁古塔副都统双福、三姓副都统长麟、珲春协领讷穆锦，就近查照分界原案。俟该国派员到日，即带同原办之员，及通晓俄语之人，亲往该处，分别会同勘办。

以期满著有成效，予同文馆教习何金声、算学教习李善兰升叙有差。①

十一月初二日己未（12 月 17 日）

户部奏豫拨来年京饷一折。另奏光绪三年，内务府经费拟拨两淮盐课银五万两、两浙盐课银五万两、广东盐课银五万两、湖北盐厘银五万两、福建茶税银五万两、闽海关常税银十万两、太平关常税银十万两、九江关常税银十五万两，共银六十万两，请饬依限完解等语。

福建按察使张岳龄因病乞休，以山东盐运使李明墀为福建按察使。②

初十日丁卯（12 月 25 日）

广东委办滇水分厂洋药帖饷事务试用知县恭鈞，于本年九月间自缢身死。惟据称该故员先经查出厂内弊端，丁役人等出言胁制，有该故员亲笔遗稿为据。

十二日己巳（12 月 27 日）

总理各国事务衙门奏议各国使臣会晤办法，除新年在总署接见外，约同各部院大臣分日往各国使馆答拜。从之。③

十九日丙子（公元 1877 年 1 月 3 日）

丁日昌奏台湾事宜，亟应统筹全局，并省城台湾势难兼顾情形，及拟于台湾举办矿务垦务各折片。台湾时势，今昔悬殊，自宜及早图维，俾资实济。丁日昌所拟购铁甲船、练水电车、造炮台、练枪炮队、开铁路、建电线、购机器、集公司各条，亦属目前应办之事。惟同时并举，所费不赀。该抚请于江海等关各借拨银二十万两，以为权舆，再由官绅百姓凑集公司数十万，以期次第举办。并称台

---

① 《清实录·德宗景皇帝实录》卷四一。

② 《清实录·德宗景皇帝实录》卷四二。

③ 《清实录·德宗景皇帝实录》卷四二。

湾事事创始，非仅住半年，即能办有头绪。省城、台湾势难兼顾，须专派重臣督办数年，方可徐议督抚分住之局。所陈各节，是否可行，李鸿章于洋务情形，最为熟悉；沈葆桢从前办理台湾事务，该处一切机宜，自必周知。应如何擘画尽善之处，着该督等妥密筹商，速议具奏。丁日昌指日赴台，拟先于北路试办矿务、垦务，并拟于香港、汕头、厦门等处设立招垦局，冀免穷民出洋佣工之苦，所陈不为无见，但经费必须宽筹，方能有济，并着李鸿章、沈葆桢通盘筹画，奏明办理。

文煜、丁日昌奏，台北生番滋事，现筹办理。并丁日昌奏，力疾赴台各折片。丁日昌另奏，闻日国调拨兵船，冀图索偿等语。日国货船抢失货物一案，在未经立约之先，何得借口索偿。丁日昌恐该国兵船驶至台湾为挟制计，豫筹办法，所虑亦是，即着该抚留心侦察该国如何举动，随时奏闻，酌核办理。①

廿五日壬午(公元 1877 年 1 月 9 日)

湖南巡抚王文韶奏，道员张自牧不堪用为出洋参赞。得旨：出使人员关系甚重，王文韶既知张自牧不堪任用，据实具陈，所奏甚是，即着传知该员，毋庸起程。

廿七日甲申(公元 1877 年 1 月 11 日)

前任顺天府府尹彭祖贤奏，苏常等府，留养灾民，请截留海军漕粮，并酌提丰备仓谷抚恤各折片。本年江北旱灾较重，饥民四出，兼以山东、安徽灾黎纷纷渡江，前赴苏常就食。业经沈葆桢等筹款抚恤，并准截留海运，筹备余米，妥筹抚恤。惟饥民为数较多，江南岁仅中稔，户鲜盖藏，诚恐赈费不敷，亟应豫为筹画。清廷着沈葆桢、吴元炳即于本届起运漕粮截留一万石，俾资接济，仍俟下届起运，将此次留赈米石，在于秋后带征项下，照数补还。苏郡丰备仓存谷，及生息银两，并着沈葆桢等饬令地方官会同绅董体察情形，酌提十分之三以备赈需。嗣后如遇灾民入境，人数逾万，仍当一律协济。②

廿九日丙戌(公元 1877 年 1 月 13 日)

李鸿章、沈葆桢联衔会奏，选派候选道李凤苞、闽厂监督日意格，充华洋监督，率领闽厂前后堂学生，分赴法国官厂学习制造，英国水师大学堂及铁甲兵船学

---

① 《清实录·德宗景皇帝实录》卷四三。

② 《清实录·德宗景皇帝实录》卷四三。

习驾驶。学生员数，以三十名为度。肄习年限，以三年为期。经费约共需银二十余万两，由闽省厘金、闽海关洋税、船政经费各项下匀拨，分年汇解。①

十二月初二日戊子(公元 1877 年 1 月 15 日)

以前派出使日本直隶候补道许钤身，发往福建船政局差委，命升用翰林院侍讲何如璋，充出使日本国钦差大臣，知府张斯桂为副使。②

初四日庚寅(公元 1877 年 1 月 17 日)

以海运完竣，予浙江道员朱其昂等加衔议叙有差。

初五日辛卯(公元 1877 年 1 月 18 日)

沈葆桢奏，美国旗昌公司，愿并归招商局，议定各项价值，请饬拨款一折。旗昌公司、轮船栈房等项，现经议定价值，概行并归招商局。惟需款甚巨，除各商集成银一百二十二万两外，不敷银一百万两。沈葆桢拟由该省藩司等筹银五十万两，并请饬浙江拨银二十万两、江西拨银二十万两、湖北拨银十万两。清廷即着李瀚章、翁同爵、刘秉璋、杨昌濬迅速照数拨解，毋稍延误。至所称官本息银，不限定额，宜官商一体等语，均着照所议行，并着李鸿章将北洋从前所发官帑照此办理，以广招来。

直隶总督李鸿章等奏，本年春间，上海英商于租地内擅筑铁路，行驶火轮车，直达吴淞。当派道员盛宣怀、朱其诏，驰晤江海关道冯焌光，会同英员妥筹办法。适威妥玛所派之汉文正使梅辉立，于八月十八日亦到上海会议，当向逐细剖辩，以中国地方、外人未便擅造铁路，通融给价，已属格外体恤，傥再生枝节，则曲不在中国而在西洋。经该道等往复筹商，始于九月初八日议明买断，行止悉听中国自便。计买此铁路，共需规平银二十八万五千两，分三期付清，一年限满价银付讫，即将地亩车器各件，照单由中国收管，永与洋商无涉。下所司知之。③

初六日壬辰(公元 1877 年 1 月 19 日)

本日礼部据朝鲜国王咨转奏一折，据称沙河子地方逼近朝鲜，边境现在筑城建

① 李鸿章：《闽厂学生出洋学习折》，《李文忠公全集·奏稿》卷二八。

② 《清实录·德宗景皇帝实录》卷四四。

③ 《清实录·德宗景皇帝实录》卷四四。

署，恐彼此民人易致混藏潜越，请严立禁令。

初九日乙未（公元1877年1月22日）

广东碣石镇总兵丁泗滨因病乞休，以崖州协副将彭玉为碣石镇总兵官。

初十日丙申（公元1877年1月23日）

吴赞诚奏，船政局造船经费，向由闽海关月拨六成、四成洋税，共银五万两，计新旧欠解银三十二万两。养船经费，计支发过银二十三万六千余两。除税厘局解过银十二万六千余两，计不敷银十一万余两。均在造船本款，暂为挪垫，现在经费支绌异常，请饬尽先拨解等语。清廷着文煜、何璟、丁日昌酌度情形，分别缓急，将船政局造船养船两款，尽行拨解，毋稍延缓。其欠解之款，并着随时解清，俾资应用。①

十八日甲辰（公元1877年1月31日）

侍郎袁保恒奏，请将福建巡抚改为台湾巡抚，其福建全省事宜，专归总督办理等语。

清廷密谕：沿江沿海，防务关系紧要。前据总理各国事务衙门奏，遵议筹办事宜，当经降旨派李鸿章督办北洋海防事宜，沈葆桢督办南洋海防事宜，所有练兵拨饷等事，统归该大臣等经理。并谕令各该省督抚，各就地方形势，量更营制，训练陆军，俾成劲旅。中外交涉事件，端绪纷繁，彼族狡诈性成，往往藉端生事，必须切实筹防，确有把握，然后操练自我，不致临事棘手。朝廷宵旰焦劳，时时以思患豫防为念。该大臣将军督抚，务当振作精神，为未雨绸缪之计。李鸿章等自接奉谕旨后，筹办至今，一年有余，现在办理情形若何，着随时奏闻，以慰廑系。当此时事多艰，该大臣等其各懔遵前旨，力图自强，将应办事宜，认真经画，毋得有名无实，致缓急仍不足恃。至整饬吏治，固结民心，均与防务相表里。地方一切事宜，尤应实力整顿。州县中如有庸劣不职、玩视民瘼者，即着从严参办，毋稍姑容。果使牧令得人，闾阎安辑，自可收众志成城之效也。

侍郎袁保恒奏，东三省为根本重地，骑兵素称精劲，近来纪律技艺，大逊从前，亟须选其骁健，勤加训练。并闻吉林边界，时有俄夷增兵来往，举动叵测，尤须豫备不虞。请特简知兵重臣，专办东三省练兵事务，除三省地方事宜仍归各将军

---

① 《清实录·德宗景皇帝实录》卷四四。

府尹办理外，凡属兵马饷糈边防之事，悉归经理等语。清廷着崇厚、古尼音布、丰绅体察情形，悉心会商，妥议具奏。寻奏：袁保恒所请特简重臣专办东三省练兵事务，察看情形，恐滋流弊。报闻。①

廿二日戊申(公元 1877 年 2 月 4 日)

福建巡抚丁日昌奏，东渡亲勘台湾北路后山大略情形，并准总理各国事务衙门密函，以日国索伯拉那船，同治元年在台湾遭风搁浅破坏一案。据总税务司赫德面称，伊近见洋新闻纸，知日使已请本国调兵船三只来华。得旨：台湾后山生番杀人，丁日昌已获犯正法，即着妥为布置。福靖新右营勇丁被害，营官朱宝隆革职。至西班牙国，既有调兵来台之信，丁日昌已调勇分驻，即着严密防范。如事机紧急，刘坤一等饬方耀率部赴台，李鸿章等将小蚊船"龙骧"等船饬令赴台，需饷由李鸿章等迅筹。嗣后情形，着丁日昌奏闻。

直隶总督李鸿章奏，查明天津通商口岸，英法两国租界，占用内务府差地，请将赢余租项，作为津贴该县通商之需。下所司知之。②

廿五日辛亥(公元 1877 年 2 月 7 日)

总理事国事务衙门奏，风闻西班牙国，为索伯拉纳船只遭风，在台湾被抢一案，有调兵船来中国之事，夷情叵测，虚实难定，已飞函密寄南北洋大臣、闽省将军督抚、盛京将军随时探听，严密防范。报闻。

杭州将军希元来京陛见，以杭州副都统济禄署杭州将军。③

廿八日甲寅(公元 1877 年 2 月 10 日)

朝鲜国使臣沈承泽等三人于午门外瞻觐。

廿九日乙卯(公元 1877 年 2 月 11 日)

浙江巡抚杨昌濬奏，台属匪盗，勾结思逞，经官军兜捕，均已立时歼灭，获犯分别惩办，恳请奖恤。得旨：准其酌保数员，毋许冒滥，王翘斋着交部从优

① 《清实录・德宗景皇帝实录》卷四五。
② 《清实录・德宗景皇帝实录》卷四五。
③ 《清实录・德宗景皇帝实录》卷四五。

议恤。

蠲缓浙江芦沥等场被灾地方灶课钱粮有差。

蠲免浙江杭、嘉、松各场荒坍未垦地方灶课钱粮。①

三十日丙辰(公元1877年2月12日)

加赏朝鲜国使臣沈承泽等，文绮、荷包如例。

是年

全国海关出口货值银八千零八十五万零五百一十二两，进口货值银七千零二十六万九千五百七十四两，出超银一千零五十八万零九百三十八两。征收货税银(海关洋税)一千二百一十五万二千九百二十一两。②

英国传教士在上海公共租界创办格致书院。③

福建船政派员修建台湾从基隆到海岸的轻便铁路，用于运输煤炭，这是中国自己修筑的第一条铁路。④

光绪三年　丁丑　公元1877年

春正月初七日癸亥(2月19日)

两江总督沈葆桢、江苏巡抚吴元炳奏，苏省冬漕海运，酌议办理章程十二条。报闻。

---

① 《清实录·德宗景皇帝实录》卷四五。

② 刘锦藻：《清朝续文献通考·国用四》卷六六，商务印书馆1934年版，第8225~8229页。

③ 袁继成：《近代中国租界史稿》，中国财经出版社1988年版，第377页。

④ 刘传标：《近代中国船政大事编年与资料选编》第1册，九州出版社2011年版，第203页。

初八日甲子(2 月 20 日)

署盛京将军崇厚等奏，东边外与朝鲜交界地方，严立禁令，以杜彼此人民私越。报闻。

十一日丁卯(2 月 23 日)

崇厚奏，奉天添练旗绿各兵，请饬迅拨银两，并请饬道员管解。奉省练兵，需饷孔亟，清廷着刘坤一、张兆栋将应解奉天练兵银六万两、粤海关应解奉天捕盗营银二万两，迅速如数筹拨，交广东候补道高从望，解赴奉天。其南洋应解奉天各枪械，即由该员顺往上海，与苏松太道会商选解。所有江苏、两淮应拨练兵各饷，并着沈葆桢、吴元炳即交该员管解赴奉，以应要需。①

十八日甲戌(3 月 2 日)

李鸿章奏会匪煽勇滋事，剿捕平息情形一折。据称本年正月初三日夜间，有哥老会匪，潜煽驻防天津营勇，在小站地方哗扰溃逃。当经总兵周盛传，督队跟追，将会匪溃勇，尽数歼除，请将营官惩处。

两江总督沈葆桢、江苏巡抚吴元炳奏，留养灾民漕米，现于阳坛二县，抵征采买米内截拨，并将节省水脚等银，买补前留筹备二升余米之数。报闻。②

廿二日戊寅(3 月 6 日)

清廷谕令：丁日昌奏查勘台湾北路，回抵郡城，布置大略情形，并调方耀一军赴台，请饬豫筹饷银，暨调拨轮船炮位各折片，览奏均悉。台湾地方，以郡城为根本，自应先事筹防，以杜窥伺。丁日昌现于炮台附近，添设营垒，派兵联络防守，并调轮船驻扎澎湖，扼其险要，布置尚妥。着即督饬各营，认真操防，以期有备无患。丁日昌前已派令道员方勋回籍，挑选方耀所部勇丁三营赴闽。惟闽省兵力仍不敷分布，着刘坤一、张兆栋即饬方耀亲率所部全军，携带后门枪，迅速赴台，藉资备御。该军一切饷需，仍由广东拨给。刘坤一等素顾大局，谅能源源接济，俾无缺乏之虞。台湾生番叛服无常，仍有杀害兵民之事，必须设法惩治。平埔近海各番，

① 《清实录·德宗景皇帝实录》卷四六。

② 《清实录·德宗景皇帝实录》卷四六。

易开外衅，尤宜先行筹办。着丁日昌酌度情形，相机剿抚，为一劳永逸之计。日国有调兵船来台之说，虚实固不可知，然未雨绸缪，断不可置为后图。丁日昌拟购中等铁甲船二三号，以及水雷大炮快枪，豫练精锐二三十营，以备缓急。惟需饷不少，着文煜、何璟、吴赞诚统筹全局，暂将他款截留，移缓就急，俾资购买之用，并着沈葆桢、杨昌濬将前调之“登瀛洲”“元恺”轮船二号，迅饬赴台调遣，俟台郡情形稍松，仍令各回原处。炮位为海防所必需，丁日昌请饬李鸿章，拨借格林行炮二十尊、克鹿卜行炮二十尊，并配齐子药水雷十具；沈葆桢拨借克鹿卜、博洪两式四十磅至一百二十磅子大炮各六七尊，并格林炮二十尊，着该督等照数拨给，由轮船载运赴闽。将来或由闽省将炮价归款，或另购原炮归还，着丁日昌酌度办理。至轮路一事，为全台一大关键，并请饬令审度地势，妥速筹办。陆路电线，李鸿章、丁日昌均拟移用省厦议撤之线，办法尚属简易。鸡笼、沪尾两处，关系全台形胜，应办炮台水雷各项，亦应酌量兴办，并分拨粤海等关洋税、江苏等省厘金，按期批解，统归该抚臣一手经理。所请专派知兵重臣，熟悉工程大员之处，应无庸议。报闻。①

廿四日庚辰(3月8日)

浙江巡抚杨昌濬奏，关卡并征，必至税厘两绌，请将南、北两新关，展缓开办，以纾民力而全饷源。从之。②

廿七日癸未(3月11日)

秘鲁国新举卜喇陀为国主，呈递国书。

廿八日甲申(3月12日)

抚恤琉球国遭风难民如例。

二月初二日戊子(3月16日)

都察院奏，江西举人廖连城呈递管见四条，据呈代奏一折，着该衙门议奏。寻总理各国事务衙门议上：该举人所陈禁设烟馆，地方官吏自有责成，毋庸置议。至

---

① 《清实录·德宗景皇帝实录》卷四六。

② 《清实录·德宗景皇帝实录》卷四六。

各省新立埔头，请移兵备道坐镇一节，查洋人设立埔头系为通商起见，立约以后，内地传教蔓延既广，应由地方官持平妥办，势不能专藉兵备道坐镇之力。上年议结滇案，云南、四川各郡，仅有准派洋员往彼察看情形，并未作为通商埔头。此外凡属通商口岸，皆有道员兼充监督，专膺其责，亦毋事别有更张。又所请设台湾水师提督、添练水勇，上年侍郎袁保恒奏请将福建巡抚改为台湾巡抚，业经会同吏部奏覆，毋庸改设；今所请添设水师提督一层，应一并毋庸置议。至滨海七省，整顿海防，因有五策之陈，虽所言未必悉中肯要，而谋事集益不厌求详，拟请饬下南北洋大臣，如有可采之处，酌量施行。从之。①

初四日庚寅(3 月 18 日)

总理各国事务衙门奏，道员在沪议借洋款，请饬确查虚实，严密究办一折。据日本国使臣森有礼声称，委员候补道许厚如，在上海同日本领事官，商借洋款。复据总税务司赫德面述，接到上海钞来合同底稿，系许厚如经手，并写明由各关扣还等情，经沈葆桢函称，许厚如系金顺派令守领沪饷委员。清廷着沈葆桢密派委员前往上海，会同江海关道确切查明。寻据沈葆桢奏，查明许厚如蒙借洋款，情弊属实。得旨：许厚如着即行革职，递解回籍，交地方官严加管束。②

初六日壬辰(3 月 20 日)

沈葆桢奏，哨弁罗登榜以浙省委令缉私为名，在江南竖积洪地方，将朱小海船只拦住，并搬运客民萧吴吉等洋钱过船一案，据杨昌濬咨有罗登榜信函，请饬亲提巡商勒缴等语。清廷着杨昌濬亲提张顺昌勒缴原信，移交沈葆桢归案办理，毋任该商饰词延宕。

两江总督沈葆桢奏，遵饬“登瀛洲”兵轮回闽防堵，并由南洋拨借各项炮械。报闻。③

十七日癸卯(3 月 31 日)

署闽浙总督文煜奏，闽省内地，续添水陆练营。福州省垣，为根本重地，原设全福左右二练营，不敷分布。兹督饬省标各营将备，在存营兵内，再挑四百五十四

① 《清实录·德宗景皇帝实录》卷四七。

② 《清实录·德宗景皇帝实录》卷四七。

③ 《清实录·德宗景皇帝实录》卷四七。

名，合练一营，名全福中营；其水师提标五营内，亦仿照陆路章程，挑兵四百五十四名，合练一营，名靖海中营；又因整顿海防，再于提标五营内，挑兵四百五十四名，合练一营，名靖海左营；又金门营挑兵二百六十名，合练三哨；闽安协标左右营，挑兵二百名；海坛镇标左右营，挑兵二百名；福宁镇标左营、烽火营挑兵一百八十六名，湄州营挑兵一百八十二名，均各合练二哨；督标水师营、南澳镇标左营、铜山营，各挑兵一百名，合练一哨。均已先后成军，实力训练，俾成劲旅。下部知之。

以出使英国大臣郭嵩焘为兵部左侍郎。未到任前，仍以都察院左副都御史童华署理。

以江宁布政使梅启照为浙江巡抚。

以延不获犯，革署台湾淡水厅同知郑元杰等职。①

福建船政出洋学习学生监督李凤苞，和洋监督日意格，率领随员马建忠、文案陈季同、翻译罗丰禄，及船政学堂制造专业学生二十八人，转道香港，前往英法等国学习。②

十八日甲辰(4月1日)

命浙江巡抚梅启照即赴新任，毋庸来京请训。未到任前以布政使卫荣光暂行护理。

湖北宜昌、安徽芜湖、浙江温州开埠。

十九日乙巳(4月2日)

署盛京将军崇厚奏，办理义州赈恤事竣，被灾地亩，仍请照例蠲缓租银。如所请行。又奏奉省饷糈不敷，拟整顿船规货厘，实力稽征，并察看情形，试办斗税，以裨饷需。报闻。

广东北海开埠。

廿三日己酉(4月6日)

何璟奏，闽省防务紧要，水陆冲要之地甚多，兵力不敷分布，请饬提督唐定奎

① 《清实录·德宗景皇帝实录》卷四八。

② 刘传标：《近代中国船政大事编年与资料选编》第1册，九州出版社2011年版，第204页。

迅速赴任，并请饬简选步队数营，派拨轮船，随带来闽。清廷着沈葆桢，即饬唐定奎迅速驰赴福建提督新任，以重职守，并着饬令该提督简选步队数营，派拨轮船随带前往，以资得力。

以记名提督朱德明为福建汀州镇总兵官。①

廿七日癸丑(4 月 10 日)

丁日昌奏，巡查台湾南路察勘旗后炮台情形，并请派大员督办后路粮台各折片。清廷批示：台湾南路凤山、恒春等处并旗后炮台，经丁日昌巡历查勘，饬令各该地方认真办理城工，并抚驭番民等买炮位，训练营勇，办理尚属周妥。着丁日昌认真筹画，力图整顿，以为自强之计。惟足兵尤须足食，闽省欠解台湾月饷，自上年正月至今，已积至八十余万之多，办理实形棘手。现在台湾诸事，俱宜整饬。且系闽省所辖之地，岂可使丁日昌独任其难。所有该处后路粮台，毋庸另派大员督办，即着文煜、何璟与丁日昌联为一气，不分畛域，合力图维。该处月饷，应如何核定准数按月筹解，即责成文煜、何璟先其所急，与丁日昌通盘筹画，妥为经理。一切情形，着丁日昌随时驰奏，以慰廑系。

以台湾防剿生番，轻敌失利，暂革副将李光职，戴罪自赎，予阵亡把总谢受业赏恤加等。

以玩视捕务，摘台湾北路协副将乐文祥等顶戴，暂革都司赵品职仍留任，勒限严缉。

予台湾抚番积劳病故，湖北知县梁肇熏等分别赏恤如例。②

廿八日甲寅(4 月 11 日)

出使英国大臣郭嵩焘奏，奉使英国，呈递国书，惋惜滇案，并无充当公使文据，亦未列副使名，请旨遵办。又副使刘锡鸿奏，西洋通例，因事特遣之使，不限人数，而驻扎公使各国均只一人，并无副使名目。此时惋惜滇案已毕，驻扎尚未颁发国书，且将副使裁撤，无庸另行简派。均下所司议。寻议：现在英国交涉事件，亟资经理，拟请补颁国书，俾充驻扎英国办理交涉事件大臣。并知照内阁，颁给敕书，以昭慎重。又据副使刘锡鸿奏，陈副使可裁情形，可否俯如所请，即将刘锡鸿撤回。从之。③

---

① 《清实录 · 德宗景皇帝实录》卷四八。

② 《清实录 · 德宗景皇帝实录》卷四八。

③ 《清实录 · 德宗景皇帝实录》卷四八。

刘锡鸿改为驻德国使臣。

廿九日乙卯(4月12日)

浙江巡抚杨昌濬奏，浙西引地，先后试办巡缉情形。查江苏苏、松、常、镇、太四府一州，系浙盐引地，滨临江海港汊纷歧，遂成私盐出没之薮，官引滞销，认商赔累。后由商人捐资雇募巡船，节节梭巡，销数略有起色。惟巡船远在邻境，是否认真，有无滋扰，浙省耳目难周，是以函请江苏抚臣会派道员，统带前项商巡督饬妥办，庶于盐务、地方两有裨益，并通地方营汛，遇有大股私枭，一体会合兜拿。报闻。①

三月初四日庚申(4月17日)

两江总督沈葆桢奏，筹防经费不敷，请将二成洋药再截留一半。下户部总理各国事务衙门议。

湖广总督李瀚章奏，江汉关招商局税项，请准分四六成。下户部总理各国事务衙门议。

初六日壬戌(4月19日)

署盛京将军崇厚等奏，会议袁保恒奏东三省练兵事务，窒碍难行。得旨：览奏均悉，所请于洋税项下拨给黑龙江银二十万两，着该衙门议奏。②

十一日丁卯(4月24日)

前因何璟奏，闽省兵力不敷，当经谕令沈葆桢即饬福建提督唐定奎赴任，并派步队数营随带前往。兹据沈葆桢奏称，铭军自台湾内渡后，几至不能成军。现在疮痍甫起，尚须极力整顿，唐定奎接统是营，未便遽易生手。惟现驻镇江之总兵宋国永所部霆、庆两营，皆属劲旅，拟请调至福建等语。清廷着沈葆桢饬令宋国永管带所部两营，迅速前赴福建省城，听候调遣。该军抵闽后，应如何布置及以后应否添募数营归并宋国永统带之处，着何璟、丁日昌酌度情形妥商办理。③

① 《清实录·德宗景皇帝实录》卷四八。

② 《清实录·德宗景皇帝实录》卷四九。

③ 《清实录·德宗景皇帝实录》卷四九。

十五日辛未(4 月 28 日)

以记名提督刘光明为广东碣石镇总兵官。

以记名提督调署潮州镇总兵官，南韶连镇总兵官方耀，署广东陆路提督。留粤尽先补用副将何明亮，署潮州镇总兵官。

十六日壬申(4 月 29 日)

署盛京将军崇厚等奏，山海关招商局洋税，请仍留为奉省兵饷。下该衙门议。

廿五日辛巳(5 月 8 日)

以神灵显佑，颁广东揭阳县关帝庙匾额曰“威宣南海”。

丁日昌奏台湾府属各项杂饷，征收苦累，开单恳恩豁除一折。福建台湾府属各项杂饷征收日久，弊窦滋多，小民苦累情形，殊堪轸念。所有台湾府属厅县港潭等项，杂饷共五千二百二十三两零，着自光绪三年起永远一律蠲除。该督抚即按照单开各项及额征数目刊刻誊黄，遍行晓谕，务使实惠及民，毋任吏胥中饱，用副朝廷加惠闾阎至意。①

福建巡抚丁日昌奏，台湾鸡笼之老廖坑井，现凿至二百九十余尺深，看见煤层。据洋匠云，成色甚佳，可与外国上等煤相埒。②

夏四月初二日丁亥(5 月 14 日)

郭嵩焘等奏，鸦片烟为害中国，拟请设法禁止一折。官员、士子、兵丁等吸食鸦片烟，例禁綦严，近来视为具文，吸食日众，为害愈深。该侍郎等请以三年为期，设法禁止。清廷着各该将军府尹、各直省督抚斟酌情形，妥筹具奏。其各省驻防旗营官兵，着该督抚会同该将军酌度办理。

清廷谕令：郭嵩焘等奏鸦片烟为害中国请饬禁止一折，已谕令各直省将军督抚等酌度办理矣。自鸦片烟贩入中国以来，贻害无穷，自宜设法禁止。惟欲禁吸食，必先阻止贩运。现在西洋既经设立公会，劝禁栽种贩买，实为善举。即着郭嵩焘等

---

① 《清实录 · 德宗景皇帝实录》卷四九。

② 中国史学会主编：《洋务运动》，《中国近代史资料丛刊》第 7 册，上海人民出版社 1961 年版，第 74 页。

与英国官员妥为筹商，果使外洋烟土不入内地，则中国栽种罂粟，不难自行禁止，吸食之风亦可从此永绝矣。

出使英国大臣郭嵩焘奏陈西洋传教本末，请饬总理各国事务衙门会商驻京公使妥议，务防流弊。

抚恤琉球国遭风难民如例。①

初三日戊子(5月15日)

福州船政局所造第一号铁胁轮船“威远”号下水。②

初七日壬辰(5月19日)

命福州将军文煜留京当差，调绥远城将军庆春为福州将军。

广东阳江镇总兵官卫佐邦因病乞休，以记名总兵马复震为阳江镇总兵官。

初九日甲午(5月21日)

督办船政大臣候补三品京堂吴赞诚，奏报闽厂遣派出洋学习制造驾驶学生起程日期。下该衙门知之。又奏，调总兵吴世忠，管练“扬武”轮船。允之。③

十四日己亥(5月26日)

丁日昌奏，攻破率芒番社，分别剿抚，并办理矿务电线情形，回省筹办饷事各折片。台湾南路率芒社番人，恃险负嵎。经总兵张其光、道员方勋带兵进攻，破其巢穴，并将南屏心麻等社亦皆归顺。鸡笼等处煤磺各矿，业经办有头绪。台湾拟设电线，以通文报。

以在押潜逃、撞骗得赃，将已革台湾北路协副将林珠，发往军台效力赎罪。④

---

① 《清实录·德宗景皇帝实录》卷五〇。

② 中国史学会主编：《洋务运动》，《中国近代史资料丛刊》第5册，上海人民出版社1961年版，第100页。

③ 《清实录·德宗景皇帝实录》卷五〇。

④ 《清实录·德宗景皇帝实录》卷五〇。

十五日庚子（5 月 27 日）

护理浙江巡抚卫荣光奏，修建炮台营房各工数目。下部知之。

十八日癸亥（5 月 31 日）

两江总督沈葆桢奏，江南兵燹以后，财力凋敝，奉饬添办木植，无款可筹，请从缓办。又奏，金山县知县张衍畴，欠解同治十二年分杠脚杂税等库款，请摘顶勒缴。如所请行。

赐越南国王缎匹珍玩，并赏越南正使裴文禩等三人缎匹荷囊如例。①

五月初七日辛酉（6 月 17 日）

总理各国事务衙门奏，请饬各省讲求条约一折。中外交涉事件，关系大局，全在坚持条约，庶不至措置乖方。前经总理各国事务衙门咨行各省，将条约刊刻发给各地方官，详细检阅，惟恐条约虽经颁发，该地方官平时不能详阅，临事仍无准则。清廷着各该将军督抚府尹，再行严饬所属，务将条约详研熟识，融会贯通，以期深明窾要，遇事办理妥协。并着于考试各官及接见属员，随时询问，观其辨难，试其才识，分别举劾，俾知劝惩。②

初十日甲子（6 月 20 日）

沈葆桢奏，霆庆二营，请仍留江防，以节糜费一折。据称台湾现在安堵，若仍调兵远涉，不独虚耗国帑，抑且转启群疑。霆庆二营久驻镇江，与该处民情浃洽，请仍留江南，免其调戍等语。刻下海疆静谧，所有霆庆二营是否尚须调拨，清廷着何璟、丁日昌酌度情形，咨商沈葆桢办理。

十四日戊辰（6 月 24 日）

何璟、丁日昌奏，日本阻梗琉球贡物，请旨办理。琉球此次，所贡方物为日本所阻，该国王遣陪臣等前赴福州，投递密咨，恳给凭赴部沥陈。琉球世守藩服，岁

① 《清实录·德宗景皇帝实录》卷五〇。

② 《清实录·德宗景皇帝实录》卷五一。

修职贡，日本何以无故梗阻，是否藉端生事，抑系另有别情，清廷着总理各国事务衙门，即传知出使日本大臣何如璋等，俟到日本后，相机妥筹办理。至琉球使臣暨通事人等，即着何璟、丁日昌饬令统行回国，毋庸在闽等候。①

吴赞诚奏，遵旨赴台，并布置船政事宜一折。清廷批示：吴赞诚现在前赴台湾，该处一切事宜，经丁日昌实力经营，粗有头绪。应如何筹画布置，着吴赞诚随时咨商何璟、丁日昌，次第施行，勿稍松劲。丁日昌假期将满，一俟病体稍痊，仍着驰赴台湾，以副委任。吴赞诚渡台后，省中船政事宜，即着责成道员吴仲翔妥为筹画。至购办船只为目前要务，经费支绌，措手为难，闽海关欠解款项甚多，亟应速行筹解。着何璟于该关应解之款，按月照数拨解，并将新旧欠款，陆续解清，以济要工而维大局。②

十五日己巳(6月25日)

署盛京将军崇厚等奏，整顿营口货厘，并派员设局开办。又奏，奉省向未征收盐厘，现拟整顿。均报闻。

十六日庚午(6月26日)

两江总督沈葆桢，闽浙总督何璟、福建巡抚丁日昌奏，福建新设台北府知府，请以江苏海州直隶州知州林达泉调署，允之。

以亏短公款，逮问浙江已革海塘局员、候补同知赵宝申，并籍产备抵。

廿三日丁丑(7月3日)

福建巡抚丁日昌奏，请拨台湾办理轮路经费，改办马车路，并购铁甲船。得旨：该衙门议奏。寻总理各国事务衙门奏：查铁甲船一项，本属制敌利器，所请移费购船，实为先其所急起见，应由丁日昌咨商南北洋大臣会同派员分别订购。又称台湾铁路，俟矿务大兴，再行举办。拟先拨款二三十万两，设立马车路，以利行师，实非无见，应请饬下丁日昌先行举办。从之。③

---

① 故宫博物院文献馆：《清光绪朝中日交涉史料》卷一，1932年，第21页。

② 《清实录·德宗景皇帝实录》卷五一。

③ 《清实录·德宗景皇帝实录》卷五一；中国史学会主编：《洋务运动》，《中国近代史资料丛刊》第2册，上海人民出版社1961年版，第368~370页。

廿四日戊寅(7 月 4 日)

何璟、丁日昌奏，福建省城骤遭大水，现筹抚恤等语。本年五月间，福建省城雨水过多，山水骤发，兼之海潮上泛，城内外水深五六尺至丈余不等。业经何璟等督率员弁，将被难居民救出安插。

闽浙总督何璟等奏，筹备海防饷项，请分别截留，并饬部解拨京饷。得旨：该衙门议奏。又奏，筹办福建厦门海口防务。得旨：着随时认真筹办，以副委任。

闽浙总督何璟奏，西班牙狡谋未息，商同抚臣先派调办洋务道员唐廷枢，前赴厦门，与该国领事面论曲直，冀早商办了结。抚臣丁日昌，似可留省养病，暂缓赴台。得旨：即由该督知照丁日昌，暂缓赴台。如遇有紧要事件，仍即迅往筹办，毋稍延缓。又奏，请准开支抚臣办公渡台经费。得旨：嗣后该抚渡台时，每月开支经费银一千五百两。下部知之。①

六月初一日乙酉(7 月 11 日)

抚恤琉球国遭风难民如例。

初二日丙戌(7 月 12 日)

闽浙总督何璟等奏，福州各属及延、漳两府，同时被水。得旨：着妥筹抚恤，以纾民困。

总理各国事务衙门奏，德国使臣巴兰德，前因修约未能就绪，于五月初九日出京。旋据北洋通商大臣李鸿章来函，据称巴兰德抵津，与之会晤，反覆开导，劝令回京会议。兹接到巴兰德照覆二件，并据德国翻译官阿恩德函述回京。报闻。②

初七日辛卯(7 月 17 日)

御史邓华熙奏，广东省北被水大概情形，请旨饬查妥筹赈抚。据称广东北江，长堤绵亘，为清远等县屏障，闻本年四五月间，雨水过多，江河泛滥，石角围堤，

---

① 《清实录·德宗景皇帝实录》卷五一。

② 《清实录·德宗景皇帝实录》卷五二。

决口百数十丈，此外河堤复溃塌十余处。又闻连州于五月间山水陡发，居民淹毙万余人。训导康赞修，漂流不知下落。四野田庐，均被淹没。

金顺奏，订买俄粮。据称与俄官立约，订买粮一千万斤合银四十万两，由营交银五万两，其余价银三十五万两，均兑至湖北江汉关交给等语。军食关系紧要，采买俄粮，亦足以资接济。惟由江汉关兑交之款，必须与该督抚先期商定随时应付无误，方足示信。清廷即着金顺，咨明李瀚章等，务将所兑银两，届期如数付给，毋得稍有延欠。①

十三日丁酉（7 月 23 日）

何璟、丁日昌奏，运米赈饥，恳准免税等语。本年福建复遇水灾，饥民嗷嗷待哺，全赖运米赈济。现在何璟等已经招商贩运。所有闽省米船，经过江苏、浙江关卡，着该督抚等，饬令各属一概免税，以广招来而资接济。

何璟、丁日昌奏，特参废弛营伍之守备等语。台湾沪尾营水师守备嘉朝泰，平日不能约束兵丁，整顿营伍，以致该营犯事，及老弱充数至八十余名之多，实属荒怠不职。嘉朝泰着即革职，永不叙用，以为玩视营务者戒。②

十五日己亥（7 月 25 日）

总理各国事务衙门奏，出使日本国大臣、升用翰林院侍讲何如璋，出使德国大臣、光禄寺少卿刘锡鸿，应遵照奏定出使章程，作为二等。何如璋、刘锡鸿俱系五品，拟请均照四品充二等者，月给银一千两以示体恤。从之。③

廿一日乙巳（7 月 31 日）

两广总督刘坤一等奏，广东府属北海地方，添开通商口岸。据总税务司赫德呈报，已调派税务司速赴新任，会同地方官商办。旋据廉州府知府冒澄、署合浦县知县谢镜澄，会同税务委员祁兆熙，禀称北海新关，已于本年二月十九日开办。通商以后，商民安堵，地方静谧。报闻。④

① 《清实录·德宗景皇帝实录》卷五二。

② 《清实录·德宗景皇帝实录》卷五二。

③ 《清实录·德宗景皇帝实录》卷五二。

④ 《清实录·德宗景皇帝实录》卷五二。

秋七月初一日甲寅(8 月 9 日)

云南巡抚潘鼎新奏，铜运改由海道，请照轮船转漕成案，搭货免税。下部议。

初三日丙辰(8 月 11 日)

总理各国事务衙门奏，左宗棠请借英商汇丰行银五百万两。前据奏明每月给息一分二厘五毫，现接该督函称汇丰行系每月一分行息，因该行只允借番银，甘肃向不使用，道员胡光墉复向德商泰来洋行包认实银，每月加息二厘五毫。而汇丰行商人拟定照会文稿，又称息银每年不过一分，数目各殊。现已将分晰函致英国使臣情形缄复该督等语。清廷批示：借用洋款本属万不得已之举，若办理稍未周妥，数目稍有参差，所关出入甚巨。此项息银，或以年计，或以月计，及如何支给之处，着左宗棠查照该衙门函询各节，迅速详查一切，奏明办理。寻左宗棠奏：英商汇丰银行计息只按年一分者，由于借用先令，冀价高获利。德商泰来洋行计息必按月一分二厘五毫者，由于包认实银，豫备价落赔垫。胡光墉虑军饷紧急，既请以每年一分之息，照会英国成借，及虑先令价值无常，异日归还增累，故加为每月一分二厘五毫之息，包给德商承认，首尾本属一贯。请饬总理各国事务衙门，将镑数息数明文，飞行驻京英使查明速行，免致逾限别生枝节。允之。①

两广总督刘坤一等奏，制造内河轮船。下部知之。

初四日丁巳(8 月 12 日)

何璟等奏，闽省水患频仍，请劝谕淮、沪各商捐赈等语。清廷着照所请，由沈葆桢斟酌办理，并准照天津成案，奏请奖励。

何璟等奏，福建赈灾，需款甚急，请饬催浙江迅解协饷一折。福建今年水灾，较上年尤重，筹款赈济，需用甚殷。上年提拨浙江协饷银十六万两，除解过外，尚欠银五万两，克日拨交该省委员解回，以应急需，毋稍延缓。②

初五日戊午(8 月 13 日)

福建巡抚丁日昌赏假回籍养病，以布政使葆亨署福建巡抚。

---

① 《清实录·德宗景皇帝实录》卷五三；王彦威：《清季外交史料》卷一〇，书目文献出版社 1987 年版，第 24 页。

② 《清实录·德宗景皇帝实录》卷五三。

十五日戊辰(8月23日)

直隶总督李鸿章等奏，台湾凤山铭军昭忠祠告成，请列入祀典。允之。

十六日己巳(8月24日)

掌浙江道监察御史刘恩溥奏，编纂实录，关涉洋务各条，请饬慎密办理。得旨：着该总裁等督饬在事人员妥慎筹办，毋稍疏忽。①

十七日庚午(8月25日)

以东海关办理洋务出力，予直隶候补同知何嘉谟等奖叙有差。

十八日辛未(8月26日)

前据金顺奏，订买俄粮价银，兑至湖北江汉关交给，当经谕令该将军咨明李瀚章等，将所兑银两，届期如数付给。兹据李鸿章奏称，江汉关征收洋税，入不敷出。俄商如持票取银，届期必无以应。请饬部另款筹拨。清廷指示：关外军食，转运艰难，采买俄粮，原是不得已之举。此次金顺订买粮面，既经兑由湖北协饷内拨交银三十五万两。若复另行筹拨，诚恐辗转迟误，无以取信于外人，诸多未便。湖北本有应解金顺之饷，无可推诿。着李瀚章、翁同爵竭力筹画，无论何款，豫为拨定，以备应付。如实不能全数筹拨，短少若干，即着该督等与李鸿章熟商，于北洋海防经费内，暂行借拨，以足三十五万之数。总期届时无误给发，是为至要。所借海防经费，仍着李瀚章等，随时筹解归款。近来各省用款，均极支绌，况与外人交涉，尤宜慎之于始。若未经商定款项，遽行指兑，设有贻误，转费周张。金顺嗣后于购买外国粮糈等项，亦须悉心妥筹，不可冒昧从事也。②

廿二日乙亥(8月30日)

署山东巡抚李元华奏，盐纲积疲，拟就减剩引数督销，严定处分。下部议。

---

① 《清实录·德宗景皇帝实录》卷五四。

② 《清实录·德宗景皇帝实录》卷五四。

廿三日丙子(8 月 31 日)

广州将军长善等奏，同文馆诸生期满学成，请给予翻译生员；同文馆生监当差期满，请分别奖励。均允之。

廿八日辛巳(9 月 5 日)

吴赞诚奏，查勘台湾后山一带情形，会筹应办事宜一折。清廷批复：吴赞诚由恒春至卑南一带，沿途查勘，业将后山南路中路，设法布置，所筹尚为周妥。现在台湾地方静谧，所有招抚开垦事宜，自应妥为筹办，以竟全功。

以巡缉不力，革驻防台湾后山游击朱荷恩职。①

八月初十日壬辰(9 月 16 日)

李鸿章奏，购粮备赈，请免抽厘等语。本年直隶歉收，民食维艰，全赖采运粮石，藉资平粜，并备赈需。现在李鸿章已经委员赴奉天采购，并招来商贩，一体购运。所有直隶采买米粮，经过沿途关卡，清廷着该省将军府尹饬属概行免征厘税，以广招来而裕民食。

前因冼马温忠翰奏，晋省赈饥需款，请饬借拨海防经费，以资接济。当经谕令李鸿章酌量借拨。兹据该督奏称，库存海防经费，本属无多。现因购备外洋军火，势难挪作他用。拟将天津练饷制钱，发交江浙典商生息一款，饬提原领制钱各七万五千串，共合十五万串，克期解津。即照时价易银十万两，以为借拨晋省赈款。如不足数，即于练钱项下提补，并行饬司道暂行挪垫，以应晋省急需。仍俟该省库款稍裕，照数拨还原款等语。清廷着照所议。②

十二日甲午(9 月 18 日)

闽浙总督何璟等奏，台北遭风，抚恤情形。得旨：据奏台北遭风，情形甚重，着即分饬营厅各员妥筹抚恤，毋令一夫失所。

抚恤流球国遭风难民如例。

豁免台湾府属未完同治十年分供粟三万九千一百七十一石零，及未完糯米易谷

---

① 《清实录·德宗景皇帝实录》卷五四。

② 《清实录·德宗景皇帝实录》卷五五。

十五石零。

郭嵩焘奏，续陈禁止鸦片烟应行事宜一折。前据郭嵩焘等奏，鸦片烟为害中国，请饬禁止，当谕令各省将军督抚等，酌度办理，并有旨谕知该侍郎等。兹览该侍郎所奏，未经接奉前旨，着再行钞录一分寄往，即着郭嵩焘懔遵办理。①

十八日庚子（9 月 24 日）

御史邓华熙奏，广东盗贼蠢动，请饬密拿，并整顿捕务一折。据称广东现有匪徒，十百成群，结盟聚党，曾在顺德陈村等处墟场市肆，白日打单，沿户勒写银单，敛取钱财等语。②

廿四日丙午（9 月 30 日）

吏部奏，隔省调署知府，与例未符，声明请旨一折。前据沈葆桢等奏，福建台北府知府，请以江苏海州直隶州知州林达泉试署，系为新设海疆要缺，因地择人起见，林达泉着仍准其试署，嗣后不得援以为例。

调福建福宁镇总兵吴光亮为福建台湾镇总兵官，以福建台湾镇总兵张其光为福建福宁镇总兵官。③

九月初一日癸丑（10 月 7 日）

闽浙总督何璟奏，六成洋税，入不敷出，请饬按实款核拨。下部议。

初二日甲寅（10 月 8 日）

前因金顺订买俄人粮面，兑由湖北协饷内拨交银三十五万两，当经谕令李瀚章等豫为拨定，短少若干，与李鸿章熟商，于北洋海防经费内，暂行借拨，以足三十五万两之数。兹据李瀚章奏称，江汉关入款，不敷分拨。金顺所买俄粮，原分两期兑银。第一期应交十五万两，由湖北及北洋海防经费项下，筹拨应用。第二期应交银二十万两，请将户部指提江海关、粤海关欠解金顺协饷，改拨解鄂，以便凑给等语。清廷批复：此项粮价，既经金顺与俄商订定，自应如期付给，免致失信于洋

① 《清实录·德宗景皇帝实录》卷五五。

② 《清实录·德宗景皇帝实录》卷五六。

③ 《清实录·德宗景皇帝实录》卷五六。

人。惟为数较多，湖北一时未能筹足，亦系实情。着沈葆桢、刘坤一、吴元炳、俊启即将户部指提金顺协饷，江海关银八万两、粤海关银十二万两，限于本年内解交湖北，以为应付粮价之用，毋稍迟延。设届时未能解齐，李瀚章仍当设法筹足。该督等素顾大局，不得互相推诿，致有贻误。

督办福建船政、候补三品京堂吴赞诚奏，“威远”铁胁船展轮出洋，并厂务情形。

予福建船厂积劳病故千总陈春恺优恤。①

初四日丙辰(10月10日)

浙江巡抚梅启照奏，酌拟变通仁和、海宁所属海塘工程。下部知之。

初十日壬戌(10月16日)

两江总督沈葆桢等奏，安徽贵池县境煤铁，援台湾、湖北成案，请减税银，以期畅销。下总理各国事务衙门议。寻奏：应如所请办理，以归一律。从之。②

十八日庚午(10月24日)

御史董俊翰奏，轮船招商局关系紧要，亟须整顿一折。据称上年归并旗昌洋行各轮船后，成本愈重，该局每月亏银五六万两。其致亏之由，一因置船过多，揽载货物之资，不敷经费。一因用人太滥，耗费日增，请饬实力整顿等语。轮船招商，原以收中国之利权，必须有利无弊，方可以期久远。清廷着李鸿章、沈葆桢逐盘筹画，于该局经费权衡出入，认真整顿，毋得稍有虚糜。严谕该局，不得以办公为名，位置私人，亦不得因碍于情面，滥行收录。并饬令该商总和衷办事，勿骛虚名而鲜实济。至该御史所称沿江沿海各口岸，中国官商应需轮船运载货物，能否统归该局揽载，各省漕粮能否再予加成，归该局轮船载运之处，并着该大臣等体察情形，妥筹办理。③

廿二日甲戌(10月28日)

刘坤一等奏，运米平粜，请免税厘一折。本年广东江水涨发，广州府等属被水

---

① 《清实录·德宗景皇帝实录》卷五七。
② 《清实录·德宗景皇帝实录》卷五七。
③ 《清实录·德宗景皇帝实录》卷五八。

成灾，现经该督抚派员前赴江苏、上海、镇江等处采买米石，运回平粜，以济灾黎。清廷着照所请，将经过沿途关卡，应完税项厘金概行宽免。至该省筹办赈恤，并修筑各属堤基决口一切事宜，着该督抚即行详细查明具奏。

大学士直隶总督李鸿章奏，芦盐运艰销滞，请将正课分成缓征。下部议。又奏，驻洋肄业幼童经费不敷，请由南北洋海防项下匀拨。下总理各国事务衙门知之。①

廿五日丁丑(10月31日)

先是出使美国大臣兵部左侍郎郭嵩焘奏，各口通商事宜，应纂成《通商则例》一书，并请设新加坡领事，暨派员赴万国监牢会。下总理各国事务衙门议，至是奏：纂修《通商则例》一书，齐中外之律例，为交涉之准绳，在今日实为要务。拟咨行出使大臣，广译各国律例汇寄，并咨行南北洋大臣，一体纂辑汇送，以便派员画一纂订成书。至新加坡应设领事官，遴委道员胡璇泽承充，应如所请办理。其派员赴万国监牢会一节，查瑞典国无驻京使臣，今由该国驻英之员，照会出使大臣，派员与会，与历办成案不符，请毋庸议。均从之。②

廿六日戊寅(11月1日)

浙江巡抚梅启照奏，续估修建东防尖汛石塘等工完竣。报闻。③

廿八日庚辰(11月3日)

闽浙总督何璟等奏，台属绅士，捐修嘉义城工完竣。报闻。

廿九日辛巳(11月4日)

何璟等奏，兴化府属等处猝被风灾，小民荡析离居，深堪悯恻。何璟等业经派员分往各处查勘抚恤。④

---

① 《清实录·德宗景皇帝实录》卷五八。

② 《清实录·德宗景皇帝实录》卷五八；王彦威：《清季外交史料》卷一一，书目文献出版社1987年版，第31页。

③ 《清实录·德宗景皇帝实录》卷五八。

④ 《清实录·德宗景皇帝实录》卷五八。

冬十月初三日甲辰(11 月 7 日)

侍郎郭嵩焘奏，特参副使刘锡鸿恳请撤回，以李凤苞接署德国使臣各折片。据称李凤苞讲求洋务，勤慎耐劳。若以之接办德国使臣事务，必远胜刘锡鸿等语。李凤苞人才究竟如何，是否能胜出使之任，派令接署德国使臣能否称职，有无窒碍，清廷着李鸿章据实具奏。①

初七日戊子(11 月 11 日)

以教练出力，赏德国兵官德罗他二等宝星。

十六日丁酉(11 月 20 日)

总理各国事务衙门奏，与西班牙使臣伊巴里，议就《古巴华工保护条约》十六款。又奏，西班牙索威拉纳商船，前在台湾遭风，被匪拆抢，现经议给抚恤银一万八千圆结案。均从之。②

十七日戊戌(11 月 21 日)

桂清、毕道远奏，全漕告竣，请将办运出力员弁奖励一折。本年山东河运，江苏、浙江、江西、湖北海运漕粮，奉天牛庄等米豆暨江北各起漕船，先后抵通，经桂清、毕道远督率坐粮厅等，验收完竣，办理均无贻误。桂清、毕道远均着交部议叙，所保出力各员，着该部议奏。

御史林拱枢奏，福建上杭县建有仙师庙，咸丰七年间，发逆窜扰县城，仰赖神灵助顺，转危为安，并驱疫祷雨，叠昭灵应，请饬查明赏加封号等语。清廷着该督抚查明具奏。③

二十日辛丑(11 月 24 日)

户部奏请饬各省赶解京饷一折。本年京饷，现查浙海、天津、东海三关各欠解

---

① 《清实录·德宗景皇帝实录》卷五九。

② 《清实录·德宗景皇帝实录》卷六〇。

③ 《清实录·德宗景皇帝实录》卷六〇。

银二万两，江汉关欠解银一万六千两，镇江关欠解银一万六千三百余两，江海关欠解银一万五千两，粤海、九江两关各欠解银一万二千两，山海关欠解银六千两。①

廿一日壬寅(11月25日)

李鸿章致函沈葆桢，提出缓购铁甲船。②

廿五日丙午(11月29日)

两广总督刘坤一等，捐银十五万两生息，为储养洋务人才，以备任使。得旨：刘坤一捐输巨款，为培养人才之用，实能公尔忘私，力顾大局，殊堪嘉尚。所捐银两，着该衙门核给奖叙。

予剿办野番阵亡外委马万邦等议恤如例。

廿七日戊申(12月1日)

沈葆桢奏，运船回空无期，请将本年江北冬漕暂行海运一折。据称江北历办河运，全赖雇用民船。近因沿途阻滞，漕船负累甚深，碍难雇募。现在空船阻于张秋者，尚有四百余号。若照部议，仍办河运，深恐贻误。恳准暂由轮船装运一年，明岁再复旧章等语。清廷即着照所请，所有本年江北冬漕，暂由招商局轮船装运一年，以期迅速。沈葆桢即将一切应办之事，赶紧料理，并将河运事宜，设法筹画。下届漕运，仍照向章，毋得畏难推诿。③

廿八日己酉(12月2日)

总理各国事务衙门奏，湖北武童殴伤英国教士，请饬速行办结一折。英国教士在湖北武昌县被殴受伤一案，业经该省拿获滋事武童数人，复经总理各国事务衙门函致李瀚章，严饬查明下手凶犯，确切研究。而英国使臣仍以首犯务获究办，并各犯一并惩治，地方官亦应参办，始可议结为词。其照会中并有牵涉滇案通行告示之事，亟应迅图议结，以弭衅端。近来各省中外交涉事件甚多，全在迅速核实办理，庶不至贻口实。此案迁延日久，枝节丛生，清廷着李瀚章即将此起案情，妥速筹

① 《清实录·德宗景皇帝实录》卷六〇。

② 李鸿章：《复沈幼丹制军》，《李文忠公全集·朋僚函稿》卷一七。

③ 《清实录·德宗景皇帝实录》卷六〇。

画，并严饬该地方官认真查究，持平办结，毋再迟延。①

三十日辛亥(12 月 4 日)

郭嵩焘奏，办理洋务，横被构陷一折。清廷批复：近来中外交涉之事，日见繁多，办理本属不易。其中缓急操纵机宜，岂能尽人共喻。郭嵩焘奉命出使，原冀通中外之情，以全大局，自宜任劳任怨，尽心图维，用副委任。乃览该侍郎所奏，辄以人言指摘，愤激上陈，所见殊属褊狭。且朝廷采纳章奏，赏罚自有权衡。该侍郎因何金寿有奏参之折，乃谓刘锡鸿与之勾通捣陷，请将刘锡鸿、何金寿议处，亦属私意猜疑，并无实据，所奏着毋庸议。该侍郎惟当以国事为重，力任其难，于办理一切事宜，不可固执任性，贻笑远人。

署吉林将军铭安等奏，会同俄国廓米萨尔补修界牌完竣。下所司知之。②

十一月初一日壬子(12 月 5 日)

户部奏，光绪四年内务府经费，拟拨两淮盐课银十五万两、两浙盐课银五万两、广东盐课银五万两、湖北盐厘银五万两、福建茶税银五万两、闽海关常税银十万两、九江关常税银十五万两，共银六十万两。③

初六日丁巳(12 月 10 日)

福建巡抚丁日昌奏，病势增剧，恳请开缺。得旨：该抚向来办事，尚属认真。着再赏假三个月安心调理，毋庸开缺。福建地方紧要，一俟病体就痊，即行驰回本任，以重职守。

十二日癸亥(12 月 16 日)

抚恤琉球国遭风难民如例。④

---

① 《清实录·德宗景皇帝实录》卷六〇。
② 《清实录·德宗景皇帝实录》卷六〇。
③ 《清实录·德宗景皇帝实录》卷六一。
④ 《清实录·德宗景皇帝实录》卷六一。

十九日庚午(12月23日)

阎敬铭、曾国荃奏，遵筹转运漕粮平粜经费，并筹办速运东漕一折。该侍郎等以奉拨江广山东漕米及由招商局承办平粜之粮，运费甚巨，请于现办晋省赈捐之江苏等省关税厘金项下，借拨银两，即在捐款内扣还等语。清廷着照所请，即由江苏借拨银六万两、安徽借拨银五万两、江西借拨银六万两、浙江借拨银六万两、湖南借拨银六万两、四川借拨银六万两、广东借拨银六万两、广西借拨银三万两。该督抚即竭力筹拨，分批径解晋省，俟赈捐收有成数，即行如数扣还。倘捐款不敷，仍由晋省所收厘金项下，自己卯年起，分年筹还归款。①

廿五日丙子(12月29日)

何璟等奏，剿办台湾后山凶番情形一折。台湾后山中路阿棉、乌漏两在社凶番，梗化滋事，经吴光亮率队攻破乌漏悍巢，阿棉、纳纳等社尚敢纠众抗拒。官军拔栅进战，突有另股绕后狙击，以致先胜后挫，亟应添兵助剿，以儆凶顽。何璟等现已饬孙开华选带两营，并添派沈茂胜一营，均赴后山助剿。应需军火粮米，饬夏献纶力筹运济。即着檄催该员等，克期取道前进，会同吴光亮相机剿办，迅将乌漏余党及阿棉、纳纳等社凶番大加惩创，以免他社效尤。该番如果悔罪，仍准宽其既往，予以自新。一面安抚善良，俾资观感，毋得卤莽从事，波及无辜。②

廿七日戊寅(12月31日)

李鸿章等奏，苏浙海运漕米请饬分拨四五成，交招商局轮船承运等语。招商局轮船运货之资，不敷经费，非多运漕粮俾资津贴，难以持久。浙江本年起运上年漕粮，前据杨昌濬奏，拨给米数，已在五成以上。清廷着梅启照仍照成案办理。江苏漕米分拨较少，着该督抚饬令粮道，嗣后务须分四五成，拨给该局轮船运送，不得减少。至沿江沿海各省，遇有海运官物应需装运者，即统归该局照章承运。

北洋通商大臣直隶总督李鸿章等奏，遵筹整顿轮船招商局事宜，并酌议变通办

① 《清实录·德宗景皇帝实录》卷六二。

② 《清实录·德宗景皇帝实录》卷六二。

法。下所司知之。①

十二月初七日丁亥（公元 1878 年 1 月 9 日）

两江总督沈葆桢奏，上海机器制造局，支款纷纭，加以购物外洋，势难如期结算。工程未竣，亦难提款凑销。一年一报，殊觉棘手。嗣后报销，请以两年为限。从之。②

初八日戊子（公元 1878 年 1 月 10 日）

御史邓华熙奏，请饬免由广西至广东谷米厘捐一折。据称广东粮不敷食，向藉广西接济。自广西设立厘厂，来东谷米，节节抽收，除厘金、水脚、耕本及一切费用外，略无赢余，民多辍耕。于是广西谷米，来东者少，广东遂藉资洋米，岁渐加多。拟由广东筹拨广西银数万两，于广东烟丝等项无关民食之物，酒加厘金，使足抵拨粤西之数。军需民食，两得其宜，请饬永远停止谷米厘金等语。该御史所奏是否可行，清廷着刘坤一、张兆栋、杨重雅酌度情形，奏明办理。③

十二日壬辰（公元 1878 年 1 月 14 日）

出使德国大臣刘锡鸿奏，请饬派翻译随员。得旨：已于本年八月初六日，据总理各国事务衙门奏，派同文馆学生赓音泰等作为翻译官，起程前往。至随带人员，应由该大臣自行拣派奏调，以符定章。亦据该衙门奏，依议行矣。

以剿办崖州黎匪出力，予副将赖镇边等奖叙有差。④

十七日丁酉（公元 1878 年 1 月 19 日）

给事中郭从矩奏，请借用轮船，招商买米济赈一折。据称晋豫两省灾黎甚众，待赈孔殷，拟请由盛京、江浙、湖广、山东各省素产粮米之区，出示招商，采买米石，俟集有成数，报知各该地方官，借用官办轮船，由江苏、上海为之济运，直达天津，更以回空之船，分赴烟台、牛庄装运杂粮，亦达天津，听凭商人自行装载，

① 《清实录·德宗景皇帝实录》卷六二。
② 《清实录·德宗景皇帝实录》卷六三。
③ 《清实录·德宗景皇帝实录》卷六三。
④ 《清实录·德宗景皇帝实录》卷六三。

分赴晋豫售卖，以资接济。京师粮价，藉可稍平。并请饬直隶拨兵护送，以免饥民沿途截抢等语。清廷着李鸿章酌度情形，通盘筹画，并咨行盛京、江苏、浙江、江西、湖南、湖北、山东各将军督抚，筹商一切，酌量办理。所称由两江总督及福建船政大臣，各拨轮船一二号，专听商贩运米赴津，经费仍由该局给发，或令商人酌贴若干之处，着沈葆桢、吴赞诚妥为筹议，仍着咨商李鸿章斟酌办理。寻李鸿章奏：郭从矩所奏，并无窒碍之处，臣已咨各省将军督抚，招商贩运，以济灾区。报闻。①

十九日己亥(公元 1878 年 1 月 21 日)

闽浙总督何璟等奏，闽海僻处一隅，铁甲轮船，请仍归南北洋大臣酌办。得旨：购办铁甲轮船，事关重大，着何璟等咨商李鸿章、沈葆桢悉心筹议，奏明办理。②

廿一日辛丑(公元 1878 年 1 月 23 日)

总理各国事务衙门奏，现在商船货物，准到不通商各处起卸，设或洋商援案要求，请饬南北洋大臣照约禁阻，以清界限。从之。

直隶总督李鸿章奏，津海关委员襄办通商事务，照案请奖。得旨：徐寿朋等，均着照所请奖励。

廿八日戊申(公元 1878 年 1 月 30 日)

朝鲜国使臣曹锡舆等三人，于午门外瞻觐。

廿九日己酉(公元 1878 年 1 月 31 日)

李鹤年奏，豫省灾赈，急需筹款，请仍准借洋款一折。清廷批复：息借洋款银两，实为万不得已之举。现在各省关税务支绌异常，绸缪补苴，惟恐不及。前抚李庆翱奏请借拨洋款二百万两，业经总理各国事务衙门户部覆奏，请毋庸议。刻下河南办赈一切，需款甚殷，仍着李鹤年妥为设法，另行筹画。不可以万难筹措之款，

① 《清实录·德宗景皇帝实录》卷六四。

② 《清实录·德宗景皇帝实录》卷六四。

徒成画饼充饥。

巡阅长江水师大臣杨岳斌奏，遵旨绘呈长江江防全图。得旨：长江地方紧要。该前督巡查一切，悉臻周妥，洵堪嘉尚，所绘详明，尤见实心办事。仍着该前督随时周历稽查，以副委任。图留览。①

是年

福建巡抚丁日昌继沈葆桢之后，将台湾基隆八斗煤矿建成投产，为中国第一座以西法开采的近代化煤矿。

全国海关出口货值银六千七百四十四万五千零二十二两，进口货值七千三百二十三万三千八百九十六两，入超银五百七十八万八千八百七十四两。征收货税银（海关洋税）一千二百零六万七千零七十八两。②

福建船政为了建造巡海快船，指示日意格、李凤苞前往法国之时，购买 1700 马力巡海快船图式及各种料件。③

光绪四年　戊寅　公元 1878 年

春正月初六日丙辰（2 月 7 日）

御史彭世昌奏，请将南北省各关卡厘税，抽拨二三成，协济赈务一折。清廷着户部议奏。

初七日丁巳（2 月 8 日）

两江总督沈葆桢奏，江苏光绪三年冬漕海运办理章程十二条。一、海运事繁责

① 《清实录·德宗景皇帝实录》卷六四。

② 刘锦藻：《清朝续文献通考·国用四》卷六六，商务印书馆 1934 年版，第 8225~8229 页。

③ 刘传标：《近代中国船政大事编年与资料选编》第 1 册，九州出版社 2011 年版，第 216 页。

重，应请循案设局，委员分办。二、交仓漕白正耗，应请就数起运，其节省漕白等耗，仍循旧章，尽数粜变，拨抵运脚。三、海运经费，应照章以河运节省银米，分款抵支。四、津通经费并北局各项用款，应酌量变通，分别拨抵支用。五、剥运漕粮，应仿照白粮，装用口袋，以期周密。六、慎重米色，必须早验早卸，应请先尽正漕收兑，并将上届存仓循案作抵。七、运通剥船，必贵筹画尽善。八、沙船经剥耗食等米，应请循旧动支，作正开销。九、米船放洋，应请循案派拨轮船巡防，并咨行沿海水师，逐段护送。十、沙船领运各事宜，应遵照成案办理。十一、蠲减缺额南粮，应以变价余剩拨补。十二、丹徒县漕南等米，并行月变价，应循案办理。下部知之。①

初十日庚申(2月11日)

督办福建船政大臣吴赞诚奏，请饬闽海关将军及督抚筹解制船、养船经费。下户部总理各国事务衙门速议。②

十一日辛酉(2月12日)

闽浙总督何璟等奏，福建福州延平、建宁、邵武各盐帮被水，请将课厘减缓带征。下户部议。又奏，台湾酌改营制，奏准改设抚标左营游击、镇标中营游击、镇标陆路左右两营都司、北路左营游击等缺，应请将原设各营守备以下弁兵，分别归隶改设各营，作为缺额；至原驻省城之抚标左营，改为中营；其原设弁兵，亦应改为中营名目，以符营制。下兵部议。又奏，遵旨校阅福建省城满绿标营及近省之水陆各营官兵，分别等第奖黜。下部知之。③

十二日壬戌(2月13日)

以通商各关洋税收数有加，赏税务司吉罗福等三品衔，副税务司那士礼等四品衔，赏奥国官绅嘉哥恩等宝星。

十六日丙寅(2月17日)

山东巡抚文格奏，遵旨提前起运冬漕，分拨山西、河南十六万石备赈。报闻。

---

① 《清实录·德宗景皇帝实录》卷六五。

② 《海防档》(乙)，台北"中央研究院"近代史研究所编，1957年，第753页。

③ 《清实录·德宗景皇帝实录》卷六五。

廿一日辛未（2 月 22 日）

先是两广总督刘坤一等奏，广东产米无多，请援案将粤海关进口运米洋船，免征船钞，并准原船装货出口与别项船只，一体征收货税。下户部总理各国事务衙门议，至是议上：海道塔表望楼，专恃船钞支给，仍宜查照善后条约，一律征收。至米船装货出口一节，查各国条约并无运米进口船只不准装载货物出口明文，惟出口无论何项船只，所载货物均应一体照则收税，毋任偷漏。从之。

以出使英国钦差大臣兵部左侍郎郭嵩焘，兼充出使法国钦差大臣。①

廿二日壬申（2 月 23 日）

署盛京将军崇厚等奏，开原县大清河试办河运，于英守屯等处分设卡伦稽征船税。又奏，昌图府同江子地方起征河税。又奏，昌图府小塔子地方私立渡船，改为官渡。均下部知之。

以捐助直隶山西河南赈银，予粤海关监督俊启优叙。②

廿八日戊寅（3 月 1 日）

抚恤琉球国遭风难民如例。③

二月初三日癸未（3 月 6 日）

南洋大臣沈葆桢奏，拟将原拨海防经费仍由北洋分解南洋。④

初六日丙戌（3 月 9 日）

两江总督沈葆桢奏，前台湾道吴大廷病故，以提督李朝斌接办轮船操练事宜。报闻。

---

① 《清实录 · 德宗景皇帝实录》卷六六。

② 《清实录 · 德宗景皇帝实录》卷六六。

③ 《清实录 · 德宗景皇帝实录》卷六六。

④ 沈葆桢：《原拨海防经费现拟照案仍行分解南洋折》，《沈文肃公政书》卷七，台北文海出版社 1967 年影印，第 53~54 页。

十四日甲午(3月17日)

总理各国事务衙门奏，购制外洋军火，请饬妥议画一办理一折。外洋枪炮，名目甚多，必须择其最精之品，一律核实购办，方足以资利用而杜虚糜。现在各省所购，多不一律，即一省亦不一律，无论良楛杂收，未必皆为利器，而各省不能通用，各营亦不能合用。设遇有事之时，诚恐未得其利，转受其累。且委办之员，每多视为利薮，遂致以劣充良，不复认真挑选，虚耗巨款，莫此为甚。事关防务大局，自应妥为筹办，力求实际。上海为各商聚汇之区，着照所请，专派精明廉正之员，总司其事。凡各省有委购军火者，责成该专派委员核定。傥有不堪施用，及浮冒开销等弊，即将该员与承办之员分别勒追，严行治罪。其应如何遴员，并各省如何统归一律之处，着李鸿章、沈葆桢会商妥议，奏明办理。至外省仿制外洋军火，上海、天津均经设立机器局，应否于两局内会同遴派得力专员，统令随时酌核，画一办理，着该大臣等一并妥议筹办。该局用款奏销，嗣后并着将每年每款需费若干，遂细登明，按年造报一次。其每年成造各件，暨拨用存留各数目，亦即按件造报，以昭核实。山东、湖南各设局厂，用款最省。四川现已设局，所奏应令一律详细造报，着依议行，即由该衙门咨行该督抚查照办理。另奏洋枪队口号，请饬改用中国语言。洋枪队向以洋语为口号，传授不广且不足以昭慎密，着该大臣等选派精通洋语之人，将教练口号，全用中国语言文字，译成一书。其有一切教法，为语言所不能传者，并令绘图辅之，颁发各军营，俾将弁等随时观听，人皆通晓，期于防务有裨。①

二十日庚子(3月23日)

文格奏，委员采买米石，请免税厘一折。山东上年收成歉薄，且接壤直豫，饥民尤多。本省采买米粮，尚不敷用。现经文格筹措银五万两，派员前往奉天采办米谷等项，俟采办齐全，即由水路运回。此项粮石，系济赈要需，清廷着李鸿章饬令津海各关及所设厘卡，遇有山东委员装米船只过境，即验执照于行，免其抽收厘税。②

廿二日壬寅(3月25日)

给事中郭从矩奏，请移出使经费、海淀工程，以济要需。下所司知之。

---

① 《清实录·德宗景皇帝实录》卷六七。

② 《清实录·德宗景皇帝实录》卷六八。

廿三日癸卯(3 月 26 日)

福建巡抚丁日昌奏，拟遵旧章，以总督将军轮赴台湾巡查。下所司议。

廿五日乙巳(3 月 28 日)

沈葆桢因病，赏假三月，以江苏巡抚吴元炳署理两江总督，江苏布政使勒方锜护理江苏巡抚。

以积劳病故，予前任福建台湾道吴大廷优恤。从两江总督沈葆桢请也。①

廿八日戊申(3 月 31 日)

两江总督沈葆桢奏，江北漕粮改行海运章程。下户部知之。

三十日庚戌(4 月 2 日)

闽浙总督何璟奏，暹罗国人在厦门伤毙华民，获讯明确，拟将犯人阿山，发还该国，自行办理。如所议行。

蠲免福建侯官县被水各乡丁银粮米。②

三月初二日壬子(4 月 4 日)

翰林院编修吴观礼奏，请节省海防经费，移济赈需，并海防漏卮宜塞等语。筹办海防，本为自强之计。该编修以今之患在北三省，须急筹救济之方，请查明海防经费实存若干，移作赈需，系为救灾恤民起见。清廷着李鸿章、沈葆桢、吴元炳悉心商酌。比项经费，能否移缓就急，匀拨若干，拯济灾黎，即着迅速奏明办理。至漏卮宜节，经费始不虚糜，所有修筑炮台、购买船械各事宜，均当相机布置，期于撙节适用，毋得借口筹防，徒耗帑项。③

---

① 《清实录·德宗景皇帝实录》卷六八。

② 《清实录·德宗景皇帝实录》卷六八。

③ 《清实录·德宗景皇帝实录》卷六九。

初三日癸丑(4月5日)

清廷晓谕：昨据翰林院代奏编修吴观礼应诏陈言各折片，其可备采择者，已分别交各该督抚核办。至请将粤海、闽海两关，改归疆臣督理一节，粤海关收税事宜，从前曾改隶将军督抚等官经理，自乾隆十五年后，专设监督，着为成例。左宗棠前有请由督抚设法筹办之奏，经户部议令该省督抚查办，旋据瑞麟等奏，体察情形约有三难，不必改由督抚办理，业经降旨允准。是粤海关专设监督，未可轻议更张。闽海关事同一律，亦应循旧制办理。吴观礼所奏，着毋庸议。

前据左庶子黄体芳奏，请将海防经费、制造机器各项，酌充京饷；昨复据编修吴观礼奏，请将海防经费移作赈款，均经谕令李鸿章筹商办理。兹又据给事中李宏谟奏，晋豫两省饥民，待赈孔急，用款难筹。请饬南北洋大臣，将各省协解轮船机器各局用款，暂提十分之五，分解晋豫办赈，仍留五成为各局委员工匠一切用项，俟赈务稍松，仍照常办理等语。所奏是否可行，清廷着李鸿章、沈葆桢、吴元炳通盘筹画，迅速奏明。①

初七日丁巳(4月9日)

以攻克台湾后山纳纳、阿棉两社凶番，赏台湾道夏献纶封典优叙，总兵官孙开华、吴光亮等黄马褂升职，宽免副将林福喜等处分，并予阵亡都司罗魁优恤。

初九日己未(4月11日)

浙江巡抚梅启照奏，海塘工需紧要，请复捐奖旧章。下部议。②

十一日辛酉(4月13日)

以记名总兵殷锡茂为广东琼州镇总兵官。

---

① 《清实录·德宗景皇帝实录》卷六九。

② 《清实录·德宗景皇帝实录》卷六九。

十六日丙寅(4月18日)

以日本华商捐助晋赈，传旨嘉奖，并如所请，颁给所祀关帝匾额曰“福庇瀛壖”。①

廿一日辛未(4月23日)

沈葆桢奏，遵议海防经费，暂宜移缓就急，并搜捕蝗蝻、抚饥民各折片。据称海防经费，自光绪四年后，业经奏定，仍行分拨南洋，请饬各省关，本年提银五成，分解晋豫，以济赈需等语。除江西应解南洋经费业已划抵洋款，所余无多，毋庸提解晋豫外，其余各省关应解光绪四年南洋经费，即着户部查明数目，咨照各该省关，于此项银两内，提出五成，迅速分解山西、河南，俾资办赈。此外五成，仍解南洋。其明年以后，南洋海防经费，即行全解南洋。并着户部将各省关应解银数，咨照山西、河南，由各该抚提催应用。②

夏四月初三日壬午(5月4日)

两江总督沈葆桢奏，遵筹节省银两，听候拨用。得旨：江安道库所存节省银五万六千余两，着沈葆桢即饬松椿解交李鸿章，分拨晋豫办赈，一面知照该二省提用。至所请按年节省河运银两解部等语，着户部议奏。又奏，请征海州米厘，照旧抽收，以济留养晋豫灾民之用。从之。③

初五日甲申(5月6日)

江苏巡抚吴元炳奏，截拨南漕末批米二万石，就近解豫放赈。报可。

初六日乙酉(5月7日)

丁日昌奏，劝办潮州并香港各埠捐务，集有成数，及捐款分解晋豫，南洋捐户，一律给奖，英国总督捐赈应否致谢各折片。丁日昌督饬道员张铣等劝捐赈银，

---

① 《清实录·德宗景皇帝实录》卷七〇。

② 《清实录·德宗景皇帝实录》卷七〇。

③ 《清实录·德宗景皇帝实录》卷七一。

绅民人等，急公好义，踊跃乐输。潮州一府，已捐者业有二十余万之多。其香港及南洋各埠，经绅董梁云汉等实力劝办，起解三万余两。新加坡、小吕宋等处华商，亦经该绅士等切劝，已捐定者共三万余圆，将来尚可扩充。丁日昌以豫省灾荒与晋省相等，拟将潮州捐款专解山西，将香港及南洋各埠捐款，专解河南，均汇至天津，由李鸿章转购米粮，分别起运。清廷即着照所请行。所有潮州及香港等处捐生，业由丁日昌查照新章，先行给予实收，以示招来。其劝捐出力绅董，及各埠管事头目，并准于事竣后，由丁日昌知照李鸿章，核明请旨奖叙。前发部照不敷，着李鸿章于天津局所存部照内，随时拨给，以资便捷。

至巫来由国王捐银千圆，以为华商之倡，该国向无与中国交涉事件，应如何办理之处，着李鸿章与丁日昌斟酌妥办。香港驻埠之英国总督燕轩尼士约翰，捐赈银五千圆，亦属好义，已谕令总理各国事务衙门知悉。应否酬答，并着该督等酌度具奏。寻直隶总督李鸿章奏：各国商民捐助银米，请缮给“乐善好施”匾额，并饬总理各国事务衙门函致该国驻京使臣，传旨嘉奖，以慰远人。从之。①

福建巡抚丁日昌因病乞休。允之。

初七日丙戌(5月8日)

以候补三品京堂吴赞诚署福建巡抚。

以捐购紧要军器，有裨海防，予道员容闳等优叙。

初八日丁亥(5月9日)

以记名总兵全祖凯为山东兖州镇总兵官。

十三日壬辰(5月14日)

刘坤一等奏，省城西门，陡遇风灾，现在查办等语。前月初九日，广东省城外，雷雨大作，暴风随之，倒塌房屋一千余间，覆溺船只数百号，伤毙人口，约计不下数千人。②

---

① 《清实录·德宗景皇帝实录》卷七一；李鸿章：《外国捐赈请嘉奖片》，《李文忠公全集·奏稿》卷三一。

② 《清实录·德宗景皇帝实录》卷七一。

十八日丁酉（5 月 19 日）

杭州将军果勒敏等奏，举办修复乍浦驻防事宜，并请防兵。得旨：着仍遵三月二十一日谕旨，体察情形具奏。

以办理洋务出力，赏署苏松太道知府褚兰生等三品衔，同知翁秉钧四品封典，余升叙加衔有差。①

廿四日癸卯（5 月 25 日）

河南学政瞿鸿禨奏，闻英国遣罗亨利、花国香二名，携银赴豫散赈，亦有赴晋者，请饬设法阻止。且闻该国收买流民妇女，并请饬南北洋大臣、湖广督抚严贩卖出洋之禁。前据总理各国事务王大臣面奏，日本国使臣森有礼，曾在该衙门声称，日本人有捐助山西赈粮者。当经王大臣等，以山西转运艰难，力为劝阻。嗣据李鸿章函致该衙门，米已运至天津等情。外国捐银、捐米助赈，名为善举，实则流弊滋多。兹据瞿鸿禨奏，英人携银前往晋豫散赈。清廷即着曾国荃、涂宗瀛悉心酌度，婉为开导，设法劝阻，一面将罗亨利等前往情形，确切密查具奏。至贩卖妇女出洋，本干例禁，着李鸿章、沈葆桢、吴元炳、李瀚章、潘霨督饬地方官实力稽查，严行禁止。傥有奸民渔利转贩，即行查拿，照例惩办。②

廿六日乙巳（5 月 28 日）

前有旨令吴赞诚署理福建巡抚。该署抚于任内应办事宜，能否措置裕如，悉臻妥协，着何璟随时随事，留心察看，据实奏闻。

五月初四日癸丑（6 月 4 日）

山东巡抚文格奏，海运漕船遭风沉溺，请照海运章程，豁免漕粮。下部议。③

初五日甲寅（6 月 5 日）

清廷晓谕：昨据翰林院编修吴观礼奏，各营挑补兵丁，需索规费，戍兵私赁防

① 《清实录·德宗景皇帝实录》卷七二。

② 《清实录·德宗景皇帝实录》卷七二。

③ 《清实录·德宗景皇帝实录》卷七三。

汛为晒盐地，以致积碱损坏炮石。已明降谕旨，令各该督抚查参矣。现闻浙江定海镇总兵郭定猷，有需索补兵规费、赁炮台晒盐情事，实属不成事体。着何璟、梅启照确切查明，从严参奏，不得稍涉徇隐。

闽浙总督何璟奏，遵旨校阅福建水陆各营，分别等第，升叙降革如例。报闻。①

初七日丙辰(6月7日)

清廷批示：郭嵩焘、刘锡鸿自奉使出洋后，意见龃龉。始则郭嵩焘斥刘锡鸿为任性，继则刘锡鸿指郭嵩焘为悖谬，怀私互讦，不顾大体。以堂堂中国之使臣，而举动若此，何足以示协恭而御外侮。本应立予撤回，严行惩处，以示炯戒。姑念郭嵩焘驻英以来，办理交涉事件，尚能妥为完结，刘锡鸿改派驻扎德国，于议论修约各事宜，语多中肯。朝廷略短取长，宽其既往，暂免深究。该侍郎等嗣后务当力矢公忠，消除嫌隙，不得偏听他人播弄之词，致误大局。经此次训诫后，傥敢仍怀私怨，怙过不悛，则国法具在，不能屡邀宽宥也。

总理各国事务衙门奏，俄国使臣布策等回国，交副使凯阳德等署理。报闻。又奏，闽省前向英商借款印单，经郭嵩焘追缴。报闻。又奏，贡生黄茂材前往印度，已晤商英国使臣，给与护照。报闻。②

初八日丁巳(6月8日)

山东登州镇总兵陈择辅，着文格悉心察看，如竟不能胜任，即行据实参奏。

十五日甲子(6月15日)

杭州将军果勒敏奏，乍浦驻防兵房，俟兵部拨定防兵后，再行筹修。从之。

十六日乙丑(6月16日)

赏撤回原营之洋炮教习、五品顶戴鸟枪护军兴瑞四品衔。

---

① 《清实录·德宗景皇帝实录》卷七三。

② 《清实录·德宗景皇帝实录》卷七三。

十七日丙寅(6 月 17 日)

直隶总督李鸿章奏，请准丁日昌于赈捐未竣之前，仍专折奏事。得旨：丁日昌所办赈捐事务，准其专折具奏。

以捐助晋赈，赏通政使司副使夏家镐二品顶戴，予福建台湾道夏献纶优叙。

以赈捐巨款，赏台湾绅士林维源母钟氏匾额曰“尚义可风”。

以办理洋务赈务，积劳病故，予道员朱其昂优恤。①

十九日戊辰(6 月 19 日)

福建船政局所造第二号铁胁船“超武”号下水，配有七百五十马力新式推进主机。②

廿二日辛未(6 月 22 日)

总理各国事务衙门奏，遵旨照会俄国使臣，催交白彦虎，并与俄使面论一切情形。报闻。

署福建巡抚吴赞诚奏，病体未痊，难胜署任，请收回成命。得旨：吴赞诚仍着署理福建巡抚，用副委任，毋许固辞。

命署盛京将军崇厚，充出使俄国钦差大臣。

以崇厚来京陛见，命盛京户部侍郎岐元署盛京将军，兼管奉天府府尹。岐元所署之盛京刑部侍郎，命盛京礼部侍郎苏勒布兼署。③

廿三日壬申(6 月 23 日)

廓尔喀国王恭进谢恩表文，并贡物金丝缎一匹，押表金丝缎一匹，廓尔喀金钱五圆。④

---

① 《清实录·德宗景皇帝实录》卷七四。

② 中国史学会主编：《洋务运动》，《中国近代史资料丛刊》第 5 册，上海人民出版社 1961 年版，第 208 页。

③ 《清实录·德宗景皇帝实录》卷七四。

④ 《清实录·德宗景皇帝实录》卷七四。

六月初二日庚辰(7月1日)

抚恤朝鲜国遭风难民如例。

初三日辛巳(7月2日)

直隶总督李鸿章奏，直隶灾区甚广，待赈孔殷，奉拨各直省赈粮漕米，均一律收竣散放。报闻。

初五日癸未(7月4日)

刘秉璋奏，本年四月间，有朝鲜国商民文字用、朴奎恒二名，前赴江西省城售卖高丽参，现委员伴送赴京等语。朝鲜国商人，例应在中江地方交易，此次据文字用等供，系随同本国贡使至京，何以复往安徽、江西等处卖参，清廷着礼部催提该商民到京，详细查讯，是否边民冒充外国商人，藉以渔利，抑实系朝鲜贡使随人，私行出外贸易，并应如何查照定例，申明禁约之处，一并奏明办理。①

总理各国事务衙门奏，日本阻止琉球入贡一事，经与何如璋等函商，议定交涉办法，以据理诘问为正办，拟由出使大臣先为发端。②

初十日戊子(7月9日)

出使大臣陈兰彬奏，请调员差遣等语。着该部按照单开各员，饬令前往听候差遣。

十二日庚寅(7月11日)

前于同治十年间，据丁宝桢奏整顿水师营务，嗣经购办拖罾舢板各船，分泊登州、荣成等处，并派候补道李宗岱，总统登荣水师。数年以来，该处操防情形若何，此项船只及一切军机是否合用，该营应否派委总统，清廷着文格查明具奏。道员李宗岱总统此军，能否得力，现任登荣营副将龚文林总统水师，能否胜任，并着随时察看，据实具奏。

---

① 《清实录·德宗景皇帝实录》卷七五。

② 王彦威：《清季外交史料》卷一三，书目文献出版社 1987 年版，第 29~31 页。

命杭州将军果勒敏、副都统济禄来京当差，调西安将军广科为杭州将军，乍浦副都统富尔荪为杭州副都统。①

十三日辛卯(7 月 12 日)

以记名副都统世禄为乍浦副都统。

十六日甲午(7 月 15 日)

何璟等奏，本年四月间，台湾府城，突被风灾，巡抚行署及北城垛口，暨内外民房等处，多有坍塌倾折情形，并伤毙兵民等语。此次台湾遭风究竟吹倒房屋、伤毙人口实在若干，禾稼民房及此外各属，有无被风之处，各澳师船并商渔船只有无失事，着何璟、葆亨督饬台湾道夏献纶，确切查明，妥为抚恤，毋令失所。②

廿一日己亥(7 月 20 日)

前据李瀚章奏，金顺订买俄粮价银，因江汉关款项不敷分拨，请将户部指提金顺协饷江汉关银八万两、粤海关银十二万两，改拨解鄂，当谕令沈葆桢等照数拨解。兹据李瀚章奏，应交粮价，业于应解南北洋海防经费，借拨凑给清楚。惟鄂饷支绌，无力筹还借款。请饬江海、粤海两关，于应协该军饷内，改拨解鄂抵还等语。所有江海、粤海两关，尚欠解银十六万两。清廷着沈葆桢、刘坤一、吴元炳、俊启于各该关嗣后应协金军月饷项下，各扣留银八万两，改拨解鄂，抵还海防经费借款十六万两，以清款项。③

诏令出使俄国大臣崇厚为全权大臣，便宜行事。④

秋七月初二日庚戌(7 月 31 日)

漕运总督文彬奏，刘猛将军神灵显应，请加封号。下部议。

出使德国大臣刘锡鸿奏，德国条约可成，仍当及时制治保邦，敬陈管见。下总理各国事务衙门议。寻奏：刘锡鸿言修约立见有成，未免言之太易。又称各省置

① 《清实录·德宗景皇帝实录》卷七五。

② 《清实录·德宗景皇帝实录》卷七五。

③ 《清实录·德宗景皇帝实录》卷七五。

④ 王彦威：《清季外交史料》卷一三，书目文献出版社 1987 年版，第 28 页。

船，统令西洋船厂代办，由驻扎该国使臣督成，不但中国一时未能筹此巨款，且驻洋使臣定有年限，不能久驻督视，船只良楛，又未熟悉，恐购办不适于用。李鸿章等于外洋购办枪炮，既议专派李凤苞，仍派李凤苞一手经理。从之。①

初三日辛亥(8月1日)

抚恤朝鲜、琉球国遭风难民如例。

初四日壬子(8月2日)

直隶总督李鸿章、两江总督沈葆桢奏，遵拟购买外洋军火，划一办法。下所司知之。

李鸿章又奏，津海东海两关，局税四成与洋税四成，恳准一并留充机器局经费。允之。

初五日癸丑(8月3日)

督办船政大臣吴赞诚奏，第三号铁胁轮船兴工。报闻。

闽浙总督何璟等奏，查明台湾被风情形。报闻。

粤海关监督俊启奏，筹商添设轮拖各船，以资巡缉。报闻。②

初九日丁巳(8月7日)

两广总督刘坤一等奏，巡防查匪军需报销。又奏，第一案巡防师船军需报销。又奏，查办琼州匪徒军需报销。又奏，查办廉州伏莽军需报销。均报闻。

十三日辛酉(8月11日)

乌里雅苏台将军春福等奏，请饬部于四成洋税项下，筹措银十五万两，并开急需军饷数目。下部速议。

---

① 《清实录·德宗景皇帝实录》卷七六。

② 《清实录·德宗景皇帝实录》卷七六。

十八日丙寅(8 月 16 日)

梅启照奏，本年五月间，浙江金华、衢州、严州三府属，因深山发蛟，同时被水，有淹毙人口、冲失庐舍之处，当经饬属设法拯救，并开仓平粜，拨给钱米。现在天晴水退，民心尚为安定等语。

总理各国事务衙门奏，新加坡领事官胡璇泽发给文凭，嗣后照办。允之。①

廿六日甲戌(8 月 24 日)

国子监司业汪鸣銮奏，直隶赈项不敷，请饬筹巨款一折。据称直隶灾区，赈款不敷尚巨，请令长芦盐商，将每斤加价二文，捐出一年助赈。其加价准予限一年，于该商毫无所捐，实为有着之款等语。直隶赈捐未竣，需款孔亟，自应赶紧筹画。清廷着李鸿章按照该司业所陈，迅速筹议具奏。另片奏，请于浙江本年海塘丝捐内，再提银洋四五万圆助赈。即着梅启照如数筹拨，解交李鸿章应用。②

廿七日乙亥(8 月 25 日)

总理各国事务衙门奏，拟定出使参赞等员年限奏奖章程。从之。

赏出使俄国钦差大臣崇厚内大臣衔。

以候补四五品京堂曾纪泽为出使英国法国钦差大臣，赏戴花翎。

以候选道李凤苞署出使德国钦差大臣，赏二品顶戴。③

八月初九日丙戌(9 月 5 日)

有人奏，营勇滋扰，盗案叠出，请饬查办一折。据称本年七月间，浙江定海厅属，有因升科纳粮、派兵弹压致激民变之事。道员朱明亮总办营务，把持公事，于所管弁勇，毫无约束。杭州省城外方家峪、赤山埠等地方，均有营勇抢劫之案。赤山埠居民捕获盗匪一名，捆送钱塘县署。朱明亮辄向该县索取，营勇益无畏惧，未几又至海潮寺抢劫。凡涉营勇劫案，该道力为袒护。即如四安镇民人胡姓被抢一案，该道颠倒是非，案悬未结。七月间乌程县属之费村，又有盗匪七八百人，口操

① 《清实录·德宗景皇帝实录》卷七六。

② 《清实录·德宗景皇帝实录》卷七六。

③ 《清实录·德宗景皇帝实录》卷七六。

楚音，焚杀肆抢，被害者一百余家。此外余姚、德清、海宁等处均有劫案，皆系游勇为之。①

十一日戊子(9月7日)

闽浙总督何璟等奏，遵照部章，将闽省留防勇丁酌裁，以节饷需。下部知之。又奏，拨台绅捐款十万圆，交直隶济赈，运米赴津，赈济晋省。报闻。

十七日甲午(9月13日)

黑龙江呼兰城守尉惠安，与法国天主教传教士讷依而然，发生斗殴。②

廿一日戊戌(9月17日)

梅启照奏剿捕海岛匪徒，擒获首要各犯，分别惩办一折。浙江定海厅属大衢山地方，匪犯金启兰，因清查该处荒地，该匪抗不指丈。经该管同知会营前往弹压查拿，胆敢胁众戕害弁兵，勾结海贼，负嵎抗拒。经提督黄少春派拨兵勇，总兵官郭定猷亲督标兵，同往剿办，搜杀匪党多名，当将匪首金启兰擒获，地方现已肃清。清廷即着梅启照督饬宁绍台道，讯明确供，尽法惩办，一面饬令定海厅，安抚良民，将该山查丈升科事宜，妥为办理。所有在事出力之台州府同知成邦干、候补同知张权英均着赏给三品顶戴，其阵亡之定标右营把总洪廷芳、武生武廷卫均着交部照例议恤。③

廿三日庚子(9月19日)

总理各国事务衙门奏，出使大臣崇厚、曾纪泽，俸薪拟分等支给。崇厚以侍郎为全权大臣，作为头等；曾纪泽以承袭侯爵候补四五品京堂，作为二等，比照二三品充二等例。允之。又奏，刊给出使大臣曾纪泽等关防。报闻。④

---

① 《清实录·德宗景皇帝实录》卷七七。

② 中国第一历史档案馆：《清代黑龙江历史档案选编(光绪元年至七年)》，黑龙江人民出版社1986年版，第223~224页。

③ 《清实录·德宗景皇帝实录》卷七七。

④ 《清实录·德宗景皇帝实录》卷七七。

廿九日丙午(9 月 25 日)

总理各国事务衙门奏，闽省城内洋楼被毁，请饬妥速办结一折。据奏前据何璟等函称，福建省城士民，因英国教士，在乌石山雀舌桥，添盖洋楼，有碍风水。禀经该督等饬查，实系侵占。旋因教士胡约翰嫚骂，群情愤愤，致将新盖楼屋三间烧毁。现据英国使臣傅磊斯声称，此案与领事官所报情节不符，业经该衙门函复该督等查办。清廷批示：此案起衅情由，教士固有理曲之处，然该处民人遽将其楼屋焚毁，亦属卤莽。地方官临时既未能弹压保护，若再办理迟延，更滋口实，且恐日久枝节愈多，尤难了结。着何璟、吴赞诚严饬该地方官，迅速查明实在情节，持平妥办，不准稍涉迁延。①

是月

福建船政首届留洋生方伯谦、何心川、林永升、叶祖珪、萨镇冰等五人，从英国格林尼茨皇家海军学院毕业，派赴英国海军舰队见习。②

九月初七日癸丑(10 月 2 日)

翰林院侍讲张佩纶奏，崇厚出使俄国，闻其拟由南洋取道红海、地中海以达俄都。惟此行目的在于索还伊犁，请饬其由陆路前往。③

初八日甲寅(10 月 3 日)

闽浙总督何璟等奏，居民拆毁教堂，请将弹压不力之知县汛官摘顶勒缉。允之。

---

① 《清实录·德宗景皇帝实录》卷七七；王彦威：《清季外交史料》卷一四，书目文献出版社 1987 年版，第 2~7 页。

② 刘传标：《近代中国船政大事编年与资料选编》第 1 册，九州出版社 2011 年版，第 224 页。

③ 张佩纶：《大臣奉使宜策万全折》，《涧于集·奏议》卷一《清代诗文集汇编》第七六八册，上海古籍出版社 2010 年版，第 211~212 页。

十二日戊午(10月7日)

驻日使臣何如璋，照会日本外务省，抗议其阻止琉球入贡。①

十四日庚申(10月9日)

户部总理各国事务衙门奏，遵议左宗棠筹借商款一折。现在新疆酌改营饷，清厘欠款，一切需用浩繁，经费无措。左宗棠所请筹借华商银一百七十五万两、洋商银一百七十五万两，共三百五十万两，指由江苏、浙江、广东、湖北、福建五省应协甘饷项下并本息各银，摊作六年十二期，齐还清款。经该衙门议定，所称系实在情形，不得不准照办理。着庆春、沈葆桢、刘坤一、何璟、李瀚章、吴元炳、梅启照、张兆栋、吴赞诚、潘霨查照左宗棠借定银数，转饬各海关监督出票，由该督抚加盖关防，发交道员胡光墉，妥为筹办。即各饬该藩司应将协甘饷项下自光绪五年起，分作六年，每年每省各划出饷银二十余万两，抵还左宗棠所借华洋各商本息银两，不得稍有蒂欠。借用商款，息银既重，各省关每年除划还本息外，京协各饷，更属无从筹措，本系万不得已之计。此次姑念左宗棠筹办各务，事在垂成，准照所议办理。嗣后无论何项急需，不得动辄息借商款，致贻后累。此项巨款解到，着左宗棠迅将新疆裁勇改饷一切善后事宜，妥筹办理，庶几开源节流，稍纾内地之力。其各省应协该军及新疆各军饷需，报解未能踊跃，实属延玩。除山西、河南暂缓停解外，着庆春、沈葆桢、何璟、李瀚章、丁宝桢、刘坤一、吴元炳、裕禄、刘秉璋、李文敏、梅启照、吴赞诚、潘霨、邵亨豫、文格、谭钟麟、张兆栋严饬各该藩司监督等，查照部定指解西征饷数，及节次指提分拨新疆各军饷，各按各款，赶紧照数报解。倘再延缓，及解不足数，致误事机，即由左宗棠及各路带兵大臣，将各该藩司监督指名严参，以儆玩泄。②

二十日丙寅(10月15日)

浙江巡抚梅启照奏，奉化、宁海两处，先后有匪徒聚众毁卡，要求免厘。得旨：厘捐办理已久，何以此次奉化、宁海两处忽有求免厘捐、聚众毁卡之事，难保非别有启衅情节。着该抚确切查明。该委员等如有私添名目、格外需索等弊，即着

---

① 王芸生：《六十年来中国与日本》第1卷，生活·读书·新知三联书店1980年版，第160~161页。

② 《清实录·德宗景皇帝实录》卷七八。

从严参办。匪徒抢毁官卡，此风亦不可长，并着严拿滋事首犯，按律惩治。①

廿一日丁卯(10 月 16 日)

何璟、吴赞诚奏，加礼宛番社复肆猖獗，现筹进剿一折。台北加礼宛番情蠢动，经道员夏献纶前往查办，选派熟番，进社劝谕。该社顽抗不遵，并有截杀哨官勇丁之事。若不予以惩创，无以戢凶顽而靖边圉。现经该督等派令总兵孙开华等带兵驰往剿办，吴赞诚业经渡台，即着相度机宜，随时会商何璟，妥筹剿抚，以期迅速蒇事。巾老耶一社，显然助逆，南势各社，尚怀观望，并着督饬孙开华查看情形，分别筹办，务使各番社怀德畏威，为一劳永逸之计。②

廿五日辛未(10 月 20 日)

朝鲜国王太妃金氏病故，遣使致祭如例。

廿九日乙亥(10 月 24 日)

直隶总督李鸿章奏，直隶防营难以裁减，请照旧办理。允之。

以往返重洋护送幼童赴美国肄业，予广东同知祁兆熙知府衔。

三十日丙子(10 月 25 日)

以记名提督蔡国祥为福建海坛镇总兵官。

冬十月初一日丁丑(10 月 26 日)

以人地不宜，解山东登州镇总兵官陈择辅职，送部引见。③

初二日戊寅(10 月 27 日)

以记名总兵吴奇勋为山东登州镇总兵官。

---

① 《清实录·德宗景皇帝实录》卷七八。

② 《清实录·德宗景皇帝实录》卷七八。

③ 《清实录·德宗景皇帝实录》卷七九。

初三日己卯(10月28日)

何璟、吴赞诚奏，台湾官军，攻毁巾老耶等社，现筹搜捕安抚情形一折。总兵孙开华等于九月间，带兵进剿巾老耶、加礼宛番社，当经次第攻破，阵毙番目，歼除悍番多名，办理尚为迅速。所有在逃余众，清廷着何璟、吴赞诚督饬将领等察看情形，分别搜除招抚。该番众果能悔罪自投，即着妥为安插抚绥，使之复业，用示一视同仁至意。①

十一日丁亥(11月5日)

两广总督刘坤一等奏，省城绥靖左营勇丁五百名，全数裁撤，报闻。又奏，粤省库项支绌，陕、甘协饷力难筹措，请划还洋款外，余银免解。下部议。②

二十日丙申(11月14日)

户部奏，请饬各省赶解京饷一折。本年京饷，前经户部原拨续拨，共银八百万两，统限年内解齐，兹据该部查明，截至九月底止，除缓解划拨，并解到报解启程等款外，尚有由粤海等九关四成六成洋税内，每年应还洋商银十七万六千两，改解部库，现在浙海、天津、东海三关各欠解二万两，粤海、九江两关各欠解一万二千两，江海关欠解一万两，山海关欠解六千两，镇江关欠解五千七百余两等，共未解银二百八十三万余两。③

廿二日戊戌(11月16日)

何璟等奏，台湾后山番社，悔罪自投，请将出力之提督奖励一折。福建台湾后山加礼宛等社番众滋事，经官军击败后，悔罪投诚，并将姑乳斗玩一名缚献正法，各番社现已一律安帖。

丰绅、托克湍奏，呼兰城守尉惠安，被法国教士殴伤后，潜行出署，查无下落。清廷命署吉林将军铭安、刑部左侍郎冯誉骥，驰往黑龙江查办教案。④

---

① 《清实录·德宗景皇帝实录》卷七九。

② 《清实录·德宗景皇帝实录》卷七九。

③ 《清实录·德宗景皇帝实录》卷八〇。

④ 中国第一历史档案馆：《清代黑龙江历史档案选编(光绪元年至七年)》，黑龙江人民出版社1986年版，第233~237页。

署福建巡抚吴赞诚因病开缺，留办福建船政事宜，以河南布政使裕宽为福建巡抚。未到任前，以福建布政使李明墀暂署。①

廿四日庚子(11 月 18 日)

御史曹秉哲奏，请仿用西法开采煤铁，以利器用一折。据称近来各省开设机器等局，需用煤铁甚多，大半办自外洋，每年经费甚巨。请由内地仿照西法用机器开采，转运鼓铸制造，既省买价，并浚财源等语。各省所产煤铁甚富，本可随时开采，惟仿用西法，需费浩繁。该御史所请各节，除火车转运势不可行，应毋庸议外，其所称招来殷商，听其开办，酌量征收厘税，是否可行，开采有无窒碍，清廷着李鸿章、沈葆桢体察情形，斟酌妥善，奏明办理。②

廿六日壬寅(11 月 20 日)

总理各国事务衙门奏，现接法国使臣照会，请饬将呼兰城及海城县教案分别查办各折片。前据丰绅等奏，呼兰城守尉惠安，被法国教士殴伤，与教堂所报情节两歧，业经降旨令铭安、冯誉骥前往查办。兹据该衙门接法国使臣照会，所叙情节较详，与惠安所禀大不相符，虚实均应确切查办。着铭安、冯誉骥按照该使臣照会所开各节，详细查明，秉公核办。至海城县盗首张成谦逃匿，教堂通事王荫槐保犯抗官一案，业经该衙门咨行李鸿章等确查办理。此次法国使臣照会内，因呼兰城一案，复牵涉海城县之事，意在藉此生波，亟应迅速查办，以免别生枝节。清廷着李鸿章、岐元、恩福查照该衙门前行文件，查明实在情形若何，持平办理，不得稍有延缓，致滋口实。③

十一月初八日癸丑(12 月 1 日)

以祷雨灵佑，颁直隶昌平州凤凰山都龙王庙匾额曰“祥征时若”。④

以绅商捐集巨款，有裨荒政，寅感灵贶，俯顺舆情，颁上海果育善堂关帝庙匾额曰“昭德扬仁”，广东东华善堂关帝庙匾额曰“神威普佑”，浙江湖州仁济善堂关帝庙匾额曰“惠周泽洽”，上海丝业会馆关帝庙匾额曰“仁敷地纪”。

---

① 《清实录·德宗景皇帝实录》卷八〇。

② 《清实录·德宗景皇帝实录》卷八〇。

③ 《清实录·德宗景皇帝实录》卷八〇。

④ 《清实录·德宗景皇帝实录》卷八一。

直隶总督李鸿章奏，芦岸因灾积引甚巨，拟请暂行减新销旧。自光绪五年起，将本年应领额引暂停二十万道，以四年为限，即以积引八十余道，分年带销。下部议。

以办理海运，予直隶天津道刘秉琳等升叙加衔有差。

拨三成船钞给京师百善堂常年经费银三百两，公善堂常年经费银二百两。①

初十日乙卯（12 月 3 日）

先是翰林院侍讲张佩纶奏，闽海关榷税，请改归督臣，谕令福州将军庆春等查覆。至是奏称，税务之旺衰，不系军督之更易。改章循旧，其要总在得人。傥能剔除弊窦，招来客商，官吏皆洁己奉公，榷务自日有起色。就目前闽关而论，似当认真办理，不宜改弦更张。报闻。②

十一日丙辰（12 月 4 日）

浙江巡抚梅启照奏，浙海关洋税征不敷解，请将续拨京饷，缓至来年解部。下部议。

十四日己未（12 月 7 日）

刘坤一、张兆栋奏，儋州客匪勾结临高县匪徒滋事，现筹剿办情形一折。广东儋州客匪，因临高县土民粜谷争斗启衅，辄敢聚众肆扰，实属形同叛逆。现经刘坤一等调派兵勇，饬署琼州镇总兵何明立前往督剿，即着饬令妥筹剿捕，将该匪迅速扑灭，毋任勾结蔓延。所有首要各犯及随同焚杀各伙党，务当悉数歼除，不准一名漏网。其被胁之人，即行妥为解散，俾免株连。并着督饬该道府等查明本案启衅根由，秉公办理，以昭平允而杜后患。雷琼道王澍现在因病交卸，既据刘坤一等奏称该员熟悉地方情形，即饬仍将剿捕事宜，会同该地方官筹办，俟事竣后再行回省，以资得力。另片奏，设立洋务公所，派员专办等语。中外交涉事件，关系綦重，专设公所派员经理，转恐机事不密，有损无益。福建所设商局，即有此弊。仍着刘坤一、张兆栋将交涉事务，随时督饬属员，悉心妥办。所奏专设公所之处，着毋庸议。③

① 《清实录·德宗景皇帝实录》卷八一。

② 《清实录·德宗景皇帝实录》卷八一。

③ 《清实录·德宗景皇帝实录》卷八一。

十五日庚申(12 月 8 日)

分设日本通商口岸横滨、神户、长崎等处领事官。

十六日辛酉(12 月 9 日)

以神灵庇佑，颁广东潮州汕头关帝庙匾额曰“威昭百粤”，天后庙匾额曰“珠海镜清”，粤海大关天后庙匾额曰“慈云普庇”，廉州北海天后庙匾额曰“金宫福荫”，琼州海口天后庙匾额曰“鳀壑安流”。①

廿五日庚午(12 月 18 日)

福州将军庆春奏，闽海关税务紧要，请另简员接办。得旨：该将军到任以来，办理尚无贻误，着仍勤慎供职，毋许固辞。

廿七日壬申(12 月 20 日)

以管带幼童驻洋肄业著有成效，予工部主事区谔良以员外郎即补。

廿八日癸酉(12 月 21 日)

先是法国使臣请将呼兰及海城县教案分别查办，命盛京将军岐元等查明实在情形，持平办理。至是奏称，通事王荫槐保犯抗官，已经海城县责惩，从宽免究，仍解回领事衙门，转饬教士管束。差役误伤教士马匹，人多拥挤，因此致有微伤。该教士所禀各情，尚无不合。此案衅由逸犯张成谦而起，仍俟严缉，另行议结。下所司知之。②

十二月初七日壬午(12 月 30 日)

桂清、毕道远奏，全漕告竣，请将办运出力员弁奖励，并请将前保各员改奖各折片。本年江苏、浙江、江北海运漕粮，奉天额运黑豆，先后抵通，经桂清、毕道

---

① 《清实录·德宗景皇帝实录》卷八二。

② 《清实录·德宗景皇帝实录》卷八二。

远督率坐粮厅等验收完竣，办理均无贻误。桂清、毕道远均着交部议叙，所保出力及改奖各员，着吏部议奏。

王家璧奏，请修武备以固边防一折。据称俄人窥伺东三省，其情叵测，亟应先事图维，内固人心，外修武备，将各该省劲旅加以操练。武备之修，其要有三：一在起用东三省曾经战阵各员弁；二在操演之法，不可舍弓马而专尚枪炮；三在操演原有之水师，而加以便利。①

十一日丙戌(公元 1879 年 1 月 3 日)

户部奏，遵拨东三省光绪五年官兵俸饷一折。

以前广东碣石镇总兵李扬升为福建南澳镇总兵官。

十四日己丑(公元 1879 年 1 月 6 日)

刘坤一等奏，代递越南国王奏疏，恳请派兵援剿李扬才股匪一折。越南国臣服有年，其地与广东、广西等省接壤。此次李扬才胁众扰及谅山、长庆等处，叠经谕令该督抚等，督饬官军，相度机宜，速筹进剿。现复据该国王沥情吁恳援救，清廷即着刘坤一、张兆栋、杨重雅、冯子材懔遵叠次谕旨，饬令派出官军，迅速赴援，务将李扬才设法擒拿，严行惩办，一面解散党与，毋任勾结蔓延为患。且李扬才系中国职官，带领匪徒，扰及藩服，致令该国王请兵援救，尚复成何事体。刘坤一等责无旁贷，务当激励官军，迅将此股贼匪，悉数歼除，毋得稍涉迟延，致滋贻误。

杭州将军果勒敏等奏，杭营添练洋枪，请稍加津贴，及演练二年后酌保。得旨：操练洋枪队伍，应需津贴，即由该将军咨照梅启照，酌核办理，并移交广科，随时督饬操演，务期精熟。如果数年后著有成效，准其酌保二三员，以示鼓励。②

十七日壬辰(公元 1879 年 1 月 9 日)

何璟、吴赞诚奏，台北后山等社逃番，招回安插，惩办凶犯，撤换营官各情形一折。加礼宛招回番众，及巾老耶各番，均经分别安插。何璟等即饬总兵吴光亮等，随时训诫，俾就范围，毋得以番情安谧，稍涉疏虞，亦不得逆料诪张，稍为歧视。此中紧要关键，尤在兵民不恃势欺陵，通事不从中煽惑。该督等务当随时随

① 《清实录·德宗景皇帝实录》卷八三。

② 《清实录·德宗景皇帝实录》卷八三。

事，加意防维，庶几永远相安，番情驯服。①

十八日癸巳（公元 1879 年 1 月 10 日）

山东巡抚文格奏，烟台通伸冈地方，兴筑炮台工竣，亲诣履勘，并分别筹办炮位。得旨：该抚当悉心布置，认真经理，应需炮位，即着与李鸿章会商，妥为筹办。又奏，遵查总统登荣水师道员李宗岱尚称得力。报闻。②

廿一日丙申（公元 1879 年 1 月 13 日）

调福建海坛镇总兵蔡国祥为山东登州镇总兵官，山东登州镇总兵吴奇勋为为福建海坛镇总兵官。

予福建福宁镇总兵林文察建立专祠。

予台湾伤亡弁丁分别建祠如例。

廿六日辛丑（公元 1879 年 1 月 18 日）

有人奏，土豪强占民产，请饬清查，并严治恶党一折。据称台湾已革副将林文明，从前纠合恶党林万得、林清郊、黄河山等，霸占民人洪朝随等数十家田土，及林振元等房屋数百间，烧毁洪林氏房屋数十间，虏去洪金榜，日久未放。林文明虽经正法，其余党犹存，所占民间田产尚未归还原主，请饬查办。清廷着何璟、李明墀按照所奏各情查明，分别从严办理。③

廿七日壬寅（公元 1879 年 1 月 19 日）

朝鲜国使臣沈舜泽等三人于午门外瞻觐。

是年

海关总司赫德与李鸿章商定，海关附设“华洋书信局”，仿欧洲办法，集股筹资，试办邮政，由江海关（上海海关）印制第一种邮票，图案为龙，俗称“海关大龙

① 《清实录·德宗景皇帝实录》卷八四。

② 《清实录·德宗景皇帝实录》卷八四。

③ 《清实录·德宗景皇帝实录》卷八四。

票”。

全国海关出口货值银六千七百一十七万二千一百七十九两，进口货值银七千零八十万四千零二十七两，入超银三百六十三万一千八百四十八两。征收货税银(海关洋税)一千二百四十八万三千九百八十八两。①

光绪五年　己卯　公元1879年

春正月初一日乙巳(1月22日)

赏朝鲜国正使沈舜泽蟒缎、荷包等物。②

初三日丁未(1月24日)

何璟等奏，请将违例科罚任性妄为之知县，革职查讯一折。福建代理彰化县知县、候补通判钟鸿逵，于沿海居民拥抢金荣利遭风船只，及徐献廷被控不遵堂断，各案该员并不认真讯办，乃敢违例科罚银两，以修理衙署为名，藉作开销；又因生员吴垂昆之弟聚赌，及县差萧源管犯不慎，辄各将其家产查抄，实属荒谬已极。钟鸿逵着先行革职，交何璟等督饬台湾道夏献纶，彻底根究，严行惩办，以儆官邪。

何璟等奏，办理洋案情形等语。清廷批复：福建乌石山教堂一案，该督等拟办各节，所筹尚妥。至所称该领事星察理，一味狡执，且知中国意在速结，刁揹愈甚，是以暂与相持，固为慎重起见。惟此等交涉事件，日久迟延，恐将来办理愈形棘手，仍当早为切实办结，以免枝节丛生。

杨重雅奏，关外征军攻破贼巢，并遵覆贼由上思州窜走情形，请饬拨济饷需各折片。据称越南匪首李四，久踞州布地方，与李扬才勾结，经官军攻破贼巢，生擒李四，并将笼闇硝厂贼寨攻克。③

---

① 刘锦藻：《清朝续文献通考·国用四》卷六六，商务印书馆1934年版，第8225~8229页。

② 《清实录·德宗景皇帝实录》卷八五。

③ 《清实录·德宗景皇帝实录》卷八五。

初四日戊申(1 月 25 日)

两江总督沈葆桢等，奏酌议海运章程。下部知之。

初六日庚戌(1 月 27 日)

礼部奏，朝鲜国使臣附带咨文，系因与日本国交涉事件，谨据咨转奏。下总理各国事务衙门知之，寻奏，朝鲜为中国所属，固天下所共知，其为自主之国，亦天下所共知。所有朝鲜答复日本文书，应由朝鲜自行斟酌复之。①

初七日辛亥(1 月 28 日)

署出使德国大臣李凤苞奏，请调候选主事赵元益来德差遣。得旨：着该衙门行知南洋大臣，务令赵元益迅速前往，以资差遣。②

初八日壬子(1 月 29 日)

两广总督刘坤一等奏，雷琼道王澍因病回省，缺委道员刘镇楚署理。得旨：王澍着仍遵前旨，将剿捕事宜，会同该地方官筹办完竣，再行回省。③

初十日甲寅(1 月 31 日)

两江总督沈葆桢等奏，赣关四年分短收赢余银两，仍恳减免赔缴。下部议。

十四日戊午(2 月 4 日)

两江总督刘坤一等奏，外洋内河轮拖等船，裁撤水勇，改配水师兵丁。下部知之。④

---

① 王彦威：《清季外交史料》卷一五，书目文献出版社 1987 年版，第 1~2 页。
② 《清实录·德宗景皇帝实录》卷八五。
③ 《清实录·德宗景皇帝实录》卷八五。
④ 《清实录·德宗景皇帝实录》卷八五。

十八日壬戌(2月8日)

总理各国事务衙门奏，出使随员丁忧，如有经手未完事件，请准使臣奏留在洋差遣。允之。①

廿四日戊辰(2月14日)

刘坤一等奏，越南匪徒纠集内地匪伙窜扰边境，现在剿办完竣等语。越南匪首刘德、章二等，胆敢勾结内地匪徒，结盟拜会，纠伙抢劫，窜扰钦州边境。经该州文武督率兵勇，会同越南官兵，奋力剿击，杀毙贼匪多名，立将匪艍平毁，全股悉数扑灭，剿办尚为迅速。惟逆首刘德、章二，尚无下落，客匪头目温亚学，现尚在逃。清廷着刘坤一严饬官军，认真搜捕，查明刘德、章二是否炮毙，并将温亚学一名务获究办，其余有无零匪，饬令实力查拿，以净根株。

闽浙总督何璟等奏，光禄寺卿督办船政吴赞诚患病，委道员吴仲翔代办船政。报闻。

调福建巡抚裕宽为广东巡抚，未到任前以两广总督刘坤一兼署。以福建布政使李明墀署福建巡抚。②

廿五日己巳(2月15日)

以前江苏巡抚张树声为贵州巡抚，以山东按察使陈士杰为福建布政使、安徽凤颍六泗道谭钧培为山东按察使。

廿七日辛未(2月17日)

前据内务府奏，恭备要差，请饬山东于积欠帑息银一百八十余万两内，先行筹解银十万两，当谕令文格于本年正月内解到。兹据该抚奏称，此项生息银两，业经阎敬铭奏准，每年酌解五成，通计共只欠银六十五万一千一百余两，并无一百八十余万两之多，现先措解银五万两等语。内务府前奏拖欠帑息一百八十余万两，银数因何不符之处，清廷着该衙门查明具奏。其未解之五万两，仍着该抚陆续筹解。③

---

① 《清实录·德宗景皇帝实录》卷八六。

② 《清实录·德宗景皇帝实录》卷八六。

③ 《清实录·德宗景皇帝实录》卷八六。

廿八日壬申(2 月 18 日)

闽浙总督何璟等奏，请将台北解省之案，由该府勘审，径解省城。下部知之。

二月初八日壬午(2 月 28 日)

浙江巡抚梅启照奏请将办理厘务各员，分别革职议处等语。浙江候补同知邹孙树，委办海宁县西垫厘局，因偷漏苛罚，酿成巨案，实属咎有应得，着即行革职。候补知县方观澜，委办宁波城外濠河厘局，虽无额外需索情事，惟司巡与船户口角起衅，不能先行约束，究属失于觉察，亦难辞咎，着交部议处。①

二十日甲午(3 月 12 日)

以擅离防所，革浙江总兵朱文宝职。②

廿三日丁酉(3 月 15 日)

出使俄国大臣崇厚奏，抵俄日期及接见外部情形。得旨：嗣后商办事件，该大臣当随时相机筹画，务臻妥协。③

准于檀香山设商董，行领事官之事。④

廿六日庚子(3 月 18 日)

浙江温州镇总兵吴鸿源、湖州府知府景隆、宁波府知府宗源瀚，着何璟、梅启照悉心察看。如竟不能胜任，即行据实参奏，毋稍迁就。

福建福宁府知府周懋琦、台湾府知府张梦元，着何璟、李明墀悉心察看。如竟不能胜任，即行据实参奏，毋稍迁就。

山东布政使余思枢，着文格悉心察看。如竟不能胜任，即行据实参奏，毋稍迁就。

---

① 《清实录·德宗景皇帝实录》卷八七。

② 《清实录·德宗景皇帝实录》卷八八。

③ 《清实录·德宗景皇帝实录》卷八八。

④ 王彦威：《清季外交史料》卷一五，书目文献出版社 1987 年版，第 7~8 页。

廿九日癸卯(3月21日)

广西巡抚杨重雅奏，伏莽未净，洋人碍难遽行通商。下所司知之。

三十日甲辰(3月22日)

吏部奏，遵议督抚等处分一折。两广总督刘坤一，应得降二级留任处分，着不准抵销。前任广东巡抚张兆栋、广东学政吴宝恕，着照部议各罚俸一年，准其抵销。①

三月初六日庚戌(3月28日)

命两江总督沈葆桢来京陛见，以江苏巡抚吴元炳署两江总督，并兼署办理通商事务大臣。以江苏布政使勒方锜暂护江苏巡抚。

十三日丁巳(4月4日)

刘坤一等奏，官军进剿客匪，尚未得手，添募劲勇，派员督办一折。广东客匪，分屯临高县属之和舍墟、儋州属之那大墟，将土民恣意杀戮，抗拒官兵，并有另股数千人出图绕袭。似此叛逆情形，自应痛加剿洗。现在受创乞抚，愿遵约束，难保不首鼠两端，意存观望。前派镇道办理，未能得力，自当调募劲勇，另派大员督办。清廷着刘坤一饬令郑绍忠会同王澍前往相机妥筹，所有水路各军统归节制调遣，以一事权。并令殷锡茂、刘镇楚察看情形，如抚事尚未就绪，即令回郡专办防务，前募勇丁，量行裁撤，以节糜费。以后剿抚机宜，概交郑绍忠、王澍酌办。此事耽延已数月之久，该督务当严饬该镇道等迅速蒇事，勿任迟回，致干咎戾。至该省土客构怨，屡肇衅端，皆由不得其平，致成固结莫解之势。刘坤一务当一面饬令各属文武，遇事持平，妥为安顿，庶免他处客民，效尤滋事。

两广总督刘坤一奏留调署南韶连镇潮州镇总兵郑绍忠暂缓陛见。允之。②

日本太政大臣宣布废灭琉球王国，改置日本国冲绳县。

① 《清实录·德宗景皇帝实录》卷八八。

② 《清实录·德宗景皇帝实录》卷八九。

十八日壬戌（4 月 9 日）

闽浙总督何璟等奏，新设海外府县员缺，酌定繁简。得旨：该部议奏，折内缮写“林守”字样，殊属不合，何璟、李明墀均着交部议处。

以福建漳州镇总兵孙开华仍署福建陆路提督。

予台湾阵亡军营立功、病故文武员弁吴世玉等议恤。①

十九日癸亥（4 月 10 日）

总理各国事务衙门奏，遵议办理日本阻梗琉球国入贡一案。②

抚恤琉球国遭风难民如例。

廿二日丙寅（4 月 13 日）

丁日昌等奏，议结焚毁洋楼案，并与英国使臣辩论情形各折片。乌石山洋楼被焚一案，现经丁日昌等将拿获滋事各犯，分别定罪，并将林应霖摘顶停委。教士所失银物，亦经赔偿。案已议结，办理尚属妥协。惟绅董呈控教士侵占公地一节，尚在相持。现在威妥玛既经到闽，即当将此事早与议结，免致别生枝节。仍着庆春等迅速筹办，务使民教日久相安，方为妥善。丁日昌仍俟此事办结后，再行回籍。③

廿八日壬申（4 月 19 日）

沈葆桢奏，接出使日本大臣来信，该国废琉球为县等语。琉球久属中国，日本竟敢阻其入贡，夷为郡县，狡焉思启，情殊叵测，亟应妥为备豫，力图自强，以固藩篱。清廷着沈葆桢、吴元炳将南洋防守事宜，悉心区画，实力筹办，固不可稍涉张惶，亦不得稍存大意，并着随时探明该国情形，密速具奏。④

---

① 《清实录·德宗景皇帝实录》卷九〇。

② 王彦威：《清季外交史料》卷一五，书目文献出版社 1987 年版，第 11~13 页。

③ 《清实录·德宗景皇帝实录》卷九〇。

④ 《清实录·德宗景皇帝实录》卷九〇。

闰三月初二日乙亥(4月22日)

巡阅长江水师前兵部右侍郎彭玉麟奏，恭报由浙启程日期。得旨：前已有旨，准杨岳斌开去差使，在籍养亲。长江水师事宜，彭玉麟当督同李成谋认真巡阅整顿，以副委任。①

初三日丙子(4月23日)

闽浙总督何璟等奏，台防紧要，得力道员夏献纶未便更动。得旨：俟吴赞诚奏到，再降谕旨。

督办船政大臣光禄寺卿吴赞诚奏，假满病仍未痊，请开船政差使。得旨：吴赞诚着赏假两个月，毋庸开船政差使。所有船政事务，着交吴仲翔暂行代办。②

初五日戊寅(4月25日)

总理各国事务衙门奏，密陈日本梗阻琉球入贡情形，并请饬出使日本大臣何如璋，仍在日本将此案妥为随时商办，勿遽回华，以顾大局。从之。③

初十日癸未(4月30日)

沈葆桢奏，光绪三年十月间，江西以南洋海防经费银三万两改拨台湾，经闽省移作该省协闽兵饷，咨由江西另行筹还南洋，此款尚未据补解。现在江苏饷需支绌，按期应还洋款，甚为紧要。请饬迅解前项银两，暨本年新饷等语。清廷着李文敏即将欠解南洋银三万两，迅速补解。其本年新饷，已据拨解二万两。此外拨解银两，并着源源筹拨，俾济要需。

十一日甲申(5月1日)

以直隶布政使周恒祺为山东巡抚。

---

① 《清实录·德宗景皇帝实录》卷九一。

② 《清实录·德宗景皇帝实录》卷九一。

③ 故宫博物院文献馆：《清光绪朝中日交涉史料》卷一，1932年，第30页。

十五日戊子(5 月 5 日)

岐元等奏，会议东三省筹备边防情形一折。东三省为根本重地，边防紧要，自应随时妥筹布置，以期周密。既据岐元等各就地方情形详细陈奏，即着各将操演训练事宜，认真讲求，留意人材，以备任使，庶几修明武备，为安内攘外之用，不可徒托空言，致负委任。①

廿二日乙未(5 月 12 日)

总理各国事务衙门奏，请简派大员会办南洋防务一折。清廷谕令：前于光绪元年四月间，曾经派令李鸿章、沈葆桢督办北洋南洋海防事宜，数年以来，渐有头绪。惟值海疆无事之时，难保不日久生懈。现在泰西各国，皆练习水师。日本船炮，亦效西人。该国密迩东隅，近且阻梗琉球入贡，情尤叵测，亟应未雨绸缪，力图自强之计。因思北洋所辖海口较少，李鸿章一人尚能兼顾，着即责成该督认真整顿，妥筹布置，不得冀幸目前无事，稍涉大意。至南洋统辖数省，地面辽阔，洋人来华，亦首当其冲。沈葆桢驻扎江宁，缓急恐难兼顾。前福建巡抚丁日昌，办事认真，于海疆防务，向来亦能讲求，着赏加总督衔，派令专驻南洋，会同沈葆桢及各督抚，将海防一切事宜，实力筹办。所有南洋沿海水师弁兵，统归节制，以专责成。如海防与江防有相为呼应之处，亦即会同彭玉麟、李成谋妥商办理。丁日昌接奉此旨，着即驰赴江南，会筹督办，毋误事机。至应驻扎何处，并巡历各海口随宜布置，及需用薪水公费，着沈葆桢、丁日昌随时酌核，奏明办理。沿江沿海各督抚，亦当各筹防范，自固藩篱，以期有备无患。

本日据侍郎夏同善奏，遵查沿江炮台情形，所称各处所筑炮台，经费甚巨，缓急能否足恃，殊无把握，宜择留吴淞、江阴及焦山等处扼要之区，余可置而不修等语。清廷着沈葆桢、吴元炳、彭玉麟、李成谋酌度情形，会商筹议具奏。

直隶总督李鸿章奏，候补知府薛福成服阕后，请饬来直差遣。允之。

赏候选道李凤苞三品卿衔，以海关道记名，充出使德国大臣。②

廿三日丙申(5 月 13 日)

命总督衔前福建巡抚丁日昌，兼充总理各国事务大臣。

---

① 《清实录·德宗景皇帝实录》卷九一。

② 《清实录·德宗景皇帝实录》卷九二。

夏四月初八日辛亥(5月28日)

美国前总统格兰特来华游历，在天津与直隶总督李鸿章会晤。

十二日乙卯(6月1日)

格兰特抵京，与恭亲王等会见。恭亲王于总理衙门宴请格兰特，并请去日本时调处中日两国琉球争端。

十六日己未(6月5日)

出使美日秘国大臣陈兰彬奏，前赴日国以在美华民甚众，拟留副使臣容闳在美督率经理，刊木质关防一颗，文曰“大清钦差副使关防”，以备行用。报闻。

廿三日丙寅(6月12日)

格兰特由京返津，再晤李鸿章，询问琉球之事原委。①

廿五日戊辰(6月14日)

浙江巡抚梅启照奏，先后剿办台属匪徒，及湖州、临安等处，擒斩首要各匪，出力员弁汇案择尤酌保。得旨：李新燕着交部从优议叙，唐树森等均着照所请奖励。②

前福建巡抚丁日昌议奏琉球问题办法，请饬朝鲜与泰西各国通商立约，借以牵制日本。③

廿八日辛未(6月17日)

总理各国事务衙门奏，美国前伯理玺天德格兰忒，来京游历，旋即出京。报

① 李鸿章：《与美国格前总统晤谈节略》，《李文忠公全集·译署函稿》卷八。

② 《清实录·德宗景皇帝实录》卷九三。

③ 中国史学会主编：《洋务运动》，《中国近代史资料丛刊》第2册，上海人民出版社1961年版，第389~397页。

闻。又代递前出使英法两国大臣兵部左侍郎郭嵩焘奏报到籍日期，得旨：该侍郎办事实心，不辞劳瘁，着俟病体稍痊，即行来京供职。①

廿九日壬申(6 月 18 日)

出使俄国大臣崇厚奏，与俄罗斯外部商办收还伊犁各事宜。报闻。

以办理粤东机器局务，著有成效，赏江苏试用道温子绍二品顶戴。

三十日癸酉(6 月 19 日)

以福建布政使李明墀为湖南巡抚，以江苏布政使勒方锜为福建巡抚。未到任前，以闽浙总督何璟兼署。邵亨豫俟李明墀到任后，再行来京供职。

五月初四日丁丑(6 月 23 日)

浙江巡抚梅启照奏，修筑西塘各工，动用银一万九千五百十四两。又奏，浙江省沿海建筑炮台、兵房等项工价，开单奏销，请援案免造册报。均下部知之。②

初九日壬午(6 月 28 日)

闽浙总督何璟奏，海坛镇总兵吴奇勋难离海防，请暂缓入觐。又请将提督曹志忠等，留闽补用。从之。

十四日丁亥(7 月 3 日)

护理江苏巡抚勒方锜奏，江海关道刘瑞芬、前署江海关道褚兰生，因公挪动洋药税银，请免议处。得旨：业经给与处分。所请免议之处，着毋庸议。

琉球紫巾官向德宏，秘密来华乞援，抵津叩谒李鸿章，面呈禀文，称“生不愿为日国属民，死不愿为日国属鬼，用敢不避斧钺，来津呼泣，效申包胥之痛哭”。③

---

① 《清实录·德宗景皇帝实录》卷九三。

② 《清实录·德宗景皇帝实录》卷九四。

③ 李鸿章：《抄送琉球乞救文牍》，《李文忠公全集·译署函稿》卷九。

十五日戊子(7月4日)

以南洋华商筹办晋豫赈捐，事由神佑，颁潮州会馆关帝庙匾额曰“祐福兆祥”，天后庙匾额曰“德星昭衍”。①

十六日己丑(7月5日)

以捐银助赈，予闽浙总督何璟议叙、山西布政使葆亨等奖叙、山东盐运使傅观海等优叙、道衔何世懋建坊。

抚恤琉球国遭风难民如例。

十七日庚寅(7月6日)

福建兴泉永道为海疆要缺，厦门地方，交涉事繁。现在日本骎骎启衅，该处口岸，尤关紧要。非熟悉洋情、才堪应变之员，不能胜任。闻现补道员孙钦昂、署任道员司徒绪，均与此缺不甚相宜，应如何另拣妥员奏请调署之处，着何璟、李明墀、勒方锜悉心商酌，奏明办理。

清廷谕令：前因总理各国事务衙门奏请简派大员，会办南洋防务，当经派令丁日昌专驻南洋，会同沈葆桢及各督抚，将海防一切事宜，实力筹办。兹据丁日昌奏双足痿痹，不能举步，一时尚难就道。海防关系紧要，岂可专待丁日昌病愈，始行筹办。因思海防与江防劳逸悬殊，夷险迥别，必须练习风涛、熟悉水战之大员，督率巡查，方不至有名无实。着沈葆桢于外海水师提镇中留心选择，酌保数员，候旨简用。至江南制造局之轮船，及福建船政局之轮船，可以供转运，不能备攻击，似宜选一深谙外海水师之大员，统领是船，勤加操演。应否延致熟谙水师之西员，会同操练，并着沈葆桢斟酌办理。闻李成谋前在厦门整顿水师，极为得力。现在闽海防务，重于江防，着沈葆桢传知李成谋，即赴福建厦门、台湾一带，总统水师，并将船政轮船先行练成一军，以备不虞，归南洋大臣节制，随时与闽省督抚妥筹备御之策。其长江水师提督，即由彭玉麟会商沈葆桢、李瀚章，选择结实可靠之员，奏请派署。所有长江水师各营，仍着彭玉麟实力巡阅，随时整顿，用副委任。船政局之兵轮船，前因兵费不敷，将船勇裁减一半，以致不能成操。着何璟、李明墀、勒方锜设法筹款，速将兵轮船勇数照旧补足，认真操演。其商轮船亦应一律添给枪炮战勇，俾可合操，以期有备无患。至招商局轮船，计有二十余号，可否择其结实便

① 《清实录·德宗景皇帝实录》卷九四。

捷者，配给枪炮水勇，并豫备中国驾驶之人，着李鸿章、沈葆桢酌量筹办。江防专用长龙舢板，似亦可靖内匪，而不能御外侮，应否辅以浅水轮船及水雷等物，着各该督抚未雨调缪，妥筹办理。现在日本恃有铁甲船，狡焉思启，则自强之策，自以练兵购器为先。着李鸿章、沈葆桢妥速筹购合用铁甲船水雷，以及一切有用军火，用备缓急，不得徒托空言。至购买铁舰等物，需用浩繁，应如何筹集巨款，并着该大臣等设法商办。上海为通商枢纽，两江总督应否仿照直隶办法，往来金陵、上海，以期呼应较灵，并着沈葆桢酌议具奏。此外用人、行政、练兵、裕饷各事，凡有关于自强者，各该将军督抚等筹画所及，并着剀切敷陈，用资采择。①

廿六日己亥(7 月 15 日)

刘坤一奏，儋、临就抚客民，愿迁往遂溪县属涠洲墩居住，现饬妥为安插等语。涠洲墩地方前经封禁，现在该处居民甚众，自难概行驱逐。此次儋、临客民迁往居住，能否相安，不致生事，清廷着该督饬令地方官随时察看，妥筹办理，并着派员前往详加履勘，应否弛禁及添设员弁派兵驻守之处，即行妥议具奏。

浙江巡抚梅启照奏，停止海塘捐及晋豫赈捐。报闻。又奏，龙游绅民捐修城垣工竣，援案请奖。下部核议。

以肃清广东儋州临高县客匪，赏提督郑绍忠黄马褂并优叙、道员王澍优叙、游击江志“巴图鲁”名号、守备邓镇邦花翎，余升叙有差。

抚恤琉球国遭风难民如例。②

六月初二日甲辰(7 月 20 日)

福州船政局所造第三号铁胁船“康济”号下水，内装七百五十马力康邦立式推进主机。③

初八日庚戌(7 月 26 日)

闽浙总督何璟奏，闽省海防紧要，兵轮未能悉数调操。得旨：所有该省“扬武”“威远”两船，着该将军等饬令先赴吴淞合操，嗣后遇有合操之期，即将各口分

① 《清实录 · 德宗景皇帝实录》卷九五。

② 《清实录 · 德宗景皇帝实录》卷九五。

③ 中国史学会主编：《洋务运动》，《中国近代史资料丛刊》第 5 册，上海人民出版社 1961 年版，第 217 页。

驻船只，轮流抽拨前往，由李朝斌认真操练，以重防务。庆春等即咨行沈葆桢等查照办理。闽省应修各船，并着赶紧修理，俾资利用。①

十一日癸丑(7月29日)

清廷谕令：沈葆桢奏覆陈海防事宜一折，所筹尚为切实。总兵吴奇勋等，自系有用之才，其游击张成等，着该督随时策励，以备任使。选择大员统领轮船与西员会操，既多窒碍难行，即着照该督所议，认真办理。长江水师提督一缺，亦关紧要，该督业经与彭玉麟等会商，务须酌保结实可靠之员，奏请署理，一俟接替有人，即令李成谋前赴厦门一带，总统水师兵。轮船既可成军，即无须配给商船枪炮，转致不能精练，调到蚊子船等，自足以壮军声。铁甲船需费浩繁，即着量力筹办。将来钢甲船能否购制，并由李鸿章、沈葆桢随时酌度。购器固系要着，但目下不能举办，自当先筹备御，以期有恃无恐。李鸿章、沈葆桢务将用人、行政、练兵、裕饷诸大端刻意讲求，以为自强之计。两江总督往来金陵、上海既多不便，即着毋庸置议。另片奏福建船政局巡海快船，制造已有端绪，需饷甚急，请饬于闽海关续增各路拨款暂行停解，将船政经费按月接济，其旧欠亦须匀期清还等语。船政经费，关系海防要需，与他款宜分缓急，着户部详细查明。如可照请，即行奏明办理。②

美国前总统格兰特随员杨越翰，自日本致函李鸿章，谈调处琉球争端之事，以为“据愚见中国若不自强，外人必易生心欺侮”。③

十二日甲寅(7月30日)

铭安等奏，官兵剿捕贼匪，突有俄兵闯入队内，戕害营总，杀伤官兵一折。据称宁古塔副都统双福，咨报本年五月间，石头岭地方，有股匪二三百人盘踞。经该副都统派兵往剿，二十二日剿匪获胜。二十三日，突有俄兵五六十人，闯入队内，直前冲杀。营总德顺向前拦阻，被戕殒命等语。④

十七日己未(8月4日)

黑龙江将军丰绅等奏，黑龙江通省额设防运大小船一百二十只，兹届修理。齐齐哈尔、黑龙江、呼兰等三处大小船二十四只，请给物料银两。下部知之。又奏，

① 《清实录·德宗景皇帝实录》卷九六。

② 《清实录·德宗景皇帝实录》卷九六。

③ 李鸿章：《译美国副将杨越翰来函》，《李文忠公全集·译署函稿》卷九。

④ 《清实录·德宗景皇帝实录》卷九六。

驰赴奉天换防官兵，给发整装半费，请饬催各省欠解银两。下部知之。

出使美日秘国大臣陈兰彬，奏行抵西班牙，呈递国书日期，并进呈递国书时颂词，及日国君主答颂词。报闻。

福州将军庆春因病乞休，以察哈尔都统穆图善为福州将军。①

十八日庚申(8 月 5 日)

巡阅长江水师兵部右侍郎彭玉麟等奏，沿江炮台系中外观听所系，不宜半途轻废。得旨：所陈炮台不可轻废情形，极为有见。即着彭玉麟、沈葆桢等随时修整完固，俾令缓急足恃，以重江防。

廿一日癸亥(8 月 8 日)

以神灵显应，颁直隶任邱县龙神庙匾额曰“祈年大有”。

张树声奏，接据越南国王来咨，现在统筹关外剿匪事宜一折。逆匪李扬才，以中国叛将，窜扰藩封，势不能不振旅出关，速行剿办。现经冯子材亲督各军，次第攻剿，将者岩等处巢穴，一律扫平，并将李扬才家属拿获。该逆以釜鱼槛兽，拒守一隅，谅不难克期授首。②

廿二日甲子(8 月 9 日)

以河神显应，颁山东张秋镇金龙四大王庙匾额曰“沐浴福应”，朱大王庙匾额曰“德盛化均”，黄大王庙匾额曰“式扬利泽”，栗大王庙匾额曰“令问不忘”，宋大王庙匾额曰“播润千里”，白大王庙匾额曰“旬液应序”，陈九龙将军庙匾额曰“荟蔚云雾”，元将军庙匾额曰“嘉承天佑”。并加金龙四大王封号曰“溥佑”，黄大王封号曰“诚感”，栗大王封号曰“威显”，陈九龙将军封号曰“普佑”。

廿四日丙寅(8 月 11 日)

李鸿章等奏，绅士捐输巨款，全数缴清，请破格优奖一折。福建绅士三品衔候选道林维源等，因台湾试办矿务等事，认捐洋银五十万圆，嗣因山西河南办赈需款，将此项银两提前措缴，分拨济赈。该员等捐输巨款，实属好义急公，自应破格

---

① 《清实录·德宗景皇帝实录》卷九七。

② 《清实录·德宗景皇帝实录》卷九七。

加恩，以昭激劝。林维源着赏给三品卿衔，并一品封典，林尔昌等均着照所请给奖。

出使英、法国大臣曾纪泽奏，法国外部咨称，国家现议铸大银圆为安南属地之用，钱之式样与美国北边买卖银钱相似，甚愿贵国收受此钱，通行天下，并望贵国海关衙门准其收用。以前既准美国之多拉银钱，通行各处，法国银钱应同一律，恳请代奏等语。清廷批复：查美国银圆，流行中国沿海各省数十年，法国铸钱与之相似，自不必设辞阻止。至所请海关收用一节，查与中国各项税课征收足银之例不合，亦与美国银圆，由中国商民通行之例不符，似难照准。事关银币大政，应请饬下总理各国事务衙门，暨南北洋通商大臣，核议准驳。下所司知之。①

廿六日戊辰(8月13日)

前因闽省防务紧要，谕令沈葆桢传知李成谋即赴厦门台湾一带，总统水师。其长江水师提督一缺，并令与彭玉麟等会商遴员奏请派署。兹据彭玉麟等会商具奏，福建水师提督彭楚汉，堪以接署长江水师提督。惟与其与李成谋彼此更换，不如将彭楚汉就近统领闽局轮船等语。彭楚汉既能胜任，即着照所请，令该提督总统闽局轮船，李成谋仍留长江提督之任，以资熟手。沈葆桢务当遵照前旨，饬令彭楚汉将船政轮船，先行练成一军，以备不虞，均归该督节制，仍随时与何璟、勒方锜妥筹备御之策。所有长江水师各营，仍着彭玉麟、李成谋认真巡阅，随时整顿，以副委任。②

廿九日辛未(8月16日)

吴赞诚奏，船政经费支绌，请饬拨解等语。福建船政经费，本年仅据闽海关，拨解四成洋税银十二万两，六成洋税银六万两，该省厘局拨解银三万两，入不敷出，需款孔殷。着庆春将本年三月起至五月止，应解六成洋税银两即行拨解，嗣后按月照数解清，并着何璟将养船经费，迅拨大批接济。其海关厘局，从前积欠之款，亦即陆续筹解，以济要需。

以管驾轮船约束水手不严，革福建守备林高辉等职。

予故福建总兵吴世忠议恤加等，通判钱文焕等议恤如例。③

---

① 《清实录·德宗景皇帝实录》卷九七。

② 《清实录·德宗景皇帝实录》卷九七。

③ 《清实录·德宗景皇帝实录》卷九七。

七月初四日丙子(8 月 21 日)

总理各国事务衙门奏，朝鲜拿禁法国教士崔镇胜，请饬礼部行知该国查明释放一折。已依议办理。另奏，泰西各国，欲与朝鲜通商，事关大局，缕晰密陈等语。日本、朝鲜积不相能，将来日本恃其诈力，逞志朝鲜。西洋各国，群起而谋其后，皆在意计之中。各国既欲与朝鲜通商，傥藉此通好修约，庶几可以息事，俾无意外之虞。惟该国政教禁令，亦难强以所不欲，朝廷不便以此意明示朝鲜，而顾念藩封，又不能置之不问。据该衙门奏，李鸿章与朝鲜使臣李裕元曾经通信，略及交邻之意，自可乘机婉为开导，在该督必不肯轻与藩服使臣往来通问，而大局所关，亦当权衡轻重，着李鸿章查照本年五月间丁日昌所陈各节，作为该督之意转致朝鲜，俾得未雨绸缪，潜弭外患。①

初九日辛巳(8 月 26 日)

何璟奏，台湾各路防务需人，请调员差委等语。降调道员前福建布政使陈士杰，着湖南巡抚饬令该员迅速前赴福建，交何璟差遣委用。

李鸿章遵旨致书朝鲜前太师李裕元，密劝该国与西洋各国立约通商。②

初十日壬午(8 月 27 日)

两广总督刘坤一等奏，粤省轮船未能远出赴操。得旨：据奏粤省轮船较小，未能远赴吴淞口操练，自系实情。即着毋庸调往。该督即知照沈葆桢等，俟购制大号轮船，再行驶赴吴淞口合操。所有虎门等处炮台，并着赶紧增修，以资防御。又奏，请以南韶连镇总兵方耀，办理潮阳海防，并留前碣石镇总兵彭玉，办理高、廉、雷、琼等处海防。报闻。③

十八日庚寅(9 月 4 日)

李鹤年等奏，请将劝捐办赈道员优奖一折。福建台湾道夏献纶，于晋豫灾荒奉

① 《清实录·德宗景皇帝实录》卷九八；王彦威：《清季外交史料》卷一五，书目文献出版社 1987 年版，第 39~40 页。

② 薛福成：《代李伯相三答朝鲜国李裕元书》，《庸庵文外编》卷三，光绪十九年(1893)刻。

③ 《清实录·德宗景皇帝实录》卷九八。

办赈捐，共集银约及二十万两；其台湾绅士林维源，认捐之五十万圆，亦经催缴解清，分别济赈晋、豫等省，灾民赖以全活甚众。洵属办事实心，夏献纶着交部从优议叙。

两江总督沈葆桢奏，遵议治河转漕，窒碍难行，请行海运。下所司知之。①

廿一日癸巳(9月7日)

总理各国事务衙门奏，美国总统在日本调处琉球事大概情形。报闻。

廿二日甲午(9月8日)

以前福建汀州镇总兵关镇国，署漳州镇总兵官。

驻日使臣何如璋致函总理各国事务衙门，称格兰特与美国驻日公使平安相商，拟向日本建议，将琉球各岛分作三部：中部归琉球立君复国，中日两国各设领事保护；其北部归日本；南部归中国。②

廿三日乙未(9月9日)

以神灵显应，颁山东德平县关帝庙匾额曰“宣威昭佑”，城隍庙匾额曰“阴阳和德”。

廿四日丙申(9月10日)

福建台湾道员缺，本日已有旨令张梦元署理矣。该处地方紧要，且时有与洋人交涉事件，张梦元到任后，仍着何璟留心察看。如果不能胜任，即着据实奏闻，毋稍迁就。

廿五日丁酉(9月11日)

吴赞诚奏，条陈督操轮船事宜一折。所陈管船管兵，宜合为一事：船上管驾，由学生拔充者，皆兼习枪炮，可查其朴诚果决、技艺娴熟者，酌派练习；分操合操，枪炮为先，而帆索舢板等项，亦须足以相济；核发薪费，事权宜一，所

① 《清实录·德宗景皇帝实录》卷九八。

② 王彦威：《清季外交史料》卷一六，书目文献出版社1987年版，第21页。

有“威远”等八船，月支薪粮，均归统领一手核发各节，着李鸿章、沈葆桢、何璟、丁日昌会同酌办。此外如有未尽事宜，并着悉心酌度，详晰具奏。前命李成谋仍留长江水师提督之任，改派彭楚汉总统闽局轮船，自应扼扎适中之地，俾资控制，吴赞诚以该统领驻扎厦门为宜，并着该督等酌量情形，饬令彭楚汉遵照办理。①

廿六日戊戌(9 月 12 日)

御史王炳奏，江苏海州运粮出洋，有妨民食。该州东滨大海，向禁商船进口，前任海州知州林达泉，禁粮出口，民皆称颂。自上年弛禁后，烟台、上海及各岛屿，海舶纷纷运售，以致江北乏粮，一遇偏灾，哀鸿遍野，请旨饬禁。清廷着沈葆桢、吴元炳查明该处情形，饬令海州知州申明前禁，速行截止，以裕民食。②

八月十一日壬子(9 月 26 日)

广西巡抚张树声奏，提督冯子材督师关外，叠破坚巢。越南国王阮福时，犒以银米牲醴，却而不受。报闻。

十二日癸丑(9 月 27 日)

山东巡抚周恒祺奏，省城等处被淹情形。得旨：被淹尤重之博山等州县，着饬派出各员详细查明，妥筹安抚，毋任失所。③

福建船政在马尾试用电灯。④

十三日甲寅(9 月 28 日)

以补解洋药税银，开复苏松太道刘瑞芬、前苏松太道褚兰生革职处分。

予因公溺毙，“志远”轮船管带千总庞宝昌从优议恤。

---

① 《清实录 · 德宗景皇帝实录》卷九八。

② 《清实录 · 德宗景皇帝实录》卷九八。

③ 《清实录 · 德宗景皇帝实录》卷九九。

④ 刘传标：《近代中国船政大事编年与资料选编》第 1 册，九州出版社 2011 年版，第 236 页。

十五日丙辰(9月30日)

前因翰林院编修何金寿奏，浙江衢州镇总兵喻俊明，不宜兼统杭嘉湖水师，当经谕令梅启照酌度具奏。兹据奏称，该总兵兼统杭嘉湖水师，深资得力。前奏派时，系为因事择人起见等语。所有杭嘉湖水师，着准令喻俊明仍行兼统。该抚仍当随时查察，如该员实有未能兼顾之处，即行遴员接统。①

十七日戊午(10月2日)

崇厚与俄国签署《里瓦几亚条约》十八款，分通商、分界、赔偿三部分，俄国可以在松花江行船至伯都讷(今吉林扶余)。②

十八日己未(10月3日)

总理各国事务衙门奏，出使德国大臣李凤苞，请以道员徐建寅作为二等参赞官。允之。

十九日庚申(10月4日)

抚恤琉球国遭风难民如例。

二十日辛酉(10月5日)

两江总督沈葆桢奏，轮船统领应驻地方，何璟意在基隆，吴赞诚意在厦门，臣意在澎湖，应准统领自择。得旨：所有轮船统领应驻地方，即着沈葆桢知照何璟，与彭楚汉斟酌形势，妥筹办理，总以地当扼要，于调度策应诸事相宜，方为妥善。

以贪鄙妄为，革广东琼州镇右营都司郑起鹏职。③

廿二日癸亥(10月7日)

命漕运总督文彬来京陛见，以山东布政使薛允升署漕运总督。

---

① 《清实录·德宗景皇帝实录》卷九九。

② 王彦威：《清季外交史料》卷一九，书目文献出版社1987年版，第23~48页。

③ 《清实录·德宗景皇帝实录》卷九九。

抚恤琉球国遭风难民如例。

廿三日甲子(10 月 8 日)

广州将军长善等奏，广东同文馆，添习法布语言文字，拟增置学馆，酌加经费。下所司知之。①

廿九日庚午(10 月 14 日)

命浙江巡抚梅启照来京另候简用，调陕西巡抚谭钟麟为浙江巡抚。

九月初六日丙子(10 月 21 日)

闽浙总督何璟奏，筹拨勇营，填扎台北，并请添营以顾内地。得旨：所请添募线枪一营，以顾漳、泉之处，着准其照议办理。惟必须认真训练，俾令缓急足恃，方不致虚縻饷项。②

初八日戊寅(10 月 22 日)

山东巡抚周恒祺奏，山东机器局请免停止。从之。

督办福建船政事宜光禄寺卿吴赞诚，因病乞休，赏前直隶按察使黎兆棠三品卿衔，督办福建船政事宜。

以二品衔道员邵友濂，署出使俄国大臣。③

初九日己卯(10 月 23 日)

前兵部右侍郎彭玉麟奏，巡阅长江五省事竣回籍。

予管带“志远”兵轮殉难千总庞宝昌祭葬，附祀蒯光烈祠。

初十日庚辰(10 月 24 日)

吉林将军铭安等奏，遵查俄人越界误杀官兵，并无起衅别情。得旨：被戕之佐

① 《清实录·德宗景皇帝实录》卷九九。

② 《清实录·德宗景皇帝实录》卷一〇〇。

③ 《清实录·德宗景皇帝实录》卷一〇〇。

领海顺等，均着交部照阵亡例从优议恤。又奏，三岔口等处俄人滋扰，与之辩论办理情形。下所司知之。

出使美日秘国大臣陈兰彬奏，派设总领事等官，驻札日国古巴岛。下所司知之。①

十二日癸未(10月26日)

总理各国事务衙门奏，琉球官员到京乞援，剀切开导，资送回闽。从之。②

十八日戊子(11月1日)

都察院奏，编修廖寿丰等以本籍漕粮未蒙普减，呈请代吁永免加漕银两一折。据称江苏嘉定、宝山二县，因赋则较轻，于办理减漕案内未减分毫，而统计应解漕银，系属名轻实重，民力竭蹶，请饬将应解江安道库加漕一项，核议宽免，抑或另筹体恤等语。江苏普减漕粮一案，出自特恩，何以嘉定、宝山二县未经议减。该二县漕米合之各项漕银，于赋则轻重，较各属究竟何如，道库加漕一项能否宽免，应如何另筹体恤之法，着沈葆桢、吴元炳酌度情形，奏明办理，务期国课无妨，而民力不致拮据，方为允协。③

二十日庚寅(11月3日)

以神灵显应，颁山东范县大王庙匾额曰“百流归德”。

出使德国大臣李凤苞奏，恭报呈递国书情形。报闻。

李鸿章、沈葆桢奏，前派赴英国学习驾驶之刘步蟾等已先期学成回国，请续派闽局生徒前往英法留学。④

廿一日辛卯(11月4日)

出使俄国大臣崇厚奏，俄国交涉各案，现拟完结办法，并照录俄国外部照会七

① 《清实录·德宗景皇帝实录》卷一〇〇。

② 王彦威：《清季外交史料》卷一七，书目文献出版社1987年版，第8页。

③ 《清实录·德宗景皇帝实录》卷一〇〇。

④ 沈葆桢：《闽省出洋生徒请予蝉联折》，《沈文肃公政书》卷七，台北文海出版社1967年影印，第122~123页。

件。下所司知之。

廿四日甲午(11 月 7 日)

两广总督刘坤一等奏，广东筹办海防，并请截留饷项鼓励民情。下户部议。

以前任广东碣石镇总兵彭玉署琼州镇总兵官，补用副将何明亮署阳江镇总兵官。

廿九日己亥(11 月 12 日)

何璟奏，查明闽省泉州等府属私种罂粟，又有邻省烟土入境蒙销，现饬禁止，并请饬湖南、浙江抚臣一体查禁等语。私种罂粟，例禁綦严。何璟现已明定章程，饬属严禁，如有违者，援照两江禁种成案，将地亩充公，并照甘肃成案，将查禁不力各员奏参。清廷即着照所议办理。何璟、勒方锜务当督饬所属，实力查禁，以期净绝根株。据何璟奏称，闽省抽收洋药税厘，辄有湘土、台土改名土浆料胶，入境销售，现已饬局禁止堵拿等情。湘土、台土，产自湖南、浙江，自应一体禁止，并着梅启照、谭钟麟、邵亨豫、李明墀责成各该地方官一律查禁，认真办理。

抚恤琉球国遭风难民如例。①

三十日庚子(11 月 13 日)

翰林院侍读王先谦奏，条陈洋务事宜一折。所奏审敌情、振士气、筹经费、备船械各节，不无可采。洋人蓄谋生事，隐患日深。日本近在东隅，竟敢袭灭琉球，毫无顾忌，尤为叵测。台湾、朝鲜，均距东洋较近，骎骎窥伺，亦在意中。未雨绸缪，今日尤为急务。此时筹办海防，原非为穷兵海外之计，但期战守可恃，藩篱自固，方可随宜制敌，不致掣肘于临时。前据恭亲王等面奏，叠经总理各国事务衙门，函商南北洋大臣，豫筹海防事宜，尚未定议。此事关系极重，断不宜再事迁延。清廷着李鸿章、沈葆桢即将海防事宜，并该侍读所陈备船械一条，切实筹议，先行具奏，期于事在必行。至王先谦折内所称任将、择使二事，亦为储才起见。李鸿章等如有所知，着随时密行陈奏，以备录用。此外各条，皆与海防相为表里，是否可行，并如何筹办之法，着总理各国事务衙门、南北洋大臣，分别妥议具奏。②

---

① 《清实录·德宗景皇帝实录》卷一〇〇。

② 《清实录·德宗景皇帝实录》卷一〇〇；《光绪朝东华录》，五年九月庚子。

冬十月初二日壬寅(11月15日)

礼部奏，朝鲜国咨称现与日本商酌开港事竣。

初六日丙午(11月19日)

李鸿章、沈葆桢奏，海防需才，请饬闽局生徒出洋肄业，定章三年为限。自光绪三年起至光绪六年，即当陆续送回供差。现在南洋定购蚊子船四号，即拟以学生饬派管驾。此后闽厂成船日多，需才甚亟。闽局前后学堂续招各生，不乏颖异之才，可以接续派往，就已成之绪，收深造之功等语。清廷着庆春、何璟、勒方锜查照出洋章程，接续遴才，派赴英法各国就学，以冀人才日盛，缓急有资。①

中国海关驻伦敦办事处金登干，向英国阿摩士庄厂所订购四艘炮艇，行抵大沽口，李鸿章亲往勘验，分别命名为“镇北”“镇南”“镇东”“镇西”。②

初八日戊申(11月21日)

抚恤琉球国遭风难民如例。

十五日乙卯(11月28日)

总理各国事务衙门奏，英使威妥玛奉国主命，吁恳将安集延逆酋子孙，改从宽办，请旨遵行。得旨：阿古柏之子孙四名，应得罪名，改为在甘肃省城牢固监禁。

十七日丁巳(11月30日)

光禄寺少卿刘锡鸿奏，水师宜兼练陆战之技一折。据称师船水手，必当兼练火枪、刀牌、跳跃、击刺之技，其利有四，不可专恃大炮等语。水师各营练兵之法，原不专恃船炮。刘锡鸿所陈，有各营向来兼习者，惟当加意训练，精益求精。其未经兼习各营，着李鸿章、沈葆桢、彭玉麟、李成谋，按照所奏情形，酌量筹办，并

① 《清实录·德宗景皇帝实录》卷一〇一。

② 李鸿章:《统筹南北海防》,《李文忠公全集·译署函稿》卷一〇。

着分别知照沿江沿海各督抚，一体酌度办理。①

十九日己未(12 月 2 日)

出使俄国大臣崇厚奏，与俄外部议明交收伊犁，修定约章，计订约十八条。一、俄国许将伊犁交还中国，其七条所载伊犁西边及帖克斯川一带地方，归俄管理。二、伊犁居民，乞恩赦免。三、伊犁居民，已入俄籍者，愿留愿迁，均听其便。四、俄人在伊犁所置产业，照旧管业。五、两月内将交收伊犁办竣。六、代收代守伊犁兵费暨补恤俄人之款。七、八、分界之处有三，一伊犁界，一喀什噶尔界，一塔尔巴哈台界。九、安设界碑之所，应两国会同勘定。十、添设领事。十一、领事与地方官往来礼节。十二、总论通商。十三、设立行栈等事。十四、陆路通商行走之路。十五、声明定章修改年分。十六、会定茶税。十七、更正旧约。十八、此约两国批准后，各将条约通行晓谕各处地方遵照。下所司议，并着咨行李鸿章、左宗棠、沈葆桢一并妥议具奏。寻总理衙门覆奏：兵费恤款，计尚不多，似可照议，通商各节扩充既广，流弊易滋，且有碍华商生计。前李鸿章所陈补救之法，是否确有把握，应由左宗棠等再行妥议。分界关系回疆全局，若任俄人侵占要隘，是名为收还伊犁，而准部与回疆，形格势禁，反不如不收还之为愈，亦应由左宗棠等权其轻重利害，一一分晰具陈。②

二十日庚申(12 月 3 日)

以神灵显应，颁河南下南工次金龙四大王庙匾额曰“云翔风舒”，黄大王庙匾额曰“洪恩广济”，山东临清漳河神庙匾额曰“源深流远”。

廿四日甲子(12 月 7 日)

前因吴赞诚奏，条陈督操轮船事宜，当经谕令李鸿章等会商酌办。兹据丁日昌遵议覆奏各折片，不无可采。现议整顿轮船水师，自非择将帅、精器械不可，西人熟习轮船操练，若能延致才技精通者为教练，当可日有起色。应如何设法访订之处，着李鸿章、沈葆桢与出使各国大臣函商办理。所称以总兵吴奇勋为统领，而以张成等副之，应俟延致西人到华后，再由该督等酌度具奏。目前仍当责成彭楚汉，先将船政局轮船操练成军，将来精益求精，自更得力。至学堂练船出洋诸举，皆为

① 《清实录·德宗景皇帝实录》卷一〇二。

② 《清实录·德宗景皇帝实录》卷一〇二。

豫储将才之计，尤当扩充精选，以备异日之用。铁甲、蚊子等船为海防所不可少，铁甲船所费过巨，一时尚难筹办。蚊子船现已先后购到八号，着即督饬管带之员，认真演练，毋得有名无实。以后如何陆续添购并购船及续延教练西人，可否令赫德及出使大臣分办之处，着李鸿章、沈葆桢一并筹商妥办。所需枪子、炮子、水雷等物，购自外洋，仓猝难致，即当设厂自造，以资应用。闽省水师驻扎地方，何璟意在基隆，吴赞诚意在厦门，沈葆桢以澎湖为适中之地，丁日昌又谓南台地险水深，宜驻大枝水师，而以陆队辅之。究以何处为宜，仍着沈葆桢、何璟等审察地势，熟筹定议。吴赞诚所奏薪粮归统领一手核发一节，既可以一事权而联下情，即着照所议办理。惟举办诸务，应以筹饷为先，丁日昌片内所奏各节，除减额兵、停武科二事，均毋庸议外，所称扩充矿务，现在直隶、福建、湖北等省均经开办。如果办有成效，自当量为扩充，以尽地利。至裁撤水师，及凡非极要处所，只须防以水雷，暂可停造炮台，并裁撤腹地勇营，皆为节省糜费起见。着李鸿章、沈葆桢妥议具奏。至所奏稍宽厘税以杜洋票一节，于饷项有无裨益，着一并筹议具奏。①

廿九日己巳(12月12日)

李鸿章奏，遵议海防购船选将各节，并请催解经费各折片。海防办理有年，迄未就绪，亟应通力合作，赶紧筹办，以图自强。李鸿章所陈，必购置铁甲等船，练成数军，决胜海上。能战而后能守，自是要论。该督拟先购快船，再办铁甲。现令总税务司，转饬驻英税司订办快船二只，期于光绪七年到华。现在购到蚊船八只，来春弁勇配齐，分赴南北洋调遣。其广东、台湾、浙江、宁波、山东烟台各海口，均须酌备蚊船，与南北洋互调会操，藉杜窥伺。均着照所议办理。该督抚当仰体朝廷宵旰焦劳之意，共矢公忠，先其所急，迅速筹办，不得藉辞诿延。所有带船将才及购船事宜，即着李鸿章认真讲求，务使人才辈出，器械精良，以期得力。至福建船政局制造各船，必精益求精，不可蹈常袭故。李鸿章此次定购之快船，将来如能仿造，始有裨于实用。着该管大臣实力整顿，逐渐图功。惟筹备海防，经费宜裕，除福建业经该省奏请截留外，其余各该省应解南北洋海防经费，着各该督抚赶紧设法筹解大批饷项，各监督按结如数迅速分解，以应急需。傥再稍有挪延，由李鸿章等指名严参。

以派赴德意志学习兵法学成回国，赏千总袁雨春花翎，军功查连标、刘芳圃蓝翎。

以教队出力，赏洋员德提督波兰撒尔等宝星。②

① 《清实录·德宗景皇帝实录》卷一〇二。

② 《清实录·德宗景皇帝实录》卷一〇二。

十一月初一日庚午(12 月 13 日)

刘坤一奏请开缺回籍养亲一折。刘坤一着赏假两个月，回籍省亲，假满后即行回任，毋庸开缺。两广总督，着裕宽暂行兼署。

总理各国事务衙门奏，请饬南洋大臣，赶办海防事宜一折。前因海防关系紧要，叠经谕令南北洋大臣实力筹办，只以经费未充，遽难集事。近来东洋，狡焉思逞，情殊叵测。若再事因循，缓急难资备御，必致贻误大局。李鸿章以铁甲船暂难购办，现已订购兼碰快船两只，北洋稍资防护。南洋海面较宽，尤应添置战舰，以备不虞。现经该衙门，拟由出使经费项下，于两年内，共凑拨银四十万两，接济南洋购船之用。着沈葆桢将购船事宜，迅速筹办。如铁甲船一时无力购办，应否先购兼碰快船两只，或添购蚊子船数只，藉资策应，俟将来经费稍充，再行筹购铁甲船，方不至因噎废食，坐误事机。至购到之船，应用何人统领，何人教练，及在何处扼守，期与北洋联络一气之处，并着该督酌度情形，奏明办理。此次总理衙门凑拨之款，专为购船要需起见，不得移作他用。

两广总督刘坤一奏，粤盐抵拨黔饷，窒碍难行。报闻。①

初二日辛未(12 月 14 日)

前福州将军兼管闽海关税务庆春奏，捐养廉银，凑解京饷。得旨：庆春所捐养廉银四万两，前已有旨赏还，现在既经起解，即着该部咨行穆图善，于洋税项下照数给还。

初四日癸酉(12 月 16 日)

闽浙总督何璟奏，覆陈督操轮船事宜。得旨：薪粮归统领核发一节，前因丁日昌覆奏，已谕令照议办理。现据该督请仍照旧章核发，自系为匀济饷需起见。仍着通盘筹画，详核具奏。②

初六日乙亥(12 月 18 日)

户部奏，光绪六年，内务府经费，拟拨两淮盐课银十五万两、两浙盐课银五万

① 《清实录·德宗景皇帝实录》卷一〇三。
② 《清实录·德宗景皇帝实录》卷一〇三。

两、广东盐课银五万两、湖北盐课银五万两、福建茶税银五万两、闽海关常税银十万两、九江关常税银十五万两，共银六十万两，请饬依限完解等语。

初八日丁丑(12月20日)

山东巡抚周恒祺奏，东省盐务，商艰岸滞，实难增引。下部议。

抚恤琉球国遭风难民如例。①

十三日壬午(12月25日)

前据李鸿章奏，筹议海防，广东、台湾、浙江、宁波、山东、烟台各海口，均须酌备船只，当经谕令各该督抚，迅速筹办。兹据总理各国事务衙门奏，应购船只，该衙门既不熟悉，若由各省自行定购，不如径由李鸿章一手经理，较为周妥等语。前次所购蚊子船及现在议购兼碰快船，均系李鸿章订办。该督前奏此项船只，于海防最为得力，必当讲求有素，各省需用之船，自宜统由李鸿章酌量代订。其所需购船经费，即着何璟、刘坤一、裕宽、周恒祺、谭钟麟、勒方锜分别筹解李鸿章备用。将来各船购到时，并由该督验收，分布各海口，以资调遣。

廓尔喀国使臣噶箕叠咱巴哈都热等十六人，于神武门外瞻觐。②

十四日癸未(12月26日)

两江总督沈葆桢溘逝，加恩追赠太子太保衔，入祀贤良祠，照总督例赐恤。

十五日甲申(12月27日)

以祈雨灵应，颁江苏长洲县白龙神庙匾额曰“时行云集”，吴县古铜佛像前匾额曰“香雪慈云”。

继格、毕道远奏，全漕告竣，请将在事出力员弁奖励，并请将前保各员改奖各折片。本年江苏、浙江、江西、湖北海运，暨江北河运漕粮、奉天额运米豆，先后抵通，经继格、毕道远督率粮厅等，验收完竣。

---

① 《清实录·德宗景皇帝实录》卷一〇三。

② 《清实录·德宗景皇帝实录》卷一〇三。

调两广总督刘坤一为两江总督，兼充办理通商事务大臣。未到任以前，以江苏巡抚吴元炳署理。以江苏布政使谭钧培，护理江苏巡抚。广西巡抚张树声，为两广总督。福建布政使庆裕，为广西巡抚。①

十八日丁亥(12 月 30 日)

实授岐元为盛京将军。调绥远城将军瑞联为杭州将军。未到任前，以杭州副都统富尔苏暂署。调黑龙江将军丰绅为绥远城将军，荆州将军希元为黑龙江将军，以察哈尔都统景丰为荆州将军，山海关副都统祥亨为察哈尔都统。

廿一日庚寅(公元 1880 年 1 月 2 日)

都察院左都御史崇厚，奉命出使，不候谕旨，擅自起程回京，着先行交部严加议处，开缺听候部议。其所议条约章程，及总理各国事务衙门历次所奏各折片，着大学士、六部九卿、翰詹科道，妥议具奏。②

十二月初二日辛丑(公元 1880 年 1 月 13 日)

通政使司参议胡家玉奏，海防紧要，请设外洋轮船水师。下所司议。③

初四日癸卯(公元 1880 年 1 月 15 日)

都察院代奏江苏扬州府知府何金寿请推广会议人员一折。国家遇大政事，饬下廷臣会议，原期询谋佥同，与议人员，自有定制。若如所奏，大小各员，一并会议，向来无此政体。所有此次会议事件，中外臣工及在籍大员，如有所见，或自行具折，或呈请代奏，均可据实直陈。所请推广会议人员之处，着毋庸议。④

两广总督刘坤一奏，广东机器局总办温子绍个人捐款和设计，在广东黄埔船坞仿造浅水炮艇一艘，取名为“海东雄”。⑤

---

① 《清实录·德宗景皇帝实录》卷一〇三。

② 《清实录·德宗景皇帝实录》卷一〇四。

③ 《清实录·德宗景皇帝实录》卷一〇五。

④ 《清实录·德宗景皇帝实录》卷一〇五。

⑤ 刘传标：《近代中国船政大事编年与资料选编》第 1 册，九州出版社 2011 年版，第 245 页。

十七日丙辰(公元1880年1月28日)

给事中张观准奏，奉天没沟营等处，商贾云集，未经承领官斗、官称，请饬户部照案颁发。下部议。①

廿五日甲子(公元1880年2月2日)

赏朝鲜国使臣韩敬原缎匹、荷包如例。

廿七日丙寅(公元1880年2月7日)

福建水师提督彭楚汉奏，接统轮船出洋操练情形，添购战具一折。据称现将闽局“万年青”等五船督带出洋，驶赴澎湖港等处，次第操演。“扬武”一船，炮尚足用，而船头现无炮门，头炮不能中出。“威远”一船，前后虽有炮门而炮位太小。其“万年青”“济安”“振威”三船，炮均安在两旁，前后俱无炮门，炮位无从安置。若不设法更改，战守均难御敌。舢板宜安百斤以上铜铁后膛小炮一尊，大号轮船宜添配小轮船一只。总计现操五船，尚须添配万斤以上大炮二尊，二万斤以上大炮三尊，百斤以上后膛小钢炮十五尊，小轮船四只等语。现当整饬海防之际，必须船炮足用，方可备豫不虞。清廷着何璟、勒方锜、黎兆棠妥为商办。如须添配之处，即着设法筹款，购置添配，以期缓急可恃，精益求精。

朝鲜国使臣韩敬原等三人于午门外瞻覲。②

是年

李鸿章在天津之大沽、北塘炮台间试设电报线路，获得成功。

全国海关出口货值银七千二百二十八万一千二百六十二两，进口货值银八千二百二十二万七千四百二十四两，入超银九百九十四万六千一百六十二两。征收货税银(海关洋税)一千三百五十三万一千六百七十两。③

广东黄埔船坞，仿英船式样，建造“海长青”号，并续造“执中”“镇东”“绥西”。

① 《清实录·德宗景皇帝实录》卷一〇六。

② 《清实录·德宗景皇帝实录》卷一〇六。

③ 刘锦藻：《清朝续文献通考·国用四》卷六六，商务印书馆1934年版，第8225~8229页。

天津制造局为北洋海防营务处所造轮船“铁龙”号下水。

江南制造局船坞所建“美富”号铁甲板船下水。①

光绪六年　庚辰　公元 1880 年

春正月初一日己巳(2 月 10 日)

刘坤一、裕宽奏，筹备蚊子轮船，拟由粤省自行试办，并请饬讲求制造兵轮船各折片。筹办海防船械，自应切实图维，未可蹈常袭故。刘坤一等拟照蚊子船改用木壳，将前膛炮改用后膛洋炮，即由粤省自行仿造船只，变通办理。局员温子绍捐置一号，业已兴工，核计工价，约银仅二万余两，并另筹银两添造一号各节。此项船只造成，果能与外洋蚊子船相为颉颃，既可节省饷需，又能迅速蒇事，自系两得之计。清廷即着照所请，先行试办。惟事属创始，能否合用，究竟尚无把握。前经谕令各省筹解经费，交李鸿章订购蚊子船，分布各口，仍着一面遵照办理。张树声、裕宽即陆续解款，俾资应用，制造战舰，必须精益求精，以期攻守得力。着刘坤一、吴元炳、何璟、勒方锜、黎兆棠饬令各局，加意讲求。务须于成法之中，自出心裁，益臻精利，以期一船得一船之用。尤当核实办理，毋稍虚糜饷项。②

初三日辛未(2 月 12 日)

此次崇厚奉命出使，所议条约章程等件，有违训越权之处，并据京外大小臣工陈奏，均称事多窒碍。清廷着派一等毅勇侯大理寺少卿曾纪泽前往，将应议事件，再行商办，以期妥协而重邦交。

命一等毅勇侯大理寺少卿曾纪泽充出使俄国大臣。③

① 刘传标：《近代中国船政大事编年与资料选编》第 1 册，九州出版社 2011 年版，第 246 页。

② 《清实录・德宗景皇帝实录》卷一〇七。

③ 《清实录・德宗景皇帝实录》卷一〇七。

二十一日己丑(3月1日)

清廷谕令：前因时事多艰，需才孔亟，迭经谕令各直省督抚，保荐人才，以备任使。惟恐奇材异能之士，伏处尚多，该督抚等闻见难周，尚未尽登荐剡，必须周咨博访，以广搜罗。着大学士、六部九卿、各直省将军督抚，暨曾任统兵大臣彭玉麟、杨岳斌加意访求。其有器识闳远，通达治体，为守兼优，长于吏事，以及才略过人，足任将帅，骁勇善战，足备偏裨，熟悉中外交涉事宜，通晓各国语言文字，善制船械，精通算学，足供器使，并谙练水师事宜者，无论文武两途、已仕未仕，均着各举所知，出具切实考语，秉公保荐，不得徒采虚名，滥竽充数，亦不得以无人可保，一奏塞责，庶几人材辈出，缓急可资，以副朝廷延揽人才至意。

清廷谕令：本日据王大臣等会议筹备边防事宜一折，此次俄国所议条约，多所要求，万难允准。虽已另派曾纪泽前往再议，而该国心怀叵测，诡谲多端，不可不先事防范，用折狡谋。天津屏蔽京师，关系全局，李鸿章筹防有年，所有建筑炮台购备战船等事，现已粗具规模。即着将现有兵力，认真整顿，一面备齐战舰，于烟台、大连湾等处择要扼扎，以固北洋门户。奉天营口，本属北洋所辖，该处与烟台海防，责成该督统筹兼顾，庶几呼应较灵。至现在水师不足，仍注重陆师，以期有备无患。李鸿章所部淮军，久经战阵，亦宜有威望素著之宿将统带。在籍提督刘铭传，应否调赴天津，着李鸿章奏明办理。湖南提督李长乐，如其才尚可用，亦着奏调赴津，以资倚任。北路绥远城、张家口，均属近边，已调刘连捷一军，往驻绥远。其张家口一路，亦宜有兵屯扎。李鸿章所部淮军，现扎山东张秋镇者，人数尚多，着该督酌调此军，派得力将领，统率前赴该处，分扼要隘，并着景丰、祥亨将本有额兵认真操防。并于本地边人，无论旗民蒙古一体简募训练，以联声势。

清廷谕令：本日据王大臣等会议筹备边防事宜一折，此次俄国与崇厚所议条约章程，势难允许，已改派曾纪泽前往再议。该国不遂所欲，难保不滋生事端。已照王大臣等所议，将东北等处边防，分别筹布矣。惟俄人与日本相交，踪迹诡秘。上年日本已狡焉思逞，若俄人此次暗嗾日本生事，狼狈为奸，必将滋扰洋面。南洋地段辽阔，必须严密设防，方能有备无患。着刘坤一、何璟、张树声、吴元炳、谭钟麟、裕宽、勒方锜、谭钧培懔遵迭次谕旨，将沿海沿江一带防务，妥筹布置，藉杜诡谋。福建之台湾、厦门等处，江苏之吴淞、长江等口，尤扼要吃重之区。该督抚等当各就地方情形，悉心区画，务策万全，并须简练陆军，以辅水师，为未雨绸缪之计，毋得稍有疏虞。长江水师，着彭玉麟、李成谋认真整顿，随时加意巡防，以期周密。现在水陆设防，需费甚巨，亟应宽为筹备。台湾后山办理多年，迄未就绪，着即酌行停止，腾出饷需，以作海防之用。应如何留扎兵勇，弹压抚绥，俾番族相安无事，着何璟、勒方锜悉心筹画，奏明办理。现在时艰孔棘，岂可再事因循，不思自强之计。该督等接奉此旨，即着于一月内将筹办事宜，次第举行，迅速详细具奏，毋得视为具文。

清廷谕令：本日王大臣等会议筹备边防一折，此次崇厚与俄国所定条约，既未允行，则边备自不容缓。奉天为根本重地，沿海各口，尤关系要，必须有大枝劲旅，居中填扎，方足以资保卫。宋庆一军，从前剿匪颇为得力。现在豫省边境静谧，着涂宗瀛饬令该提督统率所部，迅即前赴奉天营口等处择要驻扎，俾资御侮而固边防。

清廷谕令：本日王大臣等会议筹备边防一折，此次开办东北两路边防，需费浩繁。现在部库支绌，必须先时措置，以备不虞。着户部通盘筹画，先将各省丁漕盐关，实力整顿，并将厘金洋药税等项，责成督抚力除中饱，毋任有滥支侵蚀情弊，俾资应用。惟边防刻即举办，需饷甚急，着户部先于提存四成洋税项下，酌拨巨款，以应急需，一面按年指拨各省有着的项，俾无缺误。其西征专饷、津防水陆各军、北洋海防经费及淮军专饷，着户部分饬各省关，按年全数解足。东三省练饷协饷各省关未能解足者，亦着勒限解清，毋任延误。

清廷谕令：本日据王大臣等会议筹备边防事宜一折，此次俄国与崇厚所议条约章程，多有要求，断难允准，已改派曾纪泽前往另议。惟该国未遂所欲，难保不伺隙启衅。东三省为根本重地，且吉林、黑龙江两面与俄接壤，俄人近在海参崴地方，悉力经营，已成重镇，其意存窥伺可知，尤应规画防守，备豫不虞。奉天一省，沿海口岸，最关紧要。现已谕令涂宗瀛调宋庆一军，前往该处，择要驻扎，以为陪都拱卫。该省所有制兵，并着岐元与该提督随时会商，认真训练，务期有一兵得一兵之用。至金州海口关系紧要，应如何豫筹防守之处，着李鸿章、岐元会筹办理。吉林、黑龙江兵，夙称勇敢，朴实耐劳，果能选择知兵将领训练策励，足成劲旅。其猎户人等，枪枝最长，亦可募用。此外如招集打牲、索伦诸部落，及办理垦荒榷税各事宜，为就地取材之策。又金匪人众强悍，如能抚而训之，当不至为敌所诱。富和熟谙该省情形，着铭安督饬该副都统，实力操练，期有实济。并令吴大澂前往吉林，随时帮办。该将军当与妥筹一切事宜，以冀日有起色。编修于荫霖折，于吉林情形，言之甚为详晰，着钞给铭安阅看。所有珲春等三城及海参崴一带地势情形，并着绘图贴说具奏。松花江久为俄人窥伺，应如何制造战船，添练水师，并着该将军等察看情形，速筹办理。黑龙江地方，应办防边练军各事，着丰绅妥为筹画，次第举行。已革总兵陈国瑞，前在军营，颇有战绩。现在黑龙江戍所，是否堪以起用，着丰绅据实具奏。现在时艰孔亟，外侮凭陵，断不可稍涉因循，不思自强之计。况东三省势逼强邻，即使衅端不开，亦不可一日稍弛边备。所有该省应行办理各事宜，着各该将军等迅速筹办，限于一月内详晰具奏。

三品卿衔督办船政黎兆棠奏请病假。得旨：赏假两月，假满即行赴闽，毋再延缓。①

廿二日庚寅(3月2日)

清廷谕令：昨日据王大臣等奏，议办边防请筹饷节流等语。军兴以来，各省召募勇营，设立各局，原属权宜之计。事平以后，留防各营，叠经谕令裁减。现在水陆勇数尚多，原为弹压地方、缉捕奸宄起见，而意存瞻徇，或安顿勇丁，或调剂统领营官者，实亦难免。至每办一事，动设一局，徒有局务之虚名，并无应办之实事，薪水、口粮糜费滋甚。其厘金、海运、督销等局，甚至有官绅并不在事，安坐而得薪水者，尤属不成事体。前因御史黄元善、戈靖先后奏请，叠次降旨，令各省迅即裁并，仍多视为具文。似此年复一年，饷源何由充足。除直隶陕甘等省须办边防，云南、广西营勇无多，均毋庸议减外。其余各省将军督抚，务将该省勇营，详细斟酌，大加裁减。某处裁去几营，某营归并某营，即行分晰具奏。仍一面严查缺额，暨克减名粮等弊，并着懔遵前旨，迅裁各局。其某局应裁，某局应并，应留之局，实在有事可办者，约须几员，所有员役等薪粮，共需若干银两，务当详晰奏报，不得因委员等无可位置，稍为迁就。沿海各省，向有额设外海水师，原为平日绥靖海疆之用。自轮船驶行后，此项战船全无所用，亦宜变通旧制，分别裁汰。各该将军督抚目击时艰，饷需支绌，谅能破除情面，实力奉行，不至仅听营官委员借口之词，一奏塞责。以上各节，每省每年可腾出饷需若干、经费若干，务须不避怨嫌，悉心酌核，于奉旨一月内，迅速妥筹具奏，一面咨报户兵二部，由该部随时稽查，以昭核实。②

廿三日辛卯(3月3日)

江苏巡抚吴元炳奏，筹备船械情形。得旨：据奏已函商李鸿章代购快船两号，其“龙骧”等四号蚊船，既须修理，即着于拨到后，赶紧办理。如何另筹添购，并着酌度情形，与李鸿章妥为商办。惟新船购到需时，目下防务紧要，着将现有之兵轮，先行认真操练，以备缓急。③

① 《清实录·德宗景皇帝实录》卷一〇八。

② 《清实录·德宗景皇帝实录》卷一〇八。

③ 《清实录·德宗景皇帝实录》卷一〇八。

廿八日丙申(3 月 8 日)

总理各国事务等衙门奏，会筹海防购船事宜一折。现在海防紧要，自应分别布置水陆各军，以期有恃无恐。筹备水师，尤以船只为要务。该衙门拟于南北洋各备蚊船四只、碰船两只，分拨各口，扼要驻守。台湾密迩东洋，另筹备蚊船四只、碰船两只，系属酌度饷需，择要办理。除南北洋业经办有头绪外，福建购船之需，何璟已饬司道筹有蚊船两号之费。此外添购蚊船二只、碰船二只约共需银九十万两。该省现停后山之役，每年虽可节省数十万两，而凑集尚需时日，着户部于四成洋税项下，拨银三十万两，交李鸿章先行定购蚊船两只、碰船两只，以备分布闽省各口。其余六十余万两，着何璟、勒方锜陆续筹解。李鸿章即与赫德商定，将各省应购船只，迅行定购。其应如何分起兑价验收，由李鸿章妥速筹议。至管驾教练，如何兼用西人，并着刘坤一、吴元炳、何璟、勒方锜与李鸿章先事妥商，以期得力。将来操练调拨，均由李鸿章等随时酌办，务使船只足备战守，经费不至虚糜，是为至要。

有人奏天津防兵难恃，招商局办理毫无实济，请饬认真整顿经理一折。天津驻扎水陆防军，需饷甚巨，原以该处为京师门户，必须饷足兵精，方足以资捍卫。若如所奏，该军营官克扣，兵勇劫掠，骄蹇怨詈，李鸿章不敢过问等情，缓急将何足恃。李鸿章身任统帅，责无旁贷，着将各营将士骄者易之，弱者汰之，有无克扣劫掠等弊，明查暗访，实力整顿。总期一兵得一兵之用，不至虚糜饷糈，方为不负委任。至设立招商局，原所以收利权而裕税课，若但听委用各员任意开销，浪费侵蚀，深恐私橐日充，公款日亏。着李鸿章、刘坤一、吴元炳慎择公正廉洁之员，将历年出入各款，彻底清查，实心经理。如查有糜费侵渔等情，即行据实严参，毋稍徇隐。①

二月初一日己亥(3 月 11 日)

清廷谕令：前因崇厚与俄国所议交收伊犁条约章程等件，经王大臣等会议，诸多窒碍难行，业经降旨将该革员治罪，并派曾纪泽为出使俄国钦差大臣矣。俄人占我伊犁，其理甚曲。崇厚奉命出使议收伊犁，竟不熟权利害，任其要求，遽与定约，殊出意料之外。曾纪泽到俄国后，察看如何情形，先行具奏。此次前往另议，必须力持定见，慎重办理。现已颁发国书，由总理各国事务衙门递寄，并令该衙门将条约章程等件，详细酌核，分别可行，及必不可行之款，奏准后，知照该少卿，

① 《清实录·德宗景皇帝实录》卷一〇八。

以便与俄人另行商办。纵或一时未能就绪，不妨从容时日，妥慎筹商。总期不激不随，以全大局。①

初二日庚子（3月12日）

闽浙总督何璟等奏，台北基隆扼全台之要，起建洋式炮台一座，用资扼守，并改拨豫储专款。下部知之。

以江苏淮扬海道庞际云为湖北按察使。

抚恤琉球国遭风难民如例。

初五日癸卯（3月15日）

广东巡抚裕宽奏，请拨款修筑南海县属桑园围基。从之。

初七日乙巳（3月17日）

两广总督张树声奏，大军由越南凯撤入关，提臣冯子材卸统各营，挑留得力勇队十二营，分布太平、镇安各属，沿边卡隘，并越南近边之高平、牧马一带，调扎就绪，饬令记名提督黄桂兰接统。所有遣撤各勇，一律蒇事。报闻。②

初九日丁未（3月19日）

山东巡抚周恒祺奏，请拨款修复永阜场淹没盐池。从之。

十一日己酉（3月21日）

以出洋参赞人员，三年期满，予江苏直隶州知州黎庶昌等，升叙加衔有差。

十四日壬子（3月24日）

总理各国事务衙门奏，巴西国遣使议约，请饬南北洋大臣，就近会商办理。从之。

---

① 《清实录·德宗景皇帝实录》卷一〇九。

② 《清实录·德宗景皇帝实录》卷一〇九。

命协办大学士沈桂芬、户部尚书景廉为全权大臣，与德国使臣商办续修条约事宜。①

廿一日己未(3 月 31 日)

李鸿章奏，筹办海防拟购铁甲兵船，并豫筹调拨事宜一折。铁甲船为防海利器，以所费过巨，未经购置。现在筹办海防，事机紧要。李鸿章已函商李凤苞，定购八角台铁甲船两只，一名“柏尔来”，一名“奥利恩”，共约需银二百余万两。拟将前定蚊船、碰船暂缓购置，腾出经费，先购“柏尔来”一船，专归台湾调拨防守。所筹尚妥。需用款项，即以前拨部库银三十万两，并何璟等奏明筹备三十余万圆，约银二十五万两，又前谕何璟等筹解银六十余万两，通共合计，足敷购铁甲船之用。着穆图善、何璟、勒方锜于税厘项下，竭力筹拨，不可稍有耽延，合之原有的款，先凑成一百万两，由李鸿章汇付，以便船价两交，克期来华。如闽省一时未能如数解足，即着李鸿章先行通融筹垫，以济要需，仍由闽省陆续解还。其“奥利恩”一船，既须一年后交付，需用船价，除将南洋备购碰快船之款六十五万两抵用外，所短银两，亦须豫为筹备，以资应付。俟该船到华后，应如何调派之处，着李鸿章与南洋大臣随时会商办理，并着何璟等豫选管驾及轮机生徒、舵水等六十人赴英，随同所雇洋员，在船历练。将来修船及驾驶一切事宜，李鸿章仍当妥筹兼顾，分别商办。至养船之费，亦应筹定的款。福建既另设轮船水师，则原有之外海战船与各路绿营之兵、分防之勇，即可酌量裁减数成，庶经费不致竭蹶，着何璟等一并妥筹具奏。

直隶总督李鸿章奏，覆查天津防兵实无劫掠等情。得旨：该督仍当随时查访，实力整顿，现当防务紧要，尤宜认真训练，总期缓急可恃，备豫不虞。②

总理衙门大臣沈桂芬、景廉与德国驻华使臣巴兰德签订《中德续修条约》九款，主要内容有：中国允添江苏吴淞口一处为通商口岸；中国允德国船只已在中国完纳船钞者，如再往其他口岸，四个月内不再重征；德国允中国派领事官驻扎德国各地，准许设立领事之处等。③

廿六日甲子(4 月 6 日)

浙江巡抚谭钟麟奏，筹办海防大概情形。得旨：即着该抚周历各口，察看形

---

① 《清实录·德宗景皇帝实录》卷一〇九。

② 《清实录·德宗景皇帝实录》卷一一〇。

③ 王彦威：《清季外交史料》卷二〇，书目文献出版社 1987 年版，第 2~7 页。

势，妥筹布置，并将练兵、筹饷各事宜，实力经营，以期有备无患。①

廿八日丙寅(4月8日)

总理各国事务衙门奏，遵议密陈俄国分界通商各事宜，谨将总论七条，并条约章程专条及附议专条，分缮清单，请饬下原议王大臣等阅看。

廿九日丁卯(4月9日)

直隶总督李鸿章奏，饬“龙骧”等四船赴南洋调遣，应需月饷药弹等项，由南洋照章核给。报闻。②

李鸿章奏，南北洋海防经费每年实解不及原额十二之二，且岁额银数较原定短少百万两，请饬补足。③

三月初三日庚午(4月11日)

李鸿章奏，遵筹防务一折。直隶沿海各处，口岸歧出，亟应妥筹布置，备豫不虞。郭松林旧部，现留湖北襄阳之武毅步队三营、马队一营，着李瀚章饬令即行拔队来直。所需月饷军装，仍由湖北源源解济。至所奏请将奉天原调古北口练军步队右营马队三哨、津防练军枪队两营，全数撤回等语，前因奉天兵力甚单，降旨调宋庆一军，前往营口等处扼扎。该军到防后，直隶练军，能否撤回，着岐元体察情形，奏明办理。所有北塘等处海口，李鸿章即商同郭松林，酌拨队伍，择要扼扎，以臻周密。烟台、大连湾等处，兵船尚少，兵亦单薄。所陈自属实在情形，该督当实力经营，务期缓急足恃。其所称张家口，不宜屯驻多营。傥北边有警，派队前往，计程不过数日。现在毋庸调拨大队，令刘盛休拨两三营，赴宣化府附近屯扎等语，即着照所议办理。祥亨着仍遵前旨，实力操练满蒙官兵，以期得力。④

初四日辛未(4月12日)

总理各国事务衙门奏，德国修约条款，报闻。

---

① 《清实录·德宗景皇帝实录》卷一一〇。
② 《清实录·德宗景皇帝实录》卷一一〇。
③ 李鸿章：《请饬拔海防经费折》，《李文忠公全集·奏稿》卷三六。
④ 《清实录·德宗景皇帝实录》卷一一一。

初八日乙亥(4 月 16 日)

总理各国事务衙门及醇亲王各奏，与俄国拟约事宜，钦奉慈安皇太后、慈禧皇太后懿旨，即着总理各国事务衙门，将所拟约章等件，咨行曾纪泽妥筹办理。①

初九日丙子(4 月 17 日)

广西巡抚张树声奏，辛巳年越南国王正贡，何时进关，请示。得旨：着查照向例进关之期，令该国王遵照办理。

初十日丁丑(4 月 18 日)

给事中张观准奏，广东去年四五月间，南海、三水、清远、四会等县，各围被水冲决，淹没田禾。龙门等县，遇灾未报，米价翔贵。查光绪二三年间，有发给免厘护照九百余张，招商、采运、平粜，仅用去五百张，即已停止。请将此项免厘已发未用之护照四百余张，给商运米接济等语。粤东各属被水，曾经刘坤一奏明，量予抚恤。该给事中所称从前奏准免厘护照，已发未用者，尚存四百余张，是否实有此事，应否给商运米平粜，抑或另筹接济之处，清廷着张树声、裕宽确切查明，酌度办理。总期民食有资，亦毋任奸商藉端射利。至龙门等县，有无遇灾不报情弊，并着查明具奏。

吴元炳奏，密陈江海防务各折片。吴淞口为由海入江要道，现经吴元炳咨会李朝斌等，分段设防，其江阴以上江面，亦由彭玉麟咨商李成谋，派兵扼扎，并饬唐定奎等陆营，勤加操练，以备应援。即着认真筹办，毋托空言。至江防海防，本属一气，必须互相联络，临事方无隔阂之虞。彭玉麟、李成谋于轮船驾驶操练各事宜，素所谙习。着各于每次巡阅长江之便，就近赴吴淞口，会同李朝斌，于常操之外，将各轮船调操一次，严核勤惰，分别赏罚，以期互相参证，精益求精。彼此呼应较灵，更为得力。

署两江总督吴元炳等奏，浙江提督吴长庆，请暂缓赴任。得旨：吴长庆着准其暂缓赴任，仍留江苏统带防营。②

---

① 王彦威：《清季外交史料》卷一九，书目文献出版社 1987 年版，第 22~50 页。

② 《清实录·德宗景皇帝实录》卷一一一。

十八日乙酉(4月26日)

户部奏，请续拨京饷等语。近年库款支纵，叠经户部续请添拨京饷，此次该部酌量各省情形，拟拨山东地丁银五万两，湖南地丁银五万两，江西地丁银三万两，福建税厘银十万两，两淮盐厘银四万两，长芦荥工加价银五万两，广东盐课银五万两，厘金银七万两，江苏厘金银十万两，安徽厘金银五万两，湖北盐厘银五万两，四川津贴银三万两，盐厘银八万两，闽海关洋税银五万两，九江关常税银十万两，江海关洋税银七万两，赣关常税银三万两，共银一百万两。

十九日丙戌(4月21日)

三品卿衔督办船政大臣黎兆棠奏，赴闽到工日期。得旨：所有制造事宜，即着认真讲求，务臻精利可用，方为妥善。

直隶总督李鸿章等奏，请将教导出力洋员马的奴得式内等奖励。从之。①

廿九日丙申(5月7日)

巡阅长江水师前兵部右侍郎彭玉麟奏，整顿长江水师，豫筹布置。得旨：即着督同水师提镇，认真整顿，严密操防，以期缓急足恃。应需制敌器具，并着咨商沿江各督抚，随时调取应用。②

曾纪泽自伦敦致函总署，谓俄约分界、通商二事，吾华均属吃亏。权其轻重，分界之事宜以百折不回之力争之，通商则可权宜允之。③

夏四月初二日己亥(5月10日)

盛京将军岐元奏，遣撤驻防奉天之古北口练军马队三哨，回防直隶河工差次，并请将原带该队营官记名、提督左宝贵留奉训练。报闻。又奏，奉天海口紧要，调防之古北口练军步队一营、津军枪队两营，一时实难抽撤。得旨：即着咨明李鸿章查明办理。④

---

① 《清实录·德宗景皇帝实录》卷一一一。

② 《清实录·德宗景皇帝实录》卷一一一。

③ 曾纪泽：《伦敦致总署总办》，《曾纪泽遗集·文集》卷三，岳麓书社1983年版，第177~178页。

④ 《清实录·德宗景皇帝实录》卷一一二。

初七日甲辰(5 月 15 日)

穆图善等奏，筹备铁甲船价银，请饬借拨银两各折片。现在定购“柏尔来”铁甲船，需款甚急，闽省筹备支绌，自属实在情形。穆图善、何璟等已于藩盐两库及关税项下，提凑银六十万两，数尚不敷。即着照所请，由李鸿章、刘坤一、吴元炳于出使经费项下，通融提垫银二十万两，同部拨银三十万两，共一百一十万两，以为船价、保险、辛工等项之用，均交李鸿章汇寄李凤苞，照数转付，俾该船早日来华。管驾船只，必须得力之人。着李鸿章饬令游击刘步蟾，交卸管驾蚊船之任，克日赴闽局，抽选轮机生徒、舵水人等六十人，带赴伦敦，上船练习。该官弁等需用薪粮等银，即由闽省豫为筹备。此船到华，虽驻闽省，而养船之费，沿海各省，自不得稍分畛域。应如何合力筹济之处，着李鸿章妥筹具奏。闽局生徒，黎兆棠务须饬令教习认真讲求，以备随时选用。所有借用出使经费一款，该将军等请将江西协饷提银十五万两、浙江提银五万两归还前款。着李文敏、谭钟麟于应解闽省协饷项下，无论新拨旧欠，如数提拨，年内解交南洋大臣照收归款，毋许延宕。另片奏请饬拨款制造快船，并请饬开学堂专习西法等语，仿造快船，可与铁甲船相辅而行，自应及早创办。闽省存款，既凑付铁甲船之用，即着刘坤一、吴元炳协拨银二十万两，俾资经始。凡事以人材为本，管驾铁甲等船，均须结实可靠兼通西学者任之。刘坤一前曾捐银十五万两，拟在粤省开设学堂，专习西法。此款借拨办赈，刻下豫晋等省情形，日有起色。着张树声、裕宽催还前款，抑或另筹别项，设立西学馆，讲究机轮驾驶及一切西学与洋务交涉事宜，庶几教育成材，足供任使。①

张树声奉旨，即派员在广州城外黄埔地方勘建校舍，本年十二月兴工，明年十二月竣工，计前后楼房四进，左右住房二十二间，选调精通外国语言文字、算学者派充教习，俟学生学有进境，再延西师接教。并将学堂取名为实学馆。②

初九日丙午(5 月 17 日)

李鸿章奏，遵筹吉林选将造船等事宜，暨调员赴吉差委各折片。据称总兵唐仁廉，现统所部驻防海口，且有承办要务，未能派赴吉林。副将郭长云堪以派往。该员晓畅戎机，若令募练数营，战守当可得力俟。该处情形熟悉，再酌委总统等语。郭长云着李鸿章饬令前往吉林，交铭安差遣委用。至造船一节，混同、松花等江，

① 《清实录·德宗景皇帝实录》卷一一二。

② 张树声：《张靖达公奏议》卷五《建造实学馆工竣延派总办酌定章程片》，台湾文海出版社 1973 年影印，第 305~307 页。

轮船均可驶行。若制造舢板、“长龙”各船，不足以资守御。李鸿章所奏宜在三姓附近水深溜大之处，设厂筹造小轮船，如粤东仿造蚊子船等式，上可驶行伯都讷省城一带，下可驶巡黑河口，转入黑龙江，洵为目前切要之图，即着照所议办理。道员温子绍在广东制器有年，颇有心得。在吉林创始需才，较粤省防务尤为紧要，着张树声、裕宽饬令该员，酌带造船得力工匠，并将俊启上年代购神机营设厂之机器，选择合用者，由海道运至奉天营口，再由陆路运至吉林，以资创设船厂之需。温子绍暨随带工匠机器赴吉川资，着该督抚监督设法筹给。所有开厂制造各事，着李鸿章会同铭安妥为筹办，督饬温子绍悉心研究，务求实济。吉林所需军火，经李鸿章酌量拨给，着该将军即派员赴津，领回应用。道员顾肇熙、知府李金镛、知州员启章、知县查宗仁，均着发往吉林，交铭安酌量差委。直隶州知州戴宗骞，着李鸿章饬令暂行随同吴大澂赴吉，由铭安等商酌委用。

吴元炳奏，请饬催粤海关应解南洋海防经费。海防经费，最关紧要。粤海关仅解过南洋银五万四千九百余两。该关自七十一结至七十八结，应解南洋经费约银十八万两。目前南洋筹办船炮，待用甚亟。着俊启迅将前项银两，扫数解清，以济要需。

署两江总督吴元炳等奏，吴淞、江阴、象山、焦山一带江防紧要，分别增筑明式、暗式炮台、兵房、驳岸，添购安设大小铜铁钢炮各若干尊。报闻。①

十二日己酉(5月20日)

铭安奏，海参崴一带华夷构衅，先行练队驻防一折。吉林海参崴迤东之苏城、秦梦河、大小乌湖、苏子河等五处，民人因俄人搜缴枪械，聚集至五六千人，意图与俄抵拒。俄人并有送回华民，添兵守卡，将商民枪械洋钱各物一概查搜，羁禁为质。清廷着妥为晓谕，毋任滋生事端。珲春切近俄边，须先练马步队三百名，即着照所请办理。该将军务当饬属不动声色，妥筹防范，固不得稍涉大意，亦不可先事张惶。前请该省每年需饷银三十万两，业经户部议准，照数拨给，并由部先发银十万两，即着铭安查照部咨，派员领回，以资应用。②

十三日庚戌(5月21日)

何璟等奏，遵议筹办海防，及节省台湾开山经费一折。福建为南洋门户，台湾、厦门等处，与省城互为关键，防务亟宜筹画。兹据何璟等奏称，现将台湾后山

① 《清实录·德宗景皇帝实录》卷一一二。

② 《清实录·德宗景皇帝实录》卷一一二。

防勇，抽出两营，归并台北操练。如能于江南练勇，酌调数营，派得力营将管带渡台，驻扎基隆、沪尾等处，与闽省各营合力固守。即令孙开华将原带练勇三营，回扎泉州，以为厦门后劲。届时再于台南抽出练勇一营，调扎澎湖，以通台厦之气等语，自系相机布置起见。惟南洋防务，同关紧要，能否调拨练勇数营，移扎台北，着李鸿章、刘坤一、吴元炳酌度情形，奏明办理。台湾开山工程各项，现经何璟等分别裁减，腾出营勇，兼顾海防。惟后山中南北三路驻扎勇丁，未能再议裁撤，即着何璟、勒方锜饬令留扎各营，弹压抚绥，毋任番族再行滋事。①

十五日壬子(5 月 23 日)

谭钟麟奏，周历海口，条陈应办事宜一折。该省长山等处炮台既须修改添筑，自应量为兴办，以为经久之图。炮械军火，亦防务所急需。水陆兵勇，习气太深，急宜实力整顿。该抚拟先挑一半更替训练，责成道府随时稽查，并归防营分驻备调，编查渔船以清洋面，联络绅士以固人心。所拟各节，均尚妥协。即着该抚认真办理，毋任各员弁稍涉懈弛，以致有名无实。

直隶总督李鸿章奏，廓尔喀贡差入直，尚无骚扰勒索。报闻。②

十六日癸丑(5 月 24 日)

署两广总督广东巡抚裕宽奏，遵筹海防，密陈次第布置情形。得旨：该抚当随时会商张树声，将防务次第布置，认真筹办，不得徒托空言。

廿三日庚申(5 月 31 日)

署两江总督吴元炳奏，请免捐两淮票本，共捐一次银一百万两，仍照章将所得引票永远循环，以裕饷需而保盐局。下户部议。

廿七日甲子(6 月 4 日)

福州将军穆图善等奏，筹集购铁甲船价银，发商定期汇寄。下总理各国事务衙门知之。③

① 《清实录 · 德宗景皇帝实录》卷一一二。
② 《清实录 · 德宗景皇帝实录》卷一一二。
③ 《清实录 · 德宗景皇帝实录》卷一一二。

五月初八日乙亥(6月15日)

福州将军穆图善奏，六成洋税，入不敷出。乌鲁木齐饷银，遽难照拨。报闻。① 总理衙门将外国使臣干预治罪崇厚之事奏闻。②

初十日丁丑(6月17日)

江苏巡抚吴元炳奏，筹拨京饷及海防经费，势难兼筹。下部议。

十四辛巳(6月21日)

署两江总督吴元炳等奏，查明嘉定、宝山二县漕粮银米，合计科则较重，请本折并算，酌减额米。下户部议。③

十九日丙戌(6月26日)

清廷谕令：前因崇厚出使俄国，违训越权，所议条约，诸多窒碍。经廷臣会议罪名，定以斩监候，实属罪有应得。乃近闻外间议论，颇以中国将崇厚问罪，有关俄国颜面。此则大非朝廷本意。中国与俄国和好二百余年，实愿始终不渝，无失友邦之谊。崇厚奉命出使，于中国必不可行之事，并不向俄国详切言明，含糊定议，罪由自取。朝廷按律惩办，以中国之法，治中国之臣，本于俄国不相干涉。第恐远道传闻，于中国办理此案缘由，未能深悉，或因误会而启嫌疑，未免有妨睦谊，兹特法外施恩，将崇厚暂免斩监候罪名，仍行监禁。俟曾纪泽到俄国后，办理情形若何，再降谕旨。曾纪泽接到此旨，着即将崇厚暂免斩罪，知照俄国，并告以中国于俄国和好之据，即此可见。其应议条约，着仍遵前旨，妥慎办理。④

二十日丁亥(6月27日)

前因总理各国事务衙门奏，英法使臣，请宽免崇厚罪名，以解俄国之辱，先后

---

① 《清实录·德宗景皇帝实录》卷一一三。

② 王彦威：《清季外交史料》卷二一，书目文献出版社 1987 年版，第 2~4 页。

③ 《清实录·德宗景皇帝实录》卷一一三。

④ 《清实录·德宗景皇帝实录》卷一一三。

与李鸿章、刘坤一密商，意见相同，请旨遵行，当交廷臣会议。昨据王大臣等覆奏，已将崇厚暂免斩监候罪名，仍行监禁，密谕曾纪泽知照俄国矣。南北洋筹办防务，已历数年，叠谕该大臣等认真布置，力求实际，果能办有把握，遇事自可操纵由我。若仍有名无实，徒以了事为念，势将任其要求，何所底止。此次免崇厚之罪，实因海疆防务，毫不足恃，是以曲从其请。言念及此，殊堪痛恨。此后议改条约，事关重大。如有万难迁就之处，难保不启衅端。李鸿章身膺畿疆重寄，任事最久，刘坤一、吴元炳现办南洋防务，均属责无旁贷，务当各就地方情形，豫筹备御，以纾宵旰之忧。傥敢因循粉饰，坐误事机，则责有攸归，恐该督等不能当此重咎也。现在崇厚免罪，尚未明降谕旨，务宜慎密，不得漏泄，是为至要。①

六月初一日丁酉(7 月 7 日)

闽浙总督何璟等奏，福州省城被水，办理情形。得旨：览奏殊深廑系。该督等务将赈抚拯救事宜，认真筹备。其被水迁徙人口，并着饬属妥为抚恤，毋任失所。

初五日辛丑(7 月 11 日)

李鸿章奏，英国铁甲船罢议，另筹在洋订造。前定购铁甲船两只，现据李凤苞电报，英国不肯转售。当此筹办海防之际，不能因前议无成，遽尔中止。着照李鸿章所议，查照新式，在英厂订造铁甲二只。该督迅即知照李凤苞，速行定议，早日造成，不可耽延时日。应以何厂何式为宜，尤当悉心酌度，认真经理，以期适用，毋为洋人所绐，虚縻巨款。至所称订造之船，应分闽省南洋各一只。北洋处处空虚，仅恃已购之碰快蚊船数只，不足扼守，应再定造铁甲二只，俾资分布。所请将两淮商捐银一百万两，拨充造船经费，着户部议奏。各省拨借轮船招商局官款，每年应拨还银三十五万余两。该督请酌提招商局三届还款约一百万零，抵作订造铁甲之需，分年拨兑，即着照所议，由李鸿章咨明各该督抚商酌办理。②

直隶总督李鸿章奏，闽厂出洋肄业生徒，各项经费，尚不敷银二万三千两，请于出使经费项下拨补。允之。

初七日癸卯(7 月 13 日)

山东巡抚周恒祺奏，筹蚊船经费银二十万两。下所司知之。

---

① 《清实录·德宗景皇帝实录》卷一一三。

② 《清实录·德宗景皇帝实录》卷一一四；李鸿章：《定造铁甲船折》，《李文忠公全集·奏稿》卷三七。

初八日甲辰(7月14日)

有人奏，浙省州县经征钱粮，肥私害公，请严儆浮勒一折。据称余姚县征收钱粮，于向章酌留平余外，每银一两增收钱二百数十文，并合上下忙一律征收。又每逢开柜之时，粮差书役即将小户零星粮票暗中藏匿，封柜后即作为漏粮，持票讹索，每银一钱勒令完钱二三千文不等，并有勒索差费情事。钱粮为民间正供，该省既有奏定章程，岂容地方官任意浮勒。着谭钟麟通饬各该州县经征钱粮，恪遵旧章，不准再有浮收勒折等弊，致干咎戾。另片奏，税契银两，请责成庄户书汇总呈缴，以免胥役借口查拿漏税，致滋骚扰。至余姚县推收之费，每亩索价几及千文，其余需索尚多等语，并着谭钟麟厘定章程，妥为办理。寻奏：遵谕查明浙省各属征收钱粮章程，请量予变通。嗣后征收钱粮，有以钱洋两项完纳者，该管知府于开征一两，合钱若干，每洋一圆，合钱若干，按旬出示一次，晓谕民间，照数完纳。各州县有多取分文者，即行严参，知府徇庇，查出一并参办，庶可官民相安，吏胥无从舞弊。下户部议。

李鸿章奏，巴西使臣来津议约，派大臣会商一折。已另有谕旨派李鸿章为全权大臣矣。事关通商立约，该大臣务当悉心筹画，按照各国约章，酌议变通。总期周密妥善，免致将来窒碍。本日简派全权大臣谕旨一道，一并发往。如该使索看凭据，即着李鸿章恭录给与阅看，俟议约事毕，此旨仍缴还军机处备查。

总理各国事务衙门奏，福建船政局，诸事废弛，请饬确查参办。据称闻船政局所雇洋人，艺亦平常，所造之船多系旧式，即如康邦机器，是其明征。洋匠恐成船太速，不能久食薪饩，往往派华匠造器，宽其期限；如有先期制成者，必以不中程式弃之；华匠相率宕延，遂成锢习；管驾以至水手俸薪本厚，竟有管驾数年，技未必精，而已坐拥厚资，难免浮冒侵吞之弊等情。船政为海防而设，关系至为紧要，频年不惜重帑，创此规模。宜如何实力图维，以期缓急足恃。若如该衙门所闻各节，虚縻饷项，必至贻误要工，积久相沿，流弊何所底止。黎兆棠甫经到局，无所用其回护，着即确切查明。傥有前项情弊，即分别严行参办，并将船政刻意讲求，认真整顿，应如何实事求是之处，即由黎兆棠奏明办理。

总理各国事务衙门奏，出使美日等国大臣经费，按款查核，应请准销，以昭核实。从之。

换给德国提督波兰撒尔等宝星。①

① 《清实录·德宗景皇帝实录》卷一一四。

初九日乙巳（7 月 15 日）

署两江总督吴元炳奏，覆陈南洋饷力兵力难以分济闽省情形。下户部速议。

初十日丙午（7 月 16 日）

户部奏，请旨催解京饷，分别已解未解银数，开单呈览一折。本年京饷，户部原拨续拨共银八百万两，除河东加课羡余银两，经该抚奏准免解外，长芦盐课加价银三十万两，津海关常税银四万两，洋税应抵解闽省京饷银二万两。该督请划抵部库应发购船经费银三十万两，即着照户部所议，将津海关应解之项，全行划拨，并于长芦盐课加价银内划拨二十四万两。其余六万两仍令报解。截至本年五月止，省关计共欠解银五百七万两。

十三日己酉（7 月 19 日）

李鸿章奏，直东沿海防军，不敷布置，请调回驻奉直军一折。直隶北塘迤东至山海关，沿海袤延五百余里，口岸纷歧。李长乐接统之武毅各营，既不敷分布。此外各军，又别无可调。所有现驻奉天之古北口练军步队一营、天津练军枪队两营，即着岐元饬令全数撤回直隶，以便李鸿章等择要扼扎。奉省剿匪事竣，内地安靖，海防已有宋庆九营，足资控扼。岐元务饬该军克日调回，毋许延缓。到直后，着李鸿章饬交李长乐妥筹分扎，认真操防，不得稍涉松懈。①

十四日庚戌（7 月 20 日）

江西巡抚李文敏奏，归还闽省借用出使经费，请暂借四成洋税济用。下所司议。

十五日辛亥（7 月 21 日）

曾纪泽奏，筹办伊犁事宜各折片。前谕该少卿以伊犁一事，如无成议，只可两作罢论，原是暂时归宿。兹据奏称分界宜以力争，通商似可酌允。伊犁系中国土地，从前俄人只称代收代守，是尚不敢公然居侵占之名。中国向其索还旧疆，

---

① 《清实录·德宗景皇帝实录》卷一一四。

本是名正言顺。至通商一事，自当权其利害轻重，予以限制。其必不可行者，亦未可迁就从事，致贻后患。前经王大臣等将约章等件酌核可行不可行，奏准咨行照办，此时计已接到。该少卿当就原议各节，妥慎办理。如有应行量为变通之处，仍当随时察看情形，奏明请旨。该少卿请将所陈管见，饬廷臣议奏之处，着毋庸议。①

二十日丙辰（7月26日）

广东巡抚裕宽奏，广州等处被水，现分别赈济。得旨：览奏殊深廑系。该抚当会商张树声，将被灾地方妥筹赈恤，并设法疏消积水，修筑冲决围堤，毋任小民失所。

廿二日戊午（7月28日）

两广总督张树声等奏，添募沿海沙民蜑户二千人，驻扎各炮台及险要之处。报闻。又奏，前福建提督刘金美，在粤襄办海防。允之。

廿四日庚申（7月30日）

总理各国事务衙门奏，探访俄国情形各折片。意在起衅，摘录各处函报，另单呈览，山海关一带，请添兵防守各折片。俄国因崇厚罪名，有关颜面，由英法使臣之请，已将崇厚暂免罪名，仍行监禁。乃据英外部云，俄人仍未满意，此案不易转圜，并闻俄国纷纷调派兵船，暂驻日本，情形实为叵测。虽意图挟制，是其惯技，而似此举动，难保不起衅端。着李鸿章等将沿海防兵加意操练，一切防务格外严密备御，以期有恃无恐。吉林、黑龙江所添各军，亦当赶紧训练。该将军等并随时约束营伍，弹压地方，衅端不能自我而开，而防御则不可一息松懈。李鸿章现驻天津，津海一口，该督责无旁贷。惟山海关一带，相距较远，兵力尚嫌单薄，本日已谕令曾国荃督办该处防务，统带刘连捷一军择要扼扎，令李瀚章、彭祖贤、裕禄分饬刘维桢、郭宝昌挑选勇队各二千名北来，暨宋庆一军统归曾国荃节制。该抚到后，着李鸿章、岐元遇事妥商布置，俾臻周密。刘维桢、郭宝昌两军，暨刘连捷一军，均限于八月以前赶到防所。陆路程途纡远，皖楚两军自应乘坐轮船北上。李鸿章、刘坤一等即饬招商局妥为豫备，毋稍延误。闻俄国勾结日本，乘机滋事，现在

① 《清实录·德宗景皇帝实录》卷一一四；曾纪泽：《敬陈管见疏》，《曾纪泽遗集·奏疏》卷二，岳麓书社1983年版，第25~30页。

琉球事尚未定议。台湾一带，着何璟、勒方锜先事豫防。

据总理各国事务衙门奏，探访俄国情形各折片。俄人既意在启衅，不守和约。江海防务，自应豫筹办理。现已谕令曾国荃督办山海关一带防务，并谕山西、湖北、安徽等省挑选劲旅，赶于八月以前到奉天防所，暨现在奉天宋庆一军，统归曾国荃节制。其南北洋大臣暨沿海各将军督抚等，已经谕令防范矣。此先事豫防之意，该营务当不动声色，认真操练，备豫不虞，仍毋得稍涉张惶。

总理各国事务衙门奏，请派大员，会同日本使臣，商办废置琉球事件。得旨：着该衙门王大臣，会同日本使臣妥商办理。

以办理浙江塘工出力，予道员李辅燿等升叙，加衔有差。①

廿七日癸亥(8 月 2 日)

李鸿章奏，请旨催解北洋海防经费一折。据称北洋海防经费，该大臣前请将各省奉拨厘金，悉按原拨八成实数解足。经户部总理各国事务衙门议准奏催，计自本年正月以来，各关洋税，惟山海、江海两关随征随解。粤海、浙江两关，自第七十八结以后，时逾半年，未据报解。各省厘金，湖北解到银四万两，江西解到银二万两，又报解银一万两。江苏应解之款，刘坤一拟俟到任后竭力筹措。惟浙江一省，半年以来未解分毫，亦无咨禀具覆等语。北洋防务，极关紧要。叠次购买船械，库储经费，业将告罄。已订未放之款，为数甚巨。现在事机迫紧，需饷尤殷。各省关应解经费，浙江何以久未报解，实属不知缓急。着谭钟麟严饬司道，赶紧筹解大批，以济目前之急，厘金必解足八成，关税必照章提前，毋再因循贻误。至湖北、江西、江苏应解厘金，粤海、江海两关应解洋税，并着该督抚监督，赶紧拨解，力求足额。各该省关，傥再延欠，即着李鸿章于年终核参，照延误京饷例议处。②

廿九日乙丑(8 月 4 日)

福州将军穆图善等奏，查明闽省被水情形，毋庸抚恤。得旨：其被水地方，迁徙人口，如有应加抚恤之处，仍着酌度办理。③

曾纪泽在彼得堡会晤俄外务大臣格尔斯，后致电国内，请求开释崇厚。④

---

① 《清实录·德宗景皇帝实录》卷一一四。

② 《清实录·德宗景皇帝实录》卷一一四。

③ 《清实录·德宗景皇帝实录》卷一一四。

④ 曾纪泽：《曾纪泽遗集·日记》卷二，岳麓书社 1983 年版，第 389 页。

秋七月初一日丁卯(8月6日)

铭安等奏，吉林防务紧要，请将宋庆一军豫筹咨调一折。前因总理各国事务衙门奏，俄国意在启衅，请添兵防守山海关一带等情，当经谕令曾国荃督办该处海防事宜，宋庆所扎营口各营，均归节制调遣。缘近日各路新闻电报，均有俄国派员来华，以兵挟制，并调拨兵船，约八九月将封辽海之信。山海关一带防务，未可稍松。宋庆所部兵力尚恐不敷，是以添调刘连捷、刘维桢、郭宝昌等营，以资厚集。现在珲春、宁古塔、三姓等处，均有俄国轮船驶往，并于伯力地方，添修衙署兵房，添设总督。其窥伺松花江之意，显然可见。吉林地方紧要，自应豫筹布置，以备不虞。刻下宋庆一军，势难移调，铭安、吴大澂惟当就地募练，妥筹布置，随时侦探，实力防守，不可稍有疏虞。该处枪炮铜帽火药等件，需用甚殷。着李鸿章、岐元转饬沿途迅速解到，毋稍迟误。宋庆各营，应如何豫筹调派，着曾国荃懔遵前旨，与李鸿章、岐元妥密筹商，以期缓急可恃。曾国荃未到防以前，宋庆一军，着李鸿章、岐元酌度情形，择要扼扎。

吉林将军铭安等奏，珲春起练马步队，宁古塔副都统德平阿前往训练。又奏，三姓城东松花江下游要隘，设立水关，以资扼守。①

初二日戊辰(8月7日)

御史黄元善奏，俄国兵船来华，请饬李鸿章将天津海口严加防范，洋人恫吓，不为所动，分界通商事宜，宜持定见。又御史邵曰濂奏，请饬李鸿章酌派曹克忠倡办天津团练，以助声威各等语。着李鸿章相度情形，斟酌办理。②

初四日庚午(8月9日)

岐元奏，详查奉天沿海要口，拟将宋庆各营，分队驻扎一折。奉天所属各海口，经岐元与宋庆查勘形势，以金州、熊岳、盖平为最要；拟将该提督步队三营驻扎金州，与北洋水师，互联声势；其余马步六营，分扎熊岳、盖平，为居中策应之师等语。宋庆一军，前有旨归曾国荃节制调遣，原以山海关逼近京畿，关系紧要。该军现驻锦州，相距较近，便于策应。兹据该将军所奏分扎金州等处，亦为择要扼防起见，第于山海关，又恐不能兼顾，着俟曾国荃到防后，与李鸿章、岐元酌度缓

① 《清实录·德宗景皇帝实录》卷一一五。

② 《清实录·德宗景皇帝实录》卷一一五。

急情形，详细筹商，妥为布置。

抚恤朝鲜国遭风难民如例。①

初六日壬申(8 月 11 日)

因俄国议约不易转圜，闻有派兵来华，藉端挟制，并调拨兵船，约八九月间，将封辽海之信。当经谕令李鸿章等妥慎防范，并令曾国荃督办山海关一带海防事宜，以期周密。因思沿海地方辽阔，防不胜防，非有大枝劲旅，居中扼扎，相机策应，不足壮濒海之声援，为京圻之翊卫。湖南提督鲍超，久历戎行，声望素著，即着于湖北、湖南等处，选募得力勇丁万人，克日成军，由该提督统带，乘坐轮船北上，限八月以前驶到。此军到后，应于天津山海关两处适中之地，择要驻扎，着李鸿章、曾国荃、鲍超会商妥筹，奏明办理。鲍超新募之军，应需军火枪械等件，着李明墀于湖南机器局，所存洋枪洋炮尽数拨给。其余军火，并着酌量调拨，以资应用。所有该军起行，应需饷项，即着李瀚章、彭祖贤、李明墀在部拨边防经费项下，如数支给，俾利遄行。到防后月需饷银，着户部筹给应用。

两江总督刘坤一奏，覆陈江南兵饷及沿江防务。得旨：所有应行布置事宜，仍着随时相机，妥慎筹办。②

初七日癸酉(8 月 12 日)

前有旨将崇厚暂免“斩监候”罪名，仍行监禁，谕令曾纪泽将应议条约，妥慎办理。兹据总理各国事务衙门，接到曾纪泽电报，现在商办一切，恳为代奏施恩等语。崇厚着加恩即行开释。

初八日甲戌(8 月 13 日)

山东巡抚周恒祺奏，筹办海防情形。得旨：东省海防紧要，该抚拟募勇丁四千余人，以备分布。着即督饬统带各员，认真操练，务期一律整齐，藉资守御。

十一日丁丑(8 月 16 日)

詹事府右庶子张之洞奏，条陈海防事宜一折。据称营口地势平迤，船可泊岸，

① 《清实录·德宗景皇帝实录》卷一一五。

② 《清实录·德宗景皇帝实录》卷一一五。

宜于陆地扼要驻守，并速调闽粤熟习水战之将，厚募习水勇士，即用沿海渔船，分泊浅处；敌船近岸，相机围攻，或深入焚毁其船，绝彼归路；旅顺各岛，尤宜豫为扼守，免被敌人据为窟穴；奉天等处，宜办团练，既足壮我声援，并可断其交通接济之路等语。着岐元酌度情形，妥密筹办。张之洞又称，呼兰副都统依克唐阿，骁勇善战，现因丁忧在吉林原籍，请俟百日后饬赴营口带兵。着铭安察看其人才具，能否独当一面，据实具奏。前据铭安奏，宁古塔、三姓、东山一带金匪，自擒斩孙百万等及查拿韩效忠后，近无著名头目；其聚伙偷挖金砂者，率系无业流民，抚之未必得力，逐之恐为敌诱，拟设法安置等语。兹据张之洞奏，既无剿捕禁绝之方，不如化私为官，抚而用之，亦可藉以御侮。与该将军前奏大略相同。并着铭安、吴大澂妥筹经理，以弭隐患。

詹事府右庶子张之洞奏，条陈海防事宜一折。俄国现有派兵来华之信，北洋地方紧要，亟宜选将调兵，严密布置，方免疏虞。提督刘铭传，素为淮军推服，现在如已病痊。该督当催令克期赴津，以备任使。福建建宁镇总兵张得胜，现在请假回籍，可否调令北来，并顺道募带楚军同行，以期厚集。直隶正定镇总兵娄云庆、宣化镇总兵王可升近在畿辅，应否先期檄令各带所部赴津听用，均着李鸿章酌度办理。天津沿海处所，倡办民团，亦可助官兵声势。前已谕李鸿章相度情形，应否派令曹克忠倡办天津团练。又东北一带海滨小口纷歧，以芦台为总汇，必须屯兵扼扎。或即令该提督募兵专屯该处，于人地尤熟悉相宜。至重兵应分数层扼扎，不宜全聚海口。该庶子请以大沽北塘为头敌，新城为二敌，紫竹林为三敌，三岔河北为四敌，择要筑垒，诸军半守老营，半赴前敌。营口海口难守，宜备陆战。大沽营口并备水师以为奇兵，扼守天津内河，较之海口尤易。所陈各节，均有可采。着该督悉心体察，妥为筹画，务臻周密，毋得稍涉大意。

前据周恒祺奏，筹办山东海防。烟台、登州最称扼要，规画全局，水陆兼筹，拟添募勇丁分布，已令该抚认真操练，藉资守御矣。东省所辖洋面，岛口林立，烟台当北洋首冲，尤关紧要。本日据詹事府右庶子张之洞奏，恐洋人据此为窟穴，可以接济煤水，休息兵士，宜急设法坚守，责成山东巡抚驻扎扼防，毋为敌人所得。着周恒祺酌度机宜，应否亲往扼扎，方免疏虞，即着悉心筹画具奏。寻奏：烟台海防，已檄曹州镇总兵王正起，将所统振字军，及游击张仕忠分统之营，在烟台后路，及福山黄县一带分布。并饬登州莱州各镇，添招勇队，以资捍卫，而壮声援。得旨：即着随时相机办理，并饬令各营，认真守防，毋稍疏虞。

詹事府右庶子张之洞奏，俄约中陆路通商一条，设万不肯改，惟有照左宗棠原议，招来华商，由汉口贩运至嘉峪关，俄商就关外市买。令江汉关监督于汉口广劝股分，创设运茶公司，起运之地，援洋商成例，但完正半税，即不再重征，庶关外茶多价贱，俄商又省跋涉之劳。至松花江行船一条，咸丰八年，约中所指准中国俄国行船之松花江，系专就于二国间一段江流而言。若松花江未与黑龙江会流以前，本系中国地方，约中但言准俄国行船，不必又赘言准中国行船等语。筹虑尚属周详，着曾纪泽于议约时揆度情形，参酌办理。

詹事府右庶子张之洞奏，广东总兵邓安邦，谋勇兼优，拟请调赴天津，或水或陆，随宜任用，并令多带所部精锐数营同来等语。该员现在广东，能否饬调前来，着张树声、裕宽酌度情形，迅速覆奏。①

十七日癸未(8 月 22 日)

直隶总督李鸿章奏，请饬前船政大臣光禄寺卿吴赞诚，在津筹办水师学堂练船事宜。从之。②

曾纪泽面见俄皇，呈递国书。二十日俄国政府决定，不以曾纪泽为谈判对手，另派布策前往北京交涉。③

十八日甲申(8 月 23 日)

谭钟麟奏，浙省现办海防，募练兵勇，必得威望素著之员统辖，俾相联络。请饬前浙江提督黄少春迅速来浙，办理防务。黄少春前准开缺养亲，现在浙省防务紧要，着李明墀传知该提督迅速启程赴浙，办理防务，毋稍迟延。④

十九日乙酉(8 月 24 日)

总理各国事务衙门奏，遵覆日本商务，并购《防海新论》。日本废置琉球一事，现正与该国使臣晤商。张之洞所称商务，日本是否欲图藉此抵制，该使臣尚未露及。《防海新论》，现遵旨先行分寄东三省，并拟知照南洋大臣，分行沿海督抚，转发诸将领讲求。报闻。又奏，德国条约，改期互换。报闻。⑤

---

① 《清实录·德宗景皇帝实录》卷一一五。

② 中国史学会主编：《洋务运动》，《中国近代史资料丛刊》第 2 册，上海人民出版社 1961 年版，第 460~461 页。

③ 曾纪泽：《曾纪泽遗集·日记》卷二，光绪六年七月十八日，岳麓书社 1983 年版，第 389 页；查尔斯·耶拉维奇等：《俄国在东方：1876—1880》，商务印书馆 1974 年版，第 121~122 页。

④ 《清实录·德宗景皇帝实录》卷一一六。

⑤ 《清实录·德宗景皇帝实录》卷一一六。

二十日丙戌(8月25日)

洗马周德润奏，请速筹战守以备不虞一折。据称近闻天津淮军，将骄卒惰，素耽安逸，骤当大敌，恐虞溃散等语。天津防务，叠经谕令李鸿章实力整顿，现当事机紧要，尤应加意筹防。若纪律不严，临事岂能得力。着该督明立赏罚，督饬各营，认真操练，精益求精。如有不遵约束之员，即着随时严办，毋稍瞻徇。至所称平原空阔地方，宜掘地作营，以避枪炮等语，是否可行，着李鸿章酌度办理。①

廿一日丁亥(8月26日)

御史萧韶奏，奉省海防，宜派兵扼要填扎一折。宋庆一军，前有旨归曾国荃节制调遣，并谕令该抚俟到防后，与李鸿章、岐元会商布置。兹据该御史奏称，营口为盛京门户，较金复各口尤为紧要，须有大支劲旅扼扎。着岐元酌度情形，将宋庆一军，或全行移扎营口，或分拨数营前往，即行妥筹办理。该将军仍随时与李鸿章、曾国荃斟酌机宜，会商调度。曾国荃计已启程，着即迅速来京，并催令刘连捷暨各军依限到防，毋稍延缓。寻岐元奏，遵筹海防，分营扼扎，拟令毅军先分四营，即往金州扼要再分三营往盖平，余三营暂留锦州，俟曾国荃到防，仍移扎熊岳。至东西两路紧要口岸，俟刘连捷等到防，函商曾国荃酌量匀拨分扎。得旨：据奏分拨毅军扼要情形，尚属周妥，仍着岐元随时会商李鸿章、曾国荃严密布置，以备不虞。②

廿三日己丑(8月28日)

江南福山镇总兵熊登武因病乞休，以淮阳镇总兵欧阳利见为江南福山镇总兵官。

廿五日辛卯(8月30日)

礼部奏，朝鲜国文称，内地渔船，越境渔采，请饬严禁，并钞录原咨呈览一折。捕渔船只，越境渔采，本属有干例禁。近来各处渔船，赴朝鲜国洪州地、元

① 《清实录·德宗景皇帝实录》卷一一六。

② 《清实录·德宗景皇帝实录》卷一一六。

山、插匙岛等处捕鱼，来去无常，竟有五六百只之多，甚至放炮抗拒，实属凶顽不法。且此等船只，日聚日多，难保无匪徒混入其中，酿成事端。究竟捕鱼船只，潜往朝鲜地界者，何处为多，着李鸿章、岐元、周恒祺确切查明，严行禁止。如有不遵约束者，立即从严惩办。仍严饬所属沿海州县，设法编查，以清奸宄，毋得视为具文。并着礼部知照朝鲜国王，遇有此项船只到境，即行捕拿解送以儆凶顽。

张树声奏，筹办广东海防情形一折。据称成事难骤变，急图无全策，远虑不可忘，所称颇为详切。广东目前布置守御，未有把握，该督抚斟酌缓急，已将防务次第筹办。着即实事求是，悉心经营。所有简练兵勇，修守炮台，暨一切事宜，均须力求实济，以为久远之计，不得徒托空言。该省饷需匮乏，亦是实在情形。应如何权衡轻重，俾得稍留余力，办理防务，着户部议奏。①

廿六日壬辰(8 月 31 日)

闻俄国现有兵船，由烟台至大连湾，并闻俄人注意松花江行船至伯都讷一节，中国如不见允，即拟三路进兵，一系由大连湾，一系由日本海口，一系由黑龙江等情。虚实虽未可尽信，而先事豫防，实万不可缓。曾国荃已报启程，此时事机至迫，即着督带亲军，迅速前往山海关一带，妥筹布置，暂且毋庸来京，俟将来防务稍松，再行奏明请旨。刘鸿年一军，取道大同昌平一路，并着檄催刻日到防，毋稍稽缓。前调郭宝昌一军，据裕禄奏称已选调步勇二千名，俟该总兵到皖，即行启程。惟刘维桢一军，已否成行，尚未据该督抚奏报，即着李瀚章、彭祖贤、裕禄催令郭宝昌、刘维桢迅即督队乘坐轮船北来，听候曾国荃调遣，不得迟延干咎。大连湾海面宽平，三面环山，海水贴岸，冬不封冻。俄人若据此为窟，水陆两路，皆可扰及牛庄。应如何扼要堵御之处，着李鸿章、曾国荃、岐元妥密筹度，及早经营，以期有备无患。吉林珲春三姓一带，最关紧要。吴大澂现赴三姓察看地势，设立水关，想已次第布置。乌里雅苏台参赞大臣喜昌，平日带兵得力，着即日驰赴吉林，会同铭安、吴大澂将该省防守事宜，和衷商办，以固边陲。遇有边防事件，即着会衔具奏。黑龙江防务，着定安懔遵历次谕旨，整军经武，严密防维，不得稍涉大意。烟台为敌国兵船往来海道，周恒祺务将该处防务实力筹办，毋稍疏懈。②

廿八日甲午(9 月 2 日)

浙江巡抚谭钟麟奏，拟酌留厘金，筹办海防。下部知之。

---

① 《清实录·德宗景皇帝实录》卷一一六。

② 《清实录·德宗景皇帝实录》卷一一六。

三十日丙申(9月4日)

总理各国事务衙门奏，接据曾纪泽电报，与俄国开议情形一折。此次曾纪泽与俄人辩论，自应先以索还伊犁全境为言。然彼既占据已久，未必遽肯全还。目前统筹全局，所重者尚不专在此节。着曾纪泽察看情形，如此事急切未能定议，即遵照四月初五日谕旨，暂行从缓。至通商各条，原因索地起见，不能不量予从宽。如伊犁既从缓商，则通商各条中之必不可允者，亟应据理相持，多争一分，即少受一分之害。内如松花江行船至伯都讷，及西安汉中通商两条，尤为约章中最要关键，勿得稍涉迁就。该少卿务须力持定见，与之辩驳。俄人欲以兵舶来华，冀图挟制，亦在意中。惟当刚柔互用，以期事可转圜，无伤大体，方为妥善。并着总理各国事务衙门，先将此旨大意，由电信知照曾纪泽遵办。

广西巡抚庆裕奏，越南逸匪陆之平等出扰，相机剿捕。得旨：该抚当檄令各营严密防守，随时相机剿捕，毋任匪徒肆扰。①

八月初一日丁酉(9月5日)

李鸿章奉旨与巴西专使喀拉多，在天津订立《巴西通商条约》。②

初三日己亥(9月7日)

直隶总督李鸿章奏，遵旨与巴西使臣，议立通商条约，现已事竣。下部知之。

初四日庚子(9月8日)

以器识庸暗，勒广东琼州镇总兵殷锡茂休致。

以任意欺饰，革广东崖州副将李其昌、知县李宗光职，并讯办。③

初五日辛丑(9月9日)

清廷谕令：总理各国事务衙门奏，接据曾纪泽电报，俄人以要务全驳，无可和

---

① 《清实录·德宗景皇帝实录》卷一一六。

② 王彦威：《清季外交史料》卷二二，书目文献出版社1987年版，第23~26页。

③ 《清实录·德宗景皇帝实录》卷一一七。

衷，派使速赴北京商订一折。览奏不胜诧异。此次曾纪泽与俄人论驳，仅及数事，因外部作拒绝之词，遂思诿卸，并未将各条如何窒碍，详细商改。所论数事，如松花江行船至伯都讷，暨西安汉中通商等最要之件，均未议及。该少卿将听其派使赴京，竟嘿尔而息，置身事外耶。商议约章，是曾纪泽专责。前允该少卿所请，将崇厚开释罪名，原为改约地步，乃曾纪泽因外部一言龃龉，遂不能设法转圜，与之从容商议，岂开释罪臣，仅以呈递国书，遂为了事。且据称释崇结案，占理十足，该少卿何不即与辩论。种种情节，殊不可解。着懔遵叠次电寄办法，与其外部从容商办，以维大局。不得因彼有派使来华之信，不候谕旨，擅离俄国，致生枝节。邵友濂既熟悉情形，着留于该处以资襄办，毋庸饬令回京。并着总理各国事务衙门，先将此旨大意，由电信知照曾纪泽遵办。

盛京将军岐元奏，筹办海防情形。得旨：该将军仍当随时体察情形，妥筹布置，务臻周密。

以前碣石镇总兵彭玉为广东琼州镇总兵官。①

初六日壬寅(9 月 10 日)

闽浙总督何璟等奏，俄信日紧，添募营勇。得旨：即着照议添募勇营，择要分布，以重防务。

以不避艰险，予镇南蚊船英弁雷葛森宝星，并予五品军功李和等升叙。

初七日癸卯(9 月 11 日)

有人奏，署浙江余姚县知县候补通判沈藻烈，征收钱粮，上下忙一律启征，正课外浮征至万余千两之多，私加每两串底，每户串票钱文。民人黄铠等，已完钱粮，任令门丁舞弊重征。又候补道张鉴南，带兵驻扎余姚县，收缉盐贩。五月间有盐户杀人纵火之案，实由张鉴南启衅。余姚向有利济塘，捍御海汛，张鉴南以运载盐板，擅行开掘塘面五六丈，滋扰纷纭，民不聊生。②

初九日乙巳(9 月 13 日)

巡阅长江水师前兵部右侍郎彭玉麟奏，遵旨酌度分驻处所。得旨：所陈江海各口情形，甚为明晰。即着该侍郎统筹兼顾，相机办理。

---

① 《清实录·德宗景皇帝实录》卷一一七。

② 《清实录·德宗景皇帝实录》卷一一七。

十一日丙午(9月15日)

岐元奏，现调宋庆一军，择要扼防一折。奉天海口，以金州之大连湾、旅顺口、海城之营口为最要。现据该将军奏称，据报大连湾之大孤山海口，曾有兵轮洋船驶入，并测水上岸登山眺望情事。是该处防务正当吃紧。岐元现已飞咨宋庆，克日拔队赴金州驻扎四营、盖平二营，其暂留锦州之三营，一并移扎牛庄附近之田庄台，扼要防守。即着岐元传知该提督，迅速到防，严密守御，毋稍疏虞。奉省口岸甚多，应如何酌拨炮船兵队驻守，着李鸿章、曾国荃、岐元妥密筹商，迅速办理。曾国荃前已奏报起程，现在已逾半月，该抚行抵何处，并未据有奏报，殊深廑系。着曾国荃懔遵七月二十六日谕旨，督带亲军，速即驰赴山海关一带，妥筹布置，毋稍延缓。①

十三日戊申(9月17日)

现在俄人调集兵船，意图挟制，事机紧迫，亟须多召知名夙将，以备任使。着李鸿章、裕禄传知刘铭传迅即来京，毋许推诿。本日据詹事府左庶子张之洞奏，船政局轮船，俟运载霆军到津后，即令分驻大沽、营口两处，听候调度。着李鸿章酌度办理。

詹事府左庶子张之洞奏，大连湾为敌船停顿之所，大孤山有泉一眼，甘而且盛，请饬设法窒塞毁断等语。现在俄人议约未定，难保不以兵船驶驻该处，冀图窥伺。若能断绝泉脉，俾无淡水接济，自难持久。着岐元妥密筹酌，迅将大孤山此等泉水，设法窒塞毁断，以杜敌船汲用。

前据鲍超奏，遵募勇丁情形，谕令李瀚章等，将应需军饷，妥速应付，整备轮船，催令该提督克期督率前进。现在事机紧迫，亟宜厚集兵力，以固藩篱。鲍超已在湖南召募十五营，其余八营赴鄂选募，此时计早行抵湖北，添募成军。清廷着李瀚章、彭祖贤速将该军应用物项，筹画给发，一面饬令招商局整备轮船驶送。如船只不敷装运，即着该提督统带十数营，先行起程，限于八月内到防。其余各营，即由该提督责成派出将领，统带约束，陆续北上，不准稍有迟误。着刘坤一酌调福建官局轮船及招商局轮船，赶紧驰赴汉口，运载此军，以期捷速。②

① 《清实录·德宗景皇帝实录》卷一一七。

② 《清实录·德宗景皇帝实录》卷一一七。

十四日庚戌（9 月 18 日）

李鸿章奏，南北洋请设电报等语。现在筹办防务，南北洋必须消息灵通，以期无误事机。该大臣请于陆路由天津循运河以至江北越长江，由镇江达上海，安置电线，系为因时制宜起见，即着妥速筹办。并着两江总督、江苏山东各巡抚、漕运总督，饬令地方官一体照料保护，勿任损坏。①

十五日辛亥（9 月 19 日）

两江总督刘坤一奏，遵筹张之洞奏应防要地等事宜。彭玉麟拟往来吴淞、狼福山、江阴、焦山上下，实洞括全局之论。俄人并无在上海购买大宗煤斤情事，已咨商闽浙督臣，委查台湾煤矿现存煤数，分致南北洋及各省解款购运江海各口，以备不时之需。日本商务，南洋并无可允未允之案。《防海新论》，已分发各营讲求，并饬上海制造局多印，呈送沿海各督抚。报闻。②

天津机器局自制橄榄式水底机船试航，可于水下暗送水雷。③

十八日甲寅（9 月 22 日）

前据曾国荃奏报行抵保定省城，当谕令速赴山海关一带，先行相度布置。现在事机甚紧，该抚究已行抵何处，着即督带亲兵，迅速驰赴山海关，先就现有兵力，妥筹防守。一面严催刘鸿年一军，速赴防所，毋稍迟延。宋庆一军，现分扎金州、盖平等处，是否扼要，即由该抚主持调度。营口地方紧要，兵力尚单。本日已谕令岐元酌派旗营练兵，驰赴营口，并饬前任副都统博崇武前往管带，归该抚节制调遣。

少詹事宝廷奏，奉天防务紧要，将军岐元恐难胜任等语。现在事机紧迫，奉天沿海地方，亟应严密布置。岐元于兵事虽少阅历，平日办事尚属实心。际此时势艰虞，该将军膺兹重寄，务当悉心经营，相度机宜，妥筹备豫，督饬宋庆等军慎密防守。仍懔遵前旨，随时与李鸿章、曾国荃妥商调度，以期有备无患。该省防务，岐元责有专属，倘有贻误，惟该将军是问。营口海防，关系綦重。该处兵力尚单，着

① 李鸿章：《请设南北洋电报片》，《李文忠公全集·奏稿》卷三八。

② 《清实录·德宗景皇帝实录》卷一一七。

③ 刘传标：《近代中国船政大事编年与资料选编》第 1 册，九州出版社 2011 年版，第 251 页。

岐元酌拨旗营练兵，派员带往扼扎，与宋庆一军，联络声势。本日已有旨令铭安传知前任副都统博崇武前往营口。此项旗兵，即令该副都统统带，并已谕知曾国荃，由该抚节制调遣矣。

少詹事宝廷奏，山东所办海防，风闻未甚周密，缓急恐难足恃等语。现在事机急迫，山东烟台等处海口，最关紧要。该抚前月所奏，抽调王正起各军，分扎烟台后路等处，并添募新勇，扼守要隘情形。筹画能否周密，烟台最为险要，应如何严密防守，着周恒祺妥筹布置，相机办理，并饬令派出各营，认真操防，毋稍大意。设有疏虞，必惟该抚是问。寻周恒祺奏，遵旨覆陈现办防务情形。得旨：即着照该抚所议，妥为布置。惟当随时认真筹办，务臻周密，不得稍涉大意。

前因事机紧迫，谕令鲍超统带十数营，先行起程，限于八月内到防，并令刘坤一酌调福建官局轮船及招商局轮船，驰赴汉口运载。鲍超接奉前旨，自即赶紧起程。第恐轮船不多，往返装载，未免稽迟。着该提督会商李瀚章、彭祖贤速即调集船只，先行统带十余营，克日北来。其余各营如何设法陆续起程，并着妥筹办理。总期迅速到防，毋稍延缓。①

俄外交部照会曾纪泽，谓俄皇允将布策召回，仍在俄国商议分界、通商之事。②

廿二日戊午(9月26日)

祭酒王先谦奏，长江水师，请饬彭玉麟酌度，或将各营量为调拨，审择要隘，归并屯扎。船只炮位，有不合用之处，酌量变通，务求尽善。闽沪船厂所造兵轮船，请并归彭玉麟总理，并令保举贤员，协同管理。将弁勇丁，严加简汰，由长江水师中，选择换补。其不合用之兵船，由该侍郎会商船政大臣，奏明改造。该祭酒所奏各节，是否可行，着彭玉麟体察情形，酌度具奏。③

廿四日庚申(9月28日)

曾国荃奏，遵旨迅赴防所一折。曾国荃现已遵旨，督率三营启行，于本月二十一日抵津，与李鸿章晤商后，即赴山海关，相度布置，力疾从戎，不辞劳瘁，具见体国公忠。该抚病体现在已否轻减，着随时加意调摄，早日就痊，以慰廑系。刘维

---

① 《清实录·德宗景皇帝实录》卷一一八。

② 曾纪泽：《曾纪泽遗集·日记》卷二，光绪六年八月十四日，岳麓书社1983年版，第390页。

③ 《清实录·德宗景皇帝实录》卷一一八。

桢一军，业已到防。郭宝昌、刘鸿年两军，亦即日可到。即着该抚妥为调度，相机布置，务臻周密。宋庆一军，向称得力，前令赴营口驻扎，听候曾国荃调遣。旋据岐元将该军移调四营赴金州，二营赴盖平，并将暂留锦州之三营，移扎田庄台，零星散布。转恐兵分力单，不如择一最要之地，归并扼守。着曾国荃会商岐元，通盘筹画，扼要填扎，以厚兵力。

李鸿章奏，查明天津山海关等处地方情形，请旨办理等语。天津为畿疆门户，山海关系东北要隘，现在李鸿章、曾国荃妥筹扼扎，自可无虞。惟永平府属之昌黎、滦州、乐亭沿海一带，尚觉空虚。该处布置稍疏，则天津、山海关两处，均难联络一气。亟须大枝劲旅，驰往屯扎。鲍超乘轮船北来，即着统带各营，径往抚宁境内之洋河口，停轮卸载，择要分扎，与李鸿章、曾国荃随时会商调度，以固畿辅屏藩。该提督骁勇善战，朝廷素所深知。昨据奏称，已饬令各营恪遵纪律，所过秋毫无犯等语。所奏甚是。行军之要，纪律为先。况直隶各属，叠被偏灾，地方元气未复，尤宜严明约束，俾兵民得以相安。所有该营饷需军火等项银两，由户部拨给，即着该提督自行派员赴部领用，核实报销。

直隶总督李鸿章奏，遵谕汇折覆陈。御史黄元善奏，天津海口，严加防范。查津沽之防，本未尝一日松劲，彼族尚未敢恫吓。御史邵曰濂奏请酌派曹克忠倡办天津团练，左庶子张之洞奏沿海宜办团练，大意略同。民团不能与洋兵搏战，人人皆知。有警之际，或可集众。目下敌兵未动，断不宜稍涉张惶。张之洞条陈防海事宜。天津防兵，现分数层扼扎，有事时可首尾相应。大沽口新购蚊船，可与炮台相机夹击。渔船各有生业，未便多调。刘铭传前称病后未能远行，昨复奉谕饬催来京，已备文加函敦劝。张得胜训练稍疏，毋庸令募楚军。娄云庆、王可升各有职任，未便纷纷檄调。洗马周德润奏，速筹战守。淮军实无安逸骄惰情事。所称应掘地营，以避枪炮，于平原实不相宜。御史萧韶奏，吉林请调劲旅。吴大澂赴吉时，已商调熟悉洋操将弁三百名。臣部淮军，布置要地，分防江南一万余人，驻守江海门户，皆未便抽动。得旨：该督惟当将防守事宜，认真讲求，妥筹布置，以期有备无患。①

廿八日甲子(10 月 2 日)

曾国荃奏，起程赴防，遵旨覆陈一折。曾国荃现已由津赴防，力疾从戎，具见公忠体国。所陈兵力单弱，仅能督率宋庆、郭宝昌、刘维桢等军防守山海关一路。若调遣旁军，节制旁路，深恐力有不及等语，固为慎重军事起见。第该抚威望素

① 《清实录·德宗景皇帝实录》卷一一八。

著，谟略深长。当此防务吃紧之时，实有非他人所能胜任者。曾国荃总当懔遵前旨，力任其难，节制各军，妥筹布置，以副朝廷倚畀。所有博崇武管带旗营练兵，仍着归该抚调遣，以一事权。①

廿九日乙丑(10月3日)

御史李肇锡奏，东省现在筹防，请饬体察情形，檄令沿海州县及驻兵处所，举行团练，由地方官遴派公正绅耆，召募乡勇，互相守助。昨据周恒祺奏称，派员分赴沿海各属，查看情形，劝办保甲，参仿团练之意，以期自卫。该御史所奏举行团练之处，是否可行，着周恒祺酌度情形，奏明办理。寻奏：东省沿海团练，现寓于保甲之中，变通办理，并饬沿海州县，挑选渔户，协防口岸。报闻。

礼部奏，据朝鲜国王咨称，该国讲究武备，恳为转奏请旨，俾该国匠工，学造器械于天津厂等语，着李鸿章妥筹具奏。其咨内所请简选解事人员，或于边外习教一层，并着李鸿章详审其意，一并妥筹迅奏。该国使臣，业经该部安置居住，俟该督覆奏到日，再降谕旨。②

九月初四日己巳(10月7日)

山东现办海防，关系紧要。浙江提督吴长庆，勇略夙著，素称得力，着刘坤一传知该提督，酌带亲兵，前赴山东，帮同周恒祺办理防务。所有山东在防各军，着周恒祺、吴长庆节制调遣。吴长庆接奉此旨，着克期起程，与周恒祺晤商，将该省防务并练兵事宜，妥筹布置，随时和衷商办，务臻周密，以期有备无患。

总理各国事务衙门奏，同文馆学生请假，逾限半年，请除名，并将所得保案撤销，以重馆规而重名器。从之。

出使俄国大臣曾纪泽奏，参赞翻译等员办公专勤，请准留洋当差，以资熟手。报闻。

出使美日秘国大臣都察院左副都御史陈兰彬奏，行次英国，探悉秘鲁被兵，未能前进，拟暂驻等候。报闻。

予积劳病故、随使美日秘国参赞叶源濬，照军营例优恤。③

---

① 《清实录·德宗景皇帝实录》卷一一八。

② 《清实录·德宗景皇帝实录》卷一一八。

③ 《清实录·德宗景皇帝实录》卷一一九。

初五日庚午(10 月 8 日)

两广总督张树声等奏，仍留总兵邓安邦在粤办理防务。又奏，将记名提督王孝祺等留粤差委，琼州镇总兵黄廷彪等暂缓入都，留粤办理海防。并允之。又奏，延请绅士前太常寺卿龙元僖等筹办团防事宜。又奏，饬署陆路提督杨玉科等添募壮勇，进扎威远炮台山后，与水师提督并力扼守虎门。并报闻。①

初六日辛未(10 月 9 日)

溥楙等奏，直隶应解广恩库各款，请饬年清年款一折。据称长芦运司应解广恩库生息银两，各州县应解地租，如遇灾歉，向不在应豁应缓之列。该运司州县等借口欠解，致应放之款，无从筹发等语。广恩库用项支绌，该省应解各款，自宜迅速报解。着李鸿章严饬所属，嗣后务将生息银两暨地租，按年解清，毋任藉词延欠。另奏长芦运司欠解正款另款息银，自同治十二年以后，至光绪五年止，共欠解九千余两，请饬筹解等语。着李鸿章饬令该运司将欠解息银，先行筹解四千两，以济要需。其余欠解之款，分年补解。

着礼部拣派通事，伴送朝鲜国赍奏官卞元圭，前赴天津。候李鸿章询问一切。

李鸿章遵筹朝鲜请派匠工学造器械一折。朝鲜为东北藩服，唇齿相依。该国现拟讲求武备，请派匠工前来天津，学造器械，自应俯如所请，善为指引。本日已谕令礼部拣派通事伴送该国赍奏官卞元圭赴津，俟该员到后，着李鸿章询问一切情形，再行奏明办理。李裕元致李鸿章书函，并致送礼物，即可收受，从厚酬答，以联情谊，并着酌度情形，作书答覆，俾知领会。

直隶总督李鸿章奏，酌调山东登荣水师弁兵，来沽操演，备碰快船购到配用。报闻。②

初七日壬申(10 月 10 日)

鲍超奏，酌改队伍情形，请饬接济军火一折。据称现令提督徐连升等带领兵勇，驰赴天津，所需铜帽洋药，请饬天津机器局源源接济等语。着李鸿章遵照叠次谕旨，酌量办理。鲍超募勇成军，即着迅赴防所，毋庸来京请训。

盛京将军岐元奏，遵旨酌拨旗营，往营口扼扎，恳饬拨库款，为添练饷需。下

① 《清实录·德宗景皇帝实录》卷一一九。

② 《清实录·德宗景皇帝实录》卷一一九。

部议。

初八日癸酉(10月11日)

俄国议约，现尚未定，各处防务，尤应加意筹办，以备不虞。叠经谕令各该将军督抚等严密备御，为日已久，布置当确有把握，未雨绸缪，总宜慎之又慎。仍着该将军督抚等懔遵叠次谕旨，各将应办防务，赶紧认真筹画，务期一律完固，不得稍涉因循，致干咎戾。各省修筑炮台，必须坚固合法，方足以资守御。着李鸿章等加意讲求，俾可适用。奉天、吉林、黑龙江一带，应否择要兴筑，着岐元、铭安、定安等察看情形，奏明办理。吉林现设护江关，防范水路，第恐船坚力猛，不能阻其冲突，并着铭安、喜昌、吴大澂先事图维，冀有实际。闻英人戈登，前有呈李鸿章各条，于用兵机宜，不无可采，着该督悉心体察，酌核办理。中国自设立机器船政各局，制造船械，原为豫备自强之计，必当日求精进，不得稍涉虚糜。着李鸿章、刘坤一等认真讲求，以期制胜。①

十五日庚辰(10月18日)

詹事府左庶子张之洞奏，敌船若入辽海，必趋营口。今日海防宜备者奉天，非山海关。关外形势，营口为前敌，锦州为重镇，统帅宜驻于此，方可左右策应。宋庆、郭宝昌、刘连捷、刘维桢四军，分相敌而情不相浃。且湘楚皖豫，饷章厚薄不同，尤须主帅较近，方能镇抚调护等语。所奏是否合宜，着曾国荃与李鸿章会商，妥筹具奏。

詹事府左庶子张之洞奏，松花江行船一条，如万不能改，有二策可以钤制。一于松花江南岸决口数处，放水入淀，江流渐浅，轮船自阻；一于松花江沙洲浅处，沉船坠石，或种植挂淤之物，数年淤积洲成，可碍轮船等语。该庶子所陈，是否可行，着铭安、吴大澂酌度情形，妥筹具奏。②

十六日辛巳(10月19日)

有人奏，天津海关书吏，勒索浮费极重。关道衙门，每年私入已囊者，不止二十余万，遇有船只过关，留难勒捎，以致商民不敢运货，往往私买洋票等语。如果属实，与国课大有关系，着李鸿章确切查明，力加整顿，毋任滋生弊端。寻奏：天

① 《清实录·德宗景皇帝实录》卷一一九。

② 《清实录·德宗景皇帝实录》卷一一九。

津钞关，尚无书役需索情弊，税课亦无亏短。报闻。

御史英俊奏，黑龙江所属呼兰巴彦苏苏等处，与外国接壤，地方辽阔，或招旗丁垦荒，或自愿迁居者，拨给地亩，既可防边，亦免膏腴久弃。呼兰城属开垦荒地，与现行新章互异。请饬酌改变通章程等语。该处是否尚有荒地，可以招垦，着定安酌度情形，奏明办理。至呼兰城属现行垦荒章程，有无弊端，及应否酌量变通之处，并着定安妥筹具奏。

有人奏，粤海关库书傅廉，改名傅广即傅七，侵吞饷项，勒索规费，商民受累者指不胜屈，旋经报捐道员，具呈告退，仍复把持关务，请斥革查办等语。所奏如果属实，亟应严行惩办，着张树声、裕宽确切查明，据实具奏。①

十七日壬午(10 月 20 日)

曾国荃奏，行抵山海关日期，因病请假各折片。曾国荃于本月十一日行抵山海关，刘鸿年等军亦已到防，即着该抚将海防事宜，妥筹布置，以备不虞。据称宋庆九营及博崇武所带旗兵，驻扎营口等处，相距较远，该抚病躯未能照料。宋庆、博崇武统带各营，即着归岐元节制。该将军当檄饬该提督等认真训练，密筹备豫。富升着懔遵前旨，迅速赴任，会商岐元，将防务妥为筹办，务臻周密。博崇武已否起程，并着该将军催赴防所，扼要驻扎，毋稍迟延。

十八日癸未(10 月 21 日)

昨据曾国荃奏，因病请假，当经降旨赏假一月，在营调理，并赏给人参六两，俾资调养。前据李鸿章奏，曾国荃患病情形，昨复据该抚奏称行抵山海关，婴疾不能治事等语，曾国荃病久未痊，朝廷实深廑念。该抚统率防军，关系綦重。应如何妥筹兼顾，期无贻误之处，着李鸿章豫为筹画，酌度具奏。前据曾纪泽电报中，有西汉、松花前北洋电言可许等语，与总理各国事务衙门所发电信不符。嗣后该大臣发与曾纪泽电信，凡关系俄国议约一事，均着先行奏闻，以免两歧。②

十九日甲申(10 月 22 日)

福建船政船厂所建第四号铁胁兵船(总第二十三号)“澄庆”，完工下水。③

---

① 《清实录·德宗景皇帝实录》卷一二〇。

② 《清实录·德宗景皇帝实录》卷一二〇。

③ 刘传标：《近代中国船政大事编年与资料选编》第 1 册，九州出版社 2011 年版，第 251 页。

廿五日庚寅（10 月 28 日）

总理各国事务衙门奏，印度王呈进乐器，并手著洋文乐记各书，恳求赏赐品物，以为希世之宝。谨拟颁给头等金宝星一面，景泰蓝花瓶一对，由出使大臣曾纪泽转交该印度王领收。报闻。

予故新加坡领事官胡璇泽议恤。

总理各国事务衙门与日使议定琉球专条草约，奏请签押。①

北洋水师大沽船坞甲坞，开工建设。②

廿六日辛卯（10 月 29 日）

浙江巡抚谭钟麟奏，筹解金州营战船料物，在洋遭风漂失，请援案豁免。下部议。

廿七日壬辰（10 月 30 日）

曾国荃奏，遵旨妥筹驻兵地方，据实覆陈一折。曾国荃以山海关屏蔽京师，为东北之要隘，若舍近畿要隘，远谋营口，未见合宜。且调遣出关，失天津昌黎二军犄角之势。所筹深合机宜。既与李鸿章缄商，意见相同，即着仍驻山海关，以资控扼。所有刘维桢、郭宝昌、宋庆、杨玉书各营，着自到防之日起，按月发给满饷，酌添办公津贴等费，以固军心。

彭玉麟奏，覆陈调拨长江水师等事宜一折。所称各兵轮船，全在头炮、梢炮得力，请饬嗣后续造兵轮，务须豫谋地位，安设头炮、梢炮一节，着穆图善、何璟、勒方锜、黎兆棠妥筹办理。江南及各省兵轮，既无须另立总局名目，并协理之人，即着责成李朝斌一手合操，逐渐整顿，并由彭玉麟及李成谋每年调操一次，务期精益求精。将士如敢懈弛因循，仍着彭玉麟随时参办，以重江防。另片奏，请饬赶造十七八丈长小兵轮十只，此船重在头、梢两炮，亦酌配边炮以辅之，以为江阴以下海防之用，仍交李朝斌合操等语，着刘坤一、穆图善、何璟、张树声、吴元炳、勒方锜、裕宽、黎兆棠会商妥办。③

---

① 王彦威：《清季外交史料》卷二三，书目文献出版社 1987 年版，第 15~16 页。

② 刘传标：《近代中国船政大事编年与资料选编》第 1 册，九州出版社 2011 年版，第 251 页。

③ 《清实录·德宗景皇帝实录》卷一二〇。

廿八日癸巳(10 月 31 日)

刘坤一奏，粤海关应拨南洋经费，欠数最巨。近年修筑炮台，购造军火，发给薪粮，需用益多，收不敷支，请饬迅解清款。南洋经费，关系紧要，现在需用孔殷，着俊启迅将应解各款，扫数解清。嗣后务当随征随解，按结清款，毋得延欠，以济要需。

又奏，同知董毓琦试造气行轮船，不适用，请免赔缴。得旨：所有领用银三千两，着免其赔缴。

以尽心洋务，予上海会审公廨委员、江苏候补知府陈福勋以知府用，并赏加三品顶戴。①

廿九日甲午(11 月 1 日)

前因礼部奏朝鲜请派匠工学造器械，当令赍奏卞元圭前赴天津，由李鸿章询问情形，奏明办理。兹据李鸿章奏，与该使往覆筹议学习制器练兵各条，开具节略，尚属周妥。着照所议，即由礼部咨照朝鲜国王自行酌办，并饬令卞元圭即行回国。另奏，酌议该国员弁来学制造操练章程四条，着一并咨照该国王照议办理。②

冬十月初二日丁酉(11 月 4 日)

吉林将军铭安等奏，赫哲部落毗连俄境，拟请添兵设官。得旨：即由铭安等妥议章程。奏明办理。③

初三日戊戌(11 月 5 日)

广西巡抚庆裕奏，越南国王恳请讨叛靖藩。得旨：越南土匪出没靡常，中国官兵势难深入剿捕。该抚惟当督饬各防军，认真扼守，如贼踪窜近，即行相机援应截剿，以安边境。

---

① 《清实录 · 德宗景皇帝实录》卷一二〇。

② 《清实录 · 德宗景皇帝实录》卷一二〇。

③ 《清实录 · 德宗景皇帝实录》卷一二一。

初四日己亥(11 月 6 日)

前据总理各国事务衙门奏，议结琉球一案，又据右庶子陈宝琛奏，球案不宜遽结，旧约不宜轻改，当经惇亲王等酌议，宜照总理各国事务衙门所奏办理。业经允准，旋据左庶子张之洞奏，日本商务可允，球案宜缓。复经惇亲王等议，以日本与俄深相邀结，又与福建、江浙最近，今若更动已成之局，未必甘心，且恐各国从而构煽，卒至仍归前说，或并二岛而弃之，益为所轻。所议自为揆时度势、联络邦交起见，惟事关中外交涉，不可不慎之又慎。李鸿章系原议条约之人，于日本情事，素所深悉。着该督统筹全局，将此事应否照总理各国事务衙门原奏办理，并此外有无善全之策，切实指陈，迅速具奏。①

初十日乙巳(11 月 12 日)

富升奏，密筹奉天海防情形，及练兵事宜一折。所请挑选三省土著之兵，不论旗汉，召募训练，设立陆军暨裕饷、选将、制器各端，自系为防务紧要起见。着岐元、富升揆时度势，详细筹商，择其可以施行者，请旨办理，务期实事求是，不得徒托空言。②

十二日丁未(11 月 14 日)

俄国议约前以九月为期，该国现请展限两月，意殊叵测，恐其有意延缓，俟来春开冻后，以兵舶来华恫吓，冀得遂其所求。各处防务，前经谕令该将军督抚等，严密备御，现在为日稍宽，正可及时布置。该将军督抚等务当实事求是，悉力经营，总期缓急足恃，不得稍形松懈。③

十四日己酉(11 月 16 日)

前据总理各国事务衙门奏，拟结琉球一案各折片。着交南北洋大臣等妥议具奏，俟覆奏到日再降谕旨。

总理各国事务衙门奏，美国修约，拟定华工限制条款。又奏，与美国使臣安吉

① 《清实录·德宗景皇帝实录》卷一二一。
② 《清实录·德宗景皇帝实录》卷一二一。
③ 《清实录·德宗景皇帝实录》卷一二一。

立，议定华船到美征税条款，并停止贩运洋药，均从之。又奏，美国设立万国医会，请派出使美国大臣陈兰彬就近会商。如所请行。

浙江巡抚谭钟麟奏，查明浙海关乍浦、头围二口，税无可征，委难设关，及常税短绌，仍请拨补情形。下所司议。

两江总督刘坤一奏，请以总兵官杨明海统带蚊子轮船。允之。①

十五日庚戌（11 月 17 日）

大学士宝鋆、署礼部尚书李鸿藻，与美国驻华公使安吉立、专使帅腓德，在京订立中美《续修条约》及《续补条约》。②

十六日辛亥（11 月 18 日）

前据总理各国事务衙门奏，议结琉球一案，又据右庶子陈宝琛奏，球案不宜遽结，当经惇亲王等酌议，宜照总理衙门所奏办理。旋据左庶子张之洞奏，日本商务可允，球案宜缓。复经惇亲王等议，以日本与俄深相邀结，又与福建、江浙最近，且恐各国从而构煽，卒至仍归前说，或并二岛而弃之，益为所轻。复谕令李鸿章统筹全局，切实指陈。嗣据覆奏，宜用支展之法，专听俄事消息以分缓急。又经惇亲王等议奏，因此构衅，未为得计，且即天津海口可恃，江、浙、闽、粤各口，究未可知，请饬妥议。此事关系全局，自应博访周咨，以期妥协。着刘坤一、何璟、张树声、吴元炳、谭钟麟、勒方锜、裕宽悉心妥议，切实陈奏。

李鸿章奏，购买铁甲船，经费不敷，请将淮商捐项，全数拨济等语。着户部议奏。

督办船政大臣黎兆棠奏，“澄庆”轮船下水日期，并整顿厂务情形。报闻。③

十七日壬子（11 月 19 日）

以同文馆任事出力，予广州驻防协领刘秉和优叙，余升叙加衔有差。

十八日癸丑（11 月 20 日）

以神灵显应，颁直隶静海县城隍庙匾额曰“神功普庇”，龙王庙匾额曰“兴云敷

① 《清实录·德宗景皇帝实录》卷一二一。

② 王彦威：《清季外交史料》卷二四，书目文献出版社 1987 年版，第 11～13 页。

③ 《清实录·德宗景皇帝实录》卷一二二。

泽”。

廿一日丙辰(11月23日)

广东水师提督翟国彦因病乞休，允之。

廿二日丁巳(11月24日)

以浙江提督吴长庆为广东水师提督，未到任前以福建水师提督吴全美署理。以前浙江提督黄少春为浙江提督。①

廿三日戊午(11月25日)

以游历印度，绘图著书，予江西岁贡生黄楙材以国子监学正选用。其随同游历文童裘祖荫以典史留于四川补用。

廿五日庚申(11月27日)

喜昌奏，请调员差委等语。吉林珲春地方，近接俄境，遇有交涉事件，委用需人。所有黑龙江水手营三站笔帖式俞长发，着定安饬令星夜驰赴珲春，听候喜昌差委。另奏，需用军火孔殷，查山东机器局尚有余存洋药，请饬拨发洋药三万斤、铜帽三百万颗，由东省派员护解烟台以达营口，按站运至吉省等语。着周恒祺查照办理。②

廿六日辛酉(11月28日)

祭酒王先谦奏，招商局务宜加整顿，并令华商以轮船运货出洋各折片。从前设立招商局，不惜巨款，叠次添购轮船，原期广为行运，收回中国利权。如果局员营私害公，败坏局务，亟应痛加整顿，以冀挽回。前经李鸿章等奏请改章，并令道员叶廷眷总办，何以又有唐廷枢等恣意侵挪情事。李鸿章创办此局，责无旁贷。刘坤一甫经到任，南洋事务，均应切实讲求。着各该督按照王先谦所奏，逐一严查，认真整饬。如唐廷枢等实有侵帑把持并设计排挤各情，即行从严参办。

① 《清实录·德宗景皇帝实录》卷一二二。
② 《清实录·德宗景皇帝实录》卷一二二。

道员叶廷眷经理年余，是否确有成效，亦着据实具奏。其办理章程，有应行变通之处，并着及早设法，勿稍回护粉饰，致坏全局。该祭酒请令商船出洋一层，具有远见。目下情形，能否及此，暨将来如何渐次开拓兴办，着李鸿章、刘坤一妥筹具奏。①

廿八日癸亥(11 月 30 日)

铭安等奏，三姓拟设水关，派员抽收厘税一折。三姓之巴彦哈达地方，有巴彦通一道，为松花江下游船只必由之路，时有商船贩运货物往来铭安等，拟就该处之护江关设立税局，查明船货，分别抽收。自为因地制宜起见。即着饬令派出之员审慎办理，酌收税项，不必抽厘，且重在稽查，不重在收税，不可徒滋扰累。另片奏，吉林转运军火，雇觅车骡不易，不能拘定例价等语，亦属实在情形。着准其暂照民价，核实报销，不得稍有浮冒。

吉林将军铭安等奏，三姓荒地，请试办招垦。得旨：据奏三姓东南百余里封堆外，尚有荒地可垦，即着派委妥员详细查勘，划清界址，明定章程，试办招垦。又奏，封堆内荒地请援照双城堡成案，拨为三姓各官随缺地亩，及驿站笔帖式等，请酌给荒地。并下部议。②

十一月初一日乙丑(12 月 2 日)

总理各国事务衙门奏，进江西贡生黄楙材所撰五印度、西域、回部，暨滇、蜀、西藏、缅甸道里各图说，《游历刍言》《西徼水道》等书。得旨：暂行留中。

赏翰林院编修许景澄侍讲升用，加二品顶戴，充出使日本国钦差大臣。命前出使大臣何如璋回京。③

初二日丙寅(12 月 3 日)

梅启照奏，请整顿水师，拟定各条，开单呈览，刘铭传奏，请筹造铁路各一折。梅启照所称请饬船政局及江南机器局仿造铁甲船，豫筹购买外洋铁甲船及枪炮等件，推广招商局船赴东西洋各国贸易，添设海运总督，设立外海水师提督，裁改海疆各种笨船，严防东洋海疆，练习水战，长江水师添拨中号轮船各节；刘铭传所

① 《清实录 · 德宗景皇帝实录》卷一二二。

② 《清实录 · 德宗景皇帝实录》卷一二二。

③ 《清实录 · 德宗景皇帝实录》卷一二三。

请筹款试办铁路，先由清江至京一带兴办，与本年李鸿章请设之电线相为表里等语，所奏系为自强起见。着李鸿章、刘坤一按照各折内所陈，悉心筹商，妥议具奏。寻李鸿章奏："铁路为富强要图，刘铭传请先办清江至京一带，与臣本年拟设之电线相辅而行，庶看守易而递信弥捷，洵两得之道。"报闻。①

初四日戊辰（12 月 5 日）

户部奏，光绪七年内务府经费，拟拨两淮盐课银十五万两、两浙盐课银五万两、广东盐课银五万两、湖北盐厘银五万两、福建茶税银五万两、闽海关常税银十万两、九江关常税银十五万两，共银六十万两。

初七日辛未（12 月 8 日）

广西巡抚庆裕奏，饬记名提督黄桂兰，击退越南窜匪，疏通贡道。报闻。②

十二日丙子（12 月 13 日）

勒方锜奏，前赴台湾巡查等语。现在台湾地方静谧，而番民杂处，自应前往弹压抚绥。至该处为南洋门户，防务尤为紧要。该抚务当察看情形，妥筹布置，随时与何璟会商办理，以期有备无患。

抚恤琉球国遭风难民如例。③

十四日戊寅（12 月 15 日）

驻德使臣李凤苞致电李鸿章：在德订钢面铁甲一艘，价六百二十万马克，炮另加。④

十五日己卯（12 月 16 日）

颁金山中华会馆关帝庙匾额曰"威宣海澨"。

---

① 《清实录·德宗景皇帝实录》卷一二三。
② 《清实录·德宗景皇帝实录》卷一二三。
③ 《清实录·德宗景皇帝实录》卷一二三。
④ 《李鸿章全集·电稿》第 1 册，安徽教育出版社 2008 年版，第 4 页。

前因李鸿章奏，拟在吉林三姓地方，设厂创办小轮船，请调道员温子绍前赴吉林，以资制造。当谕令张树声、裕宽饬令该员随带工匠、机器，即行前往。兹据张树声等奏称，温子绍以母老且病，未能远离，据实具奏等语。吉林创办轮船，事关紧要，必须经理得人。现在温子绍既未能前往，而该省开厂制造，势难稍缓，着李鸿章另行遴选熟习机器之员，迅速驰赴吉林，妥为筹办。总期制造合用，不致徒费工需。所有机器各项，并着李鸿章等设法筹画，俾资应用。①

十六日庚辰(12 月 17 日)

有人奏，闽洋两局废弛，请饬严加整顿一折。据称福建船政局，近来专徇情面，滥竽充数。提调监工，不谙洋务，船政大臣亦为所欺。一切公事，提调等任意把持。所造轮船，难以适用，虚糜薪水。出洋学生，近来多入耶稣教。帮办翻译黄姓，暗诱学生进教。总办区姓，十数日不到局。学生等毫无管束，抛荒本业等语。朝廷不惜重帑，设立船政局，并派员管带幼童出洋，原期制造轮船，精坚合式，成就人材，以裨实用。若如所奏种种弊端，尚复成何事体。着何璟、勒方锜、黎兆棠将船政局事务，力加整顿。

铭安、喜昌奏，摩阔崴、海参崴一带，均与朝鲜毗连。该国附近居民，多为俄人利诱。朝鲜禁令颇严，已去者不敢归国，日久恐为边患。可否照会该国，宽其潜逃之罪，免为俄人驱遣等语。所奏不为无见。李鸿章与朝鲜国人，时因公事会晤通函，着作为该督之意，商令该国妥筹办法，俾边境无业之民，不至为人所诱，久居敌境，致生后患。②

廿一日乙酉(12 月 22 日)

前据刘铭传奏，请筹造铁路，当经谕令李鸿章等妥筹。兹据张家骧奏称，开造铁路，约有三弊，未可轻议施行。着李鸿章、刘坤一悉心妥筹具奏。寻李鸿章奏，张家骧所陈铁路三弊，不甚确凿。报闻。

廿三日丁亥(12 月 24 日)

以神灵显应，颁山东历城县龙洞山龙神庙匾额曰“东云龙腾”，五龙潭龙神庙匾额曰“雨师驾驷”。

---

① 《清实录·德宗景皇帝实录》卷一二三。

② 《清实录·德宗景皇帝实录》卷一二四。

廿九日癸巳(12月30日)

有人奏，闽省防务，请饬及时整顿一折。据称福建防军共十余营，惟霆、庆二营，训练较精，余则未能一律。近募楚粤各军，彼此意见相歧，难期得力。沿海门户，如长门金牌等处，应行建筑炮台，拨营扼扎。台湾兵勇，总统无人，各军俱不相下，且多吸食洋烟，亟宜实力整顿。着何璟、勒方锜斟酌情形，认真办理。①

李鸿章奏，前于英厂所订快船"超勇""扬威"，拟派记名提督丁汝昌及管驾林泰曾、邓世昌等赴英国验收，并驾驶回华。

十二月初二日乙未(公元1881年1月1日)

岐元代奏，道员陈本植，条陈边防事宜一折。览该员所陈各节，不无可采。其所称"奉天以朝鲜为屏蔽，该国设被吞并，则我之藩篱尽撤，为患益深，宜力筹保卫"等语，尚为明切。惟请将洋税专供防饷，其势有所难行。着李鸿章将该员条陈，悉心酌核，择其可以施行者，筹议具奏。寻李鸿章奏：俄船现已折回，洋税万难指拨。陈本植所请集兵支饷，未免张惶其词。应就奉省现有兵力，认真整顿。如朝鲜有警，分兵援助。报闻。②

初六日己亥(公元1881年1月5日)

总理各国事务衙门奏，请刊给出使日本大臣木质关防。从之。

二十日癸丑(公元1881年1月19日)

吴长庆奏，山东海防紧要，请增募水师，并请饬兼顾，商拨水雷、大炮、轮船，暨筹拨水师饷银各折片。清廷以为固为力筹防务起见。惟现在海防缓急情形，与前数月不同，自当因时制宜，斟酌办理。将来事机大定，必须通筹布置，以为久长之计。该提督所请各节，着李鸿章悉心酌度，妥议具奏。③

---

① 《清实录·德宗景皇帝实录》卷一二四。

② 《清实录·德宗景皇帝实录》卷一二五。

③ 《清实录·德宗景皇帝实录》卷一二五。

廿五日戊午(公元 1881 年 1 月 24 日)

前据铭安奏，请调总兵唐仁廉差遣，旋据李鸿章奏，该总兵统带所部，驻防海口，且有承办要务，未能派赴吉林。兹据铭安、喜昌奏称，现闻该总兵修筑炮台，业已告竣。直隶将材尚多，仍请饬调赴吉，总统三姓防营。沿江炮台，亦令相度办理等语。着李鸿章即饬该总兵迅赴吉林，俾资防守。①

廿七日庚申(公元 1881 年 1 月 26 日)

神机营奏，循例选派弁兵赴天津，学制外洋军火机器。允之。

总理各国事务衙门奏，德国王孙、奥君长子等婚期，请发电往贺，以后照办。从之。

出使德国大臣李凤苞奏，翻译官赓音布、荫昌、钱德培，前翻译官税务司博郎，请分别奖励。允之。②

廿八日辛酉(公元 1881 年 1 月 27 日)

朝鲜国使臣任应准等三人，于午门外瞻觐。

是年

李鸿章委派道员龚寿图，开始筹办上海机器织布局，招集商股四十万两，拟织造洋布，以分洋商之利。

全国海关出口货值银七千八百八十八万三千五百八十七两，进口货值银七千九百二十九万三千四百五十二两，入超银四十万九千八百六十五两。征收货税银(海关洋税)一千四百二十五万八千五百八十三两。③

广东机器局黄埔船坞为广东水师所建“联济”号轮船完工。④

---

① 《清实录 · 德宗景皇帝实录》卷一二五。

② 《清实录 · 德宗景皇帝实录》卷一二五。

③ 刘锦藻：《清朝续文献通考 · 国用四》卷六六，商务印书馆 1934 年版，第 8225 ~ 8229 页。

④ 刘传标：《近代中国船政大事编年与资料选编》第 1 册，九州出版社 2011 年版，第 256 页。

光绪七年　辛巳　公元 1881 年

春正月初三日丙寅（2 月 1 日）

以神灵显应，颁奉天巨流河河神庙匾额曰“镜清昭瑞”，柳河沟河神庙匾额曰“安流永靖”。

初七日庚午（2 月 5 日）

两江总督刘坤一等奏，光绪六年冬漕海运办理章程十二条。一、海运事繁责重，应循案委员设局分办。二、交仓漕白正耗，应请就数起运。其节省漕白等耗，仍旧尽数粜变，拨抵运脚。三、海运经费，应照章以河运节省银米等款，分别抵支。四、津通经费，并北局各项用款，应照新章分别裁革拨解。五、剥运漕粮，应仿照白粮，装用口袋，以期周密。六、慎重米色，必须早验早卸，应请先尽正漕兑收，并将上届存仓循案作抵。七、运通剥船，首贵筹画尽善。八、沙船经剥耗食等米，应请循旧动支，作正开销。九、米船放洋，循案派拨轮船，咨行沿海水师，逐段巡护，并饬拨炮船于津通一带，巡防官剥。十、沙船领运各事宜，应遵照成案办理。十一、蠲减缺额南粮，应以变价余剩拨补。十二、丹徒县漕南等米，并行月变价，应仍循案办理。下部知之。

闽浙总督何璟等奏，闽省海防吃紧，添募陆勇四营、水勇一营。报闻。①

初八日辛未（2 月 6 日）

以出洋生徒限满学成，予守备蒋超英等，以都司用，并赏戴花翎，余升叙加衔有差。

抚恤朝鲜国遭风难民如例。

① 《清实录·德宗景皇帝实录》卷一二六。

十三日丙子(2 月 11 日)

以督办江苏海塘蒇事，赏内阁中书何慎修四品封典。

十六日己卯(2 月 14 日)

前因刘铭传奏请筹造铁路，当谕令李鸿章、刘坤一等，筹商妥议。兹据先后覆奏，李鸿章以经费不赀，若借洋款，有不可不慎者三端。刘坤一则以有妨民间生计，且恐于税厘有碍。所奏均系为慎重起见。铁路火车，为外洋所盛行。中国若拟创办，无论利少害多，且需费至数千万，安得有此巨款。若借用洋债，流弊尤多。叠据廷臣陈奏，佥以铁路断不宜开，不为无见。刘铭传所奏，着毋庸议。①

十九日壬午(2 月 17 日)

有人奏浙江富阳县书吏何佐廷等十余人，造串舞弊，自同治四年开征起，历年蒙征，不下数十万两，每逢蠲缓，从不发贴誊黄。该县地丁银，每两现增至二千二三百文。漕粮每石勒折钱六千七百五十文，并递加至九千九百五十文等语。清廷着谭钟麟按照所奏各节，确切查明，据实参办。寻奏：查无其事，应毋庸议。报闻。②

廿二日乙酉(2 月 20 日)

以神灵显应，颁直隶武强县关帝庙匾额曰“祈年大有”，城隍庙匾额曰“百谷斯丰”，龙神庙匾额曰“膏泽多丰”。

以督率福建船政生徒往英德各国肄业学成出力，赏记名海关道李凤苞花翎，余升叙加衔有差。

廿三日丙戌(2 月 21 日)

两江总督刘坤一奏，筹议王先谦所奏华商运茶赴俄、华船运货出洋二事，请将华商由招商局运茶，自汉运津者，只完正半两税，以外概不重征，华船运货出洋，

---

① 《清实录 · 德宗景皇帝实录》卷一二六。

② 《清实录 · 德宗景皇帝实录》卷一二六。

仍由招商局逐渐推广，不必另立公司。下部知之。

前直隶提督刘铭传奏，目疾日重，请假回籍。得旨：刘铭传着赏假回籍调理，一俟目疾痊愈，即行销假。①

廿五日戊子(2月23日)

总理各国事务衙门奏，朝鲜近日情形，亟宜联络外交。查属藩定制，公牍来往，职在礼部，不特有需时日，且机事亦易漏洩。嗣后遇有洋务紧要之件，请由北洋大臣及出使日本大臣与该国通递文函，相机开导，仍将随时商办情形，知照臣衙门，以省周折。从之。②

廿六日(2月24日)

曾纪泽与俄外务大臣格尔斯等签署中俄《改定条约》及《改订陆路通商章程》。③

廿八日辛卯(2月26日)

庆裕奏，缮录越南国王奏疏呈览，暨剿捕匪徒各折片。越南国王，以该国积年诸匪，势难独办。现在李陆余党扰掠，吁请派兵助剿。该国列在藩封，朝廷字小为怀，初未稍存膜视。前因叛将李扬才出关滋扰，特命提督冯子材督师往剿，该逆旋即就擒。至其余积匪，党类既众，蔓延亦广，势难悬军深入，一一芟除，自应由该国随时妥筹办理。其近边各处，仍着张树声、庆裕督饬防营，择要扼守，遇有匪踪窜扰，务当实力会剿，俾壮声援。该督抚即将此旨，传谕该国王知悉。李亚生等各匪，扑扰高平等处，经提督黄桂兰督兵截击，毙贼多名，仍着饬令该提督相度机宜，认真剿捕，以遏贼氛。④

廿九日壬辰(2月27日)

予出洋积劳病故候选道刘孚翊，照军营例从优议恤。

---

① 《清实录·德宗景皇帝实录》卷一二六。

② 故宫博物院文献馆：《清光绪朝中日交涉史料》卷二，1932年，第31~32页。

③ 王彦威：《清季外交史料》卷二五，书目文献出版社1987年版，第30~38页。

④ 《清实录·德宗景皇帝实录》卷一二六。

二月初一日癸巳(2 月 28 日)

本日已有旨，将曾国荃补授陕甘总督，令即来京陛见。曾国荃接奉此旨，着即起程来京。山海关一带防务，着李鸿章妥为筹画。所有刘连捷、郭宝昌、刘维桢各军，即着归李鸿章节制调遣。至刘连捷、郭宝昌、刘维桢所统各营应如何分别撤留，及山海关一带防务如何扼要布置，着李鸿章妥筹具奏。①

初三日乙未(3 月 2 日)

福建巡抚勒方锜奏，查勘台湾各海口及营务民番情形。得旨：所有布置营伍，抚恤民番，清厘案牍事宜，着该抚饬令各该管官，认真经理，毋得始勤终懈。又奏，后山番社，宜善为抚驭。得旨：所奏系为豫防勾结内讧起见。该抚当与何璟会商，派委妥员，相机抚驭，以期消患未萌。又奏，密陈旗后港门，不宜开通情形。下所司知之。②

初四日丙申(3 月 3 日)

直隶总督李鸿章奏，酌覆朝鲜委员询问各条，并代拟通商约章，驰书开导，以免固拒。下所司知之。

初六日戊戌(3 月 5 日)

前据总理各国事务衙门奏，与日本国商议琉球一案，降旨交南北洋大臣等筹议。日本使臣宍户玑，于未经议定之先，即自弃前议，悻悻而去。其所请各节，与中国存球之意，尚未尽善，未能即予准行。该国不遂所求，尤难保无藉端要挟情事。所有沿海各省防务，自应严行戒备。着李鸿章、刘坤一、何璟、张树声、吴元炳、谭钟麟、勒方锜、周恒祺、裕宽督饬各营，妥为备豫，不动声色，静以待之，毋得稍有疏懈。闻日本造小铁甲轮船两只，可以驶入长江，并着彭玉麟、李成谋加意筹备，毋为所乘。定海一厅，四面环海，应增调闽省轮船，以助兵力，并着何璟、勒方锜、谭钟麟、黎兆棠会商办理。

前因总理各国事务衙门奏，拟办球案一折，当谕李鸿章、刘坤一等，妥筹具

---

① 《清实录·德宗景皇帝实录》卷一二七。

② 《清实录·德宗景皇帝实录》卷一二七。

奏。兹据该督等先后覆陈，原议“商务一体均沾”一条，为日本约章所无。今欲援照西国约章办理，尚非必不可行。惟此议因球案而起，中国以存球为重，若如所议，划分两岛，于存球祀一层，未臻妥善。着总理各国事务衙门王大臣，再与日本使臣悉心妥商，俟球案妥结，商务自可议行。①

初七日己亥(3 月 6 日)

闽浙总督何璟奏，台北新设各官，酌拟俸廉，分台拨给。下部知之。

初九日辛丑(3 月 8 日)

前据李鸿章奏，酌覆朝鲜询问各条内，议及华商乘船前往贸易各节。兹据吴大澂奏，请饬察度该国口岸，招集商人，行船贩货，藉此联络保护等语，所见大略相同。着李鸿章参酌情形，妥筹具奏。另奏，“苏城沟等处民人，可由中国派员，在海参崴一带设立公所，为之经理”等语，是否可行，并着李鸿章悉心酌度，一并覆奏。

两江总督刘坤一等奏，苏省厘局，应解北洋八成经费，无法应付，请将湖北每年应解南洋防费银十五万两，划抵北洋，其余五万两，仍着按成分解。允之。

又奏，续奉部咨，查明船厂员役，暨月支各数，皆系前督臣曾国藩手定。开办之初，或酌减委员，以求节费，或酌增人数，以资办公。虽有不符，实无浮冒，恳恩饬部，仍照原册核销，以清案牍。下部知之。

又奏，陈明与越南国王来往通问各信，咨案备查。报闻。②

十三日乙巳(3 月 12 日)

刘坤一奏，遵查招商局被参各款折。李鸿章奏，查明招商局员被参各款，并沥陈办理情形各折片。着户部会同总理各国事务衙门妥议具奏。

以勾串洋人，驾空强诈，革直隶同知吴樾等职，并讯办。③

十六日戊申(3 月 15 日)

抚恤朝鲜国遭风难民如例。

---

① 《清实录·德宗景皇帝实录》卷一二七。

② 《清实录·德宗景皇帝实录》卷一二七。

③ 《清实录·德宗景皇帝实录》卷一二七。

十八日庚戌（3 月 17 日）

总理各国事务衙门奏，檀香山中国商董陈国芬试署期满，请改为领事官，以资约束。从之。

十九日辛亥（3 月 18 日）

浙江巡抚谭钟麟奏，海宁大小山圩等处，民修堤塘，筹款不易，如遇坍塌，请由东防同知酌拨工料。报闻。又奏，东塘念汛，三限塘工告竣，请将在事出力员弁择尤保奖。得旨：准其择尤酌保，毋许冒滥。①

廿八日庚申（3 月 27 日）

曾国荃奏，会商撤留防军一折。山海关各军，业经曾国荃与李鸿章晤商，分别撤留，拟令郭宝昌四营，仍回皖省，先将卫队选锋、先锋各队资遣。其刘连捷湘毅军七营，与福禄寿三营，于六月下旬遣散，并将支应转运等局，一律裁撤。酌留鄂军四营，令刘维桢、杨维干等带领，驻守山海关。杨玉书二营，移扎芦台，随同李长乐操防。筹画尚为周密，即着照所议办理。李鸿章、曾国荃务当悉心经理，次第布置，俾遣散撤回各营，沿途安静，毋任滋生事端。所有刘维桢等留防各事，着李鸿章随时妥筹兼顾，以期得力。②

三十日壬戌（3 月 29 日）

浙江巡抚谭钟麟奏，起解盐课京饷，并请将奉拨提督雷正绾防营月饷五千两，仍由山西河东道就近筹解，以纾浙力。下户部议。③

三月初五日丁卯（4 月 3 日）

巡阅长江水师前兵部右侍郎彭玉麟奏，勘明要隘，改造焦山、都天庙两处旧有暗炮台为明炮台，增修圌山关、东生洲两岸炮堤，及营房子药房等，并派员弁防守

---

① 《清实录 · 德宗景皇帝实录》卷一二七。
② 《清实录 · 德宗景皇帝实录》卷一二七。
③ 《清实录 · 德宗景皇帝实录》卷一二七。

情形。报闻。又奏，巡阅水师并合操兵轮起程日期。得旨：兵轮船专为海防而设，该侍郎务当会同李朝斌等，认真督操，以期缓急可用。长江水师亦宜随时整顿，毋任日久生懈。又奏，请不准开铁路。拨款添造兵轮船。得旨：前据刘铭传奏请试开铁路，当以流弊滋多，已饬毋庸置议。该侍郎所请添造兵轮船只，仍着会商刘坤一等，筹款办理。①

初六日戊辰(4月4日)

山东巡抚周恒祺奏，遵查通判赵清韶条陈采矿开垦各节，并拟试办莒州矿务。得旨：开矿事宜，必须俯顺舆情，实于地方有利无害，方免滋生事端。仍着该抚察看情形，妥慎办理。②

初七日己巳(4月5日)

命出使德国大臣李凤苞，兼充义大利、和兰、奥斯马加三国出使大臣。

命二品顶戴记名道黎庶昌，为出使日本大臣。

初十日壬申(4月8日)

闽浙总督何璟等奏，覆陈船政局被参事务废弛各节，查无其事。得旨：仍着实力整顿，严剔弊窦，不得徒托空言，致糜帑项。③

十一日癸酉(4月9日)

两江总督刘坤一奏，招商局委员盛宣怀，收买旗昌轮船等项，舞弊属实。得旨：着户部总理各国事务衙门，汇入前次折片，一并妥议具奏。

十二日甲戌(4月10日)

谭钟麟奏，招商局借拨浙江塘工生息经费银三十万两，原议每年提取息银，嗣经李鸿章奏明于该局运漕水脚项下，分半年拨还本银，每年计应还银六万两，请饬

① 《清实录·德宗景皇帝实录》卷一二八。

② 《清实录·德宗景皇帝实录》卷一二八。

③ 《清实录·德宗景皇帝实录》卷一二八。

扣还等语。浙江塘工，筹备岁修经费，需款孔殷，着李鸿章、刘坤一饬令招商局将所领塘工生息一款，于本年承运浙漕脚价项下，由浙省粮道扣还本银六万两，以济工需。

谭钟麟奏，请准张其光缓交提篆，黄少春治丧事毕，再赴署任。又奏，请将杭州织造文桂，开复解帛逾限原参处分。均从之。①

廿一日癸未(4 月 19 日)

以剿办台匪出力，赏福建补用守备曾友成等花翎，余升叙加衔有差。

以剿办台匪积劳病故，复记名提督湖北已革副将沈鸿宾职，并赐恤如例。

廿二日甲申(4 月 20 日)

以神灵显应，颁四川南部县龙王庙匾额曰“祈年大有”，天后宫匾额曰“泽周万物”，城隍庙匾额曰“岁阜民和”。

廿三日乙酉(4 月 21 日)

户部奏，请续拨京饷等语。近年库款支绌，叠经户部续请添拨京饷，此次该部酌量各省情形，拟拨山东地丁银五万两、湖南地丁银五万两、江西地丁银三万两、福建税厘银十万两、两淮盐厘银四万两、长芦綵工加价银五万两、广东盐课银五万两、厘金银七万两、江苏厘金银十万两、安徽厘金银五万两、湖北盐厘银五万两、四川津贴银三万两、盐厘银八万两、闽海关洋税银五万两、九江关常税银十万两、江海关洋税银七万两、赣关常税银三万两，共银一百万两。

岐元等奏江南代制洋炮等项，解到需时，请饬将郭宝昌撤回各营内两磅后膛炮六尊、格林炮两尊、马梯呢后门洋枪五百杆并火药铅丸，全数截留，由郭宝昌派员解赴奉省军营。其带炮队员弁兵丁，俟运解到日，即留奉省差委，并由江南将炮位等，拨给郭宝昌应用等语。江南本有应解奉省军械，现在尚未解到，即着李鸿章饬令郭宝昌将该营炮位等项，照数截留。其应如何运解，及酌留员弁兵丁，俾资训练之处，并着李鸿章查明办理。所有此次截留炮位等项，着刘坤一于机器局如数拨给安徽，由裕禄知照郭宝昌领用，以利操防。②

---

① 《清实录·德宗景皇帝实录》卷一二八。

② 《清实录·德宗景皇帝实录》卷一二八。

夏四月初四日乙未(5月1日)

署四川总督丁宝桢奏，设局制造洋火药。报闻。

初五日丙申(5月2日)

广州将军长善等奏，添练洋操余兵，并捐购洋枪子药。得旨：着照所请办理，长善捐备购买洋枪等项银两，尚属急公，着交部从优议叙。

初七日戊戌(5月4日)

闽浙总督何璟等奏，遵旨筹拨兵轮，以固浙防。报闻。

以浙江瓯海关征收洋税，办理交涉出力，赏温处道温忠翰二品顶戴，余升叙有差。①

初八日己亥(5月5日)

现在俄事虽已定议，惟念中国边境，与俄毗连，必宜慎固封守，以为思患豫防之计。吉林之三姓、宁古塔、珲春等处，防务尤关紧要。该将军驻扎吉林省城，相距窎远，恐难兼顾。所有三姓、宁古塔、珲春防务，即着责成吴大澂督办，并将各该处屯垦事宜，妥为筹办。铭安身任将军，于通省防务，及地方一切事宜，亦当认真讲求，力图振作，毋致日久懈生。至库伦为俄人来往冲途，关系甚重，本日已有旨，将喜昌补授库伦办事大臣。着将所部新军，酌带一千人，前赴库伦，并督率该处原有宣化马队，勤加操练，以备不虞。其余现扎宁古塔、珲春各营，均归吴大澂节制。应需饷银，仍照旧由部分别给领。寻据吉林将军铭安奏称：防军现有九千人，当督饬将领，尽心搜讨，嗣后边防屯垦事宜，自当商榷筹办，随时具奏。

山东烟台为北洋冲要之区，所有该处防务，即着归北洋大臣节制。提督吴长庆、总兵王正起各军，悉听调遣。其总兵全祖凯、蔡国祥新募勇营，着周恒祺酌量裁汰，以节饷需。奉天防务，亦关紧要，岐元等毋得稍涉疏懈。至宋庆一军，自应仍驻营口，并着归李鸿章节制，以一事权。所有该营饷需，仍着涂宗瀛随时筹解。北洋大臣，本有统辖三口之责，务当妥筹兼顾，备豫不虞，用副委任。

---

① 《清实录·德宗景皇帝实录》卷一二九。

本日已有旨，将岑毓英调补福建巡抚，勒方锜调补贵州巡抚，并令岑毓英即赴新任矣。台湾为南洋门户，防务紧要，日本前议琉球一案，未允所请，该使臣悻悻而去，难保不藉端生衅，自应思患豫防，严行戒备。岑毓英久历戎行，谙习兵事，即着责成该抚将台湾防务，悉心规画，与何璟会商布置，务期有备无患。其开山抚番未尽事宜，亦当体察情形，次第经理，以为久远之计。该抚当随时勤往该郡履勘巡阅，实事求是，认真整顿，用副委任。遇有紧要事件，即由该抚亲往督办。至福建沿海防务，并着该督抚妥筹办理，毋稍疏懈。

两江总督刘坤一奏，履勘圌山关，添筑炮台，及分别部署情形；又试造木排，豫备拦江。报闻。

调贵州巡抚岑毓英为福建巡抚，福建巡抚勒方锜为贵州巡抚。未到任前，以布政使林肇元护理。

以福建海坛镇总兵贝锦泉为浙江海门镇总兵官，广东琼州镇总兵黄廷彪为广东阳江镇总兵官。①

十四日乙巳(5 月 11 日)

总理各国事务衙门等奏，遵议招商局员被参各款折。因刘坤一、李鸿章所奏异词，臣等无从臆断。惟据刘坤一、李鸿章覆奏，均称招商局银钱帐目，向由驻沪道员徐润一手经理，应请饬下该大臣等调齐该局一切卷宗账据，再行详细确查，会同办理。从之。

十五日丙午(5 月 12 日)

曾纪泽奏，与俄国改订约章，及办事艰难情形各一折。总理各国事务衙门奏，进呈曾纪泽改定条约章程，并地图等件一折。着惇亲王奕誴、醇亲王奕譞、潘祖荫、翁同龢，会同总理各国事务衙门王大臣，覆核具奏。②

十八日己酉(5 月 15 日)

山东巡抚周恒祺奏，经费支绌，拟请将海防勇队，酌量分别撤调，以纾饷力。报闻。

---

① 《清实录·德宗景皇帝实录》卷一二九。

② 《清实录·德宗景皇帝实录》卷一二九。

廿六日丁巳(5月23日)

直隶总督李鸿章奏，湘毅军等十营，全数遣撤。又奏，饬原驻山海关总兵杨玉书武毅军步队两营，填扎宁海城左右；马队两营，于附近海岸之秦王岛等处，分扎巡防。并报闻。又奏，直境招商购器，仿用洋法开办矿务，疏通运道。下所司知之。

以教练枪队出力，赏税务司洋员满三德副将衔。①

廿七日戊午(5月24日)

李鸿章奏报在德厂订造铁甲船情形。②

廿八日己未(5月25日)

左宗棠奏，金州旅顺口水师营战船年久失修，请饬部咨行南省另造新船解送以备巡防。下部知之。

廿九日庚申(5月26日)

李鸿章奏，营口原设练军，请仍归山海关道统带，副都统与道员公牍，应仍遵定制各折片。营口为通商口岸，弹压巡防，均关紧要。该处原设练军洋枪队五百名，着李鸿章查照奏定章程，仍责成山海关道统带，并令督饬营官，认真训练，一切营务，由该道照章办理。遇有紧要事宜，禀由李鸿章、岐元酌核调度。现在俄约已定，防务稍松，该将军于练兵筹边，责无旁贷。所有奉省防务，仍着岐元认真筹办，富升毋庸会办海防事宜。其营口防务，李鸿章亦当会商兼顾，庶几联络一气。并着岐元饬令博崇武带队回省交卸，仍回本旗。至副都统与道员往来公牍，自有定制，嗣后务当遵照办理，毋稍歧异。

直隶总督李鸿章奏，订造钢面铁甲第一号船，按期汇价，办有端绪，现拟分别续造，豫筹要款。除盐捐百万两，挪用在前，招商局缴款百万两，须至第四届方能收足，一时尚难就绪，拟俟二三年后，伊犁偿款归清，各省财力稍宽，届时再酌度情形，奏明请旨饬总理衙门户部筹拨的款，定期续造。下所司议。

---

① 《清实录·德宗景皇帝实录》卷一二九。

② 李鸿章：《铁甲筹款分别续造折》，《李文忠公全集·奏稿》卷四〇。

闽浙总督何璟等奏，福建台北府属淡水、新竹二县地震。得旨：着即督饬该管道府，确查被灾轻重情形，妥筹抚恤，毋令一夫失所。

抚恤朝鲜国遭风难民如例。①

五月初八日己巳(6月4日)

两江总督刘坤一奏，制造小兵轮船经费，拟由南洋及沿江各省凑解。下所司议。

以短征漕米，革浙江德清县知县程国钧职。②

初九日庚午(6月5日)

左宗棠奏禁食鸦片，请先增洋药土烟税捐，以收实效一折。清廷批复：鸦片流毒中国，为害甚深。近因民间吸食愈多，销路愈广，于国计民生，大有妨碍。朝廷轸念时艰，何难申明禁令，齐之以刑。惟虑陷溺既久，兴贩吸食之徒日众，空文禁制，既属徒法难行，而讼狱滋繁，又将别增扰累。左宗棠所奏拟加征税厘，参用罚惩遗意，冀可渐挽颓风，不为无见。各省原定洋药厘捐，本较洋税为重，乃总计所收厘金，竟远不及进口之税。是承办各员，奉行不力，减成折收，任令奸商隐匿偷漏、巡役包庇分肥所致，情弊显然。现照左宗棠所拟，每洋药百斤，统税厘合计，共征银一百五十两。内地土烟价值较低，税厘准照洋药推算征收，亦尚平允。此项系取之于吸食鸦片之人，与华洋各商并无干涉。着南北洋大臣、福州将军、各直省督抚、粤海关监督，将各关口及各地方情形详细体察，将稽查征收章程，悉心妥议，于一月内覆奏，候旨定夺。此事务在必行，该大臣等，当熟筹办法，期于大局有裨，实为至要。③

两广总督张树声奏，广东盐务疲敝，私枭日炽，拟援照成案，分别整顿。从之。

初十日辛未(6月6日)

以神灵显应，颁直隶遵化州城隍庙匾额曰“玉烛扬明”，乌龙泉龙神庙匾额曰

---

① 《清实录·德宗景皇帝实录》卷一二九。

② 《清实录·德宗景皇帝实录》卷一三〇。

③ 《清实录·德宗景皇帝实录》卷一三〇；左宗棠：《请先增洋药土烟税折》，《左文襄公全集·奏稿》卷五八。

“云飞应序”，龙潭龙神庙匾额曰“佐天育物”。

十二日癸酉(6月8日)

总理各国事务衙门奏请裁撤出洋肄业局，将学生撤回，量材器使。从之。①

山海关副都统谦德奏，边地紧要，请添练闲散兵丁。得旨：山海关防务，前已有旨谕令李鸿章妥筹兼顾。所请添练闲散之处，着毋庸议。

以记名总兵杨明海为江南狼山镇总兵官。

十四日乙亥(6月10日)

继格、毕道远奏，请饬慎选漕粮米色一折。此次江苏海运漕粮米色，未能纯洁。前据该抚奏明，饬令仓场侍郎通融验收，在该省偶遇旸雨失时，原不能不量加体恤，俾小民便于输将。惟米质柔嫩，不堪久储，傥各州县暨委员等因有通融验收之案，并不认真拣选，辄请援案兑收，殊非慎重仓庾之道。着该抚严饬粮道，暨有漕各州县并收米委员等，嗣后兑运漕粮，务当详细查验，慎选一律干圆洁净之米。傥有藉词影射情弊，即行据实严参。②

十五日丙子(6月11日)

以漕运总督黎培敬为江苏巡抚，山东巡抚周恒祺为漕运总督，直隶布政使任道镕为山东巡抚，广西按察使崧骏为直隶布政使。

廿三日甲申(6月19日)

岑毓英奏赴闽筹办海防，酌带官兵，并随带员弁各折片。此次岑毓英前赴闽省，拟于黔省安义等营内，挑带练军二千名，作为亲军小队，派提督何秀林等分带赴闽，以备调遣。即着林肇元饬令何秀林等，遵照办理，沿途务须申明纪律，严加约束，不得滋生事端。至于所需口粮等项，该抚拟由闽省协黔饷内拨发，固毋另筹款项。惟闽省饷力，亦属艰难。现办海防，所有兵事饷事，不能不妥筹兼顾。岑毓英抵闽后，务当与何璟详细妥商，核实办理，不得稍涉卤莽。所带练军，如不能得

① 中国史学会主编：《洋务运动》，《中国近代史资料丛刊》第2册，上海人民出版社1961年版，第165~166页。

② 《清实录·德宗景皇帝实录》卷一三〇。

力，即着随时撤遣，以节虚糜。道员李凤书等十三员，着准其调往福建，俾资差遣。①

廿八日己丑(6 月 24 日)

总理各国事务衙门奏，中俄新订约章各款界务，除接收伊犁外，塔喀二处亦须重加勘定。前奉谕派锡纶会商金顺，相机筹办，应由该大臣详慎筹办。商务新添嘉峪关一口，请设监督一员，拟以甘肃安肃兵备道兼充。其应否设税务司，办理税务，请饬下陕甘总督，察看情形具奏。嘉峪关、吐鲁番设领事，张家口设行栈，及茶税各节，应于换约后，分别办理。偿款卢布九百万圆，约合银五百万两，六次归还，应由户部妥速覆议，以备届期开办。从之。

赏直隶津海关道郑藻如三品卿衔，充出使美日秘国大臣。②

六月初一日辛卯(6 月 26 日)

吴大澂奏，规画边防，拟设机厂炮台，请饬部筹拨款项一折。吉林地方紧要，现在整顿边防，所有制造军火，修筑炮台，均属目前要务。吴大澂以该处本有铅、铁矿，煤窑，拟于省城开设机厂，制造洋药弹子等件，并于珲春、宁古塔要隘地方，分筑小炮台数处，于三姓东面，沿江南北两岸，仿照天津大沽口式样，各筑炮台一座，以备江防。③

初三日癸巳(6 月 28 日)

贵州巡抚调补福建巡抚岑毓英奏，台湾旧存开花炮，恐带去炮兵，仓猝试用，炮性不熟，难期有准。现拟拣选操熟之铜炮八位，交总兵雷应山等运往台湾，藉资利用。报闻。

初四日甲午(6 月 29 日)

以剿平越南巨憝，予游击国樑等奖叙有差。

---

① 《清实录·德宗景皇帝实录》卷一三〇。

② 《清实录·德宗景皇帝实录》卷一三〇。

③ 《清实录·德宗景皇帝实录》卷一三一；中国史学会主编：《洋务运动》，《中国近代史资料丛刊》第 4 册，上海人民出版社 1961 年版，第 393~395 页。

初六日丙申(7月1日)

户部奏，长芦盐务征收日绌，永属缉务废弛尤甚，请饬认真整顿。从之。

十二日壬寅(7月7日)

以神灵显应，颁直隶安平县关帝庙匾额曰“清和六合”，滹沱河神庙匾额曰“百流归德”，龙神庙匾额曰“润洽为德”，东明县高村李连庄黄庄大王庙匾额各一方曰“嘉承天佑”“功德昭明”“抚安四极”。

予赴德国学习武备蓝翎守备王得胜，以都司留直隶尽先补用，已故五品军功杨德明优恤。

十三日癸卯(7月8日)

有人奏，两江总督刘坤一，嗜好素深，又耽逸乐，年来精神疲弱，于公事不能整顿，沿江炮台，多不可用，每一发炮，烟气眯目，甚或坍毁；又有人奏，该督嗜好过深，广蓄姬妾，稀见宾客，且纵容家丁，收受门包，在广东所筑炮台，一经霪雨，尽行坍塌各等语。现在东南海防，正关紧要，所奏是否属实，着彭玉麟按照所参各节，确切查明，据实具奏，毋稍徇隐。江海防务办理有年，究竟有无把握。着彭玉麟择要驻扎，将水师各营，认真整顿，不必拘定巡视长江原议，以专责成。①

十六日丙午(7月11日)

总理各国事务衙门奏，续修美国条约，请钤用御宝，以凭互换。从之。

廿三日癸丑(7月18日)

直隶总督李鸿章奏，审明革员吴樾、何涟，勾串洋人米若士，强诈京都裕丰金珠店巨款，依棍徒扰害例，拟发极边充军。从之。又奏，广东职员梁云汉等，创设肇兴公司，专赴西洋贸易，所有进出口章程，应照洋商一律办理。下所司知之。②

① 《清实录·德宗景皇帝实录》卷一三一。

② 《清实录·德宗景皇帝实录》卷一三一。

廿七日丁巳(7 月 22 日)

赏越南国王暨陪臣行人等，缎匹、笔墨、银两如例。

廿八日戊午(7 月 23 日)

越南国使臣阮述等三人，于神武门外瞻觐。

秋七月初二日壬戌(7 月 27 日)

直隶总督李鸿章奏，广东爱育善堂绅董，捐助直隶赈银万两，请载入志乘。允之。①

初三日癸亥(7 月 28 日)

李郁华奏，江南狼山、鹅鼻嘴及焦山等处所筑炮台，未能得力，惟圌山卡及焦山近江地段，土炮台十数座，可安炮位百数十尊，左右推移，三面可击，较为灵便。闻所费不过三千金，而狼山等处炮台，动用数百万两，难保非经手各员，侵挪浪掷，任意开销，请饬查核等语。近来江海防务紧要，江南修筑炮台，所费不赀，若如所奏，均不得力，徒糜饷项，且有侵挪情弊。缓急如何可恃，着刘坤一、彭玉麟详细查核，据实具奏。

浙江温州镇总兵吴鸿源因病解职，以署福建漳州镇总兵关镇国，为温州镇总兵官。②

十二日壬申(8 月 6 日)

继格、毕道远奏，招商局协运江浙漕粮，搀杂破碎过多等语。清廷批复：漕粮为仓庾正供，宜如何慎重起运，本年招商局协运漕粮，搀杂破碎过多，总由该委员等办理草率，殊属不成事体。着直隶总督饬令招商局于协运漕粮时，酌分派道员一员，常川驻京，认真验兑。并着江苏浙江各巡抚，责成各该粮道，严督办漕各委员，在上海天津与招商局兑米时，加意察查。务令米色一律干圆清净，毋得稍涉含

① 《清实录・德宗景皇帝实录》卷一三二。

② 《清实录・德宗景皇帝实录》卷一三二。

混，致干咎戾。①

十七日丁丑(8月11日)

李鸿章前于光绪五年(1879)奉旨代广东、山东订购蚊炮船，委托总税司赫德与英国阿摩士庄厂订造三只，每只三万三千五百镑，约合银十五万两。广东一只先交粤省验收，山东两只是日驶抵大沽，名“镇中”“镇边”。

十八日戊寅(8月12日)

以神灵显应，颁直隶清苑县乌马庄龙神庙匾额曰“苞育群生”，并列入祀典，吴桥县城隍庙匾额曰“千里秋成”，关帝庙匾额曰“德至泽洽”。

以捐修天津府城外墙濠，予长芦盐运使如山等优叙。

追叙救护镇南蚊船功，赏飞虎船游击衔哥嘉头等宝星并加参将衔，管轮副堪士郎、大副章师敦等宝星有差。

廿二日壬午(8月16日)

以办理台湾、福州、厦门三口通商出力，予浙江补用知府李彤恩、福建盐法道翁学本、署厦防同知冯䄃等奖叙有差。②

廿六日丙戌(8月20日)

抚恤琉球国遭风难民如例。

廿八日戊子(8月22日)

彭玉麟奏，遵查沿江炮台请择要修筑一折。据称长江兴筑炮台，道员赵继元专司其事，只修焦山、象山、江阴三处，至圌山关并北岸各隘，尽弃不筑，所筑多暗炮台，故烟气迷目，又于大、小石湾，黄山港等难守之处，修筑多台，不问有炮无炮各等语。清廷本日有旨，令刘坤一来京陛见。两江总督并办理通商事务大臣，令彭玉麟署理。彭玉麟威望素著，向来办事，任劳任怨，具见体国公忠。两江地方紧

① 《清实录·德宗景皇帝实录》卷一三二。

② 《清实录·德宗景皇帝实录》卷一三二。

要，该侍郎迅即前赴署任，以便刘坤一交卸来京。长江所筑炮台，应行增筑加修之处，即着彭玉麟次第筹办，以期扼要适用，于防务实有把握，用副委任。并将各处炮台，添置炮位，精求制造火器之法，随时操练各营，俾有实济。彭玉麟未接篆以前，刘坤一责无旁贷，所有防务及地方事宜，仍当悉心经理，毋稍诿卸。广东所筑炮台，前据张树声奏，已有陷裂及不合法之处，仍着该督确切查明，将应行改造修整处所，一律筹办完固，毋任废弃。另片奏，前请修造小轮船，恳饬南洋大臣广筹经费各等语，着户部总理各国事务衙门再行筹议具奏。寻户部会奏，依议行。

总理各国事务衙门奏，考试同文馆学生，请将户部主事文续等分别奖叙。允之。又奏，续定德国新约。报闻。

命两江总督刘坤一来京陛见，以兵部右侍郎彭玉麟署两江总督兼办理通商事务大臣。①

闰七月初一日辛卯（8 月 25 日）

直隶总督李鸿章奏，现短原额剥船七百只，请由直省先行代造二百只，以济来岁漕运急需。下部议行。②

初三日癸巳（8 月 27 日）

两江总督刘坤一奏，泰州分司各场同遭风潮，灶丁荡析离居，现拟筹款赈济。得旨：着该督妥为抚恤，勿任失所。

以办理上海、镇江通商洋务出力，予道员蔡世保等奖叙有差。

初五日乙未（8 月 29 日）

前有旨，令彭玉麟署理两江总督，并谕令迅即赴任。惟念该侍郎从前补授安徽巡抚、漕运总督，屡辞职任，现因两江事务重大，江海防务，尤关紧要，亟须得人而治。该侍郎威望素著，且于该处地方情形及水陆营务，均所熟悉。刘坤一既令来京陛见，即须交卸。若该侍郎固执成见，仍辞署任，辗转耽延，必致贻误疆事。彭玉麟体国公忠，受恩深重，值此时事多艰，当念朝廷倚任之重，力图报称接奉此旨，着即驰赴署任，毋稍延缓。

两江总督刘坤一奏，遵查江南海防先后所筑明暗炮台，现已布置周密。万一有

---

① 《清实录·德宗景皇帝实录》卷一三二。

② 《清实录·德宗景皇帝实录》卷一三三。

警，先守江阴，次守圌山，次守焦山，不至任敌船飞越。报闻。①

初九日己亥(9月2日)

江苏巡抚黎培敬奏，盐城阜宁一带，六月间飓风大作，海潮上涌，民灶田庐，多被漂没。得旨：着督饬文武各员，加意抚恤，毋任失所。其被淹荡地，如何设法补救之处，并着妥筹办理。

又奏，抚标盐城、东海二营，战船朽敝。现就江南船厂，订造领江、舢板各船，并由金陵拨济火药一千桶，以备巡操之用。报闻。

初十日庚子(9月3日)

李鸿章奏，粤海关应解北洋海防经费，积欠甚多，请旨严催一折。据称粤海关应解北洋海防经费，计历一年之久，迄未解到丝毫。北洋海防，关系紧要，现在订购船炮等项，需款尤殷。该关积欠至四结之多，殊属延玩。着崇光迅将征存四结北洋经费，限一月内，分两批扫数解清。嗣后务当恪遵前降谕旨，按结提前报解。倘再延欠，即由李鸿章奏参。并着张树声、裕宽随时催令该监督赶紧报解，勿任支展。

直隶总督李鸿章奏，改定巴西国商约，增入“禁贩洋药”一条，于中国有益。领事官庇纵华犯，可将批准文凭追回，亦不失自主之权。恭录约款及问答节略呈览。下总理各国事务衙门知之。②

十五日乙巳(9月8日)

总理各国事务衙门奏，嘉峪关新设通商口岸，拟缓派税务司，先由北洋派员，随同关道办理，以节縻费。从之。

十八日戊申(9月11日)

以神灵显应，颁江苏镇江府唐臣张巡庙匾额曰“奇忠伟烈”。

福建巡抚岑毓英，准许福建船政督办黎兆棠拨“琛航”“永保”两船，往来闽台，

① 《清实录·德宗景皇帝实录》卷一三三。

② 《清实录·德宗景皇帝实录》卷一三三。

渡送官兵文报，并搭载客货。①

二十日庚戌（9 月 13 日）

礼部奏，朝鲜使臣被劫，通官受伤，据呈代奏一折。据称此次朝鲜使臣等行至奉天小黑山地方，突被匪徒抢劫银物，通官受伤甚重等语。属国使臣到京，沿途地方，自应妥为护送。乃匪徒胆敢行凶抢劫，并将通官等刺伤，实属不成事体。现在通官卞春植，受伤甚重，着恩福、松林即行派员前往加意照料，延医调治，俟伤愈后，护送来京，一面将赃犯严拿，务获惩办。所有护送疏防之地方官，并着该将军等查明，照例办理。②

廿一日辛亥（9 月 14 日）

闽浙总督何璟等奏，闽省光泽、邵武、南平、顺昌同被水灾，派员查勘。得旨：光泽等县被水情形，殊堪轸念，即着该督抚饬属勘明，妥筹抚恤，毋任失所。又奏，省城猝被飓风。街巷积水甚深，民房间有坍塌。得旨：沿海各属，是否成灾，着即派员分往查明，酌量抚恤，仍据实奏闻。

廿二日壬子（9 月 15 日）

两广总督张树声奏，广东机器局委员温子绍，按照外洋蚊炮船式样，酌量变通，历时一年有余，造船成功。③

廿五日乙卯（9 月 18 日）

给事中戈靖奏，广东琼州地方，土客汉夷杂处，从前署雷琼道刘镇楚，办理客匪善后事宜，未能持平，致安插雷州所属之客民，逃往琼州边界，结党要盟，创立天地会名目，分股在万州、陵水、定安等处，勾结黎匪，剽劫乡村，裹胁良民入会，叠次滋扰崖州万县，戕官抢杀，该处道府卸过属员捏报地方安堵，请饬查办等

① 刘传标：《近代中国船政大事编年与资料选编》第 1 册，九州出版社 2011 年版，第 261 页。

② 《清实录·德宗景皇帝实录》卷一三三。

③ 中国史学会主编：《洋务运动》，《中国近代史资料丛刊》第 2 册，上海人民出版社 1961 年版，第 514~515 页。

语。匪徒勾结滋事，若不从严惩办，必致养痈贻患。着张树声、裕宽饬令该处地方文武，随时认真防范，并将滋事要犯，严行捕治。

前据左宗棠奏，请增收洋药、土烟税厘，当谕令南北洋大臣、福州将军、各直省督抚、粤海关监督详细妥议。兹据该大臣等先后覆奏各折，着左宗棠悉心酌覆具奏。①

八月初三日壬戌(9月25日)

出使俄国大臣曾纪泽奏，由英启程赴俄，陈明新订约章，届期互换情形。报闻。

初四日癸亥(9月26日)

侍讲学士陈宝琛奏，办理洋务修陈六事一折。所奏请饬搜求各国史乘，及私家著述，或出使游历诸人记载，编辑备览一节，着各该督抚留意访求，得有关涉洋务，足资考证之书，咨送总理各国事务衙门，转送国史馆以备采择。又请饬所司于曾经出洋之学生，曾办洋务之府县，酌保数人一节，出洋学生及各省属员中，如有志趣方正、才识练达、足备总理衙门行走之选者，即着该督抚咨明该衙门，听候调取。又请于每科进士中选择十数人，令其游历各国一节。是否可行；又请参合中西律意，订一公允章程，商布各国，勒为科条一节，有无窒碍，着李鸿章、刘坤一、彭玉麟酌议具奏。并着总理各国事务衙门，将所奏六条一并议奏。另片奏，近来派驻各口之轮船，操演多不合法，管驾员弁，征逐嬉游，漫无纪律，水手间有虚额，薪粮或亦克扣。中国创造轮船，操练水师，需费甚巨，原期海口巡防，藉资得力。若如所奏各情，虚糜帑项，弊窦丛生，殊属不成事体。着李鸿章、刘坤一、彭玉麟、何璟、岑毓英、黎兆棠查明参办。嗣后务当大加整顿，力求实际。应如何责成统领认真操阅稽查，严申黜陟之处，着南北洋大臣等体察情形，详细覆奏。寻总理各国事务衙门奏，原奏请饬搜求各国史乘等编辑备览，及酌保学生府县数人两条，业经奉旨，应令各该督抚遵照办理。其择选进士游历及参合中西律意编订章程两条，应俟李鸿章等覆奏后再行核议。至臣衙门设立已二十余年，未便遽议改名，所请改为通商院一节，应毋庸议。又现在军机大臣兼管臣衙门有年，似可照旧办理，其司员保送章京，及臣衙门办事分股各节，仍请查照奏章办理。又原奏谓洋务为讳莫如深，嗣后如有关系洋务要件，应须内外臣工集议者，随时请旨

① 《清实录·德宗景皇帝实录》卷一三三。

遵行。得旨：依议行。①

初五日甲子(9 月 27 日)

以神灵显应，颁直隶井陉县城隍庙匾额曰“岁年大茂”，龙神庙匾额曰“时行云集”，庆云县刘猛将军庙匾额曰“南亩治理”，城隍庙匾额曰“年丰岁熟”，龙神庙匾额曰“膏润优渥”。

礼部奏，请饬催朝鲜香贡赶紧解京一折。据称朝鲜国恭进香贡，已于七月间，该国使臣照例将贡物交盛京将军派员解送，迄今尚未报到，请饬赶解等语。②

初六日乙丑(9 月 28 日)

喜昌奏称，现赴库伦军火不敷，请饬天津机器局拨给洋枪二百杆、洋药五千斤、铅丸三千斤、金底铜帽一百万颗，以备操防。库伦地居边要，一切军火修造匪易，着李鸿章如数拨给备用，至以后库伦月需军火，并着随时接济，毋令缺乏。③

曾纪泽在巴黎会晤法国外长桑迪里，严正声明清廷对安南的保护态度。④

初十日己巳(10 月 2 日)

总理各国事务衙门奏，续修德国条约，本年七月间画押互换，将条款刊刻咨行各省。

十二日辛未(10 月 4 日)

以神灵显应，颁山东陶城埠金龙四大王匾额曰“金堤保障”，杨四将军庙匾额曰“安流昭佑”，并加杨四将军封号曰“襄护”。

十三日壬申(10 月 5 日)

直隶总督李鸿章奏，修改巴西国条约会同画押，并将副本咨送总理各国事务衙

---

① 《清实录·德宗景皇帝实录》卷一三四。

② 《清实录·德宗景皇帝实录》卷一三四。

③ 《清实录·德宗景皇帝实录》卷一三四。

④ 曾纪泽：《巴黎致总署总办》，《曾纪泽遗集·文集》卷四，岳麓书社 1983 年版，第 191～192 页。

门查核。下所司知之。

以朝鲜贡使被劫，通官被伤，摘盛京新民厅同知廉隅等顶戴，并勒限严缉。①

廿四日癸未(10月16日)

以浙江巡抚谭钟麟为陕甘总督，福建布政使陈士杰为浙江巡抚，实授杨昌濬甘肃布政使，以江西按察使沈葆靖为福建布政使，广东惠潮嘉道刚毅为江西按察使。

廿八日丁亥(10月20日)

左宗棠奏，遵旨覆陈增收洋药土烟税厘一折，着总理各国事务衙门，会同李鸿章妥议具奏。寻总理各国事务衙门奏：洋药税厘，香港偷漏过巨，俟英使威妥玛北来后，与之逐细会议，奏明请旨。报闻。②

九月初一日庚寅(10月23日)

闽浙总督何璟奏，台州土匪金满，经浙省兵轮及巡洋舟师痛加剿捕，势已穷蹙。现派提督曹志忠，驰往闽浙交界，相机协捕。得旨：即着督饬曹志忠，会同地方文武，严密防范，相机协捕，务期迅就扑灭，以靖海氛。③

初二日辛卯(10月24日)

黑龙江将军定安等奏，江流泛涨，陡遇风雨，击坏水师营船，请照例免赔，仍将水师营四品官明福等交部议处。从之。

初三日壬辰(10月25日)

以遣使进香，颁赏朝鲜国王缎匹如例。④

---

① 《清实录·德宗景皇帝实录》卷一三四。
② 《清实录·德宗景皇帝实录》卷一三五。
③ 《清实录·德宗景皇帝实录》卷一三六。
④ 《清实录·德宗景皇帝实录》卷一三六。

初五日甲午（10 月 27 日）

浙江巡抚谭钟麟奏，台州土匪金满窜匿，现饬购线密捕，暨查勘宁海、临海各县被水情形。得旨：着即饬属严拿金满等匪，务期弋获，毋任漏网。至被灾各户，查明后并着妥为抚恤，俾免失所。又奏，闰月汛期，风潮猛烈。查勘三防险工共二千余丈，现在择要兴修，除提拨岁修外，于厘局筹款接济，以顾要工。报闻。

以被劫受伤，赏朝鲜国译官卞春植银五百两。①

初六日乙未（10 月 28 日）

彭玉麟先后陈奏请开两江总督署缺、并开巡阅江海差使各一折，览奏情词恳切，自应俯如所请，准开两江总督署缺。至该侍郎巡阅江海有年，不辞劳瘁，整顿水师，深资倚任，仍着照旧巡阅，毋许推诿。刘坤一着即开缺，大学士左宗棠着补授两江总督，兼充办理通商事务大臣。刘坤一着俟左宗棠到任后，再行交卸来京陛见。

丁宝桢奏，野番劫杀洋人，现饬拿办等语。据称巴塘教堂司铎梅玉林，前往盐井，并未知会地方官照料，行抵核桃园，被三岩野番杀毙，劫去骡马、箱只、茶包。现派官兵，会同粮员、土司等，赶紧缉捕。②

初九日戊戌（10 月 31 日）

吴大澂奏，图门江东北岸荒地，请变通旧章，办理开垦等语。图门江东北岸一带荒地，与朝鲜仅隔一江，向禁私垦。吴大澂现拟变通旧章，招民垦种，着照所议行。即着礼部咨会朝鲜国王，此次开垦，系官为经理，饬令所属边界官勿生疑虑，并着铭安、吴大澂督饬该管官吏，约束居民，毋得越界滋事。如有不遵，即行从严惩办。

初十日己亥（11 月 1 日）

新授江苏巡抚、漕运总督黎培敬奏，盐阜一带，海潮为灾，派员筹款散放，并估筑冲塌圩堰，即令灾民力作，以工代赈。又奏，自清江王营镇起，至山东交界之红花埠一带，堰圩长堤，修建堡房，拨兵驻守。均报闻。

① 《清实录·德宗景皇帝实录》卷一三六。

② 《清实录·德宗景皇帝实录》卷一三六。

十一日庚子(11月2日)

出使俄国大臣曾纪泽奏，与俄国新定约章，互换日期。即将俄国盖印画押之条约正本，译妥赍呈总理各国事务衙门。又奏，在比德和福行宫，致递贺俄君即位国书日期。均报闻。又奏，逆首白彦虎逋诛，已遵谕照会俄外部，令遵照成约，将该逆犯克日交过，俟接到覆文再行陈奏。下所司知之。

出使德义和奥国大臣李凤苞奏，进见奥君，致递国书日期。报闻。

十二日辛丑(11月3日)

以神灵显应，颁河南卢氏县关帝庙匾额曰“仁畅惠渥”，城隍庙匾额曰“祈年大有”，直隶磁州龙神祠匾额曰“沾洽时澍”，并加河南密县“白龙神”封号。

浙江巡抚谭钟麟奏，宁海东乡沿海风潮暴发，淹毙棚民四十余人。此外黄岩、太平、临海等处各报风灾，业经批饬查勘抚恤。得旨：着即饬属妥筹抚恤。毋任失所。①

十四日癸卯(11月5日)

以巡洋覆溺，予江苏盐城营外委杨遇宗优恤。

二十日己酉(11月11日)

以捐备神机营军械，予前粤海关监督俊启奖叙。②

廿六日乙卯(11月17日)

定造于英厂之“超勇”“扬威”两艘快船，驶抵大沽口，李鸿章亲往验看。

廿七日丙辰(11月18日)

闽浙总督何璟等奏，台湾台北等处，飓风地震成灾。得旨：览奏台湾等处情

① 《清实录·德宗景皇帝实录》卷一三六。

② 《清实录·德宗景皇帝实录》卷一三七。

形，殊堪轸念，着即饬属妥筹抚恤，俾免失所。

廿九日戊午(11 月 20 日)

山东巡抚任道镕奏，曹州镇总兵王正起所部各营，上年调防烟台。曹郡一带，为盗贼出没之区，时届冬令，巡防缉捕尤应认真。拟请旨饬令王正起回任，酌留防军，饬台庄营参将张福兴代统。报闻。①

冬十月初六日乙丑(11 月 27 日)

黎兆棠奏，开造巡海快船，请催经费一折。闽厂仿造快船，前由部拨南洋经费银二十万两，仅据粤海关解到银三万两，尚短银十七万两。此项快船，现于九月内开工，需款甚急。着刘坤一赶紧如数筹解，毋误要需。②

十三日壬申(12 月 4 日)

以巡海出力，赏记名提督丁汝昌换"西林巴图鲁"名号并正一品封典，林泰曾"果勇巴图鲁"名号并免补游击、以参将补用，余升叙有差。

十四日癸酉(12 月 5 日)

李鸿章奏，光绪二年(1876)十一月选派三十名学生前往英法学习驾驶、制造，现多已学成期满，陆续回华。拟续选前学堂学生八名、后学堂学生六名再行出洋肄业。③

十五日甲戌(12 月 6 日)

以神灵显应，颁台湾各属天后庙匾额曰"与天同功"。

总理各国事务衙门奏，法人谋占越南北境，并欲通商云南，拟筹办法各折片。越南向隶藩服，为滇粤两省屏蔽。法人据其西贡一带，现复以东京捕盗为名，添置

---

① 《清实录·德宗景皇帝实录》卷一三七。

② 《清实录·德宗景皇帝实录》卷一三八。

③ 李鸿章：《续选学生出洋折》，《李文忠公全集·奏稿》卷四二。

兵船，并欲由红江通商云南，计殊叵测。该国积弱已久，若任其侵削，则滇粤藩篱，尽为他族逼处，后患不可胜言。总理各国事务衙门所奏，与李鸿章筹商办法，即着李鸿章、左宗棠、刘坤一、张树声、刘长佑、庆裕、杜瑞联商同密为妥办。其丁日昌、曾纪泽函致该衙门各节，一并参酌办理，务当详加揆度，合力图维，庶可弭衅端而安边境。并将如何办理情形，随时详晰密陈。曾纪泽屡与法国外部辩诘，仍着坚持前议，相机辩论，期于大局有裨。①

二十日己卯（12 月 11 日）

以捐造蚊船，赏广东在籍道员温子绍从一品封典。

廿五日甲申（12 月 16 日）

杭州将军吉和以养亲解职，以锦州副都统古尼音布为杭州将军。未到任前，以杭州副都统富尔荪暂署。②

是月

津沪电报线路架设工程竣工，旋即通电使用。

十一月初二日庚寅（12 月 22 日）

吉林将军铭安等奏，援案请饬下直隶总督，由天津机器局，再发火药一万斤、洋铅丸四十万粒、铜帽一百五十万粒。应须价银，由户部在吉林应领练饷项下，如数扣抵。从之。③

初六日甲午（12 月 26 日）

护理浙江巡抚德馨奏，查拿土匪，筹办抚恤。得旨：匪首金满，务须认真严

① 《清实录·德宗景皇帝实录》卷一三八；王彦威：《清季外交史料》卷二六，书目文献出版社 1987 年版，第 11~12 页。

② 《清实录·德宗景皇帝实录》卷一三八。

③ 《清实录·德宗景皇帝实录》卷一三九。

拿，断不准任其漏网。此外著名匪党，亦应饬缉惩办，以靖地方。临海等处，分设粥厂，动用厘金洋银二千圆，准其作正开销。至抽厘税契，仍着随时稽查，毋致日久生弊。①

初七日乙未(12 月 27 日)

户部奏，光绪八年内务府经费，拟拨两淮盐课银十五万两、两浙盐课银五万两、广东盐课银五万两、湖北盐厘银五万两、福建茶税银五万两、闽海关常税银十万两、九江关常税银十五万两，共银六十万两，请饬依限完解等语。

初八日丙申(12 月 28 日)

山东巡抚任道镕奏，本年豆收麦收浅薄，请将各属应征漕豆漕麦，援案改征粟米兑运。允之。

初九日丁酉(12 月 29 日)

刘坤一奏，已革湖北同知李玉墀，于法人最密，每代法人画策，专与越南为难。

两江总督刘坤一奏，开挖吴淞淤沙，所需经费，约银十五万两，拟请即在关税项下作正开销。下总理各国事务衙门户部知之。②

十二日庚子(公元 1882 年 1 月 1 日)

闽浙总督何璟等奏，长福营修制军械，估需银数，并续制出洋师船火器等项银数。下部知之。

予台湾阵亡病故文武员弁唐得胜等四十三员名，议恤如例。

十四日壬寅(公元 1882 年 1 月 3 日)

前据铭安、吴大澂奏，朝鲜贫民，占种吉林边地，恳准一体领照纳租，当谕令

① 《清实录·德宗景皇帝实录》卷一三九。
② 《清实录·德宗景皇帝实录》卷一三九。

该部议奏。兹据恩承等奏称，近边各国，不得越界私辟田庐，例禁綦严。该国官员擅给执照，纵民渡江盗垦，事阅多年。现在宜令该国王尽数招回，设法安置，重申科禁，方为正办，或于领照纳租外，令其隶我版图，置官设兵，如屯田例。惟该处地方情形，亦难遥度，仍请饬令该将军等再行筹画，求一有利无害之方等语。

江苏巡抚黎培敬因病乞休，调山西巡抚卫荣光为江苏巡抚。未到任前，以布政使谭钧培护理。以内阁学士张之洞为山西巡抚。①

十五日癸卯(公元1882年1月4日)

刘坤一奏，闽省开造快船，请催经费。闽厂仿造快船，前由部拨南洋经费银二十万两，仅据粤海关解银三万两。现由刘坤一筹解银四万两，尚短银十三万两。刻下闽厂定期兴工，需款甚急，粤海关欠解南洋经费，约有十五六万之多。着崇光即于前项欠解款内，迅速拨银十三万两，径解闽厂，以济要需，毋稍延误。

缓征两淮泰海二属草堰、伍祐、新兴、庙湾四场被风被潮荡地，及受灾较轻之富安等七场、板浦等三场，新旧折价钱粮有差。

十六日甲辰(公元1882年1月5日)

两广总督张树声等奏，伊犁偿款，部咨在于各省关，应解光绪七年分京饷项下划拨银二百万两，内：广东厘金项下提银十万两、关税项下提银三万两，如数清解。报闻。

福建巡抚岑毓英奏，台湾府属澎湖地方，前遭飓风，业经附奏。现查饥民多至八万余人，由省城增广仓义谷项下提谷二万石，运往散给。②

十七日乙巳(公元1882年1月6日)

抚恤朝鲜国遭风难民如例。

廿五日癸丑(公元1882年1月14日)

福建巡抚岑毓英奏，查覆台澎各营裁兵案内，余剩兵谷，每石实可粜银六钱，

① 《清实录·德宗景皇帝实录》卷一三九。

② 《清实录·德宗景皇帝实录》卷一三九。

并请将谷价银两，仍留作台防善后经费。下部知之。①

十二月初四日壬戌（公元 1882 年 1 月 23 日）

李鸿章奏，朝鲜陪臣密陈该国王议商外交情形一折。据称美国欲与朝鲜结约通好，该大臣劝令朝鲜派员赴津，与美总兵萧孚尔商议。该国王遣使前来筹议外交，经该大臣开导，现在回国酌办等语。朝鲜久隶藩属，自应随时维持调护，即以固我边陲。该国如与美国订约，则他国不致肆意要求，于大局实有关系。仍着李鸿章随时相机开导，妥为筹办。该国联美之计，为日俄各国所不愿，该大臣并应加意慎密，毋贻口实。②

十一日己巳（公元 1882 年 1 月 30 日）

张树声、裕宽奏，查明琼州客民，勾结黎匪，历年滋事及先后筹办情形一折。琼州远在海南，黎匪不时滋扰，为害地方。该处客民，复与勾结生事。若不严行剿捕，何以永遏乱萌。张树声等现已督饬地方文武，派队相机进剿，务将首恶一律擒获惩办，解散胁从，使其畏威怀德，不得因山深径险，任其逋逃，敷衍塞责。傥再有结会剽劫等事，定将该地方文武重惩不贷。至客匪尤当认真清查，以杜勾结。即着将团练保甲各事宜，悉心筹办，毋任奸宄溷迹。③

十三日辛未（公元 1882 年 2 月 1 日）

庆裕奏，法人谋占越南北境，遵旨豫筹办法一折。法人有用兵越南之计，居心叵测，庆裕现饬提督黄桂兰等，以严防该国积匪为名，于现在酌留营哨之处，加派勇队驻扎，以张声势，并豫拟相机因应之法，所筹尚属周妥。该抚当饬令各该营不动声色，严密防范，以期慎固边境，消患无形。其谕令刘永福有警互相援应一节，刘永福既恐未可深恃，且虑形迹太露，转致枝节横生，该抚尤当加意缜密，不可稍涉大意。总之彼族觊觎越南，已非一日，中国不能不设法防维。惟虚实缓急之间，措置最宜审慎。着庆裕随时探明情形，妥为筹画，仍与张树声会商办理。另奏，法人欲于南太等府建堂传教，现令地方官密查，不许贪利之徒，潜行卖地建堂，有欲

① 《清实录·德宗景皇帝实录》卷一三九。
② 《清实录·德宗景皇帝实录》卷一四〇。
③ 《清实录·德宗景皇帝实录》卷一四〇。

租屋传教者，亦婉词谢绝等语，着庆裕密饬该地方官相机办理，毋任滋生事端。①

廿三日辛巳(公元 1882 年 2 月 11 日)

以神灵显应，颁直隶大城县龙神庙匾额曰“苞育群生”。

廿五日癸未(公元 1882 年 2 月 13 日)

有人奏，山东荣城县石岛地方，前于咸丰初年，因海防办理团练，创设厘捐，作为经费。其后团练裁撤，厘捐照旧抽收。近有前山东登莱青道潘霨之家丁门福即门德临，与奸商汤朋、宋寿喜、蠹役邵合年等，把持厘盐两项，私刻印章，按户抽钱。该县收受陋规，及到任礼银，并不严禁。门福等复于该处开设渔盐总行，任意囤积贩卖，以致灶盐滞销，灶户失业。门福蒙捐都司，因案斥革，改名门立亭，复捐衔圣公百户职衔，与汤朋等霸占民房数百间，并诱奸人妻女，致毙二命，请饬查办等语。所奏若果属实，亟应严行惩办。着任道镕确切查明，如有前项情弊，即将门福等按名弋获，严行惩办，并将盐务厘捐，实力整顿，以杜侵渔。寻奏，查明被参各款，俱无其事，请免置议。报闻。②

廿九日丁亥(公元 1882 年 2 月 17 日)

赏朝鲜国使臣洪钟轩等缎匹、荷包如例。

是年

全国海关出口货值银七千一百四十五万二千九百七十四两，进口货值银九千一百九十一万零八百七十七两，入超银二千零四十五万七千九百零三两。征收货税银(海关洋税)一千四百六十八万五千一百六十二两。③

派到美国的一百二十名少年留学生，二十六名病故，其余九十四名于是年开始分三批回国，经上海，主要分配到沿海各地任职。④

---

① 《清实录·德宗景皇帝实录》卷一四〇；王彦威：《清季外交史料》卷二六，书目文献出版社 1987 年版，第 31~32 页。

② 《清实录·德宗景皇帝实录》卷一四一。

③ 刘锦藻：《清朝续文献通考·国用四》卷六六，商务印书馆 1934 年版，第 8225~8229 页。

④ 刘传标：《近代中国船政大事编年与资料选编》第 1 册，九州出版社 2011 年版，第 272 页。

光绪八年　壬午　公元1882年

春正月初四日辛卯(2月21日)

蠲缓两浙芦沥、杜渎、青村、钱清、西兴、长亭、横浦、浦东、下砂、海沙、鲍郎十一场，歉收各灶荡灶课。①

初九日丙申(2月26日)

张树声、裕宽奏，特参庸劣各员一折。广东补用知府周锜，性耽逸乐，办事不慎，着以同知降补，仍留广东补用；惠州府海防通判程学基，才力衰庸，不堪佐治；前署大埔县知县虞淑范，违例科罚，不洽舆论；署合浦县知县毓麟，听断颟顸，玩视民命；遂溪县知县赖焕辰，藉案勒索，民怨沸腾；试用知县张正翚，办事粗率，操守不谨；候补盐经历彭懋采，性好招摇，罔知忌惮；向遇春前办盐务，声名颇劣；候补盐知事陈嵩峻，营私罔利，声名狼藉；南海县江浦司巡检鲁元杰，擅受民词，不安本分；长乐县典史曹文昺，才具阘茸，行同市侩：均着即行革职。候补州判李可立，浮佻无耻，行止有亏，着革职永不叙用，以肃官方。②

初十日丁酉(2月27日)

翰林院侍讲张佩纶奏，沥陈保小捍边当谋自强之计一折。据称日本既废琉球，法兰西亦越境而图越南。驭倭之策，宜大设水师，以北洋三口为一军，设北海水师提督，天津、通永、登莱等镇属之师船分驻旅顺、烟台、大连湾以控天险；江南形势当先海而后江，宜改长江水师提督驻吴淞口外，狼山、福山、崇明三镇均隶之，专领兵轮出洋聚操，责大臣以巡江，兼顾五省，责提督以巡海，专顾一省；移江南提督治淮徐辖陆路，闽浙同一总督辖境，宜改福建水师提督为闽浙水师提督，以浙

---

① 《清实录·德宗景皇帝实录》卷一四二。

② 《清实录·德宗景皇帝实录》卷一四二。

江之定海、海门两镇隶之，浙江提督，专辖陆路；至滇粤边防，宜责粤督治水师为奇兵，广西、云南治陆师为正兵，扼险以伺利便，刘永福等皆可罗致为用，复以水师大船，坐镇珠崖，快船水雷，出入于越南神投海口，与为联络等语。海防边防，为目前当务之要，亟应统筹全局，因时制宜，必有折冲御侮之实，始可为长驾远驭之计。清廷以为该侍讲所陈各节，不为无见。即着李鸿章、左宗棠、何璟、张树声、彭玉麟等将海防事宜，通盘筹画，会同妥议具奏。①

十二日己亥(3 月 1 日)

闽浙总督何璟奏，闽省采运赈粮，请免关税。得旨：着即咨明两江总督、江苏浙江巡抚，查照办理。

十六日癸卯(3 月 5 日)

御史邓承修奏，请饬查关税侵蚀，以裕国用一折。前据户部奏，各省关税有余之处，除征解足额外，应令各就征收实在情形，按年溢解，当谕令该督抚、监督等核实办理。兹据该御史奏称，关税侵蚀之弊，日增月益，不可数计，甚至胥吏仆役中饱巨万，殊属不成事体。现在时事艰难，饷需支绌，亟应事事力求核实，以裨国计。着管理关务之该督抚、监督等各就征收实在情形，和盘托出，遵照部章，于正额赢余外，按年溢解。朝廷意存宽大，亦不追其既往。经此次严谕饬查后，如再有掩饰回护情弊，别经发觉，惟该督抚、监督等是问。

李鸿章奏，请派大员与巴西国互换条约一折。巴西国通商条约，上年经李鸿章与该国使臣会议增改，公同画押，该国亦经照准。使臣喀拉多现在上海，着派谭钧培将上年所订条约，与该使臣互换，仍着李鸿章将应办一切事宜，随时筹画，以期悉臻妥协。并由总理各国事务衙门，迅将条约原本，发交谭钧培祗领遵办。②

十八日乙巳(3 月 7 日)

出使俄国大臣曾纪泽奏，首逆白彦虎窜入俄境，现接俄外部覆文，允为严加禁锢，不至再为边患。下总理各国事务衙门知之。

出使德义荷奥国大臣李凤苞奏，前赴义国递送国书日期，并派江苏候补知县钱德培，充三等参赞官，调候选盐知事沈鼎钟，充二等翻译官。报闻。③

---

① 《清实录·德宗景皇帝实录》卷一四二；张佩纶：《保小捍边当谋自强折》，《涧于集·奏议》卷二。

② 《清实录·德宗景皇帝实录》卷一四二。

③ 《清实录·德宗景皇帝实录》卷一四二。

廿一日戊申(3 月 10 日)

以神灵显应，颁福建宜兰县城隍庙匾额曰“膏泽优渥”。

两江总督左宗棠等奏，苏省冬漕，酌定海运章程十二条。下部知之。

福建巡抚岑毓英奏，赈济台湾饥民。报闻。

廿二日己酉(3 月 11 日)

云贵总督刘长佑等奏，遵旨细审法人在越南情状，豫为防制，并请召集公使领事，辨其曲直。下该衙门议。①

廿三日庚戌(3 月 12 日)

抚恤琉球国遭风难民如例。

二月初六日壬戌(3 月 24 日)

铭安、吴大澂奏，朝鲜贫民占种吉林边地，遵旨妥议覆陈一折。吉林与朝鲜，向以图们江为界。该国民人越界垦种，前据礼部议奏，该民人等既种中国之地，即为中国之民。除照该将军等所请，准其领照纳租外，必令隶我版图，遵我政教，并酌立年限，易我冠服，目前姑照云贵苗人暂从各便等语。兹据铭安等遵旨详细妥议，请照该部所议办理。朝鲜民人，越界垦地，本应惩办，历奉成宪，禁令甚严。惟现在该民人等开垦有年，人数众多，朝廷务从宽大，不究既往，即着准其领照纳租，并由铭安、吴大澂派员履勘，查明户籍，分归珲春暨敦化县管辖。所有地方词讼及命盗案件，均照吉林一律办理。②

廿三日己卯(4 月 10 日)

福建台湾镇总兵吴光亮奏，台湾自停补额兵以后，各营存兵过少，操演难成阵队，请仍暂缓校阅冬操。下部知之。③

---

① 《清实录·德宗景皇帝实录》卷一四二。

② 《清实录·德宗景皇帝实录》卷一四三。

③ 《清实录·德宗景皇帝实录》卷一四三。

是月

法国西贡总督声称越南背约，派海军上校李维业统带兵舰及陆军进攻海防，并占领河内，后交还给越方。①

三月初二日戊子（4月19日）

李鸿章奏母病日久未愈，请赏假省亲一折。清廷着李鸿章赏假一个月，前往湖北省亲，假满后迅即回任。直隶总督着张树声署理，并兼署办理通商事务大臣，两广总督着裕宽暂行兼署。张树声接奉此旨，即行交卸起程，乘坐轮船，迅赴署任。两广地方，关系紧要，所有一切应办事宜，裕宽务当尽心规画，妥为经理。

以记名副都统庆山为乍浦副都统。②

初六日壬辰（4月23日）

李鸿章奏，遴选绅商在上海购办机器，设局仿造布匹，以分洋商之利。③

初八日甲午（4月25日）

直隶总督李鸿章奏，遵旨筹办朝鲜与美国议约事宜，现经商定约稿，并拟请派员前往合办。报闻。④

初九日乙未（4月26日）

大学士直隶总督李鸿章现丁母忧，本应听其终制，以遂孝思。惟念李鸿章久任畿疆，筹办一切事宜，甚为紧巨，该督悉心经画，诸臻妥协，深资倚任；且驻防直隶各营，皆其旧部，历年督率训练用，成劲旅；近复添练北洋水师，规模创始，未可遽易生手；各国通商事务，该督经理有年，情形尤为熟悉。朝廷再四思维，不得

---

① 中国史学会主编：《中法战争》，《中国近代史资料丛刊》第1册，新知识出版社1955年版，第340页。

② 《清实录·德宗景皇帝实录》卷一四四。

③ 李鸿章：《试办机器织布局以扩利源而敌洋产折》，《李文忠公全集·奏稿》卷四三。

④ 《清实录·德宗景皇帝实录》卷一四四。

不权宜办理，李鸿章着以大学士署理直隶总督，俟穿孝百日后，即行回任。

大学士直隶总督李鸿章奏，招商在上海试办机器织布局，以扩利源而敌洋产。报闻。①

十三日己亥(4 月 30 日)

有人奏，署广东潮州镇总兵方耀，办理积案，枉杀甚多，创立花红名色，勒捐潮属富户，不下数百万元，半归私橐；包庇命案，擅受呈词，又广引其族人，分官汛地潮州都司方鼇，诈扰闾阎，有大方小方之目；普宁县属向有马耳桥、永安乡二村，居民以旧怨尽被驱戮，将马耳桥村名，改为德安里乡，聚族霸居；该总兵拥资数百万，开设当店、糖行，罔利营私，请饬查办等语。所奏是否属实，着裕宽确切查明，据实具奏。寻奏：方耀督办潮匪，任劳任怨，不避艰险，筹办善后，悉合机宜，全潮一律粗安。所参各款，逐一访查，均无实据。报闻。

庆裕奏，法人图占越南北圻，意在侵轶滇疆，请饬豫为筹备一折。据称探闻法人，添置兵船，欲图越南北圻地面，由保胜以通云南，请饬该督抚于红江一带，豫为设法堵截，即彼以通商为词亦不轻许等语。法人冀由越南以达滇省，觊觎通商之利，自在意中。该省防务，较粤西为尤要，亟应加意绸缪，以期有备无患。昨有旨每年由四川拨给练军饷银二十万两，谕令刘长佑等将增军备边事宜，妥为布置。该督抚务当实力经营，先事防范，不得稍涉大意。法人如果由保胜窥滇，并着酌量情形，妥筹因应，期于固疆圉而杜衅端。②

十七日癸卯(5 月 4 日)

户部请续拨京饷等语。此次该部酌量各省情形，拟拨山东地丁银五万两，湖北地丁银五万两，江西地丁银三万两，福建税厘银十万两，两淮盐厘银四万两，长芦荥工加价银五万两，广东盐课银五万两，厘金银七万两，江苏厘金银十万两，安徽厘金银五万两，湖北盐厘银五万两，四川津贴银三万两，盐厘银八万两，闽海关洋税银五万两，江海关洋税银七万两，九江关常税银十万两，赣关常税银三万两，共银一百万两。

廿四日庚戌(5 月 11 日)

以记名提督李占椿为福建汀州镇总兵官，记名提督邓万林为广东碣石镇总兵官。

---

① 《清实录·德宗景皇帝实录》卷一四四。

② 《清实录·德宗景皇帝实录》卷一四四。

廿五日辛亥(5月12日)

总理各国事务衙门奏，法越兵端已起，亟宜通筹边备，以弭后患一折。据称张树声函报，二月十四五等日，突有法国兵船，由西贡驶至海防进口，声称攻取东京。越南孱弱已甚，如果法人意在并吞，该国万难自全。论藩属之义，中国即应派兵救援，而在我既鞭长莫及，在彼又弱不能支。揆度情形，势难筹议及此。惟越南北圻各省多与滇粤毗连，若法尽占北圻，则藩篱全撤，后患将无穷期，强弱安危，关系綦重，何可坐失事机，致成不可收拾之局。惟事体重大，应如何谋定后动务策万全之处，着李鸿章、左宗棠、张树声、刘长佑、裕宽、倪文蔚、杜瑞联就现在情形，参以该衙门所奏，再行通盘筹画，悉心妥议，迅速覆奏，候旨施行。法国意在由富良江通商云南保胜一带，实为扼要之地，防务尤为紧要。广西防营，现扎关外谅山等处，本为剿除积匪而设，但能保护越南境地，即所以屏蔽边圉。并着倪文蔚体察情形，妥筹办理。①

廿九日乙卯(5月16日)

浙江巡抚陈士杰奏，恭报巡阅海口回省日期，并筹议各处情形。得旨：所有应行修筑炮台等工，着该抚妥为筹办，力求实际，以期有备无患。②

夏四月初六日辛酉(5月22日)

朝美《通商条约》十四款签字。

初十日乙丑(5月26日)

予前管驾建胜轮船守备江懋祉优恤。③

十一日丙寅(5月27日)

王文韶代奏李鸿章沥陈下情一折。据称该前督百日假满后，海上或有警报，即

---

① 《清实录·德宗景皇帝实录》卷一四四。

② 《清实录·德宗景皇帝实录》卷一四四。

③ 《清实录·德宗景皇帝实录》卷一四五。

遵旨赴津，筹办一切。若中外无事，届时如营葬需时，续请赏假。惟现在时势艰难，防务紧要，兼以属邦多事，关系大局，均须及时筹办。北洋近复添练水师，增置战舰，尤在随时布置，以期有备无患。李鸿章公忠素著，谅必不忍恝然，着俟百日假满后，仍遵前旨，驻扎天津，督率各营认真训练，并办理通商事务，以慰廑系。

十四日己巳（5 月 30 日）

张树声奏，遵旨通筹边备一折。法人图占越南北圻，已于二月中攻破东京，又将城池交还南官，意殊诡谲。恐复用占据南圻故智，修改新约，迫越南以必从，事机甚为紧急。张树声所称中国备边之策，惟有令滇粤防军，守于城外，仍以剿办土匪为名，借图进步。即当乘时合力经营，毋落后着。广东兵轮各船，应克期整顿出洋，藉壮声势。着裕宽迅将该省兵轮各船，挑选齐备，即派吴全美统带驶赴廉琼一带驻扎，认真操练，作为防剿黎匪、巡缉重洋之师，仍不时驶往越南洋面游弋，确探消息，随时知照裕宽，妥筹因应之方，相机调度。闽厂兵轮，并着黎兆棠择其尤为得力者，迅速拨调前往，统归吴全美督带，以资厚集。黄桂兰一军，现已节节前进，逼近越南东京，办理甚合机宜。该军所需炮械，已据张树声拨给，仍着倪文蔚檄令妥筹布置，借固藩篱，并添调关内防军，出关进扎，联络声势。前谕刘长佑等增军备边，业由四川每年拨给饷银二十万两，俾资应用，该督等谅已办有就绪。富良江上游保胜一带，防务最为紧要。所有筹防各军，即当选派将领，统带进发，扼要分布，遥为保胜声援，毋仅作闭关自守之计。滇粤边防事宜，佐理需人，前已有旨催令唐炯、徐延旭迅赴新任矣。①

以前陕甘总督曾国荃署两广总督，饬即赴任，毋庸来京请训。

拨天津、江宁两处置存后膛洋枪三千杆，每杆配子五百颗，过山洋炮十尊，炮子二千颗，交广西记名提督黄桂兰边防营领用。②

十五日庚午（5 月 31 日）

张树声奏请派员帮办水师事宜，并请加卿衔，以示优异一折。帮办大员及赏加卿衔，向系出自特旨，非臣下所得擅请。张树声所请派翰林院侍讲张佩纶，赴津帮

① 《清实录・德宗景皇帝实录》卷一四五；王彦威：《清季外交史料》卷二七，书目文献出版社 1987 年版，第 20～22 页。

② 《清实录・德宗景皇帝实录》卷一四五。

办北洋水师事宜，仿照吴大澂赏加卿衔之处，着毋庸议。

福建水师提督彭楚汉奏出洋巡缉日期。报闻。

十七日壬申(6月2日)

前据张树声奏，调翰林院侍讲张佩纶帮办北洋水师事宜，当以该督擅行奏调，未允所请。兹据翰林院侍讲学士陈宝琛奏，张树声擅调近臣，实属冒昧，请照例议处。张树声着交部议处。寻议：罚俸九个月。得旨：准其抵销。

以巡洋殒命，予浙江温州左营游击李启荣议恤。①

二十日乙亥(6月5日)

予总理各国事务衙门总办章京、工部郎中陈钦铭等，记名加衔加级有差。

以教学有劳，予同文馆算学教习户部员外郎李善兰以本部郎中遇缺即补。

以北洋大沽口船坞工竣，赏给洋员德璀琳等宝星。

廿二日丁丑(6月7日)

署直隶总督张树声奏，英商呈拟揽办洋药章程，及赫德所拟节略。下该衙门议。寻总理各国事务衙门奏，英商沙苗呈请揽办洋药、包纳税银、由中国特派等情，我方禁之不暇，安可招之使来，此事应毋庸议。从之。②

廿六日辛巳(6月11日)

署直隶总督张树声奏，朝鲜与美国议立通商和好条约十四款。又奏，令道员马建忠仍留朝鲜，襄助办理他国交涉。下该衙门知之。③

廿八日癸未(6月13日)

江苏布政使谭钧培奏，巴西国换约事竣。下该衙门知之。

---

① 《清实录·德宗景皇帝实录》卷一四五。

② 《清实录·德宗景皇帝实录》卷一四五。

③ 《清实录·德宗景皇帝实录》卷一四五。

廿九日甲申(6 月 14 日)

礼部奏，接准朝鲜国王咨文请饬会议一折。据称该国请于已开口岸，互相交易，并派使进驻京师等语。朝鲜久列藩封，典礼所关，一切均有定制。惟商民货物，不准在各处私相交易。现在各国既已通商，自应量予变通，准其一体互相贸易。应如何详定章程之处，着张树声函商李鸿章妥议具奏。此后该国贸易事宜，应由总理各国事务衙门核办。其朝贡陈奏等事，仍照向例由礼部办理，以符旧制。至所请遣使驻京一节，事多窒碍，着不准行。①

五月初二日丁亥(6 月 17 日)

前据总理各国事务衙门奏，法人图取越南东京，已谕令该督抚妥筹边备。兹据奏称，纳楼土族普应昌败窜红木冲箐等处，越南土匪朱二、韦三等分投滋扰陆之平匪党，由大原水岩一带向西南山硐逃窜，亟应分派官军，实力剿办，刘长佑等，现已抽调练军。为移缓就急之计，即着饬令道员沈寿榕带兵出境，与广西官军联络声势，以剿办土匪为名，保护越南，即所以屏蔽吾圉。②

初三日戊子(6 月 18 日)

以神灵显应，颁广西省城龙神庙匾额曰“龙城昭佑”，城隍庙匾额曰“式扬利泽”，临桂县属广福王庙匾额曰“岁乐民喜”。

闽浙总督何璟等奏，四月初二日，长汀县大风，县城西门至东门，城内外倒塌民房九十余间，压毙大小男女二十一丁口。得旨：即着督饬委员，会同地方官确勘被灾轻重情形，妥为赈恤，毋任失所。③

初七日壬辰(6 月 22 日)

法越构衅，滇省边防，至为紧要。岑毓英久历戎行，于该省情形，尤为熟悉。接奉此旨，着即迅速交卸起程，前赴署任，将一切防务妥为经理，以副委任。刘长佑着俟岑毓英到任后，再行来京。

---

① 《清实录 · 德宗景皇帝实录》卷一四五。
② 《清实录 · 德宗景皇帝实录》卷一四六。
③ 《清实录 · 德宗景皇帝实录》卷一四六。

初十日乙未(6月25日)

予遭风淹毙浙江都司罗云镳等议恤。

予缉捕殒命浙江千总萧国亮，照阵亡例议恤。①

十二日丁酉(6月27日)

礼部奏，琉球国陈情陪臣法司官毛凤来等，呈称日本禁阻进贡，甚至废藩为县，国主被其胁迫，阖国臣民皆因日人苛政猛烈，号泣载涂，仰望天讨，复国复君，仍修贡职。报闻。

十三日戊戌(6月28日)

督办宁古塔等处事宜。太仆寺卿吴大澂奏，由三岔口回驻塔城，并陈各处山荒应立屯垦情形。得旨：仍着将屯垦水利诸务因地制宜，悉心经理，以广招来而收成效。又奏，三岔口与俄界毗连，与俄官面商息争辑睦事宜。报闻。②

十九日甲辰(7月4日)

裕宽奏，妥筹边备，现与粤西商办，暨密陈越南积弱情形各折片。法越构衅已深，粤省边防，亟应妥筹布置。裕宽现已饬黄得胜前往钦州召募二营，用资防守，并咨商倪文蔚相机酌办，及此整饬戎机，增修边备。

廿四日己酉(7月9日)

山东学政张百熙奏，外国人买中国民间房屋，应饬总理各国事务衙门妥议章程。下该衙门议。③

廿七日壬子(7月12日)

刘长佑、杜瑞联奏，通筹相机弭患并增募练军八营各折片。法越构衅，滇粤边

① 《清实录·德宗景皇帝实录》卷一四六。

② 《清实录·德宗景皇帝实录》卷一四六。

③ 《清实录·德宗景皇帝实录》卷一四六。

防紧要。

六月初一日乙卯（7 月 15 日）

督办船政大臣黎兆棠奏，假期届满，旧病未痊，请开缺调理。得旨：着赏假两个月，仍将船政事宜，妥为经理，毋庸开缺。又奏，遵派“济安”“飞云”两兵轮，赴粤驻扎廉琼一带洋面巡防。报闻。①

初三日丁巳（7 月 17 日）

清廷谕令：已故钦差大臣署广西巡抚林则徐，着准其于江宁地方，建立专祠，以彰荩绩。

初五日己未（7 月 19 日）

彭祖贤奏，奉调山海关之鄂军，请撤调回鄂，并将添设马队遣散一折。据称前因直隶山海关一带，海防紧要，由湖北挑选鄂军忠义四营，派提督刘维桢统带前往驻扎，并添设马队勇丁，购备马匹。其粮饷等项在天津设局，委员支应。现在防务已松，请将该军裁撤。着张树声饬令刘维桢，即将忠义军四营，全行撤调回鄂，责成该提督督饬各营官，分起管带，仍坐轮船由海入江，至汉口卸载，分别遣留。所添马队勇丁，即在山海关就地遣散，将马匹变价，划抵饷银，并将天津支应局即行裁撤。张树声即札饬招商局，赶紧豫备轮船，驶赴山海关装载，以期便捷。

出使美日秘国大臣郑藻如奏，行抵西班牙国，呈递国书，并派候选知州朱和钧，充驻日二等参赞官，同知衔郑鹏翀，充金山总领事署翻译官。下总理各国事务衙门知之。②

初七日辛酉（7 月 21 日）

广西提督冯子材奏，因病恳请开缺。得旨：冯子材着赏假两个月调理，毋庸开缺。

广西巡抚倪文蔚奏，派员护送越南国使臣阮述等，出镇南关回国。报闻。③

① 《清实录 · 德宗景皇帝实录》卷一四七。

② 《清实录 · 德宗景皇帝实录》卷一四七。

③ 《清实录 · 德宗景皇帝实录》卷一四七。

初九日癸亥(7月23日)

朝鲜发生“壬午事变”。①

十二日丙寅(7月26日)

抚恤琉球国遭风难民如例。

十六日庚午(7月30日)

裕宽奏，崖州黎匪请俟秋凉再行进剿一折。据称崖州黎匪，自副将刘成元攻破水脚等处匪巢后，匪首符亚对，负嵎抗拒，未能一鼓歼除。现因暑热薰蒸，弁勇感受瘴疠，欲图进攻，兵力单薄，请俟秋凉再行剿办，并请将刘成元暂行革职等语。署广东琼州镇总兵三江协副将刘成元，迁延不进，实属畏葸无能，着暂行革职，仍责令随同剿匪立功，以观后效。

署两广总督裕宽奏，水师提督吴全美，统带兵轮驰赴廉琼洋面驻扎，仍不时驶赴越南游弋，确探消息。报闻。②

十七日辛未(7月31日)

以神灵显应，颁直隶肃宁县关帝庙匾额曰“祈年大有”，城隍庙匾额曰“旬液应序”，龙神庙匾额曰“膏泽多丰”，成安县关帝庙匾额曰“时和年丰”，延庆州居庸关青龙潭龙神庙匾额曰“厘福日新”。

十八日壬申(8月1日)

两江总督左宗棠奏，巡阅江南营伍，举江南提标中军参将王幼山等十四员，劾狼山镇标外海水师掘港营游击周鼎来等十员。如所请行。

以记名总兵杨德珍署福建汀州镇总兵官。③

---

① 故宫博物院文献馆：《清光绪朝中日交涉史料》卷三，1932年，第43页。

② 《清实录·德宗景皇帝实录》卷一四八。

③ 《清实录·德宗景皇帝实录》卷一四八。

廿二日丙子(8 月 5 日)

闽浙总督何璟等奏，在逃噶玛兰番目陈辉煌，投案效力，随同开路抚番，请从宽免罪。从之。

廿三日丁丑(8 月 6 日)

署直隶总督张树声奏，朝鲜与英德两国议约事竣，谨录原咨及条约呈览。下总理各国事务衙门知之。

廿四日戊寅(8 月 7 日)

总理各国事务衙门奏，朝鲜乱党滋事，筹议派兵援护一折。据称张树声函报，叠接黎庶昌电信，朝鲜乱党滋事，突围日本使馆，并劫朝鲜王宫；日本现有水兵七百余、步兵七百，前往朝鲜。中国似宜派兵前往察看情形，相机办理。朝鲜乱党突起滋事，既围日本使馆，兼劫朝鲜王宫，其意不但与日本为难。日本现在派兵前往，其情尚难测度。朝鲜久隶藩封，论朝廷字小之义，本应派兵前往保护。日本为中国有约之国，既在朝鲜受警，亦应一律护持，庶师出有名，兼可伐其阴谋。着张树声酌派水陆两军，迅赴事机。如兵船不敷调派，即咨南洋大臣添拨应用，并调招商局轮船运载陆师，以期迅速。该督务当悉心调度，并饬丁汝昌、马建忠相度机宜，随时禀商办理，以冀有裨时局。①

因北洋事务紧要，日本已有兵船前往朝鲜，着李鸿章克日起程，驰赴天津。

廿九日癸未(8 月 12 日)

张树声函称，朝鲜之乱，系该国王之本生父李昰应为首，戕害王妃及大臣多人，情形危急，非该国所能自定。朝鲜久列藩封，密迩陪都，现值中外多事之际，该国忽生内变，日本已有兵船前往，恐将乘隙蹈瑕，借端逞志，后患不可胜言。虽经张树声派令丁汝昌、马建忠等前往，恐亦无济于事。着李鸿章接奉此旨即行起程，驰赴天津部署水陆各军，前往查办，以期无误机宜。

---

① 《清实录·德宗景皇帝实录》卷一四八；故宫博物院文献馆：《清光绪朝中日交涉史料》卷三，1932 年，第 31 页。

卅日甲申(8月13日)

张树声奏，筹派水陆官军，保护朝鲜一折。朝鲜乱党滋事，张树声已派提督丁汝昌等酌带兵船，驰往查探，并添派提督吴长庆，统带所部六营，克期拔队东渡。①

秋七月初五日己丑(8月18日)

据总理各国事务衙门暨张树声先后奏称，朝鲜乱党滋事，突围日本使馆，伤毙人命，朝鲜王宫同时被劫，系该国王之本生父李昰应为首，并有戕害王妃及大臣多人情事，日本已有兵船前往。朝廷顾念藩封，当饬张树声派提督丁汝昌、道员马建忠酌带兵船，又添派提督吴长庆统率所部六营，驰往相机因应，妥筹办理。并谕令李鸿章克日赴津，部署水陆各军，前往查办。朝鲜密迩陪都，特将该国变乱情形，谕令崇绮知悉。该将军接奉此旨，毋得稍涉张惶，就近探有消息，即着随时奏闻。②

广东水师提督吴长庆率庆字军六营三千人，乘招商局轮船，由山东登州出发，越二日，在仁川登陆。③

初六日庚寅(8月19日)

给事中楼誉普奏，浙江杭州等府同被水灾，请饬速筹抚恤一折。前据陈士杰奏，杭嘉湖各府属，雨水过多，田禾被淹，饬令该地方官，确切履勘，妥为安抚。兹据该给事中奏称，本年五月下旬，余杭县之苕溪，水势骤涨，冲坍塘堤，田庐被淹；临安、於潜等县均发蛟水；仁和、钱塘二县农田亦被浸灌；湖州府属之霅溪同时漫溢；嘉兴府属之海塘，决口多处，以致各州县同被水患。

山东巡抚任道镕奏，黄水盛涨，历城、章邱、齐东等处民堤漫决，利津民灶各坝亦被冲刷，现饬筹办工赈。④

初十日甲午(8月23日)

左宗棠奏，闽省船政局，制造快船，应由南洋协拨银二十万两，除前由粤海关

---

① 《清实录・德宗景皇帝实录》卷一四八。

② 《清实录・德宗景皇帝实录》卷一四九。

③ 故宫博物院文献馆：《清光绪朝中日交涉史料》卷三，1932年，第40页。

④ 《清实录・德宗景皇帝实录》卷一四九。

监督，在于欠解南洋经费内，两次拨过银九万两，刘坤一在于收存南洋经费项下解过银四万两，现因闽厂需款孔亟，复经左宗棠于应解还陕甘饷款内，暂拨银四万两解闽，仍欠银三万两，无款可筹，请饬粤海关监督，迅速拨解等语。着崇光迅即在于欠解南洋经费款内，拨银三万两，径解闽厂，以济要需。另拨银四万两，解至江宁，以为解还陕甘饷银之款。其余应解南洋银两，并着扫数拨解，毋再延欠。

张树声奏，援护朝鲜陆师，拔队起程，并查探情形，暨请暂留鄂军四营各折片。吴长庆督率所部各营，分起东行，俟抵朝鲜后，扼扎海口附近地方。该提督即亲统数营，向王京进扎，拟将李昰应获致，除其凶顽，以期转危为安。所筹尚合机宜。即着该督，饬令吴长庆酌度情形，稳慎进扎，务将李昰应获致，庶该国之乱自平。该提督当相机因应，妥为办理。张树声以朝鲜事势，应否续调陆师，尚难豫定，请将鄂军步队四营，暂缓撤回。着照所请行。本日已谕令涂宗瀛、彭祖贤将该军月饷照旧接济矣，至将来如需添调援师，宋庆一军素称得力，堪以调往，着该督随时酌办，并仍将该国情形探明，迅速具奏。①

十五日己亥(8 月 28 日)

礼部奏，朝鲜国文称，内地渔船，违禁逞凶，请申前禁，并钞录原咨呈览一折。据称本年正月有渔船数百只，至朝鲜元山镇攘夺殴打，岛民失业。内地渔船，在朝鲜境内滋事，前于六年七月间，谕令李鸿章确查严禁，自应认真办理。乃未逾两年，复有渔船数百只，前往该国，违禁逞凶，实属不成事体。着崇绮、张树声、任道镕严饬所属，实力禁止，毋得视为具文。并饬沿海各州县，将渔船认真编查，如有私往朝鲜者，立即从严惩办。仍由礼部知照朝鲜国王，嗣后如遇此等船只到境，即行捕拿解送，以儆凶顽。

张树声奏，接到朝鲜国王咨文，暨官军行抵该国大略情形各折片。提督吴长庆统带各营，于本月初七日，行抵朝鲜，向该国都进发。着张树声饬令吴长庆，将该国现在情形探明确实，斟酌机宜，妥筹办理，一面约束部伍，毋任稍有扰累。日本之兵，作何举动，并着随时探明具奏。

礼部奏，朝鲜咨称，该国军民聚众滋事，据情转奏。得旨：朝鲜变乱情形，前已饬令张树声派提督丁汝昌、道员马建忠，并派提督吴长庆统带水陆各营，驰往该国，相机妥办，并谕令李鸿章克日赴津，将现在情形筹办矣。

前直隶总督李鸿章奏，谨遵谕饬，于七月十二日由合肥本籍起行，航海北上。得旨：李鸿章闻命即行，力顾大局，览奏实深欣慰。该大臣抵津后，着将筹办情形，即行具奏。②

① 《清实录 · 德宗景皇帝实录》卷一四九。

② 《清实录 · 德宗景皇帝实录》卷一四九。

十六日庚子(8月29日)

礼部奏，朝鲜请遣使驻京，未蒙俞允，谨陈惶恐情形，据咨转奏。报闻。

十七日辛丑(8月30日)

闽浙总督何璟奏，漳州厦门被水，提款分别赈恤。得旨：览奏殊堪悯恻，即着督饬印委各员，认真查勘，妥筹抚恤，毋任一夫失所。此外有无被灾之处，并着一体查明具奏。

朝鲜全权大臣李裕元、金宏集，与日本使臣花房义质，在仁川订立《济物浦条约》。①

廿三日丁未(9月5日)

张树声奏，获致朝鲜乱首李昰应，暨添调练军东渡各折片。吴长庆等统领官军，驰至朝鲜国都，将李昰应获致，现已解送到津。此次援护朝鲜，张树声督饬吴长庆等迅赴事机，获致乱首，俾该国王得以复其政权，徐图善后之策。办理深合机宜，殊堪嘉尚。着将李昰应暂行妥为安置，俟李鸿章到津后，会同张树声向李昰应究出该国变乱缘由，及著名乱党，详细具奏，候旨遵行。吴长庆现派队伍围攻枉寻、利泰两村，着饬令该提督稳慎进攻，将乱党渠首，迅速捕除，一面妥筹防范，镇定人心，以安反侧。所有出力文武员弁，俟事竣后，准其择尤保奏。吴长庆所统各营，不敷分布，现已添调总兵黄金志带队前往。将来应否添调重兵，着李鸿章等随时体察情形，酌量办理。②

廿九日癸丑(9月11日)

李鸿章奏，官军捕治朝鲜乱党情形，并商办善后事宜一折。朝鲜乱党，经提督吴长庆等督兵搜捕，擒获一百七十余人，将罪状较著者立予就戮，胁从者酌交释放。现在乱党业已剿散，该国大势粗定。办理甚为妥速。日兵未撤以前，自应留军驻守。着李鸿章、张树声饬令吴长庆等严肃营规，妥为镇摄，仍认真搜捕余党，以净根株。李昰应现已解回天津，并着李鸿章等仍遵前旨，详细究问具奏。至善后一

① 故宫博物院文献馆：《清光绪朝中日交涉史料》，1932年，第47页。

② 《清实录·德宗景皇帝实录》卷一四九。

切事宜，关系紧要，该国现经派员到津，即着悉心商度，次第酌办。①

八月初一日甲寅(9 月 12 日)

署直隶总督张树声奏，交卸北洋通商事务，请先开两广本缺。得旨：张树声前在两广总督任内，办事实心，力求整顿；自调署任以来，办理一切，亦合机宜，朝廷正资倚任。所请着毋庸议。

调福建福宁镇总兵张其光，为浙江温州镇总兵官；浙江温州镇总兵关镇国，为福建福宁镇总兵官。②

初三日丙辰(9 月 14 日)

给事中邓承修奏，朝鲜乱党已平，球案未结，宜乘此声威，特派知兵大臣，驻扎烟台，相机调度，厚集南北洋战舰，分拨出洋梭巡，更番出入，为扼吭拊背之谋；其驻扎朝鲜水陆各军，暂缓撤回，以为掎角，责日本以擅灭琉球肆行要挟之罪，日本必有所惮，球案易于转圜等语。所奏不为无见。着李鸿章、张树声酌度情形，妥筹具奏。寻奏：战舰分布各海口，不敷调集。烟台无炮台，无电报，移驻较难。请从缓议。报闻。

浙江巡抚陈士杰奏，浙属下游，水灾甚重，请将赈款作正开销。得旨：着即将应办赈抚及豫筹接济各事宜，次第认真办理，以恤灾黎，毋任失所。所有筹拨各款，准其作正开销。

以直隶天津镇总兵周盛传为湖南提督，记名提督丁汝昌为直隶天津镇总兵官。③

初八日辛酉(9 月 19 日)

两江总督左宗棠等奏，筹南洋海防，应造小轮十艘、大轮五艘，扼守海口，共需银二百三十万两，请于两淮加引案内，就票费划拨。下所司知之。

十一日甲子(9 月 22 日)

刘长佑等奏，藩司出省察看边防，并布置关外各军情形，探悉法人意在尽据北

① 《清实录·德宗景皇帝实录》卷一四九。

② 《清实录·德宗景皇帝实录》卷一五〇。

③ 《清实录·德宗景皇帝实录》卷一五〇。

圻各折片。沈寿榕等关外水陆各营，业已分布驻扎。此次唐炯酌带小队出关，前赴保胜察看情形，由川带往旧部，计日可到。着刘长佑、岑毓英、杜瑞联饬令该藩司审度机宜，妥慎办理。所有在防各将领，一体听候该藩司调遣，毋误事机，并与广西派出各军联络声势，互为应援。法人意在尽据北圻，殊为叵测。着刘长佑等懔遵叠次谕旨，酌量情形，相机因应。刘永福一军，可为防军声援，亦应设法笼络，俾为我用。总期豫杜外人窥伺，亦不致启衅端。如能保护北圻，即以固吾疆域。前据吏部主事唐景崧条陈筹护藩邦事宜，已将该员发往云南交岑毓英差遣。

抚恤琉球国遭风难民如例。①

十二日乙丑(9月23日)

清廷谕令：朝鲜为我大清属国，世守藩邦，素称恭谨，朝廷视同内服，休戚相关。前据张树声奏，朝鲜国乱军生变，突于六月间围逼王宫，王妃与难，大臣被戕，日本使馆亦受其害。当谕令张树声调派水陆各军前往援剿，又以李鸿章假期届满，召赴天津，会同查办。旋经提督吴长庆、丁汝昌、道员马建忠等率师东渡，进抵该国都城，擒获乱党一百数十人，歼厥渠魁，赦其胁从。旬日之间，祸乱悉平，人心大定。采访该国舆论，咸称衅起兵丁索饷，而激之使变者，皆出自李昰应主谋。经吴长庆等将其解送天津，降旨交李鸿章、张树声究明情由具奏。李昰应当国王冲年，专权虐民，恶迹昭著，迨致政后日深怨望，上年即有伊子李载先谋逆情事。此次乱军初起，先赴伊家申诉，既不能正言禁止，乃于事后擅揽庶务，威福自由，独置乱党于不问，及李鸿章等遵旨诘讯，犹复多方掩饰，不肯吐实。其为党恶首祸，实属百喙难逃。论其积威震主，谋危宗社之罪，本应执法严惩。惟念朝鲜国王于李昰应谊属尊亲，若竟置之重典，转令该国王无以自处。是用特沛恩施，姑从宽减。李昰应着免其治罪，安置直隶保定府地方，永远不准回国。仍着直隶总督优给廪饩，严其防闲，以弭该国祸乱之端，即以维该国王伦纪之变。吴长庆所部官军，仍着暂留朝鲜，藉资弹压。该国善后事宜，并着李鸿章等悉心商办，用示朝廷酌法准情绥靖藩服至意。②

十四日丁卯(9月25日)

两江总督左宗棠奏，宝山镇塘工，动用厘金修竣，现又勘估太仓、昭文、宝

① 《清实录·德宗景皇帝实录》卷一五一。

② 《清实录·德宗景皇帝实录》卷一五一。

山、华亭各塘新出险工，请于受益民田，摊征济用。如所请行。

十六日己巳(9 月 27 日)

礼部奏，接据朝鲜国王来咨转奏一折，并钞录原咨呈览。该国王顾念天伦，系怀定省，以李昰应年老多疾，咨由礼部代奏乞恩，词意迫切，自属人子至情。惟李昰应获罪于该国宗社者甚大，该国王既承先绪，以宗社为重，不能复顾一己之私。所请将李昰应释回之处，着毋庸议，仍准其岁时派员省问，以慰该国王思慕之情，嗣后不得再行渎请。

翰林院侍读张佩纶奏，请密定东征之策以靖藩服一折。据称日本贫寡倾危，琉球之地，久踞不归，朝鲜祸起萧墙，殃及宾馆；彼狃于琉球故智，劫盟索费，贪婪无厌；今日之事，宜因二国为名；令南北洋大臣，简练水师，广造战船；台湾、山东两处宜治兵蓄舰，与南北洋犄角；沿海各督抚迅练水陆各军，以备进规日本等语。所奏颇为切要。着李鸿章先行通盘筹画，迅速覆奏。寻奏：自强要图，宜先练水师，再谋东征，并请厚集南北洋防费。① 报闻。

李鸿章奏，光绪六年八月奉旨准设津沪电线，后设电报学堂与电报总局。本年三月初一日起，改为官督商办。②

十八日辛未(9 月 29 日)

李鸿章奏，粤海关应解北洋海防经费，积欠过巨，请旨严催。北洋防务，关系紧要，各省应解经费，自当源源拨解，以应急需。乃粤海关自光绪七年六月至本年八月，积欠北洋经费，约有二十余万两之多。该监督任催罔应，实属不成事体。现在北洋需款孔亟，着崇光迅将积欠八十四五六七八等五结北洋海防经费，限一月内扫数解清，以后仍着按结报解，不得再有积欠。倘仍任意迟延，或限满解不足数，即由李鸿章将该监督严参，照贻误京饷例议处。

署北洋通商大臣李鸿章等奏，迎护朝鲜王妃，续获乱党情形。报闻。又奏，创办电报支销经费。如所请行。③

---

① 《清实录·德宗景皇帝实录》卷一五〇；张佩纶：《请密定东征之策折》，《涧于集·奏议》卷三。

② 中国史学会主编：《洋务运动》，《中国近代史资料丛刊》第 6 册，上海人民出版社 1961 年版，第 336~338 页。

③ 《清实录·德宗景皇帝实录》卷一五〇。

二十日癸酉（10月1日）

津海关道周馥、候选道马建忠，与朝鲜使臣赵宁夏、金宏集在津议订中朝《水陆商务章程》八条。①

廿四日丁丑（10月5日）

署北洋通商大臣李鸿章奏，请将南北洋海防经费，核明实数，务拨的实岁款，以治海军。下部议。

廿五日己卯（10月6日）

礼部奏，据朝鲜国王咨文转奏一折，朝鲜贫民占垦吉林边地，前有旨照铭安、吴大澂所请，查明户籍，分归珲春暨敦化县管辖。兹据该国王咨称习俗既殊，风土不一，若因该民人等占种，便隶版图，万一滋事，深为可虑，恳恩准将流民划还本国，交付本地方官弁，归籍办理等语。该国之民，令其仍回本国，原属正办。着铭安、吴大澂体察情形，悉心筹画。该流民人数众多，应会商该国，妥为收回。该处地方，如何经理，一并详议具奏。

礼部奏，朝鲜国王咨报迎还王妃，并与日本换约情形。报闻。②

廿七日庚辰（10月8日）

给事中楼誉普奏，浙江宁波府厘局委员杨叔怿，于慈溪县淹浦地方，创设分局，商民哗然，几至激成事端，勒令淹浦牙行，每年认捐钱一千串，作为定则，请旨饬查等语。清廷以为事关委员添局勒捐，扰累闾阎，亟应查明惩办。着陈士杰确查淹浦地方，如果创立厘金分局名目，勒认捐钱，应即裁撤，并将委员杨叔怿严行参处。

闽浙总督兼署福建巡抚何璟奏，台湾被风水各灾。得旨：着该督饬属详细查勘，妥为抚恤。此外各属有无被灾之处，着一并查明分别办理。③

---

① 王彦威：《清季外交史料》卷二九，书目文献出版社1987年版，第18~22页。

② 《清实录·德宗景皇帝实录》卷一五〇。

③ 《清实录·德宗景皇帝实录》卷一五〇。

九月初一日甲申(10 月 12 日)

署北洋通商大臣李鸿章奏，遵议《中国朝鲜商民水陆贸易章程》八条。一、由北洋大臣札派商务委员前往朝鲜扎驻，朝鲜亦派大员驻津照料商务。二、朝鲜商民在中国各口财产罪犯等案悉由地方官审断，仍遵会典旧制。三、朝鲜平安黄海道与山东、奉天等省滨海地方，听两国渔船往来捕鱼，不得私以货物贸易，违者船货入官。如有犯法等事，由地方官拿交商务委员惩办。四、准两国商民入内地采办土货，仍照纳沿途厘税。五、定于鸭绿江对岸栅门与义州二处，又图们江对岸珲春与会宁二处，听边民往来交易，设卡征税。从前馆宇、饩廪、刍粮等费，悉予罢除。六、申明严禁之物，红参一项，照例准售，应酌定税则。七、派招商局轮船，每月定期往返一次，由朝鲜政府协贴船费。八、豫计增捐之处，随时商办。又议派员办理《朝鲜商务章程》十二条。一、由北洋大臣札派总办朝鲜各口商务委员。二、总办委员到朝鲜后，应照议定章程与朝鲜官和衷办理。三、朝鲜民房卑狭，无可租购，汉城、元山、釜山三处拟各建委员公馆一所，以崇体制。四、总办委员与分办委员公文往来，总办用劄行，分办用申呈。遇有紧要事件，亦可由分办径禀北洋大臣衙门，以期迅速。五、总办分办委员与朝鲜官员公文往来，自其政府统理衙门以下，均用平行照会，与各国公使领事照会均用华文，亦可附用洋文。六、遇朝鲜公会各国公使，朝鲜为中国属邦，中国总办委员为宾中之主，应坐于朝鲜官主位之上。七、各口商民有控告案件，由委员遵照奏定《贸易章程》第二条秉公分别办理。八、支领俸薪，总办委员月给银四百两，分办委员月给银三百两、二百两不等，总办处翻译月给银一百二十两、一百两不等，分办处翻译月给银一百两、八十两不等，随员月给银一百两、八十两不等，通事月给银一二十两不等。九、三年一任，由北洋大臣考核劳绩奏奖。十、往来船价、公馆租资，及公会公宴一切公件，随时核实，动用报销。十一、所需经费，在各关出使经费项下动支。十二、陆路设立关卡，另由北洋大臣会商奉天吉林将军，就近遴派地方官员办理。下总理各国事务衙门议。均照行。又奏，驻山海关忠义军四营遣撤回鄂。报闻。

给事中邓承修奏，广东归善县匪犯杨白、毛金等逃至香港地界，请饬交出。下总理各国事务衙门知之。①

初五日戊子(10 月 16 日)

抚恤琉球国遭风难民如例。

---

①《清实录·德宗景皇帝实录》卷一五一。

初七日庚寅(10月18日)

署两广总督曾国荃奏，滇省防军驻扎保胜，粤西防军亦已出关，与粤东陆路钦州之防师，水路廉琼之轮舰遥为掎角。报闻。

上海均昌机器船厂所造第一艘布雷船“犀照”号，下水试航。①

初八日辛卯(10月19日)

倪文蔚奏，关外右路防军布置情形，藩司暂缓出关，探闻法越现已开仗各折片。据奏探闻法国兵船之扎越境屯鹤地方者，已于南官交锋，法未能胜等语。清廷着该抚饬令侦探详确，即行具奏。该抚现饬关外诸将领仍旧严扎，不许退移失势，尤不许轻动生嫌，所筹甚是。越南为滇粤藩篱，必须设法保护，惟当慎始虑终，相机因应，不可轻率从事，衅自我开。该抚务当斟酌机宜，随时妥为筹办，以副委任。防军驻扎关外，所以防护越南境地，即所以屏蔽吾圉，不可稍有撤减。②

十一日甲午(10月22日)

山东巡抚任道镕奏，筹办历城等县赈务，请截留漕米以资抚恤。允之。

十八日辛丑(10月29日)

中俄订立《伊犁界约》。③

十九日壬寅(10月30日)

右庶子张佩纶奏，星象主兵，请修德讲武，以靖藩服一折。据称朝鲜乱作于内，敌逼于外，吴长庆一军暂留镇抚，殆权宜之一策，非经久之宏图，条陈六事，请饬筹办。朝鲜密迩陪都，实为东北屏蔽。该国情形积弱，现在变乱甫平，邻邦窥

① 刘传标：《近代中国船政大事编年与资料选编》第1册，九州出版社2011年版，第279页。

② 《清实录·德宗景皇帝实录》卷一五一。

③ 王彦威：《清季外交史料》卷三〇，书目文献出版社1987年版，第25~30页。

伺，自应力为护持，以昭字小之义，兼为固圉之谋。第其闲筹办机宜，措置必须审慎。张佩纶所陈理商政、豫兵权、救倭约、购师船、奉天增兵、永兴筹备各条，着李鸿章悉心酌度，妥议具奏。①

有人奏，日本与朝鲜定约，如兵费五十万元及兵驻王城两条，所关甚大。闻道员马建忠实主其事，且言赔偿兵费，朝鲜无资，可由中国商局代借，又恐李鸿章等察出，乃属朝鲜使臣弥缝其失，笔谈中谓此约非建忠主谋，正其欲盖弥彰。吴长庆亦归罪该道，谓其擅预倭约，任性妄为等语。此次朝鲜与日本定约，究竟马建忠曾否与闻其事，着李鸿章、张树声确切访查，据实覆奏，毋稍徇隐。②

二十日癸卯（10 月 31 日）

福州将军穆图善等奏，宁德税关，移设霞浦县东冲地方，作为总口，商民称便乐输。下该衙门知之。

廿二日乙巳（11 月 2 日）

侍讲学士何如璋奏，请酌定经制力整水师一折。据称中国自筹办水师以来，船械非良，兵弁多滥，章程不一，训练不精，以之应变，难操胜算；欲固沿海之防，宜定练军之制，条陈六事，恳请采择等语。海防关系大局，自以力整水师为急务。何如璋所陈立营制、编舰队、勤训练、谋并省、精选拔，并请特设水师衙门以知兵重臣统理各节，着李鸿章悉心酌度，妥议具奏。③

廿三日丙午（11 月 3 日）

色楞额奏，廓尔喀国王呈进表文一折。廓尔喀世守藩服，该国王现在袭爵视事，呈进表文。

廿四日丁未（11 月 4 日）

各省堪胜水师总兵人员，向令各该督遴选保奏，候旨擢用。现在整顿江海防务，操练轮船水师，尤关紧要，必须简任得人，方足以资整理。着李鸿章、左宗

---

① 故宫博物院文献馆：《清光绪朝中日交涉史料》卷四，1932 年，第 28~29 页。

② 《清实录·德宗景皇帝实录》卷一五二。

③ 《清实录·德宗景皇帝实录》卷一五二。

棠、曾国荃、何璟、涂宗瀛、彭玉麟于水师副将内，选择堪胜水师总兵者各保数员，候旨记名，以备简用。其水师参将、游击、都司、守备各员，如有材艺出众、打仗屡著劳绩者，并着核实开单具奏。至记名提镇人员，其中能耐劳苦、熟悉沿江沿海情形、堪胜水师总兵之任者，亦着各就所知，出具切实考语，秉公保奏，以副朝廷延揽将才之意。

以记名总兵孙昌凯为浙江海门镇总兵官。①

冬十月初二日乙卯(11月12日)

有人奏，福建莆田县属平海县丞秦维榕，自补缺以来，不赴任所，寓居府城，勾通府幕孙棣，遣侄结拜师生；该县丞谋充委员，时赴府署审案，与府书余廉串通关说；遇案藉端科派，否则酷用非刑，株连拖累；于平海公事，概置不问，以致该处居民，时有械斗抢虏等事，请饬查参。平海为沿海要区，全赖地方官弹压巡防，以资治理。若如所奏，该县丞擅离职守，藉委营私，亟应严行参办，以肃吏治而重地方。清廷着何璟、张兆栋确切查明据实参奏。寻奏：秦维榕尚无招摇关说情弊，惟不时逗遛郡城，致滋物议，请即革职。署兴化府知府沈定均，委令收呈，亦有不合，请交部议处。从之。②

初三日丙辰(11月13日)

礼部奏，接据朝鲜国王来咨，恳准令李昰应归国，并钞录原咨呈览一折。李昰应业已格外施恩，择地安置。前因该国王沥情陈请，并准其岁时派员省问，以示体恤。兹复据该部代奏各情，自系该国尚未接奉前旨，即着礼部传知该国王，仍遵前奉谕旨，恪守藩封，务以宗社为重。至李昰应安置保定，已谕令直隶总督优给廪饩，妥为保护。该国王并可岁时派员省问，亦足慰思慕之情，嗣后毋得再行陈请。③

初六日己未(11月16日)

赏给俄国使臣布策等花翎宝星有差。

赏给德国翻译官阿恩德三等第一宝星。

---

① 《清实录·德宗景皇帝实录》卷一五二。

② 《清实录·德宗景皇帝实录》卷一五三。

③ 《清实录·德宗景皇帝实录》卷一五二。

初七日庚申(11月17日)

前据右庶子张佩纶，奏参山西候补道姚宝勋在上海劝办晋豫赈捐，牟利营私，恣睢佻达，并采置木植，浮冒侵蚀各款。当谕令左宗棠、卫荣光查明参奏。兹据奏称，姚宝勋委办木植，并无浮冒侵蚀实迹。惟前在上海劝捐，藉差招摇，并有纳娼为妾、及广置房屋、赁作妓寮、收取租息等情，实属卑鄙无耻。姚宝勋着先行革职，其经手赈捐各款，有无营私舞弊情事，仍着李鸿章、张树声、张之洞归入姚文枬参款内，一并查明具奏。

廿二日乙亥(12月2日)

礼部奏，朝鲜贡使所带货物，请照例免税一折。朝鲜国本年八月谢恩，例进贡物，至今尚未解到。其瘠苦情形，已可概见。该部现拟，嗣后该国朝贺陈奏等使臣赍咨官，自入境以及到京所带货物，仍照例免税。其中国商民购易朝鲜货物，如系该国使臣等所带，由朝鲜官出具切结，照四译馆交易成案，准予免税。即着照所请行。至以后各口岸交易，该商民应征税课，谅必无多，并着李鸿章于商办详细章程之时，会同朝鲜官通盘筹画，应如何宽予限制，设法变通之处，妥慎酌办。至该国贡道，此后仍照例由陆路来京。傥该使臣附搭轮船，即不得携带货物，用示区别。①

李鸿章与法使宝海在津达成中法《越事协议》。②

廿四日丁丑(12月4日)

李鸿章、张树声奏，口外荒地查无越界私垦，请饬照原定界址办理一折。据称张独多三厅升科地亩，前经办理勘查，立定界址。谦禧以该处近多越界，咨请派员会查。现经查明该都统所奏越界私垦，并无实据。谦禧所派各员，于红阁图、三眼井等处旗地，指交民户开垦，凑垫地价，意在新开游牧草地，藉端影射。该处游牧旧有私垦之地，前经谕令该都统查明，知会直隶办理，嗣后不准私相放垦，诚恐有碍蒙古游牧，谦禧自应遵照勘办。乃该都统竟于新开草地，任令蒙员指地索价。种种弊端，纷扰不堪。似此不遵定章，是何意见。着即据实具奏，并着懔遵前旨，按照原定界址办理。所收地价，照数解交口北道，抵作押荒。派出各员，迅速一并撤

---

① 《清实录·德宗景皇帝实录》卷一五二。

② 王彦威：《清季外交史料》卷三〇，书目文献出版社1987年版，第37页。

回。傥再有纷扰情事，惟该都统是问。①

十一月初一日癸未（12 月 10 日）

御史英俊奏，山海关道署书吏张桐墅，即张峄阳，用张国英名，蒙捐四品职衔。报满后，与接充之刘绪武、张瑶峰、傅履中朋比为奸，并与副书潘作枢、龚锡恩及已退库书龚锡九等多方侵蚀。其张瑶峰即张宝臣，蒙捐盐大使，傅履中即傅肇敏，蒙捐知县，皆系张国英夤缘怂恿。并于临榆县起造房屋，拟于宦宅，牛庄口及长春厅俱有经商铺面，资本数十万金，新海七口，征税一万四千余两，该库书等只交九千余两，以致岁入有亏等语。②

初二日甲申（12 月 11 日）

以神灵显应，保卫河防，颁江苏两淮金龙四大王庙匾额曰"万流仰镜"，贞应祠匾额曰"香天净地"，并加江南风神封号曰"昭显康泽"，灵应侯封号曰"浦惠"。

铭安、吴大澂奏，遵旨覆陈一折。据称朝鲜贫民，占垦吉林边地，现拟派员前赴该处，查明户口，知照该地方官陆续收回，妥为抚辑。惟念该流民等，人数众多，安土重迁。若即时驱逐出境，诚恐该国地方官无从安插，转致流离失所，恳恩宽予限期等语。所奏自系实在情形，着照所议办理，并着礼部传知该国王，转饬该处地方官豫筹妥为安置，准其于一年内悉数收回，以示体恤。至图门江北岸一带闲荒，应行招垦，着铭安、吴大澂饬属照章认真办理。

初六日戊子（12 月 15 日）

匪首金满，久在台属肆扰。七月间，据陈士杰奏称捕获匪党多名，惟金满迄无实在下落，当将知府成邦干摘顶撤任勒缉，并准令已革提督罗大春接统各营，责成搜捕。现在金满究竟窜匿何处，有无出扰情事，派出员弁是否跟踪追捕，数月之久，未据该抚续有奏报，殊属疏懈。该抚督率无方，已可概见，即着严饬各员弁，上紧缉拿金满务获。③ 并将匪党搜捕净尽。

---

① 《清实录·德宗景皇帝实录》卷一五三。

② 《清实录·德宗景皇帝实录》卷一五四。

③ 《清实录·德宗景皇帝实录》卷一五四。

初七日己丑(12 月 16 日)

闽浙总督何璟奏，署福宁镇总兵缪胜，巡洋期满，并查缉台匪金满踪迹。得旨：匪首金满，久未就获。昨有旨严谕陈士杰督饬上紧缉拿，即着该督饬令营员等随时查探金满踪迹，相机围捕，毋稍疏懈。①

初八日庚寅(12 月 17 日)

户部奏，光绪九年内务府经费，拟拨两淮盐课银十五万两、两浙盐课银五万两、广东盐课银五万两、湖北盐厘银五万两、福建茶税银五万两、闽海关常税银十万两、九江关常税银十五万两，共银六十万两，请饬依限完解。

户部奏，长芦引地，悬岸过多，课额亏短甚巨，亟宜力筹规复，并酌复督销处分。从之。

十四日丙申(12 月 23 日)

崇绮、松林奏，朝鲜贸易，宜严定限制，申明禁令，并有关奉天事宜应咨会酌定，暨中国官员与陪臣往来碍难平行各折片。据称此次变通互市旧章，以稽查匪类为最要，拟于中江地方设立关卡，只准在设卡处所贸易，由凤凰边门出入，不得肆意游行。鸭绿江与该国邻近地方，仍申前禁，不得以滨海准其捕鱼，借口影射，致启侵踰之渐。嗣后有关奉省事宜，北洋大臣与该国王如何会商，应咨照将军、府尹公同斟酌，再行定议。该国陪臣一切体制，仍应照旧遵行，未可与中国官员定为平行，请饬覆加体究等语。朝鲜贸易章程，前准照总理各国事务衙门所议办理。兹据崇绮等所陈各节，自系为体察地方情形，并维持旧制起见，着总理各国事务衙门、李鸿章再行妥议章程，会商礼部具奏。寻总理各国事务衙门等奏，查中江地方，设立关卡，可俟派员踏勘后，体察商情办理。至商民入内地采买土货，查互市章程，应禀请商务委员，给予执照，必过本关纳税，方准出境，自应饬其由凤凰边门正路行走。如虑其肆意游行，尽可严饬商务委员，不得给予执照。又章程内该国与山东等处滨海，听凭捕鱼，原与鸭绿江无涉，既系每年采办祭品官鱼之地，尤宜严申禁令，自不得借口影射。至中国官员与陪臣往来一节，拟请嗣后朝鲜凡系商务委员，见中国督抚两司以上，概用属礼，道府以下，概用平礼，均照前定章程办理。其因朝贡典礼来京各员，仍照定制遵行。从之。

---

① 《清实录·德宗景皇帝实录》卷一五四。

盛京将军崇绮等奏，朝鲜通商，听边民往来交易，恐匪类易于溷迹，亟应添兵巡缉，严密稽查。边外原设靖边马步三营，不敷分防。查中江地方，旧有九连城毗连贡道，形势险便，足资控扼。拟先练步队一营，即于九连城驻扎。应支薪水口粮，仿照直隶练军章程，饬令东边道由边款项下筹给。下部知之。又奏，朝鲜通商，增兵屯驻，需饷孔殷，应由边外筹措。查安东县属大东沟沙河子等处，近年多有载运木粮出口船只，可以酌量收捐。拟将大东沟载木之船，按料抽捐银三分至一分为止，沙河子载粮之船，按石抽捐银二分于边外饷需，不无裨益。下部知之。又奏安东县属宣城棋盘山等处，续垦地一万八千七百九十三亩，升科起征。报闻。①

李鸿章奏，拟招集商股续办沪粤电报线路。②

十六日戊戌(12 月 25 日)

户部、总理各国事务衙门奏，照案筹拨东北边防经费一折。东北两路边防经费，前经户部等衙门奏定，由各省关按年解部，以应要需。兹据该衙门查照原拨、改拨成案，将光绪九年经费，指拨山东地丁银十二万两、山西地丁银十万两、浙江地丁银八万两、江西地丁银五万两、安徽地丁银十万两、江苏厘金银八万两、江西厘金银八万两、浙江厘金银八万两、安徽厘金银五万两、广东厘金银八万两、湖北厘金银八万两、湖南厘金银八万两、福建厘金银八万两、江海关六成洋税银十二万两、江汉关六成洋税银十二万两、粤海关六成洋税银十二万两、闽海关六成洋税银十万两、九江关六成洋税银八万两、四川盐厘银十五万两、两淮盐厘银十二万两、四川津贴银八万两、山东粮道库银五万两，共银二百万两，请饬各省关依限报解等语。③

廿三日乙巳(公元 1883 年 1 月 1 日)

有人奏，山东荣城县石岛地方，有奸商汤朋、蠹役邵合年、家丁门福等私抽厘捐，商船进口，无论有无货物，概行勒抽；门福蒙捐职衔，谋占民房，诬为私占官滩，将房归入书院，复变价认领，委员查办；汤朋等贿托署县令朱元庆，蒙蔽了案，并因向各铺索银，有毁棺烧骸情事各等语。着任道镕详细查明。寻奏查无其事。报闻。

① 《清实录·德宗景皇帝实录》卷一五四。

② 李鸿章:《商局接办电线折》,《李文忠公全集·奏稿》卷四五。

③ 《清实录·德宗景皇帝实录》卷一五五。

浙江巡抚陈士杰奏，拿办黄岩土匪，并台州现在情形。得旨：着懔遵前旨，督饬严缉金满务获，并将匪党搜捕净尽，毋得疏懈。①

福州船政局自制快船“开济”号建成下水，是为中国自行制造的第一艘近代巡洋舰。②

十二月初三日乙卯(公元 1883 年 1 月 11 日)

浙江巡抚陈士杰奏，遵旨缉拿金满，并沥陈筹办情形。得旨：即着该抚督饬各员弁，上紧缉拿金满，务期迅速弋获，并将匪党实力搜捕，以靖地方，毋再迁延贻误，自干咎戾。又奏，德清等处匪徒抗粮滋事，获犯讯办。得旨：匪徒藉灾滋事，此风断不可长。着该抚督饬所属严拿要犯，务获究办。其被灾田地，并着饬属详细查明，分别蠲缓，核实办理。③

福建船政船厂所建第一号巡海铁胁双层木壳碰快船(总第二十四号)“开济”，船体完工下水。④

初八日庚申(公元 1883 年 1 月 16 日)

署两广总督曾国荃等奏，大黄滘炮台，重筑工竣。报闻。

初九日辛酉(公元 1883 年 1 月 17 日)

调浙江巡抚陈士杰为山东巡抚，山东巡抚任道镕为浙江巡抚。

初十日壬戌(公元 1883 年 1 月 18 日)

李鸿章奏，招商接办由沪至粤沿海各省陆路电线，并钞录章程呈览一折。前于天津至上海安置电线，经李鸿章督经办理，业已著有成效。兹据奏称推广兴办，拟自苏州、浙江、福建通商各海口，以达广东。与现在粤商所办陆线相接，招集众

---

① 《清实录 · 德宗景皇帝实录》卷一五五。

② 中国史学会主编：《洋务运动》，《中国近代史资料丛刊》第 5 册，上海人民出版社 1961 年版，第 267~268 页。

③ 《清实录 · 德宗景皇帝实录》卷一五六。

④ 刘传标：《近代中国船政大事编年与资料选编》第 1 册，九州出版社 2011 年版，第 281 页。

商，合力筹办。系为因时制宜，豫杜外人觊觎起见，即着照所议妥慎办理，并着左宗棠、何璟、曾国荃、卫荣光、任道镕、陈士杰、张兆栋、裕宽严饬沿途各地方官，一体照料保护，勿使稍有阻挠损坏。

总理各国事务衙门奏，法越交涉一事。法人现欲与中国会商，请饬豫筹善法一折。法越一事，法人愿与中国派员商办。李鸿章现与法使宝海，议大略办法三条，亟须滇粤各省先事妥筹，以备临时会议。分界保护一节，滇粤兵力，究能保护至越南北圻何省，并何处为滇省保护之界，何处为粤西保护之界；至通商口岸，是否借设保胜为宜；越官刘永福现驻山西兴化、宣光等处，将来保胜，能否作为近边口岸；就所议第三条南北划分之论，以越之富良江，各分保护之界，即于入界处，设立总口，均须规画情形，豫为酌度。

署北洋通商大臣李鸿章奏，朝鲜国王，咨请派员会勘边界事宜。下部知之。

总理各国事务衙门奏，请给意国粤国使臣宝星。报闻。①

十三日乙丑(公元1883年1月21日)

以浙江布政使德馨护理浙江巡抚。

十五日丁卯(公元1883年1月23日)

御史郑贤坊奏，台匪猖獗，请饬剿办一折。据称台匪金满，滋事多年，久未弋获。闻今年该匪率悍党窜至处州缙云县普源寺暂匿，台州等处匪徒蜂起，焚烧抢虏，民不聊生。台匪金满，扰害地方，叠经谕令陈士杰饬属严拿，陈士杰已有旨调补山东巡抚，谕令即赴新任。德馨护理抚篆，责无旁贷，即着督饬在事将弁，及地方文武，协力搜捕，务将金满克期拿获，毋任日久稽诛。其余匪党，并着实力剿办，务绝根株，以靖地方，不得稍涉延缓。②

十六日戊辰(公元1883年1月24日)

有人奏，外洋之吕宋票赌局，近日湖北、江西、浙江、江苏等省往往有不肖之徒，公然开设行栈，广糊招帖，领票传卖，从中射利，请饬严禁等语。清廷以为所奏于风俗人心，大有关系，即着各该督抚饬令地方官，严行禁止，查拿惩办。

有人奏，出使德国之李凤苞，系负贩小夫，略通西语，钻营保荐，出使以来，

---

① 《清实录·德宗景皇帝实录》卷一五六。

② 《清实录·德宗景皇帝实录》卷一五六。

不遵定制，私带武弁，并有挟妓出游，恣情佻达情事等语。使臣职任，关系紧要。所参李凤苞各节，是否属实，清廷着李鸿章访查明确，据实具奏。寻奏，查无其事。报闻。

有人奏，修撰黄思永，素习钻营，声名猥劣，前在广东，于国制百日期内，辄易吉服，为人题主；又向署潮州运同方功惠家结亲，夤资逾万，与革员姚宝勋，在上海伙置洋房，物议纷纭；方功惠与前按察使张铣，结为儿女姻亲，捏称侄女，及盘剥重利，官声秽鄙，请饬查参。所奏是否属实，清廷着左宗棠、曾国荃、卫荣光、裕宽分别确查，据实具奏。

有人奏，洋药进口收税，必须严密制防，方可廓清弊窦。广东琼州镇总兵彭玉，久任缉私，专以卖放侵渔为事，积赀巨万，物议沸腾，请饬查办。清廷着曾国荃确切查明，据实参奏。

御史陈启泰，奏陈海防事宜六条，暨洋药加税。下部知之。①

廿一日癸酉(公元 1883 年 1 月 29 日)

命浙江巡抚任道镕来京，以前江西巡抚刘秉璋为浙江巡抚。

廿三日乙亥(公元 1883 年 1 月 31 日)

督办船政光禄寺卿黎兆棠奏，创制巡海快船下水，并厂工一切情形。下部知之。

廿四日丙子(公元 1883 年 2 月 1 日)

蠲免浙江仁和、海沙、鲍郎、芦沥、横浦、浦东等场各灶地荡涂，灶课钱粮有差。②

廿六日戊寅(公元 1883 年 2 月 3 日)

两江总督左宗棠奏，请饬北洋将“登瀛洲”“澄庆”各兵船驶回南洋。得旨：着该督咨照李鸿章，将兵船两号，调回南洋备用。

---

① 《清实录·德宗景皇帝实录》卷一五七。

② 《清实录·德宗景皇帝实录》卷一五七。

署直隶总督张树声奏，深州等处地震被灾村庄，办理抚恤。报闻。①

廿七日己卯(公元1883年2月4日)

以神灵显应，颁奉天凤凰厅关帝庙匾额曰“正气千秋”，龙神庙匾额曰“德普安流”，城隍庙匾额曰“神厘茂洽”，海神庙匾额曰“功昭顺轨”，安东县关帝庙匾额曰“佑顺扬威”，天后庙匾额曰“宣威助顺”，城隍庙匾额曰“福绥临泽”，龙王庙匾额曰“鲸波永靖”，江神庙匾额曰“泽润生民”。②

廿九日辛巳(公元1883年2月6日)

遣官祭太岁之神，赏朝鲜国贡使沈履泽等缎匹如例。

三十日壬午(公元1883年2月7日)

两江总督左宗棠等奏，购买外洋军火，核实请销。下部知之。

是年

全国海关出口货值银六千七百三十三万八百四十六两，进口货值银七千七百七十一万五千二百二十八两，入超银一千零三十七万八千三百八十二两。征收货税银(海关洋税)一千四百零八万五千六百七十二两。③

北洋舰队在威海卫设立船厂，供修兵舰之用。

怡和轮船公司，即印度中国行业公司，正式成立，在香港、上海等地设立码头、仓库。④

---

① 《清实录·德宗景皇帝实录》卷一五七。

② 《清实录·德宗景皇帝实录》卷一五七。

③ 刘锦藻：《清朝续文献通考·国用四》卷六六，商务印书馆1934年版，第8225~8229页。

④ 刘传标：《近代中国船政大事编年与资料选编》第1册，九州出版社2011年版，第285页。

光绪九年　癸未　公元1883年

春正月初三日乙酉(2月10日)

浙江巡抚陈士杰奏，察看南北新关情形，请照案缓办开征。允之。

蠲缓两浙海沙、芦沥、杜渎、钱清、西兴、长亭、袁浦、青村、横浦、浦东，并鲍良、下砂头二三场成灾各灶荡，上年灶课有差。①

初七日己丑(2月14日)

广西巡抚倪文蔚奏，越南入贡，咨令遵章由广西前进，毋庸改由海道。报闻。又奏，越南匪首覃四娣等到营就抚，拟安插田阳防营。得旨：覃四娣、杨大等，现经就抚，姑从宽典，以为归诚者劝。该抚务当饬令苏元章妥为安插，加意抚循，仍随时防范，毋稍疏忽。其余匪首应如何设法招致，剿抚兼施，并妥筹办理，以靖边疆。②

初八日庚寅(2月15日)

以神灵显应，颁顺天府昌平州大崵山龙神祠匾额曰"润洽为德"，龙岭口龙神祠匾额曰"三辅秋成"。

十二日甲午(2月19日)

总理各国事务衙门奏，请饬出使大臣商办洋药税厘事宜一折。洋药税厘并征，载在《烟台条约》，延阁数年，迄未开办。叠经该衙门与英使威妥玛商议，总以咨报本国为词，藉作延宕地步。该使现已回国，着特派曾纪泽办理洋药税厘并征事务。该大臣洞达事体，向能力持大局，务将此事查照该衙门节次电函，与英外部妥

---

① 《清实录·德宗景皇帝实录》卷一五八。

② 《清实录·德宗景皇帝实录》卷一五八。

为商办，期在必成。如照李鸿章前议一百十一两之数，并在进口时输纳，即可就此定议。仍着该大臣酌度情形，力与辩论。其应如何酌定防弊章程，设立稽征总口之处，均由该大臣与英外部商定后，报明该衙门咨行南北洋大臣，详议核办。洋药流毒多年，自应设法禁止。英国现有禁烟善会，颇以洋药害人为耻。该大臣如能乘机利导，联络会绅，与英外部酌议洋药进口分年递减专条，期于逐渐设法禁止，尤属正本清源之至计，并着酌量筹办。①

十六日戊戌(2月23日)

江西巡抚潘霨奏，江西灾后粮贵，无力买米，请暂缓办海运。从之。

十九日辛丑(2月26日)

盛京将军崇绮等奏，朝鲜交易事宜，现派员会勘边界，就近设卡。报闻。

廿三日丙午(3月2日)

礼部奏，朝鲜年贡及庆贺皇太后、皇上各方物，请旨办理。得旨：除所请收受各方物，准予赏收外，其余九分着留抵下次正贡。②

廿九日辛亥(3月8日)

署北洋通商大臣李鸿章回籍营葬，以署直隶总督张树声暂署北洋通商大臣。

李鸿章致函总署，法使宝海撤任，宜令我关外各军严申儆备。③

二月初二日癸丑(3月10日)

前据总理各国事务衙门奏，法越交涉一事，法人与中国会商，请饬豫筹。当谕令岑毓英等妥议。兹据岑毓英、杜瑞联奏，遵议覆陈一折，据称法使有此调停之举，宜坚持定见，不致贻害将来，方可行之久远。疆界可分，而北圻断不可割；通

① 《清实录·德宗景皇帝实录》卷一五八。

② 《清实录·德宗景皇帝实录》卷一五八。

③ 中国史学会主编：《中法战争》，《中国近代史资料丛刊》第4册，新知识出版社1955年版，第42页。

商可许，而厂利断不容分；土匪可驱，而刘永福断不宜逐。洵为扼要之论，深合机宜。近闻法国欲更前议，并欲将该使宝海撤回，彼族反覆无常，惟当持以镇静，严申儆备。着岑毓英、杜瑞联、倪文蔚督饬关外各营，择要扼守，妥筹防范，固不宜深入越境，必不可稍有退扎，以期固边疆而维大局。①

初三日甲寅(3 月 11 日)

前派提督吴全美统带轮船水师，在广东廉琼一带驻扎巡防。现在法越之事未定，着曾国荃、裕宽饬令吴全美认真操防，仍照前巡哨，以壮声势。

吉林将军铭安等奏，派丁忧刑部郎中彭光誉，前往会宁、庆源等处。会同朝鲜陪臣勘议《通商》新章。又奏，招商开采荒山子、长岭子二处煤窑，抽厘裕饷。均报闻。

初六日丁巳(3 月 14 日)

倪文蔚奏，遵筹法越交涉事宜一折。据称“保胜之能否设关，必视刘永福之从违为准；中国之能否保护，亦必视刘永福之聚散为衡”等语，不为无见。法人欲于保胜设关，意在驱逐刘永福，此层断不可轻许，必应详慎筹度，免致贻患将来。前闻法国欲更前议，并欲将宝海撤回。其事之有无，尚不可知，着总理各国事务衙门、李鸿章、张树声随时体察情形，悉心规画。

予故江苏巡抚林则徐、两江总督陶澍于江宁省城合建专祠，从总督左宗棠请也。②

初七日戊午(3 月 15 日)

两江总督左宗棠奏，江南操练轮船官员夫役薪粮等项请饬部作为定章。下部议行。

抚恤琉球国遭风难民如例。

初八日己未(3 月 16 日)

李鸿章奏，前在德厂订造之铁甲船“定远”“镇远”号，分别于本年正月与十月

① 《清实录 · 德宗景皇帝实录》卷一五九。

② 《清实录 · 德宗景皇帝实录》卷一五九。

竣工。另饬李凤苞与伏尔铿厂议立合同，造一穹面钢甲快船，十四个月竣工。①

初十日辛酉(3月18日)

总理各国事务衙门奏，俄皇五月加冕，及瑞典国王生孙，请从西俗传旨致贺，以敦睦谊。从之。

置直隶总督张树声奏，大沽海口等处炮台，为北洋紧要门户，原派守台兵丁，不敷分布，加派防兵，每月酌加饷银二千八百六十六两有奇，并将防务暂松之处，酌量裁减营队，每月节省银二千六百余两，以减抵增，请照章立案。下部知之。又奏，朝鲜内乱初平，吴长庆一军尚驻朝鲜王城，弹压教练。其后路转运粮械，接递文报，必须专派兵船往来策应，方期便捷。且日本兵船，尚驻朝鲜海口，中国既有陆军在彼驻扎，不可无兵轮相为依辅，前调南洋"登瀛"轮船，请暂留梭巡朝鲜海口。从之。又奏，前在德国伏尔铿厂订造钢面铁甲船两号，计期竣工，现拟续造穹面钢甲快船一只，备出洋时辅佐铁甲舰之用。报闻。

出使美日秘国大臣郑藻如奏，美国纽约地方，华民日众，请设官保护并拟派江苏试用通判欧阳明为纽约领事官。从之。②

十一日壬戌(3月19日)

抚恤琉球国遭风难民如例。

十四日乙丑(3月22日)

署福建巡抚张兆栋奏，巡视台湾南北各路及筹办情形。得旨：所有应办事宜，即着该署抚督饬属员详细查明，妥为筹议，会同何璟奏明办理。

十五日丙寅(3月23日)

法越交涉一案，现在尚无成议，夷情叵测，亟应先事绸缪。越南北圻为粤西门户，若能保护北圻，即以固吾疆圉。藩司徐延旭于关外情形，颇为熟悉，着即出关

① 李鸿章：《续造钢甲快船折》，《李文忠公全集·奏稿》卷四六。此穹面钢甲快船，造成后名"济远"。

② 《清实录·德宗景皇帝实录》卷一五九。

相度机宜，豫筹布置，准其专折奏事。①

十七日戊辰(3 月 25 日)

闽浙总督何璟等奏，福州、台湾建筑洋式炮台，购配洋炮洋枪及制造火药，均称适用。下所司知之。又奏台湾等处地震情形，得旨：览奏被灾情形，深堪悯恻，着即饬属查明，妥为抚恤，毋任失所。

开去黎兆棠光禄寺卿及督办福建船政差使，赏张梦元三品卿衔，开去福建按察使缺，督办福建船政事宜。

抚恤琉球国遭风难民如例。②

十九日庚午(3 月 27 日)

礼部奏，朝鲜国商民购买例禁各物，请饬北洋大臣体察情形代奏，候旨遵行，俾臣部则例与贸易章程，两无窒碍。又奏，朝鲜国文件及使臣到京，应由臣部核转，不得径达总理各国事务衙门，以符定制。下所司知之。

署北洋通商大臣李鸿章奏，近闻法国外部易人，顿翻前议，并有将该使宝海撤回之信，是越事会议无期。惟越南陪臣范慎遹、阮述已来天津，亦可藉以查询该国情实，已密商张树声相机因应，并将越南国王咨函钞送总理各国事务衙门查核。下所司知之。③

廿一日壬申(3 月 29 日)

署北洋通商大臣李鸿章等奏，通永镇总兵前已移驻北塘海口，为畿东沿海扼要之区，总兵唐仁廉丁忧，请改为署任，给假百日治丧，假满仍回营任事，以重海防。从之。

廿七日戊寅(4 月 4 日)

张树声奏，留驻朝鲜官军暂缓撤回一折。提督吴长庆一军驻扎朝鲜，前经李鸿章奏明，拟于今春先行撤回三营。兹据张树声奏称接朝鲜国王咨文，以吴长庆一军

① 《清实录·德宗景皇帝实录》卷一五九。
② 《清实录·德宗景皇帝实录》卷一六〇。
③ 《清实录·德宗景皇帝实录》卷一六〇。

不可暂离，现拟从缓撤回。朝鲜大难虽平，人心未定，尚须大兵震慑，吴长庆所部六营，即着暂留朝鲜，俾资保护，仍随时察看情形，再行酌撤。①

廿九日庚辰(4月6日)

调漕运总督庆裕为河东河道总督，以甘肃布政使杨昌濬为漕运总督。

三月初二日壬午(4月8日)

礼部奏，据咨转奏并钞录朝鲜国王咨文呈览一折。吴长庆一军，前经张树声奏明暂缓撤回，已谕令该署督知照朝鲜国王知悉，着礼部一并咨行该国王知之。

初八日戊子(4月14日)

总理各国事务衙门奏，越南事宜，现有变局，亟应密筹防务一折。现闻法兵已攻破越之南定，并议将宝海撤回，事已中变，情殊叵测，在我保护属邦，固守边界，均关紧要，亟应妥筹备豫。着岑毓英、倪文蔚、杜瑞联督饬关外防军，挑选劲旅，扼要进扎。该两省现在驻越兵勇若干，着查明确实具奏，应否添派队伍以厚兵力，即行体察情形，妥为办理。广东原驻廉琼水师，并着曾国荃、裕宽饬令吴全美移近越洋，认真巡哨。凡海军应筹应备之端，必须尽力讲求，不可稍涉疏懈。前谕徐延旭出关，着即迅速前往，会商黄桂兰、赵沃相机布置，保守北圻。此次筹备各节，非从前事机尚缓可比，该督抚等务当悉心经画，实力整顿。总之衅端不可自我而开，要必壮我声威，用资镇慑，并期实堪备御，进止足恃，以杜诡谋而维大局。

赏给巴西国使臣白乃多宝星。②

十一日辛卯(4月17日)

左宗棠奏，办理江海防务，需用殷繁，粤海关应解南洋经费，自第八十一结起，至八十九结，约共征存应解银四十余万两，叠次咨催，丝毫未解，请旨饬催等语。南洋办理防务，需用孔多，着崇光即将欠解南洋经费，克日扫数解赴江宁，毋再迟延。嗣后仍当源源报解，以应要需。

命河东河道总督庆裕，迅赴新任，以江苏布政使谭钧培护理漕运总督。

---

① 《清实录·德宗景皇帝实录》卷一六〇。

② 《清实录·德宗景皇帝实录》卷一六一。

十五日乙未（4 月 21 日）

前因李鸿章奏请回籍葬亲，当经赏假两月，现在北洋事务紧要，李鸿章营葬事毕，着不必拘定假满，即回署任。

前据总理各国事务衙门奏，法兵攻越之南定，当谕令该督抚等将防务密筹布置。现闻法人在越南境内，势更猖獗，滇越边防，尤属吃紧。前谕徐延旭出关，现在谅已前往，着倪文蔚饬令会商黄桂兰、赵沃相度机宜，速筹防御。滇省边境，亦应酌派大员，带兵驻扎。着岑毓英、杜瑞联饬令唐炯迅速出省，统率防军，择要扼守。兵力如有不敷，即着酌量添拨。总期滇粤两省，互相联络，力保越南北圻，即以固吾边圉。广东琼廉一带，前派吴全美统带兵轮船，认真操练。该处洋面，近接越境，必应极力整饬水师，以壮声势。着曾国荃、裕宽饬令吴全美，移近越洋巡哨，藉资援应。法人意极狡谲，目前越南事机，甚为紧迫，必须防务确有把握，方可相机因应。该督抚等接奉叠次谕旨，当已实力妥筹，着将办理情形，速即奏闻，以纾廑系。①

二十日庚子（4 月 26 日）

御史光熙奏，筹办屯垦，以裕旗民生计一折。据称直隶沿海一带隙地，可资屯田；山西大灾以后，荒地甚多；以及吉林、黑龙江等处，均可酌拨旗民，前往屯垦，请饬妥议筹办。该御史所奏，是否可行，着李鸿章、张树声、玉亮、文绪、禄彭、张之洞、吴大澂各就该处情形。详细查明，据实具奏。

颁给德国世子头等第二金宝星。

廿一日辛丑（4 月 27 日）

户部奏，请续拨京饷等语。近年库款支绌，叠经户部续请添拨京饷，此次该部酌量各省情形，拟拨山东地丁银五万两、湖南地丁银五万两、江西地丁银四万两、福建税厘银十五万两、两淮盐厘银八万两、长芦荥工加价银五万两、江苏厘金银十二万两、安徽厘金银五万两、湖北盐厘银五万两、四川津贴银五万两、盐厘银十万两、闽海关洋税银五万两、江海关洋税银八万两、九江关常税银十万两、赣关常税银三万两，共银一百五万两。

---

① 《清实录·德宗景皇帝实录》卷一六一。

两江总督左宗棠奏，遵查商人请开青龙山煤矿，业经禁止。报闻。①

廿五日乙巳（5月1日）

清廷着派李鸿章迅速前往广东，督办越南事宜。所有广东、广西、云南防军，均归节制。应调何路兵勇前往，着该大臣妥筹具奏。

又谕，江南防军，何营可备调拨，着左宗棠悉心筹画，迅速奏闻。

廿六日丙午（5月2日）

广西巡抚倪文蔚奏，遵旨申严边备，并陈越南近日军情。得旨：着该抚懔遵叠次谕旨，督饬关外防兵，择要进扎，并令徐延旭出关后，相度机宜，妥筹备御。

廿七日丁未（5月3日）

岑毓英等奏，特参不能保护教民之知县汛弁，请旨暂行革职，并委员查办一折。据称本年二月十九日，浪穹县乡民将该处法国教堂烧毁，致毙男女大小十四人，并将司铎张若望杀毙，现在派员驰往查办等语。清廷谕令，现值法越构衅之时，出此重案，尤应及早妥办，免生枝节，不得稍涉迁延徇隐，致误大局。署浪穹县知县叶滋浚，浪穹县外委千总李顺，未能弹压保护，均着暂行革职。②

廿八日戊申（5月4日）

倪文蔚奏，越南军情日亟，并藩司出关日期一折。据奏法人攻陷越南南定情形，徐延旭于本月二十日起程出关，扼要驻扎。近闻法复添兵千五百人赴越，并添拨饷项，势将肆意蚕食。越南情事，更为危迫。前叠谕倪文蔚饬令防军扼要进扎。该抚务当督饬各营妥筹备御。保守北圻。以杜窥伺。徐延旭到防后。即着会商黄桂兰、赵沃斟酌机宜，妥为布置，毋稍疏虞，并着该藩司将一切情形，随时具奏。③

夏四月初二日壬子（5月8日）

先是两江总督左宗棠等，奏请以长江提督分驻岳州之半年，改驻吴淞，至是复

① 《清实录·德宗景皇帝实录》卷一六一。

② 《清实录·德宗景皇帝实录》卷一六一。

③ 《清实录·德宗景皇帝实录》卷一六一。

奏长江提督李成谋，现驻太平，闻警策应，可以迅赴戎机，俟海防解严，再照旧章办理。报闻。①

初四日甲寅(5 月 10 日)

曾国荃、裕宽奏，轮船现须修葺燂洗，一时未能赴防一折。广东“绥靖”“安澜”两船船身机器，既有渗漏损伤情形；“海镜清”一船亦须燂洗，自应修整完固，以期利用。惟越南事机紧迫，粤东水师必须及早备齐，以壮声势。着曾国荃等饬将“绥靖”等船三号，赶紧修葺燂洗完竣，遵照叠次谕旨，由吴全美统带驶进越南洋面，认真巡防。如须添调闽省轮船，即着迅速酌办。②

初五日乙卯(5 月 11 日)

巡阅长江水师兵部尚书彭玉麟奏，由浙起程巡阅。得旨：该尚书病未全愈，仍着加意调理，一俟就痊，即遵前旨来京陛见。

初六日丙辰(5 月 12 日)

两江总督左宗棠奏，筹办海防机宜。得旨：所陈筹办海防情形，为未雨绸缪之计。仍着该督随时妥为布置，以期有备无患。现派李鸿章前往广东督办越南事宜，必须厚集兵力，江南防军，何营堪备调拨，着即遵前旨筹画具奏。

初七日丁巳(5 月 13 日)

李鸿章奏，豫筹越南边防事宜各折片。前因越南情形紧迫，谕令李鸿章前往广东筹办。兹据陈奏各情，所筹亦甚周密。事机旦夕变迁，惟在随时权衡办理。该大臣现由金陵前赴上海，即着暂在上海驻扎，统筹全局，将兵事饷事豫为布置，审度机宜，再定进止。着将筹办情形，随时奏闻。其紧要事件，并着由电信寄知总理各国事务衙门转奏，以期迅速。③

---

① 《清实录·德宗景皇帝实录》卷一六二。

② 《清实录·德宗景皇帝实录》卷一六二。

③ 《清实录·德宗景皇帝实录》卷一六二；李鸿章：《暂驻上海折》，《李文忠公全集·奏稿》卷四六。

初九日己未(5月15日)

岑毓英等奏，越南南定失守情形一折。越南南定失守，该国局势愈危，滇省边防尤为吃紧。前谕岑毓英等饬令唐炯出省，统率防军，着即催令迅速前往开化，督军进扎，相机备御，务使滇粤两省，互为联络，以壮声威而固边圉。浪穹县民教构衅一案，于时局关系紧要，务当缉获要犯，妥速办理，免致法人借口，另生枝节。①

初十日庚申(5月16日)

浙江巡抚刘秉璋奏，南北新关，碍难开设。从之。

十一日辛酉(5月17日)

署两广总督曾国荃等奏，修筑大黄滘等处炮台，恳照章报销。下部知之。

十二日壬戌(5月18日)

两江总督左宗棠奏，调拨江南防军，拟俟商定再行会奏。得旨：李鸿章计即行抵江宁，应否调拨江南防军，着俟商定后即行具奏。

十四日甲子(5月20日)

左宗棠奏报南洋现有轮船“登瀛洲”“威靖”“测海”“驭远”“澄庆”“靖远”“龙骧”“虎威”“飞霆”“策电”“江安”“澄波”，现奏明添造大小兵轮十五艘，饬由闽、沪两厂及向德国船商定造。②

十八日戊辰(5月24日)

前据李鸿章奏，豫筹越南边防事宜，拟赴上海暂驻，当谕令统筹全局，将兵事

---

① 《清实录·德宗景皇帝实录》卷一六二。

② 中国史学会主编：《洋务运动》，《中国近代史资料丛刊》第2册，上海人民出版社1961年版，第545~547页。

饷事豫为布置，并将筹办情形，随时奏闻。法越交涉一事，现无定局，必须在我者兵力足恃，办理较为有益。刻下滇粤防营兵力甚单，自应添拨劲旅，以资备御。提督刘铭传系李鸿章旧部宿将，声望夙著，如令其调募数营，统带前赴粤西，作为后路援军，于事能否有济，着李鸿章悉心酌度，据实覆陈，并即遵前旨统筹全局，迅速具奏。①

廿一日辛未(5 月 27 日)

抚恤琉球国遭风难民如例。

廿二日壬申(5 月 28 日)

闽浙总督何璟等奏，请将车城汛守备改驻鹅銮埔石厝口地方，更名鹅銮守备，以资控制。下部知之。

廿四日甲戌(5 月 30 日)

岑毓英等奏，密筹防务布置情形一折。滇省防务，现经岑毓英等添派参将张永清等挑带练军，前往兴化、山西一带驻扎，即着督令派出各员实力防守，毋稍疏虞。法人攻破越之南定后，现在局势未定，必须滇粤兵势互相联络，方足以壮声威。徐延旭出关后布置情形如何，着倪文蔚随时具奏，以慰廑系。前谕唐炯出省统率防军，目下当已起程，总期扼要驻守，足资备御，使彼族有所顾忌，不至遽逞狡谋。吴全美所带轮船水师，前经驶回虎门，着曾国荃、裕宽督饬将各轮船赶紧修竣，仍令该提督驶进越南洋面，认真巡防。廉琼一带兵力单弱，总兵方耀带兵向称勇往，如令统带数营，前往扼扎，是否相宜，并着悉心酌度，奏明办理。②

廿六日丙子(6 月 1 日)

两江总督左宗棠奏，查覆南洋轮船裁勇配兵，诸形窒碍，请仍照旧章办理。允之。又奏，挑选闽厂学生水手在“澄庆”兵轮练习。下部知之。又奏，挑选炮船赴邵伯湖驻缉，以安商旅。报闻。又奏，遵议轮船载运军火装送官弁水脚章程，请饬

---

① 《清实录 · 德宗景皇帝实录》卷一六二。

② 《清实录 · 德宗景皇帝实录》卷一六二。

作为定章立案。下部知之。①

廿七日丁丑(6月2日)

曾国荃、裕宽奏，遵筹法越事宜，倪文蔚奏，密陈越南近日军情各一折。粤东水师必须认真整顿，着曾国荃等饬将应修各船，迅速燂洗修理，并令吴全美督同将弁实力操练，以备调遣。粤西防军，现扎北宁一带，声威较壮，仍着该抚懔遵叠次谕旨，督饬黄桂兰等严申儆备，随时相度机宜，妥筹因应，以维大局。

浙江巡抚刘秉璋奏，嘉兴府土民仇杀客民案获犯审办。得旨：该抚将此案提讯确情，按律定拟具奏。杭嘉湖各府客民，开垦荒地，与土民时启衅端。该抚当督饬属员，将地亩详细清查，酌议章程，妥为办理，务令日久相安。②

廿八日戊寅(6月3日)

以庸劣不职，革广东高州镇总兵莫云成职，以前贵州古州镇总兵张得禄为广东高州镇总兵官。

廿九日己卯(6月4日)

抚恤琉球国遭风难民如例。

五月初二日辛巳(6月6日)

李鸿章奏，行抵上海，暂行驻扎，并请饬潘鼎新帮同筹办各折片。李鸿章着即速赴天津，仍回北洋大臣署任，筹备海防一切事宜，并传知潘鼎新随同北来听候谕旨。③

十六日乙未(6月20日)

法越构兵一事，久未定局。法人近为刘永福所败，其蓄谋报复，自在意中。法使脱利古与李鸿章会晤，以中国是否助越为言，意在挑衅，甚为叵测，亟应先事筹

① 《清实录·德宗景皇帝实录》卷一六二。

② 《清实录·德宗景皇帝实录》卷一六二。

③ 《清实录·德宗景皇帝实录》卷一六三。

防，以杜狡谋。着李鸿章、左宗棠、彭玉麟、何璟、曾国荃、张兆栋、刘秉璋、裕宽将沿海防务，实力筹办，认真布置，不可虚应故事，徒令外人轻视。李鸿章着仍遵前旨，即回北洋大臣署任，筹备一切。脱利古现在上海，作何动静，李鸿章如定期北来，须知照该使。如有面议之事，俟其到津，再行商办，以示羁縻勿绝之意。①

十七日丙申(6 月 21 日)

李鸿章奏，法越事宜，遵旨统筹全局各折片。法越交涉事宜，关系重大，必须审慎筹画。现在法使脱利古，以是否助越为言，意殊叵测。惟当告以中国官军剿除黄崇英、李扬才、陆之平等股匪，原以越南系中国藩属，是以频年筹兵筹饷，极力保护，至此次法兵为越所败，并非中国与法失和，而该使辄诘我以明助暗助等词，意为将来讹赖地步。该大臣务当据理与之辩论，以折其谋。现在北洋防务紧要，着该大臣仍遵十六日谕旨，迅即赴津，筹备一切事宜，毋稍延缓。本日据署左副都御史张佩纶奏，边情已亟，宜早定计，御史刘恩溥奏请饬保护越南等语，所奏均不为无见。②

十八日丁酉(6 月 22 日)

闽浙总督何璟等奏，新购洋炮，安配长门炮台。报闻。

二十日己亥(6 月 24 日)

国子监祭酒刘廷枚奏，浙江匪首金满，迄未就擒，近时湖北、江苏等省，会匪盐枭，散勇客民，纷纷构衅，深虑暗相勾结，请饬该督抚设计密拿等语。浙匪金满，滋扰地方，叠谕该抚缉拿，迄今尚未弋获。现在沿江一带，匪徒潜谋滋事，叠经破案，而余匪伏匿，恐尚不少。傥与金满暗相勾结，更恐蔓延为患。着何璟、刘秉璋迅即设计密拿，务将该匪首擒获惩办，以净根株。

有人奏，山东登莱青道方汝翼，行本卑污，性尤贪鄙，信任布客张鹤轩，盘踞道署，东海关各口委员司事，皆张鹤轩得贿派充；伊在烟台，开设聚和炉房，将所收关税，私自借与铺商生息；该道并纵令洋人及巡役，留难讹索行旅，二月间会试举子行至烟台，该关巡丁搜索滋事，该道一概不理，惟日与张鹤轩赌博，以致民怨

① 《清实录·德宗景皇帝实录》卷一六三。

② 《清实录·德宗景皇帝实录》卷一六三。

沸腾等语。所奏是否属实，着陈士杰按照所参各节，确切查明，据实具奏。①

廿一日庚子(6月25日)

法人近为越南所败，自必蓄谋报复，或渐生退阻，亦未可知。此时在防官军，尤应严申儆备，以待其敝。广西距越较近，亟须厚集兵力，俾壮声援。着倪文蔚督同徐延旭选募边民之能耐炎瘴者，迅速成营，与现有队伍，于北宁一带，分布扼守。该处距河内甚近，法之援兵到后，切不可与之挑战。惟当深沟高垒，掘断来路，多安地雷，靠营墙挖地道，以避轰炮。即由徐延旭会商黄桂兰、赵沃妥为布置，不得稍涉疏懈，使彼日久计穷，或可就我范围。所需饷项，除前经部议由四川拨给饷银八万两外，着曾国荃、裕宽、崇光于粤海关税项内，即行拨解银十二万两，俾济要需。倪文蔚等即当切实筹办，不得虚縻帑项。前叠降谕旨，令曾国荃、裕宽饬令师船前赴廉琼一带。现在防务尤为紧要，着督饬吴全美将轮船速筹整备，赴该处洋面，游弋巡哨，毋得借口迟延。②

廿二日辛丑(6月26日)

抚恤琉球国遭风难民如例。

廿五日甲辰(6月29日)

署北洋通商大臣李鸿章奏，朝鲜与美国议订条约，届期互换，并照录条约国书咨文呈览。下总理各国事务衙门知之。

广东琼州镇总兵彭玉因病出缺，以记名提督赖镇边为广东琼州镇总兵官。

廿九日戊申(7月3日)

钦奉慈禧太后懿旨，现在办理法越事宜，着醇亲王奕譞会同筹办。

有人奏，近闻台匪金满乞抚，经台州绅民公具保状，该抚已准令投诚，并拟安插抚标、征其党众等语。所奏各节，有无其事，着刘秉璋即行奏闻。金满系积年巨匪，滋扰温、台等处地方，日久稽诛，罪大恶极，断不容任其漏网。着该抚仍遵叠

① 《清实录·德宗景皇帝实录》卷一六三。

② 《清实录·德宗景皇帝实录》卷一六三。

次谕旨，督饬在事员弁，设法迅速拿获，并搜捕匪党，以靖地方。①

六月初一日己酉(7月4日)

命署直隶总督张树声，按年添拨黑龙江练军洋火药四十万出、铜帽七十万粒、炸炮子一千二百粒、炸药八百斤、门火一千二百枝、药引子一千二百个、木信子一千三百个，由副都统文绪派员领回应用。②

初三日辛亥(7月6日)

岑毓英等奏，越军进攻河内，连获胜仗一折。越将刘永福击败法兵情形，前经李鸿章、倪文蔚先后具奏，大略相同。法人经此挫败，势必添兵报复。越兵能否久持，殊难逆料。前经谕令岑毓英等选募边民，添营扼扎，并由四川添拨银二十万两，以济要需。着岑毓英、杜瑞联懔遵五月二十一日谕旨，督同唐炯妥为筹办，力求实济。总期严密堵守，并与粤军互相联络，以壮声威，第不可衅自我开，转滋口实。此后越南战守情形，仍着随时探明具奏。

初十日戊午(7月13日)

本日已明降谕旨，令李鸿章署理直隶总督，兼署办理北洋通商事务大臣，张树声即回两广总督本任矣。李鸿章现计已抵天津，着将筹防一切事宜，豫为布置，以期有备无患。现闻法国派脱利古为全权大臣，并赍国书，商议中外交涉事宜。谅该使必将北来，着李鸿章俟其到后，即令在津将应议之事，妥慎筹商。该使此来，虽未显露寻衅之意，而恫吓要求，是其惯技，务须坚持定见，不可为其所惑。如有应准应驳之事，随时奏明，候旨遵行。广东防务紧要，廉琼一带，甚形空虚，必应整顿水陆各营，以资控扼，张树声着即迅赴本任，悉心筹办，用副委任。

左宗棠奏，筹拨江南防军，变通办理一折。该省以李鸿章指调淮楚两军二十营，所遗防垒，均系要地，苏省各属，适有匪徒滋事，因檄委提督易致中等，增募九营，填扎各处，原为海防紧要起见。惟现在局势不同，李鸿章业已赴津，淮楚各军。毋须调拨。江南骤添多营，饷项难筹，自当从长计议，着俟情形稍松，即将增募之营酌量裁撤，以纾饷力。

① 《清实录·德宗景皇帝实录》卷一六三。

② 《清实录·德宗景皇帝实录》卷一六四。

命前大学士直隶总督李鸿章为署任，兼办理北洋通商事务大臣，署直隶总督张树声仍回两广总督本任，命署两广总督曾国荃来京陛见。①

十二日庚申(7月15日)

两广总督张树声，奏报交卸直隶总督篆务日期，并恳请开缺。得旨：张树声向来办事认真，朝廷深资倚任，现在两广防务紧要，着即懔遵本月初十日谕旨，迅赴本任，将一切事宜。妥为筹办，毋得再行固辞。

署直隶总督李鸿章奏，请准河南补用道薛福成，暂留北洋差遣。允之。

十三日辛酉(7月16日)

以神灵显应，颁张家口万寿宫内关帝匾额曰“神功广运”，文昌匾额曰“珠垣锡福”，龙神匾额曰“功溥为霖”。

户部奏，请将山东备荒米石及奉天运东米粮，裁免厘税，并请饬下各省督抚将应解备荒厘银，按限委解。得旨：着咨行各该省遵照办理。

十五日癸亥(7月18日)

署左副都御史张佩纶奏，吴长庆留戍朝鲜六营，比闻以三营回驻烟台，备多力分，非经久之策，该提督久驻朝鲜，必不能锐然自任，请饬妥筹别选贤能等语。驻扎朝鲜官军，关系甚重。该国大难虽平，人心未定。前谕令张树声将吴长庆六营仍留朝鲜，张佩纶所奏撤回三营，有无其事，未据奏报。吴长庆久驻朝鲜，能否得力，着李鸿章悉心察看，并将防护该国事宜，妥筹经久之策，随时具奏。②

十七日乙丑(7月20日)

署直隶总督李鸿章奏，天津至通州接设电线以捷音信而裨时局。下总理各国事务衙门知之。又奏，请将山海钞关赢余银两，留存关库，修筑炮台。允之。③

---

① 《清实录·德宗景皇帝实录》卷一六四。

② 《清实录·德宗景皇帝实录》卷一六四。

③ 《清实录·德宗景皇帝实录》卷一六五；中国史学会主编：《洋务运动》，《中国近代史资料丛刊》第6册，上海人民出版社1961年版，第346~347页。

署两广总督曾国荃奏，遵旨筹备边防情形。得旨：该省水路防务，均关紧要，仍着曾国荃等督饬各军妥筹布置，毋任疏虞。

十九日丁卯(7 月 22 日)

继格、孙毓汶奏，剥船盗米，情重法轻，请饬严定罪名一折。漕粮为天庾正供，岂容肆行盗窃。据奏近来剥船户偷漏之风，益无忌惮，每船动辄偷窃数十石之多，甚至偷窃后弃船逃走。似此瞀不畏法，情殊可恶。应如何严定罪名之处，着刑部议奏。另奏，漕蠹与船户狼狈为奸，请饬查拿。天津至通州沿河地方，匪徒盘结，勾通偷盗，实为漕粮之蠹。着直隶总督顺天府府尹饬令沿河州县随时密访，严拿惩办。如果缉捕出力，准其分别奏请奖叙。

两江总督左宗棠奏，由沪至汉口添设陆路电线，暨遵部覆“登瀛洲”等轮船改设帮带名目各节。均下总理各国事务衙门知之。

广西提督冯子材因病解职，以记名提督黄桂兰为广西提督。①

廿一日己巳(7 月 24 日)

刘秉璋奏，查办台州土匪情形，匪首金满投诚，现筹办理各折片。台州一带，时有匪首抢劫滋事，现经该抚分别办理，匪党项君根等数十人均准其投诚。清廷仍着督饬防军及该地方官，认真缉拿首要各犯，分别惩治。其余匪党，酌量招抚，并将保甲事宜，实力整饬，以靖闾阎。已抚各匪，务当加意防范，随时察看。傥有不法情事，即行从严惩办。至匪首金满滋扰多年，叠次虏劫戕官，罪大恶极，若遽准投诚，无以肃法纪而昭炯戒。既据奏称该匪势渐穷蹙，自应赶紧弋获。即着刘秉璋懔遵叠次谕旨，密饬所属员弁，迅速严拿务获，以绝乱萌，不准再任远扬，亦不得轻率收抚。

浙江巡抚刘秉璋奏，嘉兴府属客民，分别遣留情形。报闻。②

廿二日庚午(7 月 25 日)

御史陈锦奏，同文馆积弊滋深，请饬整顿，并请将提调苑棻池严惩。下所司确切查明，据实具奏。

---

① 《清实录·德宗景皇帝实录》卷一六五。

② 《清实录·德宗景皇帝实录》卷一六五。

廿三日辛未(7月26日)

总理各国事务衙门奏，巴国前任宰相锡呢布这挨儿微斯系创请立约之员，请照章颁给头等第三宝星一面，以示宠荣。从之。

廿四日壬申(7月27日)

署直隶总督李鸿章奏，派员赴朝鲜办理商务，酌拟章程呈览。下总理各国事务衙门议行。又奏，派河南候补道陈树棠，充总办朝鲜商务委员。下总理各国事务衙门知之。又奏，营口炮台，渐次竣工，酌拟新设练兵营制章程。下部知之。①

秋七月初一日己卯(8月3日)

法越构兵一事，久未定局。广西防务经徐延旭出关布置，尚属周密。惟粮饷军火，需款甚多。前由四川及粤海关共拨银二十万两，尚恐不敷。着张树声、曾国荃、裕宽于广东应解京饷项下，截留银二十万两，解交广西应用。②

初二日庚辰(8月4日)

倪文蔚奏，法越近日军情，并筹办增军事宜一折。所奏增军布置各节，即着倪文蔚、徐延旭督饬防营，稳慎办理，以固边圉而壮声援。法人蓄志报复，自在意中，越军能否久持，难以逆料。粤西边防紧要，昨有旨截拨广东京饷银二十万两，以资接济。现在筹款不易，该抚等务当懔遵前旨，力求实际，期于大局有裨。近闻越为法败，夺去炮七尊，洋枪千杆，是否属实，并刻下情形若何，着迅速探明，即行具奏。

初四日壬午(8月6日)

署两广总督曾国荃等奏，遵筹海防情形。得旨：所奏豫筹布置各节，即着切实妥办，务臻周密，以期缓急可恃。廉琼洋面及钦州边境，饬令吴全美、方耀认真巡

---

① 《清实录·德宗景皇帝实录》卷一六五。

② 《清实录·德宗景皇帝实录》卷一六六。

防，毋庸疏懈。又奏，海防需款孔急，拟办捐输以裨经费。下部议。①

初六日甲申(8 月 8 日)

李鸿章、张树声奏，请调淮勇赴粤一折。前据左宗棠奏，筹拨江南淮楚各军，以备调遣。兹据李鸿章等奏称，粤东水陆各路，均与越南接壤。该省饷绌备虚，亟须酌调劲旅，以顾要防，请饬调提督吴宏洛所统淮勇五营赴粤等语。粤东防务紧要，自应调拨防军，以资布置。着左宗棠饬令提督吴宏洛，统率所部淮勇五营，即行前赴广东，由江南给饷四个月，俾资行粮。嗣后该军月饷，由李鸿章按照旧章，于所部淮饷内通融筹拨，并饬招商局轮船载运，以期迅速。所有吴淞海口炮台，即由左宗棠分拨新军填扎。

两江总督左宗棠奏，筹办海口防务，创设渔团，精挑内外洋熟悉水性勇丁，以资征防。得旨：即着左宗棠督饬邵友濂等核实办理，务臻妥善，期于实有裨益，毋致滋生弊端。

初七日乙酉(8 月 9 日)

署左副都御史张佩纶奏，请改两广水陆提督船制军屯一折。据称交广形势，陆军当委重南宁，水师当委重琼廉，请将广东水师改用兵轮，募琼廉蜑户、粤海舵工，以为管驾，驻琼、驻廉均足牵制敌军，并请将广西提督改驻南宁，移左江镇总兵驻龙州，以与提标掎角。所奏各节，是否可行，着张树声、裕宽、倪文蔚体察情形，妥议具奏。

初八日丙戌(8 月 10 日)

筹办边防广西布政使徐延旭奏，探报关外法越军情，会筹布置。得旨：关外军情，与倪文蔚前奏大略相同。现闻法人有添兵报复之信，尤应先事筹备。该藩司务当联络滇军，随时相机防守，毋稍松劲。②

十三日辛卯(8 月 15 日)

前因浙江台州土匪金满纠党滋事，叠经严谕该督抚派兵剿办。兹据何璟、刘秉

① 《清实录·德宗景皇帝实录》卷一六六。

② 《清实录·德宗景皇帝实录》卷一六六。

璋奏，该匪悔过自新，情愿立功赎罪，由台州绅民禀请彭玉麟转商刘秉璋具奏乞恩，恳准留营效力。金满稔恶有年，种种不法，核其罪状，实属死有余辜，本应立正典刑，以伸国法。惟朝廷除残去恶，无非为绥靖地方、安辑良民起见，既据奏称真心悔悟，率众来营，并拿获要犯，送官究办，以抒其畏罪自赎之诚，而该郡士民，又为沥情恳请，尚可网开一面，以示法外之仁。金满着从宽免死，准其留营效力。金守龙及余众百人，均着照所议，一并留营，责令戴罪自效。

岑毓英等奏，添募勇营，扼扎越南要隘一折。据称参将张永清等二营，现扎山西，并添募二营，分守山西、大滩两处，与北宁之粤军、怀德之越军，联络驻防等语。据奏山西城逼近江边，轮船在江中炮弹可及，万一法船上驶，彼时我军进止，殊多窒碍。岑毓英、唐炯务当统筹全局，相机布置，俾法人有所顾忌，而不敢借为口实，方为妥善。①

二十日戊戌(8月22日)

左宗棠奏，敬筹应办边务情形一折。所陈边防事宜，拟饬王德榜侦探法越情形，再饬调募广勇数营，驻扎滇南、粤西边界，并在广东捐输筹饷，自系为防务尚未就绪起见。惟现在滇粤边界，均有重兵扼扎，布置尚属周密。叠经户部于四川、广东等省筹给饷需，已敷各营之用。该督所筹募营筹款各节，着听候谕旨遵行。

出使俄英法国大臣左副都御史曾纪泽奏，遵旨与俄国外部商议新疆南段中俄界务情形。下所司知之。②

廿三日辛丑(8月25日)

法越订立《顺化条约》。③

廿四日壬寅(8月26日)

御史刘恩溥奏，信局投递广东信一封，似系设计陷害，请旨饬查一折，并由军机处将原信呈览。系纪悦昌、王瑞二人出名，自称粤海关总办，因押追欠交税银，有高恒茂铺伙自尽一案，现闻姚柽甫代为出头，欲请刘恩溥从旁开导，愿出银十万

① 《清实录·德宗景皇帝实录》卷一六六。

② 《清实录·德宗景皇帝实录》卷一六七。

③ ［美］马士：《中华帝国对外关系史》第2卷，生活·读书·新知三联书店1957年版，第387页。

两酬谢等语。此事情节支离，究竟高恒茂铺伙，因何在粤海关自尽，是否前任之事，现在曾否结案，着张树声、曾国荃、裕宽确切查明，据实具奏。纪悦昌、王瑞现在粤海关充当何差，姚柽甫究系何人，其信函由广东信局递来，亦可就近根究，并着一并查明具奏。①

八月初三日庚戌(9 月 3 日)

法越构兵，久未定局。现闻越南通顺化之河路两岸炮台，被法兵攻克，越兵死伤甚众，越人已请法停战议和，法遣使赴越京商议。似此情形，越南近日更属岌岌可危。滇粤防军，前经进扎越境，与刘永福一军，声息相通。目前北圻地方，尤形吃紧，必宜加意布置，互为声援。着岑毓英、唐炯、倪文蔚、徐延旭懔遵叠次谕旨，督饬防军，严密扼守，务须声势联络，俾法人有所顾忌，庶可折其凶锋。广东廉琼一带，形势尤为紧要。张树声前有添练水师之奏，应如何筹款整顿之处，着该督等悉心妥议，迅速奏明办理。法人既有赴越京商议之说，将来迫胁要挟，如何立约，正难逆料。刘永福一军，果能始终扼扎，越南尚可图存。该督抚等随时斟酌，相机应付，以顾全局。②

初四日辛亥(9 月 4 日)

御史谢谦亨奏，风闻台湾淡水县邪匪为害，能以符咒杀人，该匪踪迹诡秘，诚恐与外匪勾结，请饬速行拿办等语。邪匪贻害地方，亟应从严惩治。着何璟、张兆栋督饬台湾道严密查拿，毋任漏网。

倪文蔚奏，边报近日军情一折。所称越官探得南圻之安江、河仙两省，均自收复，又已进攻定祥。如果确实，自足牵制法人。惟近闻法兵攻占顺化河岸炮台，现有停战议和之说，且值越南国王病故，情形岌岌可危，我军更宜加意严防。着倪文蔚、徐延旭督饬各营联络声势，认真扼守北圻要区，并随时确探军情，迅速具奏。广西军饷本属支绌，现又加添水陆十三营，需饷更亟。所有前拨四川饷银八万两、粤海关税银十二万两、截留广东应解京饷银二十万两，着张树声、曾国荃、丁宝桢、裕宽、崇光赶紧拨解，以应要需，毋稍迟缓。吏部候补主事唐景崧，往来边营，颇为出力，着赏给四品衔，以示鼓励。

予御贼捐躯福建龙岩州拔贡生、候选直隶州州判谢谦文优恤。③

① 《清实录・德宗景皇帝实录》卷一六七。

② 《清实录・德宗景皇帝实录》卷一六八。

③ 《清实录・德宗景皇帝实录》卷一六八。

初五日壬子(9月5日)

张梦元奏，船政局在工员绅，向于例销薪水外，加增津贴，局内苦无杂款动支，请准将拨解制船经费贴水银两，提作外销杂款，员绅津贴，均于此款支放等语。着左宗棠、穆图善、何璟、张兆栋核议具奏。

筹办边防广西布政使徐延旭奏，添募防营，出关扼守。得旨：现在防务紧要，着懔遵叠次谕旨，督饬防营，联络声势，严密扼守，毋稍疏懈，并将近日军情，即行探明具奏。又奏，越南兵事，深恐扰及外国商人，请饬经理各国事务衙门，照会各国驻京公使，暂止商人前往贸易。从之。

初八日乙卯(9月8日)

浙江巡抚刘秉璋奏，勘办沿海各属风灾。得旨：此次浙省沿海州县，猝遇风潮漫决，塘堤田庐，受伤情形甚重，殊深廑念。所有冲塌塘工，着即迅速筹款修筑，以资保卫。其被灾地方，应行抚恤之处，并着查明办理。①

十一日戊午(9月11日)

以神灵显应，颁山东济宁州城隍庙匾额曰“神功昭格”。

昨据曾纪泽电奏，闻法舰将离越赴津，意欲恫吓办成此事。法人诡计百出，欲以兵船来华，肆其要挟，亦意中之事。李鸿章务当认真戒备，不可稍有疏虞。天津民情浮动，尤当示以镇静，勿致另生枝节。该大臣身膺重寄，于法越现在情形，究应如何因应，方为刚柔得中，着即通盘筹画，据实具奏。

予故署琼州镇左营千总王定邦优恤。

十二日己未(9月12日)

总理各国事务衙门奏，越南嗣王，恳令使臣由海道进京，并将该嗣王致李鸿章文件，照录呈览一折。越南使臣定例由镇南关经广西北上，迩来法人构兵，越地道途多梗。据该嗣王阮福昇文称，现在权摄邦事，循例遣使，恳准由海道进京叩陈等语，情词迫切，自应准如所请，暂予变通，以示体恤藩服之意。着李鸿章、左宗棠、张树声、曾国荃、裕宽、倪文蔚密咨该国嗣王，此次暂准贡使由海道径诣广东

① 《清实录·德宗景皇帝实录》卷一六八。

省城，再附招商局轮船赴津入都。该使行李及贡物，准其查验免税。如有附带商货，仍令照例纳税。沿途经过地方，并着该督抚等饬属一体妥为照料。将来该国使臣到京，一切事宜，着礼部仍照向例办理。①

十七日甲子(9 月 17 日)

法使脱利古，现于本月十三日，由沪乘兵船来津，巴夏礼亦相继北上。彼族诡诈多端，无非为恫吓要求之计。该使等到津后，着即责成李鸿章据理与之驳辩，以折其谋。该大臣务当切实筹画，相机因应，留其在津商议，俾令徐就范围，一面严密戒备，持以镇静，毋得稍有疏虞。法人有以大队兵船至广东寻衅之说，据张树声电寄李鸿章，有听之则自误，阻之则开衅等语。前叠谕广东督抚，将防务实力筹办，何以至今犹无准备，该国兵船断无听其入口之理。着张树声、裕宽妥筹备豫，务在黄埔以外，设法阻止，一面力与辩论。如索偿兵费，衅由彼开，万不能允给。方耀素颇勇往，现赴钦州，即着调回省城，以资得力。广东饷项支绌，所有本年应解京饷，均着截留该省，俾济要需。张树声、裕宽身膺疆寄，责无旁贷，务即悉心规画，妥慎办理，以副委任。沙面租界一案，着该督抚迅速持平办结，并督饬员弁，随时认真弹压，毋任再滋事端。

倪文蔚奏，越兵再战获捷一折。现闻法人欲以大队兵船至广东寻衅，法使脱利古于本月十三日由沪乘兵船来津，彼族诡计多端，恫吓要挟，意殊叵测。粤西防军，仍当严密扼守，不可稍涉松劲。着倪文蔚、徐延旭督饬各营，稳慎办理，并将近日顺化情形，随时探明，据实具奏。另片奏，黄桂兰现补提督，应否与徐延旭会衔奏事，请旨遵行等语。该藩司等驻扎地方，相距尚远，若辗转会商，必至稽延时日，黄桂兰着毋庸会衔具奏。②

二十日丁卯(9 月 20 日)

昨据太仆寺少卿钟佩贤奏，浙江塘工，关系紧要，请饬清厘捐款，豫筹岁修一折。据称浙江山阴、会稽、萧山三县，所辖江塘，为三县田庐保障。同治四年，东西两塘坍坏，当经借款修筑，即于三县按亩摊捐，分年归款，统计于工用钱二十七万余串外，多捐钱十余万串，官绅等迄未交出，请饬清厘等语。塘工关系地方利害，甚为紧要，捐款既有赢余，自应存储备用，岂容稍有含混。着刘秉璋逐一清厘，除归还借款外，其余应如何另储生息，以备岁修之处，并着妥为经理。如官绅

① 《清实录·德宗景皇帝实录》卷一六八。

② 《清实录·德宗景皇帝实录》卷一六九。

等有侵蚀情弊，即行分别惩办。①

廿二日己巳(9月22日)

法越构兵一事，法人自攻占顺化河岸炮台后，迫胁越南议约十三条，该国情形危急。法使脱利古现乘兵船来津，并有以大队兵船至广东寻衅之说，恫吓要求，诡计叵测。南北洋防务，均关紧要，亟须实力筹办，以期有备无患。广东兵力单薄，守御尚虚。着派彭玉麟酌带旧部得力将弁，酌量召募勇营，迅速前往广东，会同张树声、裕宽妥筹布置。该尚书接奉此旨后，即行部署起程，毋稍延缓。南洋海防，着责成左宗棠悉心规画，妥慎办理。长江防务，着责成左宗棠、李成谋督饬各营，认真筹备，均不得稍有疏懈。北洋防务，着李鸿章懔遵本月十九日谕旨，迅即筹议覆奏。前据吴大澂奏，吉林所练防军，堪以抽拨民勇三千人，听候征调等语。着该京卿即行统率此项勇丁，航海来津，以备调遣。

廿四日辛未(9月24日)

内阁学士周德润奏，法使此次来津，必以逐黑旗，让保胜等事，肆意要挟，请饬坚持定见，勿轻允许等语。所奏不为无见。脱利古如尚在津，李鸿章与之辩论，仍着妥筹因应。北洋布置情形若何，着懔遵叠次谕旨，迅筹具奏。

法越构兵以来，北圻越兵，虽叠次获胜，而河内未经克复。法人据此要害之区，北圻终难自固。现在法人直逼顺化，迫胁越南议约，法使脱利古已至天津，并有以兵船至广东寻衅之说，无非意存恫吓，肆其要求。惟有坚持定见，以折其谋。但彼族诡诈多端，非空言所能慑服，全视边防之能否得力，以为操纵。近日河内一带军情若何，越军有无战事，着岑毓英、倪文蔚、唐炯、徐延旭确探情形，督饬在防各军严密扼守，不可稍涉松劲。法人若以兵船驶赴广东，断不可听其进口。②

廿五日壬申(9月25日)

张树声奏，越事愈棘，大局攸关，暨添募勇丁，密筹布置各折片。所请明谕曾纪泽等各节，着听候谕旨施行。广东防务吃紧，张树声所奏布置情形，悉合机宜。该督任事实心，殊堪嘉尚，即着会同裕宽，随时体察情形，妥为筹办，以期有备无

① 《清实录·德宗景皇帝实录》卷一六九。

② 《清实录·德宗景皇帝实录》卷一六九。

患。吴全美、方耀所部水陆勇营，着该督抚相度事机，酌量调遣，用资得力。该督因饷项支绌，现向各商挪借应用，即着速行筹备。其如何归补之处，并着酌议具奏。另片奏，嗣后洋务紧要事件，所奉谕旨，请饬总理各国事务衙门，先行摘要电知，该督亦电达该衙门先为转奏等语，均着照所请行。

前因广东防务紧要，叠经谕令曾国荃妥筹布置。嗣据曾国荃奏，遵旨豫筹海防各节，复谕该署督切实妥办，务臻周密。兹据张树声奏，到粤后察看海防情形，曾国荃前奏增筑炮台、招集渔户等事宜，均未办理等语。该前署督任事年余，于此等紧要事件，何竟一无布置，徒以空言塞责，即着明白回奏。

廿八日乙亥(9 月 28 日)

广西巡抚倪文蔚奏，探报近日边情。得旨：仍着懔遵叠次谕旨，督饬徐延旭严密筹防，毋稍松劲。现据各处电报，顺化炮台被占，逼立新约，并有八月朔刘团败于波兰等语，似亦不尽谣传。该抚务饬前敌，将南北两路情形，随时确切探明，迅速具奏。

闽浙总督何璟等奏，采买谷石，请予免税。得旨：着即咨照左宗棠等，俟此项谷石经过各关，饬属查验放行，免其完纳厘税。①

三十日丁丑(9 月 30 日)

署直隶总督李鸿章奏，遵筹叠次交办情形。得旨；北洋防务，关系紧要，着李鸿章随时妥筹布置，务臻严密，不得稍有疏虞。至吴长庆所部兵勇，现仍驻扎朝鲜，应否调回津郡，并着李鸿章妥筹办理。

抚恤朝鲜国遭风难民如例。②

九月初一日戊寅(10 月 1 日)

出使俄英法国大臣曾纪泽奏，出洋期满人员，请予奖励。得旨：刘麒祥等均着照所请奖励。马格里所请奖励，着该衙门议奏。

福建船政船厂所建第一号铁胁巡海快船“开济”号竣工，排水量 2200 吨。③

---

① 《清实录・德宗景皇帝实录》卷一六九。

② 《清实录・德宗景皇帝实录》卷一六九。

③ 刘传标：《近代中国船政大事编年与资料选编》第 2 册，九州出版社 2011 年版，第 294 页。

初六日癸未(10月6日)

御史章耀廷奏，海塘工程紧要，宜乘冬令一律修筑一折。据称浙江海塘工程，海盐地滨大海，为患最亟，旧工本极坚固，近来塘身虽间段被损，巨石完善尚多，亟宜一律修竣；海宁塘身，三面受敌，必须塘根深固，则塘身始稳；岁修之费，均应涓滴归公，无如承修者视为利薮，上下蒙蔽，请饬核实估计，及时修筑，并将岁修经费，酌中定额等语。海塘工程，关系地方利害，极为紧要，着刘秉璋督饬办工各员认真修筑。如有偷减工料情弊，立即从严参办。其岁修经费，并着查照向章，酌量核定，以重帑项而顾要工。①

初八日乙酉(10月8日)

广州将军长善等奏，改水师为步军，以裨防务。下部知之。

初九日丙戌(10月9日)

倪文蔚奏，法越所订和约二十七款，政权、利权，统归于法，越事已不可问。法使脱利古在津，与李鸿章面议，肆意要求，未经允许。该使抵京，在总理各国事务衙门，并不提及来意，闻其现欲回国，另有使臣前来之说。种种诡谲情形，殊为叵测。以目前事势而论，越约已定，诸事已受其挟制。独刘永福一军，捍卫北圻，究为彼所顾忌。傥能统率义兵，出奇制胜，恢复河内要区，于大局尚可补救。该营前因遇水退扎，近日曾否进兵，着倪文蔚、徐延旭随时探明具奏。并仍督饬关外防军，联络声势，严密扼守，不可稍涉松劲。

广东巡抚裕宽因病解职，调广西巡抚倪文蔚为广东巡抚。以广西布政使徐延旭为巡抚，督办福建船政事宜张梦元为广西布政使，翰林院侍读学士何如璋督办福建船政事宜。②

初十日丁亥(10月10日)

广西布政使徐延旭奏，刘团击败法军，现拟进兵规复河内。得旨：昨倪文蔚奏报，据越南王咨到该国为法人逼立和约二十七款。若果如此，越南何以图存。刘永

① 《清实录·德宗景皇帝实录》卷一七〇。

② 《清实录·德宗景皇帝实录》卷一七〇。

福屡次获胜，谅不因此稍有疑沮。现在进规河内，如能克期攻拔，以固北圻门户，使法人终难逞志，则越事尚可挽回。

十二日己丑(10 月 12 日)

以记名总兵曹志忠为福建福宁镇总兵官。

十五日壬辰(10 月 15 日)

御史郑训承奏，浙江杭嘉湖三府，本年春夏阴雨连绵，蚕种受伤，丝收歉薄，六七月间，雨多晴少，圩田尽被漂没，归安县属埭溪山内，蛟水涨发，山田被淹，积水过多，消退不易，田禾久浸霉变，时交八月，补种不及，贫民谋食无资，逃荒四散，沿途饥毙等语。览奏被灾情形，殊堪悯恻。着刘秉璋派员确实查勘，妥筹赈济，毋任一夫失所，并将应行蠲缓钱粮之处，奏明办理。①

十七日甲午(10 月 17 日)

闽浙总督何璟等奏，抚恤琉球被劫难民。得旨：即着迅速查明，系何洋面滋事，督饬该管各官，认真捕拿惩办。

十八日乙未(10 月 18 日)

本年六月间，曾寄谕李鸿章，将吴长庆久驻朝鲜，能否得力，悉心察看，未据该督覆奏。因思朝鲜商务初开，隐患未已，该国密迩陪都，固应力筹保护，而防军日久远戍，究竟是否相宜，亦应豫为筹及。着李鸿章悉心酌度具奏。

帮办山东海防广东水师提督吴长庆奏，密陈驻防朝鲜情形，并请入觐。得旨：该提督统率防军，驻扎朝鲜，关系紧要。所请陛见之处，着听候谕旨。

浙江巡抚刘秉璋奏，海宁等处被灾，现筹抚恤。得旨：览奏各处被灾情形，殊深廑系。着即饬属妥筹抚恤，毋任小民失所。乌程等县乡民滋事，即着妥为弹压，并将为首之人，查明惩办。②

---

① 《清实录·德宗景皇帝实录》卷一七〇。

② 《清实录·德宗景皇帝实录》卷一七〇。

二十日丁酉（10月20日）

岑毓英、唐炯奏，密筹越南边防，倪文蔚奏探报边情，防务愈棘各一折。法人胁越议约，果如所议，越已无以立国。大局所关甚重，独以刘永福一军，屡次获胜，进规河内。如能克期攻拔，办理得手，则越事尚可挽回。乃滇军遽行退扎，以致刘团解体，有回驻保胜之议。彼族将益思狡逞，边事尚可问耶。岑毓英、唐炯调度乖方，贻误大局，着传旨严行申饬。即着懔遵前旨，督饬防军，扼要进扎，严密布置。傥仍怠缓从事，定将该督抚治罪。①

廿二日己亥（10月22日）

徐延旭奏，法与越和，仍向刘团寻衅，粤军照常扼守，并刘军需饷情形各折片。法越议和，诸多挟制，越几无以自立。刘团素为法所顾忌，若复撤退，法人势必深入，大局更属可虞。昨据岑毓英等奏，驻守山西之滇军，已经退扎大滩。当此大势变更之际，遽行撤兵，实属调度乖方，业经传旨严行申饬。谕令唐炯驰赴防所，督军进扎。现在刘团扼守山西，断不可退扎一步。刘永福矢志效忠，奋勇可嘉。唐景崧多方激励，亦甚得力。如能将河内攻拔，保全北圻门户，定当破格施恩，以奖劳勚。徐延旭接奉前旨，谅即出关，着即激励该团，固结兵心，相机进扎。刘军饷需，恐越人不能供给，设有缺乏，关系匪轻。前已先后拨给广西饷银六十五万两，恐一时未能解到。着倪文蔚、徐延旭即于藩库内先行措拨银十万两，迅速发给刘永福军营，俾应急需，俟各省解到归款。军火器械，尤应多为筹拨。该军得此接济，定能士饱马腾，踊跃用命。北圻屡经粤军剿办土匪，经营有年，徐延旭所称我所设防之处，即我应保护之处，所见甚是。刻下驻扎北宁一带官军，务当联络刘团，严密防守。如果兵力不敷，酌量添募得力勇丁，以资厚集。②

廿四日辛丑（10月24日）

署直隶总督李鸿章奏，吴长庆驻守朝鲜官军，拟缓至明春，酌度情形，分别撤留。得旨：朝鲜需兵镇抚，未可轻议撤回。吴长庆所部驻扎该国，既据称并无不得力、不相宜之处，自应令其留扎防护。仍着李鸿章体察情形，酌议经久之策，奏明办理。

---

① 王彦威：《清季外交史料》卷三五，书目文献出版社 1987 年版，第 22～23 页。

② 《清实录·德宗景皇帝实录》卷一七〇。

三十日丁未(10 月 30 日)

清廷谕令：法人既与越南立约，必将以驱逐刘团为名，专力于北圻。滇粤门户，岂可任令侵逼。现经总理各国事务衙门照会法使，告以越南久列藩封，历经中国用兵剿匪，力为保护，为天下各国所共知，今乃侵陵无已，岂能受此蔑视。傥竟侵及我军驻扎之地，惟有开仗，不能坐视等语。如此后法人仍欲逞志于北圻，则我之用兵，固属名正言顺。刘团素称奋勇，现在退扎山西，距河内稍远。着徐延旭饬令刘永福整军进扎，相机规复河内省城，不可稍有退沮。北宁为我军驻防之所，如果法人前来攻逼，即着督饬官军竭力捍御，毋稍松劲。前据左宗棠奏，拟饬王德榜调募广勇数营，驻扎滇粤边界，并在广东捐输筹饷等语。当经谕令听候谕旨遵行。现在广西边防紧要，诚恐兵力尚单，闻王德榜现在永州，已召募勇营听调。傥已成军，着左宗棠即饬该藩司，迅速带赴广西关外扼扎，归徐延旭节制。所需饷项，若待广东捐输，恐缓不济急，着左宗棠豫为筹定，仍由江南极力筹拨，俾无缺乏。岑毓英等前奏，滇军驻扎山西，轮船炮弹，可及城中，防守不易。惟该城与北宁相距较近，必应固守，以成犄角之势。唐炯亲驻防所，自应随时相机调度。乃该抚并未奉有谕旨，率行回省，致边防松懈，咎实难辞，着摘去顶戴，革职留任，以观后效。如再退缩不前，定行从重治罪。滇省防营无多，难资策应，着岑毓英、唐炯添募数营，以厚兵力。此举系为法人侵我藩属，逼近边境，不得不力筹防御。至内地各国通商地方及法之商人，仍当随时保护，免滋口实。傥法人竟以兵船来华寻衅，必应先事戒备。①

冬十月初三日庚戌(11 月 2 日)

张梦元奏，旧定轮船经费名额酌核变通一折。据称：“闽厂轮船各项薪粮名额及公费一切，因今昔情势不同，酌易旧章，分别当减、当裁、当仍，开单呈览”，自系为核实撙节起见。张梦元交卸在即，着何如璋到闽后，详细酌核，奏明办理。另片奏拟将第五号铁胁船改作练船等语，着一并酌度办理。②

初四日辛亥(11 月 3 日)

彭玉麟奏，遵旨起程赴粤，部署大略，拟在湖南取给军火，请饬照会各国，并

① 《清实录·德宗景皇帝实录》卷一七〇。

② 《清实录·德宗景皇帝实录》卷一七一。

筹乘虚攻捣各折片。据称在湘募勇，糜费而不能救急，拟于广东就地取材，一面商调江南湘军数营，并已由潘鼎新调勇二千名，派提督王永章管带赴粤。该尚书亦即起程前往，查看布置，具见忠勇性成，赴机迅速。着俟到粤后，将该省防守事宜，会商张树声等，妥为筹办。所请由各直省及两淮两广运库指拨月饷，着户部议奏。需用军火等件，着潘鼎新随时应付，俾无缺乏。现在法人已逼越立约，一切受其钳制，局势与前不同。刘永福一军前虽获胜，近闻不无解体，第念越之北圻，为滇粤屏蔽，断难听其侵占。业经谕令该督抚督饬边外各军，严密防守，并激励刘永福进规河内。目前办法，总以固守北圻为主。傥法人侵及我军驻扎之地，则衅自彼开，自不能不与接仗。该尚书所奏照会各国，明示利害曲直之故，与朝廷之意正相吻合，已令总理各国事务衙门酌度办理。法人前有以大队兵船至广东寻衅之说，虚实均未可定，先事筹备，自不容缓。但广东人心浮动，沙面滋事一案，至今尚未了结。傥再别生事端，更于大局有碍。并着张树声、裕宽，将现在情形，与该尚书妥筹办理，务当约束兵民，示以镇静，不可遇事张惶。至乘虚攻捣一节，尚须度量兵力，详慎筹商。

予调办海防积劳病故，盛军各营总兵官朱雨珍等、淮练各营副将郑国杰等，分别议恤如例。①

初五日壬子(11月4日)

两江总督左宗棠奏，遵查金陵至镇江电报局同文馆月支经费银数，请饬部立案。又奏，江阴江防修理炮台工程，及圌山关南北岸添建火药库各一所，并定购炮船，先拨银两。均下部知之。

予巡洋病故、吴淞营参将李绍亮，如军营例议恤。

初八日乙卯(11月7日)

吴大澂奏到津日期，并通筹全局一折。据称：酌度南北海防缓急情形，拟请率师赴粤，并愿以偏师进扎越南等语，具见勇往之忱。惟广东防务，业据彭玉麟商调湘军前往布置，着吴大澂仍遵前旨，督率所部各营，驻扎天津，毋庸统带赴粤。现在事机未定，天津密迩京师，防务关系尤重，李鸿章务当随时斟酌机宜，筹备一切，是为至要。②

① 《清实录·德宗景皇帝实录》卷一七一。

② 《清实录·德宗景皇帝实录》卷一七一。

初十日丁巳(11 月 9 日)

徐延旭奏，筹办边务，必须力保北圻一折。据称就目前而论，当首保北圻，及请将法人先坏邦交，中国不能再让缘由布告各国，均与朝廷之意符合。九月十五、二十二、三十日三次由电信寄至广东，转寄该抚，谅可次第接到。即着懔遵筹办，以维大局。目前事势，总以保守北圻，力固滇粤门户，固结刘团，进规河内，最为紧要。倪文蔚、徐延旭务当切实筹画，妥为办理，毋稍松劲。刘永福所部饷需，前有旨于广西藩库存款内发给银十万两，据奏该营月需饷银五千两，此后由该抚行营酌量发给，即着照所议行。

十一日戊午(11 月 10 日)

前督办福建船政事宜张梦元奏，拟筹变通船工情形。得旨：着咨行何如璋悉心酌核，奏明办理。又奏，开济快船试洋出力员绅，可否奖励。得旨：准其择尤酌保，毋许冒滥。①

十八日乙丑(11 月 17 日)

国子监司业潘衍桐奏，粤省海防宜多用土兵，不宜多用客兵。现在淮湘各军到粤，务宜区分地段，勿与土兵杂处，傥省城兵力尚单，即责令总兵郑绍忠、邓安邦添募数千百名，亦非难事，不必取材异地等语。着彭玉麟、张树声、裕宽、倪文蔚酌度情形，妥筹办理。②

二十日丁卯(11 月 19 日)

以神灵显应，颁江苏邵伯镇大王庙匾额曰“金堤保障”，风神庙匾额曰“德协庶征”，关帝庙匾额曰“宣威昭佑”。

总理各国事务衙门奏，拟派升任云南布政使前广东按察使龚易图，查办广东汕头德鲁麟洋行强占海坪官地一案。从之。

以使馆期满出力，赏英文参赞二等翻译官马格里宝星。

---

① 《清实录·德宗景皇帝实录》卷一七一。

② 《清实录·德宗景皇帝实录》卷一七二。

廿一日戊辰(11月20日)

法人逼胁越南立约，越几无以自立。北圻屏蔽滇粤，久为中国保护，断难听其侵逼。已叠谕徐延旭、唐炯驰赴前敌，督率各营，联络刘永福一军，严密防守，以固门户。并据张树声、彭玉麟、倪文蔚及在廷臣工先后陈奏，宜先正属国之名，我之用兵乃为理直，正与朝廷之意吻合。现在业已给予照会，告以法如侵及我军驻扎之地，不能坐视。经此次明白布告，傥法人不顾名义，仍欲逞兵，则开衅即在意中。法既屡挫于刘团，不无顾忌，或以不能逞志于北圻，竟以兵船内犯，冀图牵掣，则沿海各口，难免惊扰之虞。若待事势紧急，始谋备御，必至贻误戎机。广东当南洋首冲，天津为畿辅重地，筹备固不容缓。福建、浙江、江苏、山东、奉天各海口均为轮船往来熟径，恐其乘虚窥伺，虽不能处处设防，总宜相度地势，择要布置，先事切实筹办。着李鸿章、左宗棠、彭玉麟、崇绮、何璟、张树声、卫荣光、刘秉璋、张兆栋、陈士杰、倪文蔚、裕宽就各省海口情形，将应如何修筑炮台、储备军械、慎选将领、调拨兵勇之处，逐一详细筹画，迅速办理。务期缓急足恃，静以待动，免致临事张惶。安徽、江西、湖北沿江一带，虽距海口稍远，然轮船一水可通，亦应一律严防。着卞宝第、裕禄、潘霨、彭祖贤、李成谋将各该省水陆各营认真操练，察看沿江形势，分布扼守，不可稍涉大意。此次衅起法人，有碍通商全局，谅非各国所愿。我果战守有备，久与相持，彼将情见势绌，自愿转圜。若一味优容，将得寸思尺，何所底止。该督抚等当念朝廷不得已而用兵，共矢同仇敌忾之心，及早筹防，力维大局。至通商口岸各国聚居之处，仍当随时加意保护，断不可别酿事端，致生枝节。

前因法越构兵，中国豫筹防范，叠经谕令李鸿章将北洋各处备御一切。业据妥筹覆奏，法人傥不能逞志于北圻，难保不分兵来华，要挟恫吓。本日复经谕令该大臣及沿江沿海各省，绸缪未雨，切实筹防。天津密迩京师，关系尤重，大沽、北塘、新城、芦台等要隘，据奏布置粗已就绪，口内设防，较有把握。惟水师训练未成，目下就现有兵轮勤加操演。旅顺炮台等工，亦应从严督催，赶紧办竣。此外沿海各口地段甚长，应如何扼要布置，宋庆一军素称得力，究以驻扎何处为宜，均着详筹调度。总之北洋为全局所关，防务当格外严密。该大臣办理有年，务期毫无罅漏，缓急足恃，用纾朝廷廑念之殷。刻下将届封河，轮船不能北驶，如有未尽事宜，正可及时备办，免致临渴掘井。①

① 《清实录·德宗景皇帝实录》卷一七二。

廿四日辛未(11 月 23 日)

徐延旭奏，谨筹进兵情形一折。现已谕令曾纪泽照会法国外部，并由总理各国事务衙门，照会各国使臣，告以中国保护藩属，如法人侵及我军驻扎之地，不能坐视，傥法国意在转圜，仍可顾全和局。若竟肆意进兵，扰及北宁等处，即当督饬官军，竭力堵御，不可稍形退缩。至保全北圻，总以克复河内为要着。现在越南各起义兵，机有可乘，徐延旭仍当密饬唐景崧激励刘永福，整顿队伍，联络越南义兵，相机进取，力图恢复。该抚迅即出关，督率在防各营照常扼守，妥筹备御，以振军威而固边圉。

有人奏，台湾镇总兵吴光亮，统带各勇虚额太多，侵吞饷项甚巨，升补勇弁，勒取规费，有贴班贴差各项名目，招集吴姓商民，认为本家，合建宗祠，致令倚势横行，藉名抚番，强占番女为妾，并有诈索工匠银两情事，请饬查办。所奏是否属实，着张兆栋确切查明。

两江总督左宗棠奏，病请开缺。得旨：览奏目疾增剧，殊深廑系。该督威望素著，现值筹办海防之际，正资倚任。所陈拟办江南水利，亦于民生大有关系。左宗棠着赏假两个月，安心调理，毋庸开缺。①

廿六日癸酉(11 月 25 日)

以神灵显应，颁直隶永定河南五工河神庙匾额曰“茨防巩固”。

前因天津防务，关系尤重，谕令李鸿章切实筹办，该大臣谅能仰体朝廷廑念之殷，妥筹布置。兹据御史丁振铎奏，边衅渐萌，宜厚集兵力，以卫畿疆一折。据称请饬宋庆增募勇营，扼守关外，及旅顺炮台，并令曹克忠召募津郡民勇，自为一军，兵船应调入内河，惟伺彼族登岸邀击，严断奸民接济，坚定相持，彼必情见势绌等语，所陈尚为切要；并据工部代奏主事余思诒折内，请举办乡团一条，均着李鸿章酌度情形，妥为筹办。又有议及防务者，谓砖石炮台，易被轰破，必须护以厚土，使炮子陷入不炸，至开花弹从空而下，药库、兵房往往被毁，尤当设法豫防；并讲求清野之法，彼族船坚炮利，海上难与角胜，宜于陆路严密扼守，将沿海要处分设陷阱地雷，并设伏兵，彼如登岸，前后截击，自可得手；又津郡办理团练，易于成军，但须严加约束，勿任恃众横行，妄挑外衅。以上各条，着该大臣一并详加审度，酌议具奏。

---

① 《清实录·德宗景皇帝实录》卷一七二。

闽浙总督何璟等奏，漳属被水，拨款修复南靖堤岸。下部知之。①

廿七日甲戌(11月26日)

浙江巡抚刘秉璋奏，添募勇营暨海防情形，并请饬广东水师提督吴长庆带营来浙帮办。得旨：现在直隶海防，朝鲜镇抚，均关紧要。吴长庆岂能远赴浙江。所有该省防务，刘秉璋仍当另筹妥员，统带兵勇，毋稍疏懈。

抚恤朝鲜、琉球国遭风难民如例。②

廿九日丙子(11月28日)

吴大澂奏，遵旨督率所部各营驻扎天津，并拟添练炮队、步队一折。据称现与李鸿章筹商布置，拟饬步队五营驻扎新城，马队二营就芦台以东滦州境内驻扎；该京卿拟赴大沽北塘至乐亭一带履勘，择要设防；李鸿章所部，专顾大沽北塘各口；该京卿所部专顾乐亭滦州一路。天津为畿辅门户，防务最关紧要。沿海一带，地段绵长，必须通盘筹画，扼要防守，李鸿章、吴大澂务当悉心会商，切实筹办，以期布置严密，足资备御。至所奏现调吉军三千余人，兵力尚形单薄，拟添练炮队一营、枪队二营，其炮队营制照吉林马队章程，变通办理。即着照所请行。

岑毓英奏，遵筹越南事宜，拟由该督统兵出关筹办，请旨遵行一折。岑毓英以越事现正吃紧，拟挑带所部二十营，亲赴前敌，相机调度。③

三十日丁丑(11月29日)

前因法人有以兵船至广东寻衅之说，其虚实原未可知。朝廷思患豫防，特令彭玉麟前往该省会同张树声等，筹办防务。该尚书等惟当严密布置，持以镇静，期于有备无患。兹闻彭玉麟拟晓谕粤民，有准其仇杀法人，及禁各国商船进口，违禁者取其船货等语。揆之目前事理，均系必不可行。法人侵扰越南，究未与我先开兵衅，此时自宜静以待动，不宜自我先起衅端。至各国通商以来，二十余年，尚属相安。现在并无战事，遽行封港，必致激怒各国，酿成事变，所关于全局者极大。粤东人心浮动，沙面滋事一案，尚未办结，尤宜加意镇定，认真弹压，俾民情绥靖，

① 《清实录·德宗景皇帝实录》卷一七二。

② 《清实录·德宗景皇帝实录》卷一七二。

③ 《清实录·德宗景皇帝实录》卷一七二。

不致别生枝节。该尚书所拟告示，着毋庸张贴，仍着随时会同张树声将筹防事宜，悉心商摧，总期深思远虑，计出万全，用副朝廷倚任之意。①

十一月初二日己卯(12 月 1 日)

以神灵显应，颁热河狮子沟龙王庙匾额曰“安澜普佑”。

初五日壬午(12 月 4 日)

户部奏，光绪十年内务府经费，拟拨两淮盐课银十五万两、两浙盐课银五万两、广东盐课银五万两、湖北盐厘银五万两、福建茶税银五万两、闽海关常税银十万两、九江关常税银十五万两，共银六十万两，请饬依限完解。

初七日甲申(12 月 6 日)

毕道远奏，号商弃铺逃逸，现经会查追究，并号伙汪惟贤自行投到各折片。阜康商号闭歇，该号商经手公款，及各处存款甚多，亟应严切究追。着毕道远、周家楣提讯该号伙汪惟贤等将公私各款，逐一清理，并着何璟、刘秉璋密速查明商人胡光墉原籍资财，以备偿抵亏短公款。至各省有无寄顿资财，即由顺天府咨行各该督抚，一并查明备抵。

以全漕告竣出力，予委员大挑知县李绍濂等，升叙加衔有差。②

十六日癸巳(12 月 15 日)

倪文蔚奏近日边情，并前敌各军筹备情形，徐延旭奏，遵旨出关日期，现饬分别进窥严防各一折。法人于山西之丹凤、北宁之嘉林设险严备情形与从前不同，在防官军必须稳慎进扎，严密布置，不可稍形轻忽。着岑毓英、倪文蔚、徐延旭、唐炯督饬各营，妥筹调度。刘永福添募营勇，渐次到齐，惟系新集之军，能否得力，越南义兵恐不可恃。法人此番极意经营，若任其侵逼则边事益棘，所关于大局者甚重。务当饬令刘永福等妥慎进取，尽力抵御，勿稍退缩。河内设守已严，猝难攻拔，应如何避坚攻瑕，诱敌制胜，并宜相机妥筹。徐延旭现在出关，岑毓英接奉前

---

① 《清实录·德宗景皇帝实录》卷一七二。

② 《清实录·德宗景皇帝实录》卷一七三。

旨，谅已部署起程，当此事机紧要，该督抚尤宜和衷共济，随时悉心会商。①

十八日乙未(12月17日)

清廷谕令：现闻越南民变，竟将该国嗣王戕害，祸乱方殷。该国为我朝藩服，世修职贡。当此危急之时，岂忍置之度外。着派张树声统带兵勇，迅速前赴越南，宣布天朝威德，相机戡定，一面令该国择贤嗣位，奏请册封。此次派张树声统兵赴越，专为平定乱民、绥靖越境起见，自应直达顺化，妥筹镇抚。至或由海道，或由陆路前进之处，并着详筹妥办。总期迅赴事机，毋任另生他变，是为第一要义。广东兵力，恐嫌单薄，着派吴大澂驰赴该省，帮同该督商酌办理，并着李鸿章饬派丁汝昌统带师船赴粤，听候张树声调遣。广东现筹进兵，滇军亦须力为应援，前谕岑毓英统营赴防，着即迅速前进，妥筹策应。

总理各国事务衙门奏，海防紧要，宜毖近患而豫远谋一折。法人侵占越南，外患日亟，沿海设防必应综览形势，统筹全局，为未雨绸缪之计。南北洋防务经李鸿章、左宗棠专力经营，而登莱之防未严，苏太之防尚阙，山东要隘以烟台为最，江苏则崇明孤悬海外，兵力单薄。闽省台澎等处在在堪虞，浙之定海、乍浦应与宁波、镇海并力严防，全在南北洋大臣暨各该督抚先事豫谋，实力筹办。清廷着李鸿章遴选得力将领如曹克忠、郭宝昌等，酌带数营，扼扎烟台，与塘沽、旅顺相掎角。陈士杰当就本省现有各营，严密布置。崇明地方应如何豫筹备御，着左宗棠熟筹酌办。其沿海可通内地者防不胜防，或以冬防为名，檄令沿海各州县，挑练民壮，联络声势；或召募太湖一带枪船，藉资巡缉，着卫荣光妥筹办理。台湾久为外人所觊觎，镇将是否得力，兵勇是否足恃，何璟履任多年，责无旁贷。张兆栋曾经渡台，于该处情形，亦应周悉，务当同心筹画，补豫不虞。浙省防务，前据刘秉璋奏明，添营在镇海等处，扼要设防，着即迅速办理，严扼要口，并随时与闽苏两省互相策应，以期巩固。总之法越构衅已久，沿海办理防务，必先能守而后能战。各海口情形有筹议所未及者，均应确抒所见，切实豫筹。该大臣等为朝廷所倚任，务各振刷精神，共体时艰，以维大局。②

十九日丙申(12月18日)

给事中邓承修奏，请旨责令贪吏罚捐巨款以济要需一折。据称：该给事中所闻，赃私最著者，如已故总督瑞麟、学政何廷谦、前任粤海关监督崇礼、俊启、学

---

① 《清实录·德宗景皇帝实录》卷一七四。

② 《清实录·德宗景皇帝实录》卷一七四。

政吴宝恕、水师提督翟国彦、盐运使何兆瀛、肇罗道方浚师、广州府知府冯端本、潮州府知府刘湝年、廉州府知府张丙炎、南海县知县杜凤治、顺德县知县林灼三、现任南海县知县卢乐戌，皆自官广东后，得有巨资，若非民膏，即是国帑。清廷着派彭玉麟将各该员在广东居官声名若何，确切查明，据实具奏。另片奏，闻阜康银号关闭，协办大学士刑部尚书文煜所存该号银数至七十余万之多，请旨查明确数，究所从来，据实参处等语，着顺天府确查具奏。

穆图善等奏，筹办闽省海防情形一折。闽省为南洋门户，现经该将军督抚会筹布置，仍着随时斟酌情形，实力筹备，以期缓急足恃。台湾孤悬巨浸，久为外人所觊觎，防务尤为紧要，着左宗棠酌拨练勇数营，派员管带渡台，归刘璈调遣，以厚兵力。前有旨谕左宗棠饬令王德榜带所募勇营前往广西关外，归徐延旭节制，该藩司募勇若干营，已否成军，着该大臣饬催，迅速赴防，并多带外洋军火，以资利用，一面详细奏闻。①

廿一日戊戌（12 月 20 日）

浙江巡抚刘秉璋奏，海塘工险，请复还翁家汛千总裁缺。下部议。

抚恤琉球国遭风难民如例。②

廿二日己亥（12 月 21 日）

前因越南嗣王被害，谕令张树声统兵前往绥靖越境。兹据该督电寄总理各国事务衙门，据称海道难以前进，拟至广西由龙州出关等语。广东至龙州道路辽远，目前河内等处节节梗阻，势难遽达顺化，于越事缓不济急。前有旨，令岑毓英出省调度，计日当已启程。滇军驰赴越境较为便捷，本日已改派岑毓英迅速前进，相机酌办。张树声即着毋庸赴越，仍将广东防务，妥筹布置，务臻周密。吴大澂一军及丁汝昌所带师船，均着毋庸前往。李鸿章务当督率水陆各营，认真训练，并将应办事宜，赶紧筹办，备豫不虞。

廿五日壬寅（12 月 24 日）

现据李鸿章、曾纪泽电奏，法兵已攻破越南山西省城，刘团退走，事机尤为紧

① 《清实录 · 德宗景皇帝实录》卷一七四。

② 《清实录 · 德宗景皇帝实录》卷一七四。

要。山西既为法踞，则与我军驻扎之地相接，傥再得步进步，滇粤边疆，俱形吃重。此时惟有严饬各军，力保完善之地，毋使再行深入。岑毓英计已出省，徐延旭业经出关，着即相机调度，严密扼扎，互相联络，不得稍涉松懈。刘团现在退至何处，仍着设法激励，令其统营进扎。关外各军，恐尚不敷防御，着张树声选派得力将领，统带劲旅，驰赴镇南关以实后路。滇粤边防，并着张树声、岑毓英、倪文蔚等妥筹布置，扼要填扎。徐延旭进至何处，唐景崧是否亦在北宁，一切详细情形，着张树声迅速电闻，以慰廑系。

命署都察院左副都御史张佩纶，驰赴天津，与李鸿章商办事件。

赏日本使臣榎本武阳宝星。①

十二月初四日庚戌(公元1884年1月1日)

现据李鸿章、张树声电报，法兵攻破山西，进攻北宁，并闻将犯琼州，欲据以为质，图索兵费。越南山西失守，彼族势甚狓猖，边事益棘，难保无伺隙滋扰、借此索费之事。琼州孤悬海外，备御空虚，甚为可虑。现在省城防务张树声自已布置妥协，彭玉麟所部湘楚各营即可专顾琼州一路，着该尚书择地驻扎，妥筹调度，迅饬各营，驰赴琼州，会合吴全美师船，扼要严守。郑绍忠于该处情形较熟，着张树声饬令带兵前往，合力防守。各营所需饷项军火，张树声务当随时接济，毋任缺乏。刻下东省防务紧要，王孝祺一军，即毋庸调派赴关。法人声东击西亦未可定，张树声仍当力顾省防，以杜窥伺。彭玉麟威望素著，务当相机调度，不必亲赴琼州以期慎重，毋得稍涉疏虞。至各国商船，照常贸易，自应格外保护。并着严饬水陆各营，毋得别滋事端，致生枝节。

广西巡抚徐延旭奏，出关暂驻谅山，并越勇获胜，请拨船严扼海口。得旨：该抚务当督饬各军力保北宁，毋任深入，以固边疆门户。②

初八日甲寅(公元1884年1月5日)

抚恤琉球国遭风难民如例。

初十一日丁丙巳(公元1884年1月8日)

有人奏，金满就抚情形，与该督抚原奏未符。现在台州所属各县土匪蜂起，核其踪迹，皆以金满党与为护符，以越军为引线，越军之分驻太平等处者，居民被其

① 《清实录·德宗景皇帝实录》卷一七四。
② 《清实录·德宗景皇帝实录》卷一七五。

扰害等语。①

十三日己未(公元 1884 年 1 月 10 日)

张之洞奏，法衅已成，敬陈战守事宜，暨沥陈不可罢兵各一折。

十四日庚申(公元 1884 年 1 月 11 日)

左宗棠奏，闽省船政局制造巡海快船，任意玩延，“开济”船甫经试洋，偶遇风浪，抽水机器即不合用，行驶不前。前船政大臣张梦元，有意讳饰，请旨严行申饬等语。即着何如璋确切查明，据实参奏，毋稍徇隐，并将船政局务，破除情面，切实整顿。各员绅人等，随时酌量分别劝惩，以重要工。

两江总督左宗棠奏，布置海防，并办理渔团情形。得旨：着该督随时酌度情形，将防务妥为筹办，并将渔团事宜，督饬属员，核实经理。

蠲免浙江仁和、钱塘、海宁、富阳、余杭、新城、海盐、石门、嘉兴、秀水、嘉善、平湖、桐乡、归安、乌程、长兴、德清、武康、安吉、孝丰、镇海、象山、山阴、萧山、诸暨、余姚、上虞二十七州县暨杭嘉湖三所被水被风地方本年钱粮。②

十五日辛酉(公元 1884 年 1 月 12 日)

彭玉麟奏到粤日期，及布置情形一折。彭玉麟与张树声，前往虎门一带查勘形势，会筹布置，并饬州县举办团练，编查渔船，所筹各节，均甚妥协。该尚书威望素著，熟谙韬略，即着随时会商该督抚，将防务切实筹办，期于战守足恃。前谕令饬所部各营前赴琼州扼守，仍着斟酌机宜，妥为调度。据称咨商闽省，借拨轮船，并筹款赶紧制造，着与何璟等熟筹，奏明办理。另奏广东官运商运，买米装入省城者，请免抽收厘税，他处不得援以为例，防务解严后，仍照旧章办理等语，着照所请行。又奏请饬拨军饷，已谕令左宗棠、卫荣光筹解毅字、合字四营月饷，其所请饬部按年拨银三十万两，并令户部速议具奏。③

十七日癸亥(公元 1884 年 1 月 14 日)

两广总督张树声奏，边务方殷，拟筹款展接广州至龙州电线。得旨：准其于出

① 《清实录·德宗景皇帝实录》卷一七五。
② 《清实录·德宗景皇帝实录》卷一七五。
③ 《清实录·德宗景皇帝实录》卷一七五。

使经费项下借用银十万两，暂毋庸由各省筹还。

以留洋期满，予参赞官钱德培等奖叙有差。①

十九日乙丑（公元1884年1月16日）

前据刘秉璋奏，请调吴长庆酌带勇营赴浙，当以直隶海防、朝鲜镇抚均关紧要，谕令另筹妥员统带兵勇。兹据该抚奏，仍恳饬调吴长庆赴浙帮办防务各折片。浙省饷绌兵单，沿海各口备御空虚，系属实在情形。惟吴长庆现率所部驻扎朝鲜，关系甚重，势难远调赴浙。着李鸿章与刘秉璋悉心会商，另选得力将领与该抚气谊素孚者，前赴浙省，以资臂助。应如何添募数营带往及筹拨军饷之处，着奏明请旨。法有侵犯舟山等处之谣，虚实虽未可知，必需严密设备。该抚务将镇海、定海等处防务，妥为布置，毋稍疏虞。②

廿三日己巳（公元1884年1月20日）

徐延旭奏，法人攻踞越南山西省城，现在严防北宁，请饬广东等省合图扫荡各折片。清廷批复，越南山西失守，彼族势甚狓猖，北宁防益形吃紧，徐延旭现在添募勇营，筹画布置，据奏断不至有他虞。是否确有把握，即着督饬黄桂兰等严密报守，勿稍疏失。该抚叠次奏报，语甚铺张，乃自到谅山后，日久耽延，现在事机棘手，该抚应如何力求实际，以维大局，何得株守待援，致有贻误。广东防务正紧，彭玉麟部署甫有端绪，岂能赴越。闽省并无大号兵轮，何从征调。现据岑毓英奏报，已率所部二十营起程，十二月内，可以齐抵防所。着该督妥筹调度，实力扼防，激励刘永福一军速行整顿，并着督饬各营，与粤军联络声势，援应北宁。

福州将军穆图善等奏，遵旨筹募营勇，布置情形。得旨：闽省防务关系紧要，该将军督抚等务当实力筹办，期于缓急足恃。所请由闽海关及藩盐两库，酌量拨款以济饷需，着依议行。③

廿四日庚午（公元1884年1月21日）

两广总督张树声等奏，拿获洋匪暨员弁捕盗捐躯情形。得旨：陈雄升等均着交部议恤，余着刑部议奏。

① 《清实录·德宗景皇帝实录》卷一七六。

② 《清实录·德宗景皇帝实录》卷一七六。

③ 《清实录·德宗景皇帝实录》卷一七六。

廿六日壬申(公元 1884 年 1 月 23 日)

左宗棠奏，遵旨拨营渡台，并请由闽省发给月饷一折。前因台湾防务紧要，谕令左宗棠酌拨练勇数营，派员管带渡台，归刘璈调遣。兹据奏称，酌拨总兵杨在元所带亲军巡缉营，提督杨金龙所带亲军仁营，并提督章高元所部两营，共计湘淮各军四营，配带军火，于本月十七日乘坐轮船，前往台湾，归刘璈调遣，并由该督发给两个月满饷，随带赴台。至该四营到防以后月饷，苏省力难兼顾，请改由闽省，责成刘璈发给等语。①

廿八日甲戌(公元 1884 年 1 月 25 日)

朝鲜国使臣闵仲墨等三人于午门外瞻觐。

是年

全国海关出口货值银七千零一十九万七千六百九十三两，进口货值银七千三百五十六万七千七百零二两，入超银三百三十七万零九两。征收货税银(海关洋税)一千三百二十八万六千七百五十七两。②

上海祥生船厂为直隶北洋海防营所建轮船“快马”，完工下水。③

光绪十年　甲申　公元 1884 年

春正月初三日己卯(1 月 30 日)

两广总督张树声奏，遵办广东防务，整顿水陆团练情形。得旨：即着该督随时会商彭玉麟、倪文蔚督饬各军，力守虎门，并将此外各口，择要严防，毋稍疏懈。

① 《清实录 · 德宗景皇帝实录》卷一七六。

② 刘锦藻：《清朝续文献通考 · 国用四》卷六六，商务印书馆 1934 年版，第 8225~8229 页。

③ 刘传标：《近代中国船政大事编年与资料选编》第 2 册，九州出版社 2011 年版，第 2 页。

蠲免浙江仁和、海沙、鲍郎、芦沥、横浦、浦东等场荒芜未垦各灶地荡涂钱粮。

缓征浙江海沙、大嵩、鸣鹤、龙头、清泉、穿长、玉泉、杜渎、钱清、西兴、石堰、长亭、鲍郎、芦沥、横浦、浦东、袁浦、青村、下砂头、下砂等场新旧灶课。①

初四日庚辰(1月31日)

福州将军穆图善等奏，法信日紧，遵筹台湾防务。得旨：仍着该将军督抚督饬所属，妥筹布置，随时酌度事机，严申儆备，期于缓急足恃。

初八日甲申(2月4日)

盛京将军崇绮等奏，筹办东边道属各海口及陆路防务，拟添练步队一营，扼要分扎，以期周密。报闻。

十二日戊子(2月8日)

左宗棠奏，假期届满，病仍未痊，仍恳开缺回籍一折。左宗棠着准其开缺，赏假四个月，回籍安心调理。两江总督着裕禄署理，兼署办理通商事务大臣。

十三日己丑(2月9日)

徐延旭奏，布置北宁各路防军，严加扼守，请饬筹解王德榜军饷各折片。北宁各路要隘，经徐延旭饬黄桂兰等，分别布置，该抚务当督饬各营，备御完固，毋稍疏虞。岑毓英计早到防，兵力较厚，即着会商徐延旭分饬滇粤各军疏通道路，迅速进兵，以期互相援应。彼族狡谋叵测，时时窥伺北宁，尤宜稳慎扼扎，毋为所乘。并激励刘永福一军，赶紧整顿，规复山西。方长华一军，着张树声催令迅即到防。钦州一带，路僻难行，据奏广东官军，由钦灵进攻海阳，是否可行，仍着张树声酌度办理。王德榜军饷，昨已据左宗棠奏，由江西及两淮运司，每月各发解银二万两，并令康国器筹捐接济矣。②

① 《清实录·德宗景皇帝实录》卷一七七。

② 《清实录·德宗景皇帝实录》卷一七七。

十六日壬辰(2 月 12 日)

以神灵显应，颁江苏青浦县城隍庙匾额曰“应德效灵”，并加封号曰“福佑”。

督办船政大臣何如璋奏，承造南洋快船两号，安上龙骨。第五号铁胁轮船，制已及半，虽工程不易，而经费较省。报闻。①

十八日甲午(2 月 14 日)

岑毓英已抵保胜，亟应亲往兴化一带，查勘布置。边外各军，心志未齐，必当有所统摄，以一事权。所有徐延旭统带各营及后路调防诸军，均着归岑毓英节制调度。徐延旭仍当和衷商办，不得稍存意见，致误戎机。本日据内阁学士周德润奏，请饬滇粤分兵，收取兴化等七省，纳其租赋，以饷战士而养义民，并令刘永福、杨著恩、黄守中、梁俊秀等各遣兄弟子侄二三人，效力滇营，编入亲军，以示羁縻等语。着岑毓英、徐延旭妥筹办理。

廿一日丁酉(2 月 17 日)

英文报纸《北华捷报》报道：江南制造局制造一艘巡洋舰(“保民”号)，排水量 1477 吨，将是这个吨位最强大的军舰。②

廿二日戊戌(2 月 18 日)

徐延旭奏，教堂勾匪滋事，法人窥犯北宁，现经添营备御，请饬催拨饷需一折。上思州地方，与越南接壤，该处教堂，勾引匪徒，不服盘查，且有教士带匪，赴援河城等语。法人占踞山西后，时以火船游弋，扑犯防营。越之建昌府城，又为法踞，内外交讧，事机甚紧。徐延旭先后添募二十余营，分别布置，着即督饬各营严密防范。如有土匪藉端蠢动，立即捕拿，以清内患。仍着即速前进，力保北宁。③

廿五日辛丑(2 月 21 日)

四川总督丁宝桢奏，请饬驻日使臣黎庶昌，密探日本情形。傥法人与之勾结，

① 《清实录·德宗景皇帝实录》卷一七七。

② 刘传标：《近代中国船政大事编年与资料选编》第 2 册，九州出版社 2011 年版，第 300 页。

③ 《清实录·德宗景皇帝实录》卷一七七。

宜迅为调度，豫伐其谋。下总理各国事务衙门知之。

廿六日壬寅(2月22日)

予出洋随员候选郎中陈远济、中书联兴等奖叙，及病故医官候选知县曾念祖优恤。

廿九日乙巳(2月25日)

吴大澂奏，滇桂边防紧要，请旨准率所部前往广西，会同筹办一折。吴大澂屡请统兵赴粤，奋勇可嘉，所陈战守机宜，具见实心讲求。该京卿所部各营原拟驻扎滦乐一带，如调广西，该处沿海各地方，应派何军填扎，直隶防营是否足资分布，着李鸿章酌度情形，妥筹具奏。该军四千余人，淮勇为多，吉林旗丁民勇谅亦不少，于蛮烟瘴雨之乡是否相宜，亦不可以不虑，着李鸿章、吴大澂，会同熟商，一并迅速覆奏。①

三十日丙午(2月26日)

浙江巡抚刘秉璋奏，杭州府属西、中、东三塘柴扫盘头等工，酌量改建扫坦，以节经费。下部知之。②

二月初一日丁未(2月27日)

岑毓英奏，密陈官军防守兴化情形，暨拔赴前敌日期一折。法兵欲由沱江过渡，来攻兴化，经我军设伏击退。彼既肆意蚕食，得步进步，各该防营，益当严加备御。岑毓英现赴前敌，着督饬各军分路布置，并随时会商徐延旭，相机进剿，力保兴化、北宁等处完善之地，以固边疆门户。该督拟疏通由兴化往宣光、太原、北宁之路，联络粤军，昨接张树声电报，岑毓英、徐延旭会商进图山西，并抽营扎北宁、山西间，以通声气，黄桂兰等俟塞河工竣，即抽营进扎嘉林、顺城，所筹各节，着岑毓英、徐延旭等通盘筹画，妥为进扎，毋稍疏虞。前据吴大澂奏，滇桂官兵，宜申明纪律等语，着岑毓英、徐延旭严饬各营统领，约束兵丁，勤加申儆，不准骚扰越境，以示怀柔至意。③

① 《清实录·德宗景皇帝实录》卷一七七。

② 《清实录·德宗景皇帝实录》卷一七七。

③ 《清实录·德宗景皇帝实录》卷一七八。

初四日庚戌(3月1日)

刘秉璋奏，察看沿海形势，分别布置，请拨轮船一折。浙江定海地方，防务紧要，急需得力兵轮以资备御。着左宗棠、何璟、张兆栋、何如璋酌量分拨坚利兵轮船，或蚊子船四号，前赴定海驻泊。各该船原有额饷，仍由原省接济，俾免缺乏。所有浙省现在分布各营，即着刘秉璋督饬认真操练，毋稍疏懈。其余各事宜，仍着妥筹办理，以备不虞。①

初五日辛亥(3月2日)

总理各国事务衙门奏，遵议吉林与朝鲜商民贸易章程。报闻。

赏比国使臣诺丹高宝星。

初六日壬子(3月3日)

有人奏，上海招商局开办煤矿铁厂各事，悉仿外洋集股办法。乃司其事者，往往藉集股之名，为罗掘之计。迨商务折阅，或减半归还，或仅得什一，甚至徒执股票，取偿无日。请严定折阅之罚等语。开办各项矿厂，原为兴利起见，着李鸿章、左宗棠、曾国荃饬令承办各员，认真经理，如有克减亏移情弊，即着严行惩办。

李鸿章奏遵旨妥筹覆陈一折。据称直隶沿海地方宽阔，兵力尚单，如将吴大澂一军调赴广西，拟饬曹克忠所募六营，拔赴昌黎、乐亭一路，择要扼扎等语。畿辅为根本重地，防务紧要。前据李鸿章、吴大澂奏，该京卿所部，拟俟春融，移扎滦州等处，期臻周密。现在若将该军调赴广西，则京东沿海各处，空虚可虑。曹克忠所部队伍，既形单薄，且原议饬赴烟台，亦应妥筹兼顾。吴大澂即着毋庸前赴广西，仍率各营，移扎滦乐一路，与李鸿章会商，妥为布置。天津为京师门户，由津至通一带，必须筹备严密，以昭慎重。应如何派兵填扎，大顺广及宣化等处练军，是否堪以调拨，着李鸿章体察情形，奏明办理。②

十一日丁巳(3月8日)

广西巡抚徐延旭奏，法船叠犯北宁均经击退情形。得旨：法人叠次窥犯北宁，

① 《清实录·德宗景皇帝实录》卷一七八。

② 《清实录·德宗景皇帝实录》卷一七八。

均经防军击退，仍着徐延旭督饬黄桂兰等，严密防守，不得稍涉疏虞。该抚即行相机前进，并与岑毓英悉心会商，督军进扎，妥筹布置。上思州等处教堂务当饬令所属，随时防范稽查，毋任勾结为患。

抚恤琉球国遭风难民如例。

十九日乙丑(3月16日)

昨据李鸿章电报，北宁业已失守，官军退至太原，曷胜愤懑。前叠谕徐延旭妥筹备御，力保北宁，乃该抚株守谅山，毫无布置。岑毓英派刘团十二营赴北宁，该抚谓北宁无警报，令复嘉林关，该城旋即失陷，调度乖方，殊堪痛恨。着先行摘去顶戴，革职留任，责令收集败军，尽力抵御。如再退缩不前，定当从重治罪。彼族肆意蚕食，边患日深。前有旨令岑毓英节制诸军，该督素性勇往，熟谙兵事，着即激励各营及刘永福一军，力图进取，一面疏通道路。务令滇粤防军，联络策应，择要扼守，捍卫边疆，毋任再有侵逼。北宁详细情形，着该督抚迅速奏闻。黄桂兰、赵沃等，现在何处，并着查明具奏。又据张树声电报，惠州会匪由稔山分股窜扰，业经官军击败，仍着张树声、倪文蔚饬令派出各营合力进剿，迅速扑灭，毋任蔓延，以清内患。彭玉麟病体是否已愈并着奏闻，以纾廑系。

署直隶总督李鸿章奏，《中国朝鲜商民贸易章程》第四条，现应变通酌改。华商运货可至朝鲜内地出售，韩商亦可前来中国内地卖货，庶与英德各约不致轩轾。下部知之。①

廿三日己巳(3月20日)

闽浙总督何璟等奏，闽省防军，续筹布置情形，并委杨在元署台湾镇总兵。报闻。

抚恤琉球国遭风难民如例。

廿七日癸酉(3月25日)

彭玉麟等奏，遵旨派将添营，迅赴前敌，暨筹防琼廉各折片。北宁失守，粤西防营退扎，正须收集整顿。方长华一军，现已募齐。着彭玉麟等饬令赶紧部署，克日拔队出关，驰赴前敌，以厚兵力。琼州防务愈形紧急，着彭玉麟、张树声、倪文蔚懔遵前旨，督饬吴全美、王之春严密布置，不得稍涉疏虞。西路团练，并令冯子

① 《清实录·德宗景皇帝实录》卷一七八。

材等实力办理，俾壮声援。惠州会匪，已否扑灭，务当迅速歼除，以清内患，免致牵掣防军，是为至要。①

廿九日乙亥(3 月 26 日)

昨据李鸿章电报，法兵已攻取太原，华兵死伤甚众，又有拟索兵费之说。徐延旭株守谅山，毫无备御。传旨将徐延旭革职拿问，派员解交刑部治罪。广西巡抚，着潘鼎新署理，徐延旭所带各营，即着该署抚接统认真整顿。唐炯率行回省，以致边防松懈，传旨将唐炯革职拿问，派员解交刑部治罪。云南巡抚着张凯嵩署理。贵州巡抚，着李用清暂行护理。②

三月初二日丁丑(3 月 28 日)

有人奏，参福建台湾道刘璈肆意贪横，办防松懈，与总兵吴光亮意见不合，设遇有警，恐致偾事，请旨饬查等语。前据何璟等奏，刘璈、吴光亮意见不合，已将吴光亮调省另行委用，台湾镇总兵委杨在元署理。台湾防务紧要，现经何璟等督饬刘璈筹画布置，该员办理一切，有无因循弛懈情事，该督抚前奏台地口岸林立，饬令地方文武妥定章程，认真举办乡团、渔团以辅兵力，刻下已否举行，并所参各节，着何璟、张兆栋一并确切查明，据实具奏。

内阁学士周德润奏，出使外洋人员，请酌赏顶戴，毋庸概给升阶。下总理各国事务衙门议。寻奏：拟请嗣后出使各员三四五六品京堂仅加二品顶戴，外官司道、京官科道编检、各部司员给予二品顶戴，并酌加京官衔。均以本官充使仍准其照例升转铨补，期满回京查其办事有益于国者，三品以上各员候旨遵行，四品以下各就本官酌保升阶。从之。③

初十日乙酉(4 月 5 日)

广西巡抚徐延旭奏，法兵大股，扑犯芹驿关，现饬防军堵御。得旨：北宁于二月十五日失守，徐延旭此奏于前敌紧急情形，一无所知，贻误大局，实堪痛恨。现在太原又陷，边事甚棘，着该抚懔遵前旨，收集溃卒，扼扎抵御。傥再有挫失，则该抚获罪益重，懔之。

① 《清实录·德宗景皇帝实录》卷一七八。

② 《清实录·德宗景皇帝实录》卷一七八。

③ 《清实录·德宗景皇帝实录》卷一七九。

出使美日秘国大臣郑藻如奏，秘鲁国与智利和议已成，俟该国举定总统，当往递国书。现在豫筹秘鲁使事，拟调福建候补守备李寿田为翻译官，俾资差遣。从之。①

十二日丁亥(4月7日)

以神灵显应，颁直隶迁安县城内关帝庙匾额曰“功德宣昭”，城隍庙匾额曰“雨旸时若”。

户部奏请续拨京饷等语。近年库款支绌，叠经户部续请添拨京饷，此次该部酌量各省情形，拟拨山东地丁银五万两、湖南地丁银五万两、江西地丁银四万两、福建税厘银十万两、两淮盐课盐厘银八万两、长芦荥工加价银五万两、江苏厘金银十二万两、安徽厘金银五万两、湖北盐厘银五万两、四川津贴银五万两、盐厘银十万两、闽海关洋税银五万两、江海关洋税银八万两、九江关常税银十万两、赣关常税银三万两，共银一百万两。

广西提督黄桂兰、道员赵沃统领各营，驻扎越南地方防堵，乃北宁、太原相继失陷。黄桂兰等不能实力堵御，罪无可辞，着王德榜传旨将黄桂兰、赵沃革职拿问，派员解京，交刑部治罪。广西提督，着王德榜暂行署理，并接统该二员所带各营，妥为抚驭，认真防守。前谕潘鼎新克期驰赴广西，奉旨后谅即起程。着星速出关，将徐延旭所统各营，实力整顿以遏敌氛。

两江总督左宗棠奏，现聘洋人在江阴设局，教习水雷，又在下关购地储煤，备轮船之用。报闻。又奏，严定禁买吕宋票章程。得旨：即着该督咨行湖北等省，一体照办。②

十七日壬辰(4月12日)

刘秉璋奏，查办台州匪徒，设法整顿情形一折。浙江台州地方，素多盗匪。前经该抚督饬搜捕，陆续擒获著名匪徒数十名，讯明正法，并格毙匪伙甚多。现在派驻营勇，认真缉捕。即着责成副将王大燚、署知府陈璚等务将漏网余匪，按名弋获，不准稍有疏懈，并着严饬地方各官将应办事宜，实力整顿，以清伏莽而安良善。

前已有密旨，令潘鼎新驰赴广西镇南关外，传旨将徐延旭革职拿问。现计潘鼎新应已行抵广西，着该抚派员将徐延旭解京交刑部治罪，并着潘鼎新会同王德榜将

① 《清实录·德宗景皇帝实录》卷一七九。

② 《清实录·德宗景皇帝实录》卷一七九。

黄桂兰、赵沃溃退情形，切实查明。如系弃地奔逃，即行具奏，请旨惩办，毋庸解交刑部。已革职总兵陈得贵防守扶良炮台，首被攻破，副将党敏宣带队落后，退缩不前，均着即在军前正法。其余溃败将弁一并查明，分别定拟，请旨办理，毋稍徇隐。张树声职任兼圻，咎有应得，究属鞭长莫及，加恩着改为交部议处。广西巡抚着潘鼎新补授，湖南巡抚着庞际云署理，广西提督着王德榜署理。

刘秉璋奏，台匪金满自投诚以来，野性骤难尽化，现经调赴粤东，如能立功自赎，或粤省撤防，万不可仍令回浙，以致别生枝节，请饬彭玉麟俟海防事竣，或就近安插，或留长江水师营内差委等语。着彭玉麟察度情形，妥为办理，毋任回浙再生事端，以弭后患。

现在越南北宁失守，防务吃紧，着曾国荃将南洋防守事宜，切实筹办，务臻周密，不可稍涉疏懈，并将办理情形迅速覆奏。①

廿二日丁酉(4 月 17 日)

岑毓英奏，北宁失陷，兴化等处布置防守，并随时激励刘团，暨请赏给越南官兵饷银各折片。据称法人拟分三路攻扑，现饬官军分投抵御。即着岑毓英激励防营及刘永福一军，竭力固守，相机筹办。越官黄佐炎等所带官兵，办理各项差使既尚得力，着照所请，按月赏给银一千两。惟黄佐炎究竟是否可靠，着岑毓英随时体察，加意审慎，毋致意外之虞。

据李鸿章、曾纪泽电报，法兵攻破兴化。据张树声电报，有法攻兴化之说，尚观望未进各等语。

前津海关税司德璀琳(德国人)由欧洲来华，经香港行抵天津，带来法国水师总兵福禄诺致李鸿章一函，提出和谈条件。②

廿三日戊戌(4 月 18 日)

办理广东防务兵部尚书彭玉麟奏，派营进扎虎门外沙角大角东西两要隘，以固前敌门户。得旨：着即督水陆各军，严密防守。新募各营，加紧训练，毋稍疏虞。又奏，剿办惠州会匪情形。得旨：着即会同张树声等，督饬各营，严拿首逆，搜捕余匪，以净根株。

---

① 《清实录·德宗景皇帝实录》卷一八〇。

② 王彦威：《清季外交史料》卷四〇，书目文献出版社 1987 年版，第 6~7 页。

廿四日己亥(4月19日)

潘鼎新奏，遵奉谕旨部署出关一折。现在关外军情万紧，据奏该抚已于本月十三日启程，前赴粤省，即着克日驰赴镇南关外，接统徐延旭所部各营，妥筹战守之策，以顾边疆门户。所有驻扎永州之提督苏元春，统带防军二千四百余人，着潘鼎新全数调往，俾资厚集。并着檄委提督方友升，召募二千人，陆续前进。该抚现在调兵募勇，军饷亟宜宽筹，据称湘省祭项支绌，自系实在情形，着准其截留京饷银十万两，以资饱腾。苏元春一军，期票行饷，着庞际云一并发给。潘鼎新驰抵关外后，着将该处原扎各营，分别汰留，力图整顿。苏元春驻扎永州防军，现既调赴关外，该处应行募营填扎，着庞际云妥筹办理。近接张树声等电报，兴化已为法人所据，岑毓英尚无详细奏报。该抚到防后，务当慎固边疆，毋稍疏懈。①

廿五日庚子(4月20日)

中国自与法国通商以来，讲信修睦，历有年所。一切交涉事件，惟期推诚相与，永固邦交。嗣法国与越南构兵，当以越南为我国藩服，世修职贡，效顺殊殷，揆之以大字小之义，不得不为保护。且越境土匪滋扰，迄未尽绝根株，尤恐乘机扰乱，甚至窜入中国边疆。是以派兵驻扎北圻地方，以资防堵。仍一面将我军驻扎之地，照会法国使臣，原所以顾全和好，以免彼此猜疑。乃越南昧于趋向，首鼠两端，致使该国教民肆行侵逼，抗我颜行，此皆越南君臣不识事机所致。朝廷与法国并不愿伤睦谊也。本日据总理各国事务衙门，接到李鸿章电报，兴化已被法兵据守，粤税务司德璀琳密称，若早讲解，可请本国止兵等语，自系为保全和局起见。着李鸿章通盘筹画，酌定办理之法，即行具奏。李鸿章筹办交涉事件，责任綦重，叠经被人参奏，畏葸因循，不能振作，朝廷格外优容，未加谴责。两年来法越构衅，任事诸臣一再延误，挽救已迟，若李鸿章再如前在上海之迁延观望，坐失事机，自问当得何罪。此次务当竭诚筹办，总期中法邦交从此益固，法越之事由此而定，既不别贻后患，仍不稍失国体，是为至要。如办理不善，不特该大臣罪无可宽，即前次总理各国事务衙门王大臣亦不能当此重咎也。②

---

① 《清实录·德宗景皇帝实录》卷一八〇。

② 《清实录·德宗景皇帝实录》卷一八〇。

廿六日辛丑（4 月 21 日）

昨据道员邵友濂电报，德国施翻译官云，洋行接厦门电报，法国提督带兵船八只过厦门，向北开驶等语。法人连陷越南北宁等省，其势甚张，彼以兵船来华，恫吓要求，自在意中沿海各处，亟应妥筹备豫。着李鸿章、曾国荃、彭玉麟、穆图善、何璟、张树声、卫荣光、刘秉璋、张兆栋、陈士杰、倪文蔚、吴大澂饬令防军，加紧训练，于沿海各要隘力筹守御，务臻严密。琼州、台湾，孤悬海外，久为彼族所觊觎，有欲据以为质，藉索兵费之说。傥有疏虞，办理益形棘手。着彭玉麟、穆图善、何璟、张树声、张兆栋、倪文蔚督饬将领实力筹防，总期有备无患。际此事机紧要，正我君臣卧薪尝胆之时，该大臣等务当振刷精神，竭诚筹办，用副委任，仍宜持以镇静，不得稍涉张惶，是为至要。该国兵船北驶，是否确实，着即探明具奏。通政使司参议延茂奏，请饬调吴长庆一军，移扎金州等语。吴长庆统率所部驻扎朝鲜，应否将该军调回，择要扼守，着李鸿章体察情形，奏明办理。

有人奏，请饬各省机器局，广招智能之士，每出一器，务思所以御之之术，有能出奇制胜者，予以不次之赏。又有人奏，船政机器各局，宜严惩虚伪等语。各省设立船政机器各局，原为力求自强之计，若制造不精，无裨实用，以致虚糜帑项，甚至侵渔中饱，尚复成何事体。着李鸿章、曾国荃、何璟、张树声、丁宝桢、卫荣光、刘秉璋、陈士杰、张兆栋、倪文蔚、何如璋督饬局员，精心讲求，务期利用，随时认真整顿，力杜浮冒等弊，并将各该员分别劝惩，以收实效。

两江总督左宗棠奏，调已革湖南提督罗大春，前往瑞安，将练有洋枪队六千名，挑选三千名来江，由臣覆验，届时再派归长江提督李成谋统带，俾资臂助。允之。①

夏四月初一日乙巳（4 月 25 日）

前据总理各国事务衙门接道员邵友濂电报，德国翻译官云，法国提督带兵船八只，过厦门向北开驶。昨李鸿章电报据沪局电称，侦知有法铁甲二、快船二、兵轮一，于四月初一、二日可泊吴淞，孤拔所领，各舰继至等语。

岑毓英奏，太原失守，兴化更加吃紧，请旨办理一折。据称北宁太原，相继沦陷，道路梗阻，兴化城小临江，又乏存粮，势难坚守，如全师撤回，扼守边境，可免伤精锐等语，所奏自系实在情形。

浙江巡抚刘秉璋奏，筹办海防，添募营勇，加挑练军炮兵，先后添募贞字右后

① 《清实录·德宗景皇帝实录》卷一八〇。

二营俱五百名、静安新勇一百名、镇海炮勇九十六名、达字中营差官十名，遵照新章，详请立案。下部知之。①

初六日庚戌(4月30日)

清廷晓谕：越南久列藩封，世修职贡。自法国取西贡六省为其属地，继复攻夺河内海防等处，逼立条约，认为保护。其时中国尚有内寇，总理各国事务王大臣又未能先事豫筹，早加诘问，法人遂谓我未遑远略，谋占越南。近来越事益急，朝廷轸念藩服，不忍漠视，特命云南广西督抚，率师扼扎北圻地方，俾壮声援，此固字小之义，为保护该国计，因以为屏蔽边境计也。乃该国昧于趋向，始则首鼠两端，继且纵令教民抗我颜行，肆意侵逼。山西、北宁之失，皆系该国民人纷纷内应所致，辜恩悖义，莫此为甚。广西官军纪律不严，遇敌即溃。岑毓英驻军兴化，亦有该处形势难守，不若全师暂退以固门户之奏。疆场之事，一胜不可幸，一败不可挠。此时自应整军经武，再图进取。是以命潘鼎新驰赴粤西，重加整顿，叠谕沿海疆臣妥筹战守，又特召鲍超、刘铭传等来京听候调派，原未尝因偏师偶挫，稍摇定见。适递总理各国事务衙门接到李鸿章电信，据称法国水师总兵福禄诺，令税司德璀琳面呈信函，请准从中讲解等语，因思出师护越，越不知感，法又为仇，兵连祸结，亦非万全之策。既据该国先来讲解，是彼亦愿保全和局，因势利导，保境息民，未尝非计。当经谕知李鸿章许其讲解，并令该大臣通盘筹画，酌定办法，即行具奏，期于不损国体，不贻后患。兹据该大臣遵旨覆陈，所称审势量力持重待时等语，尚属老成之见，自应相度机宜，与之妥议，庶此事有所归束。惟大局所关，必须详审。越南地方，若与法画界而守，似乎利其土地。若弃而不守，又有唇亡齿寒之虞。此后滇粤防务，疆圉应如何固守，饷需应如何豫筹，和局果成，有何流弊，应如何杜渐防微，法酋狡诈要挟，应如何辩难折服，以上数端，并此外如有应行豫筹之处，着一并悉心详陈，迅速覆奏。

署直隶总督李鸿章奏，请将吴长庆现驻朝鲜六营分别调回。得旨：即着随时相机调度，妥筹兼顾。②

初七日辛亥(5月1日)

闽浙总督何璟等奏，福建陆路提督孙开华，前经派赴台北扼防，现抵台北艋舺地方驻扎。得旨：着即督饬孙开华等相机布置，认真防范，毋稍疏虞。

① 《清实录·德宗景皇帝实录》卷一八一。

② 《清实录·德宗景皇帝实录》卷一八一。

两江总督左宗棠等奏，船政员绅等津贴，向归外销，请由船政衙门奏明，准予造册，报部以归画一。下所司议。

初八日壬子(5 月 2 日)

署都察院左副都御史张佩纶奏，请饬边海各军严防备战，以杜要盟之计一折。兹据张佩纶奏请，以讲解责成李鸿章，仍以备御责成各路疆臣统帅，使讲解者以有备御而辩论可施，备御者不得以有讲解而军心顿懈。自来能战而后能和，所陈尚为切要。叠据李鸿章等电报，该国兵船先后来华，沿海各口岸防务吃重，着李鸿章、曾国荃、彭玉麟、穆图善、何璟、张树声、卫荣光、刘秉璋、张兆栋、陈士杰、倪文蔚懔遵叠次谕旨，整顿防军，严申警备，务臻周密，仍宜持以镇静，不得稍涉张惶。滇粤边境着张树声、岑毓英、潘鼎新督饬各营，实力扼守，毋稍松懈。所奏请饬李鸿章电商陈士杰，将烟台各军酌归一统领钤辖，旅顺及山海关等处，应如何扼要布置，着该大臣分别商酌妥议具奏。至所称将来法人必索刘永福，请饬李鸿章、岑毓英顾全大局等语。法人屡为黑旗所败。其蓄志驱除，自在意中，着李鸿章、岑毓英先事筹计，以为辩论地步。本日已谕令曾国荃饬潘鼎立召募五营，迅赴广西。署理广西提督唐仁廉，着李鸿章饬令迅速前往，毋稍延缓。滇粤各营需用军火，着责成张树声悉心经理，俾资接济。琼州、台湾、定海、崇明等处，非通商口岸，尤为彼族所窥伺，彭玉麟、穆图善并该督抚等，备宜严密防守。广东为南洋首冲，由越抵琼，尤瞬息可至，彭玉麟、张树声务当和衷共济，力筹备御。广西系张树声兼辖，该省防务，不得稍存漠视，并着会商潘鼎新妥筹兼顾，毋稍疏懈，致干重咎。长江门户，关系紧要，着曾国荃会商李成谋妥为布置，期于有备无患。所奏北洋水师，能否巡行连湾、庙岛，使彼转运有所顾忌，及以师船扼扎敌所必经之地，为截资粮，诘奸宄计，着南北洋大臣酌度办理。前据陈士杰奏，法如败约，必分兵屯烟台、登州购买粮米，防之之法当先断其接济，并编查渔户各节，着该抚斟酌事机，妥为筹办。①

初九日癸丑(5 月 3 日)

署两江总督曾国荃奏，筹办南洋防守事宜五条。得旨：南洋防守，极关紧要。昨有旨谕令曾国荃严密布置，即着懔遵妥办，毋稍疏虞，此外应办各事，并着随时体察情形，悉心规画，奏明办理。

---

① 《清实录·德宗景皇帝实录》卷一八一。

初十日甲寅(5月4日)

前据李鸿章覆奏，税司德璀琳所称讲解止兵等语，遵旨竭诚筹办一折，当经谕令御前大臣等公同会议。兹据遵议覆陈，请饬因势利导，力杜要求。法越构衅已久，现因法人自愿保全和局，期廷准令该署督与之讲解，无非为保境息民起见。惟与外人交涉之事，必先通盘筹画，坚持定见。其事之可允者，务当详细斟酌，迅速奏明办理。如有非理要求，则必严行拒绝，万不可稍有游移，致堕彼族得步进步之计。目前最要者约有数端：越南世修职贡，为我藩属，断不能因与法人立约，致更成宪，此节必先与之切实辩明；通商一节，若在越南地面互市，尚无不可，如欲深入云南内地，处处通行，将来流弊必多，亟应豫为杜绝；刘永福黑旗一军，屡挫法兵，为彼所深恨，蓄志驱除，自在意中，岂可遂其所欲，更长骄矜之气；此次法人侵占越南，衅自彼开，用兵以来，屡经谕令通商各口岸保护法商，所以优待者甚至，我与彼毫无失和之意，为各国所共知，若再索偿兵费，不特情理所必无，亦与各国公法显背。以上各节，均与大局极有关系。李鸿章膺此重任，宜如何竭力图维，豫筹辩论。如昗放松一步，使彼得志以去，将来各国起而效尤，其将何以应之。该署督筹办防务，业已十有余年。如战守确有可靠，谅不至临事失措，迁就依违。着即悉心筹议，必须胸有成竹，方可与之讲解。切勿轻于尝试，致误机宜。总之目下要义，一面留以可和之机，一面仍示以必战之局，使彼有所顾忌，庶可就我范围。傥办理不善，或伤国体，或滋后患，朝廷固必执法严惩，且贻天下万世之訾议。该署督返而自思，亦当懔然生畏也。①

十二日丙辰(5月6日)

法国代表福禄诺抵津，面交李鸿章法方所拟《简明条约》。②

十三日丁巳(5月7日)

吴大澂奏，东路海防布置安谧，惟山海关一隅，极为险要，请调得力步队分驻，以固后路。得旨：即着吴大澂督率将领，认真训练，加意严防，以期缓急足恃。山海关一带，备御尚虚，着会商李鸿章调派勇营妥为布置，务臻周密。

① 《清实录·德宗景皇帝实录》卷一八一。

② 王彦威：《清季外交史料》卷四〇，书目文献出版社1987年版，第34页。

十四日戊午(5 月 8 日)

通政使司通政使吴大澂，着会办北洋事宜，内阁学士陈宝琛，着会办南洋事宜，翰林院侍讲学士张佩纶，着会办福建海疆事宜，均准其专折奏事。

接到李鸿章电信，据称福禄诺与该署督晤面，拟有私议五条，兵费可免，但求商务有益于法人。法人自知理屈，不索兵费，自可与之从容筹议。惟所称商务有益于法人一语，彼族设心叵测，不可稍涉含糊。李鸿章务当懔遵初十日谕旨，与之切实辩论，力杜狡谋。前据伯彦讷谟祜等覆奏一折、暨廖寿恒等折，均为思患豫防起见。其中可采之处，该署督即可据以立论。本日据周德润、邓承修奏，北塘防务吃紧，唐仁廉未便远离。目前固有可和之机，尤须示以必战之局。天津海防，自较广西关外更为重大。唐仁廉如未起程，着即饬令暂缓交卸，仍督饬该署提督将北塘海防，严密布置，以固要区。

现在海防紧要，需款甚巨，亟应裁革冗费，储备防饷。着户部切实筹画，用备不虞。云南矿务，叠经谕令该督抚等妥速筹办，应如何广为开采之处。着户部妥筹办理。

福州将军穆图善奏，闽省海防经费浩繁，上年请由闽海关酌量移拨，奉旨议行在案。现核四成洋税项下协饷十一万两，南北洋海防经费十余万两，六成洋税项下应拨奉天经费二万两，又应拨雷正绾西征月费二十一万两，计此四项饷银，请酌量添拨。下部议。①

十五日己未(5 月 9 日)

本月初八日，已有旨将办理法越事务，谕知会议诸臣矣。兹据总理各国事务衙门，将李鸿章与福禄诺所拟五条呈览。不索兵费，不入滇境，其余各条，均与国体无伤，事可允行。将来详议条目，如别有要求，自无难再予驳正。此时整兵备边，仍不容懈，已派吴大澂、陈宝琛、张佩纶会办海防，并叠谕沿海疆臣，实力整顿防务，不得粉饰因循，以为自强之计。此事为各国观瞻所系，若办理稍不合宜，嗣后洋务更不可问，不得不倍加慎重。前次传集在廷臣工，公阅谕旨，原以集思广益。与议之人，自当格外慎密。

电寄潘鼎新，法人在津与李鸿章讲解，略有端倪。广西防军，着潘鼎新督饬扼

① 《清实录 · 德宗景皇帝实录》卷一八一。

扎原处，进止机宜，听候谕旨。仍随时侦探警备，毋稍疏懈。①

十六日庚申(5月10日)

前大学士直隶总督李鸿章着作为全权大臣，与法国使臣办理条约事务。

近闻法人从事越南，每以厚资雇募粤民，充当前驱，该人民等利其雇直，与之联属。此风实不可长，着张树声、倪文蔚督饬地方官，不动声色，设法禁止。平日仍宜整饬吏治，固结民心，以期消弭隐患。②

十八日壬戌(5月12日)

曾国荃奏，出省察看沿江各要隘一折。现在法国水师总兵福禄诺已至天津，与李鸿章讲解，略有端倪。惟虽有可和之机，仍当示以必战之势。该署督出省后，着将各处要隘，认真布置，力筹备御。如果规模妥协，自当悉仍其旧。傥有疏漏，或未尽得宜，该署督身任南洋事务，责无旁贷，不得稍涉迁就，致滋贻误。

十九日癸亥(5月13日)

李鸿章奏，筹办法越交涉，议定《简明条约》，画押竣事一折。此次《简明条约》，与初十日所谕该署督各节，尚不相背。惟越南系我藩属，第四款内，虽有现与越南改约，决不插入伤碍中国威望体面字样之语，究系隐约其词，并未将属藩一层，切实说明，殊未惬心。将来条目中越南册贡，照旧办理，务须注明越南既为属邦，一切政令，与中国交涉者，朝廷均可酌办。即如越南与法人两次立约，并未豫行奏闻。南官黄佐炎、张登憻心存疑贰，误我戎机，中国皆可以大义责之。现在《简明条约》既定，所最要者，全在随后所议详细条目，商务、界务确切分明，不准稍涉含混。议定后必须请旨定夺，不准匆遽迁就。彼族议事，尚须议院会商，岂有中华大政，反不集思广益之理？此层亦可与福禄诺豫为说明，免致临时再有急促情事。总之法人狡狯多端，该署督务当随时随事，杜其诡谋，方免他日反覆。

法越构衅，叠经谕令沿海各督抚严密设防，现在法人在津与李鸿章讲解，虽已议有《简明条款》。惟彼族狡诈多端，事变殊难豫度，沿海防务不可一日稍弛。③

① 《清实录·德宗景皇帝实录》卷一八一。

② 《清实录·德宗景皇帝实录》卷一八二。

③ 《清实录·德宗景皇帝实录》卷一八二。

二十日甲子(5 月 14 日)

山东巡抚陈士杰奏，法人所恃有三，船坚、炮利、军令严肃。不可恃有四，法本穷国，用师越南，饷项支绌，一也；大臣不和，势多疑阻，二也；劳师涉远，人将乘其隙，三也；四国订约，不许扰乱通商口岸，该国入踞越南，得不偿失，四也。当饬南北洋多备枪炮，资助滇粤，但与相持数月，法军饷糈奇绌，求和必益真切。得旨：该抚所陈，不为无见，仍着懔遵叠次谕旨，切实筹备，酌量事机，妥为办理，不得稍涉疏懈。①

廿一日乙丑(5 月 15 日)

江苏巡抚卫荣光奏，筹办海防情形：一、筹设各口防营，二、筹防保甲团练，三、严饬捕获枭匪。得旨：仍着懔遵前旨，实力筹备，不得因有可和之机，稍形疏懈。并将太湖一带枭匪，随时严拿惩办，以靖地方。

廿二日丙寅(5 月 16 日)

前据邓承修、潘衍桐奏，法人饷项不继，情形困敝，其所胁广东钦廉一带客民，受其荼毒，积愤甚深，请遣总兵何雄辉赴粤专召客民数营，外援内应，可以出奇制胜等语。现在法酋到津，与李鸿章讲解，已定有《简明条约》。虽有可和之机，仍不可一日忘战。召募客民乘间内应之说，固不可轻率从事，然亦不妨存此一策，待时而动。本日已降旨令何雄辉前赴广东，交彭玉麟差遣委用。即着该尚书悉心酌度，所筹是否可行，并察看何雄辉是否可用，据实具奏。②

廿三日丁卯(5 月 17 日)

法国特使福禄诺，启程回国之前会晤李鸿章，面交法文节略一件。③

---

① 《清实录·德宗景皇帝实录》卷一八二。

② 《清实录·德宗景皇帝实录》卷一八二。

③ ［美］马士：《中华帝国对外关系史》第 2 卷，生活·读书·新知三联书店 1957 年版，第 390 页。

廿四日戊辰(5月18日)

通政使司通政使吴大澂奏，北洋海防，宜有专责，恳收回成命，毋庸会办北洋事宜。得旨：北洋事务紧要，吴大澂正宜与李鸿章竭诚会办，勉图报效，且有协防海疆之责，何得以主和主战，未悉机宜，饰词取巧，所请收回成命之处，着不准行。

廿七日辛未(5月21日)

署直隶总督李鸿章奏，添设津沽北塘至山海关电线，以速军报而重防务。下所司知之。

廿八日壬申(5月22日)

张树声奏，因病吁恳开缺，专治军事一折。张树声着准开两广总督之缺，仍着督率所部，办理广东防务。两广总督，着张之洞署理。

署左副都御史张佩纶奏，请设七省兵轮水师，派员经画一折。据称各省海口，防不胜防。欲求制敌之法，须创设外海兵轮水师。其要曰：审形势、练将才、治师船、考工用，责成重臣创办，各省督抚通力合作，以水师一军应七省之防，即以七省供水师一军之饷等语，着李鸿章、曾国荃先行会议具奏。①

廿九日癸酉(5月23日)

闽浙总督何璟等奏，闽省筹办海防，饷源垂竭，所有应解各省协饷，请分别停协改拨，以济要需。下户部议。又奏，厦门添设杉船，并募水勇，福州添募营勇，长门并添横江铁练，台湾增兵二万，福、厦、台三处均已竭力筹办。得旨：即着饬令各路防军稳守，毋得稍涉疏虞。

办理广东防务、兵部尚书彭玉麟等奏，琼州孤悬巨浸，为彼族所垂涎，已多备水雷，添募壮勇。得旨：着即饬令王之春、吴全美督率水陆各军，严密布置，毋稍疏懈。

两广总督张树声等奏，筹办海防，续行修筑虎门之上横档、黄浦之白兔岗、白鹤岗、大坡地、西冈等处各炮台，奏咨立案。下部知之。②

---

① 《清实录·德宗景皇帝实录》卷一八二。

② 《清实录·德宗景皇帝实录》卷一八二。

五月初一日乙亥(5月25日)

前据吴大澂奏，统率调防各营启程赴津，尚留马队五营、步队八营，暂归吉林将军节制等语。现在吴大澂会办北洋事宜，所有宁古塔等处事宜，着统归希元督办。其留防马步队各营及副将吴永敖所招开垦地亩屯兵，即着希元认真训练，毋稍疏懈。垦地屯兵，尤须严加督饬，务使兵民相安，毋任滋事。吴大澂前刻督办宁古塔等处事宜关防，着即销毁。

前因福建海疆紧要，谕令张佩纶前往会办，以资整顿。该督抚有地方应办事务，所有该省濒海各处，张佩纶抵闽后，自当周历巡查，会商该将军督抚妥筹布置，期于周密。台湾孤悬海外，久为外人所垂涎，一切防守事宜，尤应切实筹画。叠据有人奏称该处镇道意见不合，恐滋贻误，业经何璟等将吴光亮调省委用，并委杨在元署理台湾镇篆，刘璈办理地方要务，能否合宜，杨在元是否得力，现驻该处各营是否劲旅，该处矿务应如何开办，俾资应用之处，均着详筹具奏。至船政为自强之一端，总期制造日精，而经费仍归核实，庶几持久利用，饷不虚糜。本日据何如璋奏，添机扩厂建坞开矿及增造铁甲船各条，着悉心筹商，奏明办理。

总理各国事务衙门奏，朝鲜国王现遵奏定章程，派员驻扎天津，照料朝鲜商民。报闻。

赏德国署使臣谭敦邦、日国署使臣吴礼巴等宝星。①

初二日丙子(5月26日)

曾国荃奏，遵旨筹办防务，布置水陆要隘，并拟派李成谋总统兵轮船，以备战守一折。曾国荃出省察看沿江形势，督饬水陆各军，布置防守，览奏各节，尚属周密，即着该署督随时妥为经理，以副委任，毋稍疏懈。据称李朝斌管辖三镇，公事极繁，督率兵轮，势难兼顾，李成谋熟悉水操战具，拟将江南可以备战之轮船，悉归总统，必有起色等语，所筹亦是，着照所请。即派李成谋接统兵轮船，责成该提督认真训练，俾成劲旅，期于有备无患。

署两江总督曾国荃奏，前南洋大臣左宗棠订购德国船炮等价，请借出使经费拨还。下所司议。寻会奏：应准其暂借六十万两，以济急用，仍限定三年，无论何项，由南洋照数拨还。从之。②

---

① 《清实录·德宗景皇帝实录》卷一八三。

② 《清实录·德宗景皇帝实录》卷一八三。

初三日丁丑(5月27日)

徐桐、薛允升奏，奉天东边道有练兵筹饷之责，及兼管中江通商事务，员缺紧要，可否令该将军等会同北洋大臣，于奉天、直隶两省实缺知府及候补道员内拣选请补，抑或特旨简放等语。着吏部议奏。

初四日戊寅(5月28日)

吴大澂现在会办北洋事宜，该京卿前练各营，尚有马队五营、步队八营留驻吉林，所有宁古塔等处事宜，昨已谕令希元督办。惟吴大澂前办各事，未竟之绪尚多：马步各营必须统领得人；吴永敖所招垦地屯兵，尤系经久之计；珲春等处与俄境接壤，常有交涉事件，关系极为紧要；希元相距较远，恐有鞭长莫及之虞，非有熟悉洋情能持大体之员，驻扎办理，不足弭外患而固边防。李鸿章素称知人，且于吉林等处情形，均所深悉，着遴选堪以接统兵勇、谙练边务之人，切实保奏，听候简用。

翰林院侍读王邦玺奏，上海所刻《申报》，往往指摘时政，妄肆讥评，淆乱贤否，颠倒是非，并将军营密奏折件，间或登列，闻操笔者为中华失志之士绅，请饬防禁等语。《申报》谣言惑众，颇为风俗人心之害，前年二月间，曾谕令左宗棠禁止，迄今未据覆陈办法。兹又据王邦玺力言其弊，应如何设法严禁之处，着曾国荃、卫荣光斟酌情形，妥筹办理。

赏署都察院左副都御史翰林院侍讲学士张佩纶三品卿衔，会办福建海疆事宜。①

初八日壬午(6月1日)

周德润奏，滇粤当筹善后，法人以保护中国边境为词，意欲借为瓯脱，屯兵观衅，请于分界前先扼其要。法越构衅，现经李鸿章与法酋议有《简明条款》，虽据声称不入云南，然此后滇粤边境，均应豫为布置，以峻防闲。广西、广东水陆各隘，究以何处为最要，云南将来有边外互市之事，尤须扼定界限，自固藩篱。应如何驻扎重镇、增备船炮、训练营伍，全在该督抚相度地势，先事绸缪。

周德润奏，北洋所辖烟台、登莱、大沽、北塘各口，为近京险要之区，驻津者当以全力捍之，若兼营辽海，实恐鞭长莫及，可否即饬吴大澂分驻奉天海口，密顾京师后路等语。北洋大臣所辖地方辽阔，吴大澂应否于奉天海口择要驻扎之处，着

① 《清实录·德宗景皇帝实录》卷一八三。

李鸿章会商该京卿，妥为筹画奏明办理。

山东巡抚陈士杰奏，兖州镇总兵全祖凯，自募亲军营成军，驰赴烟台扼扎。下部知之。①

初十日甲申(6 月 3 日)

两广总督张树声等奏，粤省官助商办陆路电线告成。现经电报官局归并承受。又奏，添设虎门、白土冈二处陆路电线。均下所司知之。

十三日丁亥(6 月 6 日)

彭玉麟奏，密筹广东守御情形，并力陈可战之说，及安插金满各折片。法酋在津，与李鸿章所议《简明条款》，虽已互相画押。此后定界通商等事，必须切实辩论，折其狡谋。屡经谕令李鸿章杜渐防微，审慎办理。傥彼族心怀叵测，未能就我范围，则各省备御可恃，自不至稍为迁就，又蹈从前敷衍了事。至沿海防务，不特早经饬办。即此次议款之后，亦已严切申诫，至再至三，朝廷未尝一日忘战，该尚书所陈可战之说，具见悃忱，用意正相吻合。即着督率所部，实力防守，万一将来稍有衅端，立即严阵以待，庶足固疆圉而壮声威。金满留营效力，仍着妥为驾驭，毋稍疏虞。②

法越订立《和平条约》。③

十五日己丑(6 月 8 日)

予积劳病故，出洋学生五品军功陈伯璋议恤。④

十六日庚寅(6 月 9 日)

福州将军穆图善等奏，遵旨覆陈闽省办理海防，及法国兵船经过厦门情形。得

---

① 《清实录·德宗景皇帝实录》卷一八三。

② 《清实录·德宗景皇帝实录》卷一八三。

③ 中国史学会主编：《中法战争》，《中国近代史资料丛刊》第 1 册，新知识出版社 1955 年版，第 344 页。

④ 《清实录·德宗景皇帝实录》卷一八三。

旨：即着穆图善等，就现有各营及兵轮蚊船，妥筹布置，认真操防，以期有备无患。①

十七日辛卯(6月10日)

左中允崔国因奏，建设铁路，则调兵、转饷、运漕，均可迅速，且通商惠工，可夺外洋之利等语。铁路一事，前经谕令李鸿章等会议，以需费至巨，未即兴办。惟此等创举之事，或可因地制宜，酌量试办。现在云南广开矿务，山西采运铁斤，转运艰难，旷时糜费。如可各就开采之地，量为创造，以省运费而裕利源，亦属自强之一策。是否可行，着总理各国事务衙门会商李鸿章详加酌核，妥筹具奏。

十九日癸巳(6月12日)

江苏巡抚卫荣光奏，遵旨严防备战、择要布置情形。得旨：着督饬各军，妥筹备御，严密布置，毋得稍涉疏懈。

予缉枭殒命，浙江外委王朝贵等议恤。②

二十日甲午(6月13日)

减浙江宁波卫安勇百五十名，从巡抚刘秉璋请也。

耶松船厂为怡和轮船公司所建轮船“源和”号下水，载重2522吨。③

廿三日丁酉(6月16日)

詹事府左中允崔国因奏，海口炮台，必用铁甲，炮必百吨，俄国克龙斯达的、德国启儿埠头炮台，成效可见。前于光绪五年八月，据光禄寺少卿刘锡鸿呈进德国炮台模式，当经降旨交总理各国事务衙门咨行南北洋大臣查照试办，未据该大臣等声覆。彭玉麟前奏，广东守御情形，据称炮台颓坏者修之，不如式者改之：于炮台后开劈山洞土巷，暗通小门，以藏兵勇，使得隐蔽其身；炮台左右余基，筑绵亘坚厚土墙，前掘深壕，使各炮台勇丁，得在墙内通行；另开便门出队，为游击之师；

① 《清实录·德宗景皇帝实录》卷一八四。

② 《清实录·德宗景皇帝实录》卷一八四。

③ 刘传标：《近代中国船政大事编年与资料选编》第2册，九州出版社2011年版，第301页。

炮台外堆积海沙，高与炮台相埒，临时以水淋透，可御开花炮子。所奏颇为详细。着南北洋大臣查明现在所筑各炮台情形，是否坚固扼要，足资守御；崔国因所陈台必铁甲，炮必百吨，是否相宜；刘锡鸿前进模式，曾否试办；彭玉麟所奏各节，应否仿照办理，一并详晰覆奏。

都察院奏，朝鲜国臣李昰应遣抱以恳请释放回国等词，赴该衙门呈诉一折。前因朝鲜乱军滋事，朝廷派兵戡定，将李昰应免其治罪，安置直隶保定府地方，准该国王岁时派员省问，并谕令李鸿章优给廪饩。所以矜全而体恤之者，无微不至。现在该国祸乱甫平，前派镇抚之军，尚未全数撤回，自未便将李昰应释令回国。着李鸿章传知李昰应懔遵前旨，省过安居，该督仍当饬属妥为照料，加意矜恤。①

廿五日己亥(6 月 18 日)

卞宝第奏，敬陈管见一折。现在办理海防，造船制器均属要图，所奏船政、器械两条，不无可采。着李鸿章、曾国荃、何如璋详加酌度，妥筹具奏。

电寄李鸿章，福酉前既与李鸿章言及拟派队巡查越境，何以该督并未告知总理各国事务衙门，殊属疏忽。滇粤两军驻扎之地，断不能退守示弱。本日已电谕岑毓英、潘鼎新按兵不动。如彼族竟来扑犯，惟有与之接仗。李鸿章迅即照会各国，中法既定《简明和约》，倘法兵来犯我营，则衅自彼开，即不能保全和局，此意必须切实说明。刘永福一军，已谕岑毓英照常接济，俾为我用矣。②

电寄岑毓英，本日据李鸿章照录潘鼎新电信，法兵来至屯梅谷松以外，我军防守戒严等语。着岑毓英严饬各营，仍扎原处，不准稍退示弱，亦不必先发接仗。倘法兵竟来扑犯，则衅自彼开，惟有与之决战，力遏凶锋。并着岑毓英传知刘永福，伊既与法结仇，越南亦无恩谊，前已屡受中国接济之恩，此时自可率部来归，以定趋向。刘永福如何覆答之处，即着迅速具奏。该军粮饷军火仍着随时接济，饬令扼要驻守。③

廿八日壬寅(6 月 21 日)

前因法越构衅，边事正殷，据陈宝琛自陈愤懑，愿尽致身之义。朝廷嘉其忱

---

① 《清实录·德宗景皇帝实录》卷一八四。

② 中国史学会主编：《中法战争》，《中国近代史资料丛刊》第 4 册，新知识出版社 1955 年版，第 101 页；《李鸿章全集·电稿》第 1 册，安徽教育出版社 2008 年版，第 141 页。

③ 《清实录·德宗景皇帝实录》卷一八四。

悃，特令会办南洋事宜，俾得及时自效。南洋地段辽远，防务繁难，惟恐不能周密，其各处厘金，亦恐委办非人，致多中饱等弊，于饷源尤有关系。所有防海各务，陈宝琛务当认真稽查，实事求是，以补曾国荃之所不逮。傥曾国荃筹画未尽合宜，该学士自当尽心会商，妥筹补救。万一意见参差，亦可据实具奏，候旨遵行。似此竭诚会办，于南洋事宜必有裨益，即所以副委任，正不必别开局面，转致事权不一。所请开幕府、募亲军、置吏曹、建行馆各节，均着毋庸置议。现在法人虽议有《简明条约》，仍不可一日忘战，该学士所称以卧薪尝胆之心，为求艾补牢之计，实与朝廷力求自强之意吻合。陈宝琛着即前往任事，毋庸来京请训。

先是福建巡抚张兆栋渡台巡阅，奏请在水沙连添设通判，并将罗汉门巡检移驻澎湖。得旨：会同何璟办理。至是会奏，拟设抚民通判一员，驻扎埔里社，办理抚番开垦事宜，移罗汉门巡检驻八罩，归澎湖通判管辖。下部议。

抚恤琉球国遭风难民如例。①

廿九日癸卯(6月22日)

张佩纶奏，拟将闽局轮船抽调聚操一折。福建船政局所造各轮船，调齐操练，自系防海要图。惟现在分布各省，沿海尚未解严，各有防守之责。能否一概调回，须审度时势，方能定议。据奏分防者十四艘，着张佩纶咨商各该督抚，各就该省情形，熟商酌定，再行奏明办理。张佩纶到闽后，先就留防本省之轮船，切实考校，认真操练，以立始基。其余应办事宜，即着次第经理，以副委任。②

闰五月初四日丁未(6月26日)

前直隶提督刘铭传，着赏给巡抚衔，督办台湾事务。所有台湾镇道以下各官，均归节制。

法越交涉各事，前经李鸿章与法酋议定《简明条约》，叠次谕令该署督将详细条目，豫为筹画。现在法使将次到津，所有界务商务一切应议事宜，关系重大。彼族狡谋极多，稍一不慎，即贻无穷之患。着派锡珍、廖寿恒、陈宝琛、吴大澂会同李鸿章详细妥筹，临机因应。其最要者，分界究以何处为限，商税不得逾值百抽五之法，格外通融越南为我封贡之国，均须切实声明，不得稍涉迁就。刘永福一军亦须由我措置。此外如有应行辩驳之处，尤当事事留心。争得一分，即有一分之益。李鸿章着俟锡珍等到齐后，再行会商开议。届时议论如何，奏明候旨遵行，不准仓

---

① 《清实录·德宗景皇帝实录》卷一八四。

② 《清实录·德宗景皇帝实录》卷一八四。

猝定议，致为所绐。陈宝琛接奉此旨，即着迅速驰赴天津。

办理广东防务、兵部尚书彭玉麟奏，越将刘永福，宜加保护。得旨：已谕令岑毓英随时接济军火饷项，俾为我用矣。①

初七日庚戌（6 月 29 日）

现据张树声转达潘鼎新电报，本月初一、初三等日，法兵至北圻、谅山、观音桥等处，无故扑犯我营，衅自彼开，我军已与之接仗获胜。法兵经此次惩创，自可遏其凶锋。第恐其不得志于北圻，势必至中原沿海各口岸及台湾、琼州等处肆扰泄忿，亟应格外防范，以备不虞。

本日阅张树声递到潘鼎新电报，法兵攻扑观音桥营盘，我军枪炮互击，于本月初三日获胜，杀毙法人千余，生擒多名。此次衅自彼开，原非中国违约，惟彼族狡很，若为滇粤各军所扼，不能得志，必将四出滋扰。广东与越南切近，首当其冲。现在张树声行将交卸，张之洞甫经赴任，诸事生疏，该处一切防务，彭玉麟务当妥筹兼顾，以期严密。

内阁学士尚贤奏，时局艰难，度支奇绌，铁路之举无益于民，有损于国，请饬妥筹久远，并机器船政各局应从实核减，以节浮费。着该衙门议奏。②

初八日辛亥（6 月 30 日）

电寄潘鼎新，昨谕令潘鼎新督饬各军，不可因胜而骄。该抚当传知王德榜等益加严密，稳扎稳守。总署现已照会法使，责以先行开炮，衅自彼开，应认赔补之费，并令彼国外部，饬知法兵，勿再前进。如彼仍来扑犯，惟有奋勇迎击，勿稍松劲。倘该国知悔，按兵不动，我兵亦扼扎原处，不必前进，以免借口。

初九日壬子（7 月 1 日）

前据李鸿章奏，前往旅顺口巡阅水陆各军，该处所筑炮台是否坚实，布置防守是否足恃，天津至山海关一带，沿海地段绵长，备豫当已严密，炮台共若干处，即着李鸿章、吴大澂查明详确情形，将直隶口岸及旅顺烟台各炮台绘图贴说，即行呈进，并将防军分扎地方，某处兵勇若干，何人统领，山海关防兵是否足敷扼守，一并迅速详晰具奏。法人将以兵舰北来，意图要挟，北洋防务关系极重。李

① 《清实录·德宗景皇帝实录》卷一八五。

② 《清实录·德宗景皇帝实录》卷一八五。

鸿章身膺重任，务当力筹战备，与吴大澂会商办理。总期毫无罅隙，用纾朝廷廑念之殷。①

初十日癸丑(7月2日)

电寄各省将军督抚等，初七日因法兵在谅山被创，恐向各口岸肆扰，曾谕该督抚等格外防范。顷据李鸿章电报，法水师两军集厦门赴津，又据邵友濂电称法令巴的那打，向华问攻击之由，并令中国海面之法船驶往北洋。彼族诡谲要挟，自在意中，且难保非声东击西，乘虚攻瑕。着沿海各将军督抚、会办大臣等，严申警备，彼若不动，我亦不发，傥来扑犯，或径登岸，即奋力抵御，一面断其接济，以期必胜。②

十一日甲寅(7月3日)

电寄潘鼎新，昨据法国使臣照会总署各节，意在请和。着潘鼎新饬令前敌各营，全行调回谅山老营，岑毓英各军，仍扎保胜。傥法兵再来扑犯，自不能不与接仗。如彼按兵不动，均不准各营轻进开衅，一切机宜，静候谕旨遵行，并着潘鼎新传知岑毓英知悉。

十三日丙辰(7月5日)

左宗棠奏，江南江海渔团，有益地方，请旨仍饬照旧办理一折。据称该前督于上年六月具奏，筹办海防，创设渔团，奉旨允行。本年三月间，曾国荃接篆，即札饬上海道速撤渔团。查渔团办成，海防益固，外堪御侮，内足卫民，请饬秉公确查。如实无扰累情事，即仍旧办理，以惬舆情等语。所奏是否可行，着陈宝琛确切查明，果否实在有益，据实具奏。③

十五日戊午(7月7日)

署直隶总督李鸿章奏，力筹战备，详陈防务情形。得旨：布置尚属周密，着即督率各将领，认真操防，毋稍疏懈。

---

① 《清实录·德宗景皇帝实录》卷一八五。

② 《清实录·德宗景皇帝实录》卷一八五。

③ 《清实录·德宗景皇帝实录》卷一八五。

督办船政大臣何如璋奏，遵查“开济”轮船驶赴江宁，遭风折回，乃舱底抽水管旋转不灵所致，勘验船身轮机，并无损坏。张梦元委无玩延欺饰情事，请免予申斥。其督造出力之员，可否择尤酌保。得旨：既据查明张梦元尚无讳饰情事，即着毋庸置议。其在事各员，制造究未尽善。所请保奖之处，着不准行。嗣后如续有劳绩，再行奏请。①

十六日己未(7 月 8 日)

吏部奏，遵议大员处分一折。前两广总督张树声，应得革职处分，着加恩改为革职留任，仍遵前旨，督率所部办理广东防务，力图自赎。广东巡抚倪文蔚，应得降二级调用处分，着加恩改为革职留任。

电寄彭玉麟，彭玉麟在粤办防，忠勇奋发，布置周密。现在法国虽仍来讲解，和议尚未大定，防守更关紧要。该尚书仍当督饬各军，实力备御，勿稍松劲。②

十八日辛酉(7 月 10 日)

刘铭传奏，现值海防吃紧之时，此次路经上海，拟订购枪炮，澎湖等处炮台须次第改修，请饬拨银两。着何璟、张兆栋迅即筹拨银四十万两，解交刘铭传，俾资应用。至炮台应否改筑，必须详细查勘，着刘铭传于到台后，查明确实情形，会商何璟等妥慎筹办。③

廿一日甲子(7 月 13 日)

有人奏，左宗棠保举之署津海关道盛宣怀，钻营牟利，在苏州、上海，开设钱庄、当店，与民争利；该员私亏甚巨，李鸿章将其奏署关道，实为该员弥补之地；并闻金州煤矿，但闻集股，并未开办，即系该员总办，请饬确查劾奏，撤销保案，即予罢斥，严追所集股本六十万归款等语。清廷着锡珍、廖寿恒按照所参各节确实查明，据实具奏。

给事中万培因奏，厦门防军一无可恃，亟宜整顿，请饬张佩纶驻扎厦门，与刘铭传互相犄角，联络声势。闽省防务紧要，厦门为滨海要区，应如何整顿防军，严密布置，着何璟、张兆栋、张佩纶会商妥办。至所称提督彭楚汉习成贪黩、营务废

---

① 《清实录 · 德宗景皇帝实录》卷一八五。

② 《清实录 · 德宗景皇帝实录》卷一八六。

③ 《清实录 · 德宗景皇帝实录》卷一八六。

弛、练军半多虚额各节，并着查明具奏。另奏请饬劝捐募办民团，责成前温州镇总兵吴鸿源捐资训练，并洋药税厘局，多归中饱，勒令该商尽数报解，酌提团防经费等语，着何璟等察度情形，奏明办理。此次与法国虽有龃龉，并未开衅，所有口岸各国商务仍须妥为保护，毋任团练藉端滋事。

御史赵尔巽奏，海防紧要，急宜兼筹团练，以备不虞一折。所奏不为无见。法人现以谅山一事，哓哓置辩。其以兵船赴津，恫吓要求，自在意中。倘不能就我范围，则衅自彼开，亟应为未雨绸缪之计。天津民情可用，办理团练，可以辅兵力之不足。着李鸿章慎选该处公正绅士，妥议章程，出示晓谕，由地方官统率举办。务当勉以忠义，随时训练，俾成劲旅。向来举行团练，易滋弊端，如聚众群斗，抗官滋事，往往利未形而害已见，该督当严明约束，豫防流弊。前已与法人议定《简明条约》，此时能否就绪，尚未可知。着谕令该绅民等联络声势，以备不虞。倘战事已成，止当攻击法兵，期于必胜。至法国及各国商人，仍须设法保护，不得藉端逞忿，任意烧毁洋楼教堂，以致别生枝节。①

廿三日丙寅(7月15日)

电寄李鸿章等，穆图善等电称法有两兵轮进口，闽防饷绌船少，请饬南北洋策应等语。现在该省尚无紧信，如果法逞强开衅，李鸿章、曾国荃如能拨船尾缀法舰，牵制使彼不敢深入，即着临时设法援应。

电寄穆图善等，总署现与法使照会，反覆辩论，局势未定。法两兵轮既进闽口，穆图善等当向法领事告以中法并未失和，彼此均各谨守条约，切勿生衅，该国兵轮勿再进口，以免百姓惊疑。穆图善等仍随时备御，毋稍疏虞。南北洋援应，已电谕矣。

廿四日丁卯(7月16日)

前据李鸿章，与福禄诺于四月间议定《简明条约》，第五款声明三月后，将所定各节，详细会议。现在已将届期，所有第二款北圻各防营调回边界一节，应即如约照行。着岑毓英、潘鼎新将保胜、谅山各处防营，撤回滇粤关内驻扎，并于一月内全数撤竣，以昭大信。

有人奏，近闻山东福山县驻扎兵勇，擅入民家，任意横行，请饬严禁。各省驻扎兵勇，原以绥靖地方，岂容肆意骚扰，为害闾阎。况福山逼近烟台，所奏如果属实，设海上有警，此军如何足恃，着陈士杰迅速查明。该军如有前项情弊，严饬带

① 《清实录·德宗景皇帝实录》卷一八六。

兵各员，即行禁止，并将骚扰民间兵勇，严行惩办，以申军律而固民心。

法国巴使逗遛上海，不即来京议约，并据各处电报，孤拔有集兵他驶、占据中国地方为质、索赔兵费之说。无理要求，万难迁就。海疆防务吃紧，着沿海各省将军督抚统兵大臣等，密饬各军，严阵以待，一面广为侦探，傥有法军前来，按兵不动，我亦静以待之。如果扑犯我营，或登岸肆扰，务须并力迎击，并设法断其接济，期于有战必胜。如有退缩不前者，立即军前正法。本日钦奉懿旨，各营士卒，奋勇有功者，除破格施恩外，并发给内帑奖赏。将士炎暑从军，已先赏给江南福建、广东各营平安丹各十五匣，其余各省以次给赏。①

廿五日庚午(7 月 17 日)

法使巴德诺现在上海，着授曾国荃为全权大臣，克日前往与议详细条约，并派陈宝琛会办，派邵友濂、刘麒祥随同办理。所索兵费恤款，万不能允，告以请旨办理。条约最要者：越南照旧封贡；刘永福一军，如彼提及，答以由我措置；分界应于关外留出空地，作为瓯脱；云南运销货物，应在保胜开关；商税不得逾值百抽五之法。以上各节切实辩论，均由电信请旨定夺。需用翻译，总署前派福连在津，现令携带《简明条约》及往来照会文件，前往备查，并谕李鸿章加派翻译一人同往。曾国荃出省后，江海防务，责成李成谋、李朝斌妥办。如所议无成，曾国荃、陈宝琛即回江宁布置，切勿登彼船只，受其挟制。现在福州马尾有警，如二十八九日已有开仗之信，曾国荃即无须赴沪。

广西巡抚潘鼎新奏，法人扑犯官军，连日迎击获胜。得旨：昨有旨令该抚将各营如约调回关内，即着于一月内赶紧调竣，择地屯扎，认真训练，以备不虞。②

廿六日辛未(7 月 18 日)

电寄穆图善等，叠据电报，法舰驶至马尾，意极叵测。闽省防军，不敷分布，殊深廑念。该处民情勇敢，着即集团激劝，声势一壮，足寒法胆。惟须分别清楚，法兵肆扰，即行抵御，其余各国及法商等之在中国者均须保护，切勿别滋事端。

署直隶总督李鸿章奏，古北口练军剿匪获胜一折。得旨：着即严饬王可升，会合各军，认真剿捕，务将匪首杨步澐等，悉数擒治，一面解散胁从，妥为抚辑，以靖地方。

会办福建海疆事宜、翰林院侍讲学士张佩纶奏，到省日期，并会办闽防一折。

---

① 《清实录·德宗景皇帝实录》卷一八六。

② 《清实录·德宗景皇帝实录》卷一八六。

得旨：着即会商穆图善、何璟、张兆栋力筹备御，认真操防，并激劝民团，互相联络，以壮声势。①

廿九日壬申(7月21日)

电寄曾国荃，据电报不敢与闻和议等语，自系未奉二十七日电旨。此旨业经告知法使，若不速往，失信于彼，为彼口实，万不可行。若谓疆臣战将，不应议和，李鸿章独非疆臣战将耶。着曾国荃遵旨迅即启行，一面照会该使，定期会议。前谕曾国荃等如所议无成，即回江宁布置，并非以办事棘手之局，责该督以必行也。当此事机万紧，陈宝琛何得以期服请假。即着在沪，俟曾国荃到时会商妥议，并会办南洋事宜。俟事定后，赏假二十日，在营持服。②

六月初一日癸酉(7月22日)

倪文蔚奏，顺德县属被风查勘抚恤一折。广东顺德县属，本年四月初间，陡起飓风，兼以暴雨，伤毙居民九十余名口，房宇倒塌多间，并有覆溺船只情事。览奏殊深悯恻。即着该督抚督饬地方官确切查明，妥筹抚恤，毋任失所。

叠据何璟、张佩纶等电报，法全力注闽，已进八艘，请饬援应牵制等语。孤拔赴闽，有欲踞地为质之说。南北洋覆称无船可拨，惟闽疆紧急。粤浙相距较近，着彭玉麟、张树声、张之洞、倪文蔚、刘秉璋酌拨师船前往，设法援应牵制。③

初二日甲戌(7月23日)

法舰至基隆购煤，刘铭传饬封煤窑，所办甚是，着传旨嘉奖。炮台俱在低处，着即赶紧改筑，炮位是否合用，尤关紧要。法情叵测，务当布置周密，勿稍大意，断绝接济，是制敌要策，各海口均当仿照办理。着即电谕沿海各统兵大员知悉。

着添派许景澄，会同曾国荃、陈宝琛，在上海办理详细条约事宜。

会办南洋事宜、内阁学士陈宝琛奏，行抵江宁日期，并遵旨赴津，会同李鸿章筹商议约各事。报闻。

山东巡抚陈士杰奏，亲赴黄县督率烟台防守。得旨：着该抚将东境沿海防务，认真布置，勤加操练，以备不虞，如有法兵船驶近，务先断其接济。彼如登岸开

---

① 《清实录·德宗景皇帝实录》卷一八六。

② 《清实录·德宗景皇帝实录》卷一八六。

③ 《清实录·德宗景皇帝实录》卷一八七。

衅，即行并力决胜，以遏凶锋。①

初三日乙亥(7 月 24 日)

据张佩纶电信，法船先后退出三只，如北南各饬两船，定能逼法出口等语。江南浙江，现均无船可拨，北洋轮船稍多，着李鸿章速拨两船，备齐军火，赴闽策应，并由该署督电寄张佩纶知悉。

署两江总督曾国荃奏，江南防务紧急，江防轮船不敷分布，无可拨助闽省，并添派陆师策应，前路各营。报闻。

初四日丙子(7 月 25 日)

张佩纶奏，镇将难期得力，据实纠参一折。据称署福建台湾镇总兵杨在元，前于同治年间，在台湾镇署任，曾因滥委营缺，侵冒营饷，革职勒追，嗣以银两照数赔缴奏结。此次重至台南，军民无不忿詈；并查参杨在田上年两次丁忧，该员系其胞弟，并未声明丁忧等语。台湾地方紧要，似此贪冒不肖之员，岂能得力。杨在元着即行革职，勒令回籍。台湾镇总兵，着何璟遴委妥员署理。

初五日丁丑(7 月 26 日)

给事中万培因奏，福建船政紧要，宜速筹保护。请旨饬下江西抚臣接济粮米各折片。据称法兵轮船，已驶入马尾船政港内，别有铁舰停泊口外；敌船近在肘腋，船政局兵力甚单，拟请将江南调往霆庆两营，或别枝得力劲旅，拨归船政大臣调遣，中权策应；临敌之顷，沉木簰沙船以截敌舟，布水雷以张疑阵，严查奸民带煤米接济等事，尤在先期豫筹。至闽省素少屯粮，民食不支，必致内溃；建宁接壤江西饶广等处，请饬江西巡抚派员采办米石，运交延建邵道接收，转运省门以通饷道各等语。所陈极为切要。着穆图善等按照各节，实力筹防。妥慎办理。

电寄彭玉麟，本日据彭玉麟等电称，前接福州电，已派济南两艘往援等语。彭玉麟等不分畛域，力顾大局，着传旨嘉奖。现据巴嗄哩声称，英国在粤领事人等，被市人辱骂，着该督抚饬地方官，剀切晓谕，并随时保护，毋任滋生事端。

以前甘肃提督曹克忠为广东水师提督。

予故广东水师提督吴长庆照军营例优恤，并将战迹宣付国史馆立传，加恩予

① 《清实录 · 德宗景皇帝实录》卷一八七。

谥，准于立功地方，建立专祠，赏伊子吴保初主事，寻谥“武壮”。①

初六日戊寅(7月27日)

署两江总督曾国荃奏，遵旨赴沪议约，并布置前路战守事宜。得旨：所筹布置情形，尚属周密。着即督饬各将领严守要隘，豫备战事，毋稍疏虞。②

李鸿章电饬招商局道员马建忠，嘱将局船暂售美国旗昌洋行，以防法人劫掠。③

初八日庚辰(7月29日)

江南防务紧要，闻曾国荃布置颇为周密，惟每事必问诸陈宝琛，固见虚衷商搉。然当此事机紧迫，诚恐意见稍有参差，转致临机贻误，朝廷殊深廑系。该署督久历戎行，公忠素著，所有南洋事宜，务当实力筹办。如该学士未能深悉情形，亦当详细告知，期于和衷共济，力挽时艰。该署督身膺疆寄，责有攸归，并不得因有会办之员，稍涉推诿。④

初十日壬午(7月31日)

曾国荃等遽许法国抚恤银五十万两，虽系为和局速成起见，然于事无补，徒贻笑柄。法使尚言须听国主之命，中国大臣反轻自出口允许，实属不知大体。陈宝琛向来遇事敢言，是以特派会办，乃亦随声附和，殊负委任。均着传旨申饬。现美使愿为调处，总署已电知曾国荃等，为期较缓。如法使愿将津约五条详细先议，曾国荃等即在沪与议，否则曾国荃、陈宝琛回江宁，许景澄即出洋，刘麒祥回京。美国公平评论，数日内亦必有信。闽省有无警信，均着确探，酌定行止。

电寄穆图善等，现在美国使臣愿出调处，并劝法退船，如就范，闽急稍纾。惟中国坚持定见，不允给银，法亦势成骑虎。调处成否，正未可知。法舰既占要隘，我军难操万全，与其分守力单，总以保城保民为第一义，豫备游击之师，随地安设伏兵，出奇制胜，使彼不敢登岸深入，全在该将军等密筹办理。来电所称法人在长乐县海口拟筑炮台，是否确有其事，着迅速电闻。基隆防务紧要，并着知照刘铭传

① 《清实录·德宗景皇帝实录》卷一八七。

② 《清实录·德宗景皇帝实录》卷一八七。

③ 《李鸿章全集·电稿》第1册，安徽教育出版社2008年版，第187页。

④ 《清实录·德宗景皇帝实录》卷一八七。

严密布置。①

十一日癸未(8 月 1 日)

电寄曾国荃，据穆图善等电报，法人又调七舰到闽，请设法催援等语。闽防日紧一日，南洋轮船，前准缓调，现在情形不同，着曾国荃速派两号，配齐军火，驰赴闽省。应由何处进口，与该省电商定见，再行进发，以免疏虞，并速行知照潘霨于江西防军内，酌拨得力陆兵，由陆路径赴闽省援应。

盛京将军庆裕奏，筹办奉天海防情形。得旨：各口布置防军，尚属周妥，仍饬各军随时练习，毋稍松懈。总期备豫有资，缓急可恃，是为至要。又奏，海城等处请暂添营勇。得旨：所拨添练马步各一营，着即召募成军，选派得力将弁管带，认真训练，以备缓急。

予出征瘴故，越南军营副将孙毓等四十六员名优恤。②

十二日甲申(8 月 2 日)

现派曾国荃等在沪与法使议约，该使无理要求，婪索巨款，万难允许。虽经美国照约出为调处，成否尚不可知，亟须豫备战守。况法舰现聚闽口，彼族诡计多端，伺隙攻瑕，均未可定。沿海各省防务吃紧，该大臣将军督抚等不得因有调处之说，稍涉疏懈，仍当振刷精神，懔遵叠次谕旨，极力筹备，坚持必战之心，勿存游移之见，庶不致因循贻误，致干咎戾。

电寄彭玉麟，法人专注闽口，聚集多船，闽防日紧。前经彭玉麟等调拨两船往援，所办甚是。刻下该省情形危急，兵力尚单，着该尚书等速再力筹援应，或调派陆兵，由海道前往。应由何处进口，与该省电商定见，再行进发，以免疏虞。

十四日丙戌(8 月 4 日)

电寄彭玉麟，现在闽防日紧，沿海防务，亦均吃重。彭玉麟素有远略，着于广东应留防军外，豫备二万人听候调遣，或就原统之营整练，或召募壮勇足数，悉由该尚书酌办。

电寄李鸿章等，据张之洞电信，请饬南北洋各派数艘带水雷艇，合力援闽，若有十船于口门外尾缀勿战，待敌入内，则下雷于口门断之，欲犯他口亦然等语。派

① 《清实录·德宗景皇帝实录》卷一八七。

② 《清实录·德宗景皇帝实录》卷一八七。

船援闽，南北洋前因兵轮缺少，兼多窒碍，迄未成行。现闽防相持日久，如果多派兵轮，合成一队，作势牵制，勿与遽战，兼可援应他口，亦属制敌之策。着李鸿章、曾国荃、吴大澂、陈宝琛迅速电商定议，一面覆奏，一面知照闽省。①

十五日丁亥(8月5日)

电寄穆图善，据李鸿章电信，十四日接西电，福州居民震动，洋人迁徙，英兵船调队上岸等语。法舰久泊闽口，我军与之相持，总以静镇为主。惟恐居民与各国商民疑惧生事，着穆图善、何璟、张兆栋、张佩纶谕令居民安堵无恐，督饬地方官及各营官，竭力保护各国商民，并传集绅士剀切晓谕，切勿别滋事端。英船调队登岸，已由总署面商巴嗄哩阻止，并电致曾纪泽告知英外部。

电寄刘铭传，法舰久泊闽口，沪议迄未定局，基隆及台北各口防务，均极吃重。刘铭传前封煤窑，具见果断，惟须始终坚持，断其接济，庶彼不能久留。炮台一切赶紧豫备，并着将布置情形，设法电报总署奏闻。②

十六日戊子(8月6日)

电寄何如璋等，据何如璋、张佩纶电报，如长门报，法船再入数舟，我塞河先发为一策等语。塞河一事，前经总署照会各国使臣，该使臣等议论纷呶。现在闽口有英美等国保护兵船，德国兵船亦将前往。此时堵塞，应就地与各国领事说明举行，庶免与国借口。着与何璟等相机妥办。现经美国调处，局势未定，所称先发，尤须慎重，勿稍轻率。③

十八日庚寅(8月8日)

电寄彭玉麟等，派营援闽，力顾大局，殊堪嘉尚。现在沪议未定，法情叵测，万一决裂，必宜出奇制胜。潘鼎新、岑毓英务将现驻关内各军，切实训练，听候调遣，彼此联络声势，庶足迅赴事机，牵制敌势。广东能否别出奇兵，由钦廉小路前进，着彭玉麟等豫为筹画，或别有制胜之策，均着电奏请旨，并着潘鼎新迅即知照岑毓英，一体遵办。

① 《清实录·德宗景皇帝实录》卷一八七。
② 《清实录·德宗景皇帝实录》卷一八七。
③ 《清实录·德宗景皇帝实录》卷一八八。

十九日辛卯(8 月 9 日)

云贵总督岑毓英奏，密陈现拟筹备越防情形，并遵查刘永福视财太重，待下寡恩，恐不可靠。得旨：现在和战局势未定，所有刘永福一军，着该督暂行羁縻，听候谕旨。

追予越南军营瘴故员弁，云南参将王森等十五员名优恤。①

二十日壬辰(8 月 10 日)

以神灵显应，颁江苏阳湖县横山白龙神匾额曰“宣灵致和”。

电寄穆图善等，据彭玉麟电报，请饬彭楚汉就近募勇助闽防，饬程文炳募勇顺流下长江，助他省防，江鄂筹饷较易亦较速等语。法人坚索巨款，万难允许。本月十八日，台北基隆炮台被其攻占，殊堪发指。闽防万紧，着穆图善等传知彭楚汉，迅即募勇成营，豫筹战守。漳泉两郡之人，强悍可用，宜切实训练，以资得力。并着卞宝第、彭祖贤传知程文炳，或选带湖北防营，或另筹新勇，克日乘轮船由长江顺流而下，至江西会商潘霨，与前调江西陆兵，合力前进。赴闽应援，所需饷项，着卞宝第等力筹拨济，并与曾国荃会商，拨给军械。刻下军情紧迫，务当妥速办理，毋误事机。

电寄穆图善等，据连次电报，基隆炮台被占。刘铭传夙娴兵事，是否到台未久，布置尚疏，系另有出奇制胜之策，如何接仗失事，电内执觚是否基隆，着穆图善等探明详细情形电奏，一面设法传旨令刘铭传督军竭力攻复，以挫凶锋。刻下战局已成，现由总署照会各国评论，着该将军等将战守事宜，悉行整备，俟奉到谕旨遵办，船厂即由张佩纶等随机因应，不为遥制。

会办福建海疆事宜、翰林院侍讲学士张佩纶奏，到防布置情形。得旨：览奏具见勇敢，布置亦合机宜。仍着张佩纶加意谨慎，严密防守，并随时确探消息，力遏狡谋。

署两江总督曾国荃奏，江苏青浦县风灾筹款抚恤情形。得旨：即着曾国荃等查明被灾户口，妥为抚恤，毋任失所。②

廿一日癸巳(8 月 11 日)

电寄曾国荃等，据电称，基隆炮台陷后，法人上岸攻营，刘铭传饬军旁抄，生

① 《清实录·德宗景皇帝实录》卷一八八。

② 《清实录·德宗景皇帝实录》卷一八八。

擒一名，死伤法人百余，稍挫敌焰。惟兵单器缺，台厦文报梗滞，应如何设法接济军火之处，着李鸿章妥为筹画。闻台南兵数尚足，可否调赴前敌，着刘铭传酌度办理。

会办福建海疆事宜翰林院侍讲学士张佩纶等奏，法船入口窥伺，现筹省防布置情形。得旨：已有旨令该将军等传知彭楚汉募勇助防，并调江西等省陆军赴援。该将军等务当实力备御，妥筹布置，毋稍疏虞。又奏，请密谕各海口一律严禁引水。得旨：前已有旨令李鸿章密致沿海各省督抚慎密迅办矣。又奏，敌势趋重福州，专力省防。所有厦门防务，责成彭楚汉等布置。又奏，出省防护船局，并陈省防情形。均报闻。①

廿二日甲午(8月12日)

清廷谕令：法人在天津议立《简明条约》后，于本年闰五月间，突犯谅山防营，当经官军击退。该国借口寻衅，挟兵舰来华，施其恫吓之计，坚索巨款，叠经严旨驳斥，并令总理各国事务衙门屡次照会该国使臣，反覆开导。彼乃悍然不顾，竟以兵船多只，驶进闽洋，本月十五日攻占台北基隆口岸，意在踞以为质，狡谋叵测，曷胜愤懑。虽旋经刘铭传接打获胜，伤毙法兵百余人，不足以示惩创，理宜整军挞伐，力挫凶锋。前叠谕沿海各省将军督抚大臣，严申儆备，傥法兵竟来扑犯，即与决战。复谕彭玉麟等拨兵应援闽省，并令潘霨调派陆兵，卞宝第、彭祖贤传知程文炳募带队伍，均由江西赴闽，以厚兵力。昨并谕刘铭传督率防军，迅将基隆攻克，勿任久踞。历次办理情形，朝廷原以彼族狡悍，得步进步，断不可稍示以弱也。昨据陈宝琛电报，基隆既陷，彼不遽攻闽厂，盖犹冀我转圜。然事至今日，和亦悔，不和亦悔。理为势屈，巨款坐输，示弱四邻，效尤踵起，和之悔也。筹备未密，主持难坚，商局已售，船厂再毁，富强之基尽失，补牢之策安施，不和之悔也。二者非深明时势，权度难详，乞下枢臣总署等，通筹全局，速决至计等语。所虑颇为周密。和战大计，于全局安危，关系极重。议战必须征兵，征兵必先筹饷。沿海口岸甚多，防军各有专责，势难抽调。饷项本极支绌，兴兵大举，需款尤巨。近年漕粮多由海运，一有阻滞，必致贻误仓储。应如何思深虑远，务策万全，着御前大臣、军机大臣、总理各国事务大臣、大学士、六部、九卿、翰詹科道、日讲起居注官会同妥议具奏。和战两端，均未可轻易从事。尔诸臣务当殚诚区画，熟权利害轻重，并将兵饷各事宜彻始彻终，通盘筹议。总须为核实持久之计，期于国事实有裨益。傥徒托空言，一奏塞责，必将原折发还，懔之。

---

① 《清实录·德宗景皇帝实录》卷一八八。

何如璋奏，总理衙门印有电报密本，船政未承颁发等语。着该衙门即将电报密本妥交何如璋领用。

电寄李鸿章等，法须先撤闽台水陆各兵，始准来津议细约。着李鸿章即转电李凤苞，告法外部，总署前寄照会各国公评文，尚未发现，改为布告，并着电知曾国荃。

闽浙总督何璟等奏，张佩纶办公经费，比照船政支给。下部知之。

督办船政大臣何如璋奏，请调南北洋兵轮，牵制法兵。得旨：览奏因应机宜，颇中肯綮。南北叠称船不能拨，着就现有兵力妥筹备御，以遏凶锋。所有电报密本，已谕令该衙门颁发矣。

予巡洋遭风淹毙闽浙尽先副将潘叶飞等优恤。①

廿三日乙未(8 月 13 日)

以神灵感应，颁美国金山华侨昭一公所关帝庙匾额曰“义昭海域”，并以侨居商民急公好义，传旨嘉奖。

电谕张佩纶等，张佩纶、何如璋力顾闽厂，苦守一月，忠勇坚忍，深堪嘉尚。叠饬南洋拨船，曾国荃节次电报，实难分拨，陈宝琛亦称拨船适足速变，并与曾国荃会电，有船小而少适以饵敌等语，系属实情。是以难强必行。着就现有水陆兵勇，实力固守。闽俗剽悍可用，如召营缓不济事，先募健卒，参用智谋，出奇制胜。张佩纶等胸有权略，迅即筹办。顷知鸡笼已复，深慰廑怀。所请开济轮船赴闽，已饬南洋速拨。至所称再宕二十日，法船续来等语，现已另筹办法。二十日内，必有调度。并先行添派陆路兵勇，赴闽应援。粤营现扎厦门，应否赴台，着酌办。

募兵图越，牵制法人内犯，亦制敌之策，刘永福可用，另有调遣，彭玉麟等请封为越王，断不可行。朝廷百计助越，原为图存阮祀，今忽册封他姓，殊非字小之义，且万一传播，刘永福所望必奢，尾大不掉，后难调度。方友升、王德榜两军，瘴殁甚多，殊堪悯恻，即行查明请恤，并着该尚书电知潘鼎新等，将各该军原有之饷，募补足额，勤加操练，一俟秋高气爽，候旨进兵。刘铭传各营急需军火，着张之洞等赶筹大批，设法由台南运往备用，着源源接济。

电寄曾国荃，闽省需船甚亟，着曾国荃速饬开济轮船，克日前往，不准延宕。②

① 《清实录·德宗景皇帝实录》卷一八八。

② 《清实录·德宗景皇帝实录》卷一八八。

廿四日丙申(8月14日)

电寄各省将军督抚等，法人肆意要挟，无理已甚，本宜即行声罪攻击，因美国仍拟调处，用意颇善，未可辜负，致失与国之好，是以迟迟未发。现经总署照会法使，并照会各国，傥法国竟将照会置之不复，亦不退出兵船，惟有即与决战，以免坐失事机。着沿江沿海各将军督抚大臣，迅速整备一切事宜，听候谕旨，务当尽力筹办，期于战守确有可恃，同心敌忾，宣布国威，不准迁延贻误。

电寄李鸿章，从前设立招商局，购买轮船，系奏明办理。现闻售与美国，李鸿章何以未经具奏，殊属非是。海上转运，全恃轮船，此举自因恐为法夺起见。究竟是否出售，抑暂行租给，着据实奏闻，并随时酌度情形，设法收回。

电寄曾国荃等，昨日有旨饬曾国荃拨“开济”船援闽。兹据该署督电报，陈宝琛、张佩纶因调此船争论情形。拨船既于闽无济，吴淞长江防务，亦殊吃紧，着不必拨往。管驾归总督管辖，行止不能自由。张佩纶屡有将管驾正法之言，殊属过当，且言之轻易，恐以后号令不行。刻下事机万紧，总当遇事和衷，妥商筹办，不得各存意见，懔之。①

廿五日丁酉(8月15日)

督办台湾军务直隶提督刘铭传奏，到台日期，并筹办台北防务情形。得旨：所陈筹办各节，均属妥协。刘铭传收复基隆，办理甚为迅速，仍着实力备御，毋稍疏虞。又奏，请饬曾国荃迅将“澄庆”等四船遣回台湾。得旨：叠据曾国荃、陈宝琛电报，此时拨船赴闽，适以饵敌。且江南防务亦殊吃紧，已准其暂缓调拨矣。又奏，台湾折件，请准由厦门、福州文报局转交天津县代递。允之。②

廿六日戊戌(8月16日)

电寄穆图善等，据电报市廛纷扰，众怒法久，将迁及他国，别酿衅端等语。保护各国商民，为目前第一要事。前谕令传集绅士剀切晓谕，并将徐承祖条陈，令各国高挂旗号，门首大书某国商民字样，谕令豫筹办理。着穆图善、何璟、张兆栋速即多派干练晓事之员，赶紧照办。并饬地方官及各营将弁，竭力保护各国商民，即法商亦一律保护。如刁民藉端滋事，立即严惩，不得以仓猝难防等词，希图卸责，

① 《清实录·德宗景皇帝实录》卷一八八。

② 《清实录·德宗景皇帝实录》卷一八八。

傥别酿衅端，惟该将军等是问。①

廿七日己亥(8 月 17 日)

现在法人肆意要挟，无理已甚，断难曲予优容，极宜一意备战，业经密饬沿江沿海各省认真防守。山东烟台海口，关系紧要，深恐兵力太单，不敷防剿。着陈士杰赶紧激励绅民，举办团练，以辅兵力之不逮。该抚惟当固结民心，力筹战备，毋稍疏虞。

电寄曾国荃等，据电送巴德诺照会，无理已甚，不必再议，惟有一意主战。着曾国荃、陈宝琛即回江宁办防，许景澄同往助理，刘麒祥随同办事，刘连捷率亲兵回江宁，由曾国荃等调遣。吴淞口等处防务，责成李成谋、李朝斌分别筹办。章合才留上海，会同邵友濂镇抚兵民，加意弹压，保护各国商民，勿稍大意。美国调处，现已照会婉谢，毋庸再有游移。除战守机宜，另有电旨外，该督等即遵谕行。王德榜一军，饬令仍留广西。

电寄刘铭传，据李鸿章电称，法人函请刘铭传到船，答以未奉旨，令其酋上岸。刘铭传不登法船，具有识力。嗣后如有此等诡计，切勿为其所绐。

山东巡抚陈士杰奏，密陈管见。得旨：此次法人狡横无理，必须设法惩创。惟租界教堂，断无一概焚毁，致令该国安分商民均遭苦累之理，且恐租界教堂各国皆有，尤未可孟浪从事。该省地方，如有法兵开衅，即行迎击。傥土匪藉端滋事，仍当妥为弹压，切勿别生枝节。又奏，遵查福山兵勇，并无骚扰等情。得旨：仍着饬令该将领随时严加约束，毋任稍有骚扰。又奏到防布置情形，并激励将士。得旨：现在局势更形吃紧，着即严饬各营，勤加操练，认真戒备，勿稍疏虞。②

廿八日庚子(8 月 18 日)

电寄彭玉麟，法人注意台湾，传闻有复踞基隆，并扰澎湖之说。台南北均形吃重，着彭玉麟等速拨吴宏洛五营或他军，携精械航海至旗后上岸。该尚书等力顾大局，必能妥筹援应，迅赴戎机，以后并当设法接济军火。前拨方恭救五营，现扎厦门，应否赴台，着穆图善等遵旨妥速酌办。台湾情形，该将军等探确，速电闻。

---

① 《清实录·德宗景皇帝实录》卷一八八。

② 《清实录·德宗景皇帝实录》卷一八八。

廿九日辛丑(8月19日)

吴大澂奏，山东防军不过六千余人，胶州海口甚宽，由胶至省，无险可扼，法总兵福禄诺有胶州口岸易攻之说，请饬筹备等语。山东防营，兵力尚单，着陈士杰于该省腹地各郡，酌量抽调练军勇营，或迅速增募，即行妥筹办理，总须添足万人，期于战守确有可恃。胶州一带，应如何备御不虞，并着速筹布置，毋稍大意。

电寄穆图善等，据电报民骤私约，闻炮即焚南台洋行，并祸各国，已连骂英美国人，恐酿他衅等语。二十六日已有旨谕，该将军饬属保护各国商民，此次法人寻衅，断不可迁怒各国，傥波及他国，群起为难，办理更形棘手，关系大局极重。该将军等宜深体此意。速选公正明白绅士，晓谕居民，免滋事端，勿稍大意。①

三十日壬寅(8月20日)

都察院左都御史锡珍等奏，遵查盛宣怀参款。得旨：盛宣怀被参逢迎接纳等情，现经查明，无据可指。其开设钱庄、当店，亦非在服官省分。即着毋庸置议。惟承办矿务，未能周密，以致众商疑虑，实难辞咎。盛宣怀着交部议处。②

秋七月初一日癸卯(8月21日)

电寄李鸿章，闽省需用洋炮甚亟，着李鸿章速购德国大炮十尊、次炮二十尊，解闽应用，并多购得力枪炮，留备分拨。前经该署督拨解台防军火，力顾大局，惟据称洋商不敢装送枪械等语，现在如能设法向德人商量由彼包送，即多费水脚，亦所不惜，总以妥速为要。

电寄李凤苞，据李鸿章电称，德例人可自主，其兵官闲退者，多愿为他国打仗。着李凤苞速即遴雇德兵官五十人赴天津，由李鸿章调遣。需用川资等项，在出使经费项下支给到津后每人薪俸若干，由李鸿章酌定。前购两铁舰，需用孔亟，着李凤苞设法与德国妥商，赶紧驾驶来华，毋再延宕。③

初二日甲辰(8月22日)

刘铭传奏，台北基隆炮台为敌攻陷，我军复踏毁敌营获胜情形一折。法国兵

① 《清实录·德宗景皇帝实录》卷一八八。

② 《清实录·德宗景皇帝实录》卷一八八。

③ 《清实录·德宗景皇帝实录》卷一八九。

船，驶至台北基隆口岸，于六月十五日，叠开巨炮，将该处炮台击毁。十六日，法兵上岸，直扑营垒，经刘铭传及总兵曹志忠等督军迎击获胜，敌兵溃败。

现在海防紧要，山东烟台一带，防务尤形吃重。该省筹募新军，亟须得人统带，扼要守御。总兵王正起前在山东曹州镇任内，是否得力，如果堪胜统率，即着陈士杰奏明调赴山东，以资任使。寻奏：王正起在东最久，勇于任事，实为有用之才。现丁忧在籍，已函令来东，允否夺情听调，候再奏明。报闻。

署直隶总督李鸿章奏，法人开衅，商局轮船，暂售美国，以防劫夺，议明事定收回。得旨：所有商局轮船，俟事定后，务当即行收回，以资转运。①

初三日乙巳(8 月 23 日)

御史张人骏奏，苏省私枭充斥，亟宜剿抚以遏乱萌一折。据称江苏各属，私枭恣肆，渐成伏莽，沿海居民与各营遣散之勇，勾结煽炽，近更联络湖泖枪匪，蔓延腹地吴江等处，啸聚不下千艘，抢劫各案，层见叠出，有虏去炮船肆劫官局情事，请饬严密查拿等语。若如所奏，枭匪聚众横行，深恐酿成巨患，即着曾国荃、卫荣光严饬所属，实力访拿，歼厥渠魁，散其党与，不得稍涉粉饰，致贻隐患。寻奏：苏省并无枭匪劫掠，报闻。

山东海防紧要，叠经谕令陈士杰实力筹办。近闻该省办防情形，殊不足恃，朝廷实深廑系。当此事机孔急，惟赖沿海各督抚悉心规画，严密备御，岂容敷衍塞责，致滋贻误。陈士杰身膺疆寄，责无旁贷。所有烟台等处防务，着该抚振刷精神，将应办各事宜，妥为布置。总期足资战守，不得稍涉玩忽，自干重咎。

电寄何如璋等，叠据何如璋、张佩纶电请饬拨四五船速到闽，方可阻法战，如仍延宕，误闽即误大局等语。法舰集闽口，彼挫于台，难保不求逞于闽，增船诚为要着。南北洋现无急警，且法尚愿商议，拨船谅不至被抢。着李鸿章、曾国荃各拨兵船二只，克日抵闽。大局所关甚重，勿分畛域，勿存成见。法如蠢动，何如璋、张佩纶当竭力战守，不准以待船藉词诿卸。军火最要，彭玉麟等请饬南北洋速向洋行定买，饵以重利，商令设法通融送交，着该大臣等妥速办理。据张之洞等电称，粤军难再抽拨，章高元旧部八营，现扎江阴，可拨数营援台等语。着曾国荃传知程文炳赶募数营，即日东下，填扎江阴。程文炳到后，再饬章高元旧部赴台。

电寄李鸿章等，据彭玉麟等电称，吴宏洛五营，万难调拨，前拨潮防五营，今再移五营，法正谋设法捣粤，敌乘虚，粤可危等语，所虑亦是。吴宏洛军着毋庸调往。李鸿章、张之洞等均拨军械济台，粤并拨饷，刘铭传当力筹守御，毋稍疏虞。

命前江苏巡抚吴元炳，前往山东查勘河工海防。

① 《清实录·德宗景皇帝实录》卷一八九。

实授张之洞为两广总督。①

初四日丙午(8月24日)

电寄穆图善等，据李鸿章电报，法人先开炮击坏“扬武”船，水师七船沉没，船署亦报轰毁等语。法人专行诡计，数日来我军未经先发，适堕术中。现惟在陆路，合力轰击，以挫凶锋。着穆图善等会同张佩纶等饬陆军力遏敌氛，并将城守事宜，严密布置，仍保护通商各洋行，免生枝节。一切情形，迅速电闻。

电寄李鸿章，天津海防布置，前已据李鸿章详奏，尚未将图说进呈。其余沿海各口，星罗棋布，口岸甚多，各防营四处分扎，各专责成。着各该督抚将各口地形绘图贴说，即将某营现扎某口、兵勇若干、何人管带、有无炮台，分别详细注写。其有一地数名者，均须注明，以备考证。②

初五日丁未(8月25日)

左庶子恽彦彬奏，现闻法国之兵，半系两广之民受雇而往，请饬统兵大臣剀切晓示，贷其既往，有能自拔来归者，或收为勇丁，或遣令回籍，如能为我内应，视其功之大小，酌量给奖等语。现在与法开仗，如能解散莠民，不为彼用，其势自孤。前于四月间，曾因法人每雇粤人充当前驱，谕令该督抚饬属禁止，着张之洞、倪文蔚一面仍遵前旨，督饬地方官，不动声色，妥为禁止，一面将已经受雇粤民查照所奏，设法解散，并着咨行沿海各督抚等，一律酌度办理。

左庶子恽彦彬奏，烟台为直沽门户，与旅顺相对，其间岛屿极多。之罘西北有暗礁，庙岛之东有长山头浅滩，均不利船行。若能声势联络，敌船不能飞渡等语。山东烟台防务，叠经谕令严密布置。现在法人狡横已极，难保不肆行滋扰。该处防营是否足敷分布，着李鸿章、陈士杰会商妥办，督饬各军择险驻扎。如有应行添募勇营之处，即着赶紧召募。吴元炳到东后，并着悉心察看。总期战守有资，兵力足恃，是为至要。

电寄穆图善等，叠据李鸿章电称，闽军与法接仗，击船轰厂，尚未据该省电报，殊深廑系。此次法人诡计取胜，何璟等株守省城，不能援应，张佩纶等临事迟疑，未经先发，实属失算。顷又据李鸿章转电沪信，有孤拔已死之语，如果属实，我军似已获胜，正可鼓励将士，诱彼陆战。穆图善现扎长门，可以遏其出路。该将军督抚及张佩纶等，务当同力协心，督率各军，在陆路竭力截击，切勿坐待援师，

① 《清实录·德宗景皇帝实录》卷一八九。

② 《清实录·德宗景皇帝实录》卷一八九。

致失事机，船厂如何情形，并着迅速电闻。①

初六日戊申(8 月 26 日)

清廷谕令：越南为我大清封贡之国，二百余年，载在典册，中外咸知。法人狡焉思逞，肆其鲸吞，先据南圻各省，旋又进据河内等处，戕其民人，利其土地，夺其赋税。越南君臣，暗懦苟安，私与立约，并未奏闻。法固无理，越亦与有罪焉。是以姑予包涵，不加诘问。光绪八年冬间，法使宝海在天津与李鸿章议约三条，正饬总理各国事务衙门会商妥筹，法又撤使翻议。我存宽大，彼益骄贪。越之山西、北宁等省，为我军驻扎之地，清查越匪，保护属藩，与法国绝不相涉。本年二月间，法兵竟来扑犯防营，当经降旨宣示，正拟派兵进取，力为镇抚，忽据该国总兵福禄诺先向中国议和。其时该国因埃及之事，岌岌可危，中国明知其势处迫蹙，本可峻词拒绝，而仍示以大度，许其行成，特命李鸿章与议《简明条约》五款，互相画押。谅山、保胜等军，应照议于定约三月后调回。叠经谕饬各该防军扼扎原处，不准轻动生衅，带兵各官，奉令维谨。乃该国不遵定约，忽于闰五月初二等日，以巡边为名，在谅山地方，直扑防营先行开炮轰击，我军始与接仗，互有杀伤。法人违背条约，无端开衅，伤我官兵，本应以干戈从事，因念定约和好二十余年，亦不必因此尽弃前盟，仍准总理各国事务衙门与在京法使往返照会，情喻理晓，至再至三。闰五月二十四日，复明降谕旨，照约撤兵，昭示大信，所以保全和局者，实已仁至义尽。如果法人稍有礼义，自当翻然改悔，乃竟始终怙过，饰词狡赖，横索无名兵费，恣意要求，辄于六月十五日占踞台北基隆山炮台，经刘铭传迎剿获胜，立即击退。本月初三日，何璟等甫接法领事照会开战，而法兵已在马尾先期攻击，伤坏兵商各船，轰毁船厂。虽经官军焚毁法船二只，击坏雷船一只，并阵毙法国官兵，尚未大加惩创。该国专行诡计，反覆无常，先启兵端，若再曲予含容，何以伸公论而顺人心，用特揭其无理情节，布告天下，俾晓然于法人有意废约，衅自彼开，各路统兵大臣暨各该督抚，整军经武，备御有年，沿海各口如有法国兵轮驶入，着即督率防军，合力攻击，悉数驱除。其陆路各军，有应行进兵之处，亦即迅速前进。刘永福虽抱忠怀，而越南昧于知人，未加拔擢，该员本系中国之人，即可收为我用，着以提督记名简放，并赏戴花翎，统率所部，出奇制胜，将法人侵占越南各城，迅图恢复。凡我将士，奋勇立功者，破格施恩，并特颁内帑奖赏，退缩贻误者，立即军前正法。朝廷于此事审慎权衡，总因动众兴师，难免震惊百姓，故不轻于一发。此次法人背约失信，众怒难平，不得已而用兵。各省团练，众志成城，定能同仇敌忾，并着各该督抚督率战守，共建殊勋，同膺懋赏。此事系法人渝盟肇

① 《清实录·德宗景皇帝实录》卷一八九。

衅，至此外通商各国，与中国订约已久，毫无嫌隙，断不可因法人之事，有伤和好。着沿海各督抚严饬地方官及各营统领，将各国商民一律保护，即法国官商教民，有愿留内地安分守业者，亦当一律保卫。傥有干预军事等情，一经查出，即照公例惩治。各该督抚即晓谕军民人等知悉，傥有藉端滋扰情事，则是故违诏旨，妄生事端，我忠义兵民必不出此。此等匪徒，即着严拿正法，毋稍宽贷，用示朝廷保全大局至意。

电寄何璟等，法人毁坏船厂，张佩纶等当专督陆军奋勇攻击，毋令久踞。穆图善赶紧堵塞海口，截其来往之路。南洋船不及敌船，且又不能进口，去亦无益。江西援兵两营，前经张佩纶电奏停止，今何璟等请援，已电饬江西兵速进。何璟、张兆栋当赶办团练，严备城防。建宁镇总兵张得胜素称勇往，即饬调带该镇兵队，并另行募勇，星驰援省。张佩纶闻退扎鼓山，距马尾三十里，统带恇怯，将领无所禀承，何能制敌。法兵如登岸，总须乘其喘息未定，立予歼除，傥稍迟延，彼将筑台久踞矣。

电寄杨昌濬，法人滋扰闽口，船厂被焚，亟须知兵大员统率劲军前往援剿。着派杨昌濬督师克日赴闽。应调何路兵勇，或迅速召募成军，以厚兵力，需饷若干，军火由何处筹拨，即着妥速筹画，由电奏闻，再行降旨宣示。

电寄曾国荃，本日战旨已宣，沿海督抚大臣等当懔遵六月二十七、七月初四等日电旨，严密防守。吴淞等处如有法船在口，即行轰击。一切应敌机宜，不为遥制，毋似闽省迟徊，致落后着。团练堪以辅兵力之不足，且免致莠民为彼所用，实为要策，乃各省均未认真办理，务当赶紧妥办。

电寄张之洞，据电称，牵敌以战越为上策。现令唐景崧募勇出关，与刘永福合力掎角，赶筹饷项、军火济之。所办甚是。前有旨令滇桂两军进发，本日战旨已宣，并赏给刘永福记名提督，赏戴花翎，令将法人侵占越地，力图恢复矣。唐景崧着赏加五品卿衔。即着张之洞传旨，令其激励刘永福奋勇进剿，饷银军火，仍着妥筹接济，并准于粤海关酌拨饷项。岑毓英、潘鼎新务即督率所部，星驰前进，相机筹办。俟各军齐抵前敌，迅即奏闻，再行降旨宣示。张树声即遵前旨酌带兵勇驰赴粤西关外，毋稍迟延。现在闽口接战，船厂被焚，所有赴粤各军均当尽力攻取，宣布国威，同膺懋赏。①

初七日己酉(8月27日)

电寄张树声等，法扰闽口，军情万紧。着张树声督师往闽援剿，迅率所部带足

① 《清实录·德宗景皇帝实录》卷一八九。

粮饷军火，乘轮由福清县平潭登岸。港口水浅，令兵轮由广东拖带小轮船，换船入港。①

初八日庚戌（8 月 28 日）

皇太后懿旨发去内帑银十万两，着交穆图善领四万两，何璟、张兆栋领二万两，张佩纶领四万两，豫备赏给出力将士。法船著名头目，着重赏悬购。兵民中有能擒斩法兵，焚毁法船，均即破格给赏。内帑未到以前，如有立功之人，即须颁赏，不拘借拨何款应用。

电寄何璟等，战事以解散胁从为要。越南人民，被法裹胁甚多，闻赴闽法兵，亦多越人。着何璟、张兆栋、岑毓英、潘鼎新出示晓谕，越人被胁者，自拔来归，定当优待安置。近来洋人颇有愿为中国效力者，如法人中有能斩将投诚，亦即破格录用，给以重赏，并着多方晓示招来。

电寄何璟等，有人奏，法人来闽时，系福防同知、闽县知县豫派鱼船，为之引入，法船搁沙碰损一只，有通商局道员为之禀请借船厂修理，经张佩纶面斥乃止。如果属实，罪不容诛。着何璟、张兆栋确切查明。据实奏闻。寻奏，福防同知等并无引入法船情事。报闻。

山东巡抚陈士杰奏，登州海口，加意严防。得旨：即着该抚督饬各营勤加操练。如有法国兵轮驶入，即行合力攻击，毋稍疏虞。所称烟台地方，既无城郭，又无炮位，是否该处本无炮台，抑系有台无炮，着陈士杰详细覆奏，一面酌量筹办。所扎山后夹河，是否足遏敌冲，详筹布置，军火不敷，咨商李鸿章迅速调拨。寻奏：烟台通伸冈炮台，地势稍高，且是旧式，又无巨炮安置，战守俱不相宜。驻扎山后夹河，为入省要道，虽觉稍远，战守较有把握。不敷军火，已咨商李鸿章接济。报闻。②

初九日辛亥（8 月 29 日）

有人奏，太常寺少卿张荫桓，在总理衙门私行函致上海，捏称朝廷允给法人抚恤银两等语。着总理各国事务衙门大臣明白回奏。

电寄李鸿章，法人侵扰闽疆，我之炮台兵船，均不足恃。前据南北洋拨船援闽，非曰恐为敌抢，即曰难敌铁舰。是该大臣等明知船不足恃，岂可不思变计，诱敌登岸，坚壁清野，陆路设伏，均属要着。着李鸿章、曾国荃迅筹速议，除战船炮

① 《清实录·德宗景皇帝实录》卷一八九。

② 《清实录·德宗景皇帝实录》卷一八九。

台外，有何必胜之策，毋得临敌慌忙，徒捐精锐。吴淞、江阴为江海要隘，现有之炮台，未必能御敌炮，亟宜多伏水雷以阻来船。着李鸿章赶紧选派善放水雷之人，携带水雷数十个，迅往南洋助防。北洋需用水雷，随时可由局添造，该署督务当不分畛域，速赴戎机。

电寄岑毓英等，现在法人于越地情形较熟，该处山深林密，恐多埋伏，并恐有安设地雷情事。着岑毓英、潘鼎新随时察访，加意严防，毋得稍涉大意，并传谕刘永福知悉。①

十一日癸丑(8月31日)

皇太后懿旨，御史刘恩溥奏，清江浦到京，若用外洋铁路，以运兵载粮，费省工速，请饬筹办等语。着醇亲王奕譞会同总理各国事务衙门，妥议具奏。寻奏：事属创始。一切办理章程，无从悬拟，请饬北洋大臣李鸿章详细筹度，妥议具奏。从之。

前据给事中孔宪珏奏，太常寺少卿张荫桓有私行函致上海道情事，当谕令总理各国事务衙门大臣明白回奏。兹据奏称，所覆上海道电信，皆系公同商办等语，查阅所寄电信内，间有措词未当。

有人奏，吴大澂前于俄国定界一事，迟到一日，黑顶子要隘，遽为俄人所占，勒令吴大澂写明系俄国地界契约；并闻吴大澂现带各营号令不一，营勇时有逃散骚扰等情。吉林黑顶子地方，前于光绪八年十二月间，据吴大澂奏，该京卿前往查勘，实系俄人侵占，应以两国画押钤印之旧图为据，划清界址。此事如何办结，着吴大澂查明覆奏。各营勇丁约束宜严，若不守营规，何以肃戎行而昭纪律。着吴大澂督饬管带各官，认真整顿，严密稽查。傥有营勇逃散及骚扰地方情事，立即拿究惩办，毋稍宽纵。寻吴大澂奏：查办黑顶子界址，俄人并无勒写契约。所称营勇逃散、骚扰地方等情，亲自稽查，亦无其事。下部知之。

据张之洞电称，粤新营缺械。该督前在晋定购上海载生洋行格林炮十尊，哈事开司枪二千、子百万，云者士枪五百、子二十五万。炮甫到津，枪月半到沪，拟将此项枪炮拨粤。该价未付，约七八万两等语。着李鸿章饬将炮速运沪，并着曾国荃饬邵友濂暂在江海关照数借银，向载生洋行将枪提取，枪炮统委妥员妥船迅速运粤应用，务须慎密，免致在途为法船所阻。

电寄何璟等，据电报长门金牌炮台，被法攻毁，殊堪发指。省防危急，现在催调援师。何璟等务当严密布置，坚定防守。穆图善、张佩纶仍择要驻扎，为省外游击之师。闽省安危，关系全局，该将军等均当竭力勉之。闻孤拔有率船出口之说，确否？傥该酋果他往，当严扼海口，勿任再行入犯。有人奏，沪尾大基隆宜塞等

① 《清实录·德宗景皇帝实录》卷一八九。

语，着转电刘铭传察看酌办。

电寄曾国荃，巴德诺、谢满禄逗遛上海，是否安分闲居，有无干预军事等情。倘该使等干预军事，或兵犯吴淞，着曾国荃酌度情形，或驱逐回国，或拘禁为质，一面由电奏闻。①

十三日乙卯(9 月 2 日)

电寄穆图善等，闽省战事，何璟等电报稀少，且未明晰。顷据张佩纶等报初三战状，稍觉详明。此次虽有挫失，诸将士誓死苦战，毁损敌船，其气尚壮，应奖应恤，赶紧查奏。

电寄彭玉麟，据彭玉麟等电称，法船有赴粤之说，且无大轮运载兵械，张树声不能他适等语。该前督即着暂缓赴闽，沿海炮船，不及法船之坚，炮台又不足恃，非于陆路出奇，恐难制胜。着彭玉麟等严密布置，妥筹胜算。

电寄李凤苞等，德国向与法仇。此次德领事在闽，以法人违背公法，宣示于众，与我睦谊显然。着李凤苞告诸德主，请设法助我，彼此有益。不准接济一层，缓告外部，所见亦是。着随时酌办，并电告曾纪泽、郑藻如一律办理。

署两江总督曾国荃奏，吴淞一带防务吃紧，骤难拨营北上，并添募营勇，请拨给饷需以济新军。得旨：所有前调恪靖七营，着俟该省新军募齐，填扎要隘，即饬启程北上。所请饬部指拨月饷银五万两之处，着户部速议具奏。②

十四日丙辰(9 月 3 日)

电寄李鸿章，据电称有孤拔前往北洋等语。孤拔伤毙，叠据张佩纶等电报似尚可信。北洋戒备已久，谅臻周密。李鸿章当一面力筹防守，一面确切侦探。畿东一带陆路防务，并着李鸿章会商吴大澂层层布置，期于战守足恃。

电寄穆图善等，据电称，金牌长门炮台，被法轰毁，法船全出口，现赶修炮台，不能急就等语。金牌长门为入闽门户，地方险要。该处炮台，须赶紧修筑，以防敌船再犯。穆图善仍严守长门，力杜要隘，毋得稍退。

电寄潘鼎新，据电称，粤军行队过谷松至坚牢，若并力进攻，谅江可得，云粤分途并进，较易为力等语，所见甚是。即着潘鼎新知照岑毓英星速前进，与粤军极力攻击，迅赴戎机。并督饬刘永福奋勇决战，恢复各城。③

---

① 《清实录·德宗景皇帝实录》卷一八九。

② 《清实录·德宗景皇帝实录》卷一八九。

③ 《清实录·德宗景皇帝实录》卷一八九。

十五日丁巳(9月4日)

电寄穆图善等，闽防仍应严备，已谕催杨昌濬带兵迅往。穆图善等当极力筹办，勿稍大意。长门、馆头及可登岸各处，应节节严防，务臻周密。穆图善、张佩纶均督军备战，不得退驻省城。建邵土匪，该督抚饬属捕拿解散，速靖内患。林浦堵塞门口一节，着斟酌妥办。

电寄杨昌濬，据奏遵筹督师援闽各折片，所筹均是。法舰现出闽口，难保不增兵再犯，且攻台攻厦，均在意中。着杨昌濬迅募勇营，克日赴闽。恪靖四营，曾国荃遵前旨拨往，应由何路前进，该漕督酌定电奏。所调浙江一营，即与刘秉璋会商调拨。漕运总督，已有旨令孙凤翔驰往署理。未到以前，令淮扬海道王加敏暂行护理。

礼部奏，据委办朝鲜商务委员陈树棠报称，朝鲜国改变衣冠。得旨：着俟李鸿章查明声覆，再行具奏。①

十六日戊午(9月5日)

李鸿章奏，海防急需军器，北洋无款可筹，请暂行酌量收捐一折，着该部速议具奏。

电寄李鸿章，本日谕令张佩纶扼守船厂，恐兵力不敷，须募本地壮勇。应用炮械，着李鸿章设法运送，以资接济。

电寄张佩纶等，据电报，闽省督抚将军三人会檄长门九营、黄超群两营回顾省防，方勋五营进守长门，未与会商。法船已报出口，即尚有船停留口内，亦应坚守长门，使彼内外阻隔，岂可专顾省防，舍门户而守堂奥，穆图善等实属调度乖方。着张佩纶督率方勋五营扼守船厂。黄超群两营守厂本极得力，现扎何处，迅即奏闻。穆图善着仍督率张得胜统营驻守长门，不准稍有退缩。如省防有警，穆图善等与张佩纶均应互商调派策应。现在移调各营，何以未见穆图善等电报，该将军督抚及张佩纶如意见参差，致有贻误，自问当得何罪。张佩纶如兵力不敷，即速募本地壮勇，操练成军。所需炮械，已谕李鸿章设法运送矣。②

十七日己未(9月6日)

盛京将军庆裕奏，携带印信，亲赴没沟营、旅顺口、大连湾各海口，巡阅防

① 《清实录·德宗景皇帝实录》卷一八九。

② 《清实录·德宗景皇帝实录》卷一九〇。

务。得旨：即着督率防军，将各海口战守事宜，实力备御，毋稍疏虞。

山东巡抚陈士杰奏，添募勇营，防守布置。得旨：着俟各营到齐，妥筹布置，勤加操练，以资备御。又奏，遵办登莱四府民团，互相联络。得旨：即着饬属认真办理，毋得有名无实。又奏，胶州海口，募营防守。得旨：即着该抚饬令迅速召募成营，并饬胶州等处整饬团练，随同官军扼要防守，毋稍大意。

抚恤山东烟台被水灾民。①

十八日庚申(9 月 7 日)

右庶子陈学棻奏，请思患豫防以固根本一折。据称近日法人无大动作，有传其欲由海道犯我东三省乘机而入者，请饬整顿营伍，严防各口，实力举行团练，以杜骚扰焚掠等语。

电寄刘铭传等，闻法船于初十、十一日攻基隆，无大胜负。着刘铭传乘其兵未续到，如登岸极力剿击，挫彼凶锋。官军尚单，不敷布置。台多漳、泉、潮州客民，勇敢可用，着即就台募练。需用军火，着李鸿章、曾国荃设法筹济。如一时运送不及，即先用抬炮排枪等件，以应急需。

电寄李鸿章，据电称潘鼎新来电，越境瘴潦方盛，守易攻难；岑毓英函云，须俟秋后瘴减，乃可进等语。滇粤军既难前进，刘永福所部，久居该国，能耐烟瘴，着传知该提督赶紧督军进取。岑毓英等拨给饷银军火，务俾足用，迅赴戎机。滇粤各营与该军联络策应，以壮声援。现已秋高瘴减，迅速进发，不得藉词迁延，致干重咎，潘鼎新即咨岑毓英一体遵照。

命大学士左宗棠为钦差大臣，督办福建军务，福州将军穆图善、漕运总督杨昌濬帮办军务。三品卿衔翰林院侍讲学士张佩纶，以会办大臣兼署船政大臣，詹事府少詹事何如璋来京。

实授曾国荃为两江总督，兼充办理通商事务大臣。

赏已革山西布政使林寿图四品顶戴，为福建团练大臣。②

十九日辛酉(9 月 8 日)

太常寺卿徐树铭奏，漕粮宜全归河运，请于运道经行之处，疏浚河流，修治闸坝，并拟选雇民船，照海运章程，核实经理一折。

电寄李鸿章，前调周盛波募勇赴津。兹据刘铭传奏台南防务紧要，请饬该提督

① 《清实录·德宗景皇帝实录》卷一九〇。

② 《清实录·德宗景皇帝实录》卷一九〇。

赴台，着曾国荃即传知周盛波迅带所募勇营，克日前往，统办台南防务。李鸿章如尚须添勇，着另行调募。周盛波驭军严整，操防认真。该大臣当加奖勉，令其奋力图报，不得因人言退阻。江苏候补道龚照瑗，着饬赴台湾，交刘铭传差遣委用。周盛波、龚照瑗到台后，刘铭传迅即奏闻。嗣后各省电信，凡有事关紧要者，除电奏外，仍另具折驿递。

电寄彭玉麟，闻彭玉麟拟誓守沙角炮台，固属勇往。惟重臣宜顾全局，不可株守一台。况敌长水战，华长陆战，如基隆马尾台毁，而陆兵仍胜，是其明证。该尚书务当加意慎重，以副朝廷倚畀。

电寄李鸿章，闽口外尚有法船七艘，当严防再犯，自以扼守门户为要着。长门金牌炮台，应赶紧修筑，附省要路，节节严防。穆图善等懔遵叠谕，和衷熟筹，妥为布置，一面详悉电奏。南台法领事，即令回国，不准逗遛。穆图善电称，粤新解水雷，请饬北洋派熟习艺徒数人，乘轮来闽，着李鸿章迅速派往。

两江总督曾国荃奏，江海防务紧要，原扎营垒，调闽赴援，即添募八营，填扎汛地。得旨：着将添募各营。饬令迅速成军以备战守。又奏，请续借出使经费六十万两，以充饷项。得旨：前据李鸿章奏请借拨出使经费，当谕令咨商曾国荃通融办理。此项经费，尚须留备出使之需，不得全数动拨。所有此次曾国荃奏请续借银六十万两，即着与李鸿章会商酌量匀拨，以资应用。①

二十日壬戌(9月9日)

兴廉、游百川奏，来岁新漕，请饬提前赶办一折。据称旧例验收漕粮，统限五月内全完，苏省奏定径运章程，头批漕船，于二月望前进口，江浙两省粮道，准于二月中旬抵津开兑等语。漕粮为天庾正供，关系紧要，沙船远涉重洋，动逾数月。历年以来，俱用招商局轮船分运。现在办理防务，时局不同。若非豫为绸缪，深虑临时迟误。着曾国荃、卫荣光、刘秉璋督同藩司粮道，将漕运事宜，提前赶办，应如何相度机宜，雇船应用，务须先事熟筹，期臻妥速。

以在洋期满，予金山总领事官补用知府黄遵宪道员用，并加布政使衔，翻译官知县张宗良等，升叙加衔有差。②

廿一日癸亥(9月10日)

电寄彭玉麟等，闻法国现与葡萄牙密约，澳门有通广东省旱路，拟由此路协力

---

① 《清实录·德宗景皇帝实录》卷一九〇。

② 《清实录·德宗景皇帝实录》卷一九〇。

攻扑省城。如果得手，即将法国所有澳门地界酬葡。虽系传闻之词，不可不防。着彭玉麟、张之洞等严密侦探，并查明此段旱路，有无险隘可凭。闻中间尚有一江，或可扼守，着豫筹布置，并先电闻。

电寄曾纪泽，闻法人有与俄、倭密约，明年法犯北洋，俄犯吉林，倭攻朝鲜，以图牵我兵力之说。自系法人虚声。俄国有无举动，着曾纪泽密察，随时电闻。前有英船驶进闽口，并无旗号，兼值大雾，我兵误认为法船，开炮轰击，伤英人三名。昨据英使照会总署，语尚和平，惟坚称船上实挂英旗，若于受伤船过时，我军升炮，闽省大员到船慰藉，即可了结，拟即电闽照办，并酌给医药之资。英廷有无议论，并着详察电覆。①

廿二日甲子(9 月 11 日)

奉天防务紧要，营口一带，后路尚觉空虚，应否添筑炮台以臻周密，着李鸿章审度形势。迅速奏明办理。

翰林院编修徐琪奏，海疆多事，条陈利弊一折。据称近日各海口炮台太露，无土遮蔽，敌船得视为标准，夷炮更易于轰裂，间有堆土累堤，用法或未能尽善，必须高筑土堤，暗设地道，多安炮洞，再植杂木，以至移动营房，修造炮架，均宜相度情形，量为更改等语。各海口建立炮台，最为扼要制胜之计。若制造不精，击敌而转为敌击，于战守大有关系。该编修所奏是否可行，着该将军督抚大臣等悉心察度，实力讲求。

电寄陈士杰等，闻法国不得基隆煤，将谋威海卫。山东防务，着陈士杰懔遵叠谕，严密布置，务期战守足恃。该抚责无旁贷，不得稍有疏虞，致干重咎。

电寄曾国荃，据电称英轮装刘朝祜营渡台，稍慰廑系。该督拟买极大炮八尊，分置吴淞、江阴，又欲购前后膛枪，所筹甚是，即着迅办。所需价银，如议办理。

电寄穆图善等，闽防应迅筑炮台，如有土堆筑，易于集事，且不同砖石易摧，着穆图善等设法赶办，并整备战守，勿致临事仓惶。曾国荃现密约英德商包办枪炮，既济急需，且联络与国，闽少精械，该省即速照行，勿事事远烦朝廷计虑。道员杨正仪准其调往，即由穆图善咨行迅速赴闽。

电寄刘秉璋，有人奏闻有外国船六七艘，驶至宁波江北岸，着刘秉璋饬属确查系何国船只，如系法船，即行攻击。又据称乍浦应酌添数营，并将该处鱼船编查约束。副都统应驻乍浦，着该抚酌度妥办。②

---

① 《清实录·德宗景皇帝实录》卷一九〇。

② 《清实录·德宗景皇帝实录》卷一九〇。

廿三日乙丑(9月12日)

电寄杨昌濬等，据曾国荃电称洋轮难雇等语。闽防紧要，着杨昌濬督军迅由陆路进发，克日抵闽，不得藉词雇船，推诿延宕，致误事机。运台军火，着曾国荃设法妥速运解。

电寄张佩纶，据李鸿章电称，张佩纶恳辞船政。张佩纶应遵前旨，将船政妥为筹办，不得藉词推诿。①

廿四日丙寅(9月13日)

潘鼎新奏，遵查越南北宁失事情形，将各将弁分别拟办各折片。

有人奏，天津防军驻北塘者五营，实止四营两哨，与大沽防军多寡悬殊，请饬李鸿章统筹兼顾等语。北塘防务紧要，现在驻守各营，是否足敷分布，着李鸿章悉心体察。如兵力实形单薄，即着迅速添营，以资防御。

陈宝琛奏，拟募勇营，勤加操练，以裨防务一折。据称炮台兵轮，须有策应之陆军，而陆军制胜，以参用西法教操为要义。拟请别募五六营，遴员管带，参合中西之法，教练成军等语，思虑尚属精密。惟目前江南防营，不患兵勇之不敷，患在训练之不熟。该学士折内所称淮军扼守江阴，不讲炮尺、句股之法，轮船管驾或不谙船械之机牙，或不识西阵之行列，业已深知其短。即可切实指示，令其朝夕讲求，务臻纯熟，较之新练之军，究易见功。况增兵必先筹饷购器，现在饷项支绌，部中无可指拨，江南亦难骤添新饷。至购买洋械，既无巨款，即难选择上品。且购自外洋，尤需时日。此时防务紧要，陈宝琛与曾国荃同办一事，惟当就现有各军设法整顿，虚心商榷，俾成劲旅。曾国荃亦当和衷共济，彼此互商，总期于事有益，不必另立一军，转致各存意见。②

廿五日丁卯(9月14日)

前江苏巡抚吴元炳奏，请饬帮办新疆军务，张曜统带嵩武军入关，督办山东海防。得旨：前已有旨令张曜督率所部北来，听候谕旨。

---

① 《清实录·德宗景皇帝实录》卷一九〇。

② 《清实录·德宗景皇帝实录》卷一九〇。

廿六日戊辰(9月15日)

左宗棠奏，人才屈抑可惜，请旨饬查一折。据称署直隶津海关道盛宣怀，前经部议降级调用，闻系因矿务办理含混，铺张失实议处。查矿与电皆属因公，该员将矿商股本，挪入电线股本。是否禀明挪移，所收矿本有无亏耗，如何勒限办理，请旨饬查妥议等语。着李鸿章、曾国荃将该员经办开矿电线事务全案，详细查核，据实具奏。

给事中万培因奏，福建长泰县属之港内山蛟水陡发。七月初一等日，大雨倾盆，溪流泛涨，岩溪集上蔡、下店等乡，冲没田庐，淹毙人口甚多等语。

两江总督曾国荃奏，援闽渡台各营，分水陆取道前进，宽给饷需，并拨派营兵填扎江防要隘。得旨：该督筹办各节，均属妥协。又奏，遵旨筹议军事。得旨：即着曾国荃督率各将领实力筹防，严密布置，并随时斟酌机宜，妥为办理。又奏，制造子药等件银两，恳准加拨济用。得旨：着照所请。俟防务完竣，仍照前定额拨银数办理。①

廿七日己巳(9月16日)

电寄杨昌濬等，万培因奏，请仿照成法，抽收坐贾厘金，专供团练经费，并令省城殷富捐输。台湾绅士林维源春间捐银二十万两，台湾办团，未必需此巨款，请饬查明。闽省办团需费，着杨昌濬、张兆栋会同林寿图，酌议抽收坐贾厘金济用，遴委公正员绅办理。殷富之家能否捐输，并着酌量劝办。林维源捐款作何着落，有无中饱，即着确查具奏。若有余款，解充全省经费。

电寄陈宝琛，据电称，闽省军火全毁，请饬南洋购办运闽等语。即着陈宝琛迅派妥员前赴上海，购办洋枪大炮等件，设法雇船运闽，以济急需。应需款项若干，如何筹拨，由电奏闻，请旨办理。

总理各国事务衙门奏，内地法人，请准俄国代为保护。得旨：现留内地之法人，业经谕令一律保护，所请由俄国使臣代为照料，着依议行。

前江苏巡抚吴元炳奏，查勘山东海防情形，兵单力薄，只有竭力经营，以维防务。得旨：本日已有旨令吴元炳补授漕运总督，着将山东河工详细查勘，俟覆奏再行驰赴新任。

命闽浙总督何璟来京，以漕运总督杨昌濬为闽浙总督。未到任前以福建巡抚张兆栋署理。

---

① 《清实录·德宗景皇帝实录》卷一九〇。

以前江苏巡抚吴元炳为漕运总督，未到任前，仍以河南布政使孙凤翔署理。①

廿八日庚午（9月17日）

广西巡抚潘鼎新奏，派军出关，并约会滇军分道前进。得旨：法兵在越扰害，正有可乘之机，即着潘鼎新迅速部署出关，并令王德榜赶募足额，会同各军次第进发，一面速行知会滇军，分路并进，互为声援。刘先胥募勇川资，即由该抚咨明庞际云，照数给发。

以前江苏海门镇总兵贝锦泉，署浙江定海镇总兵官。②

廿九日辛未（9月18日）

电寄李鸿章，刘铭传电报法调兵四千攻沪尾，台北万紧等语。援台之军，虽已拨刘朝祜四营，尚恐无济。着李鸿章竭力设法援救，总以保全台湾为要。

电寄曾国荃，刘铭传电报闻法调兵四千攻台，沪尾法船已到，口门闭塞，台北万紧等语。刘铭传孤军待援，刘朝祜四营，现往一千，尚未全数前往。着曾国荃迅速雇船续装赴台，并竭力另筹援应，一面设法，一面电闻。吴淞堵塞，留一活口，愈窄愈好，不必二十五丈之宽。该督所称法船有三五只到口外，立即堵塞，万一临时赶办不及，必致误事，务必豫为筹定，确有把握。英商订购大炮，十个月方到，未免太迟，着再筹商提早，方可应急。

电寄张之洞，前令广西至云南安设电线，现在滇粤督抚已否办理，能否由龙州径至马白关，着张之洞转电潘鼎新，迅咨岑毓英，立即商办，以速军报，并一面奏闻，勿得迟误。

予故广东水师提督吴长庆在朝鲜建立专祠，从朝鲜国王李熙请也。③

八月初一日壬申（9月19日）

穆图善等，暨张佩纶、何如璋先后具奏，法兵攻击船厂炮台，官军接仗情形，自请议处治罪各折片。法人乘上海议和之际，潜使兵船入泊福建马尾等处。中国素重诚信，并未即行驱逐。乃该国包藏祸心，不顾信义，七月初三日，何璟等甫接法领事照会开战，马尾法船，乘我猝不及防，先行开炮攻击。我军合力抵敌，兵商各

① 《清实录·德宗景皇帝实录》卷一九〇。

② 《清实录·德宗景皇帝实录》卷一九〇。

③ 《清实录·德宗景皇帝实录》卷一九〇。

船，多被击毁。各军于濒危之际，犹复奋勇接战，击坏该国兵船、雷船三只。初四等日，法兵猛攻登岸，经提督黄超群、道员方勋、都司陆桂山督队击退。法兵旋攻馆头、田螺湾、闽安等处，希图上岸据扰，经张世兴、蔡康业、刘光明督军击却。穆图善驻守长门等处，督饬总兵张得胜、副将洪永安、守备康长庆等率队截剿，毙敌甚多，击翻敌船二只。以炮台门皆外向，敌由内击，致为所毁。此次因议和之际，未便阻击，致法人得遂狡谋。各营将士仓猝抵御，犹能歼毙敌人多名，并伤其统帅。其同心效命之忱，实堪嘉悯。所有击退上岸法兵出奇制胜之提督黄超群，着以提督遇缺题奏，并赏穿黄马褂；道员方勋，着以道员遇缺题奏，并赏给"达春巴图鲁"名号；都司陆桂山，着以游击尽先升用，并赏给"捷勇巴图鲁"名号；击翻敌船、夺获军器之副将洪永安，着以总兵记名简放，并赏给"绷僧额巴图鲁"名号。其余出力之水陆将弁，着穆图善、张佩纶先行传旨嘉奖，并从优保奏，候旨施恩。力战受伤之都司孙思敬，着以游击补用，阵亡之高腾云及受伤之宋锦元、洗懿林及其余阵亡受伤各将弁，均着查明，分别奏请奖恤，并着穆图善、张佩纶于前颁内帑备赏项下，择其打仗尤为出力兵勇，及阵亡之官弁兵勇家属，分别核实赏给，毋稍疏漏。闽浙总督何璟，在任最久，平日于防守事宜漫无布置，临时又未能速筹援救，着即行革职。福建巡抚张兆栋，株守省城，一筹莫展，着交部严加议处。船政大臣詹事府少詹事何如璋，守厂是其专责，乃于接仗吃紧之际，遽行回省，实属畏葸无能，着开缺交部，严加议处。翰林院侍讲学士张佩纶统率兵船，与敌相持，于议和时屡请先发，及奉有允战之旨，又未能力践前言。朝廷前拨陆路援兵，张佩纶辄以陆兵敷用为词，迨省城戒严，徒事张惶，毫无定见，实属措置乖方，意气用事。本应从严惩办，姑念其力守船厂，尚属勇于任事，从宽革去三品卿衔，仍交部议处，以示薄惩。福州将军穆图善驻守长门，因敌船内外夹攻，未能堵其出口，而督军力战，尚能轰船杀敌，功过尚足相抵，着加恩免其置议。嗣后闽省防务左宗棠未到以前，着责成穆图善、杨昌濬、张佩纶和衷商办，务臻周密，毋稍疏虞。至沿海战守事宜，各该督抚务当懔遵叠次谕旨，督饬各营，认真戒备，不得稍涉大意，致干重咎。寻部议：张兆栋、何如璋革职，张佩纶降二级留任。从之。

电寄曾纪泽，据电称，洋人哲卜僧两年屡献策，应酬谢抑召用等语。哲卜僧于中国之事，尽心筹画，甚为出力，召用器使，着曾纪泽酌议具奏，请旨办理。

帮办福建军务漕运总督杨昌濬奏，请提漕库淮关银两，作为援闽协饷。允之。①

初三日甲戌（9月21日）

署直隶总督李鸿章奏，赶办山海关营口至旅顺口沿海陆路电线，请将追提浙典

① 《清实录·德宗景皇帝实录》卷一九一。

练钱项下平粜余款，拨作经费。允之。

广东巡抚倪文蔚奏，南海等县被水情形。得旨：览奏殊深廑念，所有被水各处，着一面查勘，一面饬属赶办抚恤，毋任小民失所。

初四日乙亥（9月22日）

署直隶总督李鸿章等奏，筹备畿东防务，请拨饷银二十一万二千两，豫购精械。允之。

初五日丙子（9月23日）

电寄张之洞等，粤东海口河道纷歧，着彭玉麟等妥筹布置，扼要严防，务臻周密。据潘鼎新电称，苏元春军已出瘴地，即着督饬各军，迅速进取。谅山一役，既系黄玉贤所统八营出力，即着查明该营出力员弁保奏。刘永福部将黄守忠等打仗奋勇，着岑毓英传知该提督于具折谢恩时，从优酌保数员，由该督代奏，候旨施恩。越官黄廷经收众自保，着潘鼎新察看。如果得力，当联络激励，以壮声援。此旨着张之洞转电潘鼎新，由该抚速咨岑毓英一体遵照。

浙江巡抚刘秉璋奏，查明宁波口并无法船驶入，及乍浦添募勇丁，清查渔船情形。得旨：所有添募勇丁清查渔船各事，着该抚妥为办理，并将该省防务，严密布置，扼要驻扎，期于战守足恃。又奏，办防军饷不继，请停解京协各饷。下部议。

实授李鸿章为直隶总督，兼办理通商事务大臣。①

初七日戊寅（9月25日）

张佩纶奏，整顿陆防，并查明失事及阵亡之将弁，请分别惩办优恤各折片。

有人奏，水师提督彭楚汉，近于营务极为废弛，并有虚报兵额、克扣军粮情事；任用游击窦壮龄，声名狼藉，厦门守口轮船，彭楚汉率行调往他处，不知何意。距厦八十里之金门地方，兵力颇单，请饬该提督据险扼守；厦门军火、粮食俱乏，请令该督转饬兴泉永道，酌提厘金，派员迅赴广东，购办军火；其漳州府属产米之区，应令该道移咨汀漳龙道开禁，以济军食。总兵吴鸿源办理民团，颇资得力。近闻募勇前赴台湾，深恐接办无人，团防废堕等语。福建防务，现尚吃紧，若统兵大员不能得力，其何以资战守，着左宗棠、杨昌濬查明彭楚汉如有前项情弊，

① 《清实录·德宗景皇帝实录》卷一九一。

即行严加训饬。①

初九日庚辰(9 月 27 日)

闽浙总督何璟等奏，台湾府风灾情形。得旨：览奏被灾情形，殊堪悯恻，即着饬属赶紧妥筹抚恤，毋任失所。

十一日壬午(9 月 29 日)

翰林院侍读王邦玺奏，嗣后保荐算术人员，请交同文馆及机器局差委，并请饬议补选章程等语。着该衙门议奏。寻总理各国事务衙门会奏，遵议保奖算术人员章程，如议行。

兵部代递主事陈彝谦奏，琼州海防紧要，亟应举办乡团，并愿效前驱一折。本日已明降谕旨，将陈彝谦发往广东，交彭玉麟、张之洞差遣委用矣。其所陈有无可采，及该员才具何如，着该尚书等随时察看，量材器使。

十二日癸未(9 月 30 日)

现据英国及日本使臣，在总理各国事务衙门面称，法有五船在山东庙岛地方游弋。本日该衙门复接李鸿章函称，法有四船前往庙岛等语。法人诡计多端，亟应豫筹防范。着陈士杰严饬各营，勤加侦探，遇有法国兵轮驶进，即行实力轰击，勿为所乘，并着李鸿章随时策应。以壮声援。现在台湾防务，极为紧要。刘铭传所调江南各营，据曾国荃电称，已有三起携带军火前往。援军渐集，兵力较厚，着李鸿章电知刘铭传严密守御，不得稍涉疏虞。

前因有人奏，北塘防军单薄，当谕令李鸿章悉心体察。旋据该督覆奏，已饬添练一营，扼扎北塘北岸等处。兹复有人奏称，北塘河北之后劲等语。该处防营，是否仍形单薄，着李鸿章详细酌度，妥为筹办。前有人奏避炮须用挡车，并详陈制法等语。能否适用。着李鸿章斟酌试造。如果有益。即着奏明推广办理。

有人奏，福州山多田少，每年粮食，全恃台湾、江浙接济，请于江西河口陆路至福建崇安凿修栈道，又于河口崇安各建仓座，以便转输；梅花港连江数道添设水雷，五虎门以内，添设木簰，守以重兵等语。所奏是否可行，着穆图善、杨昌濬、张兆栋、张佩纶悉心体察，妥筹办理。

有人奏，台湾孤悬海外，援守悉难，拟请开小河钉梅花桩诱夷接战，于要隘处

---

①《清实录·德宗景皇帝实录》卷一九一。

筑炮台，塞木簰以攻敌，开矿烧山取木利以济饷，联渔团保甲以顺舆情，购洋枪、造火药、募泗人以备急需，并抚番开荒各事宜，次第行之。台湾地势险要，物产富饶，刻下防务戒严，如能就地取材，加意筹备，以保岩疆，自系上策。所奏各节，着刘铭传详度情形，妥筹办理。

盛京将军庆裕奏，巡阅各海口陆路，筹画战守情形。又奏，营口炮台，勿庸更易。又奏，添派兵轮，并饬驻扎辽阳之靖边前营步队，进扎营口。又奏，遵旨办理团练。均报闻。又奏，岫岩州教民，操演枪炮，拟严查禁。得旨：着饬属妥慎办理，毋得别滋事端，是为至要。①

十四日乙酉(10月2日)

皇太后懿旨，神机营奏，据道员恩佑禀称，拟制造尖底舢板轮船，分布海面，扼守海口，如遇敌船，远近皆可攻击，请饬试办等语。敌虽船坚炮巨，若以舢板多只，用火箭等项，合力围攻，使彼四面受敌，亦制胜之一策。着李鸿章、曾国荃、彭玉麟、张之洞、张树声、倪文蔚查照所奏，悉心筹议，酌量试办以资攻守。

两江总督曾国荃奏，赴闽渡台各援军次第亟行报闻。又奏，吴淞堵口情形。得旨：吴淞堵口，着懔遵前旨妥为办理，免致临时贻误。又奏，新募各营，需饷浩繁，请截留厘金项下应解京饷十万两。下部议。②

十五日丙戌(10月3日)

前有人奏，福建水师提督彭楚汉，于营务极为废弛，并有虚报兵额，克扣军粮情事，任用游击窦壮龄，声名狼藉。当令左宗棠等查明训饬。兹复有人奏彭楚汉驻厦多年，毫无布置，前以修城为名，提关税银三万两，所费不过二千余金，其余尽入私囊；近又开设柴米商行，勒令所部向该行购买，每月将口粮扣抵；本年三月，民间谣传法人欲攻厦门，该提督藉出洋为名，潜赴广东，迨知人心略定，始行回厦；游击窦壮龄，平日开场聚赌，包揽词讼，该提督听信该员募勇，捏报名数，请饬查参等语。着左宗棠、杨昌濬归入前奏，一并确查，据实具奏。寻奏：所参各节均无其事。报闻。

电寄穆图善等，闽省海口，最称天险。现据电报，法船大队南行，正可力顾省城门户，堵塞海口。除近省之林浦已经先堵外，其余各口，以何处为最要，着穆图善等赶紧堵塞，所留出进口门愈窄愈好。吴淞口所办塞口之法，闽省速即仿办，勿

① 《清实录·德宗景皇帝实录》卷一九一。

② 《清实录·德宗景皇帝实录》卷一九一。

稍迟延，致失事机。

电寄曾国荃等，据李鸿章电称，闽口法船大队南行等语。其为复犯台湾，自无疑义。台防万紧，刘铭传务当勤加侦探，极力备御。曾国荃、穆图善等，无论如何为难，仍当设法与台互通消息，妥筹接应。如台北不能登岸，其台南一带，但有可通之路，务即相度绕越，渡台应援，不准稍涉漠视。广东距台较近，并着彭玉麟、张之洞等急筹援济。李鸿章如有可设法之处，亦着一体详筹，务使台湾兵械，一切无缺乏之虑，俾得保卫岩疆，以慰廑念。闽口亦宜加意严防，着曾国荃咨催杨昌濬，迅速赴闽到后即与穆图善妥商调度，互相策应，立固该省门户，毋得专顾省城。

电寄曾国荃，据李鸿章、曾国荃均电称，“华安”船在淡水被法掳往马祖澳等语。前据曾国荃，渡台之勇，雇英轮装送，费极重船价。李鸿章何以又称此船系邵友濂等购备，着曾国荃确查覆奏。第二批系初四开行，勇丁已否登岸，第三批业经折回，曾国荃何以称二、三批人财两没，着一并详奏。①

十六日丁亥(10 月 4 日)

电寄岑毓英等，昨据李鸿章电称，闽口法船大队南行，今复有基隆失守之信。法人凶狡，惟有攻其必救，直逼西贡等处，庶使分兵西援，台湾乃可稍松。前谕令岑毓英、潘鼎新合力进兵，着即迅速前进，并激励刘永福率军进剿，先攻克大原、北宁各城。越南义民，如有可为内应，务当设法联络，内外夹攻，俾法人无可驻足，自可直达南圻，以期牵制。

电寄穆图善，英领事署被抢一事，曾谕总署电知穆图善确切查覆，何以尚未覆奏。此事若诿之法船，难以折服英人之心。事后查办，虽难指定何人所抢，案则必应速结。该将军等务即查明妥办，免致别生枝节，并着先行电闻。②

十七日戊子(10 月 5 日)

命道员徐承祖充出使日本国大臣，即行来京陛见。

十八日己丑(10 月 6 日)

督办台湾军务直隶提督刘铭传奏，台湾危急接仗情形。得旨：前有旨令南洋闽

---

① 《清实录·德宗景皇帝实录》卷一九一。

② 《清实录·德宗景皇帝实录》卷一九二。

粤速筹援应，着刘铭传就现有防兵，严密布置，力筹战守，并将军情随时迅速电奏。

十九日庚寅（10月7日）

电寄李鸿章等，据电报，接上海两电，似台北无恙等语。刘铭传力支危局，稍慰廑念。台防紧急万分，必须赶筹接济。前调未赴各营，仍应设法往援。如兵勇未能立时启程，即先多运军火器械前往。刘铭传就地募勇，亦可应用。着李鸿章、曾国荃竭力筹画，不惜重费，愈速愈好，总以保全台湾为主。广东距台较近，着彭玉麟、张之洞等不遗余力，赶紧援济。台南防务，并着转电刘铭传督饬刘璈严密守御，毋稍疏虞。法船既驶至川茆山外，又据电报只存五号，法人诡谲，长门总应严防。着穆图善等赶办堵塞海口，以固门户。①

二十日辛卯（10月8日）

前据总理各国事务衙门，代递徐承祖条陈内出使四条，着该衙门议奏。寻奏：第一条请饬出使大臣采访各国政体，详加记载，并翻译图书以备考核等语，此属使臣原定职掌，应请申明旧章，俾资遵守。其第二、三、四各条所请改定奏调章程，及变通保举、分设使臣各节，应请毋庸轻议变更。从之。

电寄张之洞等，据岑毓英电称，饬令刘永福进兵，有藉词求缓之语。现在进规北圻，全在用人得宜。着岑毓英激励该提督，奋勉立功，并妥为笼络，务令感恩畏威，毫无猜疑。驾驭失宜，惟该督是问。②

廿二日癸巳（10月10日）

电寄穆图善，有人奏，请饬闽省疆吏，速将沉溺炮械船只，悬赏设法，悉数捞取等语。所有炮械等项，可用之物，弃之可惜，着穆图善酌度情形，勿惜小费，迅速办理。

电寄刘铭传，据李鸿章电称，法兵登岸接仗，刘铭传弃台基保后路，法兵带机器掘煤，募土勇为兵等语。基隆要地，岂容法兵占踞，着刘铭传乘其喘息未定，联络刘璈，同心协力，合队攻剿，并募彰嘉劲勇助战，将敌兵悉数驱逐，立功者予上赏，退缩者即正法。台湾孤悬海外，他处接济，缓不济急。刘铭传当联络绅董，因

---

① 《清实录·德宗景皇帝实录》卷一九二。

② 《清实录·德宗景皇帝实录》卷一九二。

地劝捐。如军械缺乏，即中国军器，亦可应急。台地巨族，多养私丁，可急召头人，重赏募用。法人甫至，即能雇募土勇。刘铭传驻台多时，何以不克收为我用。日来军情，迅速奏闻。

电寄左宗棠等，法兵现占基隆，台北府城万紧。着派杨岳斌帮办左宗棠军务，即带湖南现有八营，迅赴福建，驻扎漳泉一带，联络该处士绅士勇，设计渡基，暗结台民，速图逐法之策。①

廿三日甲午（10 月 11 日）

浙江巡抚刘秉璋奏，来岁新漕难运本色，请饬部核议变通章程。下户部速议。

廿四日乙未（10 月 12 日）

张佩纶等奏，游击打仗不力，妄禀邀功，据实参劾等语。留闽补用游击杨金宝，扼守金牌地方，七月初间，与法人接仗，击沉法船一只，旋因火药窖被轰，辄即弃台退走，尚复妄禀邀功，实属恇怯荒谬。杨金宝着即行革职，永不叙用，并不准投效他处军营，以示惩儆。

电寄李鸿章等，基隆要地，断不容法兵久据，叠饬李鸿章等援济，恐海道梗阻，势难速达，惟有就地设法。台湾银米尚不缺，且多富户豪民，亟应收为我用。洋兵最患夜战，若以团勇助兵，分作十余起，日夜扰敌，乘其困乏，并力击之，当可取胜。台北林姓，曾集团助战，尤应切实激励。如绅民中有能纠义逐法者，朝廷破格施恩，不惜爵赏。刘铭传向有谋略，着即随机应变，迅速筹办，捐饷者从优给奖，成功后奏请蠲粮，均即遍行晓谕。总期兵民合一，力复要区，以纾廑系。

会办福建海疆事宜、翰林院侍讲学士张佩纶等奏，调军拨炮，驻守长金要隘。得旨：闽口自应坚守长门金牌要隘，以固门户。即着穆图善、张佩纶督饬各军扼扎严防，并督催台工，务令迅速蒇事。

予兵轮师船阵亡、福建游击吕翰等四十六员优恤。②

廿五日丙申（10 月 13 日）

颁古巴华商会馆关帝庙匾额曰“德义流行”。

内阁学士尚贤奏，俄人日肆侵占，请饬认真办防一折。据称阿勒楚喀五常堡等

① 《清实录·德宗景皇帝实录》卷一九二。

② 《清实录·德宗景皇帝实录》卷一九二。

处，西丹精壮可得数万，选补兵额，将各处分驻之兵调防，更番操练；此外台丁站丁，亦可另编一队；并将珲春、绥芬河等处打牲炮勇，练成队伍，免为俄人收用等语。所奏是否可行，着希元酌度情形，妥筹覆奏。

太常寺卿徐树铭奏，近有法人车辆，装运箱只，纷纷入城，请饬究诘禁止等语。着步军统领等密为查察，妥筹办理。

许景澄奏，请选派水师学堂精熟学生，分赴江浙闽广教演炮准成法等语。各省防口击船，全恃炮位。其演炮测算之法，自应一律讲求。俾有准的，着李鸿章妥为遴选，饬赴各该省认真教演，以资练习。

电寄各省将军督抚，据曾国荃等电称，官军十七日复基隆，毙法兵五百余，溺毙无算，降者数百等语。闻法藉雇工为名，诱土人以利，到船则逼之剪发易衣，驱赴前敌，此次基隆杀者、降者多此辈。着沿海各省将军督抚，剀切晓谕居民，引以为戒，勿为敌诱。潮州、温州均有毁虏教堂之事，波及他国。现在筹办军事，不可别生事端，尤当联络与国，以孤敌势。着各将军督抚饬属妥筹保护，随时弹压，是为至要。

予出洋参赞积劳病故候选知府陈远济优恤。①

廿六日丁酉(10月14日)

沿海办防，兴筑炮台，糜费甚巨。此次福建用兵，长门炮台，全不足恃，皆由兴建之时，并未切实讲求，以致临时误事。闽省如此，他省炮台，亦未必尽能合法，亟应及早计议。各就现有炮台，认真试验，务期守御足恃，并先博采众论，悉心参考。前据刘铭传详陈炮台图式，并编修钟德祥、朱一新、刘宗标、州同刘峻德各陈兴筑守护之法，是否有可采择，着该将军督抚等详加酌核，妥筹办理，并咨取刘铭传所拟图式采用。又据侍读志锐条陈战守事宜，教职陈麟图条陈避炮之法，主事余思诒请饬广设水师学堂，并着查照所陈各节，随宜酌办。

前据刘铭传奏，请设局译刻泰西各书，徐承祖奏使臣宜购书排印，余思诒奏请购外国舆地图说各件等语。西学各书，精粗不一，当择其至精者译刻采用。着总理各国事务衙门，即行知照出使各国大臣，将西洋各书及舆地图说分别选择，咨送该衙门酌量汇刻，颁发各省，并将中国所有论海防各书，一并采择。

前据刘铭传奏，洋面水师兵船宜次第筹办等语。外洋设立水师，系属制胜要策。前经张佩纶奏请设立七省水师，当令南北洋大臣会同妥议。着李鸿章、曾国荃将该提督所陈办法，与张佩纶前折一并参酌议奏。又据教职陈麟图奏，筹办商务，莫急于织办洋布、呢布；编修朱一新奏，开采煤铁、兴织洋布、绒呢，宜择廉干之

① 《清实录·德宗景皇帝实录》卷一九二。

士各等语。开采煤铁，易滋弊端，苟非得人而理，其何以裕度支而济饷需。至洋布、呢布，曾经试办，如果行之有效，自当饬商开拓以收利权。并着该大臣等悉心酌核，妥筹办理。

前据提督刘铭传奏，船政局机器局宜加整顿，主事余思诒、教职陈麟图奏请整饬机器局，编修朱一新奏请于湖北、江西近水之处添置机器局等语。福建船政局，自被轰后，机器尚未损坏，自应一面修理，逐渐整顿。其天津、上海等处机器局，开设有年，不惜多费帑金，原期制造精良，乃可适用。现在海疆有事，军火枪炮，尤应宽筹备用，以应急需。着李鸿章、曾国荃、杨昌濬、卫荣光、张佩纶按照该提督等所陈各节，实力整顿，厘剔弊端，并将军火等项，多为储备。其湖北、江西，应否添置机器局，并军火公司是否可行，着总理各国事务衙门、曾国荃、卞宝第、彭祖贤、潘霨妥筹具奏。此外设有机器局各省，并着总理各国事务衙门咨行各该督抚，一律整顿。

山东巡抚陈士杰奏，遵查庙岛地方，并无法船游弋。又奏，布置登烟各营大概情形。又奏，威海空岛无须设防。均报闻。①

廿七日戊戌(10 月 15 日)

电寄刘铭传，据曾国荃电，法船泊攻沪尾，经孙开华击败，南路土匪蠢动，运道梗塞等语。法在基隆受此大创，自必分扰他口。着刘铭传督饬孙开华各军，极力堵击，勿任驻足。南路土匪蠢动，刘铭传势难兼顾。严饬刘璈或剿或抚，务须赶紧肃清内患，兼备各口，仍随时接济台北各军粮饷军火。如款项短少，先向绅商暂借，解到即还。

电寄潘鼎新，据李鸿章转电潘鼎新廿四电信，苏元春酣战五日，法人未退等语。②

廿九日庚子(10 月 17 日)

电寄穆图善等，据陈宝琛电奏，吴鸿源新召漳泉勇千人，请饬赴台助剿。淡水林绅急公，曾充日本领事之刘寿铿，现馆其家等语。台防兵单，军情万紧，较厦尤重，应先其所急。着穆图善等饬吴鸿源带勇迅速设法赴台援助。林绅急公可嘉，着刘铭传传旨奖励，饬令集团助战。刘寿铿素悉洋情，才智可用，即助其调度，与官军合力御侮，同膺懋赏。

① 《清实录·德宗景皇帝实录》卷一九二。

② 《清实录·德宗景皇帝实录》卷一九二。

电寄穆图善等，台湾军情紧急，饷项支绌，昨饬向绅商借用，着穆图善、杨昌濬、何璟等设法接济，并筹还借款以应急需，毋任缺乏。

哈密帮办大臣祥麟奏，情殷报效，请准赴海疆助剿。得旨：览奏具见悃忱。哈密地方紧要，该帮办大臣实力整饬，即所以图报效，所请着毋庸议。①

九月初二日癸卯(10月20日)

有人奏，厦门兵力甚单，请饬该督抚会同团练大臣，择公正绅士，与该处提道筹办团防；吴鸿源所造龙艚数只，即交该镇旧部千总陈汉管带，巡缉洋面等语。吴鸿源现令赴援台湾，该镇所办厦门团练，接替必须得人，着穆图善、杨昌濬、张兆栋遴选绅耆，会同地方文武，妥为办理，并派弁认真巡缉洋面，毋任松懈。至所称寄居厦门之捐职洪廷琛及捐职林远芳等，家皆殷实，请饬劝捐巨款，以为团练经费一节，并着查照所奏，酌量筹办。再台湾至福建内地，现饬刘铭传于鹿港设立海线，以通消息，着穆图善等妥商速办。台地产磺不产硝，并着设法运济。

有人奏，台防孔亟，请饬绅商捐输，并举办电线。据称台绅林维源等家赀殷实，着刘铭传遴委妥员，驰赴各县，设法借用劝捐，毋得藉端勒索。其府城至基隆设立电线，并鹿港安放海线以达蚶江，再接陆线之处，即着刘铭传查照所奏，咨商杨昌濬等妥速筹办。

电寄曾国荃，崇明孤悬海中，防兵尚嫌单薄。现在闽省援兵已厚，程文炳援闽各营，无论行抵何处，着曾国荃传知改赴崇明驻扎，认真办防。

盛京将军庆裕奏，奉省海防，宜添练苏拉。得旨：现在库款支绌。此项苏拉，着先挑练一千人，练有成效，另行挑练千人，更替轮练，练至四千人为止。防务稍松，撤去客军，即以此四千人补数。所需饷项，及另片奏修营各用，着户部议奏。②

初三日甲辰(10月21日)

电寄穆图善，长门金牌炮台，关系极重。该处炮弁康长庆、张成，才皆可用，能否始终勤奋，着穆图善随时察看训饬。

初四日乙巳(10月22日)

电寄张之洞，闻刘永福军缺饷，加恩着赏银五万两，着张之洞无论何款，即行

① 《清实录·德宗景皇帝实录》卷一九二。

② 《清实录·德宗景皇帝实录》卷一九三。

解交岑毓英，传旨赏给。

初五日丙午（10 月 23 日）

慈禧太后懿旨，现在军饷紧要，应如何豫为筹画之处，着军机大臣、户部、总理各国事务衙门大臣会同妥议具奏，醇亲王奕譞着一并与议。寻醇亲王等奏：遵旨会同商拟开源十二事：一、领票行盐酌令捐输；二、整顿盐务；三、就出茶处所征收茶课；四、推广洋药捐输；五、推广沙田牙帖捐输；六、烟酒行店入赀给帖；七、汇兑号商入赀给帖；八、划定各项减平减成；九、严提交代征存未解银两，并严定交代期限；十、严催亏空应缴应赔各款；十一、入官产业，勒限变价解部；十二、酌提漕粮漕规盐务盐规余款。节流十二事：一、裁减厘局经费；二、核减各关经费；三、核定各省局员额数银数；四、随营文武分别裁汰，及酌定额数银数；五、酌减内地各省防军口粮；六、酌减内地防军长夫；七、防军有营房者，不准再领帐棚折价；八、核定内地各省兵勇饷数；九、确估各项军饷，按年指拨一次；十、停止不急工程；十一、各项欠发勒限清厘，各项豫支分别核办；十二、另定各省起运存留。

前据刘铭传奏，条陈海防事宜开单呈览一折。据称各省新募勇队，或未经训练，或拘执旧法，乌合之众，难以御敌，亟宜刊定军制，勤加操演，务使器械口令等项一律精熟，俟越事定后，酌量裁并。至绿营练军章程，拟令各省推广办理，度饷项之盈虚，定兵数之多寡，五年全数练齐，更番调练，周而复始，酌加口粮，汰弱留强，多一可用之兵，即少一外募之勇等语。

前因朝鲜需兵镇抚，未能轻议撤回，当谕令李鸿章酌议经久之策。嗣因提督吴长庆一军，分别撤留。复谕令该督随时相机调度，妥筹兼顾。兹据编修朱一新奏称，朝鲜之东莱仁川，首当冲要，我军驻扎汉城，似不如驻扎仁川以扼门户，现在统兵者资望较浅，朝鲜地瘠民贫，军士苦累已甚，饥溃堪虞，弗如征回内地，而令该国王为自固之谋。该国大难初平，人心未定，且强邻逼处，必宜绸缪未雨，期于建威销萌，为固圉保藩之计。应如何通盘筹画，经久可行，该编修所奏各节，有无可采，着李鸿章悉心体察，妥议具奏。

电寄刘铭传，有人奏，台湾产磺不产硝，初二日已谕福建将军督抚设法运济，尚恐缓不济急。闻台地素产盐斤，亦可自行采炼。着刘铭传派员赶办应用。

直隶总督李鸿章等奏，遵查道员盛宣怀，请免降调处分。得旨：盛宣怀前得降调处分，着加恩改为降二级留任。

督办船政大臣詹事府少詹事何如璋奏，请暂展报销限期。得旨：所有船政用项，俟防务稍松，即行报销，以免积压。①

① 《清实录·德宗景皇帝实录》卷一九三。

初六日丁未(10 月 24 日)

李鸿章等奏，遵筹雷正绾所部兵丁驻扎地方，拟分三千人驻辽阳海城一带，以固省城门户，余一千人驻大连湾海口，与姜士林军相为犄角，以助防剿。得旨：着照所请，分别择要屯扎，认真训练，毋稍疏懈。

电寄李鸿章等，据曾国荃转递刘铭传电称，军士苦守望救甚急等语。法攻沪尾等处，复有封海之说，凶狡已极。台防关系东南大局，必须从速拯援。南北洋兵轮尚多，即着李鸿章、曾国荃选拨得力快碰胁等船各六七艘，多带兵勇器械，会齐连樯并进，或由新竹，或另由他口登岸，务期兵械足敷台防之用。船多势盛，如中途闻警，尚可相机策应。傥兵力相敌，仍当一意前进，勿稍退缩。此次专主运送兵械，与闽口助战不同，该大臣不得狃于成见，坐视不救。刘铭传一面督军固守，并就地取材，出奇制胜，建不世之功，受不次之赏。①

初七日戊申(10 月 25 日)

直隶总督李鸿章奏，酌提长芦欠款，办理山海关至营口、旅顺口电线。下部知之。

闽浙总督何璟等奏，台北等处遭风，请筹款抚恤。得旨：着该督抚确查被灾情形，妥筹抚恤，毋任失所。

初八日己酉(10 月 26 日)

慈禧太后懿旨，现在办理台湾越南军务，亟须博访周咨，妥筹善策。所有历次谕旨、奏报、电信等件，着御前大臣、大学士、六部九卿、翰詹科道、日讲起居注官，于本月初十日，赴内阁公同阅看，各抒所见，或单衔，或联衔，于十三日切实覆奏。醇亲王奕譞、军机大臣、总理各国事务衙门大臣均着毋庸与议。

寄刘铭传，据李鸿章电称，刘铭传电报台防紧急情形，法人专注台湾。刘铭传谋勇素优，务当力筹胜算，迅图恢复，渥膺懋赏。虽事机棘手，惟当慎重图维，不可徒事焦灼，轻于一掷。据李鸿章称难以拨船往援，现在另筹办法。该提督一面竭力设法，不得观望待援，致长敌焰。台湾孤悬海外，富绅产业在彼，欲去何之，仍当剀切晓谕，俾知大义，联络民团，共图逐法之策。左宗棠请募生熟番万人，以资

① 《清实录·德宗景皇帝实录》卷一九三。

守御，是否可行，着刘铭传与刘璈酌办。①

初九日庚戌(10 月 27 日)

电寄曾国荃等，有人奏，“华安”船尚可运济台防军火，着曾国荃设法运送，以应急需。粤省离闽较近，如兵勇一时难往，张之洞务须接济军械，刘铭传所募台勇，庶不至徒手从事。

电寄许景澄，前经李凤苞在德国订购铁甲船二只，现在许景澄已到该国，着即将所购铁甲船详细勘验。工料如不坚固，据实参奏。此项铁甲，即归许景澄接管。将来船只到华，如查与所验不符，定惟该侍讲是问。

两江总督曾国荃奏，拨营赴闽接守要隘。报闻。

福州将军穆图善等奏，闽口续添兵勇布置情形。又奏，添派旗兵操演，加给薪粮。下兵部知之。②

初十日辛亥(10 月 28 日)

电寄李鸿章等，台防紧急，叠饬南北洋拨船援救，李鸿章等均因船少未能拨往。现在事机更迫，岂能坐视不救。南北洋所有轮船，除保护炮台至要之船，准其酌留外，着李鸿章、曾国荃商定统带得力之员，督率多船，前往闽省洋面。如有可乘之机，并力进攻，以解台湾之危。此次拨船赴闽，与马尾各船群聚一处不同，以散击整，临敌决胜，全在统带官出奇应变，迅赴戎机。本日据张之洞电称法封全台口，禁华人及书信登岸，请饬力商各国商船，谋探信之策等语，台湾近日确情，务即设法侦探电闻。

赏给西班牙国首相噶诺化，外部大臣佴代彦宝星。③

十一日壬子(10 月 29 日)

徐承祖奏，谨陈全台要务一折，所奏不为无见。法人攻占基隆，必须迅速驱除，勿任久踞为患。本日已有旨将刘铭传补授福建巡抚，仍驻台湾督办防务，更属责无旁贷。着即极力筹办，以副委任。台北富绅林姓，叠谕刘铭传晓以大义，令其集团助剿，着即查明该绅职名具奏。徐承祖所请饬令该绅总办借饷团练事宜，如事

① 《清实录·德宗景皇帝实录》卷一九三。

② 《清实录·德宗景皇帝实录》卷一九三。

③ 《清实录·德宗景皇帝实录》卷一九三。

属可行，即着奏明办理。台湾军火缺乏，着李鸿章、曾国荃、杨昌濬、张之洞、倪文蔚设法接济。法人有封海之说，全台口岸甚多，必有可以运送之处。前据刘铭传电称，可由新竹登岸，着该大臣等遴派精细员弁，妥为运解，或由外国商船受雇包运，给予重价，并着妥为筹办，毋稍膜视。台郡土匪蠢动，着刘铭传督饬地方官弹压解散，速靖内患。

据杨昌濬电称，台湾饷绌，已饬司设法接济，具见力顾大局，即着迅筹解往。吴鸿源所募两营，着该督饬令设法渡台助剿，毋稍迟延。彭楚汉现拟雇鱼船渡新竹鹿港，藉通文报，并着传知该提督妥为办理。闻马江之战，“扬武”轮船击中法船，炮子并未炸开，经洋人剖视，有炭无药，此必有人从中作奸，致有此事。嗣后统兵大臣等，于所用军火，务当遴派妥员经管，随时详加检点，以资利用，勿稍疏忽。

以前直隶提督刘铭传为福建巡抚，仍驻扎台湾督办防务。①

十二日癸丑(10月30日)

吴大澂奏，海岸宽阔，无所屏蔽，难避敌炮，若于沿海地方多筑长墙，枪队炮队，即伏其下以击敌，自立于不败之地，足固军心，费省功多，于海防大有裨益。着沿江沿海各将军督抚等，将该京卿所奏各节，体察地方形势，是否可行，酌度办理。

电寄杨昌濬等，澎湖居台厦之间，孤悬海中。该处筹防是否周密，着杨昌濬、刘铭传、彭楚汉妥为筹备，毋稍疏虞。法人注意台湾，各处口岸防兵，如能敌至即击，庶可挫凶焰而折狡谋。

都察院代递候补通判蔡钧奏，嗣后出洋随带各员，请饬出具切实考语，方准奏调。下总理各国事务衙门知之。②

十三日甲寅(10月31日)

电寄李鸿章等，刘铭传八月十五日奏报接仗情形，已悉，所请治罪之处，加恩宽免。前已叠谕南北洋拨船援应，该抚当督军固守，并设法驱逐法人，毋任久占基隆。援军一时难到，总须就地取材。闻居住大稻埕之知府陈霞林，豪侠可用，举人连日春、潘成清、陈树蓝均有乡望，富绅林维源，现在避匿，闻厦门举人陈宗超，为该绅所信，可令赴台寻觅。着刘铭传婉词劝勉，借饷办团，以大义感动，勿得勒派。据李鸿章电称，已拨银十万两，并属杨昌濬潜运银十二万赴台。如已运到，军

① 《清实录·德宗景皇帝实录》卷一九三。

② 《清实录·德宗景皇帝实录》卷一九三。

心可振。盛昱等奏，南澳厦门，可绕至后山苏澳等处登岸运送军火等语。李鸿章、曾国荃务当迅速筹办，并与张之洞，杨昌濬电商，凡有可以援台之处，竭力筹画，切勿畏难坐视。

督办台湾军务刘铭传奏陈基隆沪尾接仗情形。得旨：台防万紧，朝廷殊深焦虑。昨又谕南北洋大臣，派拨兵轮援应。刘铭传素有谋略，务当勉力筹防，联络绅民，并出奇制胜，挫彼凶锋，以保台湾全局。所请治罪之处，着加恩宽免。①

十四日乙卯(11月1日)

电寄李鸿章等，左宗棠奏筹议援台一折，着照所议。南洋派兵轮五艘，北洋派兵轮四五艘，在上海会齐。杨岳斌统带八营，由汉口搭轮船赴沪，即统领各兵轮赴闽，先至厦门，探明法船情形，绕至鹿港等处登岸，相机援剿。李鸿章、曾国荃即将兵轮派定，并电知左宗棠、杨岳斌遵照程文炳、周盛波两军调度。②

十五日丙辰(11月2日)

电寄李鸿章，昨谕李鸿章派兵轮四五艘赴沪与南洋所派各船，并交杨岳斌统领赴台援剿。封河在迩，着李鸿章迅即派往，勿稍迟延。③

十六日丁巳(11月3日)

电寄曾纪泽，法人肇衅，现踞基隆，惟有力筹攻取，期操胜算。如彼果悔祸，照会曾纪泽转圜，即由该大臣电奏，惟中国亦有应向彼拟约之条，届时谕知该大臣，与津约一并酌度办理。

电寄杨昌濬等，闻台湾之可通大舟者，有南路之打鼓东港。其蛲港、笨港、胥通小舟，笨港并有小港可达鹿耳。我师由厦门而澎湖而鹿耳，则台南北均可策应。昨谕杨岳斌统领兵轮援闽，着杨昌濬将进兵之路，与该前督妥商。惟该军到尚需时，着杨昌濬先拨兵勇探明路径，赶紧设法渡台援剿。台郡之人素习水性，并着酌量募勇。有人奏应令道员林维源、知府陈霞林督办台北团练，该二员平日龃龉，请谕饬尽释前嫌，齐心保卫，台南嘉义团务，令知府陈熙年募办，凤山等处由林维源等保举绅士办理等语。台人勇敢，亟宜办团以辅防军，共图逐法。着

① 《清实录·德宗景皇帝实录》卷一九三。
② 《清实录·德宗景皇帝实录》卷一九三。
③ 《清实录·德宗景皇帝实录》卷一九三。

杨昌濬知照刘铭传，妥速筹办。闻法船泊连江县属南竿塘，二三艘损伤待修，着转电杨岳斌于赴闽时先将该处法船袭剿。孙开华力战挫敌，着先行传旨嘉奖，俟奏到加恩。

神机营代奏，降调副都统俊启条陈，各省盐务请加抽厘金，洋药请加增税厘。①

十八日己未(11月5日)

电寄李鸿章等，据电称援闽兵轮，北洋只有二船，南洋亦实只三船等语。前据左宗棠奏，已与曾国荃商派南洋五船赴援，何以又称只有三船。台湾信息不通，情形万紧，犹敢意存漠视，不遵谕旨，可恨已极。曾国荃着交部严加议处，即着多派兵轮，与李鸿章派出之船，在上海会齐，驶往福建，交杨昌濬调遣，速解台湾之危。该大臣等傥再迁延观望，致误戎机，自问当得何罪。左宗棠在江宁发折，尚未奏报启程，着即迅速赴闽调度。杨岳斌现已行抵何处，并着曾国荃电知该前督，速由汉口乘轮赴沪，带营援闽，毋稍迟延。

电寄彭玉麟，台湾情形万紧，前叠谕广东接济军火，何以迄未覆奏。本日已严谕南北洋拨船赴援，尚恐船少无济。广东离闽较近，着彭玉麟、张之洞商派兵轮，挑选得力兵将，速往助援。目前总以救台为最要，彭玉麟如能部署一切，亲自乘轮赴闽，与杨昌濬会商援救，必更得力。着迅速电闻，以慰廑系。

帮办新疆军务广东陆路提督张曜奏，请带队驰赴海疆，效力助剿。得旨：览奏具见悃忱。前于八月十三日，谕令刘锦棠行知张曜，带队北上，此旨谅已接到。张曜着遵照前旨，赶紧料理北来。应由何路行走较为迅速，一面先行奏闻。②

十九日庚申(11月6日)

刘铭传奏，法军攻扑沪尾，官军接仗获胜情形一折。法船分泊台北、沪尾等处，八月二十日，法兵猛扑上岸。提督孙开华督军分路迎击，提督章高元等亦带队进剿，法兵挫而复进者数次。我军短兵相接，孙开华率队直前，阵斩执旗法将一名，并夺其旗，毙敌约三百名。敌势不支，纷纷溃败。其退至海边争渡覆溺者无算。

有人奏请将署津海关道盛宣怀罢斥一折。盛宣怀屡被参劾，物望未孚，着开去津海关道署缺。惟其才尚堪任使，可留于直隶另行差委。又据翰林院侍读王邦玺

① 《清实录·德宗景皇帝实录》卷一九四。

② 《清实录·德宗景皇帝实录》卷一九四。

奏，道员黄瑞兰曾办水师营务，若令赴援台湾，足资臂助。直隶候补道黄瑞兰，已谕令前赴天津。着李鸿章将所拨轮船二只，即令黄瑞兰会同该船统领，带往福建，交杨昌濬差遣，饬令速援台湾。

电寄曾纪泽，总署据赫德云，茹斐礼对议院说，着仍照津约即了事。英国因法封禁台湾海口，商船不便，已问法，尚无回信。英大臣可与法商议中法事件。中国若有一定了事办法，愿从中调处等语。现在力筹战守，决不因基隆未复，草率允和。傥英外部来议转圜之事，该大臣当持论正大，不伤国体。如何措词，即行电奏，勿先擅许。

电寄杨昌濬，台事万紧，亟须设法援济。闻由蚶江至鹿港，海口不通兵轮，可进小舟。着杨昌濬迅拨兵勇饷械，多雇船只，分起陆续运往，勿稍迟延。

督办台湾军务福建巡抚刘铭传奏，沥陈台南北危困情形，请以中原全力援救。得旨：现谕令南北洋大臣调拨兵轮，克日前往援剿，并令杨昌濬将兵饷军火妥筹接济。该抚务当激励将士，联络绅民，妥筹战守，迅复基隆，毋稍松劲。①

二十日辛酉(11 月 7 日)

潘霨奏台疆事亟，密缮条陈以备采择一折。法人现占基隆，亟应督军攻复，勿任久踞。其沪尾等处并当力筹守御，以杜窥伺。潘霨所陈召募土勇、抚恤生番、扼守天险、先清内匪、联络团练、购觅水鬼各条，不无可采，着杨昌濬、刘铭传酌度情形，妥速筹办。

都察院代递山东候补盐运司经历汤诰奏，山东河工情形，敬抒管见一折。所陈广辟海口各条，是否可行，着陈士杰按照所奏，悉心酌度，如有可采，即行奏明办理。

帮办新疆军务、广东陆路提督张曜奏，驰陈料简马步队伍情形，候旨遵行。得旨：前已谕令刘锦棠派员前往接防，该提督即可率队北上，即着懔遵前旨，赶紧料理，克日遄行，勿稍延缓。所奏暂留三千人，仍扎西四城地方，着遴委妥员管带，与刘锦棠所派各营，妥筹防守，以安边圉。②

廿一日壬戌(11 月 8 日)

工部代奏主事郑瀚光请办潮属团练一折。据称汕头一岛，为闽粤往来必由之道，如办潮州团练，可以下扼广惠，上顾漳泉。潮属人皆勇悍，召集水勇，尤易得

① 《清实录·德宗景皇帝实录》卷一九四。

② 《清实录·德宗景皇帝实录》卷一九四。

力。广东团练，前经谕令该督抚等督率官绅，实力举办。潮州地当冲要，如能多集水勇，尤可辅兵力之不足。着彭玉麟、张之洞、倪文蔚饬令该处地方官，会同绅士认真筹办，务期缓急足恃，并令严加约束，不至别生事端，是为至要。

电寄李鸿章等，据张之洞电称，南北洋拨船援台，如于闽海一带结队游弋，截法人运兵运煤粮船，较易得力。援台兵轮，先在洋面截其接济，亦是一策，着李鸿章、曾国荃电商杨昌濬，酌度办理。北洋及闽省所筹解台银两，并张之洞等所拟汇银通信之法，均着迅速筹画为要。①

廿三日甲子(11月10日)

电寄穆图善等，闽省军事，左宗棠未到以前，着责成穆图善、杨昌濬会商妥为调度。张佩纶毋庸会办，专管船厂事宜。各军军械，着妥筹济用，毋任缺乏。李鸿章、曾国荃近日电奏已悉，南北洋所拨船只到闽时，着该将军等择地停泊，听候谕旨。

电寄岑毓英，叠谕岑毓英督军进取越南。刻下谅抵前敌，兵贵神速，并力攻取，自如破竹。粤西苏元春军获大捷，岑毓英素性忠勇，熟谙韬略，刘永福著名善战，何以尚未得手，着该督严饬诸军，规复各城，同膺懋赏，勿再延缓，致法人有所窥测。前据电称断敌粮道，水退塞河各节，谅已筹办妥协，并即电奏。

电寄曾纪泽，二十日电报已悉，现豫拟与法议约八条，着发交曾纪泽。如法悔祸，或由英外部，或由法国照会该大臣商议，即本此意力与辩论，察其情形若何，随时电奏。

福州将军穆图善奏，沥陈闽防情形。得旨：长门地方紧要，着穆图善酌派得力队伍，妥筹布置，期于缓急足恃。所有该省防务及援济台湾事宜，着该将军会同杨昌濬实力筹办，以副委任。②

廿四日乙丑(11月11日)

电寄杨昌濬，前有旨，程文炳一军如已入闽，即赴台援剿。兹据杨昌濬电称，该军将抵闽境等语。程文炳一军即遵前旨留于闽省防剿。

直隶总督李鸿章奏，覆陈筹办团练办法。得旨：所有天津及畿东一带团练，即着该督等督饬官绅妥为筹办，认真训练，以期得力。③

① 《清实录·德宗景皇帝实录》卷一九四。

② 《清实录·德宗景皇帝实录》卷一九四。

③ 《清实录·德宗景皇帝实录》卷一九四。

廿五日丙寅(11 月 12 日)

张佩纶奏，查明马江之战，管驾轮船哨船各员弁，请旨分别办理等语。管驾游击吕文经，于轮船中炮辄即先退，仅予革职不足蔽辜，着发往军台效力赎罪。统带哨船总兵翦炳南，恇怯谲诈，着即革职。管带轮船千总林承谟，船小被伤，情有可原，着免其置议。

电寄杨昌濬，据李鸿章转电张之洞电称，法在基隆修拉炮车路，待工毕进兵等语。刘铭传久无电报，如果法人在台修理车路，该抚必应督饬兵勇日夜分击，并激励本地壮勇设法掘断，使彼惊扰。南北洋兵轮克日启程，到闽后，杨昌濬与刘铭传互通消息，总期克复基隆，渥膺懋赏。

电寄穆图善等，据张佩纶奏，捞取沉水船炮等语。马江沉溺炮械甚多，除已起获外，仍应设法打捞。着穆图善、杨昌濬、张佩纶多雇泅水人夫，竭力捞获。“琛航”“飞云”两船，既有出水痕迹，亦应赶紧起出，不准畏难迟延。

电寄潘鼎新等，据李鸿章转达桂军电称，廿日之战，毙法目七名，法提督尼意立伤重等语。我军大捷，力挫凶锋，殊堪嘉尚。法有由东京换队分四路来犯之说，必须分投堵遏。着潘鼎新督饬各军密行侦探，实力严防。如敌并力来攻，即痛加剿击。

御史吴峋奏，轮船水师，亟宜克期筹办，以收实效。下总理各国事务衙门知之。

会办福建海疆事宜兼署船政翰林院侍讲学士张佩纶奏，筹办船政事宜。得旨：所有购置枪炮等项银两，照所请行。其养船经费，即着咨行杨昌濬等源源接济。张佩纶务将船厂事宜认真整顿，以期日有起色。①

廿六日丁卯(11 月 13 日)

云贵总督岑毓英奏，覆陈由广西龙州至云南马白关，安设电线。又奏，越南国王阮膺登自尽，法酋立其弟，改元咸宜。均报闻。②

李鸿章奏，拟派洋员式百龄统带“超勇”“扬威”二快船南下救援台湾。③

廿八日己巳(11 月 15 日)

电寄李鸿章等，张之洞电称，美国新制气炮，现与李鸿章商购，并商李凤苞购

① 《清实录·德宗景皇帝实录》卷一九四。

② 《清实录·德宗景皇帝实录》卷一九四。

③ 李鸿章:《派船援闽拟用洋将折》,《李文忠公全集·奏稿》卷五一。

毛瑟枪等语。精械亟须多购，即着李鸿章电郑藻如、蔡国桢定炮。李凤苞业经交卸，着电许景澄定枪，先行筹款妥速办理。总署现在议借巨款，已有端倪，将来即可由此款内应付，毋庸另借洋款。

电寄曾国荃等，李鸿章现派德国水师总兵式百龄带快船赴闽，着饬令速往。到沪后，南洋所有各船会合前进，并着曾国荃、杨昌濬饬水师统领等与式百龄妥为联络商办。或有训练未精、见识未到之处，即属式百龄随事帮同教练指示。该总兵系客将，杨昌濬等务当加意拊循，使之踊跃尽力。李鸿章所奏将来加倍优给赏项，均依议行。程文炳一军，着遵二十四日电旨，迅即赴闽，福建巡抚着杨昌濬暂行兼署，俟海道一通，即移交刘铭传接任。

浙江巡抚刘秉璋奏，温郡焚毁教堂案，现已议结。得旨：办理尚为妥速，准照所请，于厘金项下动拨银两，作正开销。①

廿九日庚午(11月16日)

抚恤琉球国遭风难民如例。②

冬十月初四日乙亥(11月21日)

电寄穆图善等，据吴大澂条陈援台之策，拟以重价雇英美德各商船，黑夜装兵偷渡，由他口绕道赴淡水，并令南北洋所拨兵轮，在厦门一带游弋，专截香港装运煤米之法船。绕道赴台，断敌接济，前已叠饬筹办，着穆图善、杨昌濬竭力办理。台南兵勇尚多，可由陆路拨赴台北，并须严禁游兵勿扰台民，刘铭传务当筹画妥办，并将台防近日情形，设法电闻。巡抚事繁，杨昌濬难于兼顾，张兆栋着暂缓交卸。

电寄李鸿章，据曾纪泽电称，中华所购有猎药、重焙药，俱十五年前所制子弹，价虽低，易误事等语。着李鸿章督饬采办军火委员，认真选择，抽查试验，勿为外洋所欺，并通行办防各省，一律周知。③

初九日庚辰(11月26日)

钦差大臣督办福建军务左宗棠奏，台北沪尾获胜，现筹规复基隆。得旨：前据

① 《清实录·德宗景皇帝实录》卷一九四。

② 《清实录·德宗景皇帝实录》卷一九四。

③ 《清实录·德宗景皇帝实录》卷一九五。

刘铭传奏八月二十日沪尾胜仗，业经降旨宣示，并叠谕该抚将被胁越人，设法招来，联络绅团，攻复基隆矣。

十一日壬午(11 月 28 日)

电寄曾纪泽，据电陈节略八条，所拟与前次电旨八条，尚不相背。如彼来辩论，着坚持定见，勿稍游移。傥有商议之处，务当速电请旨，不得轻率迁就。近日关外各军叠胜，并谕该侍郎知悉。瓦使如固执己见，曾纪泽可宣播其非。①

十二日癸未(11 月 29 日)

电寄彭玉麟等，据电陈派冯子材、王孝祺分统出关助剿，所筹甚是。着即督饬速进，军火粮饷，源源接济，并知照岑毓英、潘鼎新互相商酌，联为一气。该尚书等如续有所见，即电奏办理。②

十六日丁亥(12 月 3 日)

电寄杨昌濬，台饷紧急，前据沈葆靖电报，拟筹汇银二十万。着杨昌濬严催赶办，用厦门海关印文，向英商汇兑，令彭楚汉设法速达，源源接济。台南兵饷等项，尚可接济台北。如刘璈意存膜视，即严参治罪。朝廷于援台兵饷，不遗余力，刘铭传不得以饷绌兵单为词，推诿干咎。③

十八日己丑(12 月 5 日)

据刘铭传电奏，台湾劝捐军饷官绅，皆请奏开实官捐输。着户部速议具奏。

电寄曾国荃，张之洞电称鲍超缺械，上海甡厚洋行，有云者士十二响马枪千枝、弹百万，实价二万六千一百两，一月全到沪，已订嘱该行留下，请饬购运等语。据李鸿章、丁宝桢先后拨解鲍超军营洋枪，已有六千余杆。此项军火，着曾国荃饬邵友濂查明购买，听候拨用。张之洞运银三万两济台，所办甚是，着俟运到电奏。

电寄杨昌濬，刘铭传电报已悉，闽解银二十五万存厦，着杨昌濬遵前旨用厦

---

① 《清实录·德宗景皇帝实录》卷一九五。

② 《清实录·德宗景皇帝实录》卷一九五。

③ 《清实录·德宗景皇帝实录》卷一九六。

门海关印文，迅速兑运。仍续筹解厦济应，并派员于福泉厦三路专办文报通信。刘铭传请开实官捐输，已交部速议。该抚当力筹战守，迅复基隆，毋得藉词延诿。①

十九日庚寅(12月6日)

曾国荃奏，北洋快船抵沪修理，会同赴闽一折。所奏各节，尚合机宜，着即饬催将快船赶紧修竣，令七船联为一气，即日赴闽，听候调度。左宗棠等务须妥为驾驭，相机进取。刘铭传尤当鼓励将士，踊跃用命，以期水陆夹击，共奏肤功。

卞宝第奏，台湾富商巨族，实繁有徒，请饬劝令将所存家资米谷，借与军营充饷，就近召募土人，或笼络番民，使为我用，亦解散奸民一法；沿海渔船便利，若募福建熟于海道之民，雇坐渔船，于沙涨水浅之处，觅便前进，往为台援，似较便利；越南海口，法人防守当不甚力，请饬广东选劲卒一千，或数百人，用渔船装载，由钦州、琼州等处，攻其不备等语。除台湾绅商劝令捐借军饷，叠经谕令刘铭传等筹办外，其余所陈各节，果能实有裨益，自应相机办理。着杨昌濬、张之洞、刘铭传、倪文蔚查照所奏，酌度情形，随时筹办。②

二十日辛卯(12月7日)

电寄曾国荃等，南北洋援台兵轮，克日进发，法人必图抵御，不能专顾封口，正可乘此机会，另雇商轮，运载兵械，伺隙抵台。着曾国荃、彭玉麟、张之洞速即电商，各拨得力数营，雇定洋轮，于七船赴闽之时，相机潜渡登岸。此次兵轮前进，首在牵制敌船，以松台围。沪粤两处，及时设法雇船运助，实为救台第一要策。该督等务当速办，与左宗棠等互通消息，以应事机。长沙现有备调八营，南洋如能酌拨刘铭传旧部援台，即速调湘中八营填补扼扎。马祖澳法船二艘，傥能设法扫荡，可挫敌焰。并着酌量办理。刘铭传亦当激励兵勇，迅复基隆，不得懦怯株守，致敌滋蔓。

电寄曾纪泽，据电陈葛述瓦言，答以津约可择允，不可全允，台北兵宜早退等语。尚为得体。着曾纪泽即照前电八条，相机讲论，请旨办理，总之界务朝贡两层，不能迁就。昨据岑毓英奏进攻宣光，现已合围，并电知之。③

① 《清实录·德宗景皇帝实录》卷一九六。

② 《清实录·德宗景皇帝实录》卷一九六。

③ 《清实录·德宗景皇帝实录》卷一九六。

廿一日壬辰(12 月 8 日)

总理各国事务衙门奏，遵议洋药加增税厘，请饬张之洞等商办。得旨：着该衙门咨行张之洞会同粤海关监督，通盘筹度，体察情形，奏明办理，并着咨行曾纪泽催令英国外部迅速声覆。至俊启请于粤人派一公正之员，会同督抚办理之处，着毋庸议。①

廿二日癸巳(12 月 9 日)

同文馆教习分部主事熊方柏、贵州候补知县王秉恩，着总理各国事务衙门暨福建贵州各督抚，饬令前赴广东，交彭玉麟等差遣委用。

电寄杨昌濬，电奏已悉，所办均妥。台湾兵单械缺，现在海道稍通，着该督酌派劲旅并筹运军械，分起渡台，务当尽心筹办，妥速援济。

署船政大臣翰林院侍讲学士张佩纶奏，臣心难剖，臣疾难支，恳恩仍准开缺回京，听候部议。得旨：着仍遵前旨，办理船政事宜，毋庸开缺。②

廿三日甲午(12 月 10 日)

前据翰林院代递检讨潘仕钊奏，澳门开设闱姓公司，利归他族，能否暂将省地闱姓弛禁等情，当经谕令该督抚妥议具奏。兹据御史何崇光奏称，省城开设闱姓厂，视澳门开厂流弊尤甚，请饬申明厉禁等语，着张之洞、倪文蔚归入潘仕钊前奏熟权利害，一并妥议具奏。

廿四日乙未(12 月 11 日)

据李鸿章电陈，朝鲜又有内乱，似有日人播弄主持，拟请派员查办等语。朝鲜乱党，自八年秋间戡定后，萌芽尚未尽绝，倭人意存叵测。现又突起衅端，难保不因中法有事，伺隙寻衅。事关重大，亟应严密筹办。着派李鸿章、吴大澂会同规画一切事宜。吴大澂接奉此旨，即着酌带数营，驰赴朝鲜边界，察看情形，或径至该国都城查办，或会商庆裕筹画边防，由该京卿迅速定议。前有旨令续昌随同庆裕办理海防，本日已谕知速即起程，与吴大澂同赴朝鲜，会商一切，一面先由李鸿章飞

① 《清实录 · 德宗景皇帝实录》卷一九六。

② 《清实录 · 德宗景皇帝实录》卷一九六。

檄吴兆有等，传知该国，静候大员往查，并饬该提督等当与倭使从容商办，勿为所欺，亦勿遽与倭人开衅。援台七船，未便全数掣动。着李鸿章将北洋快船二号调回，添配船只，备齐军火，令丁汝昌统率前往朝鲜，督同吴兆有等，相机定乱，统归吴大澂等调度，会商李鸿章办理。吴大澂、丁汝昌移营后，乐亭及旅顺防务，应如何责成填补之处，着李鸿章悉心筹画。南洋援闽五船，李鸿章即电知曾国荃，仍令式百龄统带赴闽，牵制法人，庶不至顾此失彼。盛京防务紧要，庆裕务当确探朝鲜近日情事，妥筹备御。如兵力不敷，即会商雷正绾统率所部，扼要驻扎。此次朝鲜致乱之由，是否仍系李昰应余党，李鸿章即探明详细驰奏。

电寄黎庶昌等，据李鸿章电称，朝鲜盗杀大臣，迁王他处，日人拥王回宫，外署皆换日党，仁川日轮开行，恐回渡兵等语。此次朝鲜启衅之由，日本必有消息，及日人近日如何举动，着黎庶昌、徐承祖密探实情，随时电闻。

电寄曾国荃等，出使日本大臣徐承祖，前奏由沪赴闽省亲。现在朝鲜内乱，与日本交涉事件极关紧要，着曾国荃、杨昌濬转饬该员迅速赴任，毋稍延缓。

闽浙总督杨昌濬奏，查阅海口布置情形。得旨：据奏布置情形，均属妥协，仍着将省防兵勇认真训练，汰弱留强，以期缓急足恃。①

廿六日丁酉(12月13日)

都察院代奏候选通判吴保泰条陈边海防务，请豫办冰防，以阻敌计一条。据称法人以车轮炮为长技，若乘冰猝入内地，更以划船载兵登陆，我军水陆受敌，勿以封河疏防等语，所陈是否可采，着李鸿章酌度办理。

电寄曾国荃，李鸿章电奏，请饬式百龄北回等语。所称式百龄论南洋水师，不谙西法，自系前次在津之言。李鸿章谓其不愿统带，亦系揣测逆料之语。朝鲜海口，并无战事，台防紧要，极须援济。闻式百龄情殷效力，自应令其仍率南洋五船赴闽，着曾国荃饬令邵友濂就近与该洋将商议援台之策，由电覆奏。

电寄徐承祖，电奏已悉，朝鲜致乱根由，尚未据李鸿章查覆。徐承祖着仍遵前旨，迅赴日本，密探该国实情，电奏。所请先赴朝鲜，着毋庸议。

帮办福建军务、前陕甘总督杨岳斌奏，遵旨挑选归并十营，迅率赴沪。得旨：即着该前督统率所选十营迅速赴闽，其卫队亲兵三百名，免其裁减。又奏，请饬拨月饷。得旨：该军月饷，经户部议奏，由闽省将军督抚等筹拨供支，已依议行矣。②

---

① 《清实录·德宗景皇帝实录》卷一九六。

② 《清实录·德宗景皇帝实录》卷一九六。

廿七日戊戌(12月14日)

电寄李鸿章等，三电均悉，朝鲜事变，既不至大有波澜。北洋快船二号，自可毋庸调回，仍饬式百龄统带，同南洋“开济”“南瑞”“南琛”三船赴闽。其“澄庆”“驭远”两兵船，着曾国荃改派赴津，归李鸿章调遣，备赴朝鲜。

电寄张之洞，岑毓英奏，滇饷枯竭，年内必须解款四五十万等语，前准张之洞借洋款百万，分济滇桂各军，着即将前款赶解大批济滇，并于年内解足，一面知照岑毓英知悉。①

廿八日己亥(12月15日)

以神灵显应，颁江西清江县顺济龙王庙匾额曰“甘霖慰望”。

李鸿章叠次电报朝鲜情形，并由总理各国事务衙门呈递道员陈树棠等禀函，均经览悉。此次朝鲜致乱之由，尚未得有确信。目前办法，总以定乱为主，切勿与倭人生衅。李鸿章电陈日本领事谒见，据称日政府实无与华开衅之意；日本使臣榎本武扬，在京亦有此事；或由乱党煽惑，使我两国之官不和等语，尤应迎机利导，不可轻与挑衅。昨因朝鲜不至大有波澜，谕令北洋快船两号仍即赴闽。今既有土人焚日馆，竹使回国请兵之信，李鸿章仍将两船调回，着照所请，俟船到即饬丁汝昌酌带队伍驶行。此事关系甚重，必须大员亲往查办，方能洞悉机宜。即着吴大澂乘坐快船，督队迅赴朝鲜，确切查明，酌度办理，庶各将领得所禀承，不至临事歧误。日本于朝鲜，本系有约之国。彼如按照条约讲论，中国但将朝鲜肇乱罪魁，查明惩办，即可平乱党而息争端。至华兵与日兵接仗之语，均系得自传闻，榎使亦有打架尚是小事之说。吴大澂查办时，借此措词，或易了结。南洋援闽五船，着李鸿章电知曾国荃，仍遵二十四日谕旨办理。

电寄吴大澂，此次朝鲜之变，由于该国乱民肇端，焚毁日馆，原与中国无涉。总署与榎本武扬屡次问答，均系此意。现在惟有弹压解散，以期速结。李昰应为日人所恶，若遽释回，必至别生枝节。此事本非中国意料。若如黎庶昌所称，电日本外务，转启其疑。总之目下办法，以查办乱民，保护朝王，安日人之心，并剖析中倭误会打架以释衅端，为第一要义。驻朝委员等所禀请兵救援，此事本未与日国开衅，何援之有，所禀殊未可尽信。着吴大澂克日前往，熟审机宜，悉心办理，一面迅速奏闻，并与李鸿章会商妥办。李昰应俟事定后，再降谕旨。

电寄曾纪泽，慎选使才，殊难其人。着曾纪泽酌保明练可靠、堪胜专对之员，

① 《清实录·德宗景皇帝实录》卷一九六。

迅即具奏。①

十一月初一日辛丑(12月17日)

电寄曾国荃，式百龄既经北来，所有南洋五船，着曾国荃即饬吴安康等统带赴闽，归杨岳斌调度。该前督未到以前，交杨昌濬调遣。妥筹援台之策，朝鲜之事，必须审慎筹办，不宜轻开兵衅。式百龄前往，或意在见功，或偏任己见，不服调度，事均可虑。该将行止，着李鸿章妥议具奏。②

初二日壬寅(12月18日)

福建船政船厂所建总第二十五号轮船“横海”，完工下水。③

初三日癸卯(12月19日)

电寄李鸿章，据电陈许景澄等电，枪弹均运海口，美款不到，索价急等语。枪既起运，价应即交，着李鸿章就近于天津关运各库，或各营存饷，迅速凑挪银二十一万余两，即日汇往给价，一面派员即赴户部领回归款。

电寄穆图善等，据彭玉麟等电陈调兵援台，分筹饷银等语，所筹甚是。援台是第一急务，着穆图善等密饬方恭，以回粤为名，统带潮勇五营，连赴南粤汕头一带，设法度台。其饷银闽发两月，粤发三月，备足五月之用。粤饷不继，张之洞等即向港商筹借，仍与前次借款，一并奏明由部核办。

帮办福建军务、前陕甘总督杨岳斌，奏报由长沙启程，迅赴福建，并陈管见：一、精练制兵，分扼险要；一、团练沿海民兵；一、豫筹屯粮；一、重防陆地；一、量移机器局。得旨：览奏尚为切要。除业经办理各节外，其余留备采择。④

初五日乙巳(12月21日)

李鸿章、吴大澂奏，遵旨会商查办朝鲜事宜，吴大澂由津启程日期一折。所陈

---

① 《清实录·德宗景皇帝实录》卷一九六。

② 《清实录·德宗景皇帝实录》卷一九七。

③ 刘传标：《近代中国船政大事编年与资料选编》第2册，九州出版社2011年版，第319页。

④ 《清实录·德宗景皇帝实录》卷一九七。

以查办朝鲜乱党为名，立意不与日人开衅，深合机宜，即着该大臣等随时妥为筹办。惟事机难以豫料，现调方正祥所带步队一营，及丁汝昌统带各船，并由吴大澂带勇四百余人前往，尚恐兵力不敷，届时续调，缓不济急。着该大臣等斟酌部署，密筹调派，备豫不虞。吴大澂现赴山海关，续昌计已抵津。着该运司即行前往，会同遄发。吴大澂等抵朝鲜后，确查详细情形，迅即具奏，一面相机规画，总期措置得宜，速定朝鲜变乱。

电寄曾国荃，据电称云者士枪弹，应交何处备用等语。着该督酌量运赴台湾，交刘铭传应用。

电寄刘铭传，前据杨昌濬电奏，将存厦饷项，悉数汇兑台湾，已至若干，迅即电闻。台北需饷至急，仍应随时续筹济应。台湾文报公栈，业经委员经理。现在信息是否常通，法人久踞基隆，着刘铭传懔遵叠谕，迅图攻复，不得迁延株守。①

初七日丁未（12 月 23 日）

电寄曾国荃，杨岳斌奏行抵湖北，请由江西陆路入闽，并驶赴金陵等语。台事万紧，叠谕杨岳斌调度南洋五船援台，着即由江西迅速赴闽，查照吴鸿源于惠安县属之崇武獭窟等澳渡台之路，相机赴台援剿，毋庸再赴金陵，致稽时日。此旨着曾国荃迅即电知杨岳斌知悉。闻闽口外已无法船，而刘铭传电奏有法人台南巡船，绕至马祖澳图截师船之语。曾国荃当饬吴安康等格外慎重，勿稍大意。

电寄杨昌濬等，台事紧要，着派孙开华帮办台湾军务。该提督沪尾一战，声威颇著。刘铭传务当同心协办，共济艰难。吴鸿源一营，已由厦渡台。台北兵力尚单，程文炳一军，由江入闽，着杨昌濬催令速进，到闽后即令照吴鸿源渡台之路，迅往台北助剿，速复基隆。

出使美日秘国大臣郑藻如奏，抵秘鲁呈递国书，并派光禄寺署正刘福谦等充嘉里约埠领事官，以卫华侨。报闻。②

初八日戊申（12 月 24 日）

御史翟伯恒奏，江苏等省滨海涨坍地亩，民间报办升科，除粮书吏动多需索，请饬部酌定简明章程，遵照办理等语。着户部议奏。

以天津水师学堂办有成效，予教习都司严宗光、游击卞长胜、学生伍光鉴、王学廉等奖叙有差。

---

① 《清实录·德宗景皇帝实录》卷一九七。

② 《清实录·德宗景皇帝实录》卷一九七。

驻日使臣黎庶昌电告总署，日本备兵数千，在熊本雇定公司船十二艘待发，我宜防。①

十二日壬子（12月28日）

接到李鸿章信函等件，均已览悉。据朝鲜国王及提督吴兆有等所述各情，是此次朝鲜之事，系由该国乱党勾结日人，致有此变。日本心怀叵测，其为伺隙生衅，以图狡逞，情节显然。吴大澂、续昌现已乘轮启行，俟登岸后，着驰赴该国都城，查明确实情形，妥为筹办，督饬各营，捕除匪党，弹压地方，务期迅速戡定，俾日人措手不及，慑我兵威，自可折狡谋而杜衅端。万勿稍事迟回，致落后着。但使乱事已定，朝日徐议交涉之事，彼或不至，别起波澜。朝王暗弱，措置一切，能否得宜，吴大澂等并应设法维持。据黎庶昌电称倭备兵数千，在熊本雇船十二号待发等语。现赴朝鲜官军，甚为单薄，着李鸿章于就近队伍，刻即调派，分起进发。庆军两营，可否调往，以资得力，并即奏闻，藉纾廑系。吴大澂等一面仍照会日本使臣，和衷商办，妥速了结。该使如有议论，开诚布公，与之妥议，俾释猜嫌。至我军查办朝鲜乱党，并非与日人开衅，彼亦无可借口。一面令驻朝各国公使，秉公评论，亦可使日人有所顾忌，并着吴大澂等酌度办理。

电寄黎庶昌等，来电已悉，黎庶昌于日本情形熟悉。着仍遵前旨，暂留三月，毋庸赴朝。金玉均系朝鲜乱党，着黎庶昌、徐承祖告知日人，勿听播弄，免生枝节。②

十三日癸丑（12月29日）

曾国荃派员雇英国商轮“威利”号，载江南防营六百人及所需饷械，躲过法舰封锁，于台东上岸。③

十四日甲寅（12月30日）

电寄李鸿章，据电称潘鼎新督军生擒三画法官阿麦登。着暂行免死，牢固羁禁，仍严加防范，毋任窥探军情。④

① 《李鸿章全集·电稿》第1册，安徽教育出版社2008年版，第369页。

② 《清实录·德宗景皇帝实录》卷一九七。

③ 《李鸿章全集·电稿》第1册，安徽教育出版社2008年版，第376页。

④ 《清实录·德宗景皇帝实录》卷一九七。

十五日乙卯（12 月 31 日）

光绪十一年内务府经费，拟拨两淮盐课银十五万两、两浙盐课银五万两、广东盐课银五万两、湖北盐厘银五万两、福建茶税银五万两、闽海关常税银十万两、九江关常税银十五万两，共银六十万两。

十七日丁巳（公元 1885 年 1 月 2 日）

都察院代奏教职陈麟图，条陈船厂，宜用武职，请令海疆各帅，慎选武将，协办船政，兼操海军等语。所陈是否可行，着左宗棠、穆图善、杨昌濬酌议具奏。寻奏：武员读书太少，洋务或未尝问途，似不如仍用器识闳通之文员总理船政，尚可收效，并请调留办天津水师学堂道员吴仲翔赴船政局差遣，以资熟手。从之。

前据卞宝第奏，访求地营筑法，绘具图说呈览一折，当谕令杨昌濬、刘铭传酌办。沿海防务紧要，均应妥筹备豫，并着各该将军督抚酌度情形，一体筹办。昨据都察院代奏教职陈麟图条陈防务，请暗修炮台，多备小轮船应敌，渔船有二弊不可用等语。前叠据臣工奏陈修筑炮台等事，先后谕令各该将军督抚筹议。朝廷博采众论，期无遗策。陈麟图所奏是否可行，着一并酌核办理。

以击毁法船出力，赏福建建宁镇总兵张得胜、道员杨正仪等世职升叙翎衔有差，予中炮阵亡哨官李全寿等优恤。①

十八日戊午（公元 1885 年 1 月 3 日）

左宗棠奏详察台湾情形，妥筹赴援一折。据称八月十三日基隆之战，官军已获胜仗。因刘铭传营务处知府李彤恩驻兵沪尾，以孙开华诸军为不能战，三次飞书告急，坚称沪尾兵单将弱万不可靠。刘铭传为其所动，遽拔大队往援，基隆遂不可复问。李彤恩不审敌情，虚词摇惑，拟请即行革职，递解回籍，不准逗遛台湾等语。

电寄左宗棠，据左宗棠等电称，拟抽调恪靖数营，设法渡台，并盼南洋兵船迅来，藉分法势等语，所筹甚合机宜。着左宗棠、杨昌濬迅为设法，俾各营于密地渡台助剿。曾国荃务当速饬吴安康等统带兵船，即日赴闽，听候左宗棠等调度，以作声援。②

---

① 《清实录·德宗景皇帝实录》卷一九八。

② 《清实录·德宗景皇帝实录》卷一九八。

十九日己未(公元1885年1月4日)

岑毓英奏，查明由暹罗进攻西贡，窒碍难行，并遵赏刘永福部下银两，暨陈近日战守情形各一折。假道暹罗，进攻西贡，既据查明道远运艰，诸多窒碍，即着毋庸置议。该军染瘴病多，刘永福部下亦患病不少，朝廷殊深廑系，着岑毓英善为拊循，设法激励。据奏催调续募滇粤各勇，将病卒更换，即着认真挑选，务期精壮足恃，趁此瘴消水涸之时，力图进取，攻克宣光，庶可逐渐得手。

两江总督曾国荃奏，吴安康五船赴闽，交杨岳斌调度。得旨：即饬令吴安康将五船炮位等件配齐，即日前进。马祖澳法船来去无定，务令格外稳慎，确探前路，乘隙赴闽。但能遥作声势，自可牵制法船，以松台围。①

二十日庚申(公元1885年1月5日)

电寄左宗棠等，法添舰装多兵赴基隆，狡谋叵测。着左宗棠、杨昌濬饬恪靖各营及程文炳军，克日渡台。吴鸿源计已抵台，饬速会合土勇进剿。南洋五船，曾国荃饬即赴闽，作声援以分法势。杨岳斌现抵何处，左宗棠等转电速进赴台，不得逗遛闽省。云者士枪弹，曾国荃令速运厦，转解吴鸿源营，并着左宗棠等将台军饷械，源源接济。基隆久被法踞，着刘铭传迅即进兵，乘彼添兵甫到，力图攻拔，毋再迁延株守，致敌根深蒂固，自干咎戾。

电寄李鸿章等，据李鸿章转奏，刘铭传电报已悉，据称刘璈意在掣坏台北等语。刘铭传身任巡抚，属员用舍，是其专责。台南地方辽阔，刘璈统率各营办防，职任极重。如果可用，该抚当屏除畛域成见，督率妥办。如竟不得力，另易生手，不至贻误防务，即将刘璈撤参，派员接办，毋稍姑容。②

廿一日辛酉(公元1885年1月6日)

两广总督张之洞等奏，粤东海防日紧，添募水陆各营，以资分布。得旨：兵不临阵练胆，即平时训练，亦未可恃，况训练不勤乎。该督等严饬将领，时刻若对大敌，精操勤练，以备急用。

---

① 《清实录·德宗景皇帝实录》卷一九八。

② 《清实录·德宗景皇帝实录》卷一九八。

廿三日癸亥(公元1885年1月8日)

电寄岑毓英等，曾纪泽电称新报法新兵部酋，派六千兵赴越，另六千续往，欲乘雨潦前逼我军出越；又云拟取道陆岸，绕北里华兵之后，使不战自溃，西人以我兵心易乱，惯用此危道。敌情叵测，着岑毓英、潘鼎新严备，并力筹攻取。如彼绕出北里，正可断其归路，出奇制胜。着相机妥办。

电寄李鸿章，据电称选将带勇赴台，拨银五万两，另募勇归队等语，所筹甚是，依议速行。①

廿五日乙丑(公元1885年1月10日)

予出使德国参赞陈季同、随员曹金咏等奖叙有差。

廿六日丙寅(公元1885年1月11日)

电寄杨昌濬，据电称台事可虑，半在法寇，半在堂属不和，刘璈布置不错，刘铭传恶之，若易生手，恐台南不保。全台均形吃紧，而台北尤急。前据刘铭传电，台道六月报库存八十万，仅借台北七万，显系膜视台北防军。着杨昌濬确查具奏，不得稍涉袒护。总之现在情形，不独台南北宜联一气，即杨昌濬等亦必须与刘铭传通力合筹，师克在和，万不准各存意见。该督帮办军务，调和将帅，措置一切，责任綦重。傥因彼此龃龉，致有贻误，惟该督是问。寻杨昌濬奏，遵查台湾道库自六月起至十一月底止，共解过台北备用银三十四万一千余两，该道刘璈尚无膜视台北情形。报闻。

电寄潘鼎新，据电陈法纠英德美三国兵等语，是否讹传，抑有实据。着与王德榜退损情形，一并详晰电闻。

黑龙江将军文绪等奏，请添设卡伦二十处。允之。又奏，俄人偷挖金沙，请将疏纵各员分别惩处。②

廿七日丁卯(公元1885年1月12日)

电寄左宗棠等，据刘铭传电陈法船聚泊基沪，日内添兵将到，急盼援兵等语。

---

① 《清实录·德宗景皇帝实录》卷一九八。

② 《清实录·德宗景皇帝实录》卷一九八。

台防关系大局，叠饬杨岳斌、程文炳带营驰援，尚恐缓不济急。恪靖三营、方恭五营，赴台较近，着左宗棠、张之洞加紧饬催，觅船潜渡。吴鸿源募勇，杨昌濬催令速到。李鸿章所挑壮勇，并着克日遄行，安平旗后卑南等处均可登岸，着探明酌办。南洋五船，曾国荃务饬启碇前进，以助声势。

电寄张之洞，据电称云桂借款，前经奏准由各海关认还，原以他省军用，粤难独任。现立合同，因系在粤订借，用粤关一处之印，写由粤关认偿，请饬部酌派各关及各省摊认，届期豫解粤关汇还等语。均着依议行。①

廿九日己巳(公元 1885 年 1 月 14 日)

给事中万培因奏，福建崇安县属瑞岩寺，奉祀辟支古佛及护法三神，历著灵应，请饬查明事迹，奏请封号等语。

电寄彭玉麟等，据电称粤省闱姓，请暂弛禁济饷等语，着依议行。

电寄岑毓英等，法屡添兵赴越，着岑毓英、潘鼎新督军悉力进剿，严防狡计。

电寄吴大澂，闻朝日已定约，情节若何，吴大澂等何以未电奏，彼约与中国有无关碍，吴大澂等曾否与井上馨面议，诸加慎重，弭衅防弊，并即电闻。黎庶昌等电称，金玉均逃在东京，似宜密属朝王执约，责日政府查拿交朝等语，着吴大澂等酌办。

三十日庚午(公元 1885 年 1 月 15 日)

庆裕奏，粤海关应解奉省捕盗饷银，积欠过巨，请旨饬催一折。据称粤海关自光绪七年秋冬季起，至本年秋冬季止，应解捕盗饷银，丝毫未解，共欠解银七万两，请饬催赶解等语。着海绪查明积欠饷银，如数迅解，毋再延缓。

帮办福建军务前陕甘总督杨岳斌奏，行抵江西，飞催陆军前进。得旨：该前督即催军迅至漳泉，仍设法即地渡台，毋稍延缓。②

十二月初二日壬申(公元 1885 年 1 月 16 日)

电寄彭玉麟、张之洞，电奏已悉，冯子材、王孝祺两军，该督策励进发。应需饷械，设法协济岑毓英、潘鼎新遵叠谕悉力进剿，勿稍迁延。闻法用越南本地兵共六千人，该督抚设法解散，或晓谕招来，以孤其势。越久列藩封，现在大兵助剿，

① 《清实录 · 德宗景皇帝实录》卷一九八。

② 《清实录 · 德宗景皇帝实录》卷一九八。

该国君臣自当督饬兵民，助顺敌忾，着彭玉麟、张之洞会商岑毓英、潘鼎新传旨檄问，责以大义，令其覆陈。①

初三日癸酉(公元 1885 年 1 月 17 日)

电寄曾国荃，据奏兵船定期出洋一折。杨岳斌将次抵闽，南洋五船现已启程，着归该前督节制，相机调遣，并着曾国荃饬令吴安康、丁华容等稳慎前进，勿稍大意。

初四日甲戌(公元 1885 年 1 月 19 日)

吴大澂奏，确查朝鲜乱党详细情形，与日使笔谈大略，并查明驻朝兵勇伤亡数目，暨乱党滋事节略各折片。日本使臣井上馨到朝鲜后，径与该国订约，并未向吴大澂商量一切，仅称因该京卿无全权字样，仓猝回国。揣其情形，若因自知此事，实系理屈，无可狡辩，尚属无足重轻。特恐藉此次未商，遂谓朝鲜非我属国，继此再生衅端，即以此为口实，阻我过问，致陷越南故辙，则隐患实大。着吴大澂等将查办乱党，及善后事宜，详加筹画。此次朝鲜肇乱，似以金玉均为最。逃往日本之说，驻京日使在总理各国事务衙门谈论，并不承认，且有不能与高丽拿人之语。其为有意庇护，已可概见。现在办法，宜向朝鲜国王诘问，令其查明金玉均等究在何处，访拿严办，以平众心。该国孱弱已甚，此时丁汝昌等驻扎保护，事局尚未大定，自难撤回。将来如我军久驻该国，应如何妥为区画，俾收保护实效，着吴大澂、续昌统筹全局，详加斟酌，并与李鸿章妥商会议具奏。

直隶总督李鸿章奏，提运库银两，以济海防要饷。下户部知之。

追予覆舟淹毙记名总兵蔺福升、被贼攒毙六品军功吴士珍，分别议恤。②

初五日乙亥(公元 1885 年 1 月 20 日)

礼部奏，朝鲜国于光绪九年与德国重订条约通商章程税则及善后续条。报闻。

初六日丙子(公元 1885 年 1 月 21 日)

御史谢祖源奏，时局多艰，请广收奇杰之士游历外洋一折。着该衙门议奏。寻

---

① 《清实录·德宗景皇帝实录》卷一九九。

② 《清实录·德宗景皇帝实录》卷一九九。

总理各国事务衙门奏，遵议御史谢祖源条呈各节，除饬由出使大臣，分饬属员游历境内，考核记载，分门考求，并督出洋武弁学生等学习各项技艺外，如翰詹部属中，实有制器通算测地知兵之选，坚朴耐劳，志节超迈，可备出洋游历者，似应饬下翰林院六部核实保荐。咨送总理各国事务衙门考核，再行奏请发往。从之。

电寄左宗棠等，李鸿章转奏刘铭传上月十九廿一二日电报已悉。台北急需援师，左宗棠等前派恪靖军千人赴台，两营继发，着催令前进，并再拨劲旅千人。台南现无法船，新竹等处皆可登岸。克日前往，归刘铭传、孙开华节制。援台各事，左宗棠、杨昌濬力筹，随时电奏，并电知刘铭传以安其心。前据杨昌濬电称，鹿港、泉州设道济公栈，通台湾文报，着督饬妥办，勿任阻滞。刘铭传称方恭军广勇不得力，请调旧部。吴宏洛军，两军更调，尚属相宜，着张之洞酌筹电奏。

电寄曾国荃，张之洞电称冯子材军，出关无炮，不能攻坚及远，金陵局制各炮利行队，请饬借拨三十尊，他洋炮亦可，粤已向外洋订购，四个月方到，如数缴还等语。着曾国荃移缓就急，速照数运粤。刘铭传电称炮弹缺乏，请饬龚照瑗速解，着曾国荃饬该道遵办。

电寄张之洞，据电称，现拟订借德商狄士府、德意志两银行五十万镑。依议行，着张之洞电知许景澄等遵办。①

初九日己卯(公元1885年1月24日)

电寄曾纪泽等，曾纪泽、郑藻如出使均届期满，惟法事未定，曾纪泽现驻伦敦等处，声息相通，办理得宜。郑藻如于各国情形，亦颇熟悉。均着暂留半年，以资得力。

电寄黎庶昌等，据电称晤井上馨，欲中日将驻朝兵丁撤回，黎庶昌无事求归等语。华兵驻朝保护属藩，业已有年，又经朝王屡请留防，义难漠视。今该国乱党未靖，尤不能撤。着徐承祖据理辩论，以释其疑。黎庶昌既无应办之事，着准其回籍。

十一日辛巳(公元1885年1月26日)

会办北洋事宜、都察院左副都御史吴大澂奏，朝鲜日本，已订续约，现与朝鲜商办善后事宜。得旨：所筹尚妥。仍着懔遵本月初四日谕旨，将朝鲜善后事宜，妥商办理。吴大澂等所带各营及水师船只，俟事竣奏到，听候谕旨撤回。②

---

① 《清实录·德宗景皇帝实录》卷一九九。

② 《清实录·德宗景皇帝实录》卷一九九。

十二日壬午(公元 1885 年 1 月 27 日)

彭玉麟奏，在藉主事梁宏谏，敬陈海防管见，呈请代奏一折。据称现在船政机器各局，所造皆小轮船，防内河有余，防外洋不足。若移此巨款，购买铁甲船，或就内地各机器局自造，可得二十艘，并饬各省各捐购一号，照河工例给奖等语。所奏是否可行，着各将军督抚等酌度情形，奏明办理。

十三日癸未(公元 1885 年 1 月 28 日)

刘铭传奏，台湾绅士，捐输巨款，恳请恩施。福建台湾绅士三品衔候选道林维源，前有旨令其总办台北团练事宜，该员深明大义，于军情紧要之时，接济饷需，为数甚巨，深堪嘉尚。林维源着以四五品京堂候补，以示优奖。

钦差大臣督办福建军务左宗棠等奏，派员往援台湾，并会筹一切情形。得旨：杨在元着仍遵前旨，不准留营。台湾转运事宜，即着另派妥员接办。王诗正统经檄派统营渡台，着归刘铭传节制调遣。左宗棠即咨明该抚，随时察看，如不得力，即行撤回，毋稍瞻徇。又奏，福建海口，请办渔团。得旨：渔团亦制胜之一策，即着督饬官绅，认真经理。

督办台湾军务福建巡抚刘铭传奏，台北绅民，捐资募勇，屡次御敌获胜，并各军现在分筹防守情形。得旨：台北绅民，捐资助防，御敌获胜，实属急公好义。着刘铭传查明奏请优奖，仍激励团勇，会合官军，迅克基隆，同膺懋赏。

以福建按察使裴荫森署船政大臣。

予海防水陆营积劳病故记名提督郑国榜等二十员分别议恤，从直隶总督李鸿章请也。①

十四日甲申(公元 1885 年 1 月 29 日)

电寄岑毓英等，昨据潘鼎新电称，孤拔赴越调兵，由船头进，当谕令该抚严防痛剿。刻下以歼除该酋为第一要义，着岑毓英、潘鼎新一体通饬各营，有人擒斩孤拔者，朝廷破格施恩，优予爵赏，务俾渠魁授首，用振军威。

电寄吴大澂，李鸿章转奏吴大澂电称，拟令超扬威三船，回旅顺要防等语。吴大澂不日差旋，着仍遵前旨，俟事竣后，即令该船随同驶回。②

---

① 《清实录·德宗景皇帝实录》卷一九九。

② 《清实录·德宗景皇帝实录》卷一九九。

十七日丁亥(公元 1885 年 2 月 1 日)

蠲缓浙江仁和、钱塘、海宁、海盐等六十六州县，暨嘉湖、杭严台、嘉杭、衢湖等七卫所被水被风被潮地方钱粮漕米有差。①

二十日庚寅(公元 1885 年 2 月 4 日)

电寄李鸿章等，据张之洞电称，现与英大东公司，在天津订借银五十万零五千磅，约二百万两，请饬李鸿章妥办汇港。曾纪泽与该公司行东本特，将保单画押等语，均着依议行。

电寄张之洞等，据电称向汇丰再借五十万零五千磅，约二百万两，照旧案九厘加闰，分十年还等语。均着依议行。②

廿一日辛卯(公元 1885 年 2 月 5 日)

督办台湾军务福建巡抚刘铭传奏，台湾急切待援情形。得旨：林维源业经降旨优奖，自当感激图报。此外台绅，并着该抚善为激励，辅助兵力，共奏肤功。至南北洋闽粤筹济兵械，均已电催速办矣。

廿二日壬辰(公元 1885 年 2 月 6 日)

电寄曾国荃，南洋援台五船，现抵何处，着曾国荃、杨昌濬探明电奏。闻驭远船，比他船较逊，应否调回另拨，并着曾国荃酌度妥办。

电寄张之洞，据电称鲍军赴滇，须筹专饷等语。鲍超已由泸州启行，撤勇不及，该营需饷紧要，着张之洞于现借大东公司及汇丰两款内，先拨二三十万两，解交应用。

抚恤琉球国遭风难民如例。③

廿三日癸巳(公元 1885 年 2 月 7 日)

电寄张之洞等，前据张之洞电称，方恭五营到汕，饬汰疲拣锐，候雇船渡台。

---

① 《清实录·德宗景皇帝实录》卷二〇〇。

② 《清实录·德宗景皇帝实录》卷二〇〇。

③ 《清实录·德宗景皇帝实录》卷二〇〇。

嗣据刘铭传电称，方恭军广勇不得力，请调旧部吴宏洛军，当谕令张之洞筹奏。刻下已派何营前往，台北亟需增兵务令迅速到防，并即电闻。

督办台湾军务福建巡抚刘铭传奏，台北军情紧急，请饬催速调劲旅以救危迫。得旨：法人久踞基隆，亟应迅图进取。若云攻坚为难，何以竟被彼族攻据。该抚务当竭力设法，联络土勇，出奇制胜，克期攻复，毋得稍存退阻，贻误事机。所请饬吴宏洛五营赴台，已谕令张之洞筹拨矣。又奏，招致投诚人等备作内应。得旨：所有投诚人等，该抚务当妥为驾驭。所称留敌中以通消息，尤当加意慎重，毋为所给，致堕狡谋。

廿四日甲午(公元1885年2月8日)

总理各国事务衙门奏，同文馆教习期满，请仍照专章办理一折。教习黄兴廉，着仍照原请以知县分发省分候补班补用，并加同知衔。嗣后同文馆教习年满，仍照该衙门专章办理，他处不得援以为例。

电寄左宗棠等，据电称杨岳斌、程文炳到闽，杨部取齐渡台。台北虽经添兵，而攻复基隆，必须援军四集，方易奏功。杨岳斌、程文炳两军，即着左宗棠等饬已到者先行渡台，其余陆续继进，不准逗遛。本日据张之洞电，济台军火三批，已到二批，台北法新添兵内变等语。

钦差大臣督办福建军务左宗棠等奏，派提督罗大春统率新募勇营赴兴化漳泉各属，弹压土匪。得旨：着即饬罗大春统营弹压查办，以遏乱萌。①

廿五日乙未(公元1885年2月9日)

电寄左宗棠等，基隆日久被踞，前以刘铭传统兵不多，未加切责。现在兵力已厚，若再迁延观望，必致坐失事机。闻法又以七船泊南干塘，并布告搜船，其计甚狡。着刘铭传趁此劲兵新集，饷械亦足，设计进攻，力图克复。如稍存畏葸，该抚自问当得何罪。杨岳斌、程文炳两军，务即陆续渡台，不准逗遛。南干塘逼近闽口，左宗棠、穆图善、杨昌濬等严防勿懈。②

廿七日丁酉(公元1885年2月11日)

前据都察院代递翰林院编修潘炳年等奏，张佩纶等偾事情形；给事中万培因奏

① 《清实录·德宗景皇帝实录》卷二〇〇。

② 《清实录·德宗景皇帝实录》卷二〇〇。

张佩纶等讳败捏奏，滥保徇私各一折。叠谕左宗棠、杨昌濬查办。兹据左宗棠等查明具奏，张佩纶尚无弃师潜逃情事，惟调度乖方，以致师船被毁，且该革员于七月初一日接奉电寄谕旨，令其备战，初二日何璟告以所闻，谓明日法人将乘大潮，力攻马尾。该革员并不严行戒备，迨初三日败退，往来彭田马尾之间，十五日始回驻船厂。其奏报失事情形折内，辄谓豫饬各船管驾，有初三日法必妄动之语，掩饰取巧，厥咎尤重。张佩纶前因滥保徐延旭等降旨革职，左宗棠等所请交部议处，殊觉情重罚轻，着从重发往军台效力赎罪。何如璋被参乘危盗帑，查无其事，惟以押运银两为词，竟行逃避赴省，所请革职之处，不足蔽辜，着从重发往军台效力赎罪。

有人奏，台州土匪肆行劫掠，地方官延匿纵容，请饬认真查缉一折。据称浙江台州土匪，自金满招降遣散后，临海等县土匪接踵而起，知府陈璚畏葸因循，自台州至宁波等处匪踪遍野，地方各官置若罔闻，恐酿巨患等语。

电寄李鸿章等，据张之洞电称，南洋五船到闽，福州厦门各口无收泊处，战无把握，不战遥泊何益，不如令驶来香港口外，泊汲水门以北。法兵船煤粮船过，则出截之大帮船来，则收入虎门与战，永为法梗等语。南洋各船，自以援台为要。张之洞所陈将该船调赴广东，是否相宜，着李鸿章、左宗棠、曾国荃与张之洞妥为商酌，迅速电奏。北洋二船，调赴朝鲜，未经赴闽，张之洞尚未知悉，嗣后遇有此等紧要军情，着南北洋大臣等随时互相知照，以通消息。①

廿八日戊戌(公元1885年2月12日)

电寄左宗棠等，据电称法七船泊马祖澳，廿三开往北行等语。法船飘忽无常，或截援船，或犯闽港，均未可知。左宗棠等督饬各军严防闽口，仍催援兵渡台，使彼多所顾忌。南洋五船，据电驶至南田，现泊何处，曾国荃与左宗棠等电商，务饬稳慎进取，牵制敌势。

电寄曾国荃，李鸿章、曾国荃先后电称，法六舰驶入佘山口大七山等语。该处与吴淞上海，均属切近，着曾国荃严督各军实力巡防，见有法船，即行轰击。巴特纳是否回国，如法人扰及吴淞等口，而该酋尚在上海，必应严拿关禁，庶免潜通消息，勾结为患，并着密饬邵友濂等设法妥办，勿稍泄漏。

电寄李鸿章等，据张之洞电称，沪泰来行有八生车炮九十三尊，各带弹四百，议定每尊一千三百四十两，已立合同，由粤付定银五万两，拟分给津军等营，恳饬南洋暨上海道验收合同，由北饷付价等语。着李鸿章、曾国荃、张之洞会商办理，总以按期银械并清，勿似德国购舰前事为要。方恭五营，准其调赴钦州。

朝鲜国王李熙，遣使表贡方物，赏赉筵燕如例。

---

① 《清实录·德宗景皇帝实录》卷二〇〇。

朝鲜国使臣金晚植等三人，于午门外瞻觐。①

是年

全国海关出口货值银六千七百一十四万七千六百八十两，进口货值银七千二百七十六万零七百五十八两，入超银五百六十一万三千零七十八两。征收货税银(海关洋税)一千三百五十一万零七百一十二两。②

两广总督张之洞，向德国为广东水师订购鱼雷艇八艘。

黄埔船厂为广东水师所建跑船“广安”“神机”“静波”“澄波”先后开工。

上海耶松船厂为怡和轮船公司所建货船“源和”号完工下水，为当时远东最大商船。③

光绪十一年　乙酉　公元 1885 年

春正月初二日壬寅(2 月 16 日)

电寄左宗棠等，杨昌濬转电刘铭传所电，近日战状各情均悉。法人添兵日众，我军亟应迅渡助剿。着左宗棠等催令杨岳斌、程文炳两军设法潜渡，以厚兵力，并竭力拨济军械，毋令缺乏，饷项亦应豫筹接济。台北土勇既可用，刘铭传、孙开华务当匀给利器，激励用命，帮助官军，设计取胜。切勿坐待援兵，致失事机。④

初三日癸卯(2 月 17 日)

以江苏上海县重建天后宫告成，颁匾额曰“万流仰镜”。

电寄李鸿章，据电称，吴大澂等已抵烟台，陆行赴津较迟等语。吴大澂、续昌

① 《清实录·德宗景皇帝实录》卷二〇〇。

② 刘锦藻：《清朝续文献通考·国用四》卷六六，商务印书馆 1934 年版，第 8225~8229 页。

③ 刘传标：《近代中国船政大事编年与资料选编》第 2 册，九州出版社 2011 年版，第 322 页。

④ 《清实录·德宗景皇帝实录》卷二〇一。

着俟开冻，即行乘轮回津。

电寄李鸿章，据曾国荃电称，刘秉璋拟令南洋三船驶回等语。南洋各船本为援台调拨，仍应相机东渡，由浙由闽，酌度水道所宜，妥慎前进。北洋二快船，前因朝事，未能与各船同行，已失机会。现在台事万紧，自当力筹援救，仍着李鸿章选派得力将弁，统带南行，以壮声势。“澄庆”“驭远”二船，实在下落，速探电闻。

电寄曾国荃等，据刘铭传电称，现在毛瑟枪子两磅弹子俱乏，请饬南洋设法运送澎湖。广东运枪，上月未到，如有毛瑟枪解台，最为救急等语。台湾战事万紧，枪械断不可缺。着曾国荃、张之洞赶紧运解，源源接济。龚照瑗着准其暂缓赴台，仍留上海办理援台转运事宜。

电寄左宗棠等，刘铭传电称，商借北洋旗昌银款等语。前据左宗棠请借洋款四百万，业经允准。现如议妥，即先分济台防，着左宗棠速即电奏。刘铭传暂候谕旨遵办，闽省陆兵已多，杨岳斌一军着全行赴台，不准分留六营在省。该前督已到泉州，所统各营随到随渡，不得以察看营基为词，转涉濡缓。程文炳一军何日拔队，务须分口潜渡，不准逗遛。

电寄杨昌濬，据刘铭传电称，台南海口，法已弛封两月。刘璈忽照会英领事，责其废弛。英据文转法，复行封禁，巡查更严等语，殊堪诧异。刘璈此举，是何意见，何以杨昌濬转达刘铭传电，仅叙该道照会英领事一语，殊属含糊。着杨昌濬将照会原文，详细查覆，不准一字徇隐。孤拔现在带船寻觅南洋五艘，刘铭传务当乘此进攻，迅复基隆。傥再藉词延宕坐失事机，国法具在，断难宽假。懔之。南洋枪子，广东毛瑟枪已分饬速运矣。①

初五日乙巳（2月19日）

电寄李鸿章，昨据刘铭传电称，商借旗昌银百万镑等语，已谕左宗棠于所借洋款内，分济台防。惟恐该大臣所借，尚未订妥，难应急需，着李鸿章督饬盛宣怀与旗昌洋行议借，期于敷用，必须现款应付，不得支延时日，缓不济急。所借银两，即径解刘铭传应用。

电寄左宗棠等，南洋五船，被法船在浙洋围困，必须基隆告捷，法船回救，我船方可乘隙前驶。刻下台北兵力较厚，孤拔又带船他往，正可乘势进剿。刘铭传何以一味株守，毫无布置。着懔遵叠次严谕，克日进兵。土勇既属可用，当饬与官军会同进剿，以资得力，务期战胜攻取，用副委任。傥再迁延贻误，惟有执法严惩，决不宽贷。杨岳斌、程文炳两军，催速渡台，不准逗遛。左宗棠、杨昌濬将援台各事实力筹办，并接济饷械毋缺。前拨援台诸军，究竟已渡若干，日久未据奏报，当

① 《清实录·德宗景皇帝实录》卷二〇一。

此事机紧迫，傥存湘淮畛域之见，不能和衷协力，妥筹援剿，致台北孤危，贻误大局，定惟左宗棠等是问。

电寄刘秉璋，据曾国荃等电称，五船在镇海石浦两处被困等语。该船所需煤粮，关系紧要，着刘秉璋设法接济，并添调勇营前往，协力守御。敌如登岸，痛加剿办。至五船进止，俟法船退后，候旨遵行。

电寄张之洞等，闻谅山失事，曷胜愤懑。着潘鼎新将情形迅即电奏。该抚与苏元春、冯子材当督军择要稳扎，激励将士，迅速进取。①

初六日丙午(2 月 20 日)

吴大澂奏，筹办朝鲜善后事宜，起程内渡日期一折。中国驻防朝鲜各营，现经吴大澂分派驻扎，并拟令各船于旅顺马山等口，往来游弋。布置尚为妥协。其陆路边界，与奉天凤凰门接壤之区，仍须派营驻防，以期周密。即着庆裕酌度情形，遴派数营，常驻中江台九连城一带，遥为声援。至所称，如由奉省筹款，添设电线，自旅顺接至凤凰边门外交界，由边界至朝鲜国都，约计设电之费，所需不过五万余金，该国亦颇乐从等语，并着李鸿章、庆裕、吴大澂通盘筹画，会商妥议，奏明办理。寻庆裕奏：遵筹边务，谨将中江台九连城一带，现有各营择要分扎，足资防守。至奉省添设电线一节，实属无从筹此巨款。现经咨会直隶总督李鸿章等，将设电经费通盘筹画，妥商办理。报闻。

电寄曾国荃等，据电称琛瑞济三船回沪为妥；李鸿章电称，上海法馆均换俄旗，谣称即有战事各等语。澄驭两船甫经失事，琛瑞济三船势孤，应如何相机进止，着曾国荃、刘秉璋会商妥办。上海既有谣传，着曾国荃确探严防，勿稍疏懈。②

初七日丁未(2 月 21 日)

帮办福建军务前陕甘总督杨岳斌奏，驰赴泉州，并沿途收领饷械数目。得旨：着即前催各营，赶紧赴泉援台，一面设法觅船，随到随渡，务期迅速，勿事稍迟。

初八日戊申(2 月 22 日)

据李鸿章电称，接新嘉坡电，法到大战船一、运兵船三，装黑兵四千，并粮铳分往东京台湾等语。基隆久被法踞。着刘铭传速筹方略，将基隆限日攻克。孙开华

① 《清实录·德宗景皇帝实录》卷二〇一。

② 《清实录·德宗景皇帝实录》卷二〇一。

帮办军务，并着并力合谋，共奏肤功。基隆三面皆山，一面临海，闻营垒大道，法虏皆埋伏地雷，不宜由此直攻，宜用土勇由岩壑深林，乘隙潜攻，昼则多布旗鼓，虚张声势，夜则四山大举烽火，声东击西，使敌防不胜防，然后四面兜剿，自可一鼓歼除。苏澳口门平坦，傥法人窜越基隆岭后，梗我中路，分舰北袭，则宜兰一带，处处堪虞，台北不堪设想。刘铭传等当由山路添设防兵，力扼苏澳要隘，与淡水遥为声援。均着该抚等相机妥办。前谕左宗棠于所借洋款，分济台防，现闻订借已妥，并已谕李鸿章饬盛宣怀向旗昌洋行借款解台。该抚等一意进取，毋庸顾虑饷事。①

初九日己酉(2月23日)

电寄曾国荃等，据曾国荃、刘秉璋电称，开济等三船宜回南洋等语。着照所请行。曾国荃等即饬各管驾相机妥慎驶回，毋稍大意。

署湖广总督卞宝第等奏，在籍提督刘维桢捐助海防军饷，及湖北创设机器局经费巨款，请予奖叙。得旨：刘维桢报效银二十万两，捐助要需，深明大义，殊堪嘉尚。着俟呈缴过半后，该督抚速行奏请，候旨施恩。②

初十日庚戌(2月24日)

电寄李鸿章等，据电称，孤拔知照各国商轮，禁运漕米北来等语。法人虚声恫吓，是其惯技，惟既有此说，自应豫为筹备。前经曾国荃等会奏，怡和等行运送漕米，立有保兵险之据。现在应否再与申明，必得确有把握，抑另筹办法，勿致临事周章，着李鸿章、曾国荃、卫荣光、刘秉璋迅即会议电闻。

电寄左宗棠等，李鸿章电称，孤拔欲令法兵克日往攻淡水等语。法人添兵思逞，必应厚集兵力，以遏凶锋，着左宗棠等严催已渡各营，迅赴台北。杨岳斌等未渡各营，赶紧分渡，同赴台北，合力助剿。刘铭传、孙开华设计进兵，基隆一克，敌焰自消。吴鸿源所募土勇，军械缺乏，刘铭传匀给应用，土人熟悉地势，尤当加意激励，俾资得力。③

十二日壬子(2月26日)

电寄张之洞，据电称，大东公司不愿借款，改与汇丰定借，照粤新借之款办法

---

① 《清实录·德宗景皇帝实录》卷二〇一；《李鸿章全集·电稿》第1册，安徽教育出版社2008年版，第421页。

② 《清实录·德宗景皇帝实录》卷二〇一。

③ 《清实录·德宗景皇帝实录》卷二〇一。

等语。着依议行。

电寄刘铭传，闻吴鸿源已抵台南，募勇三营并随带一营皆可成军。刘铭传谕令缓赴台北，欲留台南，复谕留中路替防，行止未定。前叠据刘铭传电称，台北兵单，受困日久，求迅速济兵，降旨催调援师，前往助剿。吴鸿源军已到，所募均系土勇，正资得力。该抚不令驰赴前敌，是何意见，着迅即电闻。

电寄张之洞，据电称，另借汇丰银百万两，济鲍超军饷等语。着该督即与汇丰借定，仍由各海关还。至鲍超月饷如何限定，四川能否借支，此款如何拨用，着户部速议具奏，候旨遵行。

钦差大臣督办福建军务左宗棠等奏，台防近日情形。得旨：台湾防务关系紧要。着该大臣等督饬刘璈等严密守御，并随时会商刘铭传将防剿机宜，妥为筹办。①

十四日甲寅(2 月 28 日)

电寄卞宝第等，李鸿章接粤局电称，法人入镇南关，潘鼎新身受重伤等语。

十五日乙卯(3 月 1 日)

电寄曾纪泽，据电称，英为戈登建坊等语。戈登前在中国带兵出力，闻信甚为惋惜，着发给银百二十镑，以示旌恤。②

法军连日扑犯浙江镇海港，守军奋力击退。③

十六日丙辰(3 月 2 日)

电寄曾国荃等，法船如窥伺镇口，着刘秉璋会同欧阳利见，督饬防军十一营实力堵剿，与吴安康所带师船联络筹防，勿稍疏虞。曹德庆驻防吴淞炮台。为江口第一门户，恐难调动，着曾国荃另筹拨助。前据刘秉璋奏，乍浦比镇海定海防务稍轻，着即权衡缓急，派营赴镇，一面先行由浙就近移军填扎。其开济等三船，即令暂驻镇口。该处堵口事宜，刘秉璋极力布置，务臻周妥。傥法兵登岸，即痛加剿击。④

---

① 《清实录·德宗景皇帝实录》卷二〇一。

② 《清实录·德宗景皇帝实录》卷二〇一。

③ 中国史学会主编：《中法战争》，《中国近代史资料丛刊》第 6 册，新知识出版社 1955 年版，第 337~342 页。

④ 《清实录·德宗景皇帝实录》卷二〇二。

十七日丁巳（3月3日）

电寄曾国荃等，法船攻镇口受伤退泊，着刘秉璋督饬防军，如敌再进犯，即尽力轰击以挫凶焰。炮船正可与炮台相为依护，务令各统领与吴安康联络筹防，同心御侮。镇海本驻军十一营，炮兵五百人，宁郡亦有六营，可以策应。

出使德义荷奥国大臣翰林院侍讲许景澄奏，勘验"定远""镇远"铁甲船，及"济远"钢舰工料，并接管情形。得旨：着许景澄妥为接管，随时察看整理，毋任锈坏。一俟海道通行，即遴派妥员将该三船驾驶来华。①

十九日己未（3月5日）

电寄刘秉璋，曾国荃电称江南防军实无可拨，拟请饬调程文炳六营赴浙。江南各营未能调动，自系实情。程文炳赴泉援台，更关紧要，亦难更调。浙江防营尚多，着刘秉璋移缓就急，调赴前敌，实力防剿。欧阳利见现驻何处，所部各营，是否已赴镇海，并着即行电闻。②

二十日庚申（3月6日）

电寄左宗棠等，据李鸿章、曾国荃等电奏，法船扑犯镇口，两次击退，尚未远去。江南无营可拨，请仍饬调程文炳六营赴援。程文炳业经赴泉候渡，回军尚远。福州兵力甚厚，着左宗棠、杨昌濬于省防各军，酌拨五六营，取道福宁温台，迅速赴宁助剿。

办理广东防务兵部尚书彭玉麟等奏，分遣广军四枝大举规越，以缓台援而顾全局。报闻。

两广总督张之洞等奏，防军击败黎匪，请将阵亡官绅赐恤。

以转运台湾饷械出力，赏江海关道邵友濂一品封典，江苏候补道龚照瑗花翎，余升叙加衔有差。

廿一日辛酉（3月7日）

电寄李鸿章，张之洞电奏，镇口法轮受伤而遁，目前必不能来，宜速调北洋快

① 《清实录·德宗景皇帝实录》卷二〇二。

② 《清实录·德宗景皇帝实录》卷二〇二。

船两艘，辅以划船三艘，飞速南下，与我三船合势相机战守。“开济”等三船，在镇口依傍炮台，合击法船，颇为得力。放洋御敌，兵力尚单。如调北洋战舰前往会合，声势自壮。惟法人有续添兵舰之信，中途设遇战事，尤须加意慎重。着李鸿章妥为筹画，即行电奏。①

廿四日甲子（3 月 10 日）

电寄李鸿章，电奏已悉。据报法人弃台北驶，沿海及长江各口防务均关紧要。北洋两快船，自可毋庸南驶。李鸿章、曾国荃当督饬防营，严密布置，妥筹备御。曾国荃请将上海购办闽省后膛枪截留应急，着准留一千五百杆，余仍备解闽浙。吴大澂等于二十四日启程来京，朝使李应浚已否由津前来，着催令于月内赶到，以便据表降旨宣示。

电寄左宗棠等，李鸿章、曾国荃电奏均悉，法犯镇口被创。据探水陆弃台，船只分泊浙苏洋面，意图报复，浙防吃重。左宗棠、杨昌濬即饬前拨五营，克日前往，并再酌拨数营，赴浙助剿，不准稍涉迟误。刘秉璋、欧阳利见遵叠谕督军，实力堵剿，勿稍疏虞。法人去来无定，台防万不可松。趁此海道畅行，正可运兵运饷。程文炳一军，着仍遵前旨迅速渡台。至法人是否全数退出台北，左宗棠确查电奏。

蠲缓两浙海沙、杜渎、钱清、西兴、长亭、横浦、浦东、鲍郎、芦沥、仁和十场被灾地方灶课。②

廿五日乙丑（3 月 11 日）

命大学士直隶总督李鸿章为全权大臣，与日本使臣伊藤博文，商议上年朝鲜甲申事变时中日军事冲突事务。③

廿六日丙寅（3 月 12 日）

电寄李鸿章等，据盛宣怀电称，浦城至福州两线俱断，飞催查修等语。电线关系紧要，难保无奸宄有意摧折，亟应随时防护，免致贻误戎机。着李鸿章、曾国荃飞咨各该督抚提镇，严饬地方文武，认真保护，各营汛加意巡修。

卫荣光电称，漕粮仍宜北运，请饬总署与英美使理论。粮米不应禁阻，业经英

① 《清实录·德宗景皇帝实录》卷二〇二。

② 《清实录·德宗景皇帝实录》卷二〇二。

③ 故宫博物院文献馆：《清光绪朝中日交涉史料》卷七，1932 年，第 6 页。

国出示，总署商问美使，尚无复信。法人狡诈，我若急促，彼愈恫吓。现在粮米曾否交兑。如尚未兑，稍缓计议，保险等事既立合同，亦应与该洋行重申要约。

刘秉璋电奏，请饬南洋拨解后膛枪二千杆，每杆配子千出等语。上海购备洋枪，前准曾国荃截留一千五百杆，其余一千五百杆，即着配齐枪子，解赴浙江，以应急需，毋稍延缓。①

廿七日丁卯(3月13日)

据电称，榎本言伊藤拟赴京会议等语。伊藤到津，李鸿章当将已授全权凭据，照会该使，告以现办防务，不能来京，应即在津商办。如尚未到派员赍赴海口探投，如何答覆，即行电闻，并着添派续昌，会同吴大澂与李鸿章商办一切。

据左宗棠等电称，杨岳斌廿一由卑南登岸等语。杨岳斌着即迅赴台北，会同各军，克复基隆，并催所部分起速渡。法窥基沪苏澳安平旗后，着刘铭传、孙开华会同杨岳斌派兵分段防剿，勿稍疏虞。

廿八日戊辰(3月14日)

据曾国荃电奏沪行余枪，拟以一千解闽，一千解浙。刘秉璋电奏，请将余枪拨浙等语。法舰屡犯镇口，浙防需械尤急，着曾国荃将此项洋枪二千杆全数解浙，由刘秉璋分拨刘倬云军及各营应用。②

日本特使伊藤博文一行抵津，与李鸿章会晤。③

廿九日己巳(3月15日)

李鸿章电奏，叠接电报，法兵在基隆前进，行程四日，与华兵接仗，营垒被夺，官兵伤亡甚多等语。

刘秉璋电奏已悉，闻法毁萧港炮台，备攻招宝山，是否确实，着电奏。浙防吃重，刘秉璋、欧阳利见当严密布置，督军会合师船，实力堵剿。开济等三船，需煤紧急，着曾国荃饬邵友濂赶速设法运往接济，勿任缺乏。浙江漕米，缓运一二月，无虞霉变，该抚所请粜价折色之处，着暂缓办理。④

---

① 《清实录·德宗景皇帝实录》卷二〇二。

② 《清实录·德宗景皇帝实录》卷二〇二。

③ 《李鸿章全集·电稿》第1册，安徽教育出版社2008年版，第454页。

④ 《清实录·德宗景皇帝实录》卷二〇二。

三十日庚午(3 月 16 日)

礼部奏，朝鲜国王遣使臣李应浚恭赍谢恩表文来京，代为呈进一折。据该国王奏称，上年十月十七日夜，逆臣金玉均、朴泳孝、洪英植、徐光范、徐载弼等谋为不轨，突入宫闱，连戮大官六人，十九日政府因臣民齐愤，请防营提督吴兆有、同知袁世凯、总兵张光前率兵入护，不期乱臣施放枪炮，伤亡四十余人，鏖战良久，乱徒逃窜，社稷复存。嗣蒙钦派大臣吴大澂、续昌前往查办，现已蒇事。俄忽之间，转危为安，恩施再造，感戴不知所云等语。览奏具见悃忱。该国列在藩封，世修职贡，前于光绪八年，特派官军前往，戡平祸乱。当以该国大难甫平，人心未靖，眷念属藩，义应保护，谕令留扎数营，所以弹压乱萌，俾余党不致复炽。讵期甫及两年，又有此变，事起仓猝，提督吴兆有等就近援助赴机迅速，乱党洪英植等旋即伏诛，余众溃逃，藩邦底定，深慰朕怀。至阵亡官兵，忠勇捐躯，殊堪嘉悯，着照该国所请，附入原任广东水师提督吴长庆祠，春秋派员致祭。其所称伤亡兵丁，应由该国议恤，乞饬北洋大臣查核办理等语，朝廷字小为怀，体恤惟恐不至。所有阵亡及受伤各官兵，着李鸿章查明具奏，请旨优予恤赏，加恩毋庸由该国议恤。其奉表使臣，仍着颁给赏赉。该国王尚其惩前毖后，饬纪整纲，任用贤能，修明政事，爱民治兵，以维国本，讲信修睦，以笃邦交，于以永固屏藩，长承恩眷，朕实有厚望焉。

予故署广东琼州镇总兵、前福建水师提督吴全美，照军营例优恤并将事迹宣付史馆立传。①

二月初二日壬申(3 月 18 日)

督办船政大臣福建按察使裴荫森奏，莅事后查看福州海口，拟于熨斗山安炮宿兵，为各炮台坚护，并填塞各港道，藉遏敌船拦入，暨会商督抚臣照会英美各国领事官，请将壶江封口。一切商船，改停芭蕉山侧，兼饬伏波轮船驻防馆头一带。得旨：所筹尚妥。仍着随时会商左宗棠等，相机布置，严密防守，并将应办船政事宜，实心经理，以副委任。②

初四日甲戌(3 月 20 日)

刘秉璋奏，镇海口岸获胜情形一折。正月十五至十九日敌船屡扑浙江镇海口

---

① 《清实录·德宗景皇帝实录》卷二〇二。

② 《清实录·德宗景皇帝实录》卷二〇三。

岸，经提督欧阳利见督率水陆营勇及轮船管带各员，合力轰击，将敌舰叠次击坏败退，尚属奋勇可嘉。着刘秉璋仍饬在事各将领严密防守，毋稍松懈。此次尤为出力之同知杜冠英、副将费金绶、守备吴杰、受伤之军功周茂训，均着存记汇案请奖。①

初六日丙子(3月22日)

以神灵显应，颁福建乌石山白真人匾额曰“拯济群生”，加封号曰“博济”。

电寄左宗棠等，李鸿章电奏，“厦门叶文澜初三来电，暖暖村接仗，我营被法占踞，退扎六七里，两军伤殁甚多”等语。着左宗棠等将详细情形查奏，杨岳斌着迅赴台北会剿。刻下法舰游弋江浙洋面，闽省自应趁此运械。杨岳斌所部及程文炳一军，着左宗棠、杨昌濬遵叠谕严催，迅即渡台，饬属将雇船等事妥速办理，毋再迟延干咎。

电寄曾国荃，据电奏拨浙枪二千杆，欠价银四万余两，请动用出使经费等语。着照所请行，仍由浙按照收到枪数，筹款归还价值。

两江总督曾国荃奏，总兵吴安康统带五船赴闽突遇法船，适风雾大作，“澄庆”“驭远”驶至石浦沉没，“开济”“南琛”“南瑞”被困镇口，嗣随同浙江防营叠次击退法船。得旨：“澄庆”“驭远”两船，退入石浦被沉，管驾弁员既未并力抵御，又不小心保护，以致失事，殊堪痛恨。着曾国荃确切查明，严参究办，不准稍涉回护。②

初七日丁丑(3月23日)

电寄左宗棠等，刘铭传奏，请饬督臣筹济大批饷银等语。台北存饷二月底即将用竣，前据左宗棠等电奏，已饬筹解，俟洋款借到，再拨大批汇济。着该大臣等于洋款未到之先妥筹别款，随时接济，毋任缺乏。

初八日戊寅(3月24日)

冯子材率军取得镇南关大捷。③

初九日己卯(3月25日)

驻藏办事大臣色楞额奏，廓尔喀国王请效力海疆军营。得旨：该国王情殷效

① 《清实录·德宗景皇帝实录》卷二〇三。

② 《清实录·德宗景皇帝实录》卷二〇三。

③ 中国史学会主编：《中法战争》，《中国近代史资料丛刊》第6册，新知识出版社1955年版，第438~456页。

顺，具见悃忱，深堪嘉尚。法人背盟肇衅，已派大兵剿办，无须该国之力。该国王绥靖部落，慎固封守，即所以捍卫边疆，副朕德意。

十三日癸未(3 月 29 日)

潘鼎新奏，各军鏖战，大获胜仗等语。本月初七初八两日，敌兵在镇南关外，分路进攻。冯子材、王孝祺两军立即迎击，苏元春与蒋宗捷率师驰援，各军合力堵剿，大获胜仗，杀伤千余名，夺获象马并枪炮多件，当将敌兵击退。①

左宗棠奏，道员吴仲翔前在船政局当差，该局章程，多系该员议定，请饬仍回福建办事等语。吴仲翔现在天津办理水师学堂练船事宜，如有妥员可以接办，即着李鸿章饬令该员前赴福建船政局，俾资熟手。②

法国舰队攻陷澎湖港。③

十七日丁亥(4 月 2 日)

电寄刘铭传等，据左宗棠等转电正月十九等日台军战败情形。月眉一带营垒，均为法踞。刘铭传督师御寇，未能力遏凶锋，实属怯懦，着即督饬各军力图防剿，迅复旧垒，进取基隆，立功赎罪。傥再不能愧奋，定即严惩不贷。所需枪械棚帐，着曾国荃饬令邵友濂、龚照瑗迅速购备，运往卑南。杨岳斌当速赴台北合力剿办，程文炳仍赶紧觅船东渡，吴安康参案照部议革职，仍留营效力。曾国荃即饬妥带师船，勉图自赎。其澄驭两船失事实在情形，着曾国荃懔遵前旨，确查参办。④

十九日己丑(4 月 4 日)

电寄左宗棠等，刘铭传电奏，军火器械，搜发一空，毛瑟枪子、饷项二事最急，若无接济，兵必溃散等语。台防饷械万分紧要，左宗棠督办全闽军事，援台为目前至急之务。杨昌濬职任兼圻，尤属责无旁贷。着即迅拨大批饷项，设法汇解，并将毛瑟枪子赶紧运济。闻澎湖被踞，确否，着左宗棠等查奏。寻左宗棠等奏：澎湖荒瘠海岛，难资守御。此次援船被阻，以致为敌所踞。现在和议有成，情形又

① 中国史学会主编：《中法战争》，《中国近代史资料丛刊》第 4 册，新知识出版社 1955 年版，第 482 页。

② 《清实录·德宗景皇帝实录》卷二〇三。

③ 《李鸿章全集·电稿》第 1 册，安徽教育出版社 2008 年版，第 467 页。

④ 《清实录·德宗景皇帝实录》卷二〇四。

别。已会商杨岳斌、刘铭传相机妥办。报闻。

电寄苏元春等，张之洞等电奏，龙州来电，初八王德榜之队至甬谷，密探冯子材失两垒，关前隘各营危急。比分队四出，一趋文渊，一截贼粮军火，一援冯子材，自督一队策应。当与苏元春军合力将冯子材所失夺回，毙贼数百，并法酋数名，生擒法酋一名，夺获骡马军械颇多。

浙江巡抚刘秉璋奏，法船连日攻击小港炮台，已饬各营镇静严守。得旨：仍着该抚督饬各军镇静严防，毋稍疏懈。又奏，宁波通商口岸堵塞，常洋关税无征，请饬部立案，准其尽征尽解。下所司知之。①

金登干在巴黎，与法国代表毕乐签订中法《巴黎草约》。②

廿二日壬辰（4 月 7 日）

电寄各省将军督抚统兵大臣，法人现来请和，于津约外别无要求，业经允其所请。约定越南宣光以东，三月初一日停战，十一日华兵拔队撤回，二十一日齐抵广西边界；宣光以西，三月十一日停战，二十一日华兵拔队撤回，四月二十二日齐抵云南边界；台湾定于三月初一日停战。法国即开各处封口，已由李鸿章分电沿海滇桂各督抚，如约遵行矣。惟条款未定之前，仍恐彼族挟诈背盟，伺隙猝发，不可不严加防范。着传谕沿海各省将军督抚并云南广西督抚及各路统兵大臣督饬防军，随时加意探察，严密整备，毋稍疏懈，是为至要。③

廿五日乙未（4 月 10 日）

电寄张之洞，撤兵载在津约，现已允照津约。两国画押，断难失信。现在桂甫复谅，法即据澎，冯王若不乘胜即收，不惟全局败坏，且孤军深入，战事益无把握，纵再有进步，越地终非我有。而全台隶我版图，援断饷绝，一失难复。彼时和战两难，更将何以为计。且该督前于我军失利时，奏称只可保境坚守，此时得胜，何又不图收束耶。着该督遵旨亟电各营，如电信不到之处，即发急递飞达，如期停战撤兵，傥有违误，惟该督是问。

廿七日丁酉（4 月 12 日）

电寄张之洞，电奏均悉。中国素以信义为重，法已电孤拔于三月初一日停战，

① 《清实录·德宗景皇帝实录》卷二〇四。

② 王铁崖：《中外旧约章汇编》第 1 册，生活·读书·新知三联书店 1957 年版，第 463 页。

③ 《清实录·德宗景皇帝实录》卷二〇四。

开台湾北海封口，并令在越统领定期停战。我若失信，致生他变，不特兵连祸结，且为他国所不直。嗣后交涉事件，益形棘手。电线中断，二十五日，已由总署告知赫德以滇桂电线，恐难速达，展期二三日，令其电法，断难再与议展。若此时复饬进兵，此等举动，岂中国所可为。幸而获胜，尚觉得不偿失，一有蹉跌，更伤国体。该督近接岑毓英电报，是电线已通，正宜迅速传达，豫当懔遵严谕，饬令防军如期停战，撤回边界，并仍整军严备以防不测，方为正办。此事关系重大，傥有违延，朝廷固必严惩，而贻误全局，该督返而自思，当亦不敢出此。①

廿八日戊戌(4 月 13 日)

电寄李鸿章，二十五日，与伊藤问答各节，措词正大，极为得体。撤兵一事，即着细心筹画，务臻尽善。其余两节，该督所称敬谨默识等语，所见甚是。二十七日会议何如，并速电闻。

电寄岑毓英，据电称各军在临洮等处大获胜仗。该督运筹决策，足示国威，有此大捷，乘机结束，尤为得体。着即懔遵前旨，如期停战，一面整备撤兵，仍随时严防，以备不虞。

出使日本大臣徐承祖奏，理事署学习翻译罗庚龄、杨锦庭、蔡霖在署已历七年，可否酌量照章即予列保，此后东文翻译如何保奖，统俟训示祗遵。得旨：罗庚龄等均着准其列保，嗣后该翻译官准其五年保奖一次。并下所司知之。②

三月初一日庚子(4 月 15 日)

电寄李鸿章，据电及致总署信件均悉。撤兵可允，永不派兵不可允。该督务当力与辩论，万不得已，或于第二条内无干句下，添叙两国遇有朝鲜重大事变各可派兵互相知照，亦不在前条之例数语，尚属可行。至第四条教练兵士一节，亦须言定两国均不派员为要。

电寄张之洞，据电奏，冯子材探法新兵到，定二十八日大举攻谅，虚实难测，请训示诸将进止机宜。停战期前，法如进犯，自应尽力堵剿。停战期后，如彼前来攻扑，该防营侦探确实，即由将领照会法兵官，告以现已停战，毋再进兵。傥彼置若罔闻，仍来扑犯，即行实力剿办，一面将照会原文，即电总署存案，庶不令借口我先开战，别生枝节。

闽浙总督杨昌濬奏，浙江镇海口两次接战，击伤法船，并设伏邀击获胜。得

① 《清实录·德宗景皇帝实录》卷二〇四。

② 《清实录·德宗景皇帝实录》卷二〇四。

旨：现已停战，仍着该督抚会商欧阳利见，督饬水陆各军，刻刻严备，毋得稍涉疏懈。①

初三日壬寅(4月17日)

张之洞奏，特参不职文武各员一折。江苏候补道温子绍，总办广东机器局，料价既多不实，工匠亦不足额，着先行革职，彻底查办，勒令赔缴。试用通判张光裕，委办前山厘局，缉私勇丁，缺额太多，公项亦多含糊；试用知县丁墉，委办河口厘局，于中饱隐匿等弊，纵容不究，均着以府经历县丞降补，仍勒令如数赔缴。试用知县吕椿培，委办四会厘局，挪移款项，浮开公用，惟前数年于厘务尚能整顿，着暂行革职，勒令如数赔缴，再行奏明办理。顺德协副将利辉，性情近滑，委带艇船，操防懈弛，勇丁亦有缺额；署水师提标后营游击阳江镇中军游击黄增胜，所部勇丁，多不足额，派守炮台，并不讲求操练，惟利辉于省河情形尚熟，黄增胜年力正强，均着革职，暂留本任，以观后效。记名总兵张殿雄，委带轮船，勇丁不足，且有纵容子弟情事，着以参将降补。记名总兵张志鳌，承修轮船，扣减价值，着即行革职，仍留广西军营效力。候补游击方恭，身弱多病，难胜将领，着以守备降补。候补游击梁肇骙、候补都司陈良杰，委带师船，并不讲求操防，惟梁肇骙人尚明干，陈良杰尚谙炮法，均着摘去顶戴，拔去翎枝，如再不知振作，即行严参。

电寄李鸿章，据电陈与伊藤所定三条，着即照办。②

初六日乙巳(4月20日)

大学士直隶总督李鸿章着作为全权大臣，与法国使臣办理详细条约事务，刑部尚书锡珍、鸿胪寺卿邓承修并着驰驿前往天津，会同商办。

直隶总督李鸿章等奏，电报之设，关系军国大计。刻值海防吃紧，军报日夕纷驰。惟商报无几，费用不资，股商无力赔累。今以头等官报应收之电资，北洋拨款抵竣，拟将南洋动拨出使经费，接续划抵。下该衙门知之。又奏，旅顺为北洋紧要海口，该口黄金山炮台，高踞峰颠，最得形胜。近因海防戒严，复于左右两岸扼要之区，添筑台垒，照淮军营制添募两哨，改立护军正副二营，即将新募队伍，分扎各该处。月需饷项，仍于淮饷内动支。下部知之。

予赴美肄业暨天津召募学习水师毕业学生候选县丞唐荣浩、县丞衔黄开甲等一

---

① 《清实录·德宗景皇帝实录》卷二〇五。

② 《清实录·德宗景皇帝实录》卷二〇五。

百四十名奖励有差。①

初七日丙午（4 月 21 日）

直隶总督李鸿章奏，日本使臣要求三事：一、撤回华军；二、议处统将；三、偿恤难民。经叠次力争，幸免陨越，订立专条画押竣事。得旨：该督等办理此事，相机因应，迅速完结，甚为得体。所呈约本，着依议行。

以击退法船出力，予浙江记名提督杨岐珍存记遇缺简放。②

初八日丁未（4 月 22 日）

传谕总理各国事务衙门，本日詹事府右庶子龙湛霖奏和议将成，敌情叵测，恳豫行防范，以备不虞一折。并李秉衡电称，谅山高平一带，拟作为瓯脱等语。

詹事府右庶子龙湛霖奏，江浙漕米由洋商包运，索费甚巨，请择要挑深河道，由长江挽入运河，较为妥速。下户部知之。

福建巡抚刘铭传等奏，法兵分攻月眉山大水窟一带，接战退守情形。得旨：现在法已议和停战，着刘铭传等督饬各军，稳扎严守，以备不虞。所需饷项，即与左宗棠、杨昌濬筹商济用。③

初十日己酉（4 月 24 日）

电寄左宗棠等，电奏均悉，中法约定。条款未定之前，彼此将调兵运军火前往台湾等事停止不办。巴德诺已于初九日到津，约之成否，月内当可定局。此时既议修好，既应示信。所有接济兵械，自应暂行停运。程文炳一军，亦着暂缓前进。仍传知台军，整兵严防以备不虞。台饷紧要，务当汇解大批应用，毋稍迟缓。

十一日庚戌（4 月 25 日）

岑毓英奏，分兵收复缅旺等处，暨临洮各路获胜情形一折。缅旺地方，早为法占，本年正月间，经岑毓英督饬员弁分投攻剿，于二十三日即将缅旺攻克，并收复附近之清水、清山两县各寨。其临洮等处，亦经各该员弁痛加剿击，大获胜仗。

① 《清实录·德宗景皇帝实录》卷二〇五。
② 《清实录·德宗景皇帝实录》卷二〇五。
③ 《清实录·德宗景皇帝实录》卷二〇五。

两江总督曾国荃奏，查明“澄庆”“驭远”两船失事情形，分别参办。得旨：李时珍着即严拿，务获正法，蒋超英、金荣均着革职，发往军台效力，一俟绞船捞炮事竣，即行起解。①

十四日癸丑(4月28日)

总理各国事务衙门奏，吉林东界牌博，中多舛错，年久失修，请派大员会同履勘，据约立界一折。着派吴大澂、依克唐阿前往会勘，将图约参互考证，据以勘定界限，仿照西路办法，重立牌博，以巩边陲而昭信守。②

十五日甲寅(4月29日)

钦差大臣督办福建军务左宗棠奏，台湾道刘璈将余存统领费银，捐充防费。得旨：该道以地方官兼办营务，所称每月领银四百两，是否咨部有案。如系滥支之款，所有已领银两。均应追缴，岂能以呈缴余银，为取巧尝试地步。着户部查明具奏。

十六日乙卯(4月30日)

杨岳斌奏，请将已革游击吕文经，留于台湾效力。前因吕文经于轮船中炮，辄即先退，降旨革职发往军台。嗣据左宗棠等奏留差遣，当以该员获咎较重，未经允行。该前督岂竟无闻知，乃复奏请留营，殊属冒昧。杨岳斌着交部议处，并着将吕文经即行起解，不准逗遛。嗣后获罪人员，各该督抚及各路统兵大臣，不准率请留营，擅行差委，以肃纲纪而杜夤缘。寻吏部奏：杨岳斌应得降二级留任公罪。得旨：准其抵销。

十七日丙辰(5月1日)

电寄曾纪泽，据电称，安岛之事，现议约云。英据该岛，中朝允不阻难。英据一年后，察该岛岁税若干，每年以税归朝鲜，派费若干，送交中国，作为贡款。声明英不得损该岛居民权利，可否照此订约画押。东洋多方挠我上邦之权，欲藉此约挽回等语。属国之地，岂可由我许其占据，且于中取利，尤非政体。傥为他国借

① 《清实录·德宗景皇帝实录》卷二〇五。

② 《清实录·德宗景皇帝实录》卷二〇五。

口，流弊甚多。惟此事究应若何措置，方为妥协，着李鸿章酌议速奏。①

清廷命李鸿章妥议英占领朝鲜巨文岛事办法。②

廿一日庚申(5 月 5 日)

闽浙总督杨昌濬奏，闽口增建划鳅港炮台，与长门金牌互相犄角，足资控御。报闻。

廿二日辛酉(5 月 6 日)

钦差大臣督办福建军务左宗棠奏，法寇占踞澎湖，革员吕文经往探被拿，诡言得释。其胆略尚有可取，请准其留营。得旨：前据杨岳斌奏，已降旨不准行，并将该前督交部议处。吕文经着仍遵前旨，即行起解。③

廿三日壬戌(5 月 7 日)

黑龙江将军文绪等奏，沿江自王哈达起至莫里勒牱河等处止添设卡伦二十处，拨兵扼守，绘图呈览。又奏，俄人越界至漠河山淘金，约有四千余名，叠经照会俄酋，令其呼回。该酋饰词搪塞，请向俄公使理办。下总理各国事务衙门知之。④

廿五日甲子(5 月 9 日)

御史赵尔巽奏，道光年间，俄人曾进书七百余册，奉旨存理藩院，请饬将全书检出，交同文馆翻译镂版。此项书籍，着该衙门查明具奏。寻总理各国事务衙门奏：查前项书籍，于同治八年由理藩院移存本署，惟单内天算地理格物医学等书，二百余年，所载未必有裨时务。且每译一书，动须经年，该御史所请翻译镂版之处，应毋庸议。从之。

抚恤琉球国遭风难民如例。⑤

---

① 《清实录 · 德宗景皇帝实录》卷二〇五。

② 故宫博物院文献馆：《清光绪朝中日交涉史料》卷八，1932 年，第 16 页。

③ 《清实录 · 德宗景皇帝实录》卷二〇五。

④ 《清实录 · 德宗景皇帝实录》卷二〇五。

⑤ 《清实录 · 德宗景皇帝实录》卷二〇五。

夏四月初一日己巳(5 月 14 日)

直隶总督李鸿章奏，吉林与朝鲜商民互市，拟派督理商务委员藉资保护。如所请行。①

初二日庚午(5 月 15 日)

以出洋三年期满，予出使日本随员横滨理事官候选同知陈允颐等升叙有差。

初五日癸酉(5 月 18 日)

户部奏，请续拨京饷等语。此次该部酌量各省情形，拟拨山东地丁银五万两、湖南地丁银五万两、江西地丁银四万两、福建税厘银十万两、两淮盐课盐厘银八万两、长芦荥工加价银五万两、江苏厘金银十二万两、安徽厘金银五万两、湖北盐厘银五万两、四川津贴银五万两、盐厘银十万两、闽海关洋税银五万两、江海关洋税银八万两、九江关常税银十万两、赣关常税银三万两，共银一百万两。

初九日丁丑(5 月 22 日)

电寄李鸿章，电奏已悉。条约互易后，两国即撤驻朝防兵，不必拘定限期，着照所请行。惟于撤兵之先，该大臣应照会日本同时并撤，不得稍有先后，并饬将领严加约束，不得携带货物等项，致滋纷扰。②

十八日丙戌(5 月 31 日)

以驾船缉私，受伤殒命，予广东守备严广龄议恤。

十九日丁亥(6 月 1 日)

电寄曾国荃，据电奏，王德榜请将所部遣撤等语。现在详约未定，仍应备豫不虞。王德榜一军，不准遽行遣撤。着李秉衡、苏元春传谕王德榜，严加约束。傥因

① 《清实录·德宗景皇帝实录》卷二〇六。

② 《清实录·德宗景皇帝实录》卷二〇六。

索饷滋事，惟该员是问。所需月饷，着李秉衡等咨催如数速解，毋得贻误。①

廿三日辛卯(6 月 5 日)

电寄李鸿章，此次议约往返电商各条，均尚得体。本日披览改定第二第十两条，亦已妥协。着李鸿章等再将各条详加核对，如意义相符，并无舛错，即着定期画押。事关重大，万勿草率。

日本外务卿井上馨，约见中国驻日公使徐承祖，谈俄韩密约之事。②

廿四日壬辰(6 月 6 日)

据电奏，林椿来言，法约定一月内退澎湖，但刘永福不退保胜，澎湖亦须迟退等语。现在详约将定中外交涉，惟重信义，刘永福一军，亟应如期撤回。着岑毓英、张之洞懔遵十八日电旨，严催该提督即率所部迅回滇界，再赴思钦，不准稍有迟延。

廿七日乙未(6 月 9 日)

李鸿章等与法使巴德诺，在津订立《中法新约》(又称《越南条约》)。③

廿八日丙申(6 月 10 日)

电寄李鸿章，据电称中法详约业经画押。法使巴德纳，允将前虏平安轮船弁勇七百余人，全数交还，请将桂军擒获法国弁兵释回。着李鸿章迅派妥员，前赴澎湖会商法兵官，约定日期，将虏去弁勇王仁和等七百余人妥为收回。其中如有被敌伤害者，必须与之理论。至由西贡载回者，酌给船费，均由该督妥办，并着将约定之期，电知李秉衡，将前获法弁兵九人，届期派员送交越境法兵官收回。至降将阿麦里，仍遵前旨，饬令随营效力。如何妥为安置，着李秉衡酌度，奏明办理。

电寄曾国荃等，现在中法详约，已经画押。江浙等省海运漕米，着曾国荃、卫荣光、刘秉璋督饬该粮道等，迅速起运，毋稍延缓。④

---

① 《清实录·德宗景皇帝实录》卷二〇六。

② 故宫博物院文献馆：《清光绪朝中日交涉史料》卷八，1932 年，第 22~23 页。

③ 王彦威：《清季外交史料》卷五八，书目文献出版社 1987 年版，第 12~15 页。

④ 《清实录·德宗景皇帝实录》卷二〇六。

廿九日丁酉(6月11日)

电寄李鸿章，中法详约已定，“定远”“镇远”两铁舰、“济远”钢舰即着驾驶来华，应如何遴派员弁，妥为管驾之处，着李鸿章、许景澄会商办理。

电寄李鸿章，中法详约已定，着李鸿章懔遵前旨，将招商局轮船迅速收回。其如何办理之处，该大臣即行覆奏。

三十日戊戌(6月12日)

浙江巡抚刘秉璋奏，本届漕粮，因法事道梗停运，日久米色稍次，请饬通融验收。得旨：着仓场侍郎验收时酌核办理。该抚仍当懔遵前旨，督饬各员，认真选择米石，并于装运时实力稽查，毋任藉词舞弊。①

五月初四日壬寅(6月16日)

前因文绪等奏，俄人勾结华民，过江偷挖金沙，请将疏纵因循各员分别革职惩处。当经降旨照准，并将成庆交部严议。兹据成庆奏称，俄人越界淘金已逾三年，系由该副都统到任后查出。文绪奏报蒙蔽，掩饰己罪，移祸于人，请派员查办等语。文绪奏报此案，是否失实，抑或成庆饰词抵讦，着派宝森驰驿前往黑龙江，确切查明。②

初六日甲辰(6月18日)

电寄左宗棠等，福建广东所借洋款，除动用外，余存若干。着左宗棠、杨昌濬、张之洞迅速详晰奏报，候旨拨用。

初八日丙午(6月20日)

现在海防善后，用项浩繁，必须通盘筹画，核实经理，方足以裕度支而纾国用。各该省关每年所入之款，究竟实有若干，其常年例需及现在添支防勇局卡饷需薪水各款，实在费用若干，此后常年可以裁减归并节省之款若干，着各该将军督抚

---

① 《清实录·德宗景皇帝实录》卷二〇六。

② 《清实录·德宗景皇帝实录》卷二〇七。

监督等切实核计，逐款分晰开单，限于奉旨一月内，详细奏报，毋得稍涉含混，藉词延缓。

直隶总督李鸿章奏，天津创设武备学堂，遴派德国兵官作为教师，挑选各营弁兵百余名入堂肄业，择其成绩优者，发回各营，量材授事，分番挑取，以宏造就。并请将教习各员，及屡列优等之学生，援照同文馆成案，二年奏保一次，以示鼓励。如所请行。①

初九日丁未（6 月 21 日）

清廷谕令：现在和局虽定，海防不可稍弛，亟宜切实筹办善后，为久远可恃之计。前据左宗棠奏，请旨饬议拓增船炮大厂；昨据李鸿章奏仿照西法，创设武备学堂各一折，规画周详，均为当务之急。自海上有事以来，法国恃其船坚炮利，横行无忌。我之筹画备御，亦尝开设船厂，创立水师，而造船不坚，制器不备，选将不精，筹费不广。上年法人寻衅叠次开仗，陆路各军屡获大胜，尚能张我军威。如果水师得力，互相援应，何至处处牵制。当此事定之时，惩前毖后，自以大治水师为主。船厂应如何增拓，炮台应如何安设，枪械应如何精造，均须破除常格，实力讲求。至于遴选将才，筹画经费，尤应谋之于豫，庶临事确有把握。着李鸿章、左宗棠、彭玉麟、穆图善、曾国荃、张之洞、杨昌濬各抒所见，确切筹议，迅速具奏。江苏、广东本有机器局，福建本有船厂，然当时仅就一隅创建，未合全局通筹，现应如何变通措置，或扼要设总汇之所，或择地添设分局，以期互相策应，呼应灵通，并着李鸿章等妥议奏办。总之海防筹办多年，糜费业已不赀，迄今尚无实济，由于奉行不力，事过辄忘，几成锢习。该督等俱为朝廷倚任之人，务当广筹方略，行之以渐，持之以久，毋得蹈常袭故，摭拾从前敷衍之词，一奏塞责。

电寄杨岳斌等，据李鸿章电称，法兵于初九日准退出基隆等语。上年刘铭传仓猝赴台，尚称勇往。自基隆失事，未能迅复，咎实难辞。现在法人已退，着责成杨岳斌、刘铭传、孙开华将全台应办事宜实力布置。如有疏懈，惟该前督等是问。②

初十日戊申（6 月 22 日）

以出洋期满，予驻俄翻译官户部郎中桂荣等、驻英领事官通判左秉隆等、驻秘

① 《清实录·德宗景皇帝实录》卷二〇七；李鸿章：《创设武备学堂折》，《李文忠公全集·奏稿》卷五三。

② 《清实录·德宗景皇帝实录》卷二〇七。

参赞官道员徐寿朋等升叙加衔有差。

以洋员供差期满赏驻美使署洋员柏立等宝星。

十一日己酉(6月23日)

李鸿章电奏，林椿云巴德纳接外部电，华兵在越者尚未全退，仍踞几处地方，似指云军及刘永福。傥日久违约不退，恐澎湖未能早还等语。四月十八、二十四日，叠谕岑毓英将全军按期速撤，并严催刘永福一军撤回滇界，均电知张之洞转行遵照。据张之洞电称，越民游勇为梗，道路不通，该督究竟已否接奉前旨，云南官军及刘永福所部刻下已否撤竣，着该督即行遵旨迅速办理，一面将启程及抵界各日期由电奏闻，不得稍涉迟延，至令法人有所借口，贻误大局，自干咎戾。

电寄左宗棠等，闻刘璈请左宗棠由洋款内拨一百万办台湾善后，委员坐提。如果属实，所请断不准行。着左宗棠、杨昌濬懔遵前旨，查明所借洋款现存若干，迅奏候旨，不得轻率拨用。

黑龙江将军文绪等奏，剿捕呼兰所属地方盗匪冰石瓦等窜散情形。得旨：着文绪等会同呼兰副都统，督饬各队，实力剿捕，务将首犯悉数歼除，以靖地方。傥巡缉不力，稍有怠玩，即行从严惩办。又奏，黑龙江与俄国接壤，向派巡江各员，虚应故事，致有俄人潜越淘金之事，拟请即行裁撤，归并新设统巡协领，按四季认真周查。如所请行。①

十二日庚戌(6月24日)

总理各国事务衙门奏，洋员赫德、金登干商办议约条款，均能妥慎，请赏给宝星。得旨：此次中法议约，赫德、金登干悉心商办，均臻妥协，实属始终出力。着传旨嘉奖。其所请给奖该二员之处，着依议行。至该总税务司等往来电信，所用银两，着该衙门查明支给。又奏，英国拟在洋子角外花岛山，添设海线，引端上岸。叠与英使臣商订，暂时通融安设。俟英俄事定，即行撤去。惟洋人狡谲多端，难保不藉词尝试，惟有随时设法抵制，总以不准吴淞上岸一语，始终峻拒，俾免借口而杜隐谋。允之。②

李鸿章请由江海关锁存出使经费项下借支十四万两，作为筹办奉天至朝鲜汉城电线之用。③

---

① 《清实录·德宗景皇帝实录》卷二〇七。

② 《清实录·德宗景皇帝实录》卷二〇七。

③ 王彦威：《清季外交史料》卷五八，书目文献出版社1987年版，第17~18页。

十八日丙辰(6 月 30 日)

电寄苏元春等，据李鸿章电奏，巴德纳照会称谅山一带，复到中国官兵三队，请饬撤回。澎湖本拟照约克期撤尽，叠闻此信，不无疑虑等语。粤军早撤，必无复到谅山一带之事。惟张之洞前奏越民有与法仇杀情事，难保非游勇勾结，冒充华兵。着苏元春、李秉衡确查电覆。现在滇军及刘永福营，已否一律撤回关内，日久未据岑毓英覆奏。此时滇桂电信，中途有无阻滞，着苏元春等速咨该督，迅即遵旨办理，仍将滇军现在情形，迅速电闻。

出使日本国大臣徐承祖奏，日本铜价甚贱，拟请试办采买，变通京师钱法。得旨：着遵照五月初七日户部奏案，先行试办。如办有成效，再行接续办理。①

二十日戊午(7 月 2 日)

日本外务卿井上馨，提出中日共同防止俄国势力进入朝鲜之八条意见，李鸿章暂未峻拒。②

廿一日己未(7 月 3 日)

直隶总督李鸿章奏，遵旨撤回驻朝庆军，调扎旅顺。得旨：即着督饬该军，于撤回后联络操防，以备缓急，毋稍松懈。又奏，提督黄仕林向统庆军，驻扎金州。今饬拔赴旅顺，择要填扎。惟金州仅有毅军两营，稍嫌单薄，因饬提督宋庆于旅顺毅军内酌拨一两营，调赴金州，与原有两营联络操防，以壮声势。报闻。

廿二日庚申(7 月 4 日)

前叠谕岑毓英将关外滇军及刘永福营，一律撤回边界。迄今日久，尚未据该督覆奏。法已退出基隆，并将虏去弁勇悉数交回。我军亟应如约迅撤，以昭大信。着岑毓英懔遵叠谕，赶速办理，毋再迟延，致干咎戾。

以记名提督杨岐珍为江南狼山镇总兵官。

以带兵押饷在洋淹毙，予江苏吴淞营千总宋国珍等赏恤加等。③

---

① 《清实录 · 德宗景皇帝实录》卷二〇八。

② 故宫博物院文献馆：《清光绪朝中日交涉史料》卷八，1932 年，第 24~25 页。

③ 《清实录 · 德宗景皇帝实录》卷二〇八。

廿三日辛酉(7月5日)

钦差大臣督办福建军务左宗棠等奏，闽省官轮被毁，解运饷械，并渡勇援台，类皆转雇商轮，诸多不便。现购买“富有”“美富”两轮，以资遣用。下部知之。

帮办福建军务前陕甘总督杨岳斌奏，行抵基隆大营，与抚臣刘铭传筹商防务，勤加操练，增高墙垒，深浚沟濠，以期有备无患。报闻。

廿五日癸亥(7月7日)

钦差大臣督办福建军务左宗棠奏，法酋孤拔，已于四月十九日，在澎湖病毙。所有平安轮船被虏之乾军弁勇，应另与法官商办，俾得早日收回。报闻。又奏，衰病增剧。现在中法和约已定，请开缺回籍调理。得旨：览奏殊深廑系，着赏假一月，安心调理，毋庸开缺。

廿六日甲子(7月8日)

杨岳斌等奏，筹办台湾防务，澎湖、基隆、沪尾三海口，均须长泊快兵船一只，修造炮台，运办各料，须装货船二只。请饬南北洋分拨快船三只，福建船政速拨装货船二只，到台备用等语。台湾所需各船，能否照数拨往，着李鸿章、曾国荃、裴荫森奏明办理。至各船到台之后，饷项如何发给，并着妥议具奏。

岑毓英电奏，云军七万余人，已撤回二万三千余人，均抵开化临安边界，留粤勇七千余，在后弹压，陆续撤回等语。着岑毓英懔遵叠次谕旨，迅将关外滇军，全数撤回边界。前据李鸿章电奏，据教士报称云南拿获法兵四五名，在营囚系，请饬交还，并着岑毓英查明所获法兵，妥为交还。

福建巡抚刘铭传奏，奸商吞匿厘金，道员通同作弊，已将台澎道刘璈撤任查办。得旨：刘璈着即撤任听候查办。又奏，基隆一隅，自遭兵祸，民房焚毁无余，田地荒芜，流离可悯，拟请抚恤，由淡水捐输项下，拨款动用。如所请行。①

廿九日丁卯(7月11日)

以广东陆路提督张曜为广西巡抚，未到任前，以按察使李秉衡护理。以广西提

① 《清实录·德宗景皇帝实录》卷二〇八。

督唐仁廉为广东陆路提督，未到任前，仍以潮州镇总兵郑绍忠署理。①

六月初三日庚午(7 月 14 日)

命二品顶戴翰林院侍讲许景澄，兼充出使比利时国大臣。

以台北战守出力，予提督苏得胜、郎中林朝栋等升赏衔翎有差。②

初四日辛未(7 月 15 日)

岑毓英奏，行抵云南边界，并檄令关外各营一律撤回一折。

初五日壬申(7 月 16 日)

浙江巡抚刘秉璋奏，请将加抽洋药厘金，留作海防善后经费。下部知之。③

初七日甲戌(7 月 18 日)

驻英使臣曾纪泽，与英国政府订立《烟台条约续增专条》。④

初八日乙亥(7 月 19 日)

刘秉璋奏，遵保镇海接仗尤为出力人员，恳恩奖励一折。浙江镇海炮台，上年十二月及本年正月叠被敌船攻扑，均经在事各员弁奋勇击退，尚属著有微劳。浙江提督欧阳利见亲驻前敌，督率有方，着赏给头品顶戴。至所请各员奖叙，未免过优，特量加核减，酌予恩施。其余出力各员弁，着该抚详细查核，据实保奖，不准稍涉冒滥。⑤

初十日丁丑(7 月 21 日)

左宗棠等奏，整顿海军，拟仿照法国钢甲兵船新式，由裴荫森督率试造等语。

---

① 《清实录·德宗景皇帝实录》卷二〇八。

② 《清实录·德宗景皇帝实录》卷二〇九。

③ 《清实录·德宗景皇帝实录》卷二〇九。

④ 曾纪泽：《遵旨议烟台续增专条及先后办理情形疏》，《曾纪泽遗集·奏稿》卷五。

⑤ 《清实录·德宗景皇帝实录》卷二〇九。

前据左宗棠奏请拓增船炮大厂，当谕令李鸿章等妥议奏办。海疆善后，亦饬各摅所见。现在覆奏，尚未到齐。左宗棠等所请仿照新式试造钢甲之处，着俟李鸿章等覆奏到日，定议后再降谕旨。

曾国荃奏，遵旨确切筹议，并与洋商订议购船借款各折片。曾国荃筹议各节，与前奏大略相同，所见不无可采。前奏留中，原待集议施行，乃该督未候谕旨，辄向洋商议借巨款，并录稿知会各省未免轻率，着传旨申饬。拟借洋款，如尚未订准，即着毋庸议借。傥已经借定，即将此款存储，不准擅行动用。其余各节，统俟海防善后全局议定，再行降旨，饬令遵行。至各省营局开放款项，虚冒浮销等弊，比比皆是。封疆大吏，果能实力稽查，大加撙节，无难积成巨款，何至动辄借力洋商，徒滋耗费。嗣后海防事宜，经营伊始，着该督振刷精神，事事从严整顿。局款一切，尤应认真经理，毋任再有虚糜，以杜中饱而归核实。

李鸿章奏，招商局船产，仍照原议全数收回一折。轮船招商局，为中国商务大端，闻从前该局经管各员办理不善，亏负累累，弊端百出。此次全数收回，正当乘此交代之际，认真整顿。应如何严定章程，剔除积弊，以期经久可行，着李鸿章详细筹画，次第办理。

朝鲜密迩俄国，现在俄人意存窥伺，情殊叵测。朝廷眷怀藩服，亟应先事绸缪。李昰应从前秉政多年，能否于该国自强之道，及外交情形，洞知窾要，着李鸿章饬传到津，详加询问，即行具奏。并将李昰应近来是否明于大义，悔悟前非，悉心察看，一并奏闻。

直隶总督李鸿章奏，收回平安轮船弁勇出力，请将候选中书科中书罗臻禄以同知选用，津海关副税务司马士给予三等第二宝星。得旨：马士着照所请奖励，罗臻禄毋庸给奖。又奏，运漕剥船，守候日久，请由江浙漕项内筹给津贴。得旨：着依议行。嗣后不得援以为例。①

十二日己卯(7月23日)

电寄张之洞，据电奏，法教入粤，流弊太多，示弱太甚等语。传教载在条约，上年七月，降旨用兵，尚谕令保护法国教民，现在基隆已退，被虏弁兵，均已收回，法使业已到京，教士照约入口，有何示弱。澎湖尚未退出，正以滇省撤兵稽迟为借口。若再因阻教入粤，别添枝节，以致澎湖久居不退，其为示弱不更甚耶。

据电奏，刘永福已抵文山县，料理赴粤等语。法人在澎，专候滇省撤兵消息。现在刘永福已将赴粤，滇军亦概入云界，法人自不能以此借口，办理亦尚合机宜。据张之洞电奏，有已许刘永福带二千人可以安置之语。目下该军旧部，不满五百，

① 《清实录·德宗景皇帝实录》卷二〇九。

即着于遣散粤勇内，添募合成二千人，饬令迅赴思钦一带，由张之洞妥为布置，毋任在滇逗遛，以免别生枝节。①

十三日庚辰(7 月 24 日)

据刘铭传奏，台湾道刘璈贪污狡诈，劣迹多端，开单列款，请革职查办一折。刘璈着革职拿问，交刘铭传派员妥为看守，听候钦派大臣到闽查办。所有该革员任所资财，着该抚遴派廉干委员，严密查抄，毋任寄顿隐匿。另片奏台湾道缺，暂留陈鸣志署理，期挽积习等语，着依议行。

电寄杨岳斌，电奏已悉。该前督所部各军，着确探澎湖法兵，全数退出后，再行遣撤。所请赏假回籍终养，着俟派查事件覆奏到日，再降谕旨。②

十六日癸未(7 月 27 日)

左宗棠等奏，查明澎湖失事员弁，请旨分别惩处一折。

命出使英俄国大臣曾纪泽回京供职，以江西布政使刘瑞芬为出使英俄国大臣。

命三品卿衔直隶大顺广道张荫桓，为出使美日秘国大臣。③

十八日乙酉(7 月 29 日)

两江总督曾国荃奏，南洋快船，未能拨驻台湾。得旨：着将三船赶紧修理，仍遵前旨拨赴澎湖，勤加操练，以资防守。又奏，请饬沿海各省，嗣后兵轮船，不得载勇拖船。得旨：着照所请行。即由该督咨行沿海各省督抚查照办理。

十九日丙戌(7 月 30 日)

电寄张之洞，据奏，桂边炮台需炮，请购洋炮以资守御，价银十万，于洋款内拨用。着依议行。

廿二日己丑(8 月 2 日)

署船政大臣福建按察使裴荫森奏，购修夹舨，复设练船。下部知之。又奏，南

① 《清实录 · 德宗景皇帝实录》卷二〇九。

② 《清实录 · 德宗景皇帝实录》卷二〇九。

③ 《清实录 · 德宗景皇帝实录》卷二一〇。

洋购造快船等费，请饬闽督等拨解款项。得旨：着照所请。即由裴荫森知照杨昌濬、穆图善，将应还应解款项，迅速拨解，以济急需。①

廿三日庚寅(8月3日)

以神灵显应，颁福建沪尾地方天后庙匾额曰“翊天昭佑”，观音大士庙匾额曰“慈航普渡”，清水祖师庙匾额曰“功资拯济”。

督办台湾军务福建巡抚刘铭传奏，目疾沉重，请开巡抚本缺，专办台湾事务。得旨：本日已有旨令杨昌濬兼署福建巡抚矣。刘铭传督师无功，正当力图自赎，着将台湾善后事宜，认真整顿，以观后效。所请开缺之处，不准行。

闽浙总督杨昌濬等奏，晋江县职员杨启文，前捐洋银五万圆，奏蒙恩旨，将伊侄杨廷玑补复邑庠，兹又续捐五万圆，请破格奖叙。得旨：杨廷玑着赏给举人，准其一体会试。

福建团练大臣林寿图奏，推广团练，阅验留防。得旨：此项练勇，着俟闽省防军撤后，再行奏明遣散。

以闽浙总督杨昌濬兼署福建巡抚。②

廿四日辛卯(8月4日)

光绪帝谕令：上年四月间，特准李鸿章与法国总兵福禄诺，议定越南通商事宜，无非戢兵安民之意。迨后谅山一役，不得已而用兵。越南地极炎荒，士卒每多瘴故，且相持半载，各损师徒，藩属人民，亦罹锋镝，朕甚悯焉。洎十二月间，总税务司英人赫德，以两国本无嫌隙，力请仍照津约往返通词，弃怨修好。朕仰维上天好生之德，并敬念列祖命将出师，于天时地利，缓急进止，揆度因时，不存成见，恭绎乾隆五十四年，安南撤兵叠次谕旨，权宜所值，先后同符，特照所请。命李鸿章等与法使巴特纳，重订新约十条，于越南北圻边界，定地通商，言归于好。现在法国尽退基隆澎湖之兵，我亦将滇粤各军撤归关内，彼此擒获人众，均已按数交还，从此荒服免遭兵燹，海宇共庆乂安。朝廷于此事权衡终始，审察机宜，本无穷兵黩武之心，允协字小睦邻之意。今当和局既定，特通谕中外，俾咸知朕意焉。

前有旨派锡珍前往江苏，会同卫荣光查办事件。锡珍已于本日请训，拟由海道赴沪。卫荣光着俟该尚书到后，即行同赴台湾，秉公查办。所有应查各件，已交锡珍带往，与该抚公同阅看。江苏巡抚，着谭钧培暂行护理。

① 《清实录·德宗景皇帝实录》卷二一〇。

② 《清实录·德宗景皇帝实录》卷二一〇。

钦差大臣督办福建军务左宗棠奏，覆陈刘铭传退弃基隆实在情形。得旨：刘铭传仓猝赴台，兵单饷绌，虽失基隆，尚能勉支危局，功罪自不相掩。该大臣辄谓其罪远过于徐延旭、唐炯，实属意存周内，儗不于伦。左宗棠着传旨申饬。

抚恤琉球国遭风难民如例。①

廿七日甲午(8 月 7 日)

署船政大臣福建按察使裴荫森奏，张佩纶请将被毁九船薪粮，解作造船经费，乃善后局误以养船经费，只应支被毁九船薪粮，余概无着，请饬地方官宽筹制船养船经费。得旨：着即知照该将军督抚于九船薪粮外，仍宽为筹备，随时接济。②

秋七月初二日戊戌(8 月 11 日)

两广总督张之洞等奏粤省试造浅水轮船以资扼守。得旨：浅水轮船现造四艘着俟造成后详加察看。如果合用，再行奏明办理。又奏，琼州孤悬海外，钦廉二州海陆地面，均连越南，防务重要，应设电线，请动海防经费。下该衙门知之。又奏，饬令总兵李先义所部广胜军五营，新立章程，专习洋操。报闻。又奏，德弁来华差遣，请赏顶戴。得旨，德弁雷芬等均各照所请，分别赏给顶戴。③

初三日己亥(8 月 12 日)

出使日本国大臣徐承祖奏，使署肄习东文学生卢永铭、刘庆汾请作监生，一体乡试。下总理各国事务衙门议行。

初四日庚子(8 月 13 日)

李鸿章奏，遵议海防事宜一折，言多扼要，惟事关重大，当此创办伊始，必须该督来京，与在事诸臣熟思审计，将一切宏纲细目，规画精详，方能次第施行，渐收实效。李鸿章前寄总理衙门信函，业经该王大臣等呈览，此时朝鲜使臣未到，未便降旨，着俟此事办竣，该督即行来京陛见。

---

① 《清实录·德宗景皇帝实录》卷二一〇。
② 《清实录·德宗景皇帝实录》卷二一〇。
③ 《清实录·德宗景皇帝实录》卷二一一。

初五日辛丑(8月14日)

两江总督曾国荃奏，统带援闽兵轮，已革提督衔总兵吴安康，请开复原官原衔，并赏头品顶戴。得旨：澄驭两船失事，吴安康统带不力，厥咎甚重，后虽镇海御敌，著有微劳，其功过不足相抵。业经另案革职留营，免予议罪，已属从宽。前于刘秉璋奏到，已谕令咨行该督毋庸列保。此奏自系尚未接奉前旨，所请着毋庸议。

以海防出力，予江苏道员汤寿铭等优叙。

赏援闽开济等兵船洋弁朱臻仕宝星。①

初六日壬寅(8月15日)

礼部奏，朝鲜咨请踏勘图们江疆界，代奏请旨；又奏朝鲜国请免征贡使等官货税，均下该衙门议奏。寻总理各国事务衙门奏：朝鲜图们江旧界，请饬吉林将军派员会勘。又奏，朝鲜税务章程有无变更，请饬北洋大臣、盛京将军等酌核。均从之。②

初八日甲辰(8月17日)

以“开济”“南琛”“南瑞”三船固守镇海出力，予副将丁华容等升叙有差。

十一日丁未(8月20日)

直隶总督李鸿章奏，请将办团出力之津绅邓启元等奖励。得旨：此次天津及畿东一带，捐赀团练，未动官帑，该官绅等办理得宜，尚属著有微劳，邓启元等均着照所请分别奖励。又奏，轮船修工期内，照章核扣薪粮，碍难率改。报闻。

闽浙总督杨昌濬奏，闽省盐务困敝，请免加厘，并免捐输，以恤商艰。允之。又奏，闽省制钱缺乏，变通鼓铸以资民用。下部议。又奏，和议初成，调防客军尚未尽撤，请展缓校阅营伍。允之。③

---

① 《清实录·德宗景皇帝实录》卷二一一。

② 《清实录·德宗景皇帝实录》卷二一一。

③ 《清实录·德宗景皇帝实录》卷二一一。

十四日庚戌(8 月 23 日)

以神灵显应，颁山海关老龙头地方海神庙匾额曰“安流普佑”，天后宫匾额曰“怀柔昭应”。

十九日乙卯(8 月 28 日)

两江总督曾国荃奏，江南定边军饷，请改作海防经费，并酌裁营勇以资挹注。得旨：王德榜军遣撤后，运库每月所拨饷银二万两，准其移解筹防局备用。至仿造西法炮台所聘洋人，务须详慎遴选，勿任滥竽充数。仍派熟谙洋法人员，督率监视。“澄庆”船炮缴价及修理之费，据称将近十万，未免浮多，该督务当切实核减，不准委员稍有虚冒。裁营各节，着照所议办理。①

二十日丙辰(8 月 29 日)

礼部奏，申明例禁，请旨饬遵各折片。本日总理各国事务衙门奏，遵议礼部代递朝鲜国王恳请勘界一事，请饬吉林将军派员履勘等语，已依议行矣。朝鲜久列藩封，朝贡奏咨事宜，自应归礼部专办。惟该国自变乱以来，内外交讧，情势迥非昔比，且与各国通商。其关涉北洋及总理衙门事件，十居八九，断难拘执常例，仍以奏咨等事专归礼部，致于因应机宜转多隔阂。所请着毋庸议。

总理各国事务衙门奏，请派大员勘定滇粤边界一折。据称现接法国使臣巴特纳照会，近接外务部电咨，已派浦理燮等六员勘定边界，于中历十月初三日，即可行抵河内等语。越南北圻与两广云南三省毗连，其间山林川泽，华离交错，未易分明。此次既与法国勘定中越边界，中外之限即自此而分。凡我旧疆固应剖析详明，即约内所云或现在之界，稍有改正，亦不得略涉迁就。本日已降旨派周德润前往云南，邓承修前往广西，会同各该督抚办理勘界事宜。即着岑毓英等各委明干之员，带同熟悉舆地之人，周历边境，详加履勘，绘具图说以备考证。一俟法国勘界大臣到后，即由周德润、邓承修、与岑毓英、李秉衡会同勘定。该大臣等务当详细审慎，按照条约持平办理，是为至要。

出使美日秘国大臣郑藻如奏，现患半身不遂，请收回成命。得旨：前据奏请开缺，业经降旨开光禄寺卿缺。所请着毋庸议。②

---

① 《清实录·德宗景皇帝实录》卷二一二。

② 《清实录·德宗景皇帝实录》卷二一二。

廿四日庚申(9月2日)

两广总督张之洞奏，安置提督刘永福，必兼安插、保全、任使三义，乃为周妥。报闻。又奏，省城洋船马头，去秋海防戒严，将沙路一支塞断。官商轮船，专由鱼珠一路行走。今和局已定，逆揣各国洋人，必欲请开沙路河道，请饬下总理各国事务衙门遇洋使干渎时，与之辩阻，实于海防有益。下该衙门知之。

美国怀俄明州洛士丙冷城，发生排华惨案。①

廿六日壬戌(9月4日)

电寄张之洞，据奏安置刘永福事宜一折。琼州孤悬海外，选将驻兵，诸宜审慎。刘永福到粤后，着张之洞传见，详加察看，将其性情才略，究竟何如，所部勇丁是否安静守法，据实电奏，候旨定夺。

廿七日癸亥(9月5日)

以杭州副都统恭寿署杭州将军。

左宗棠卒。

八月初一日丁卯(9月9日)

帮办福建军务前陕甘总督杨岳斌奏，渡台员弁恳准保奖。得旨：此次该军未能迅速渡台，又无战功足录。所请保奖之处，着毋庸议。②

初三日己巳(9月11日)

帮办福建军务前陕甘总督杨岳斌奏，收回澎湖弁勇，补发口粮，并死难员勇请恤。得旨：此项已故弁勇，并非临阵捐躯可比。所请发给恤赏银两及赏给世职之处，着毋庸议。

① 许同莘：《同治条约》卷一三，台湾文海出版社1974年影印，第5~8页。

② 《清实录·德宗景皇帝实录》卷二一三。

初四日庚午(9 月 12 日)

署船政大臣福建按察使裴荫森奏，台防需船，请续派“伏波”东渡以供差遣。下所司知之。

初五日辛未(9 月 13 日)

电寄杨昌濬，据电称，杨岳斌乾军十二营应找饷项引粮十余万两等语。即着核明确数，准其于洋款内拨给。①

十一日丁丑(9 月 19 日)

总理各国事务衙门奏，法国使臣来华，请派员会议通商章程一折，已另有谕旨派李鸿章为全权大臣。此次中法议立滇粤陆路通商章程，事系创办。该大臣务当悉心筹画，详细商议。总期周密妥善，免致将来窒碍。至与该使会议，或在京师，或在天津，均无不可，并着酌度具奏。

十二日戊寅(9 月 20 日)

清廷谕令：前因朝鲜兵变，几危宗社，李昰应于乱军索饷，不能禁止，事后复置不问，以致舆论纷纷咎为祸首。朝廷轸念藩服，命将出师，歼厥渠魁，驱除叛党。当时审察该处情势，若李昰应不离本国，则乱萌尚未有艾，特命安置近畿优其廪饩，并准该国王岁时派员省问，以慰其思慕之情，所以防隐患而全私恩者无微不至。李昰应到保定后，该国王曾两次咨请礼部代奏恳恩放还。彼时因该国大难甫平，人心未靖，且李昰应甫经获罪，降旨宣示，毋许渎陈。迄今时阅三年，李昰应又以年老多疾，沥陈怨艾私衷，具呈申恳，特命李鸿章传至天津验视属实。兹复据礼部奏，该国王遣使臣闵种默等恭赍表文，吁求恩释，情词迫切，至于再三。朝廷孝治为先，于藩属弥深矜恤，念省愆之日久，悯逮养之情殷，宜沛殊施，俾伸孺慕。李昰应加恩准其开释，即着李鸿章派委妥员护送回国，并着礼部传知该国王，此系朕法外施仁，在李昰应固应永戴洪慈，慎持晚节。该国王尤当痛惩前车之失，去谗远佞，亲仁善邻，刻刻以励精图治为心，庶几内衅悉除，外侮不作，以无负朝廷覆庇矜全有加无已之至意，实于该国王有厚望焉。

① 《清实录·德宗景皇帝实录》卷二一三。

礼部奏，朝鲜呈进贡物，恳准李昰应回国。得旨：所进方物。着留抵下次正贡。①

十四日庚辰(9月22日)

以神灵显应，颁山东益都县关帝庙匾额曰“柳泉永赖”，蒲台县城隍庙匾额曰“神厘茂洽”。

刘铭传奏，台湾南路率芒董底两番社，与七家山番械斗，副将潘高升不为伸理，并纵勇袒助七家山番，致该两番社聚众滋事；刘璈不待查覆，率行调兵进剿，致该两番社良莠不分，同遭焚掠，请旨将潘高升惩办等语。清廷即着刘铭传饬属妥为弹压，毋任再滋事端。除刘璈已另案革职查办外，潘高升办理乖方，着即革职发往军台效力，以示惩儆。②

十六日壬午(9月24日)

两江总督曾国荃奏，沿江沿海各属圩岸冲决查办情形。得旨；览奏殊深廑念。即着饬属核实散放，妥筹接济，毋任一夫失所，一面赶紧修圩，疏消积水，以卫农田。③

十七日癸未(9月25日)

直隶总督李鸿章奏，招商局道员徐润、张鸿禄等亏欠局款，请革职勒缴。得旨：徐润、张鸿禄均着革职，严追欠款，并将徐润所交房地，确切估计，不得稍涉含糊。该局甫经收回，正可彻底清查。该督务当破除情面，督饬现办各员，认真经理，俾局务日有起色。又奏，派员护送李昰应回国，并晋京陛见。报闻。

十九日乙酉(9月27日)

左宗棠着追赠太傅，照大学士例赐恤，赏银三千两治丧，由福建藩库给发。

以托病离营，革台湾军营都司范治钧职，永不叙用。

予基沪阵亡病故各员弁彭沛霖等优恤，并于台北建立淮楚昭忠祠。从督办台湾

① 《清实录·德宗景皇帝实录》卷二一三。

② 《清实录·德宗景皇帝实录》卷二一三。

③ 《清实录·德宗景皇帝实录》卷二一四。

军务福建巡抚刘铭传请也。①

廿二日戊子(9 月 30 日)

慈禧太后懿旨，海防善后事宜，着军机大臣、总理各国事务衙门王大臣会同李鸿章妥议具奏，醇亲王奕譞着一并与议。

廿三日己丑(10 月 1 日)

左宗棠、穆图善、杨昌濬奏，福建沿海防营及后路各台局出力文武员弁，恳准保奖等语。此次用兵省分，凡接仗获胜者，均经给予奖叙。其余防营及后路台局员弁，并无战功，均未给奖。闽省事同一律，所请着毋庸议。

有人奏，粤海关所派家丁甚多，借端勒罚，扰累商民，请饬将江门西炮台佛山总巡等口家丁，酌量裁革等语。各关稽查口税，不能不借力丁胥，但不能任意浮多，致启需索纷扰之弊。着海绪按照原参各节，自行查明。如有前项情事，即分别惩办驱逐，并将现用家丁核实裁汰，毋得稍涉回护，致干咎戾。②

廿四日庚寅(10 月 2 日)

黑龙江将军文绪奏，江省地居上游，与俄对峙，防务紧要。拟请购克虏伯陆路铜炮四尊、过山钢炮四尊、洋枪一千杆，以资训练，如所请行。又奏，本年冬围暂停举行，俟下年补打，以节经费。从之。又奏，漠河金厂，所剩华俄各民，一律驱除净尽，将木房窝铺全行焚毁，并留兵看守。得旨：此次办理尚属妥协。仍着督饬各员弁严守要隘，实力巡查，毋任再有匪徒偷越情事。③

廿五日辛卯(10 月 3 日)

闽浙总督杨昌濬奏，省会遭风大概情形。得旨：即着该督等饬属妥筹抚恤，毋令一夫失所。④

① 《清实录・德宗景皇帝实录》卷二一四。
② 《清实录・德宗景皇帝实录》卷二一四。
③ 《光绪朝东华录》，十一年八月庚寅。
④ 《清实录・德宗景皇帝实录》卷二一四。

九月初一日丙申(10月8日)

两广总督张之洞等奏，亲诣广、肇各属，勘办工赈情形。得旨：即着督饬各属，将应修围基赶紧办理，并饬令各州县出示晓谕。嗣后除已成围基外，不准私添围坝，阻塞水道，以示限制。尤宜随时认真查禁，毋得徒托空言。①

初二日丁酉(10月9日)

出使法德义荷比奥国大臣许景澄奏，续调郎中舒文等来法差遣，云骑尉严宝增调德差遣。从之。

以出使日本期满，予随员沈铎等奖叙。

予殒身异域增生谢传烈优恤，并附祀江苏上海愍忠祠。

初三日戊戌(10月10日)

赏给江汉关副税务司雷乐石三等第一宝星。

初五日庚子(10月12日)

慈禧太后懿旨，前因海防善后事宜，关系重大，谕令南北洋大臣等筹议具奏。嗣据该大臣等各抒所见，陆续奏陈。复经谕令军机大臣总理各国事务衙门王大臣会同李鸿章妥议具奏，并令醇亲王奕譞一并与议。兹据奏称，统筹全局，拟请先从北洋精练水师一支以为之倡，此外分年次第兴办等语，所筹深合机宜。着派醇亲王奕譞总理海军事务，所有沿海水师，悉归节制调遣，并派庆郡王奕劻、大学士直隶总督李鸿章会同办理，正红旗汉军都统善庆、兵部右侍郎曾纪泽帮同办理。现当北洋练军伊始，即责成李鸿章专司其事。其应行创设筹议各事宜，统由该王大臣等详慎规画，拟立章程，奏明次第兴办。

醇亲王奕譞等遵筹海防善后事宜，折内奏称台湾要区，宜有大员驻扎等语。台湾为南洋门户，关系紧要，自应因时变通，以资控制。着将福建巡抚改为台湾巡抚，常川驻扎。福建巡抚事，即着闽浙总督兼管。所有一切改设事宜，该督详细筹议，奏明办理。

直隶总督李鸿章奏，德国购造铁甲等船将抵大沽，请饬李凤苞赴北洋襄办。得

---

① 《清实录·德宗景皇帝实录》卷二一五。

旨：李凤苞着交李鸿章差遣委用，仍随时察看。如不得力，即行奏撤。①

初八日癸卯(10 月 15 日)

前据礼部转奏，朝鲜国王请将驻防朝鲜各营，特加奖赏等语。前经派往朝鲜之亲庆等营，驻防四年，藉资镇抚。上年乱党滋事，一切因应机宜，尚称妥协。着李鸿章择其尤为出力者，核实保奖，毋稍冒滥。

以前江苏海门镇总兵贝锦泉为浙江定海镇总兵官。②

初九日甲辰(10 月 16 日)

慈禧太后懿旨，前据左宗棠议覆海防善后事宜，请裁额兵，并减沿海水师艇船；给事中秦钟简亦有请裁水师防勇之奏。经醇亲王奕譞、军机大臣、总理各国事务王大臣会同李鸿章详筹奏称，各省额兵存营多寡不一，应就该省情形酌量裁减。上年新募之勇，除滇粤边防酌留若干营外，余可全行裁撤。旧有各营，可裁十分之一二，沿海旧设水师及红单艇船可裁等语。又奉懿旨，醇亲王奕譞等遵议海防善后事宜，折内奏称长江水师岳州、汉阳、湖口、瓜洲、狼山五镇之舢板船，宜令先裁一半，将营哨弁兵额缺酌量裁并，即以裁出之饷添制浅水轮船，分隶巡防。前于江南军务大定后，曾国藩等创立长江水师，固因江面巡防，不可不各专责成，亦为安置立功水勇起见。今已十有余年，各营旧勇大半更换，巡防一切规模，亦不及从前之严整，每年縻饷甚巨，本应设法删汰节省。现在整理海防，如于长江水师中，参用浅水轮船，自较舢板船为得力。惟必须腾出饷项，方能次第办理。着彭玉麟、曾国荃、裕禄、李成谋悉心会商。所有原设长江水师，能否酌裁一半，及浅水轮船应添若干分隶各镇，详晰筹议具奏。寻两江总督曾国荃等会奏：酌裁长江水师，利少害多，浅水小轮不及舢板巡缉合用。如废弃舢板一半，改造浅水小轮，实属有损无益。钦奉懿旨，下所司知之。

张之洞奏，海防要策折内，开地利一条。据称福建穆源等处，皆产善铁，兼饶煤垩；广东惠州等处产铁亦佳，访求矿师开采，以制枪炮，实胜洋产等语。煤铁为制器必需之物，如果矿苗畅旺，自应及时开采，以资利用。惟矿本所需甚巨，亦应先事豫筹。能否招商集股，设法试办，于地势民情，两无妨碍，着杨昌濬、张之洞、倪文蔚各就地方情形详加酌度，奏明办理。

电寄曾纪泽等，闻“济远”快船，不甚合式，应暂缓照式定造。着曾纪泽、许

---

① 《清实录·德宗景皇帝实录》卷二一五。

② 《清实录·德宗景皇帝实录》卷二一五。

景澄，于著名各大厂，详加考察，何式最善，电奏候旨遵行。①

初十日乙巳(10月17日)

出使俄英国大臣曾纪泽奏，与英国外部续议条约。下所司知之。②

十二日丁未(10月19日)

据李元度条奏内称上海闽粤机器局三所，上年共支银八十四万有奇，各营所需枪械，仍须别购，究竟各局所造若干，是否可用，请责成经手各员，核实报销等语。各省设立机器局，制造炮械等项，原以筹备军需，为力图自强之计。若平时藉作开销，临事未能应用，虚糜帑项，殊不足以昭核实。着曾国荃、杨昌濬、张之洞、卫荣光、倪文蔚、谭钧培随时认真稽查，严饬经手各员，据实开报，不得稍有浮冒，以杜弊端。

电寄曾纪泽，据电奏现定之船新式最佳等语。此项新出船式，必须查访明确。如业经试用有效，即着仿造。③

江南制造局所建钢壳无防护巡洋舰“保民”号，竣工下水。④

十五日庚戌(10月22日)

电寄许景澄，据电奏定造快船各情均悉。此项船只，许景澄务须亲历大厂，详细考核，仿照西国通行有效船式定造，并与曾纪泽互相商榷，以期各船一律合用。将来造成后，如不得用，惟该大臣等是问。

十七日壬子(10月24日)

电寄曾纪泽，电奏已悉。英图北缅，有无规画进取，显然布置情事，着将近所侦察，详晰电闻，语勿太简。缅亦朝贡之邦，傥彼谋未定，遽与开谈，是启之也。所筹一节，候旨遵行，慎勿轻发。该大臣前有八募拓界之奏，曾交张凯嵩查覆。旋

① 《清实录·德宗景皇帝实录》卷二一五。

② 《清实录·德宗景皇帝实录》卷二一五。

③ 《清实录·德宗景皇帝实录》卷二一五。

④ 刘传标：《近代中国船政大事编年与资料选编》第2册，九州出版社2011年版，第328页。

据奏报新街踞匪歼除，并无另有华人占踞八募之事，自腾越城南三百五里至蛮允为滇界，由蛮允至缅之新街，计二百八十五里，其间一百六十五里为野人界，向无管辖。所奏拓界一节，窒碍难行等语，今该大臣此奏，仍循前说。究竟八募坐落何地，与新街是一是二，其中有无野人间隔，此层最关紧要，不可稍有讹误，并着探访明确。①

十八日癸丑（10 月 25 日）

昨接曾纪泽电称，英久占南缅，今图其北。本日复据李鸿章电奏，印度出示招人，运军往缅。缅甸为朝贡之邦，与云南接壤。英人图其北鄙，不独属国受患，尤虑逼近吾圉，不可不豫筹布置，为未雨绸缪之计。着岑毓英、张凯嵩派委妥员，不动声色，密探英缅近日详细情形，赶紧驰奏，一面相机筹措，固我边陲，勿得稍涉张惶。至滇省与缅甸交界各要隘，系何地名，里数若干，暨八募究竟坐落何处，是否即系新街，并着该督抚先行确查奏闻，随即详晰绘图贴说呈览。②

电寄李鸿章等，览奏均悉。穆麟德到津，有无播弄，俄韩换约，有无违碍条款，朝鲜请兵如何措词，宜据所闻随时电奏。

十九日甲寅（10 月 26 日）

前据曾纪泽电奏，所订之船系新式最佳者，已谕令查访明确。如业经试用有效，即可仿造。本日复据电奏，所订新式全仿英快船，除铁甲外无甲，傥加铁添甲，尚可与商等语。轮船之制，外洋日新月异。此次仿造快船，必须详细考核，斟酌尽善。傥于造成后试验不能合用，既多糜费，又延时日，实于防务大有关系。李鸿章经办洋务多年，于轮船制造事宜，平时必有考校。此项船只造成，即应归入北洋水师操练。着该督将曾纪泽所陈各节，详加察核，是否确有把握，即将现订快船。究以何式最为合宜，详晰电奏，再行谕令曾纪泽起造，以昭慎重。

有人奏，风闻京都崇文门外打磨厂南官园等地方，有英国洋商串通华人，出名开设汇丰通源两银号，请饬查禁等语。此事是否属实，着步军统领衙门、顺天府、五城御史严密查明，将该二号商人，传案详切讯究，有无洋人股分，或系承领洋人资本，据实具奏。寻奏：查明崇文门外开设汇丰等银号各情。得旨：该商人等既据供称交完银两，即行出店，及收取帐目，并无前项情事等语。即着勒限清结，将汇丰通源两号收歇，不准再行开设。嗣后仍着随时稽查禁止，如有影射蒙混情弊，别

---

① 《清实录·德宗景皇帝实录》卷二一六。

② 王彦威：《清季外交史料》卷六一，书目文献出版社 1987 年版，第 16 页。

经发觉，定惟该管地方官是问。①

二十日乙卯(10月27日)

慈禧太后懿旨，前据李鸿章面奏，开设官银号以裨国计等语，原为通筹经费起见。惟此事创办非易，中华与外洋情形，迥不相同。若经理不得其宜，深恐流弊滋多，着毋庸议。

廿二日丁巳(10月29日)

御史殷如璋奏，各省委员承办外洋枪炮子药等项，暗与洋商勾结，收买废弃之物，浮冒开销，侵吞巨款，虚糜钱粮等语。近来各省购买外洋军火，每多弊窦，虚糜巨饷，贻误军事，实堪痛恨。嗣后各将军督抚等，务当严加稽查，于购买到时逐件点验，承办委员，傥敢以不堪使用之物，充数冒销，即着从严参办，并令该员赔缴原价，缴不足数，革职严追，不准稍涉回护。至各处修筑炮台，必应一律坚固，并认真查勘，如有办理草率，即将承办之员从重惩处。②

廿三日戊午(10月30日)

东三省边防，关系极为紧要。奉天凤凰边门一带，伏莽未清，尤虞宵小蠢动，亟应增营镇慑。现在营口防务已松，所有雷正绾马步九营，即着该提督移往凤凰边门以外，择要扼扎，用备缓急。

着曾纪泽向英外部，告以缅系朝贡之国，中华与英友谊相关，尽可设法调处，令滇督等派员向缅开导，改判谢过，以息兵端，且看该外部若何答覆。傥彼万难转圜，迅即电闻，另筹办法。

直隶总督李鸿章奏，遴派干员接办朝鲜交涉通商事务，并恳超擢衔阶，以重体制。得旨：袁世凯着以知府分发尽先即补，俟补缺后以道员升用，并赏加三品衔。③

廿七日壬戌(11月3日)

岑毓英奏，越南国王嗣子阮福明遣使递书，请封颁印，缮呈原书请旨，并通商

---

① 《清实录·德宗景皇帝实录》卷二一六。

② 《清实录·德宗景皇帝实录》卷二一六。

③ 《清实录·德宗景皇帝实录》卷二一六。

勘界，事不可缓，请饬开导法使，退还北圻数省，以存越祀各折片。越南从前与法私自立约，并未奏闻。此次和议定后，又来求庇。是其首鼠两端，已可概见。目前该国与法人战斗情形，中国无从过问。若欲以口舌争回北圻数省，亦属事所难行。惟通商勘界，二者均关紧要。傥法与越南战争不已，则通商固多窒碍，勘界亦必濡迟。岑毓英所奏各节，有无可采，或于戈古当回津时设法辩论，着李鸿章悉心酌核，妥筹覆奏。

前据曾纪泽电奏，订造新式船只，当谕李鸿章详察电奏。兹据许景澄电称，现仿各国通行善式，与德厂并海部员详拟，应否照定，请旨办理等语。所奏船围厚甲，与曾纪泽所称除铁甲外无甲之说不同，是否合用，着李鸿章详加查核，即行电奏。①

廿八日癸亥(11 月 4 日)

电寄李鸿章等，据电奏曾纪泽所定快船，往返电商，据称机舱不危，似可照式订造等语。此项船只，既据该大臣等详细商定，即着李鸿章电知曾纪泽依式订造。此事责成曾纪泽认真办理，务期适用，毋得虚糜帑银，致干咎戾。②

冬十月初一日丙寅(11 月 7 日)

礼部奏，朝鲜国王李熙呈请派兵镇抚，据咨转奏一折，前将驻防朝鲜各营一律撤回，李鸿章奏报撤军折内，本有备援军以作远势之语。今该国王以伏莽未除，呈请派兵镇抚，系为豫防内患起见。中国与朝鲜休戚相关，自应代为筹备。着李鸿章察酌情形，随时调拨水陆各军，飞轮径渡，择要扼扎，相机防卫，并着礼部传谕该国王知悉。③

初二日丁卯(11 月 8 日)

中越勘界事宜，前经谕令周德润、邓承修会同各该督抚。详细勘定。此事关系重大，必应慎之于始。各处所绘地图，详略不一，法使所携，难保不互有异同。目前分界，自应以会典及通志所载图说为主。仍须履勘地势，详加斟酌。或有谓谅山地势，在分水岭之东，本宜划归粤界，此说与新约不甚相符，须费辩论。若于两界之间，留出隙地若干里，作为瓯脱，以免争端，最属相宜。周德润、邓承修亲自履

① 《清实录·德宗景皇帝实录》卷二一六。

② 《清实录·德宗景皇帝实录》卷二一六。

③ 《清实录·德宗景皇帝实录》卷二一七。

勘该处地形，了然在目，自可相机办理。闻法国所派巴吕，人颇和平，如能孚以诚信，办事或可顺手。并着周德润等，随时加意联络。

前据左宗棠等奏，中法议约已成，恳由船政试造钢甲兵船一折。据称法国现在创造双机钢甲兵船，虽较铁甲稍逊，而驾驶较易，费用较减，每船估需工料银四十六万两，闽省拟请试造三数号等语。现当创办海军之际，洋面兵船，自应次第筹备，以资操练。着裴荫森即将新式双机钢甲兵船，先行试造一号。如果试验合用，将来再行奏明陆续添造。目前所需造船经费，即由闽省前存洋款内拨用。余剩洋款，着杨昌濬解交神机营存储。裴荫森务当督饬员役工匠，核实经理。①

总理各国事务衙门奏，采买外洋军火等项，请责成出使大臣验收。②

初六日辛未（11月12日）

两广总督张之洞等奏，停止行户海防捐输，改抽牙捐充饷。下部知之。又奏，遵筹海防善后水师事宜。得旨：据奏筹办水师事宜，不无可采。惟该督拟以洋药税厘，作为经费，此事各国能否一律商允，尚无把握。前经钦奉懿旨，先从北洋精练水师一支，此外分年兴办。该督所奏各节着交海军衙门，随时察度情形，俟饷项有着，次第推广办理。又奏，购配钢炮等件，拟解畿辅各军应用。下总理各国事务衙门知之。

出使美日秘国大臣张荫桓奏，拟于金山各埠，设立中西学堂。得旨：即着察看情形，认真办理，务期实有功效，毋得徒托空言。③

初七日壬申（11月13日）

以素邀灵贶，颁香港东华医院祟祀神农匾额曰“万物咸利”。

闽浙总督杨昌濬奏，委员查恤澎湖被难各户，并拟筹防务。报闻。

十一日丙子（11月17日）

张之洞奏，外洋各埠，如新嘉坡等处，华商甚多，若劝令捐赀购造护商兵船，分赴周巡，有事时调集相助。养船经费，由各埠抽捐，另设外洋海军统领一员，归

---

① 《清实录·德宗景皇帝实录》卷二一七。

② 中国史学会主编：《洋务运动》，《中国近代史资料丛刊》第3册，上海人民出版社1961年版，第545~546页。

③ 《清实录·德宗景皇帝实录》卷二一七。

粤省调度等语。所陈各节，虽不仅为护商起见，惟此事创始非易，至经久之计，尤须详慎豫筹。着张荫桓抵粤后，与张之洞先行会商，再于经过处所，体察情形，能否照办，悉心妥筹具奏。①

李鸿章率丁汝昌、周馥等赴大沽，勘验来华之“定远”“镇远”“济远”三舰。②

十二日丁丑（11月18日）

直隶总督李鸿章等奏，续选闽厂学生出洋肄业。下总理各国事务衙门知之。

十四日己卯（11月20日）

黑龙江将军文绪等奏，淘金华俄人等复行闯越，拟添兵驱办。得旨：此项越卡人众，既据俄官称系匪徒，即着督饬派出弁兵，扼守要隘，严行驱逐，务期搜除净尽。并知会俄官，断其接济，拦阻续入之匪，勿任滋蔓。③

十六日辛巳（11月22日）

总理海军事务衙门奏，筹备海军事宜，择要酌拟。钦奉慈禧太后懿旨，允行。

总理各国事务衙门奏，烟台条款及议办洋药专条，拟请批准，交新任出使大臣刘瑞芬赍往伦敦，以备互换，允之。又奏，英国使臣呈交驻京公所房租银两。报闻。

以品行卑污，巧于钻营，革记名海关道李凤苞职，永不叙用。④

十九日甲申（11月25日）

前有旨将福建巡抚改为台湾巡抚，一切改设事宜，令该督抚详筹议奏。台南北地舆，袤延甚远，以形势而论，台北各海口尤为紧要。原设台湾道一员，远驻台南，深虑难以兼顾。且巡抚常川驻扎，一切钱谷刑名事宜，必须分员管理，各专责成。应否于台湾道之外，添设台北道一员，着杨昌濬、刘铭传悉心会商，妥议具奏。澎湖为由闽赴台要隘，扼扎劲旅，认真操练，方足以资缓急。该处地方，若由台湾巡抚管辖控制，自更得宜，并着详细议奏。其余未尽事宜，该督抚如有所见，

---

① 《清实录·德宗景皇帝实录》卷二一七。

② 李鸿章：《验收铁甲快船折》，《李文忠公全集·奏稿》卷五五。

③ 《清实录·德宗景皇帝实录》卷二一七。

④ 《清实录·德宗景皇帝实录》卷二一八。

务当明晰敷陈，以备采择。①

廿二日丁亥(11月28日)

慈禧太后懿旨：东三省筹边之策，今昔异宜。从前斥堠之设，多在中路北徼。自咸丰年间分界后，东路边防，日形吃重。近十年来，筹饷练兵，陆续布置。该三省土客兵籍几及九万人，兵力不为不厚；岁需饷银三百七十三万，饷项不为不多。亟应破除积习，厘订章程。据该王大臣等定议，整顿练军，筹备火器，核定军饷。所陈三端，尚属切要。穆图善膺此重任，先将整顿练军一事，切实经理，即就该三省已练之军，详加挑选，汰弱留强。查照王大臣等所议，每省以五千人为率，更番练习，总期一兵得一兵之用。至多练步队、参用民勇各节，并悉心筹画奏办。所需添购火器及应用饷项，随时与海军衙门、总理各国事务衙门会商筹备。练军未成以前，该三省应办事宜，及本有之饷，仍责成庆裕、希元、文绪认真筹办。榷盐开矿屯田各节，如果办理得宜，尤为天地自然之利。各该将军身任地方，均属分内应为之事，并着确切商办，不得因穆图善督办练军，致将地方诸事，率行推诿。滦州乐亭等处防军，能否移调珲春，近日情形，应否添扎劲旅，着李鸿章、希元分别确查具奏。至水师与陆军互相掎角，极关紧要，已饬李鸿章先练北洋水师一支。所有新到之定远等轮船及丁汝昌等原有水师，应在何处驻扎操演，着李鸿章筹定具奏。总之办事以核实持久为主，立法虽善，尤在得人。当此时事多艰，边防紧要，该将军等其各振作精神，同心协力，绸缪未雨，安不忘危。

福州将军穆图善，着授为钦差大臣，会同东三省将军办理练兵事宜。各城副都统以下，均归节制。

本日据刘铭传奏，目疾日重，恳请开缺一折。着赏假一个月，毋庸开缺。②

廿三日戊子(11月29日)

总理各国事务衙门奏，与法国使臣戈可当互换条约事竣。报闻。

直隶总督李鸿章奏，上年添募勇营，分别裁遣，停领部饷。下部知之。

廿四日己丑(11月30日)

直隶总督李鸿章奏，试验“定远”等铁舰，并巡阅旅顺炮台。下总理各国事务

① 《清实录·德宗景皇帝实录》卷二一八。

② 《清实录·德宗景皇帝实录》卷二一八。

衙门及海军衙门知之。

赏给德国领事官贝勒珰及洋员法来格等宝星。

廿七日壬辰(12 月 3 日)

御史殷如璋奏，福建船政局收用员绅过多，需款太巨，致造船经费，不能统归实用，请饬详加考试，认真核办等语。福建船政局，近年瞻徇积习，滥用委员，支销浮冒，朝廷早有所闻。当此整顿海防，综核名实之际，岂容不肖员绅，虚糜无已，致办理不收实效。着裴荫森会同杨昌濬将该衙门现用各员，认真考核，其冗滥充数者悉行裁汰，并将实能通晓制造当差勤慎人员开单具奏，一面咨报总理各国事务衙门，查核考验。傥再因循瞻顾，不能破除情面，仍有滥保浮支情事，必惟该大臣等是问。①

十一月初二日丙申(12 月 7 日)

抚恤琉球国遭风难民如例。②

初三日丁酉(12 月 8 日)

抚恤广东潮州等属被水灾民。

初九日癸卯(12 月 14 日)

直隶总督李鸿章等奏，拟由奉天接展陆路电线，直达珲春，以通文报，而重边防，并请由沪关部库拨借款项，用济要需。允之。

初十日甲辰(12 月 15 日)

电寄李鸿章，电奏已悉。日本乱党，前往朝鲜，信虽不确，仍应豫为防范。着李鸿章严密布置策应，务期临时赴机迅速，一面确查倭韩近日情事，随时电闻。

以教习译书著有成效，赏同文馆洋员总教习丁韪良三品衔，法文教习华必乐、化学教习毕利干四品衔。③

---

① 《清实录·德宗景皇帝实录》卷二一八。
② 《清实录·德宗景皇帝实录》卷二一九。
③ 《清实录·德宗景皇帝实录》卷二一九。

十三日丁未（12 月 18 日）

山海关副都统谦德奏，驻关广东水师提督曹克忠所部津胜等营，全数裁撤回籍。报闻。

十五日己酉（12 月 20 日）

李鸿章连日电奏均悉，金玉均乱谋，既有信函确据，亟应切告井上馨等令其赶紧拘办，以断根株。但日本年来蓄留金匪，情本叵测，此次井上馨屡次答覆之语，亦多游移掩饰，殊难凭信。朝鲜自撤兵以后，闵穆诡谋通俄，该国上下岌岌自危，累请驻兵保护。朝廷因有日本新约，又事机未露，遽尔派兵前往，更启俄人之疑，是以迟迟未发。今该国祸魁乱党，又复内外交讧。李载元、韩士文等如系同谋，即应按名拿办。以该国目前恇怯惶惑情势，除奸戡乱，安能游刃有余。似不若乘此机会，即以防剿金匪为辞，明告日本，一面派兵即到汉城驻扎，转属师出有名，倭俄皆无从置喙。李鸿章于此事擘画有年，务即按照现在时势，通筹熟计，将应否及时派兵往扎之处迅速奏闻。至现派往潮港四船，兵数若干，何员统带，是否附近仁川，呼应便捷，亦着详细附奏。又金匪致李载元等信函，既系秘谋，何以竟落该国王之手；高平寄倭之信何以必托袁世凯转寄；倭果不助金匪，何以有先带千兵；续添三万之众，金匪果欲成事，理宜潜谋偷渡，又何如是之扬言恫吓，若惟恐人之不知，种种情节可疑，该督务饬袁世凯留心侦察，探询确实，随时电闻，不可稍涉大意，是为至要。①

十六日庚戌（12 月 21 日）

署船政大臣福建按察使裴荫森奏，第六号铁胁轮船安上龙骨，并陈明二号三号快船下水日期。下所司知之。

以因公淹毙，予福建补用千总邱水生优恤。②

十七日辛亥（12 月 22 日）

李鸿章十六日三次电奏均悉。金玉均在倭，播散讹言，勾结乱党。据袁世凯来

---

① 《清实录·德宗景皇帝实录》卷二一九。

② 《清实录·德宗景皇帝实录》卷二二〇。

电，又有倭人板陔退朝等同谋相约之信。若欲凭仗口舌，令倭拘禁金玉均，深恐徒有此说。李鸿章务将拟派前赴朝鲜之兵，豫备齐全。如倭竟不执送金匪，或别有警信，即着迅速驰援，以赴戎机，毋稍迟误。前月巴兰德在总理各国事务衙门言及，有英人已退出巨文岛之说，询之欧格讷，则语多掩饰，是英退巨文岛之信，不尽无因。德璀琳所称中国不催还巨文岛，俄亦夺据朝鲜口岸，及中国派兵俄亦派兵等语，该税司与穆麟德同系德人，难保不勾通煽惑，作此恫吓之词，以阻我派兵之议。李鸿章当详加审察，勿堕诡谋。本日据邓承修、张之洞等电奏，法使已抵谅山，索夫三百名，欲到龙州，现在邓承修等已定十七日出关，着李鸿章告知戈可当速电浦使，即在谅山静候会勘，不必再赴龙州，以免跋涉。

盛京将军庆裕奏，通化县沿江一带，朝鲜民人越界潜居，现拟照会朝鲜义州府尹，限一年内陆续招回。得旨：着即饬属妥为办理，不得稍事操切，致失怀柔属藩之意。①

十八日壬子(12 月 23 日)

广东水师提督曹克忠因病解职，仍赏食全俸，以广东南韶连镇总兵方耀为水师提督。

福建船政船厂所建第二号铁胁双重木壳快碰船(总第二十六号)“镜清”完工下水。②

十九日癸丑(12 月 24 日)

以记名提督方友升为广东南韶连镇总兵官。

廿一日乙卯(12 月 26 日)

御史金寿松奏，海军创设，宜豫储人才，自制船炮，并请饬疆吏等和衷相济。

云南巡抚张凯嵩奏，探明英缅近日情形，虽兵戎未动，衅已起端。纵即能和，亦不过暂纾眉急。内地边境，亟当力图防维。报闻。③

① 《清实录 · 德宗景皇帝实录》卷二二〇。

② 刘传标：《近代中国船政大事编年与资料选编》第 2 册，九州出版社 2011 年版，第 330~331 页。

③ 《清实录 · 德宗景皇帝实录》卷二二〇。

廿二日丙辰（12 月 27 日）

电寄张之洞，据李鸿章电奏，朝鲜去冬倡乱之朴泳孝、徐载弼现至香港，请饬诱入华界，拘拿送津等语。着张之洞密查妥办。

两江总督曾国荃奏，近日布置移扎，力顾苏属海滨两岸，及兼顾宁属各郡腹地情形。报闻。

廿四日戊午（12 月 29 日）

闽浙总督杨昌濬奏，闽浙两省，皆原任大学士左宗棠立功之地，遵旨择地建立专祠。报闻。又奏，请将左宗棠事迹宣付史馆。允之。

廿七日辛酉（公元 1886 年 1 月 1 日）

太仆寺少卿延茂奏，总理各国事务衙门委员蔡钧著有《出洋琐记》等书，擅自刊刻传布等语。着该衙门将蔡钧传到，严行申饬。其所刻书版，即令呈缴销毁。①

廿八日壬戌（公元 1886 年 1 月 2 日）

户部奏，光绪十二年内务府经费，拟拨两淮盐课银十五万两、两浙盐课银五万两、广东盐课银五万两、湖北盐厘银五万两、福建茶税银五万两、闽海关常税银十万两、九江关常税银十五万两，共银六十万两。

日人朝比奈，密报日廷筹议对华战争情形。②

廿九日癸亥（公元 1886 年 1 月 3 日）

据总理各国事务衙门呈递李鸿章信函，并钞录法人嘉尔芜来信。其于英人有事缅甸，言之甚详。信末则有请调回黑旗，招集东京一带散勇，分驻云南永昌等处之语。前据各路电报，越南义团四起，法人因糜饷甚巨，有欲弃北圻之议。今观嘉尔芜此信，劝我调回黑旗，招集散勇，显系进退失据，希冀藉我之力，为之纾难。此等狡谲伎俩，固不足深信。惟所言英人在大理府设立伊斯兰教堂，与缅甸印度回

---

① 《清实录·德宗景皇帝实录》卷二二〇。

② 故宫博物院文献馆：《清光绪朝中日交涉史料》卷一〇，1932 年，第 2~3 页。

党，联为一气，深虑互相勾结，贻患将来。着岑毓英、张凯嵩密饬该处地方文武随时密查，妥为防范，以遏乱萌。

电寄曾纪泽，电奏已悉。咨英责其食言，该国若何答覆。缅朝贡之据，已由总署电知该侍郎，即着力持正论，与之辩难。该国前有熟商之语，能否践言。即电闻。①

十二月初一日乙丑（公元 1886 年 1 月 5 日）

刑部奏，审明商人陈恭怡捏词购定洋枪，浮开价值，在神机营售卖，按律加等定拟。得旨：陈恭怡购买军械，希图渔利，非寻常诈欺取财可比，应得罪名，着该部另行定拟具奏。②

初二日丙寅（公元 1886 年 1 月 6 日）

彭玉麟奏，粤中海盗，请饬缉获就地正法等语。广东海盗恣肆，自应从严惩办，以戢浇风。现在该省内河设立广安水师，着张之洞、倪文蔚严饬该统带官加意巡缉，务期有犯必获，缉获后交该处地方官讯明，即行就地正法。傥有知情故纵，甚至弁勇等受贿放行，即着严行参办。不准稍涉姑容。

前据李鸿章、希元奏，拟由奉天接展吉林陆路电线，直达珲春，当照所请办理。兹据穆图善奏，请饬北洋大臣派员驰往珲春、三姓、黑龙江三处，履勘程途购备陆线等语。东三省陆路电线自应一律添设，以期便捷。吉林珲春业由李鸿章筹款勘办，所有三姓黑龙江应如何续设陆路电线之处，即着李鸿章会商希元、文绪、禄彭妥筹办理。

予调劢粤海病故，参将姜维宝照军营例赐恤。③

初三日丁卯（公元 1886 年 1 月 7 日）

以神灵显著，颁热河丰宁县关帝庙匾额曰“神威普佑”，赫山龙王庙匾额曰“景贶频彰”，元宝山龙王庙匾额曰“道协神祇”。

直隶总督李鸿章奏，奉天与朝鲜原订边民交易章程内，使臣等行李货物一条，应酌量蠲征，并请将商民红参税项，减为值百抽十，以恤藩邦。允之。

---

① 《清实录·德宗景皇帝实录》卷二二〇。

② 《清实录·德宗景皇帝实录》卷二二一。

③ 《清实录·德宗景皇帝实录》卷二二一。

初五日己巳(公元1886年1月9日)

会办北洋事宜都察院左副都御史吴大澂奏，前赴吉林查勘边界，拟入都后邀同俄使妥商。报闻。

浙江巡抚刘秉璋奏，浙省明岁漕粮，仍请全数由海运津，以免迟误。允之。①

初七日辛未(公元1886年1月11日)

督办台湾军务福建巡抚刘铭传奏，生番滋事，分路剿抚，并现在归化情形。得旨：览奏抚番情形已悉，着督饬官绅，次第妥为开导，遇事持平办理，以期日久相安。又奏，酌定全台养兵三十五营，计每年饷需至少须百五十余万两，每年出入相抵，尚不敷三十余万两。恳饬下闽省将军督臣，自十二年正月起，按月协济台湾海防经费银三万两，以济急需。下部议。

予在营病故台湾参将文贵和等三十五员优恤。

初十日甲戌(公元1886年1月14日)

闽浙总督杨昌濬奏，遵旨提解洋款，并沥陈闽省支绌情形，恳准将现存洋款六十万两，酌留济用。得旨：着户部归入刘铭传请拨洋款购备炮械片。一并议奏。

以违例擅请将已故随员附祀愍忠祠，出使日本大臣徐承祖降二级留任，不准抵销。②

十二日丙子(公元1886年1月16日)

据刘铭传奏，筹度台湾情形，暂难改设省会。又据杨昌濬奏，筹议台湾改设事宜，请添设藩司各一折。台湾为南洋门户，业经钦奉懿旨，将福建巡抚改为台湾巡抚，刘铭传所请从缓改设巡抚，着毋庸议。杨昌濬所奏添设台北道，不如添设藩司，系为因地制宜起见，自可准行。惟此次该督所奏，尚系大概情形。所有一切应办事宜，均未筹商定妥。台湾虽设行省，必须与福建联成一气，如甘肃新疆之制，庶可内外相维。着杨昌濬、刘铭传详细会商，奏明办理。

云南巡抚张凯嵩奏，探明英缅现已决战，并绘进腾越地图。又奏，缅国兵败，

---

① 《清实录·德宗景皇帝实录》卷二二一。

② 《清实录·德宗景皇帝实录》卷二二一。

现与英人议和情形。均报闻。

两江总督曾国荃奏，酌裁苏松镇标练兵归汛巡防，其余照常加给口粮，立营操练。下部知之。又奏，裁撤上年新添轮船水勇，又奏，吴淞江阴炮台雇用洋员建筑，及给付水雷局洋教习薪水并饬学生练习。并下所司知之。①

十四日戊寅(公元 1886 年 1 月 18 日)

翰林院代奏编修钟德祥条陈时务一折。据称广西与越南接壤，法人逼处北圻，在在均须防范，游勇匪徒所在多有，深恐内外交讧，办理费手，急宜举办团练，以资镇压；该省煤铁等矿甚多，均应采办，以开财源而利器用。所陈两条，系为靖内御外兴利裕饷起见。惟举行团练，事同创始；开办矿务资本须筹，均应详慎图维，切实规画。着张之洞、李秉衡体察该省情形，悉心妥议具奏。至所称南洋各岛，应请特派使臣遴员分驻一节，前据张之洞奏，外洋各埠另设海军统领一员，归粤省调度，当经谕令该督与张荫桓会商覆奏。此次该编修所陈拊循岛埠保卫华商办法，是否可行，并着张之洞、张荫桓归入前奏，一并会议具奏。寻李秉衡奏：团练、开矿两条，体察粤西现在情形，似难举办。报闻。②

十六日庚辰(公元 1886 年 1 月 20 日)

直隶总督李鸿章奏，出洋随员候选道伍廷芳请留津差委。又奏，仿照西法创设武备学堂，请以革职湖北道员杨宗濂总理。均报闻。又奏，江浙海运经费，仍由各该省核办。下部知之。

以出洋随员三年期满，予陕西知县贺庆铨等奖叙。

以襄办北洋洋务出力，赏候选道伍廷芳二品顶戴，直隶候补同知袁焕文以知府用，余升叙加衔有差。

追予朝鲜定乱阵亡淮军什长王志春等十一员名优恤。③

十七日辛巳(公元 1886 年 1 月 21 日)

慈禧太后懿旨：侍郎黄体芳奏，大臣会办海军，恐多贻误，请电谕使臣遄归练师一折。本年创立海军，事关重大，特派醇亲王奕譞总理一切事宜。李鸿章卓著战

① 《清实录 · 德宗景皇帝实录》卷二二一。

② 《清实录 · 德宗景皇帝实录》卷二二一。

③ 《清实录 · 德宗景皇帝实录》卷二二二。

功，阅历已深，谕令会同办理。又恐操练巡阅诸事，李鸿章一人未能兼顾，遴派曾纪泽帮办。所有一切机宜，均由海军衙门随时奏闻，请旨办理。朝廷于此事审思熟虑，业经全局通筹。况黜陟大权操之自上，岂臣下所能意为进退。海军开办伊始，该侍郎辄请开去李鸿章会办差使，并谕饬曾纪泽遄归练师，妄议更张，迹近乱政，黄体芳着交部议处。

十九日癸未(公元1886年1月23日)

以神灵显应，颁浙江海盐县敕海庙观音大士匾额曰“自在真如”。

二十日甲申(公元1886年1月24日)

浙江巡抚刘秉璋奏，遣撤海防营勇薪粮，请饬部立案。下部知之。

蠲免浙江仁和等二十八州县暨杭严二卫荒废并新种地亩丁漕租课。①

廿一日乙酉(公元1886年1月25日)

岑毓英奏，英缅兵争，现拟筹布边防一折。此次英缅构兵，实由缅不量力，自取挫败，惟究系中国朝贡之邦，未便置之不问，叠谕曾纪泽与英外部办理。现据曾纪泽电信，有英允另立缅王，管教不管政，照旧进献中国。是英虽逞志于缅，而于中华尚思修好，或可乘机利导，以弭兵端。惟滇境边防不容稍懈，该督所拟抚谕野人授以土都司守备千把总之职，果能部勒其众，就我范围，腾缅之间又添一层门户，自系因地制宜之策。

署船政大臣福建按察使裴荫森奏，“镜清”快船工竣，请俟试洋后，将出力人员保奖。得旨：此项轮船，着俟试洋后，如果驾驶得力，毫无流弊，再将出力人员择尤请奖。②

廿三日丁亥(公元1886年1月27日)

文硕奏，请饬总理各国事务衙门拣选章京，暨曾经随往外洋学生两三员，发交差委等语。着该衙门议奏。寻总理各国事务衙门奏：本署章京设有定额，人不敷用，向无准外任大员调派及久驻扎处所之例，应酌派同文馆学生一二名听候札调差

① 《清实录·德宗景皇帝实录》卷二二二。

② 《清实录·德宗景皇帝实录》卷二二二。

委。从之。

电寄邓承修等，据张之洞等奏，钦州与越南接壤地界，应照志乘所载，及时改正等语。该处地图，已由该督咨送，着邓承修、李秉衡于桂界议定后，酌量情形，妥慎办理。

两广总督张之洞奏，遵查广东机器局碍难裁撤，局员已革江苏候补道温子绍，报销未能核实，罚令赔捐示惩，并现筹整顿局务，以裨海防。得旨：温子绍赔缴银二万两，即着拨充海防经费。①

廿五日己丑(公元 1886 年 1 月 29 日)

都察院代递知府赵尔巽奏覆陈时事四条一折，着该衙门议奏。寻总理海军事务衙门奏称：东三省边防事宜，业经简放钦差大臣添练兵队，东省应录原奏交该大臣等酌度；蒙古宜加体恤，王公子弟入都学习汉文，应由军机大臣恭请懿旨办理；劝办护商兵轮，应由总理各国事务衙门议奏；海防宜修炮台船坞，旅顺口已经修澳，惟工艰费巨，尚未造成，应请旨严催。

署船政大臣福建按察使裴荫森奏，沥陈船政局应行举办事宜。寻总理各国事务衙门、总理海军事务衙门会奏，请饬该署船政大臣，仍就原有拨款撙节妥办。从之。

廿六日庚寅(公元 1886 年 1 月 30 日)

两江总督曾国荃奏，前在上海耶松船厂定造安放水雷钢板轮船，业经造成，试验行驶，按照闽厂威凤轮船章程，配募驾弁航水人等，酌给公费银两数目。又奏，洋火药局添购碾盘机器。并下所司知之。

廿七日辛卯(公元 1886 年 1 月 31 日)

蠲免两淮、仁和、海沙、鲍郎、芦沥、横浦、浦东六场荒芜未垦各灶地荡涂灶课钱粮。②

廿八日壬辰(公元 1886 年 2 月 1 日)

朝鲜国使臣郑海仑等三人于午门外瞻觐。

---

① 《清实录·德宗景皇帝实录》卷二二二。

② 《清实录·德宗景皇帝实录》卷二二二。

是年

全国海关出口货值银六千五百万五千七百一十一两，进口货值银八千八百二十万零一十八两，入超银二千三百一十九万四千三百零七两。征收货税银(海关洋税)一千四百四十七万二千七百六十六两。①

北洋水师大沽船坞丁坞、戊坞先后建成。

福建船政船队重建。

福建至台湾海底电缆工程完工。②

光绪十二年　丙戌　公元1886年

春正月初六日庚子(2月9日)

前据曾纪泽电奏，英另立缅王，管教不管政等语，业经谕令该督等知悉。续据曾纪泽电信，有近商缅事颇顺，英择缅教王，候中朝俞允，并照前进献潞江东地咸归中国，均将定议，惟英政府因事告退，须俟新政府到任再商等语。是英于中华，并无衅端，惟前议尚在未定，滇省边防，不容稍涉懈弛。着岑毓英、张凯嵩督饬丁槐等严密布置，慎固边疆。并将前奏招抚野人之议，妥慎办理。

初七日辛丑(2月10日)

以神灵昭著，颁福建澎湖城隍庙匾额曰“功存捍卫”。

闽浙总督杨昌濬等奏，署福建陆路提督孙开华，请开去帮办台湾军务差使。允之。

---

① 刘锦藻：《清朝续文献通考·国用四》卷六六，商务印书馆1934年版，第8225~8229页。

② 刘传标：《近代中国船政大事编年与资料选编》第2册，九州出版社2011年版，第339~341页。

福建台湾巡抚刘铭传奏请将已革臬司张学醇留营差遣，办理台湾抚垦事宜。如所请行。

豁免福建台湾各属旧欠供粟。①

初十日甲辰(2 月 13 日)

总理各国事务衙门奏请派员前往香港，与英国商订洋药新章。得旨：着派邵友濂前往香港。

十七日辛亥(2 月 20 日)

本日据李鸿章电称法使接越电，北圻先安州九头山，有广东兵轮四、帆船六，弁兵登岸，似将占踞，法拟调兵船往诘等语，览奏不胜诧异。此事既无谕旨，该省又未奏报，何得遽尔派船前往，恐系讹传不确。现当分界未定，岂可自生枝节，贻人口实。着张之洞迅即查明电覆。若果有其事，即着克日撤回，勿稍迟误。

出使日本大臣徐承祖奏，原设横滨理事兼管通商四口，事繁路远，势难兼顾，请派员分管，并请赏随员通判刘坤副理事衔，专管箱馆、新泻、夷港三口事宜。又奏请以知县樊淙等充补长崎领事官。均如所请行。②

十九日癸丑(2 月 22 日)

会办北洋事宜都察院左副都御史吴大澂奏，前赴吉林会勘界务，随带知府汤纪尚等充当随员翻译。报闻。

广东巡抚倪文蔚奏，病难速痊，恳请开缺。得旨：着赏假一月，毋庸开缺。③

二十日甲寅(2 月 23 日)

两广总督张之洞奏，香港华商禀，接旧金山中华会馆电，美国西人攻击华人，焚毁财物五十余万，人亦死伤不少。④

---

① 《清实录 · 德宗景皇帝实录》卷二二三。

② 《清实录 · 德宗景皇帝实录》卷二二三。

③ 《清实录 · 德宗景皇帝实录》卷二二三。

④ 王彦威：《清季外交史料》卷六三，书目文献出版社 1987 年版，第 26 页。

廿二日丙辰(2月25日)

曾纪泽奏，琼州情形，较台湾尤为吃重，并请将生番黎人设法化导等语。广东琼州防务，前经该省督抚调兵扼扎。惟系暂时设防，未及经久之计。该处孤悬海外，逼近越界，应如何未雨绸缪，扼要布置，着张之洞、倪文蔚酌度情形，会商妥筹。至琼州黎人，叠次滋事，重烦兵力，果能设法化导，变犷榛为驯扰，实为当务之急。本日据张之洞奏，檄委张得禄署理琼州镇总兵，即着督饬该总兵，会同雷琼道妥为开导。

两广总督张之洞奏，粤省各属，著名匪乡，拟请分任文武大员查办。从之。又奏，分派员弁，剿捕廉琼港澳海面洋匪。得旨：即着督饬派出员弁，实力剿捕，以靖洋面。仍由该督等随时妥办，约束水陆弁勇，毋任别滋事端。①

廿四日戊午(2月27日)

礼部奏，朝鲜恭进谢恩贡物，应否留抵正贡。得旨：除例贡准予赏收外，其余贡物，着留抵下次正贡。

廿六日庚申(3月1日)

两广总督张之洞，因病恳请开缺调理。得旨：着赏假一月，毋庸开缺。

廿七日辛酉(3月2日)

以神灵显应，颁直隶承德府郡街城隍庙匾额曰“檀城保障”，龙王庙匾额曰“泽敷饶乐”。

廿八日壬戌(3月3日)

蠲缓浙江海沙、杜渎、钱清、西兴、芦沥、长亭、横浦、浦东八场被灾歉收灶荡新旧灶课有差。②

① 《清实录·德宗景皇帝实录》卷二二三。

② 《清实录·德宗景皇帝实录》卷二二三。

二月初二日丙寅（3 月 7 日）

电寄李鸿章，朔电已悉。戈使所议商约，如一切各款均于中国无损，则土货出口减税一层。傥不能议到四分减一，即照前电减三之一与之定议。着李鸿章妥筹办理，勿因界务再宕。

云贵总督岑毓英奏，覆陈滇缅边情。得旨：英于中华并无衅端，华商往缅贸易，尽可听其自便，毋须官为照管也。①

初四日戊辰（3 月 9 日）

电寄曾纪泽，伦敦电报，华民在美被害，中国索赔，总统却之，粤督电致驻美大臣谓将报复等语。美使田贝历次照会，均允拿人究办，现亦以前信来问，闽粤华民在美甚多。若该督果有报复之说，恐粤省人民藉端滋事。或波及别国洋房，必至枝节横生，难于收拾。傥系好事之人播散谣言，该督必应实力查禁。美国向系真心和好，此次照会词亦恭顺，切不可因此开衅。究竟该督有无此说，并着先行电闻。

电寄曾纪泽，朔电已悉，洋药事英既派使，即可在港商办。该大臣暂勿与议。所拟缅事刚柔两法，中缅自有定界，未可以洋图为据，致他处分界，又开歧出之门。烟台旧约，大理已有专条，安能拒其陆路通商。既无贡献之名，彼此送礼，亦嫌蛇足。以上三策，均毋庸议。此时立王朝贡，前议空言争执，恐徒费词，应暂置勿提。先与专议伊江划界、八募通商两事，一有端倪。即行电闻。②

初五日己巳（3 月 10 日）

以神灵显应，颁奉天新民厅柳河神庙匾额曰“安流告稔”，城隍庙匾额曰“功宣辽泽”；宽甸县关帝庙匾额曰“捍娄显应”，城隍庙匾额曰“德洽岩疆”。

初七日辛未（3 月 12 日）

以神灵显应，颁福建兴化府城隍庙匾额曰“晋安昭佑”，文峰岭真武庙匾额曰“北极神威”。

---

① 《清实录·德宗景皇帝实录》卷二二四。

② 《清实录·德宗景皇帝实录》卷二二四。

抚恤琉球国遭风难民如例。

初十日甲戌(3月15日)

电寄曾纪泽，庚电已悉，先论界务商务，既为认英灭缅，即办到遣使呈仪，何独不然。况与缅督往来，尤失国体，断不可行。前谕本以存缅为正办，而以该大臣八募通商原议为第二步。此时仍宜坚守存祀前说，与之终始力争，纵争之不得，尚可留待异日也。续议如何，随时电闻。①

十二日丙子(3月17日)

电寄曾纪泽，卦电已悉。英如仍照前议立王管教，则进献一层，仍属缅王，可与并议。至潞江之误，岑毓英昨复奏请更正，当经总理衙门电知。界务重大，务须先期考订的确，不可稍有舛错。

出使法德义和比奥国大臣翰林院侍讲许景澄奏，前赴比利时暨和兰呈递国书日期。报闻。

十三日丁丑(3月18日)

电寄曾纪泽，队电已悉，英缅构衅，始则缅自取怨，英颇有理。英外部前与曾纪泽所议存缅立王各节，不特与中华字小之义合，即环海各国亦无訾议。现因外部换人，忽然翻覆，殊出意外。中华所重，在乎不灭人国，贡与不贡，无足重轻。着曾纪泽再为辩论，详述恃德恃力之道，并责义始利终之非，看其如何作答，即行电闻。

电寄曾国荃，前派邵友濂，前往香港商办洋药税厘。着曾国荃饬令即日由海道来京，赴总理衙门商议一切。②

十五日己卯(3月20日)

擢直隶通永道薛福辰为顺天府府尹，未到任前，以内阁学士沈秉成兼署。

十八日壬午(3月23日)

命内阁侍读学士林维源前赴台湾，帮办台北开垦抚番事务。

---

① 《清实录·德宗景皇帝实录》卷二二四。

② 《清实录·德宗景皇帝实录》卷二二四。

廿二日丙戌(3 月 27 日)

以记名提督彭大光为浙江海门镇总兵官。

抚恤琉球国遭风难民如例。①

廿六日庚寅(3 月 1 日)

以创办天津机器局出力，予总办津海关道周馥、记名遇缺题奏道刘汝翼、补用道潘骏德优叙，并交军机处存记。②

是月

天津大沽船坞所造“利顺”“遇顺”两轮船，完工下水。③

三月初九日壬寅(4 月 12 日)

以神灵显应，颁山东淄川县城隍庙匾额曰“般阳绥佑”，龙神庙匾额曰“仁敷夹谷”，九泉山龙神庙匾额曰“岱东保障”。

十一日甲辰(4 月 14 日)

浙江巡抚刘秉璋奏，旗兵加饷，请从缓议。得旨：创立海军，自系当务之急。而旗兵日久困苦，何以资操练而固根本。至欲另筹安插疏通，轻议更张，尤属非是。④

十七日庚戌(4 月 20 日)

浙江巡抚刘秉璋奏，因病乞解职。得旨：着再赏假一月调理，毋庸开缺。⑤

---

① 《清实录·德宗景皇帝实录》卷二二四。

② 《清实录·德宗景皇帝实录》卷二二四。

③ 刘传标：《近代中国船政大事编年与资料选编》第 2 册，九州出版社 2011 年版，第 344 页。

④ 《清实录·德宗景皇帝实录》卷二二五；刘秉璋：《请缓加旗饷疏》，《异辞录》卷二。

⑤ 《清实录·德宗景皇帝实录》卷二二五。

十八日辛亥（4月21日）

以订造铁舰效力，赏德国海部大臣士叨司等宝星。

二十日癸丑（4月23日）

抚恤朝鲜国遭风难民如例。

廿一日甲寅（4月24日）

电寄海绪，前以三海工程紧要，令粤海关监督筹款一百万两应用，迄今未据奏报。着海绪即将筹办情形，赶紧电覆，一面分批起解，毋再迟延。

电寄曾纪泽，刘瑞芬已到马赛，着先赴英接任。曾纪泽将经手事宜，详晰告知，即行回华。存缅英既未允所商，分界各节，关系綦重。俟曾纪泽到京后，面加垂询，再行定议。

电寄李鸿章等，前据周德润等电奏，法兵已至保胜，西商已集，恳开贸易，法使未来，无从勘界，请饬总署与戈使商酌，以期速了等语。李鸿章与戈可当定约，有保胜以上通商处所，俟勘界定后再商之语。此时法国能否分人赴滇，着函商该使。如何答覆，即行覆奏。

命广东南澳镇总兵李扬升开缺，以记名提督刘永福为广东南澳镇总兵官。①

廿四日丁巳（4月27日）

刘铭传奏，澎湖为闽台门户，非特设重镇，不足以资守御；杨昌濬与该抚意见相同，拟将澎湖副将与海坛镇对调，仍归总督管辖等语，即着杨昌濬、刘铭传会同筹议具奏。闽台防务，关系紧要。该督等商办一切，务当和衷共济，不分畛域，力顾大局。上年谕令该督等会议台湾改设各事宜，并着一并妥速议奏，毋稍迟延。

前因三海工程紧要，钦奉懿旨，谕饬粤海关监督筹银一百万两，解交应用，系令该监督设法筹解，本与正款无涉，解清后自光绪十二年起，由该关监督按年各报效银三万两，系指明此项银两，由嗣后各任监督按年报效归还，而目前要需，应由现任监督筹画起解。昨据海绪电奏，工程要需指拨何款，呈请部示等语，是于前奉懿旨，未能体会。着海绪迅速如数筹备，分批解交奉宸苑，以应亟需，并将酌定起

---

① 《清实录·德宗景皇帝实录》卷二二五。

解日期，先行覆奏，毋再延宕。

钦差大臣直隶总督李鸿章奏，与法使会议滇粤通商章程，画押事竣。下所司知之。

台湾巡抚刘铭传奏，遵筹澎湖防务，请饬部拨实款，以资接济。下户部议。①

廿五日戊午(4 月 28 日)

总理各国事务衙门奏，图们江边界，履勘未定，请饬吉林将军派员覆勘。如所请行。又奏，请赏德国驻广州领事德拉威宝星。允之。

廿六日己未(4 月 29 日)

两广总督张之洞奏，遵筹广西边防六事。一、分布营屯；一、核计饷需；一、移驻提督；一、添设镇道；一、改拨标兵；一、酌减勇营。下部议。②

廿八日辛酉(5 月 1 日)

电寄张荫桓等，张之洞沁电已悉，洛士丙冷案尚未定议。张荫桓到后，着郑藻如暂留，会同经理，将从前各案，议定善后章程，再行回华。

三十日癸亥(5 月 3 日)

户部奏，请续拨京饷等语。近年部库放款浩繁，叠经奏请续拨京饷。此次该部体察各省情形，拟拨山东地丁银五万两、山西地丁银五万两、湖南地丁银五万两、江西地丁银四万两、福建税厘银十万两、两淮盐课盐厘银八万两、长芦荥工加价银五万两、江苏厘金银十二万两、安徽厘金银五万两、湖北盐厘银五万两、四川津贴银五万两、盐厘银十万两、江海关洋税银八万两、九江关常税银十万两、赣关常税银三万两，共银一百万两。③

夏四月初一日甲子(5 月 4 日)

电寄李鸿章，北堂移让，彼既允不建楼，必须切实说定，索一确据，方准其在

① 《清实录·德宗景皇帝实录》卷二二五。

② 《清实录·德宗景皇帝实录》卷二二五。

③ 《清实录·德宗景皇帝实录》卷二二五。

西什库地方建立教堂。惟洋房与内地房屋，迥不相同，官为修理，有无窒碍，务当再行详度。至西什库在皇城西北，本年方向不利，即使说定移建，今年不能动工，亦应豫为说明。①

初六日己巳(5月9日)

黑龙江将军文绪等奏，俄人越界挖金以来，于沿江设卡二十四处戍守。惟查自岔哈彦至鄂西们卡相距二百四十里，巴勒嘎来至漠河相距二百三十里，程途太远，难资联络，拟请于岔哈彦鄂西们中间之妥干地方，巴勒嘎来漠河中间之乌苏里地方，各添设卡伦一处。其巡查卡兵，添给马干，并于法毕尔、胡玛尔、乌木等三处河口，由官制造小船三只，以期巡查便捷。从之。又奏，防兵远驻漠河，驱逐金匪，粮运维艰。现购用俄商轮船一只，以利转运。下所司知之。又奏，俄国阿穆尔省固毕尔那托尔，现换毕聂威斯尧接事。所来照会，有奉该国王谕旨拣放总管黑龙江省军民字样，当将照会掷还，令其更正，并咨呈总理各国事务王大臣照约与该国公使理论。下所司知之。②

十三日丙子(5月16日)

醇亲王一行抵达天津，开始巡阅北洋海防。在海光寺接见各国驻津领事。翌日承小轮赴大沽，后赴旅顺、威海卫、烟台，二十五日启程回京。③

十四日丁丑(5月17日)

电寄周德润等，北洋来电，法特派大臣狄隆总管勘界，不日由东京往保胜，即可与之会勘。彼前议先由保胜上游办起，未尝不可。惟应行改正处所，务照桂边办法，先立标识，庶将来定议时，可免枝节。

电寄张之洞，法索偿费，严词驳斥，与总署去岁所驳略同。目下白藻泰赴粤，若必先与说定不提此事方可接见。转若示之以怯，恐彼更多借口，不如坦然相见，最为得体。傥彼再伸前说，仍可严驳。④

---

① 《清实录·德宗景皇帝实录》卷二二六。

② 《清实录·德宗景皇帝实录》卷二二六。

③ 周馥：《醇亲王阅巡北洋海防日记》，《近代史资料》1982年第1期。

④ 《清实录·德宗景皇帝实录》卷二二六。

二十日癸未(5 月 23 日)

出使法德义荷比奥大臣翰林院侍讲许景澄奏，条陈海军应办事宜六条。一、大沽海口宜设铁甲炮船，以固内防；一、铁甲船快船，吃水尺寸，不宜太浅；一、铁甲船式，宜仿外洋近来行用各式制造；一、海军炮位，宜用一律；一、船厂机器局制造，宜由渐扩充；一、山东之胶州湾，宜及时相度，为海军屯埠。钦奉慈禧太后懿旨。下所司知之。①

廿六日己丑(5 月 29 日)

总理各国事务衙门奏，朝鲜国王改派朴齐纯驻津督理通商事务。报闻。

直隶总督李鸿章奏，北洋闽厂第三届出洋学习制造学生，展限六年期满，请三年先予择尤请奖一次，俟六年期满，再予一律请奖。从之。

闽浙总督杨昌濬奏，台湾改设行省，需款甚亟，请饬部筹拨。下户部议。

予旅顺船坞供差积劳病故六品军功陆昭爱优恤。

廿七日庚寅(5 月 30 日)

先是两广总督张之洞等，奏准各项盗匪罪干枭决者先行就地正法，至是又奏各属现拿获盗匪皆系旧案，傥仍循旧解勘，与奏请严办之意不合。请无论新旧案已未获已未拒解，概照奏准章程，一律先行正法汇奏。下部知之。又奏，提案委员被盗匪劫虏，请将署香山县知县阳春县知县萧丙堃、署香山协右营都司冯锡荣、署香山协副将吉瑞、署新会营参将潘瀛、新会左营守备但承恩分别惩处。得旨：萧丙堃等均着革职留任，吉瑞等均着摘去顶戴，仍勒限严缉本案逸犯，务获究办，并着责成该员等将该处著名盗匪悉数歼擒，毋任漏网，傥不认真缉捕，即着从严参办。又奏，遵旨覆陈粤省历年开办诸捐，实因海防紧急，不得已设法抽缴。悉经熟议酌办，未敢稍涉病民，沙捐绅富捐皆有本省成案，牙捐系本行户防费成案，稍为变通，房捐藉充团费，且未全办。现除当铺捐能否随时劝导，应听各州县酌办外，其余各项皆于上年秋冬先后停撤。下部知之。

命广东巡抚倪文蔚来京陛见，以两广总督张之洞兼署广东巡抚。

以讳盗殃民革广东清远县知县罗炜职。②

---

① 《清实录·德宗景皇帝实录》卷二二七。

② 《清实录·德宗景皇帝实录》卷二二七。

廿八日辛卯(5月31日)

两广总督张之洞等奏，琼廉边海兼防，饷需无出，请将本年所收新例实官捐输，免其解部，充海军衙门及东三省练兵之需，仍划留粤省添补边海防费。下部议。又奏，请派署两广盐运使蒋泽春办理洋务。得旨：寻常交涉事件，可由该督派员晤商。至事关紧要，及领事初到，请见仍着该督与之面晤，免滋借口。又奏，廉州边海交冲，高州镇未能兼领，拟请于廉州专设北海镇水陆总兵，并拟裁并阳江镇，改设高州镇水陆总兵，以便控扼。下兵部速议。又奏，洋商伙串华民，假充洋行，包送私货，漏税有据，领事复扛帮徇庇。请旨饬令知照外洋，设法约禁。下该衙门知之。又奏，广东外海雇用巡缉船只，照前定租价章程，自光绪九年以后，核减二成给发。下部知之。①

五月初一日癸巳(6月2日)

以灵应素著，颁直隶天津大沽口天后宫匾额曰“德敷溟渤”，菩萨庙匾额曰“功宣上善”，海神庙匾额曰“瑞启天池”，奉天开原县龙神庙匾额曰“鳀渚扬仁”，威远堡边门外龙神庙匾额曰“威靖沧澜”。

出使法德义荷比奥国大臣许景澄奏，条陈海军应办事宜，钦奉懿旨，下所司知之。

广东巡抚倪文蔚因病解职，调湖北巡抚谭钧培为广东巡抚。

命山东巡抚陈士杰来京候简，调广西巡抚张曜为山东巡抚，仍以广西布政使李秉衡护理广西巡抚。②

初五日丁酉(6月6日)

电寄吴大澂，所议展界竖牌补记绘图各节，均尚妥协，即着照议画押。

直隶总督李鸿章奏，与驻京教士商移北堂教堂于西什库地。得旨：现议办法，尚属周妥，均着照所请。

以浙江巡抚刘秉璋为四川总督。③

---

① 《清实录·德宗景皇帝实录》卷二二七。

② 《清实录·德宗景皇帝实录》卷二二八。

③ 《清实录·德宗景皇帝实录》卷二二八。

初八日庚子(6 月 9 日)

刘铭传奏，各路生番归化，请将开山剿抚尤为出力官绅，恳恩给奖一折。上年冬间，台湾生番滋事，经刘铭传督饬官军分路剿办，并派员赴各社反覆开导。该番等慑于兵威，率众就抚。现已招抚四百余社，归化七万余人。

云贵总督岑毓英奏，英人与缅甸相持，恐扰乱边境，已饬参将木逢春分驻猛戛。报闻。又奏，法人投送函物，乞为招护客商，当据约答覆，俟勘明界址，接准总理各国事务衙门行文，方能照办。报闻。

福建台湾巡抚刘铭传奏，丈量田亩，清查赋税，请定赏罚章程。得旨：即着督饬派出各员绅，认真办理。出力人员，准照异常劳绩奏奖。傥有贿托隐匿畏难延误情事，即着严行参办。又奏，前保转运饷械人员，部咨改照寻常劳绩核叙。查台湾转运艰险，请仍照异常劳绩给奖。从之。又奏，议定台湾百货厘金办法。下所司知之。

调江苏巡抚卫荣光为浙江巡抚，以漕运总督崧骏为江苏巡抚，江西布政使卢士杰为漕运总督，江苏按察使李嘉乐为江西布政使。

予故台湾台北府知府陈星聚，照军营例优恤。①

初九日辛丑(6 月 10 日)

浙江巡抚刘秉璋奏，镇海接仗获胜，续保各员，部咨分晰核办，叠加删减，请仍照原保给奖。从之。

以浙江布政使许应鑅护理浙江巡抚。②

初十日壬寅(6 月 11 日)

兵部奏，遵议广东裁并改拨总兵各缺一折。广东阳江镇水师总兵，着即裁撤，改设北海镇水陆总兵，以资控制。其高州镇陆路总兵，并着改为水陆总兵。

十一日癸卯(6 月 12 日)

直隶总督李鸿章奏，商情艰窘，请缓长芦本届正课奏销。从之。

以出洋照料铁舰工程，予游击刘步蟾等奖叙。

---

① 《清实录·德宗景皇帝实录》卷二二八。

② 《清实录·德宗景皇帝实录》卷二二八。

十五日丁未(6月16日)

李鸿章转据袁世凯电称，韩欲去金允植而斥华自主之议决，如此谬妄，恐将难制等语。朝鲜为我属邦，若果斥华自主，断不能置之不问，姑息养奸。然此时形迹未彰，亦不能仅因罢斥一臣，卤莽从事，遽兴问罪之师。此中措置机宜，着李鸿章豫筹熟计，或遴派精细之员，以他事为名，前往该国详晰探访，与袁世凯所报参观互证，有无悖谬实据，抑或另有别情，密速电闻。前曾经明谕该国王去谗远佞，亲仁善邻，李鸿章亦曾致函该国王劝其亲近正人，此次应否再由该督作函，详加开导，破其成谋，潜消萌孽，并着李鸿章酌度办理。

两广总督张之洞等奏，华民在美被害，请饬催该国从速严办。下所司知之。又奏，广东教堂无理索赔，业经驳斥，谨奏明立案。下所司知之。①

十七日己酉(6月18日)

以神灵显应，颁江苏海州板浦镇龙王庙匾额曰“浦堰昭仁”。

二十日壬子(6月21日)

总理各国事务衙门奏，汇核出使经费一折。据称江海关道册报出使经费，自九十七结至一百结，南北洋共先后借拨银三十六万一千二百五十九两零，又自九十三结至九十六结，南洋共先后借拨银一百八十万一千二百八十一两零，请饬迅筹归款。此项出使经费，本系专款存储，叠经南北洋挪借动用，为数甚巨。现在存款无多，不敷分拨，着李鸿章、曾国荃即将前后借拨银两，分别迅速筹解归款，以资应用。

总理各国事务衙门奏，议覆知府赵尔巽请劝办护商轮船，拟从缓办。从之。又奏，请添设同文馆纂修官二员。允之。

广州将军继格奏，遵旨训练广州驻防各兵，并添练炮队各情形。下所司知之。②

吴大澂、依克唐阿与俄国大臣共立图们江土字石界碑。③

廿五日丁巳(6月26日)

以横海轮船触礁沉没，将已革副将忻成发永不叙用。

---

① 《清实录·德宗景皇帝实录》卷二二八。

② 《清实录·德宗景皇帝实录》卷二二八。

③ 吴大澂：《窸斋自订年谱》，《〈青鹤〉笔记九种》，中华书局2007年版，第113页。

廿六日戊午(6 月 27 日)

刘铭传奏，台湾经费，现与督臣议，由福建厘金项下，每年协济银二十四万两，由闽海关照旧协银二十万两，请饬先期拨给等语。台湾需饷孔急，自应豫为筹拨。着古尼音布、杨昌濬自本年起，将议定每年协济台湾饷银四十四万两，按季先期拨给，以应要需。余俟杨昌濬会奏到时，再降谕旨。①

廿九日辛酉(6 月 30 日)

闽浙总督杨昌濬奏，台州绅士，在闽为已革台湾道刘璈代缴追款。得旨：着准其在闽呈缴，即行解部，并饬司严催，俟刘璈病痊，迅速起解。

抚恤琉球国遭风难民如例。②

六月初二日甲子(7 月 3 日)

浙江巡抚刘秉璋奏，浙省防营遵议删改弁勇名额薪粮，请饬部立案。又奏，添拨弁兵，扼守天后宫新建炮台。并下部知之。

以捐输海军枪价，予道员李希莲奖叙。③

初十日壬申(7 月 11 日)

浙江巡抚刘秉璋奏，镇海口小金鸡山与招宝山下添改炮台炮位，约须规银四十万有奇。下部知之。

十二日甲戌(7 月 13 日)

以神灵显应，颁浙江海宁州城隍庙匾额曰“海昌绥佑”，并加封号曰“昭感城隍之神”。

浙江巡抚刘秉璋奏，请令狼山镇总兵杨岐珍留浙剿匪，由浙支给廉俸。如所请行。又奏，勘修海盐县境石塘等工。报闻。

---

① 《清实录·德宗景皇帝实录》卷二二八。

② 《清实录·德宗景皇帝实录》卷二二八。

③ 《清实录·德宗景皇帝实录》卷二二九。

以督捕出力予洋员华生宝星。①

十五日丁丑(7月16日)

据李鸿章电，重庆教堂与民口角，枪伤考生，遂致聚众毁堂，洋房无一存者，并伤多人，罢考罢市等语。

十六日戊寅(7月17日)

总理各国事务衙门奏，与英国商订条约五条。一、因缅甸每届十年，有派员呈进方物成例，英国允由驻缅大臣循例举行。一、中国允英国在缅甸现时所秉政权，均听其便。一、勘定中缅边界，彼此保护通商。一、烟台条约另议专条，派员入藏一事，现因中国情形窒碍，英国允即停止。至英国欲在藏印边界通商，应由中国体察情形，如果可行，再行妥议章程。倘多窒碍，英国亦不催问。一、本约立定，彼此画押用印，速行互换。允之。

命庆郡王奕劻、工部左侍郎孙毓汶，与英国使臣互换条约。②

十七日己卯(7月18日)

总署大臣与英使签订《缅事条约》。③

廿二日甲申(7月23日)

慈禧太后懿旨：前因海防善后，用项浩繁，及酌加旗营饷需，必须筹款支给。先后谕令各该省关，将每年出入款目，分晰奏报，并将现有勇营切实核减，冗局闲员大加裁汰，每省每年可以节省若干专款存储解部。节经各直省将军督抚监督等陆续奏到，其能节省解部者，仅止江苏、安徽、湖北、湖南、陕西、山东、山西、河南数省，余则非入不敷出，即出入相抵。在各省用款繁多，每谓无可裁减，殊不知近来积习相沿，每办一事，即创立一局，位置冗员，开支公费，种种滥用，弊窦甚多。虽经屡次严谕，迄未大加裁减。总由各督抚未能严饬藩司实心经理，致以国家之正供，作无益之冗费，国用何时可充，饷需何时可足耶。况王公百官旗营俸饷，

① 《清实录·德宗景皇帝实录》卷二二九。

② 《清实录·德宗景皇帝实录》卷二二九。

③ 王彦威：《清季外交史料》卷六七，书目文献出版社1987年版，第25~27页。

现已照旧全数放给。海军创立，需款尤多，非宽筹饷项不足以资周转而应要需。各该将军督抚监督等受国厚恩，务当共矢公忠破除情面，能省一分浮费，即多一分正用。所有奏明无款可拨各省，着再将各项可省之款，核实删减，无论正款闲款，不拘数目多寡，每省每年可以节省若干存储解部，即行筹议具奏，不得以入不敷出，无可节省，一奏塞责，稍涉推诿。当此时事艰难，饷需支绌，但得每省能节若干，积少成多，不无裨益。谅各该将军督抚监督等必能共体时艰，力为筹措也。至已经奏明节省饷需存储备拨各省，即着照数批解，勿稍迟延。如尚有可省之处，并着随时筹画，据实奏闻。

直隶总督李鸿章、两广总督张之洞等奏，两广官商各电局创办线路，经理军报出力，请分别奖励。如所请行。①

廿三日乙酉(7 月 24 日)

吉林勘界大臣吴大澂、珲春副都统依克唐阿奏，与俄国会勘珲春边界，补立沙草峰南越岭下至平冈尽处土字界牌，距图们江口当中里三十里，又收回黑顶子要地，并补记绘图签押等事。下所司知之。又奏，图们江海口，中国船只出入，即当与俄使商办，并商勘宁古塔境内倭字那字二界牌。报闻。②

秋七月初二日癸巳(8 月 1 日)

云贵总督岑毓英奏，法使到境，拟即舆疾勘界。报闻。③

初四日乙未(8 月 3 日)

礼部奏，朝鲜与法国通商，议定条约，并章程税则，据咨转奏。下所司知之。

初五日丙申(8 月 4 日)

总理各国事务衙门奏，订立英约，并定盖印画押日期。报闻。

① 《清实录·德宗景皇帝实录》卷二二九。

② 王彦威：《清季外交史料》卷六七，书目文献出版社 1987 年版，第 28~42 页；《清实录·德宗景皇帝实录》卷二二九。

③ 《清实录·德宗景皇帝实录》卷二三〇。

醇亲王接见各国驻京公使。①

初九日庚子(8月8日)

电寄张荫桓、张之洞，电奏已悉。王荣和等既不能与洋官交涉议事，徒以官轮壮观，无济于事，转令该埠滋疑，殊属无谓。着仍附商轮前往。日国并无驻京公使，总署无从与商。所有议设领事保护华商事宜，着张荫桓与日廷妥为商办。

电寄周德润，电奏已悉，分界事宜，着遵前旨妥与商办。

初十日辛丑(8月9日)

抚恤琉球国遭风难民如例。

十二日癸卯(8月11日)

护理广西巡抚李秉衡奏，遵旨安插越南游勇，酌定资遣招垦章程。分别办理。得旨：所筹资遣招垦章程，尚属周妥，仍着随时认真经理，绥靖地方。

闽浙总督杨昌濬奏，故大学士左宗棠督闽日久，拟就原设蚕桑局，修建专祠，以伸报享。报闻。

十三日甲辰(8月12日)

杨昌濬、刘铭传奏，遵议台湾改设行省事宜，开单呈览一折。着该部议奏。

十四日乙巳(8月13日)

总理各国事务衙门奏，订换日本条约，请照成案，由本署与该使详议。从之。

十六日丁未(8月15日)

“长崎事件”发生。北洋水师丁汝昌率定远、镇远等六舰，经日本长崎船坞修理时，上岸水兵与日本警察发生冲突。②

---

① 周馥：《醇亲王阅巡北洋海防日记》，《近代史资料》1982年第1期。

② 《李鸿章全集·电稿》第1册，安徽教育出版社2008年版，第699~701页。

十八日己酉(8 月 17 日)

电寄李鸿章等，钦奉慈禧太后懿旨，醇亲王奕譞进呈李鸿章信函各件均悉。此时情事未定，先以整军严备为主。李鸿章务将调兵事宜，赶紧豫筹，为朝发夕至之计，先事宜审慎，不可大意，临事宜决断，不可游移。一面酌调兵轮，赴朝鲜海面，不时梁巡，以联声势。并电催陈允颐，询问之事，有无把握，刘瑞芬诘问外部，若何情形。一有确覆，即电闻请旨办理。①

廿五日丙辰(8 月 24 日)

两江总督曾国荃奏，请截留本年应行解部银两，支发南洋防费。下部议。

廿九日庚申(8 月 28 日)

总理各国事务衙门奏，核议游智开所奏渝城打毁教堂各节，暨罗缙绅禀报滋事情形，请饬查覆各折片。此案应试武童，不遵地方官约束，恃众滋事，辄因美国在鹅项颈等处买地设堂，不协众心，逞强拆毁，兼及各国教堂，实属肆意妄为。此风断不可长，即着刘秉璋详查核办，持平断结，不得稍涉偏袒，并将为首滋事之人严拿惩办，以儆将来。②

八月初四日甲子(9 月 1 日)

命丁忧署广东陆路提督郑绍忠仍留署任，以记名总兵邓安邦为广东潮州镇总兵官。

初六日丙寅(9 月 3 日)

以素著灵显，颁外洋啤叻埠中华会馆关帝匾额曰“如日中天”。

以海防捐饷，予啤叻埠华商广东增城县道员职衔郑嗣文奖叙，并为其母赖氏于本籍建坊。

---

① 《清实录·德宗景皇帝实录》卷二三〇。

② 《清实录·德宗景皇帝实录》卷二三〇。

以海防捐饷，予广东新会县职员李璿等各为其父母建坊。①

初八日戊辰(9月5日)

电寄岑毓英等，近闻香港新闻纸内，有中国兵勇，于老街相近之地，攻打法国勘界官员，亲兵武官二人、兵十人被杀等语。此信虽未辨虚实，然关系甚重。如有其事应迅速妥办，以弭衅端。着岑毓英、周德润确切查明，先行电覆。

十六日丙子(9月13日)

闽浙总督杨昌濬奏，省城猝遭水患，办理赈抚情形。得旨：着该督饬令印委各员，妥筹赈抚，毋令灾民失所。又奏，请拨海防捐输存银办赈。如所请行。②

十七日丁丑(9月14日)

刑部奏，已革台湾道刘璈完缴各款，请减等治罪。得旨：刘璈着减一等发往黑龙江效力赎罪。

海军衙门奏，请规复水师旧制，参用西法，以期实济。钦奉慈禧太后懿旨，允之。③

廿二日壬午(9月19日)

电寄李鸿章，二十、二十一日，连接周德润冬、东二电奏，法使因者兰被劫，界务亟求脱卸，周德润等与之拟订六条，暂为结束。又请展限数年，俟越界肃清，再由法照会续勘。其六条所订，毋庸改正之旧界。拟立节略绘图，应行改正。而意见不同处所，记明俟后补勘，就此暂结，本无不可。但让地数十里，设埠通商之说，彼始终不露一字。此次第六条，但云改正处所商酌，并未言明何时，亦属含混之词，此节必须及时豫筹。况桂界续勘，办理亦须一律。着李鸿章统合全局，详细酌度，应否照议暂缓，抑或另议办法，饬令趁此并议之处，于日内迅速电覆，再降

---

① 《清实录·德宗景皇帝实录》卷二三一。

② 《清实录·德宗景皇帝实录》卷二三一。

③ 中国史学会主编：《洋务运动》，《中国近代史资料丛刊》第3册，上海人民出版社1961年版，第36~37页。

谕旨。①

廿五日乙酉(9 月 22 日)

慈禧太后懿旨：前于四月间，派醇亲王奕譞巡北洋海口。因该亲王远涉风涛，实深眷念，皇帝亦时切廑系，故于召见时谕知欲派宫监带领御医全顺随往，以时调护。当据该亲王面称总管太监李连英，人极谨饬，请派随往。迨回京时召见该亲王，询以李连英有无招摇情事。据称该总管太监，沿途小心伺应，均与府中随往太监无异，绝无丝毫干预外事。兹据御史朱一新奏，遇灾修省，豫防宦寺流弊一折，意以李连英随该亲王前往，恐蹈唐代监军覆辙，危辞耸听，已属拟不于伦。又谓近来各省水灾，朝廷不无过举，未能感召天和，一若因此一事，竟致咎征，尤属附会不经。我朝优礼近支亲藩，宫廷太监，赍送往来，系属常有之事。此次该亲王巡阅洋面，迥非寻常差使可比，特派太监带领御医随行，尤系深宫眷注体恤之意，于公事毫无干涉。该御史既未悉内廷规制，又复砌词牵引，语多支离，姑置勿论。惟所称李连英随至天津，道路哗传，士庶骇愕，与该亲王面奏各语，大相径庭，是否确有实据。又称深宫或别有不得已之苦衷，语意尤不可解。以上两节，着朱一新明白回奏，不得稍涉含混。

有人奏，管带巢湖炮船副将刘登玉，缉捕废弛，于县城内广置房屋，移居其地，兵勇缺额，不事巡缉；本年钟庙地方，商船屡次被劫，炮船置若罔闻，该商求其追缉，竟令员弁殴伤事主，请饬查办。所奏如果属实，亟应从严参办。着曾国荃、阿克达春确切查明，据实具奏，毋稍徇隐。至该处炮船管带，应否定限更换，并着酌量办理。寻奏：副将刘登玉，自接管巢湖炮船以后，奋勉从公，尚无贻误。惟在差多年，劳苦已久，精力不无竭蹶。此次被参各款，均查无实据，应请免其置议。惟该副将办事精力既不如前，未便稍涉迁就，业经撤去差使，以示薄惩。报闻。

予曾著战功伤发病故，洋将日意格恤金。②

廿七日丁亥(9 月 24 日)

前据户部奏，津海关税厘收数悬殊，请将关道周馥交部严议，经吏部议以革职。旋据李鸿章奏，税厘原属两事，收数不能按结相符，其中确无弊混，请饬部更

① 《清实录・德宗景皇帝实录》卷二三一。

② 《清实录・德宗景皇帝实录》卷二三一。

正免议，当交部覆核具奏。兹据奏称，税厘悬殊，由户部从严奏参，系上年奏案。该部按册核对，收数悬殊，所以援案奏参。今李鸿章奏称税厘系属两事，多寡不能相符，自系实在情形。现据该关续报增收厘数六万余两，其前两结亏短银三万余两，应免其赔缴等语。洋药税厘两项，既非同时并征，彼此收数多寡，自难专按本结计算。现经核明厘数，并无短少。所有周馥参革之案，即着撤销。

前署船政大臣张佩纶，向德国希肖船厂所订购新式鱼雷快艇“福龙”号，由德国水师驾驶到闽。①

廿八日戊子(9月25日)

慈禧太后懿旨，御史朱一新明白回奏一折。据称前奏不得已之苦衷一语，即系仰测深宫体恤醇亲王，因令宫监随行之意。至李连英随往天津，道路哗传士庶骇愕一节，风闻醇亲王不受北洋所派座船，该太监遂乘之，沿途办差者，误谓王舟，骇人观听，该太监一不详慎，流弊遂已至斯。因召见醇亲王奕譞面询，据称由通至津，李鸿章派来座船一只，该亲王乘坐，又备船一只，系护卫等乘坐。李连英与随行府中太监等所乘系常船数只。其伙食船只，系李鸿章出资豫备派令随行，并无沿途地方办差之人，亦无误认之事。是该御史风闻不实，确无疑义。我朝优待谏臣，广开言路，凡前代秕政，悉就蠲除。朱一新所奏，如仅止李连英一人之事，无论如何诬枉，断不因宫监而加罪言官。惟该御史既料及内侍随行，系深宫体恤之意，何以又目为朝廷过举，且当时并不陈奏，迨事过数月，忽牵引水灾，砌词妄渎，于垂帘以来，救灾恤民有加无已至意，全无体会，应如何补救民艰亦无建白，徒以虚诞之辞，希图耸听，一加诘问，自知词穷辄以书生迂拘，强为解免。是其才识执谬，实不足胜献替之任，朱一新着以主事降补。

以办理洋务尤为出力，予江苏候补道谢元福奖叙。②

九月初一日辛卯(9月28日)

礼部奏，朝鲜国王李熙遣官赍咨赴部恳请代奏，钞咨呈览一折。察核咨内所称去月忽有奸细捏造文凭一事，此必乐祸之徒，为构间之计，应永远作为废纸。现已饬令外署，将此意照会各国公使，仍钩核奸细，锄除乱萌，并于天朝恩庇覆载，披

① 刘传标：《近代中国船政大事编年与资料选编》第2册，九州出版社2011年版，第350页。

② 《清实录·德宗景皇帝实录》卷二三一。

沥详陈，情词肫恳。朝鲜恪守侯度，二百余年，罔有携贰。频岁以来，内忧不靖，外患相寻，均经天朝派兵飞渡，护持弹压，危而复安。该国感恩戴德，断不应忽生变计，自外生成。此次文凭一节，如果实有其事，朝廷定即兴师问罪。今既据查明，实系小人捏造。一闻此事，举朝惶悚，具见真心服事之忱，深堪嘉许。惟自来立国之道，全在君臣同德，内政肃清，虽有小人，无从造言作伪。我朝优待属藩，视同一体，朝鲜密迩畿辅，尤与内地行省无异。民情之向背、政治之得失，一一难逃洞鉴，而整军经武，剔蠹除奸，尤属休戚相关，不容膜视。嗣后该国王务当屏斥邪佞，亲近贤臣，矢恪恭翼戴之实心，为长治久安之至计，庶几永靖疆圉，克保宗祊，用副中朝奠安藩服有加无已之殷怀，于该国王有厚望焉。着礼部传谕该国王知之。

抚恤浙江金衢严三府被水贫民。①

初五日乙未(10 月 2 日)

电寄李鸿章，英议将巨文作为通商码头，本以防俄占踞借口。今俄既允立约，不取韩地，则英更无他虑，正可借此转圜，应劝令速还朝鲜，以全睦谊。其通商码头一说，可作罢论。

电寄李鸿章，图们江口行船一事，前电拉德仁云，可以在津定议。现在刘已回英京，俄又不令巴使与议。将来此事在津商办，自较顺手。即电吴酌商，袁世凯十款四条，到时录寄进呈。

予军营病故台湾总兵周太胜等六十八员名优恤。②

初六日丙申(10 月 3 日)

电寄张之洞，据总理衙门奏，请饬粤督照章接见法领事一折。前经谕令张之洞与法领事相见，何以该督胶执己见，并不遵办。疆吏接见领事，本系载在条约，如有非理要求，正可当面驳辩。傥坚拒不见，致该使哓渎有辞，非特有伤国体，必致别生枝节。着张之洞懔遵谕旨，即行接见。仍将遵办情形，迅即电闻。

两广总督张之洞奏，琼州客黎各匪勾结滋蔓，请派大员剿抚。得旨：此项客黎各匪，必应分别良莠，剿抚兼施。着冯子材督率各营相机办理，以靖地方。其禀报

① 《清实录·德宗景皇帝实录》卷二三二。

② 《清实录·德宗景皇帝实录》卷二三二。

不实之提督刘之成，着交部议处。知府谦贵、游击陈荣辉，均着革职留任。又奏，广东钦州界务，勘办届期。从前未经划清界限，请饬令与法使勘论，务使旧界得以辨认，以正幅员而系人心。下该衙门知之。

调广西右江镇总兵王孝祺为广东北海镇总兵官，广东阳江镇总兵黄廷彪为广东高州镇总兵官。①

初七日丁酉(10月4日)

以神灵显应，颁直隶顺德南关外九龙神庙匾额曰“人和年丰”，城东百泉村龙神庙匾额曰“千里秋成”。

十四日甲辰(10月11日)

电寄李鸿章，酉电并由总理衙门进呈该督信函钞册均悉。俄使拟改照会，有两国政府约明不改变朝鲜现在情形之语，仍是隐寓保护之意，于将来措置属国事宜，恐多牵掣，必须删去此语方妥。所有拟改照会字句，着李鸿章详细斟酌，勿令一字含混。仍录稿请旨，再与定议。

福建台湾巡抚刘铭传奏购办水陆电线。报闻。

以防兵缺额，革台湾参将张欣职。②

十七日丁未(10月14日)

慈禧太后懿旨：本日据军机大臣呈进醇亲王信函，内称中俄因韩立约，原恐俄怀他意。若因此被俄牵制，转不如不约为愈。盖俄不侵韩，乃其本分应尔，安能与我为上国者相提并论，牵就立约。无论郡县监国，本不欲办，亦办不到。恐如此次责问之类，亦做不到矣。得具文一时之虚名，失全韩日后之通局，履霜冰至，谅公议亦同此情。法之于越，英之于缅，倭之于球，皆自彼发难。中国多事之秋，兴灭继绝，力有未逮，尚不足为可耻。若俄约则无中生有，自我发端，而乃堕其术中，自贻伊戚，岂不贻后人之訾乎无已，或酌添数语，大致谓韩为华属，保全周至，苟非干名犯义，断不别有措置，俄与韩修睦通商，亦断无侵扰之心云云，似名分疆

① 《清实录·德宗景皇帝实录》卷二三二。

② 《清实录·德宗景皇帝实录》卷二三二。

界，尚觉清楚等语，所论切中窾要，着李鸿章详审酌度，照此定议，免贻后患。①

十八日戊申(10 月 17 日)

福建船政船厂所建第三号快船(总第二十七号)“寰泰”，完工下水。②

十九日己酉(10 月 16 日)

闽浙总督杨昌濬奏，请将福建盐大使班暂停分发五年。下部议。

廿三日癸丑(10 月 20 日)

以广东同文馆期满出力，予协领刘秉和等升叙加衔有差。

抚恤暹罗国遭风难民如例。

廿六日丙辰(10 月 23 日)

以办理布鲁克巴夷务出力，赏大招业尔仓巴拉巴结布等花翎。硕弟巴仔仲根登伊喜等蓝翎，余升叙有差。③

冬十月初四日癸亥(10 月 30 日)

李鸿章奏，据岑毓英电称，界图校毕，在营画押。惟疾尚未愈，殊深廑系。岑毓英着暂行回省调理，以示体恤。其界务防务未尽事宜，仍着妥筹办理。一俟稍痊，再行前往。④

初六日乙丑(11 月 1 日)

会办北洋事宜都察院左副都御史吴大澂奏，会勘吉林中俄边界事竣。报闻。

---

① 《清实录 · 德宗景皇帝实录》卷二三二。

② 刘传标：《近代中国船政大事编年与资料选编》第 2 册，九州出版社 2011 年版，第 352 页。

③ 《清实录 · 德宗景皇帝实录》卷二三二。

④ 《清实录 · 德宗景皇帝实录》卷二三三。

初九日戊辰(11 月 4 日)

颁广东爱育堂匾额曰“敬梓推仁”，上海协赈公所匾额曰“心存济物”。

十三日壬申(11 月 8 日)

电寄曾纪泽，据曾国荃电称南洋新筑大炮台，乞饬曾纪泽勘验。着照所请行。

十七日丙子(11 月 12 日)

以办理福建福州等口通商出力，予新授河南布政使前福建督粮道刘瑞祺等升叙加衔开复有差。①

十八日丁丑(11 月 13 日)

云贵总督岑毓英奏，法使狄隆照会华人越界等情，现获撤弁王明魁正法，照覆法使。下所司知之。

廿九日戊子(11 月 24 日)

以神灵显应，颁江苏苏州府城隍庙匾额曰“崇台保护”，并敕封曰“沛泽”；长洲县城隍庙匾额曰“茂苑垂慈”，并敕封曰“灵应”；元和县城隍庙匾额曰“绣壤敷仁”，并敕封曰“保民”；吴县城隍庙匾额曰“胥山永固”，并敕封曰“绥猷”；宝山县天后宫匾额曰“瀛海胪欢”，海神庙匾额曰“波澄若镜”，风神庙匾额曰“扇和佑顺”，城隍庙匾额曰“和甘永佑”，显应伯胡仁济庙匾额曰“绩著虬江”。②

十一月初二日辛卯(11 月 27 日)

以出洋三年期满，予驻德使馆二等翻译官洋员金楷理总领事衔，三等翻译官赓音泰以直隶州知州归部选用，并加知府衔。③

---

① 《清实录·德宗景皇帝实录》卷二三三。

② 《清实录·德宗景皇帝实录》卷二三三。

③ 《清实录·德宗景皇帝实录》卷二三四。

初四日癸巳（11 月 29 日）

电寄李鸿章，翔电已悉。长崎一案，徐承祖与该外部屡议不合，谅难在彼完结。着照李鸿章所议，电饬停审，将已审两造证供全案，钞送来京，由总理衙门详核，仍交李鸿章承办。①

两江总督曾国荃奏，吴淞口建立外海水师昭忠祠，请由地方官春秋致祭。允之。

初八日丁酉（12 月 3 日）

李鸿章奏，蚕池口教堂与教士定议迁移，并与驻京公使商定互送照会一折。西安门内蚕池口教堂，于康熙年间钦奉谕旨，准令起建，迄今百数十年。该教士等仰戴朝廷怙冒深仁，咸知安静守法。上年修理南海等处工程，为慈禧端佑康颐昭豫庄诚皇太后几余颐养之所。西南附近一带，地势尚须扩充。该处教堂，密迩禁苑。经李鸿章派英人敦约翰前赴罗马商酌，并令税务司德璀琳与教士樊国梁订约迁移，议于西什库南首地方，申画界址，给资改造。该教士复声明改建之堂，以五丈高为度，比较旧建之楼，减低三尺有余，钟楼亦断不令高出屋脊。议定后，樊国梁又赴罗马，告诸教会总统费雅德。嗣据覆文，历叙感激中朝覆帱保护之忱，有激发天真图报万一等语，情词尤为肫挚。李鸿章现复与公使恭思当互相照会，亦据覆称，无不依照办理。和协邦交，深知大体，实堪嘉许。此事既据李鸿章详细商酌，均无异词，即着照所请行。其改建经费，亦着分期拨给，俾资营建。候补道恩佑于创办之初，奉委出力，着交军机处记名，遇缺题奏。主教达里布诚心报效，教士樊国梁、英人敦约翰远涉重洋，不辞劳瘁。达里布着赏给二品顶戴，樊国梁着赏给三品顶戴，敦约翰赏给三等第一宝星，樊国梁、敦约翰并着各再加赏银二千两，由李鸿章发给。税务司德璀琳、领事林椿来往通词，始终奋勉，德璀琳着赏换二品顶截，林椿着赏给二等第三宝星。其余出力之英商密克等，着李鸿章查明奏请奖励。

张之洞连次电奏法越攻击情形均悉，本日已将现在机宜，电谕该督矣。中越勘界尚未定，而目前总以现在中国界内华民居住之地方为断。若据前史及志乘所载，如分茅岭之以汉唐铜柱为凭，概欲划归中国，彼之狡执不允，实在意计之中。此次王之春到彼后，正值法越互斗，该处号称义民，大半游勇，纷纷向该道呈诉，只宜

① 故宫博物院文献馆：《清光绪朝中日交涉史料》卷一〇，1932 年，第 20 页。

告以界尚未定，遣之使去，一经奖慰，并有向隶版图安忍弃之之语。该游民等难保不假借中国旗鼓，益滋衅端。昨法使至总署饶舌，已有越攻海宁由粤主使之语。傥竟借口称兵，意外生变，彼时势成骑虎，不可收拾，咎将谁归。现在办法，法越相争，只有听其自然，中国不必过问。如有越民至营申诉，断不可受其酒食馈献，转致贻为口实，枝节横生。我兵驻扎，只须认定现在中国界内之地，坚守勿移。其余边荒瘠苦之区，无论一时无从议及，即使划归于我，设官置戍，费饷劳人，水土失宜，瘴疠时作。将来种种窒碍，不可枚举。总之自强之道，全不在此，切勿徒骛虚名，不求实际，慎之懔之。

电寄张之洞，歌阳两电均悉。长山本越地，分茅非现界。越既攻法，岂能劝法弭兵。云南按图定界，由法自请，若自我发端，彼必狡执。越民反覆无常，计穷走险，一经受其迎献，加以抚慰，彼必自附华民。法使昨至总署，谓越之攻海宁由粤主使，虽经严切辩驳，彼意总不释然。职此之故，现在惟当守定现界，一切按约和平办理。界外法越相攻，宜置不问，勿得妄加收抚，致法借口。傥固执成见，激成边衅，定惟该督是问，慎之。白龙新筑炮台，有无其事，即电奏。①

初九日戊戌(12月4日)

闽浙总督杨昌濬奏，闽省现筹海防善后事宜。得旨：布置尚属周妥。仍着随时督饬该员弁实力整顿，认真操演，以期缓急足恃。

福建团练大臣林寿图奏，遵旨覆核闽团保案，并续查兴化府属办团出力官绅，请给奖叙。下部议。

初十日己亥(12月5日)

调广东巡抚谭钧培为云南巡抚，以都察院左副都御史吴大澂为广东巡抚。

浙江温州镇总兵张其光开缺养亲，以记名总兵周振邦为浙江温州镇总兵官。

十二日辛丑(12月7日)

闽浙总督杨昌濬奏，商情困迫，续减盐厘，实难规复，恳恩仍照前减。允之。

---

① 《清实录·德宗景皇帝实录》卷二三四。

十三日壬寅(12 月 8 日)

福建台湾巡抚刘铭传奏，覆陈筹办防务出入款目，请饬部查核。得旨：所陈筹办台澎防务，并购炮价值，需款甚亟，均系实在情形。着户部速议筹拨有着的款，即行具奏。

以综理河海运务出力，予苏松督粮道韩庆云优叙。

十四日癸卯(12 月 9 日)

御史陈琇莹奏，台湾考试，宜添设学政以专责成，或令福建学政乘轮东渡按试台属等语。现在台湾改设行省，学政应否添设，及福建学政能否渡台考试之处，着杨昌濬、刘铭传、陈学棻会商妥议具奏。寻杨昌濬等奏：台湾学政请仍由巡抚兼理。从之。

以克复越南广威府不拔县，赏台湾道唐景崧二品衔，并霍伽春巴图鲁名号。①

十七日丙午(12 月 12 日)

广东巡抚吴大澂奏，同知宋春厘等创办机厂，异常出力，恳请仍遵前旨给奖。允之。

福建陆路提督唐定奎因病解职，以漳州镇总兵孙开华为福建陆路提督，记名提督侯名贵为福建漳州镇总兵官。

以记名总兵张景春为江南苏松镇总兵官。②

十八日丁未(12 月 13 日)

以神灵显应，颁热河郡街关帝庙匾额曰“福佑濡源”，火神庙匾额曰“炎辉佑顺”，武烈河河神庙匾额曰“润下昭仁”。

命兵部左侍郎曾纪泽在总理各国事务衙门行走。

二十日己酉(12 月 15 日)

以神灵显应，颁直隶平谷县城隍庙匾额曰“瑞屏昭佑”，龙神庙匾额曰“松谷蒙

---

① 《清实录·德宗景皇帝实录》卷二三四。

② 《清实录·德宗景皇帝实录》卷二三五。

祐”，西宁县黄花山龙神庙匾额曰“阳原惠普”，宣化县黄羊山龙神祠匾额曰“顺圣敷仁”，清苑县刘守真君庙匾额曰“福被樊舆”。

两广总督张之洞奏，本年秋旱，晚禾歉收，兼值广西米缺，拟援案招商买米运回粜卖，接济东西两省，恳请免征厘税。从之。①

廿一日庚戌（12月16日）

以台防带队出力，赏洋教习凯来博都司衔。

以同文馆教习期满，予教习陈孝基奖叙。

廿二日辛亥（12月17日）

署船政大臣福建按察使裴荫森奏，闽口新购鱼雷艇，核定名额薪粮公费，并拟由厂仿造。下该衙门知之

廿四日癸丑（12月19日）

有人奏，上海闵行镇厘局委员汪鼎任用司事蒋姓，役丁刘姓，搜括行旅，怨声载道。本年五月间，有会试回籍士子，舟经局卡。该司事等勒索陋规，肆行殴辱，局员汪鼎置之不理。请饬查参等语。所奏如果属实，亟应从严惩办。着崧骏确切查明。寻奏：查明厘局委员汪鼎尚无任听司巡勒索留难情事。惟于会试回籍士子船只，并不立刻查验，扣留多日，又不具禀立案，办理均有不合，应请将候补同知汪鼎撤差察看。如所请行。②

廿五日甲寅（12月20日）

总理海军事务衙门奏，知府松增、周炳报捐船只船价，可否赏收给奖。慈禧太后懿旨，松增、周炳均着以知府即选。

廿七日丙辰（12月22日）

前据刘铭传奏，覆陈台湾出入款目，开单呈览，并购炮需款甚急，请借洋款各

① 《清实录·德宗景皇帝实录》卷二三五。

② 《清实录·德宗景皇帝实录》卷二三五。

折片。当令户部筹拨有着的款，速议具奏。旋据该部奏称，议拨安徽认解旗兵加饷，浙江盐务加捐商捐酱捐，及台湾征存加增洋药税厘，福建应解部库筹边军饷四项，共合银三十六万两，并闽省原定拟解之四十四万，正符八十万两之数等语。详加披阅，除提拨安徽等省银三十六万两，饬令该部迅咨各省赶解外，因念闽海关及闽省各库局银四十四万，刘铭传前奏系在常年用款一百五十万两之内，若拨归炮价，则常年之款又须另筹。复谕令户部再行详核覆奏。兹据奏称前项银四十四万两，原系移缓就急，暂供目前要需，其常年用款，另行筹画奏明办理。近年各省饷需，同一支绌，户部职司综核，自当力求节省。但轻重缓急，必宜权衡至当。如果实系要需，即应筹拨有着的款，方不致贻误事机。部臣疆吏均系倚任大臣，当体念时艰，和衷共济，岂可各存意见，转烦朝廷区画。至刘铭传筹借洋款片内，奏明与杨昌濬反覆函商，该部专责刘铭传一人，未免存偏倚之见。惟刘铭传并未先行请旨，何得遽与商人议借洋款，亦属冒昧，着不准行。其闽海关及闽省各库局原拨之四十四万两，既经移作台澎办防之需。所有此项常年用款，作何拨补之处，仍着户部筹议有着的款，迅速具奏，将此谕知户部。①

廿八日丁巳(12月23日)

四川总督刘秉璋奏，江防海防加收川盐厘金一案，应请立限停止，以纾商力。下部议。

廿九日戊午(12月24日)

以神灵显应，颁奉天康平县城关帝庙匾额曰“威宣渤海”，县属郑家屯关帝庙匾额曰“仁昭熊岳”，并敕加康平县城隍封号曰“佑顺”。②

十二月初二日庚申(12月26日)

户部奏，光绪十三年内务府经费，拟拨两淮盐课银十二万两、两浙盐课银五万两、广东盐课银五万两、湖北盐厘银五万两、福建茶税银五万两、淮安关常税银三万两、闽海关常税银十万两、九江关常税银十五万两，共银六十万两。③

---

① 《清实录·德宗景皇帝实录》卷二三五。
② 《清实录·德宗景皇帝实录》卷二三五。
③ 《清实录·德宗景皇帝实录》卷二三六。

初四日壬戌(12月28日)

昨据吴大澂奏，调防各军，自上年七月起至本年十一月止，共请销银六十九万八千余两。现在海防已松，库款支绌，此项防饷为数颇巨，自应酌量裁并，以节经费。着李鸿章体察情形，应如何裁撤归并之处，悉心妥筹，奏明办理。

初六日甲子(12月30日)

署船政大臣福建按察使裴荫森奏，双机钢甲兵船，安上龙骨，恳俟工竣后请奖。得旨：着俟工竣后试验，如果制造得宜，准照所请，择尤保奖。

以随办蚕池口迁移教堂出力，予直隶道员伍廷芳、知州胡潆等奖叙，赏英商宓克宝星。

以捕获山东海丰营贼匪，予副将梅东益等奖叙有差。①

初十日戊辰(公元1887年1月3日)

前据谢祖源奏，请饬保荐出洋人员。经总理各国事务衙门议覆，请由翰林院六部核实保荐。现在几及两年，尚未据保荐有人。着该衙门传知翰林院六部，迅即查明有无可以保荐之员，限三个月内咨覆该衙门。毋再迟延。

总理各国事务衙门奏，洋药厘税并征，拟饬各监督与税务司合力商办，以专责成。从之。又奏，西什库南边空地，换给蚕池口移建教堂，已与驻京教士续立合同，划定界址，并与法国使臣往来照会，换给执照。报闻。

十二日庚午(公元1887年1月5日)

刘铭传奏，督兵剿服中北两路生番，请将出力员弁奖励一折。台湾中路叛番，经刘铭传于本年九十月间，督率各军开路搭桥，节节进剿，先后将各番社攻破。所有苏鲁等七社，均已悔罪乞降。旋经该抚商同林维源进剿北路叛番，示以兵威。白阿歪等处生番二十余社，亦均归化。

以勇数空额，营务废弛，革台湾统带春字三营记名提督柳泰和职，撤销勇号。

---

① 《清实录·德宗景皇帝实录》卷二三六。

予台湾军营积劳病故，记名提督王贵扬、参将陈近标等优恤。①

十四日壬申(公元 1887 年 1 月 7 日)

以神灵显应，颁山东益都县龙神庙匾额曰“福佑云门”，冠县城隍神庙匾额曰“泽周冠氏”，刘猛将军庙匾额曰“昆虫毋作”。

十五日癸酉(公元 1887 年 1 月 8 日)

据张之洞电称，接徐承祖电，日本外部因新购法舰未到，拟派船至各港访寻等语。南洋接闽电相同，目下崎案未定，华民积愤。如日本有兵轮入口，难保不别滋事端。此事该外部语涉支离，徐承祖既不先事力阻，且未电告总署及南北洋大臣，辄为转电闽粤，殊属轻率，着传旨申饬。彼船如未成行，仍应向其阻止，并即电闻。②

十七日乙亥(公元 1887 年 1 月 10 日)

两广总督张之洞奏，琼州官军攻破什密黎巢，歼斩首逆，随即攻克东路万州陵水等处黎匪各村，现在筹办开通招抚事宜。

以擒获匪首，复广东顺德协副将利辉职。③

十九日丁丑(公元 1887 年 1 月 12 日)

以照料出洋学生，予出使德国二等参赞官副将陈季同二品封典。

廿二日庚辰(公元 1887 年 1 月 15 日)

李鸿章饬津海关道周馥等，与德商签订借款五百万马克合同，约合银九十余万，岁息五厘五毫，十五年还清，言明系代海署借款。④

---

① 《清实录·德宗景皇帝实录》卷二三六。

② 《清实录·德宗景皇帝实录》卷二三六。

③ 《清实录·德宗景皇帝实录》卷二三七。

④ 《李鸿章全集·电稿》第 1 册，安徽教育出版社 2008 年版，第 764 页。

廿七日乙酉(公元1887年1月20日)

“万年青”号轮船在吴淞口，被英国商船撞沉，七十余人遇难。

廿八日丙戌(公元1887年1月21日)

恭镗等奏，漠河金厂，亟应举办一折。黑龙江漠河山地方，上年曾有中俄匪徒，过江偷挖金矿，虽经派兵驱除，孽芽未净。自应及时开采，以杜外人觊觎。着李鸿章遴派熟悉矿务干员，饬令选带矿化各工，携带机器，迅往黑龙江，随同恭镗认真勘办。如津沪殷实各商，有情愿承办之人，并着饬令同往，俾可图成。①

廿九日丁亥(公元1887年1月22日)

朝鲜国使臣徐相雨等三人，在午门外瞻觐。

是年

全国海关出口货值银七千七百二十六万六千五百六十八两，进口货值银八千七百四十七万九千三百二十三两，入超银一千零二十七万二千七百五十五两。征收货税银(海关洋税)一千五百一十四万四千六百七十八两。②

广东制造局黄埔船坞，为广东水师制造舰船“广安”“神机”“静波”“澄波”。③

① 《清实录·德宗景皇帝实录》卷二三七。

② 刘锦藻：《清朝续文献通考·国用四》卷六六，商务印书馆1934年版，第8225~8229页。

③ 刘传标：《近代中国船政大事编年与资料选编》第2册，九州出版社2011年版，第357页。

光绪十三年　丁亥　公元 1887 年

春正月初八日丙申(1 月 31 日)

电寄徐承祖，崎案既经德使转圜，倭外部愿遵伤多恤重之议归结，尚不失体，事属可行。如别无翻覆，及另添枝节，即着徐承祖与之妥慎定议，先行电覆，再降全权谕旨，以便画押结案。徐承祖承办此事，务须步步详慎，不可稍涉轻忽。拿凶本属空言，登岸已有西例，两层均毋庸置议。德使何名，兵捕因伤成废各有几人，着一并覆奏。①

两广总督张之洞奏，广东改设北海镇，酌议缺项，请移拨弁额，铸给关防。下部议。

十一日己亥(2 月 3 日)

调江南狼山镇总兵杨岐珍，为浙江定海镇总兵官。

以记名总兵曹德庆，为江南狼山镇总兵官。②

十二日庚子(2 月 4 日)

两广总督张之洞奏，广东略卖人口出洋之风日炽，请复就地正法旧章，从重办理。下部知之。又奏，请开两粤铁禁。如所请行。

以广东历年水陆各军办防出力，赏记名提督陶定昇等一品封典，记名总兵罗有升等二品封典，新会营守备尹林安三品封典，补用守备罗祺等四品封典，余升叙加衔有差。

---

① 《清实录 · 德宗景皇帝实录》卷二三八；故宫博物院文献馆：《清光绪朝中日交涉史料》卷一〇，1932 年，第 23 页。

② 《清实录 · 德宗景皇帝实录》卷二三八。

十三日辛丑(2月5日)

雷正绾所部马步九营，前经调驻营口，复谕令移扎凤凰边门。该提督统军久戍，颇著勤劳，朝廷时深廑念。现在边防安靖，自应遣撤回甘，俾资休息。着雷正绾统率所部，仍回固原本任。该军经过地方，着李鸿章、庆裕饬属妥为照料，以利遄行。

十四日壬寅(2月6日)

电寄张之洞，电悉，查图内，白龙尾系填黄色，白龙之西至江平一段皆白色。邓承修前电，但称竹山至白龙尾一段意见不合，而于白龙尾驻兵及分画一线，左归华，右归越，均未明晰声叙。既据该督奏称，确系中国现界，则约内亟应抽出，以免含糊狡赖，着即转电遵办。①

十五日癸卯(2月7日)

光绪帝亲政。

电寄邓承修、张之洞，勘界一事，原以各清现界为正办。前岁初议展宽瓯脱，乃因闻法廷议弃北圻，特命邓承修等相机与言，藉以安插越众。迨该大臣与浦理燮议久不合，势将决裂。而法外部电称兵力所得，断不轻弃。从此瓯脱之说，无从再议。故自上年正月以后，屡次严电该大臣先勘旧界，再商改正，因时进退，具有权衡。然所谓旧界者，指中越现界而言，并非举历代越地曾入中国版图者，一概阑入其内。乃张之洞因邓承修有先勘老界之说，遂博考载籍，绘图贴说，凡前史旧闻，一二可作证据者，无不搜集，实亦煞费苦心。但查图中指出地段，大率越南现界。以二百余年未经辨认之地，今欲于归法保护后，悉数划于我，法之狡执不允，朝廷早经逆料。故于王之春初到时，抚慰越民，有本隶版图之语，特申诰戒。恐因缘内附，别滋事端，并将拓地之无益，后患之宜防。反覆周详，电旨之外，加以寄谕。乃该督等接奉此旨，并无一字覆奏。朝廷深意，不知细心仰体，仍复胶执成见，以致江平开勘，又复屡议不成，反启彼族白龙尾一段之狡赖。盖我于越南现界中，强思多划，彼即于中国现界中，妄肆贪求，倒戈反唇，正未有艾。邓承修鱼电三条，凡有意见不合处所，声明请示本国。此虽滇界办法，然彼尚止一二处。今按粤东图证，所欲多划者，江平一条之外，尚余其九，从此西连桂界，直抵保乐。延袤之

① 《清实录·德宗景皇帝实录》卷二三八。

广，地段之繁，若尽归之请示，是以该大臣等现在履勘所不能了者，悉诿之朝廷，需诸异日，又何赖此疆臣专使为耶。况西例最重全权，凡全权所不允者，后此断难改议。请示二字，不过空言。傥罢议各归之后，彼竟于请示未定之界，驻兵筑台，又将何以处之。总之大臣谋国，当深思远虑，通筹全局。若广发难端，不能收束，力求见好，贻患将来。现在开勘伊始，业已大致可睹。若再不思通变，则龃龉讵有了期耶。兹特明白申谕，嗣后分界大要，除中国现界，不得丝毫假藉外。其向在越界华离交错处所，或归于我，或归于彼，均与和平商酌，即时定议，不必归入请示。凡越界无益于我者，与间有前代证据，而今已久沦越地者，均不必强争。无论新旧各界，一经分定，一律校图画线，使目前各有遵守。总期速勘速了，免致别生枝节。至现勘江平一段，既已约明请示，未便更改，将来断非空言所能得，须饬总署设法与商。傥请示之处过多，则直无从设法，该大臣等勿再骛此虚文矣。此旨到后，邓承修、张之洞当熟思审处，将如何遵办之处，即日电覆。

电寄徐承祖，长崎一案，现经议结，徐承祖着作为全权大臣，就近画押。①

十九日丁未(2 月 11 日)

电寄徐承祖，崎案理曲在彼。会审辩驳，久无成说。今因德使调处，照伤多恤重之议，将就了结。在事之人，无劳可纪。如日本奖励德使，我可从同。至所请伊井各宝星，及在事各员择尤保奖之处，着毋庸议。所有全案供招，仍钞送总署存案。

二十日戊申(2 月 12 日)

蠲免浙江仁和、海沙、杜渎、钱清、西兴、长亭、横浦、浦东、鲍郎、芦沥被灾各盐场灶课钱粮有差。②

廿四日壬子(2 月 16 日)

以神灵显应，颁直隶天津大王庙匾额曰“万物蕃滋”，河神庙匾额曰“百流归德”，风神庙匾额曰“八极蒙祜”。

李鸿章奏，天津宁河海船代运奉天米豆，改由官雇轮船承运一折。据称奉天锦、宁远、广宁、义四州县，应交通仓米豆，向系直隶天津宁河两县饬备海船，前赴该省代运。近年海船太少，津贴不敷，赔累难支，拟改由官雇轮船承运，自本年

① 《清实录·德宗景皇帝实录》卷二三八。

② 《清实录·德宗景皇帝实录》卷二三八。

为始，先行试办。直隶代运奉天米豆，改由轮船官运，系除累恤民起见，并可迅速交仓，自应妥为试办。着庆裕、启秀、裕长查照李鸿章所拟办法，分饬各该地方官及承办各员一体遵办，务于轮船驶抵口岸时，从速拨兑，毋稍耽延。倘不将米豆先期运齐到口，致令轮船守候，赔累薪工等项，均责令奉省承办各员照数赔缴。至前议抽收营口槽牛各船津贴，仍责成认真筹办。其应需剥船套斛等费，均由奉省委员州县自行筹给。如有刁难需索情事，即着李鸿章查明参办。寻庆裕等奏奉省运通米豆改由轮船承运筹办情形，得旨：着照所请，即由庆裕等咨行李鸿章转饬天津道一体遵办。①

二月初二日庚申(2月24日)

前据裕禄等奏，鄂省钱少价昂，请暂禁轮船洋船装运出口一折，当经谕令该衙门议奏。兹据总理各国事务衙门奏称，条约内载铜钱不准运出外国，惟通商中国各口，准其以此口运至彼口，仍应照向章办理等语。铜钱装运出口，条约所载，本甚明晰。各省督抚果能督饬关道实力稽查，自无流弊。且向来洋人亦无私运铜钱出洋情事，今忽通行照会，转致生疑，易滋口舌。至圜法本贵流通，此省运至彼省例所不禁，安能与岁荒禁米相提并论。该督等所请由总署照会各国使臣之处，着毋庸议。嗣后遇有中外交涉事件，务当详核条约，照常妥办，毋得另生枝节，以致窒碍难行。

总理各国事务衙门奏，核实撙节出使俸薪，拟嗣后出使东西洋各国大臣，西洋参赞领事翻译随员等均减十成之二，东洋参赞等官本已减数支领，应照现支再减十分之一。从之。

出使美日秘国大臣张荫桓奏，拟在西班牙国古巴岛筹设古巴学堂。允之。②

初三日辛酉(2月25日)

以神灵显应，颁奉天怀仁县关帝庙匾额曰“与天并居”，龙王神匾额曰“照临东海”，城隍神匾额曰“顺时施恩”。

初八日丙寅(3月2日)

李鸿章又奏，前在英国德国定造快船四只，命名“致远”“靖远”“经远”“来

① 《清实录·德宗景皇帝实录》卷二三八。

② 《清实录·德宗景皇帝实录》卷二三九。

远”，豫派员弁，出洋验收，驾驶回华，请予奖叙。允之。又奏，购上海利运轮船一只，价规平银九万五千八百二十五两。又奏，查明订购德国商厂“定远”“镇远”铁甲船收支款目，共银三百六十四万六千五百十五两。又奏，在德国伏耳铿厂购“济远”轮船，价六十八万六千二百四两零。均报闻。①

初九日丁卯(3 月 3 日)

现因东三省新添练军，足资镇摄，已饬将雷正绾所部裁撤回甘。惟珲春为边防重地，绥芬河图们江滨海之区，尤关紧要。应否择得力练军，作为游击偏师扼要分驻，随时巡查；其凤凰边门一带，雷正绾旧驻之地，应否仍拨练兵填扎之处，着穆图善、庆裕、希元会商妥筹，奏明办理。

十四日壬申(3 月 8 日)

福建台湾巡抚刘铭传奏，“万年青”轮船被碰沉没，请饬照会英使。报闻。又奏，知县沈元章，在“万年青”船溺毙，请优恤。下部议。

予因公淹毙福建直隶州知州顾镕等二十八员优恤。

予染瘴病故，台湾道员方策勋优恤。②

十七日乙亥(3 月 11 日)

以神灵显应，颁福建台湾嘉义县城隍庙匾额曰“台洋显佑”，龙神庙匾额曰“海屿昭灵”，天后宫匾额曰“慈云洒润”。

闽浙总督杨昌濬奏，台湾官欠，俟行省设定由台另议章程追赔。报闻。

以欠解上海洋药厘税，革福建候补道郭熙光等职。③

十九日丁丑(3 月 13 日)

山东巡抚张曜奏，长清济阳两县积水为灾，特购吸水水龙两架，将积水吸出地方。始能工作。拟俟海口疏浚，再将王家圈口门堵筑。报闻。

---

① 《清实录 · 德宗景皇帝实录》卷二三九。

② 《清实录 · 德宗景皇帝实录》卷二三九。

③ 《清实录 · 德宗景皇帝实录》卷二三九。

廿二日庚辰(3月17日)

总理海军事务衙门奏，请试办天津等处铁路。允之。

以捐助海军经费，赏粤海关监督增润二品衔花翎，复已革知府马永修原官，予候选知府刘笃康以知府即选。

金登干在葡萄牙首都里斯本，议定澳门税务协议，即于香港、澳门创设粤海分关，名曰“九龙关”“拱北关”，仍归粤海关监督兼辖，定于三月初九开办。①

廿三日辛巳(3月18日)

总理各国事务衙门奏，葡萄牙国人，久住澳门，屡经议约未成，现拟于洋药税厘并征案内，设法筹办。又奏，香港、澳门两处，现创设粤海分关。香港关在九龙湾，即名曰九龙关。澳门关设在拱北湾，即名曰拱北关。仍归粤海关监督并辖，应由臣衙门派定税务司前往驻扎。允之。②

廿七日乙酉(3月21日)

两广总督张之洞奏，剿办九头山洋匪出力员弁，择尤酌保。下部议。

廿八日丙戌(3月22日)

闽浙总督杨昌濬奏，估制出洋师船，应需铜管火箭喷筒火绳等项，动用银数。又奏，操演枪炮火绳估需工料银两。均报闻。③

是月

两广总督张之洞，在广州原设博学馆创办广东水陆师学堂。④

---

① 王彦威：《清季外交史料》卷七〇，书目文献出版社1987年版，第19~22页。

② 《清实录·德宗景皇帝实录》卷二三九。

③ 《清实录·德宗景皇帝实录》卷二三九。

④ 王彦威：《清季外交史料》卷七〇，书目文献出版社1987年版，第19~22页。

三月初一日己丑(3 月 25 日)

盛京将军庆裕等奏，奉省船规银两定额每年十二万，现叠被水灾，征难足额，恳暂准尽征尽解。下户部议。①

初二日庚寅(3 月 26 日)

金登干与葡萄牙政府签署中葡《里斯本议定书》。②

初四日壬辰(3 月 28 日)

署黑龙江将军恭镗等奏，江省安设电线工料转运需项甚巨，无款可筹，请饬部筹拨，抑由北洋大臣权行垫拨。下户部议。

调金州副都统文格为三姓副都统，三姓副都统联恩为金州副都统。

初五日癸巳(3 月 29 日)

电寄张之洞等，各电均悉。香澳六厂，岁收为数无几。该委员等卖放侵渔，利归私囊。葡国以商民不便为词，初议坚请撤卡。总理衙门虑与货厘有碍，饬赫德与葡再三辩论，统归税司代收。该国始允，照香港帮助缉私章程，一体遵办。其助缉办法，凡由印度到港之洋药，何船何人，若干数目，港官逐日知照税司；及出口时，凡移存何栈，转附何船，运售何口，又一一知照税司，会同稽查。税司全数了然线索在手，设关密迩，消息常通澳港内外，更无殊别。此事往返辨驳，经年之久，始克定议，并非改变前说。该督等于此中曲折，并未知悉，何得谓与原议不符。海军创设，筹饷万难，有此办法，冀可岁增巨款。纵令六厂区区十余万之数，全行蠲弃，亦无顾惜。况经税司代收，此款并不致无着。是此举非但与各省税厘无涉，并与广东税厘无损。所不便者，不过厂员利薮一空，未免浮言胥动耳。该督等于朝廷全局通筹之意，毫无体察，辄挟持偏见，故作危词，竟似六厂员弁一撤，从此天下利权，悉入洋人之手。殊不思税司由我而设，洋税自我而收，现在海关岁入，增至一千五百余万，业已明效可睹。即使并征之议，此后办理，设有窒碍，尽可随时变通，复规旧制，何致外海内地税厘财源，统归彼族耶。事关筹饷大计，特

① 《清实录·德宗景皇帝实录》卷二四〇。

② 王彦威：《清季外交史料》卷七〇，书目文献出版社 1987 年版，第 20 页。

旨允行，又与外洋交涉，断不能朝令夕改。该督等接奉此旨，当懔遵办理。所有该六厂补抽税厘章程，即日交付两税司，毋准再有延误，致干重咎。其抽收时刻一节，业经总理衙门传询赫德，渠允遵筹办理，礼拜不停关，随到随验。至代缉私盐一节，前议加倍抽收，重罚以困之，正为杜私起见。来电谓官引被占，亦属隔膜之说。惟现据赫德声称，新置巡船太少，不敷兼缉之用，请仍归运船巡缉等语，所有助缉私盐之议，着暂作罢论。①

初六日甲午(3月30日)

以神灵显应，颁山东文登县棋盘山龙神庙匾额曰“神功昭佑”。

十九日丁未(4月12日)

两广总督张之洞等奏，剿抚琼州万陵等处黎匪，出力人员俟琼州肃清后请奖。得旨：即着张之洞等将剿抚各事宜妥筹办理，以靖地方。所有出力员弁，俟全琼肃清后，准其择尤汇案奏保，毋许冒滥。又奏，遵保琼州官军攻克中东两路黎匪老巢，歼除首逆，生擒西路客匪首逆。出力员弁绅团，下部议。

闽浙总督杨昌濬奏，闽省试铸制钱，仿照康熙年间旧制，酌定每文八分五厘，尚无亏耗。下部知之。

予广东剿办黎匪瘴故都司张福启、阵亡主簿杨士丞优恤。②

二十日戊申(4月13日)

两广总督张之洞等奏，琼廉防饷无出，恳准留用海防捐输一年。从之。

廿一日己酉(4月14日)

山西巡抚刚毅奏，北洋订造快船等价，奉拨捐款不敷，拟筹动厘税垫解。下户部知之。

廿五日癸丑(4月18日)

御史陈琇莹奏，请将明习算学人员，量予科甲出身，并游历人员准接原资，参

① 《清实录·德宗景皇帝实录》卷二四〇。

② 《清实录·德宗景皇帝实录》卷二四〇。

赞等官缺出，准令游历人员兼充，暨溉田购用机器各折片，着该衙门会同吏部礼部妥议具奏，醇亲王奕譞着一并与议。寻奏：拟请饬下各省学臣于岁科试时，另出算学题目，生监中果能通晓算法，将原卷咨送总理各国事务衙门覆勘注册，俟乡试之年咨取来京，试以格致等科学，择其明通者录送乡试，不分满合贝皿，比照官卷定例，每二十名于额外取一名。惟不得过三名之数，以示限制，会试时仍归大号。至游历人员，京察如在部实系政绩卓著，出洋在半年以内，仍准列保一等；半年以外，应由出使大臣考核，随时咨请奖叙，遇有应升之缺，开列具题请简，或通行论俸引见补授者，仍照例于单内列名。其余升转，除应补御史人员外，均与在署时同，概不扣除资俸。该御史奏称，出使参赞领事，请酌令游历人员兼充一节，使署参赞等官缺出，游历人员果有堪胜其任者，由该大臣酌量奏请署补。其用机器槌井溉田，应请饬下出使大臣徐承祖酌购机器一具，并雇工匠一名，赍送来京试办。

直隶总督李鸿章等奏，上海道库洋务外销要款，无款可筹。请查照天津成案，仍拨药厘接济。下所司议。①

廿七日乙卯(4 月 20 日)

盛京将军庆裕等奏，奉省运通米豆改由轮船承运筹办情形。得旨：着照所请，即由庆裕等咨行李鸿章转饬天津道一体遵办。

廿八日丙辰(4 月 21 日)

总理海军事务衙门奏，福州将军古尼音布报捐创办海军银五千两。钦奉慈禧太后懿旨，古尼音布所捐银两，着赏收准其移奖。又奏，候选道周荣曜报捐水操学堂工程银一万三千两。钦奉懿旨，周荣曜着以道员即选，并赏加二品衔。

廿九日丁巳(4 月 22 日)

直隶总督李鸿章奏，永定河下口漫溢仍会清河入海，拟俟秋后察办堵闭。得旨：着照所请，俟秋后察看情形，奏明办理。仍将格淀堤坚筑，以防南溢。

以帮办朝鲜通商设关三年期满，予候选县丞唐绍仪等奖叙。②

---

① 《清实录·德宗景皇帝实录》卷二四〇。

② 《清实录·德宗景皇帝实录》卷二四〇。

夏四月初一日戊午(4月23日)

闽浙总督杨昌濬等奏，闽省建厂修制鱼雷，核定名额薪工，请予饬部立案。下部知之。

初六日癸亥(4月28日)

户部奏，粤东海防捐输不停，有碍部捐，请将展限捐输，仍行停止。从之。

初八日乙丑(4月30日)

户部奏，请续拨京饷等语。此次该部拟拨山东地丁银五万两、山西地丁银五万两、湖南地丁银五万两、江西地丁银四万两、福建税厘银十万两、两淮盐课盐厘银八万两、长芦荥工加价银五万两、江苏厘金银十二万两、安徽厘金银五万两、湖北盐厘银五万两、四川津贴银五万两、盐厘银十万两、江海关洋税银八万两、九江关常税银十万两、赣关常税银一万两、芜湖关常税银一万两、洋税银一万两，共银一百万两。

初十日丁卯(5月2日)

以神灵显应，颁美国金山华商会馆关帝庙匾额曰“海宇澄清”。

福建台湾巡抚刘铭传奏，台湾拟兴修铁路，创办商务，并请派内阁侍读学士林维源督办。钦奉慈禧太后懿旨，着海军衙门议奏。寻议：台湾孤悬海外，物产蕃盛，非兴商务，不足以开利源；非造铁路，不足以兴商务。应请旨准其开办。林维源籍隶台北，乡望素孚，拟请旨准如该抚所奏，令该学士查照现议条款，督饬商人委员，认真照办。从之。①

直隶总督李鸿章奏，津海关洋药厘税并征，依期开办，照章拨充饷费，归还洋息。下所司知之。②

十四日辛未(5月6日)

直隶总督李鸿章奏，遵购铸钱机器，请于长芦京饷内拨给工本。允之。

---

① 刘铭传：《请准筹办台湾铁路折》，《刘壮肃公奏议》卷五，《台湾文献丛刊》第27种，1958年。

② 《清实录·德宗景皇帝实录》卷二四一。

十八日乙亥(5 月 10 日)

以协办吴淞口防务出力，赏驻沪德国总领事吕森等宝星，江海关税务司好博逊二品顶戴。

十九日丙子(5 月 11 日)

以神灵昭著，颁江苏东台县城隍庙匾额曰“海安昭佑”，加封号曰“溥泽”。

廿六日癸未(5 月 18 日)

以神灵感应，颁日本国横滨关帝庙匾额曰“乾坤正气”。

总理各国事务衙门奏，遵拟出洋游历人员章程。一、此次派出之员，除翻译外，当以十员或十二员为定额。一、各衙门保送人员，除翰林院外，由臣衙门定期传集考试，以定去取。一、游历至久者，以二年为限，先归者听。一、京官实缺四品以上人员，愿行者请旨定夺。一、往返船价及各国游历火车车价，准其开支公项。一、各员准豫支六个月薪水，以备应用。一、船价车价，由各员自行造册报销，分两次开报。一、游历之时，应将各国地形风俗政治交通武备，逐一详细记载。一、各国语言文字及一切测量格致之学，各员如有能通晓及学习者，可以所写手册，录交臣衙门，以备参考。一、各员游历回华，拟择成绩卓著之员，奏请奖励。又奏，出使大臣兼驻之国，宜令附近分隶。请嗣后出使英国之员，兼充驻法使臣，以义比两国附之。出使俄国之员，兼充驻德使臣，以奥和两国附之。均从之。

出使美日秘国大臣张荫桓奏，洛士丙冷擅杀华工案，现与美国定议，赔款十四万七千余圆，并拟互订保护限制华工章程善后。又奏，古巴被系华工，已经释放。均下总理各国事务衙门知之。①

廿八日乙酉(5 月 20 日)

慈禧太后懿旨，已革河南补用知府马永修，前经醇亲王奕譞等奏，该员报捐银一万二千两，为海军衙门购备船械之用，并声称不敢仰邀奖叙。当经加恩开复原官，仍归原省补用。此系特旨开复，与寻常报捐开复不同。兹据御史屠仁守奏，该员系不

---

① 《清实录・德宗景皇帝实录》卷二四一；王彦威：《清季外交史料》卷七〇，书目文献出版社 1987 年版，第 12 页。

准捐复之员等语，着吏部查明例案具奏。寻奏：查马永修系不准开复之员。报闻。

总理海军事务衙门奏，道员潘永受、毓俊等报捐船只银两，钦奉懿旨，潘永受着以道员即选，并赏加二品衔，沈尔嘉、毓俊着以道员签掣名次即选，李鸣梧着以知府在任即选。①

廿九日丙戌(5月21日)

慈禧太后懿旨：前经设立海军事务衙门，特派醇亲王奕譞总司其事。举凡造船购器，选将练兵，均应由该衙门主持考核办理。目前应办事宜，以操练轮船为最要，尤以裁节冗费为最先。各省所有轮船，每年养船之费甚巨，考其实际，大半供解饷运械之用。甚至终年往来江海，迎送差使，以有限之帑金，供无益之糜费，年复一年，船日朽坏，人日懈惰，设有缓急，毫不足恃。现在海不扬波，绸缪未雨，必须将无用之船，分别裁撤，腾出饷项，精练兵船，为有备无患之计。着李鸿章、曾国荃、杨昌濬、张之洞、崧骏、吴大澂将各该省现有大小轮船，可留者若干，可裁者若干，分晰开单，咨商海军衙门，汇核具奏。该督等均为国家倚任大臣，务当破除成见，核实办理，不得听信管带之员，迁就因循，坐糜饷项。其裁撤之水勇，在船多年，如有熟习风涛沙线之人，尽可挑选留用。前令曾纪泽、许景澄所定快船四号，不久亦可驶到，需人正多。李鸿章等尤须将管带快船之员，留心物色，务得果敢耐劳、不染习气之人，豫为储备。浙江山东，均为沿海要区，有无可裁船只，并着卫荣光、张曜与海军衙门商酌具奏。总之创立海军，事关重大，一切机宜，该衙门责无旁贷。嗣后各该省于海防应需购买器械，拨用经费等项，均着先期咨报海军衙门，斟酌妥善，再行办理。②

闰四月十四日辛丑(6月5日)

慈禧太后懿旨：醇亲王奕譞等奏，部拨海军经费，解不足数，请旨饬催一折。海军为自强要政，现在创办伊始，全赖费用充裕。户部原拨十二年分，该衙门经费内厘金一项，江苏欠解银十八万两，浙江欠解银八万两，江西欠解银十五万两。似此任意迁延，以致办事掣肘，殊属不顾大局。着曾国荃、崧骏、卫荣光、李嘉乐迅将前欠银两，赶紧筹解，并本年各省应解之项，务当于年内扫数解清，不准丝毫蒂欠。至福建、广东应拨海防经费，已归本省动用沪尾打狗二口，已归台防。着户部另筹的款相抵，以符原拨四百万两之数。嗣后各省关拨解海军款项，若不年清年

① 《清实录·德宗景皇帝实录》卷二四一。

② 《清实录·德宗景皇帝实录》卷二四一。

款，并着该部严定处分，指名奏参。果能全数解清，即着酌核请奖。

粤海关向有呈进贡物，每年呈进几次，约共用银若干，着增润将实在数目详细覆奏。①

十六日癸卯(6 月 7 日)

刘铭传奏，台湾各路生番归化，并开山招抚情形，请将出力将领奖励一折。台湾前后山各路生番，自上年十月，经刘铭传檄委将领开通道路，设法招抚。数月之间，后山南北两路生番二百十八社，番丁五万余人，前山各路生番二百六十余社，番丁三万八千余人，均各次第归化，可垦田园数十万亩。

二十日丁未(6 月 11 日)

予积劳病故，出使日本随员江西直隶州知州陈嵩泉优恤。

廿二日己酉(6 月 13 日)

抚恤琉球国遭风难民如例。

廿五日壬子(6 月 16 日)

上年三月，张之洞、李秉衡会奏，筹办边防折内，以龙州开关通商，重兵所萃，请专设道员驻扎该处，并管税库使、翻译委员一一筹措綦详。此奏外洋传播，通知法使。现请通商处所，首列龙州，谓为该督奏明指定之地。乃近日张之洞等叠次电奏力争，以为龙州一许，关隘全失。本日又据李秉衡由六百里驰奏，与去岁会奏一折，显然矛盾，殊堪诧异，且所论亦不合事情。自中外交涉以来，沿江沿海，与西北各口防务商务，并行不悖，历有年所，广西何独不然。龙州去镇南百有余里，天津去大沽亦百有余里。近畿之与边省，孰为轻重。天津通商，无碍大沽设防。岂龙州通商，而龙州以外之地，遂举非我有耶。前津约所称谅山以北，保胜以上，本未指定地界，现经熟筹博访，通商必于繁会处所。江海各口，比处皆然。若瘴疠荒远，素无贸易之地，断难驻扎关道，安设税司。况前约于界务但云稍有改正，今则除勘界大臣，业经划入地段外，又将江平黄竹一带及南丹山以内各数百里，悉数划归中国。统计两处开拓疆域，岂复鲜少。设于商务，再不稍为通融，试

① 《清实录·德宗景皇帝实录》卷二四二。

问此时但凭口舌，何以得之。张之洞等自办理此事，一味固执私见，故作危词，有意龃龉，不思收束。虽屡次严谕开解，始终不悟。迨纷纭两载，终归请示。又幸此事不由该省了结，无妨多发难端，得之则以首议为功，不得则有他人任咎，责以沽名取巧，亦复何辞。朝廷于该督等叠次谬误，屡屡详细指示，而未加严谴者。原因事在未定，姑予优容。今则一切条款，已饬总理衙门、北洋大臣反覆熟商，分别准驳，与法使定约，龙州蒙自两处允其通商，事在必行，决无更改。此后该省所应办者，惟当慎择关道，晓谕居民，一切平允施行，免致横生枝节。傥不知悛悟，又思异议阻挠，以致官民承风，边疆多事，定治该督等以应得之罪，勿谓诰诫不豫也。①

五月初一日丁巳(6月21日)

两江总督曾国荃奏，江阴南岸黄山旧炮台，改筑洋式大炮明台。原有钢炮四尊，拟移至大石湾添筑炮台，以固江防。下所司知之。②

初二日戊午(6月22日)

直隶总督李鸿章奏，天津水师武备学堂学生及教习人员，请由臣咨送总理衙门考试算学，录送一体乡试，获隽后仍归学堂及水师陆军调用，俾收实效。从之。

初三日己未(6月23日)

电寄张荫桓，夏威仁国主呈递贺表，已饬总理衙门照案覆书。其女弟逝世，着张荫桓传旨慰问。

命庆郡王奕劻、工部左侍郎孙毓汶与法国使臣画押。

命前内阁学士洪钧充出使俄德奥和国大臣,大理寺卿刘瑞芬充出使英法义比国大臣。

赏直隶候补道李兴锐二品顶戴，充出使日本国大臣。③

初六日壬戌(6月26日)

庆郡王等奉旨与法使恭思当，签订《续议中越界务、商务专条》。④

① 《清实录·德宗景皇帝实录》卷二四二。

② 《清实录·德宗景皇帝实录》卷二四三。

③ 《清实录·德宗景皇帝实录》卷二四三。

④ 王彦威:《清季外交史料》卷七一，书目文献出版社1987年版，第16~25页。

初七日癸亥(6月27日)

电寄邓承修，中法续订界务商务条约，已派王大臣与法使画押。所有照绘钦州界图，及照录条约各件，即由总理衙门发交委员马复贲赍回。其设立界牌事宜，照约由地方官会同驻越法员办理。邓承修着即驰驿回京。

初十日丙寅(6月30日)

中法续订界务商务，已令总理各国事务衙门王大臣与法使恭思当画押，业经电谕该督抚知悉。此次所定粤省界务，将勘界大臣意见不合，归入请示之白龙尾江平黄竹等处，一律画归中国。江平黄竹，向为华民聚居。白龙尾地方，岁只巡哨一及。此后各该处善后事宜，应如何设官分汛，妥筹布置。该督抚务当悉心会商，奏明办理。龙州应设领事官，经总理衙门与法使议定，将来何时设立，必于数月之前，先期照会。张之洞、李秉衡前奏龙州开关通商，添设道员各节，业据吏部于上年会议准行。新设之太平归顺道，办理中外交涉事件，关系紧要，应作为何项缺分，并着查照该部所议，体察情形，即行具奏。寻张之洞等奏：新设太平归顺道，请作为题调缺。下部知之。①

十五日辛未(7月5日)

以办事和平，赏法国使臣恭思当等宝星有差。

十九日乙亥(7月9日)

刘铭传奏，整顿武备，请饬海军衙门详定营规操练章程，刊发各省，并遵保将才一折。除所保记名提督吴宏洛等七员已交军机处存记外，其余所陈各节，均着该衙门议奏。

二十日丙子(7月10日)

盛京将军庆裕等奏，朝鲜购买军器，携带红参变卖，请暂免征税。得旨：此次

---

① 《清实录·德宗景皇帝实录》卷二四三。

红参税银，着减半征收，嗣后不得援以为例。①

六月初一日丁亥(7月21日)

以神灵显应，颁浙江象山县城隍庙匾额曰“石坛昭佑”。

浙江巡抚卫荣光奏炉铸机制制钱工本情形，并咨送钱样二匣。得旨：着即按照炉铸分两工本，循旧鼓铸，务期新钱早日充足，赶紧分批解京。仍随时严行查察工匠人等，不得稍有偷减。又奏，富阳各属被水情形。得旨：即着妥为抚恤，毋任失所，应修塘工，并着赶紧筹办。②

初六日壬辰(7月26日)

两广总督张之洞等奏，择地创建制造枪弹厂，陈请立案。又奏，开设电报学堂，造就成材以备任使。均下部知之。

以深知愧奋，不避艰险，复广东南澳镇右营游击陈荣辉职。

初八日甲午(7月28日)

礼部奏，朝鲜国王以该国巨文岛，被英人占据三年，蒙天朝理责，今已收复，咨请转奏谢恩。下总理各国事务衙门知之。③

十四日庚子(8月3日)

张之洞奏，广东筹银八十万两，在福州船厂订造兵轮八艘。④

十七日癸卯(8月6日)

福州船政局所造第六号铁胁船“广甲”下水，排水量一千三百吨。⑤

---

① 《清实录·德宗景皇帝实录》卷二四三。

② 《清实录·德宗景皇帝实录》卷二四四。

③ 《清实录·德宗景皇帝实录》卷二四四。

④ 张之洞：《续造兵轮折》，《张文襄公全集·奏议》卷二一，中国书店1990年版，第432~434页。

⑤ 中国史学会主编：《洋务运动》，《中国近代史资料丛刊》第51册，上海人民出版社1961年版，第368~369页。

廿二日戊申(8 月 11 日)

总理各国事务衙门奏，蚕池口教堂议令迅速迁移于西什库，与法国使臣商定办法，并饬教士恪遵立案。如所议行。又奏，葡萄牙国使臣到京开议洋药税厘并征条约。报闻。

闽浙总督杨昌濬奏，延平府属洋口地方，哥匪潜谋起事，立时扑灭情形。得旨：所有著名匪首，着即督饬严拿务获。各属保甲事宜尤应认真督办，务使匪徒无所托迹，以靖地方。①

秋七月初五日庚申(8 月 23 日)

云贵总督岑毓英奏，覆陈滇省界务商务防务大概情形。又奏，请先在蛮耗试办商务。均下总理各国事务衙门知之。

浙江巡抚卫荣光奏，鼓铸制钱，采购铜铅等项，请免征关税。允之。②

初七日壬戌(8 月 25 日)

浙江巡抚卫荣光奏，浙省各地方被水情形。得旨：即着饬属确切查勘。其应修塘堤及拨款抚恤之处，并着分别妥筹办理。③

初九日甲子(8 月 27 日)

杨昌濬等奏，筹议澎湖海坛镇协互调事宜一折。新设福建澎湖镇总兵，着吴宏洛补授。其海坛协副将，着吴奇勋暂行署理，遇有内地水师总兵缺出，候旨简放。

十四日己巳(9 月 1 日)

礼部奏，朝鲜国恭进庆贺贡物，照例赏收。其谢恩贡物，应否赏收，请旨遵行。得旨：除例贡准予赏收外。其余贡物，着留抵下次正贡。

---

① 《清实录·德宗景皇帝实录》卷二四四。
② 《清实录·德宗景皇帝实录》卷二四五。
③ 《清实录·德宗景皇帝实录》卷二四五。

十二日庚午(9月2日)

以神灵显应，颁山东胶州城隍庙匾额曰“祝兹保障”，龙神庙匾额曰“黔陬洒润”，德平县龙王庙匾额曰“平昌曜绩”，并加德平县城隍封号曰“惠显”，龙王封号曰“孚顺”。

十九日甲戌(9月6日)

以神灵显应，颁江苏徐州府关帝庙匾额曰“仁周淮泗”，城隍庙匾额曰“泽普彭城”，并加封号曰“赞化”。

命两江总督曾国荃来京陛见，调湖广总督裕禄署两江总督，兼办理通商事务大臣。

廿二日丁丑(9月9日)

两广总督张之洞等奏，官军攻克黎匪，全琼肃清，分别裁留营勇，筹办善后。得旨：据奏剿抚情形，办理尚属周妥。所筹善后事宜，该督等务当督饬所属，实力奉行，毋得徒托空言。此次出力人员，准其遵照前旨，择尤保奏，毋许冒滥。又奏，行湘粤盐，援案请予停止加价，以纾商困而顾引饷。下户部议。寻议，请停止加价。从之。①

廿三日戊寅(9月10日)

直隶总督李鸿章奏，毅军远戍奉天旅顺海口，食用艰难。原有加饷运费，拟请照章支给，免其裁减，以示体恤。允之。

两广总督张之洞等奏，创设水陆师学堂，拟调熟习大员，委令总办。得旨：吴仲翔着交张之洞等差委。又奏，筹积捐款，续制兵轮十艘，分配炮位，以资粤防，请饬立案。下兵部知之。又奏，粤省缉匪紧要，香港诸多阻碍。拟与英使商订专条，嗣后交犯，务以总督公文为凭，文到即行交解，不得藉端刁难。彼如允从，即许暂将河路开通，以便英商。似尚可以相抵，于粤省缉匪安民，大有裨益。下总理各国事务衙门知之。②

---

① 《清实录·德宗景皇帝实录》卷二四五。

② 《清实录·德宗景皇帝实录》卷二四五。

廿五日庚辰(9 月 12 日)

两广总督张之洞奏，创建两广诸生合课书院，名曰广雅，请饬立案。下礼部知之。

廿六日辛巳(9 月 13 日)

出使日本国大臣李兴锐，因病解职，命记名道黎庶昌充出使日本国大臣。①

八月初七日辛卯(9 月 23 日)

电寄李鸿章，中国已允韩与各国通商，令派使亦同一律，但必须先行请示，俟允准后，再分赴各国，方合体制。现在自仍以停止派赴为正办，留请示一层，为转圜地步。②

十二日丙申(9 月 28 日)

有人奏，疆臣私合洋商开立银行，请旨饬禁一折。据称李鸿章现与美国洋商米建威订约，股开华美银行，官为保护等语。洋人牟利之心，无微不至。中华与之交涉，稍有不慎，必至堕其术中。合开银行一事，关系甚大，后患颇多。该督果与洋商订议，何以不奏明请旨，遽立合同，着李鸿章据实覆奏。另奏此次股开银行，由道员马建忠等串通怂恿等语，是否属实，着一并奏覆，毋稍徇隐。

前据张曜奏，保大轮船在荣城县地方失事，村民捞抢拒捕，拿犯审办一折，当谕令该抚提讯定拟。兹有人奏，荣城县知县李文炳办理乖谬，武举于廷诰带团赴村，妄拿搜抢，并有委员勒令村民出钱，肆行骚扰。又有人奏，知县李文炳信任恶绅，于廷诰扰害地方，并率行请兵，东海关道盛宣怀派员带队搜查，逼毙多命各等语。与张曜前奏情形，诸多不符。此案该村民抗官伤勇，固应从重惩治。傥该县知县及派出员弁果有办理乖谬，滋扰良民各情，亦应严行参办，以肃官方。着张曜按照所奏各节秉公确查，据实覆奏，毋稍徇隐，一面仍遵前旨，将拿获各犯研讯确供，按律定拟具奏。③

---

① 《清实录·德宗景皇帝实录》卷二四五。
② 《清实录·德宗景皇帝实录》卷二四六。
③ 《清实录·德宗景皇帝实录》卷二四六。

十四日戊戌（9月30日）

总理各国事务衙门奏，汇核出使经费一折。据称江海关道册报出使经费，南北洋先后借拨银二百十三万七千九百四十余两，现在提存经费为数太少，嗣后如遇要需，奉有特旨拨放，方准动用，并请分别归款等语。此项出使经费，本系专款存储，叠经南北洋挪借动用，为数甚巨。现在存款无多，不敷分拨。着李鸿章、曾国荃、裕禄即将前后借拨银两，分别迅速筹解归款，毋稍迟延。嗣后无论京外何项要款，非有特旨拨放，不准动用。另奏粤海关欠解二十三结内，银数甚巨，请饬查报等语，着增润、长有查明应提各数，及历任监督何以提存不解之故，详晰奏明，分别追缴。至请催东海、宜昌两关欠解出使经费一节，并着李鸿章等严饬该关监督，迅即扫数解清，以后按结报解。如再怠玩，由该衙门查参。①

十六日庚子（10月2日）

有人奏，洋人于通商口岸，购运制钱，镕化提银，各省厘局存积纯铜制钱，加价售于钱商，钱商售于洋人销毁，有碍圜法，请饬查禁等语。奸商贩运制钱，转售销毁，大干例禁。所奏厘局加价发售私卖各节，如果实有其事，必应严行禁止。着李鸿章、曾国荃、裕禄确切查明，据实覆奏，并咨行沿江沿海各督抚饬属一体认真查禁，以杜弊端。②

十九日癸卯（10月5日）

闽浙总督杨昌濬等奏，整顿台湾屯务，以除积弊而裕供赋。报闻。

二十日甲辰（10月6日）

前有人奏，李鸿章与美国洋商米建威订约，股开华美银行，请旨饬禁一折，当经谕令该督据实覆奏。迄今多日，尚未奏到。此事流弊甚多，断不可行。现在交章论劾，众议沸腾。该督如果有与美商订约之事，着即行罢议，迅速覆奏，毋再迁延干咎。寻奏：华美银行，遵旨罢议。报闻。

---

① 《清实录·德宗景皇帝实录》卷二四六。

② 《清实录·德宗景皇帝实录》卷二四六。

廿八日壬子(10 月 14 日)

有人奏，山东烟台海口防营统领孙金彪，平日驭下无方，不知训练。该营勇丁有开设烟馆，游荡抢夺情事。福山宁海等州县铺户被劫各案，获犯俱系营勇。本年六月间，该营调赴荣城成山头大肆抄掠，请饬查办等语。着张曜按照所参各节确切查明，据实具奏，毋稍徇隐。①

是月

刘铭传所主持、怡和洋行所承办之福州至沪尾海底电线工峻，继而又续接至澎湖，再接至台南安平口。②

九月初三日丁巳(10 月 19 日)

礼部奏，朝鲜国派使西国，先行请示，呈进奏章一折。披阅奏章内所陈各节，情词恭顺，具见悃诚。朝鲜与各国立约，既有派使互驻之条，现在遴员前往，自无不可。惟中国之于朝鲜，推诚相与，休戚与同。该国物产无多，商务未旺，加以频年多故，国用日繁。若再派使分驻各国，并无应办之事，而从此常年顿添巨款，嗣后若因经费不继，竟行中辍，或勉力筹措，债负日增，既与国计无裨，转致远方腾笑。朝廷代为区画，殊属非计。该国王务当仰体中朝覆庇保全之意，将此事详筹终始，审慎而行。至于派驻之后，体制交涉，务归两全，奏章所陈，深为得体。所有派往各国之员，与中国使臣往来，均用属邦体制。前经李鸿章电奏，该国已遵章办理。其余未尽事宜，仍着李鸿章随时通问筹商，务臻妥协。将此谕知礼部李鸿章，并由该部传谕朝鲜国王知之。③

初七日辛酉(10 月 23 日)

以记名总兵刘元勋为浙江处州镇总兵官。

---

① 《清实录·德宗景皇帝实录》卷二四六。

② 中国史学会主编:《洋务运动》,《中国近代史资料丛刊》第 6 册，上海人民出版社 1961 年版，第 404 页。

③ 《清实录·德宗景皇帝实录》卷二四七。

以制造“镜清”快船出力，予直隶道员吕耀斗等奖叙。①

廿一日乙亥(11月6日)

福建台湾巡抚刘铭传奏，“威利”轮船因风触礁情形。报闻。

予因公溺毙参将姜汉春，暨军营病故台湾总兵萧辉绪等优恤。

廿五日己卯(11月10日)

出使英法义比国大臣刘瑞芬奏，在伦敦互换缅约，并派员赍呈。报闻。

廿七日辛巳(11月12日)

总理各国事务衙门奏，续议葡约二条。一、未经定界以前，照依现时情形，彼此均不得有增减改变之事。一、未经中国允准，葡人不得将澳门让与他国。从之。②

冬十月初二日乙酉(11月16日)

以神灵显应，颁奉天通化县关帝庙匾额曰“龙沙昭佑”，城隍庙匾额曰“神京翊卫”，龙王庙匾额曰“天池钟庆”。③

初三日丙戌(11月17日)

本年顺天直隶各属，洼区积水未消，春麦未能播种，赏拨江苏海运漕米十万石，并由李鸿章在直隶藩库添提银八万两，办理春赈。

初四日丁亥(11月18日)

督办广东防务前云南提督冯子材奏，病躯不克到任，恳请另简贤能。得旨：冯

① 《清实录·德宗景皇帝实录》卷二四七。
② 《清实录·德宗景皇帝实录》卷二四七。
③ 《清实录·德宗景皇帝实录》卷二四八。

子材仍着暂留广东督办钦廉防务，毋庸开缺。

初六日己丑(11 月 20 日)

两广总督张之洞奏，广东惠、高、廉、雷、琼、赤溪、阳江各府厅属沿海地方，自七月起叠遭飓风，倒塌城垣衙署民房，沉没船只，伤毙人命，派员查恤等情。得旨：即着饬属查明，妥筹抚恤，毋任失所。又奏，整顿潮桥盐务，并与闽省商定减厘包缴，以纾商力而顾课饷。下部知之。

以创办广东文报三年期满，予选用知府蔡锡勇等奖叙有差。①

十一日甲午(11 月 25 日)

福建台湾巡抚刘铭传奏，全台田亩丈量将竣，请饬部仿同安下沙则定赋。下户部议行。

十五日戊戌(11 月 29 日)

户部奏，会议划拨闽浙两省旧有洋药税厘，酌定确数，以济各省饷需。从之。

以续订葡国条约，命庆郡王奕劻、工部左侍郎孙毓汶，与葡国使臣画押。②

十六日己亥(11 月 30 日)

以正红旗汉军都统善庆为福州将军。

十七日庚子(12 月 1 日)

以神灵显应，颁广西柳州府城北极佑圣真君庙匾额曰“龙城镇守”。

太常寺卿徐致祥奏，山东下游河身，请饬赶紧疏浚一折。前因郑州决口，叠经谕令张曜将东省疏浚事宜及时赶办。兹据徐致祥奏称，郑工竣事，全河仍必北驶，东省应办各工刻不容缓，自系为先事豫防起见。着张曜懔遵叠次谕旨，迅速筹办，不得以该省暂免河患，意存观望，致误事机。至所称利津县，萧神庙东北洼拉地

---

① 《清实录·德宗景皇帝实录》卷二四八。

② 《清实录·德宗景皇帝实录》卷二四八。

方，形势最低，可以另辟海口，并着张曜体察情形，迅速覆奏。寻张曜奏：山东黄河，未经断流以前，已形壅遏。现经断流以后，河身停淤。湾曲之处，积淤尤高。将来黄水奔腾冲突，其患更甚。今拟仿前人挑河成法，于河身淤垫之处，逐段抽沟，以停淤之多寡，定挑挖之浅深。撙节估计，需费一百八十七万余两。下部速议。又奏，查铁门关原距海口四十余里，萧神庙迤东，即旧时海口，自黄河由此入海，海潮顶托，黄流逐渐停淤。本年八月，亲至海口察看河海相接之处，硬沙横亘，非人力所能施工，必须机船购到，方可疏挖。至施挖之后，不能必其不再积淤，惟有随淤随挖，以为经久之计。报闻。①

十八日辛丑（12 月 2 日）

总理各国事务衙门奏，遵旨与葡使将新定葡约五十四款，缉私专约三款画押。报闻。

前出使法德和比义奥国大臣许景澄奏，前保随员庆常等另核请奖。如所请行。

出使英法义比国大臣刘瑞芬奏，新嘉坡领事官左秉隆二次任满，恳仍留洋接办。从之。

十九日壬寅（12 月 3 日）

以神灵显应，颁直隶献县滹沱河河神庙匾额曰"庆洽安流"，子牙河河神庙匾额曰"金堤巩固"。

慈禧太后懿旨，福州将军善庆仍着帮办海军事务，并管理神机营事务。

兴廉、游百川奏，全漕告竣，请将出力员弁奖励，及改奖人员各折片。本年江苏浙江等省海运河运漕白粮米豆石，先后抵通，经兴廉等督率坐粮厅等验收完竣，办理均无贻误。兴廉、游百川均着交部议叙，所保出力及改奖各员着交部议奏。②

廿八日辛亥（12 月 12 日）

以神灵显应，颁直隶曲周县龙王庙匾额曰"洒润平恩"，清苑县龙神庙匾额曰"樊舆沛泽"，满城县龙母宫匾额曰"尚泉昭应"，沙河县龙神祠匾额曰"汤山显绩"。

以贪鄙妄为，革上海招商局司事候补同知顾寿乔职。

① 《清实录·德宗景皇帝实录》卷二四八。

② 《清实录·德宗景皇帝实录》卷二四八。

三十日癸丑(12 月 14 日)

署督办船政大臣福建按察使裴荫森奏，闽厂协造广东兵轮八号，应援照“开济”快船成案，动支官款。下所司议。①

十一月初二日乙卯(12 月 16 日)

命前黑龙江将军定安为钦差大臣，会同东三省将军办理练兵事宜。各城副都统以下，均归节制。②

初四日丁巳(12 月 18 日)

户部奏，光绪十四年内务府经费，拟拨两淮盐课银十二万两、两浙盐课银五万两、广东盐课银五万两、湖北盐厘银五万两、福建茶税银五万两、淮安关常税银三万两、闽海关常税银十万两、九江关常税银十五万两，共银六十万两。

初九日壬戌(12 月 23 日)

前出使法德和比义奥国大臣许景澄奏，随员朱宗祥等期满请奖。得旨：朱宗祥等均着照所请奖励。又奏，参赞舒文不敢仰邀议叙。得旨：舒文着交部从优议叙。又奏，参赞陈季同期满请奖。得旨：陈季同着以总兵交军机处记名，请旨简放，并赏加提督衔。

予积劳病故，出使日本随员江西通判陈衍蕃议恤如例。③

初十日癸亥(12 月 24 日)

以欠解银两，革已故署浙江下砂场盐大使陈诗颂职，并提属勒追。

十六日己巳(12 月 30 日)

闽浙总督杨昌濬奏，台湾镇总兵吴光亮军政索贿，请撤任查办。得旨：吴光亮

① 《清实录·德宗景皇帝实录》卷二四八。
② 《清实录·德宗景皇帝实录》卷二四九。
③ 《清实录·德宗景皇帝实录》卷二四九。

着即撤任。听候查办。

十九日壬申(公元 1888 年 1 月 2 日)

福建船政船厂所造第一号双机钢甲兵船(总第二十九号)，船体完工下水。①

廿一日甲戌(公元 1888 年 1 月 4 日)

以神灵显应，颁热河围场唐三营街龙王庙匾额曰“兴州昭应”。

蠲缓两淮、富安、安丰、梁垛、东台、何垛、丁溪、草堰、刘庄、伍祐、新兴、庙湾、板浦、中正、临兴十四场被水地方盐课。

廿九日壬午(公元 1888 年 1 月 12 日)

以神灵显应，奉天奉化县关帝庙匾额曰“临潢普护”，隍庙匾额曰“边陲永固”。②

十二月初六日戊子(公元 1888 年 1 月 18 日)

山东巡抚张曜奏河神灵应，请饬浙江抚臣将金龙四大王原籍祠墓修理，并列入祀典，春秋致祭。下部议。

两广总督张之洞奏，拟就琼州原有制兵酌设水陆练军，并筹议饷项操练章程。下部议。③

初七日己丑(公元 1888 年 1 月 19 日)

直隶总督李鸿章奏，黑龙江漠河金厂官督商办，谨拟定详细章程呈览。下该衙门议。

十一日癸巳(公元 1888 年 1 月 23 日)

两广总督张之洞奏，请开除广东铁禁，变通章程，准其择便运售，并暂免厘

① 刘传标：《近代中国船政大事编年与资料选编》第 2 册，九州出版社 2011 年版，第 365 页。
② 《清实录 · 德宗景皇帝实录》卷二四九。
③ 《清实录 · 德宗景皇帝实录》卷二五〇。

税。从之。又奏，派员查悉南洋各岛华民商务，拟于小吕宋先设总领事，请饬总理各国事务衙门与日使妥商，催令该国速发凭照，一面咨会出使大臣，促其外部速办。下所司议。①

十五日丁酉(公元 1888 年 1 月 27 日)

前据御史牟荫乔、刘纶襄奏，山东荣城县境内，轮船失事，知县信任劣绅扰害地方各一折。复据都察院奏，编修谢隽杭等呈控恶绅串通知县，捏词请兵，逼毙多命等情。先后谕令张曜确查覆奏。兹据奏称，保大轮船失事时，沿海村民乘危捞抢。该县知县李文炳前往勘验，饬武举于廷诰帮同弹压，村民抗拒，将于廷诰殴伤，并伤毙乡勇，逼令李文炳出具印结息事。经道员盛宣怀、提督孙金彪带营查办，该村民仍不交犯缴赃，相持两日，始饬该县带同勇役，进大西庄等三村搜赃，将滋事首从人犯，带回研讯，分别取保，解省审办，并无开炮轰击，骚扰毙命情事各等语。此案提督孙金彪、道员盛宣怀被参纵勇扰民各节，据查明并无其事。承审各员，亦无妄拿拷问等情，即着毋庸置议。荣城县知县李文炳于村民聚众时，未能详晰开导，辄行给予息事印结，实属庸懦无能，着即行革职。武举于廷诰虽无率众害民情事，惟平日声名甚劣，着即行斥革，以示惩儆。

山东巡抚张曜奏，荣城县镆铘岛，有沙船失事被抢。已饬登州府督同该县知县，查拿抢犯，追起赃物，提府讯供，按律惩办。得旨：即着饬属拿犯追赃，按律惩办。

以福建厦门火药库不戒于火，水师提督彭楚汉、补用副将许振湘交部议处，予轰毙之参将易镜海、兵丁刘再兴等赏恤如例。②

十七日己亥(公元 1888 年 1 月 29 日)

予直隶海防军营积劳病故记名提督吴兆有等优恤。

廿一日癸卯(公元 1888 年 2 月 2 日)

出使日本国大臣徐承祖奏，横滨理事署东文翻译官罗庚龄等请改照出使定章，

① 《清实录·德宗景皇帝实录》卷二五〇；王彦威：《清季外交史料》卷七四，书目文献出版社 1987 年版，第 22 页。

② 《清实录·德宗景皇帝实录》卷二五〇。

三年保奖一次。从之。

廿二日甲辰(公元1888年2月3日)

以神灵显应，颁直隶故城县关帝庙匾额曰“功普潢卢”，城隍庙匾额曰“保艾壶流”，蔚州城隍庙匾额曰“武垣显佑”。

廿九日辛亥(公元1888年2月10日)

朝鲜国正使判中枢府事赵秉世、副使礼曹判书金完秀、书状官兼掌令闵哲勋等三人，于午门外瞻觐。①

是年

全国海关出口货值银八千五百八十六万零二百零八两，进口货值银一亿零二百二十六万三千六百六十九两，入超银一千六百四十万三千四百六十一两。征收货税银(海关洋税)二千零五十四万一千三百九十九两。②

江南制造局为招商局所造轮船“广济”号，完工下水。③

光绪十四年　戊子　公元1888年

春正月初七日己未(2月18日)

先是，署黑龙江将军恭镗等奏，派员查勘漠河金厂，并拟集资开办情形。下该衙门知之。嗣直隶总督李鸿章奏，拟定漠河金厂，官督商办详细章程。下该衙门

① 《清实录·德宗景皇帝实录》卷二五〇。

② 刘锦藻：《清朝续文献通考·国用四》卷六六，商务印书馆1934年版，第8225~8229页。

③ 刘传标：《近代中国船政大事编年与资料选编》第2册，九州出版社2011年版，第370页。

议。至是总理各国事务衙门等奏，请即派候补知府李金镛，督理黑龙江等处矿务，以专责成，并请饬黑龙江将军督同该员审慎办理。得旨：依议行。①

初八日庚申（2 月 19 日）

两广总督张之洞奏，琼州昌化县境内大艳山，开采石绿铜镄。凡贩运出琼州海口者，请自光绪十四年起，三年之内，山税及关税厘金概行暂免。下户部知之。又奏，法国领事官白藻德，因丛树被伐，擅殴武弁，复欲治以军法。臣与之理论，该领事妄诉公使，冀免诘责。请告知法使严饬该领事认错息事。如再以非礼相加，即将保护之兵丁裁撤，免生后论。下总理各国事务衙门知之。②

初十日壬戌（2 月 20 日）

两广总督张之洞等奏，添设广西梧州至桂林省城电线六百四十五里，广东钦州至东兴电线三百二十里，琼州海口展至黎峒各处电线一千九百零一里，岸步展至高州电线二百四十里，广西南宁展至滇境剥隘电线八百余里。报闻。

十二日甲子（2 月 23 日）

闽浙总督杨昌濬奏，酌定土药税则，拟请每百斤征收税厘正项银三十五两，随征加一厘余银三两五钱，正项留充本省饷需，厘余拨归局用。下所司知之。

十五日丁卯（2 月 26 日）

以神灵显应，颁江西省城许真君庙匾额曰“铁柱高风”，龙神庙匾额曰“德被江城”，风神庙匾额曰“洪都佑顺”。

二十日壬申（3 月 2 日）

蠲免两浙海沙、杜渎、盐场被灾灶荡新旧额课，并缓征钱清、西兴、长亭、海沙、杜渎、横浦、浦东七场歉收灶荡田地上年灶课，暨芦沥场原缓带征灶课。

蠲免杭州、嘉兴、松江所属仁和、海沙、鲍郎、芦沥、横浦、浦东六场荒芜未

---

① 《清实录·德宗景皇帝实录》卷二五一。

② 《清实录·德宗景皇帝实录》卷二五一。

垦灶荡上年额课钱粮。①

廿二日甲戌(3月4日)

以出洋留差期满，予知府刘亮沅以道员分省补用，余奖励有差。

廿四日丙子(3月6日)

朝鲜国王李熙，遣使表贡方物。②

是月

驻美使臣张荫恒，与美国政府订立《华侨事宜草约》六款。③

二月初一日癸未(3月13日)

直隶总督李鸿章谓北洋水师旅顺基地开挖港池和疏通航道，向德国购买的“导海”、“导河”挖泥船，在大沽船坞组装完工。④

初三日乙酉(3月15日)

浙江巡抚卫荣光奏，候补道吴世荣办理豁免追起滥款三十余万，委办塘工，于物料用项，力求撙节，为近今难得之员，可否准交军机处存记。得旨：吴世荣着交军机处存记。遇有道员缺出，开列在前。⑤

初四日丙戌(3月16日)

前因御史牟荫乔奏，参山东烟台海口防营统领孙金彪，营务废弛，纵勇扰民各

① 《清实录·德宗景皇帝实录》卷二五一。

② 《清实录·德宗景皇帝实录》卷二五一。

③ 王彦威：《清季外交史料》卷七六，书目文献出版社1987年版，第1~2页。

④ 刘传标：《近代中国船政大事编年与资料选编》第2册，九州出版社2011年版，第371页。

⑤ 《清实录·德宗景皇帝实录》卷二五二。

款，当经谕令张曜确查具奏。兹据查明覆奏，孙金彪既无纵容营勇游荡抢夺等情，即着毋庸置议。惟副将李连得于驻营地方，聘娶民女，究有不合。李连得着革职留营，以示惩儆。

福建按察使裴荫森，着开缺以三品京堂候补，督办福建船政事宜。①

初五日丁亥（3 月 17 日）

以神灵显应，颁奉天锦县大凌河西龙王庙匾额曰“临海绥丰”。

初六日戊子（3 月 18 日）

署福州将军古尼音布奏，台湾沪尾打狗二口税务委员防御余庆、花翎同知衔林东青等玩误课款，请暂行革职。得旨：余庆着暂行革职，林东青着摘去翎顶，勒限追缴。

初九日辛卯（3 月 21 日）

以捐资助赈，赏粤海关监督长有二品衔，并戴花翎。

二十日壬寅（4 月 1 日）

出使英法义比国大臣刘瑞芬奏，新加坡领事官分省补用直隶州知州左秉隆等四员，出洋期满，请援案奖励。又奏，前调出洋道员潘志俊，请按章铨选。允之。

廿二日甲辰（4 月 3 日）

直隶总督李鸿章奏，新购英德两厂快船四艘到华，酌定人数饷数。又奏，铭军定购小轮船，价归淮军月饷匀拨。下该衙门知之。②

廿五日丁未（4 月 6 日）

电寄张之洞，本日据总理各国事务衙门奏，广东法领事署派兵保护，勿容更换

---

① 《清实录·德宗景皇帝实录》卷二五二。

② 《清实录·德宗景皇帝实录》卷二五二。

练勇一折。又据钞呈张之洞二十二日电信一件，法领事署锯树殴弁一案，事本细微。经吴大澂致信排解，一切照旧，即系已了之事。乃张之洞并未知照总署，忽于数月之后，奏请饬令该衙门向法使理论，殊属非是。此项弁兵，派拨有年。自上年四月后循旧不改，亦相安无事。乃该督此次电信，犹谓体制所系，士气所关，措词亦属过当。况既有该抚信函，彼即执为确据，岂能以并无公牍与之强辩耶。总之此等细故，外省督抚随宜商办，得结即结，若已有定议，尤应即时知照总署，俾内外办理不致两歧，方为和衷共济之道。此事经吴大澂排解完结，并无不合，亦断难再改。张之洞所请切商该使设法了事之处，着毋庸议。

电寄刘铭传，本日据总理各国事务衙门奏，台湾设局抽收洋商厘金，与约不符，请旨遵办一折。台湾为通商口岸，洋商应完出口正税，向不抽厘。既据该使臣等屡次据约陈请，着刘铭传将抽收洋商厘金一事，即行停止。至该省应如何征收落地税厘，着另行设法办理。总应征之华商，彼自无所借口。

调闽浙总督杨昌濬为陕甘总督，以湖南巡抚卞宝第为闽浙总督。①

廿六日戊申(4月7日)

海军衙门奏，英、德所承造战舰既来，拟于明年合“定远”等舰编立海军第一支。②

廿八日庚戌(4月9日)

以神灵显应，颁奉天凤凰城东关关帝庙匾额曰“平州普泽”，龙神庙匾额曰“石城洒润”，城隍庙匾额曰“福佑龙原”。

廿九日辛亥(4月10日)

以神灵显应，颁山东寿东汛十里堡闸上大王庙匾额曰“惠涵普济”。③

三月初五日丙辰(4月15日)

豁免浙江省光绪五年以前民欠钱粮。④

---

① 《清实录·德宗景皇帝实录》卷二五二。

② 《光绪朝东华录》，十四年二月丁未。

③ 《清实录·德宗景皇帝实录》卷二五二。

④ 《清实录·德宗景皇帝实录》卷二五三。

初七日戊午(4月17日)

两江总督曾国荃奏，金陵洋火药局修葺厂屋，及添备锅炉等费，请由金陵防营支应局拨用。下部知之。

初十日辛酉(4月20日)

命直隶总督李鸿章，会同葡国使臣在天津互换条约。

十四日乙丑(4月24日)

予台湾剿番病故游击陶麟征及澎湖阵亡从九李秾等赏恤加等。

十五日丙寅(4月25日)

以出洋期满，予驻德使署随员同知姚文栋等升叙有差。①

二十日辛未(4月30日)

以办理交涉出力，予总理各国事务衙门章京陈诚等升叙加衔有差。

廿一日壬申(5月1日)

福建台湾巡抚刘铭传奏，洋商入内地购买土货，应令完纳子口半税，亟应声明约章，划清界限，以示限制而杜觊觎。又奏，台湾府城并非通商口岸，应查照英约内载明府城口，据定口字立论，俾洋商不得违约置辩。均下所司知之。

廿二日癸酉(5月2日)

以记名总兵万国本为福建台湾镇总兵官。

追予援护朝鲜阵亡淮军千总王志春等赏恤加等。②

① 《清实录·德宗景皇帝实录》卷二五三。

② 《清实录·德宗景皇帝实录》卷二五三。

夏四月初二日癸未（5月12日）

闽浙总督杨昌濬奏，闽省钦奉懿旨，鼓铸一钱重制钱解京，已照部拨二十万两成本尽数铸解，并声明赶铸，不及购买旧钱搭解。下户部知之。

初三日甲申（5月13日）

山东巡抚张曜奏，酌议山东沿海保护失事船只章程。下所司知之。

初四日乙酉（5月14日）

两广总督张之洞奏，惠州府等属被水情形。得旨：即着查明被淹地方，分别抚恤，并将各堤工妥为防护，以资捍卫。又奏，遵饬当商豫交课银，专作河工用款。下部知之。

初五日丙戌（5月15日）

总理各国事务衙门奏，各关税项递增，拟续加经费，并筹给新设九龙拱北两关及缉私巡船各经费。依议行。又奏，法国使臣呈递国书，请给覆书；德君嗣位，请颁国书。并依议行。又奏，曾国荃咨送方言馆学生，拟分别录送乡试；同文馆算学生生监出身者，拟考送乡试。报可。①

初七日戊子（5月17日）

山东巡抚张曜奏，铁门关海口淤垫，税收短绌，请饬部立案，俟限满报销，酌量准免着赔议处。下部知之。

初八日己丑（5月18日）

以闽浙总督杨昌濬暂署福州将军。

以出洋三年期满，予驻美二等参赞官候选道徐寿朋等奖叙。

---

① 《清实录·德宗景皇帝实录》卷二五四。

初九日庚寅（5 月 19 日）

直隶总督李鸿章奏，出洋查勘各口海防布置情形。得旨：览奏巡阅海防情形，具见筹画周详，布置益加完密。所有应行添筑台垒，即着择要兴办。水师各船，仍严饬管带各官认真训练，务期精益求精，克臻实效。①

初十日辛卯（5 月 20 日）

闽浙总督杨昌濬奏，撤调实缺人员，半年内请不作缺数。下部议。

以捕获海盗出力，予福建候补道刘倬云等奖叙。

十三日甲午（5 月 23 日）

浙江巡抚卫荣光奏，遵保剿捕台匪出力各员。下部议。②

十七日戊戌（5 月 27 日）

电寄李鸿章，谏电已悉。着准其再借洋款银一百万两。解工应用。归还年限。并着覆奏。

直隶总督李鸿章奏，广东电线，拟由九江接至庾岭。下所司知之。

廿一日壬寅（5 月 31 日）

总理各国事务衙门奏，德国使臣巴兰德、义国使臣卢嘉德各呈递国书。报闻。③

海军衙门奏报经费收支情形，统计需款三百二十余万。④

廿六日丁未（6 月 5 日）

钦州与越南交界划定后，曾于上年五月间，谕令张之洞等将各该处善后事宜，

① 《清实录·德宗景皇帝实录》卷二五四。

② 《清实录·德宗景皇帝实录》卷二五四。

③ 《清实录·德宗景皇帝实录》卷二五四。

④ 中国史学会主编：《洋务运动》，《中国近代史资料丛刊》第 3 册，上海人民出版社 1961 年版，第 59～60 页。

妥筹布置，年前未据奏覆。迨岁杪张之洞巡阅各海口，始据奏亲至钦州察看形势。其应行筹办事宜，现尚未据奏到。钦州地方辽阔，此次定界，经总理各国事务衙门王大臣与法使反覆辩论，始将白龙尾江平黄竹等处，一律划归中国。此后扼险设防，极关紧要。其十万大山一带，田亩膏腴，惟久隶边荒，素有匪踪出没，既经划入内地，其如何安民靖盗，尤应切实图维，着张之洞、吴大澂悉心会商，将新定各界，设官分汛，一切善后事宜，妥速筹议，奏明办理，毋再延缓。寻张之洞等奏，遵旨妥筹钦州新定各界，设官分汛各事宜，请旨饬议。下该部速议。

以贩私渔利，革广东候补守备王德钦职。①

廿七日戊申(6月6日)

以神灵显应，颁江苏吴县光福山寺古铜佛匾额曰“沛泽流慈”，阳山东麓白龙神庙匾额曰“遂山显佑”，长洲县五龙神庙匾额曰“茂苑敷霙”，镇江府所祀唐臣张巡之都天庙匾额曰“英风佑顺”。

廿八日己酉(6月7日)

调吉林将军希元为福州将军，以正白旗汉军都统长顺为吉林将军，前黑龙江将军定安为正白旗汉军都统。未到任前，以前杭州将军果勒敏署理。实授恭镗为黑龙江将军。

三十日辛亥(6月9日)

慈禧太后懿旨，山东巡抚张曜，着帮办海军事务。

直隶总督李鸿章奏，接带快船出力人员请奖。得旨：邓世昌等均着照所请奖励，内叶祖珪并赏给捷勇巴图鲁名号，林永升并赏给御勇巴图鲁名号。邱宝仁并赏给劲勇巴图鲁名号，刘步蟾并赏给强勇巴图鲁名号。

予接带快船出洋身故廪生甘肇功等照拟保官阶阵亡例优恤。②

五月初五日丙辰(6月14日)

闽浙总督杨昌濬等奏，请以福建安平水师副将改为台东陆路副将，并拨安平水

① 《清实录·德宗景皇帝实录》卷二五四。

② 《清实录·德宗景皇帝实录》卷二五四。

师营游击，改隶台湾镇；台湾镇属之恒春游击，改隶台东，以资统摄。下部议。①

初六日丁巳(6 月 15 日)

督办船政候补三品京堂裴荫森奏，调回“靖远”轮船，改作学生练船，请饬部立案。下该衙门知之。

初七日戊午(6 月 16 日)

总理海军事务衙门奏，报捐巨款人员，恳予奖励。钦奉慈禧太后懿旨，绍荣着在任以道员交军机处遇缺题奏，潘鼎新、葆亨均着赏还原衔翎枝，延熙着以本部郎中即补，岑春荣着发往山西以道员即用。岑春泽着以郎中归本部即补，冯誉骐着以知县仍留江苏即用。②

初八日己未(6 月 17 日)

以神灵显应，颁山东即墨县天井山龙神庙匾额曰“泽周北武”，长清潭五龙神庙匾额曰“荏城降澍”。

初九日庚申(6 月 18 日)

以神灵显应，颁浙江金华县城隍庙匾额曰“婺州洒润”。

十三日甲子(6 月 22 日)

以神灵显应，颁江苏海门厅城隍庙匾额曰“海屿兴云”。

十四日乙丑(6 月 23 日)

总理海军事务衙门奏，大臣报效银两，可否给奖。钦奉慈禧太后懿旨，崇光、海绪所捐银两，着赏收，准其移奖。

---

① 《清实录·德宗景皇帝实录》卷二五五。
② 《清实录·德宗景皇帝实录》卷二五五。

廿五日丙子（7月4日）

福建台湾巡抚刘铭传奏，查定例，钦天监时宪书印各省颁给一颗，台湾新设行省，请饬部颁铸以备印书之用。下部议。①

六月初二日壬午（7月10日）

总理各国事务衙门奏，奥国给使臣许景澄头等宝星，请受而不佩。从之。

赏俄国外部大臣嘎尔斯头等第三宝星。②

初四日甲申（7月12日）

以巡缉出力，开复福建降补参将记名总兵张殿雄原官。

初九日己丑（7月17日）

署福州将军杨昌濬奏，福州厦门二口，添筑明暗炮台，续增弁勇，以固海防。下所司知之。③

廿二日壬寅（7月30日）

总理各国事务衙门奏，请于署内添设英法俄布文翻译官。允之。

廿四日甲辰（8月1日）

总理各国事务衙门奏，按察使周馥，暂留海军衙门，创办海军章程，俟拟成再行赴任。钦奉皇太后懿旨，允之。④

---

① 《清实录·德宗景皇帝实录》卷二五五。
② 《清实录·德宗景皇帝实录》卷二五六。
③ 《清实录·德宗景皇帝实录》卷二五六。
④ 《清实录·德宗景皇帝实录》卷二五六。

秋七月初二日壬子(8 月 9 日)

出使美日秘国大臣张荫桓奏，金山华人众多，请筹建中华医院，并咨总理衙门备案以垂久远。又奏，金山领事署左近，筹设中西学堂，援照古巴奏案，酌量奖励。下所司知之。①

初四日甲寅(8 月 11 日)

有人奏，各省茶庄多招妇女入厂拣茶，案情百出，请饬严禁等语。各省茶厂多藉女工，若如所奏，旅居露宿，奸徒引诱，每酿事端，于风俗人心大有关系。着裕禄、卞宝第、陈彝、德馨、奎斌、王文韶严饬所属于各茶厂认真稽查弹压。傥有前项情弊，即着从严惩办。寻陈彝覆奏：妇女拣茶，系贫家生计所关，势难概行禁绝。虽无情弊，仍须认真稽查弹压，以挽浇漓而正风俗。报闻。②

初五日乙卯(8 月 12 日)

山东巡抚张曜奏，郑工开放引河，黄流现抵利津，由铁门关入海。报闻。

初八日戊午(8 月 15 日)

以台湾创办清丈事竣，启征新赋逾额，予在事出力各员布政使邵友濂头品顶戴，太常寺少卿林维源二品顶戴，道员陈鸣志三代一品封典，余升叙加衔有差。

初十日庚申(8 月 17 日)

以广东巡抚吴大澂署河东河道总督，两广总督张之洞兼署广东巡抚。

十三日癸亥(8 月 20 日)

两广总督张之洞等奏，寓美粤商禀称中美新约，禁止华工赴美，以二十年为限。华工既禁，华商将不禁而自绝。现新约尚未画押，请饬总理各国事务衙门查核

---

① 《清实录·德宗景皇帝实录》卷二五七。

② 《清实录·德宗景皇帝实录》卷二五七。

利弊，设法维持，以保华民生计。下所司知之。①

十四日甲子(8月21日)

以神灵显应，颁吉林省城关帝庙匾额曰“神武孔昭”，城隍庙匾额曰“龙泉普佑”，龙王庙匾额曰“渤澥宣仁”，江神庙匾额曰“马訾保障”，尼什哈山龙潭龙神庙匾额曰“挹娄泽洽”，三姓江神庙匾额曰“靺鞨昭灵”，山东泰山庙匾额曰“云起封中”。

吏部奏，议覆李鸿章奏保出洋接带快船出力各员，请饬核减。得旨：仍遵前旨给奖，毋庸删减。

十五日乙丑(8月22日)

电寄刘铭传，本日据李鸿章电奏后山番变，派船赴台等语。此事因何故启衅，现办情形若何，着刘铭传详悉电奏。

廿七日丁丑(9月3日)

慈禧太后懿旨，皇帝大婚典礼，着于光绪十五年正月二十七日举行，本年十一月初二日纳采，十二月初四日大征。所有应行事宜，着各该衙门迅速敬谨办理。②

八月初三日壬午(9月8日)

黑龙江将军恭镗等奏，黑龙江左岸地方，从前原以外兴安岭为中俄大界内有二卡伦，六封堆，每年派兵查放，均为防俄窥边而设。上年遵例查放，经海兰泡城，俄酋派兵拦截，据称江左俄属，毋庸中兵查放。伏查咸丰八年中俄和约，载明黑龙江松花江左岸，由额尔古讷河至松花江海口，作为俄国属地；右岸顺江流至乌苏里河。作为中国属地。是凡属左岸地方，应归俄属，所有原设卡伦封堆悉在其中。俄酋阻止官兵，似非有意寻衅。所有碍难查放情形，请饬核议。下所司议。寻总理各国事务衙门奏：江左精奇里河一带，地虽划分俄境，惟原住旗屯，应照约管辖，则

① 《清实录·德宗景皇帝实录》卷二五七。

② 《清实录·德宗景皇帝实录》卷二五七。

查放旧章，不妨藉为维系，未可遽尔迁就。从之。①

初四日癸未(9 月 9 日)

以神灵显应，颁台湾新竹县城隍庙匾额曰“金门保障”，龙神祠匾额曰“泽普瀛壖”，观音庙匾额曰“大海慈云”。

福建台湾巡抚刘铭传奏，部咨奏定新章，各省购买外洋机器，听候海军衙门暨户部核定，不得擅自定议。兹查明台省定购外洋机器料件，系在未奉新章以前，应请立案。下所司知之。又奏，埤南番叛，围攻厅治，先后派兵解围，并筹剿办情形。得旨：仍着饬令派出各员，分别妥为剿抚，以靖地方。又奏，台湾移驻巡抚，新设藩司等官应需廉俸役食，暨台湾道兼理臬司养廉，分别议给酌增。下户部议行。

以操防废弛，声名狼藉，革台湾副将鄞炳南、云骑尉洪磐安职。②

十二日辛卯(9 月 17 日)

以神灵显应，颁热河平泉州龙神庙匾额曰“白檀绥佑”。

十九日戊戌(9 月 24 日)

总理各国事务衙门奏，德国使臣巴兰德，以新君即位，呈递国书，拟照章给予覆书，交出使大臣洪钧赍达。从之。

廿三日壬寅(9 月 28 日)

以神灵显应，颁直隶遵化州关帝庙匾额曰“松亭惠普”，延庆州龙安大佛寺匾额曰“妫川昭佑”，黄龙潭龙神庙匾额曰“泽周上谷”，宁津县城隍庙匾额曰“龙冈保障”，龙神庙匾额曰“保安永佑”，南皮县兴化大佛寺匾额曰“导达天人”。

直隶总督李鸿章奏，以拖带淤泥出海，制造遇顺钢拖轮船。下所司知之。又奏，新购西洋机器，试造制钱，核计工本亏折过巨，拟请停造。下部知之。

以武备学堂教习期满，赏洋员德国兵官李宝那珀等宝星。③

① 《清实录·德宗景皇帝实录》卷二五八。
② 《清实录·德宗景皇帝实录》卷二五八。
③ 《清实录·德宗景皇帝实录》卷二五八。

廿四日癸卯(9月29日)

闽浙总督杨昌濬奏，拨还洋款不敷镑价，经手之员，并无浮冒，请免予参追。下部知之。

廿五日甲辰(9月30日)

广东按察使王之春奏，敬陈管见一折。其兼备商轮一条，据称拟准中国商民自造轮船，议定旗照租费，及照纳税钞章程等语；购置机器一条，据称以炼铁与织布两种为最要，拟仿招商局电报局之例，宽筹官本，期在必成等语。所奏系为收回利权起见，着李鸿章、曾国荃悉心妥议具奏。

总理各国事务衙门奏，黎庶昌以轻视祀典，得降调处分，可否准以二品顶戴，仍留使任。得旨：黎庶昌着准以二品顶戴，仍留出使日本大臣之任。

以报效海军经费，钦奉慈禧太后懿旨，予道员周绶等奖叙。

以南海工程出力，钦奉懿旨，赏内务府郎中立山花翎二品顶戴，以三院卿用。①

廿六日乙巳(10月1日)

醇亲王奕譞奏，海军章程已定，病仍未痊，归政有期，恳恩开去差使。未允。②

是月

津沽铁路通车。

九月初九日丁巳(10月13日)

有人奏，前出使大臣徐承祖，贪劣侵欺，列款纠参，请饬查办一折。据称徐承祖采购日本铜斤，浮冒侵渔；长崎一案，办理失体；并浮销经费，擅刻功牌，索贿把持，奏调私人，狡诈取巧，保举欺罔各节。如果属实，亟应严行惩办。着总理各

① 《清实录·德宗景皇帝实录》卷二五八。

② 《清实录·德宗景皇帝实录》卷二五八；中国史学会主编：《洋务运动》，《中国近代史资料丛刊》第3册，上海人民出版社1961年版，第64~65页。

国事务衙门王大臣将所参各款，详细确查。其在日本查讯各节，密咨黎庶昌逐一查明，据实声覆，不准稍涉含混。

御史赵增荣奏，请慎选使臣等语。着该衙门议奏。①

李鸿章致函海军衙门，请续造天津至通州铁路。②

十六日甲子(10 月 20 日)

直隶总督李鸿章奏，吉林和龙峪一带，分设局卡，原以羁縻韩民。惟所收税项，不敷用度，请仍由山海关拨解银两济用。下所司知之。

赏襄订铁舰德国外部大臣毕士马克等宝星。

廿三日辛未(10 月 27 日)

两广总督张之洞奏，酌拟北海高州两镇巡洋章程。现既改设高州镇总兵，统辖外海水师。其巡洋上班，应以高州镇为统巡，下班以阳江营游击为统巡。新设北海镇总兵，已将龙门协水师两营，改归管辖。其巡洋上班，应仍以龙门协副将为统巡，下班以北海镇为统巡。下部知之。③

廿四日壬申(10 月 28 日)

以记名总兵姜桂题为广东琼州镇总兵官。

以擅留俄众，越界刈草，漠河防营统领德升交部议处。

廿五日癸酉(10 月 29 日)

福建台湾巡抚刘铭传奏，台东直隶州统辖后山全境，地广兵单，请添募勇营，以资镇守。从之。

廿六日甲戌(10 月 30 日)

刘铭传奏，特参贻误要公各员一折。福建台湾署嘉义县知县试用知府罗建祥，

① 《清实录·德宗景皇帝实录》卷二五九。

② 李鸿章：《海军照章定议并筹议津通铁路》，《李文忠公全集·海军函稿》卷三。

③ 《清实录·德宗景皇帝实录》卷二五九。

勘丈田亩，蒙混欺饰，并膜视民命，废弛公事，着即行革职，听候查办。代理凤山县知县候补通判吴元韬，承办清丈，敷衍粉饰，着暂行革职，仍责令随同勘丈，以观后效。该二员均有虚糜经费情事，着分别勒令赔缴，毋任延欠。代理埤南同知、福建候补布库大使陈灿，不恤番情，挪用口粮，并有擅离职守，苛派学费情事，实属昏庸贪鄙。陈灿着革职听候查办。

以攻克台湾吕家望大庄等处番社出力，赏总兵丁汝昌、吴宏洛头品顶戴，万国本、张兆连均以提督记名简放，张兆连并赏胜勇巴图鲁名号，提督李定明赏穿黄马褂，副将邓世昌以总兵记名简放，并加提督衔，已革副将酆炳南开复原官，余升叙加衔有差。①

廿八日丙子(11 月 1 日)

闽浙总督卞宝第奏，查看海防情形，已于崖石山添设明暗炮台，并拟筹款于良峤地方安设炮台巨炮。报闻。

廿九日丁丑(11 月 2 日)

以灵应素著，颁浙江嘉善县城隍庙匾额曰“威宣式遏”，招宝山观音大士庙匾额曰“自在神通”。

三十日戊寅(11 月 3 日)

署福州将军调补陕甘总督闽浙总督杨昌濬奏交卸督篆，将军篆务应否派署。得旨：着即速赴新任。福州将军，着卞宝第暂行署理。②

是月

广东南海布衣康有为，在京上万言书，极言时危，请求变法。书在都察院受阻，未能达于朝廷。③

---

① 《清实录·德宗景皇帝实录》卷二五九。

② 《清实录·德宗景皇帝实录》卷二五九。

③ 中国史学会主编：《戊戌变法》，《中国近代史资料丛刊》第 2 册，神州国光社 1953 年版，第 127 页。

冬十月初一日己卯(11 月 4 日)

以神灵显应，颁奉天省城关帝庙匾额曰“沈阳福应”。①

十四日壬辰(1 月 17 日)

颁总理海军事务衙门关防。

以报效海军经费，予前长芦运同沈永泉等升叙有差。

十五日癸巳(11 月 18 日)

闽浙总督卞宝第奏，彰化土匪滋事，派曹志忠带营助剿。

十七日乙未(11 月 20 日)

刘铭传奏，彰化土匪抢劫盐馆，围攻城池，先后剿平一折。本年八月，鹿港盐馆被土匪抢劫并围攻彰化县城，经刘铭传派朱焕明、林朝栋等分路进剿，斩获多名，立解城围，并连破竹围二十一处，胁从全行解散，地方安谧如常。

调浙江巡抚卫荣光为山西巡抚，江苏巡抚崧骏为浙江巡抚，山西巡抚刚毅为江苏巡抚。

予攻克台湾后山番社阵亡把总孙得标等及勇丁二百二十二名，分别议恤。②

廿二日庚子(11 月 25 日)

礼部奏，朝鲜国王恳恩免征红参厘税，据咨转奏一折。朝鲜土厘税课，半赖红参。前因商情苦累，格外施恩，将此项厘税，减为值百抽十。兹复据奏参枝滞销，恳恩概予免征。朝廷体念藩封，有加无已，既据该国王陈情吁恳，着即将红参厘税一项全行宽免，以示恩恤。该部即传谕该国王，并行知北洋大臣盛京将军遵照办理。③

---

① 《清实录·德宗景皇帝实录》卷二六〇。

② 《清实录·德宗景皇帝实录》卷二六〇。

③ 《清实录·德宗景皇帝实录》卷二六〇。

廿五日癸卯(11月28日)

太常寺奏，奥国亲王瞻仰天坛，查照成案办理。下所司知之。

廿七日乙巳(11月30日)

总理海军事务衙门奏，津沽铁路告成，验收如式。各商禀请接造通州铁路，以广利益。钦奉慈禧太后懿旨，允之。又奏，革道杨鸿典报效海军经费。钦奉懿旨，杨鸿典着准其开复原衔。

廿九日丁未(12月2日)

以神灵显应，颁奉天辽阳州关帝庙匾额曰“福芘辽东”，义州关帝庙匾额曰“威宣渤海”，威远堡边门关帝庙匾额曰“龙原泽普”。①

十一月初三日庚戌(12月5日)

以灵应夙著，颁热河滦平县鞍匠屯街龙神庙匾额曰“泽周燕乐”。

福建台湾巡抚刘铭传奏，“威定”轮船在澎湖洋面遭风触礁沉没，署澎湖右营都司李培林驰救，全活五十余人，恳核给奖叙。如所请行。

两广总督张之洞等奏，粤省归还第五次洋款，递年不敷镑价，请于粤海关六厂洋药税或六成洋税内拨补，以归有着。下部议。

予因公在洋溺毙，台湾委员浙江候补巡检吴守植、外委严登榜优恤。②

初五日壬子(12月7日)

福建台湾巡抚刘铭传奏，承办台湾铁路委员李彤恩病故，商股观望，请改归官办，以裨海防。如所请行。又奏，前后山番匪分别剿抚，地方业臻平静，所有调派各军，应即分别撤回，以重防务。下部知之。

予积劳瘴故台湾副将臧得成、萧文典、守备朱家齐如军营立功后病故例优恤，阵亡游击丁广龄、伤亡五品军功王智礼并分别照例优恤。③

① 《清实录·德宗景皇帝实录》卷二六〇。

② 《清实录·德宗景皇帝实录》卷二六一。

③ 《清实录·德宗景皇帝实录》卷二六一。

初六日癸丑(12 月 8 日)

以擅留俄众在境，革黑龙江协领德升职，发往军台效力赎罪。

李鸿章进呈小火车，供西苑紫光阁铁路之用。①

初八日乙卯(12 月 10 日)

以神灵显应，颁顺天宝坻县关帝庙匾额曰“福芘泉州”，龙神庙匾额曰“泽普秦城”，城隍庙匾额曰“三辅占丰”。

以办事和衷，赏奥国驻上海领事夏士宝星。

初九日丙辰(12 月 11 日)

以神灵显应，颁浙江天台县关帝庙匾额曰“赤城显佑”，於潜县韦驮神匾额曰“福佑替城”，并颁河南鲁山县城隍庙匾额曰“鲁阳保障”。②

初十日丁巳(12 月 12 日)

总理各国事务衙门奏，各关提存出使经费，谨将收拨总数，汇核请销，并请饬下南北洋大臣，将先后借拨银一百八十七万余两迅速筹解，以资应用。又奏，粤海关欠解出使经费，共银七十八万余两，请饬该监督赶筹补解，以重要款。均依议行。

出使俄德奥和国大臣洪钧奏，洋务日亟，人才宜储，拟由翰林院掌院学士就新科馆选庶吉士择派出洋，充使馆二三等参赞官，三年期满，由使臣保奏授职，拟请饬下总署详议章程，奏明办理。若六部人员，宜就已经考取总署章京正途出身人员，择充使馆参随，以资阅历。惟需费较多，拟请饬下总署斟酌繁简，明定限制。下所司议。寻奏，庶吉士果有熟谙洋务堪备出洋之选者，应准出使大臣奏调。惟保免散馆，未便更改旧章，应毋庸议。总署章京，嗣后应择其才识通达者，酌量选派。至请明定限制，系为撙节经费起见。拟请嗣后使馆准设参赞二员、翻译二三员、供事三员、武弁医生各一员。其兼摄他国设有使馆者，准添参赞翻译随员供事

① 中国史学会主编：《洋务运动》，《中国近代史资料丛刊》第 6 册，上海人民出版社 1961 年版，第 201 页。

② 《清实录·德宗景皇帝实录》卷二六一。

各一员，作为定额，不得再过此数。从之。

出使日本国大臣黎庶昌奏，东文翻译人员，请仍照异常劳绩核奖。得旨：刘庆汾等均着照原保奖励。嗣后各口翻译人员，一并准照异常劳绩给奖。

以出洋期满，予随使日本翻译官候选直隶州知州沈铎等升叙加衔有差。①

十一日戊午(12月13日)

有人奏，疆臣不胜职任，据实纠参一折。据称刘铭传于抚番清丈，徒事铺张，致有埤南激变之事；并任用非人，漫视民瘼，以致奸民土匪，乘机作乱，官激民变，确有明征；用人办事，颟顸竭蹶各节。又片奏彰化各处，因科派单费，一乡尽逃，台南尤甚；及投效函招各员委署凤山等缺，变通补署，未免偏私各等语。刘铭传自简任台湾巡抚以来，办事尚为得力。惟恐操之过急，任用或不得人，措置不无失当，以致民心未协，激成近日番变。参折所陈，均不为无因，着即钞给刘铭传阅看。该抚当仰体朝廷开诚训戒，示以谤书之意。于折内所陈，平心省察，据实覆奏，一面清厘正赋，禁革规费，并严查贪吏，从重惩办，勿稍瞻徇。至片奏台省缺员，应请拣发一节，并着该抚酌核具奏。寻奏：台湾办理抚番事宜，三年之久，收抚生番十余万；辟地数百里，保奖不满五十人；清丈地亩，并无激变之事；官帑不敢虚糜，赏罚惟凭功罪。得旨：覆陈各节，均属明晰。叙述现办情形，亦尚核实。该抚嗣后务当实力图功，虚心集益，固不必顾恤浮言，亦不可固执成见，慎终如始，用副委任。勉之。又奏，酌核台湾缺员，拟请暂缓拣发，仍由闽省咨调请补。报闻。②

十五日壬戌(12月17日)

以神灵显应，颁江苏清江浦城隍庙匾额曰“福芘清淮”。

直隶总督李鸿章奏，滇粤边界中国电线，与越南北圻法线相接，借收越南暹罗印度等处商报之利，有时断线阻信，仍可操纵由我，谨照录章程呈览。如所请行。又奏，北洋海军俸饷等项，拟自光绪十五年正月起，悉照新章办理，以清界限。下所司知之。

江苏巡抚崧骏奏，华民在日本国殴毙人命，由理事官照章讯拟，解回内地办理。下部议。

督办船政候补三品京堂裴荫森奏，协造粤船“广乙”“广庚”“广丙”三艘，业经安上龙骨。又奏，添购机器，照章声明。并下所司知之。

---

① 《清实录·德宗景皇帝实录》卷二六一。

② 《清实录·德宗景皇帝实录》卷二六一。

以直隶天津镇总兵丁汝昌为北洋海军提督，记名提督林泰曾为北洋海军左翼总兵官，记名总兵刘步蟾为北洋海军右翼总兵官。①

二十日丁卯（12 月 22 日）

以直隶大沽协副将罗荣光为直隶天津镇总兵官。

廿三日庚午（12 月 25 日）

先是闽浙总督杨昌濬奏，香港捕获海盗，保奖出力员弁，经部两次奏驳，将过优者分别删改，缮单呈览。下部议。至是吏部奏，该督所叙捕获海盗与臣部捕获海盗专条正同，不得援引他条，比附办理，仍请饬另行请奖。得旨：着照此次删改清单给奖，该部毋庸议驳。

廿五日壬申（12 月 27 日）

两江总督曾国荃等奏，本年苏省冬漕，拟请循案分别本折，酌定征价，以期官民两便。下部知之。

调补浙江巡抚江苏巡抚崧骏奏，华商所领洋单，按约饬缴，并补收落地税以杜影射。下所司知之。②

三十日丁丑（公元 1889 年 1 月 1 日）

直隶总督李鸿章奏，购买美商夹板帆船，改作敏捷练船，以资练习。下所司知之。

十二月初一日戊寅（公元 1889 年 1 月 2 日）

以捕务废弛，革福建代理台湾凤山县知县高光斗职，仍勒协缉。

以徇隐庇匪，革署福建台湾彰化县知县李嘉棠、鹿港营游击郑荣职，训导施家珍、廪生施藻修分别斥革拿办。

① 《清实录·德宗景皇帝实录》卷二六一。

② 《清实录·德宗景皇帝实录》卷二六一。

以侵吞公款，革福建台湾机器局委员候选知县洪熙职，永不叙用。①

初八日乙酉(公元1889年1月9日)

予台湾剿番伤亡弁勇千总王世纲等优恤。

十二日己丑(公元1889年1月13日)

出使美日秘国大臣张荫桓奏，自秘返美，更派翻译官林怡游充驻秘参赞，代办使事。又奏，拟酌照檀香山办法，在巴拿马岛，添设商董，以保华商。均下所司知之。

予积劳瘴故，古巴领事署随员张泰优恤。②

十三日庚寅(公元1889年1月14日)

直隶总督李鸿章奏，病痊销假。得旨：仍着加意节劳，医药调养，以期早日复元，用慰廑系。又奏，长芦补欠积欠二款，无力代还，请展限五年，以恤商艰。如所请行。

以洋员当差出力，赏德国教习施密士额德茂、英国医官鲍德均伊尔文等三等宝星，德国队长贝阿四等宝星。

十五日壬辰(公元1889年1月16日)

总理各国事务衙门奏，直省各督抚共筹银二百六十万两，分批解津，不惟海防缓急足恃，腾出闲杂各款，专顾钦工，亦不致有误盛典。钦奉慈禧太后懿旨，允之。又奏，意大利国君主之弟新婚礼成，请饬出使大臣刘瑞芬就近致贺。如所请行。

详定海军经费生息章程，从总理各国事务衙门请也。③

二十日丁酉(公元1889年1月21日)

懿旨令海军衙门会同军机大臣，妥议修建铁路事宜。④

---

① 《清实录·德宗景皇帝实录》卷二六二。

② 《清实录·德宗景皇帝实录》卷二六二。

③ 《清实录·德宗景皇帝实录》卷二六二。

④ 中国史学会主编：《洋务运动》，《中国近代史资料丛刊》第6册，上海人民出版社1961年版，第200~207页。

廿一日戊戌(公元 1889 年 1 月 22 日)

福建台湾巡抚刘铭传奏，台湾各属秋收减色，请将现收丈费，抵完新粮，就款划拨。从之。

廿四日辛丑(公元 1889 年 1 月 25 日)

前有人奏，前出使大臣徐承祖贪劣侵欺，列款纠参，请饬查办。当经谕令总理各国事务衙门详细确查。兹据该衙门奏称，分别行查户部、南北洋大臣、出使日本大臣严密查覆，业经先后覆到。原参徐承祖各款中，以浮冒铜价，及浮开运费为最重。李鸿章覆函及黎庶昌咨覆内所称各节，显有浮冒情弊等语。徐承祖经朝廷特简，派令出使日本，复以部局需用铜斤，责成购办，宜如何洁己奉公，核实经理，乃竟营私肥己，种种侵渔，即就铜价一项而论，据黎庶昌所查，已浮冒银三万余两之多。其余运费余铜各节，均有弊窦。似此牟利妄为，行止贪鄙，实堪痛恨。二品顶戴候选道徐承祖，着先行革职，听候查办。并着曾国荃饬派妥员，前往六合县，将该革员原籍财产，严密查封备抵。所有浮销银数，究有若干，及其余被参各款，均应彻底根究。即派曾国荃饬提徐承祖到案，确切严讯，定拟具奏。随员中如有应行质讯者，着分别咨调传讯。其因买铜出力保举十五人之案，并着先行撤销。①

廿五日壬寅(公元 1889 年 1 月 26 日)

以办理天津水师学堂成效昭著，直隶道员吕耀斗仍交军机处存记。

以订购洋轮坐车火轮车出力，赏德国洋商德威尼等三等宝星。②

廿八日乙巳(公元 1889 年 1 月 29 日)

朝鲜国使臣李谆翼等三人，于午门外瞻觐。

是年

全国海关出口货值银九千二百四十万一千零六十七两，进口货值银一亿二千四

① 《清实录·德宗景皇帝实录》卷二六三。

② 《清实录·德宗景皇帝实录》卷二六三。

百七十八万二千八百九十三两，入超银三千二百三十八万一千八百二十六两。征收货税银(海关洋税)二千三百一十六万七千八百九十二两。①

天津大沽船坞建造“守雷”“下雷”两艘钢制小轮。②

光绪十五年　己丑　公元1889年

春正月十五日辛酉(2月14日)

慈禧太后懿旨：前据总理海军事务衙门奏，请由天津至通州接修铁路，当经降旨允准。嗣据御史余联沅等先后陈奏，请停办铁路，均谕令总理海军事务衙门会同军机大臣妥议具奏。兹据会商筹议，逐款胪陈，详加披阅，所陈各节，辨驳精详，敷陈剀切。其于条陈各折内似是而非之论，实能剖析无遗。惟事关创办，不厌求详。在廷诸臣，于海防机要，素未究心，语多隔膜。该将军督抚等身膺疆寄，办理防务，利害躬亲，自必讲求有素。着庆裕、定安、曾国荃、卞宝第、裕禄、张之洞、崧骏、陈彝、德馨、刘铭传、奎斌、王文韶、黄彭年按切时势，各抒所见，迅速覆奏，用备采择。

据李鸿章电，袁世凯电称，去冬韩派贡使，兼各项陈贺使。昨该使自京来电称，礼部令派专使，贺三月上徽号庆典，而韩王前为李应浚所愚，谓已行贿二万余金，礼部允免专使，昨或歧议，韩无豫备，今复遣应浚星夜赴京，设法请止等语，殊堪诧异。朝鲜派使进京庆贺，自有定例。去年九月间李鸿章电报，有冬至两使即兼大婚陈贺使，不另派员之说。究竟该国来文有无并兼庆贺崇上徽号之语，该部曾否令派专使，李应浚现在是否来京，所称行贿等情从何而来，着礼部堂官确切密查，据实覆奏。

以集资助赈，颁奉天营口资善堂匾额曰“惠泽乡闾”。③

---

① 刘锦藻：《清朝续文献通考·国用四》卷六六，商务印书馆1934年版，第8225～8229页。

② 刘传标：《近代中国船政大事编年与资料选编》第2册，九州出版社2011年版，第378页。

③ 《清实录·德宗景皇帝实录》卷二六四。

十七日癸亥(2 月 16 日)

调黑龙江将军恭镗为杭州将军，以珲春副都统依克唐阿为黑龙江将军。

蠲缓浙江海沙、杜渎、钱清、西兴、长亭、横浦、浦东七场被灾灶荡上年应征钱粮，并原缓灶课。其仁和、海沙、鲍郎、芦沥、横浦、浦东六场荒坍未垦各灶地荡涂应征上年灶课，并蠲免。①

二十日丙寅(2 月 19 日)

两广总督张之洞奏，交涉繁重，援南北洋成案，办理已满三年人员，准予奖叙。下吏部议。

廿二日戊辰(2 月 21 日)

御史林绍年奏，督抚报效，有关政体民生，请旨饬禁一折。海军为经国要图，自光绪十一年创办以来，规模略具，需款浩繁。前据总理海运事务衙门奏准，由两江等省于正杂诸款内，腾挪巨款，分年拟解天津，由李鸿章发商生息。各省筹解之银，专备海军不时之需，其每年息银，则以补海军衙门放项之不敷，并无令各省督抚报效之事。该御史此奏乃以朝廷责进献督抚肆诛求等语，任意揣测，危词耸听，殊属谬妄。林绍年着传旨严行申饬。②

廿三日己巳(2 月 22 日)

前据李鸿章电，袁世凯电称朝鲜国王为李应浚所愚，谓“已行贿二万余金，礼部允免专使”，当谕令礼部确查覆奏。兹据该部奏称派员面询该使臣等，坚称不知有行贿免使等事，来京亦无消息等语。此事虚实，惟以李应浚来京与否为紧要关键。既未来京，无凭根究。着李鸿章电饬袁世凯就近询问该国王，将李应浚所称各节，令其确切指明何人得贿，何人允免遣使，有无牵涉四译馆及礼部司员书吏情节。俟袁世凯电覆后，该督即行据实具奏。寻奏：遵谕查明朝鲜并无行贿希免专使各情，系李应浚指中国官吏为由，欺王骗财，与四译馆及礼部司员书吏无涉。下所司知之。③

① 《清实录·德宗景皇帝实录》卷二六五。
② 《清实录·德宗景皇帝实录》卷二六五。
③ 《清实录·德宗景皇帝实录》卷二六五。

廿四日庚午(2月23日)

总理各国事务衙门奏，呈进德国君主恭贺大婚典礼国书。报闻。

二月初一日丁丑(3月2日)

总理各国事务衙门奏，各国使臣，传其主命，申贺大婚。报闻。①

初三日己卯(3月4日)

慈禧太后归政，上率王以下大学士六部九卿诣慈宁门行庆贺礼。
光绪帝御太和殿，王以下文武大臣官员、蒙古王公暨朝鲜使臣行朝贺礼。

初四日庚辰(3月5日)

以神灵显应，颁奉天岫岩州关帝庙匾额曰“挹娄昭佑”，复州关帝庙匾额曰“威宣辽左”，怀德县关帝庙匾额曰“泽周渤海”。

初六日壬午(3月7日)

命总理各国事务衙门，筵燕各国使臣，并颁赏如意缎匹荷包等物。

初十日丙戌(3月11日)

总理各国事务衙门奏，乌里雅苏台所辖唐努乌梁属地，俄人违约盖房，挖金垦地。请饬定边左副将军杜嘎尔等详勘界限，援据约章，与俄酋理论，并由该将军筹定添设界牌若干，绘图咨报。俟奏准后，再会同俄官以次添设。从之。②

十一日丁亥(3月12日)

以记名提督前直隶正定镇总兵娄云庆，为广东潮州镇总兵官。

---

① 《清实录·德宗景皇帝实录》卷二六六。
② 《清实录·德宗景皇帝实录》卷二六六。

十二日戊子（3 月 13 日）

闽浙总督卞宝第等奏，拟添改台湾教职佐杂各员，以资训迪而佐治理。下部议。

予台湾军营积营病故总兵廖世霖、举人王守诚等二十三员名暨阵亡蓝翎把总易贵山、伤亡副将鄞炳南等三员、在差积劳病故台湾府南路同知欧阳骏等五员分别优恤。

十五日辛卯（3 月 16 日）

上年四月间，据唐炯奏，督同东洋矿师，开办昭通等处铜铅各厂。迄今将及一年，未据续行陈奏。该前抚督办矿务，专司其事，自应竭力筹画，并将办理情形，随时奏闻，何以久无奏报，殊不可解。永善等属铜厂，威宁属铅厂，据称苗脉丰盛，究竟开采情形若何，东洋矿师能否得力，所称必须深入四五百丈，始得连堂大矿，非八九个月不能见功。现距设厂之期，计已逾时，究竟有无成效，即着一一详晰覆奏。①

十八日甲午（3 月 19 日）

以大婚礼成，赏朝鲜国王及王妃缎匹如例。

朝鲜国续进庆贺归政方物。②

廿六日壬寅（3 月 27 日）

以直隶天津机器局，督造轮船，新购轮车出力，予降调道员沈葆靖以道员简放，赏四川川北道恩佑直隶补道潘骏德花翎，余加衔有差。

廿七日癸卯（3 月 28 日）

浙江巡抚崧骏奏，海盐县传字等号新建石塘，临水孤立，拟于塘外，加筑坦水坝一百九十五丈，俾资捍卫。下部知之。

以记名总兵王连三，为山东曹州镇总兵官。③

---

① 《清实录 · 德宗景皇帝实录》卷二六六。

② 《清实录 · 德宗景皇帝实录》卷二六七。

③ 《清实录 · 德宗景皇帝实录》卷二六七。

廿九日乙巳(3月30日)

出使美日秘国大臣张荫桓奏，美国禁阻华工新约中辍，善后较难。谨录呈前使臣郑藻如所拟自禁议略，及草约新例，请饬直隶两广督臣妥筹补救。下所司知之。

命户部右侍郎曾纪泽，兵部左侍郎徐用仪管同文馆事务。

以办理交涉出力，赏驻英二等翻译官道员张斯栒二品封典，余升叙加衔有差。

以同文馆教习期满，予知县江仁葆分省归候补班补用并赏同知衔。①

三月初一日丙午(3月31日)

以灵应素著,颁奉天新民厅巨流河神匾额曰“泽溥开城”,柳河神匾额曰“宜丰洒润”。

以江苏按察使陈钦铭为出使英法义比国大臣，赏翰林院侍讲崔国因二品顶戴，为出使美日秘国大臣。

以办理两广电线出力，予直隶州知州沈嵩龄等奖叙。②

初二日丁未(4月1日)

礼部奏，朝鲜李应浚著名奸诈，拟咨照该国王嗣后不得再派来京。依议行。

湖广总督裕禄等奏，遵筹海军要需，拟于川淮盐斤加价项下拨银四十万两，分三年清解。下所司知之。

初五日庚戌(4月4日)

以台番归化，逆首就擒，予出力人员副将林福喜以总兵记名简放，都司郑有勤、刘朝带免补参将游击，以副将补用，并赏巴图鲁名号，千总林胜标、绅士郎中蔡占鳌等升叙加衔开复有差。

十三日戊午(4月12日)

闽浙总督卞宝第奏，拟裁南台林浦等处勇丁，所省薪粮，移备购炮之用。下所司知之。

---

① 《清实录·德宗景皇帝实录》卷二六七。

② 《清实录·德宗景皇帝实录》卷二六八。

廿六日辛未（4月25日）

浙江巡抚崧骏奏，浙省奉拨北洋经费，力难解足，酌定本年解数二十万两，并筹补两年旧欠四万两。下所司议。

两广总督张之洞奏，广东潮桥盐务疲敝，拟改章设局，委员试行官运。下所司议。又奏，广东铁务拟尽去官炉私炉名目，任便煽铸，并暂停炉饷炉税三年。下所司知之。①

廿八日癸酉（4月27日）

添铸北洋海军新设提督、总兵副将、参将、游击、都司、守备等官印信关防十八颗。从直隶总督李鸿章请也。

三十日乙亥（4月29日）

福建台湾巡抚刘铭传奏，前办抚番大员沈葆桢、吴赞诚功绩在台，请于台湾建立专祠。下部议。②

夏四月初二日丁丑（5月1日）

乌里雅苏台参赞大臣祥麟等奏，乌里雅苏台所属唐努乌梁海，俄人越界采金，请派员履勘边界。得旨：所有应勘界址，着先行遴派妥员详细履勘，并知照库伦办事大臣派员会同查勘，奏明办理。寻祥麟等奏：派员前往车尔里克一带，细勘俄人盖房、挖金、开地三事，俟呈覆到日，请旨遵办。其沙滨岭迤东至恰克图界址，亦会同派勘。如有应行添建牌博之处，俟绘图奏明遵办。下所司知之。③

初四日己卯（5月3日）

以神灵显应，颁浙江钱塘县金华将军庙匾额曰"湖山昭护"，并加封号。④

---

① 《清实录·德宗景皇帝实录》卷二六八。

② 《清实录·德宗景皇帝实录》卷二六八。

③ 《清实录·德宗景皇帝实录》卷二六九。

④ 《清实录·德宗景皇帝实录》卷二六九。

初六日辛巳(5月5日)

户部奏，请续拨京饷等语。此次该部拟拨山东地丁银五万两、山西地丁银五万两、湖南地丁银五万两、江西地丁银四万两、福建税厘银十万两、两淮盐课盐厘银八万两、长芦荥工加价银五万两、江苏厘金银十二万两、安徽厘金银五万两、湖北盐厘银五万两、四川津贴银五万两、盐厘银十万两、江海关洋税银八万两、九江关常税银十万两、赣关常税银一万两、芜湖关常税银一万两、洋税银一万两，共银一百万两。

唐炯奏，办理矿务应购开凿、通风、泄水三种机器，现已派员前往东洋购办，请准免征税厘。此项机器准其免纳税厘，即着曾国荃转饬各关一体遵照办理。①

初八日癸未(5月7日)

前因筹议铁路事宜，谕令沿江沿海将军督抚各抒所见，以备采择。嗣据陆续覆奏，详加披阅。其偏执成见，不达时势，及另筹办法尚未合宜者，毋庸议外。张之洞、刘铭传、黄彭年所奏，各有见地。而张之洞所议，自卢沟桥起，径行河南，达于湖北之汉口镇，划为四段，分作八年造办等语，尤为详尽。此事为自强要策，必应通筹天下全局。海军衙门原奏，意在开拓风气，次第推行，本不限定津通一路，但冀有益于国，无损于民，定一至当不易之策，即可毅然兴办，毋庸筑室道谋。着总理海军事务衙门，即就张之洞所奏各节，详细覆议，奏明请旨。②

十四日己丑(5月13日)

以救护遭风船只出力，予山东代理荣成县知县汪鉴等奖叙。

十七日壬辰(5月16日)

以获匪出力，予台湾在籍主事徐德钦奖叙。

① 《清实录·德宗景皇帝实录》卷二六九。

② 《清实录·德宗景皇帝实录》卷二六九。

十八日癸巳(5 月 17 日)

李鸿章致函醇亲王，主张借洋款三千万以修芦汉铁路。①

廿六日辛丑(5 月 25 日)

出使美日秘国大臣张荫桓奏，悬挂国旗，请分别等级，定为方式，俾与商旗区别。如所请行。

以出洋三年期满，予日本使署东文翻译官陶大均等奖叙。

廿七日壬寅(5 月 26 日)

驻美使臣张荫恒奏，国旗拟改用长方式，以便于舰船悬挂。②

廿九日甲辰(5 月 28 日)

有人奏，知县讳饰盗案，据实参劾，并声明台州土匪未靖缘由各折片。据称浙江黄岩县知县倪望重政尚姑息，到任未及三年，抢案已百余起，恐日久酿成巨患，滋蔓难图，至台州土匪未靖，由于词讼钱粮税契厘捐各积弊，请饬查办等语。着崧骏按照所奏各节，确切查明。寻奏：倪望重并无讳饰盗案、浮收税契情弊，惟人地不宜，请开缺另补。从之。③

五月初一日丙午(5 月 30 日)

福建船政船厂为广东所造木壳钢胁穹式快船“广庚”号(总第三十一号)，完工下水。④

---

① 《李鸿章全集·电稿》第 2 册，安徽教育出版社 2008 年版，第 80~81 页。

② 王彦威：《清季外交史料》卷八〇，书目文献出版社 1987 年版，第 29 页。

③ 《清实录·德宗景皇帝实录》卷二六九。

④ 刘传标：《近代中国船政大事编年与资料选编》第 2 册，九州出版社 2011 年版，第 379 页。

初三日戊申（6月1日）

有人奏，浙省南粮折价太巨，官民交困，拟请仍归本色征放一折。据称浙江杭嘉湖三府漕粮，年外完者谓之南粮，为旗营兵米之用，同治四年定价，每石约需钱三千八百文。当时米价昂贵，尚无轩轾，今则米价日减，折价日增，竟有增至五千至七千不等，地方官因民欠愈多，亦须赔垫，以致官民交困，拟请仍归本色征放等语。清廷批示：民间完纳漕粮，总以均平为主，据奏杭嘉湖三府折征南粮困苦情形，着崧骏按照所陈各节，确切核议。寻奏：拟自光绪十五年冬漕为始，各属粮米，不分漕南，概收本色，不准再有南折名目，各营兵米仍给折色以恤兵艰。惟州县征本解折，无从赔垫，不得不于解款内，量予酌减。所有杭嘉湖三府减兵余米及粮道衙门南月粮米，本系征本解折之款。原定每石解银二两，拟请核减四钱。似此变通办理，于贫民不无裨益，州县亦不致为难。从之。①

初四日己酉（6月2日）

两江总督曾国荃等奏，遵查十二年回空漕船经费，实难删减，请饬部照数核销，以免赔累。从之。

十五日庚申（6月13日）

前据卞宝第奏参管带镇海炮台候补参将吴杰居心险诈，不遵调度，并有侵用工料情事，请将该参将革职，当经照所请行。兹有人奏吴杰熟谙西法，廉朴耐劳，从前法舰犯口，两次开炮获胜，声望甚好，此次误被参劾，实由于标营将士排挤。朝廷遴选将才，首在辨别是非，刘秉璋、卫荣光前在浙江巡抚任内，办理海口各事宜，所部将领之贤否，自必知之详审。究竟吴杰才具如何，平日办事是否可靠，从前防守镇海口门有无功绩，着即据实覆奏。寻刘秉璋奏：吴杰前办海防，功绩最著，平日办事可靠，才具可用。报闻。

有人奏，浙东新筑炮台，请饬妥筹保护一折。据称镇海南北两岸，前经刘秉璋等新筑炮台，添置炮位，安设炮兵，布置已有端绪。前参将吴杰管理时颇称得力，现在吴杰被参革职，恐办理不得其人，致涉废弛等语。镇海为浙东紧要门户，该处炮台，必须认真整理，方可为经久之计。清廷着崧骏遴派得力员弁，将守护操演各事宜，实力整顿，以规久远，并将筹办情形，详细覆奏。至卞宝第奏参吴杰各节，

① 《清实录·德宗景皇帝实录》卷二七〇。

系据欧阳利见函称，其此案实在情形，并吴杰平日声名才具，仍着崧骏确查具奏。寻奏：已严饬各督炮兵，查照吴杰定章，认真操演，并派候补知府杜冠英总理南北岸炮台事宜。得旨：着照所请，督饬委派各员认真经理，毋任日久生懈。①

十七日壬戌（6 月 15 日）

予故两江总督沈葆桢，于台湾地方建立专祠，以故署福建巡抚吴赞诚附祀。从福建台湾巡抚刘铭传请也。

廿一日丙寅（6 月 19 日）

督办船政候补三品京堂裴荫森奏，自制龙威兵轮出口试洋情形。又奏，拟委出洋学生试造枪炮，请于节省经费项下，购置机件。均下部知之。

廿五日庚午（6 月 23 日）

以神灵显应，颁直隶邯郸县圣井龙神匾额曰“宣泽普霖”，并加封号曰“溥惠”。

廿六日辛未（6 月 24 日）

直隶总督李鸿章奏，从九品曾宗瀛等监造快船，守备邱宝仁等接带回华，均属远涉重洋，异常出力，请免予核减，仍遵前旨给奖。从之。

以经理出使各国文报，予委员黄建筦等奖叙。②

六月初一日乙亥（6 月 28 日）

以教习期满，予同文馆汉教习程振淮以知县用。③

初七日辛巳（7 月 4 日）

福建台湾巡抚刘铭传奏，澎湖一岛为闽台咽喉，形势散漫，现经勘定，于码宫

① 《清实录·德宗景皇帝实录》卷二七〇。

② 《清实录·德宗景皇帝实录》卷二七〇。

③ 《清实录·德宗景皇帝实录》卷二七一。

地方凭海筑城，联络炮台，以资捍卫。下兵部知之。

以监造台湾大炮出力，予知府李经方奖叙。

十二日丙戌(7月9日)

奕劻等奏，各省关应解海防经费限满，请分别劝惩，开单呈览一折。据称各省关应解上年海防经费及补解历年欠款，有扫数全解者，有尚未解清者，自应查照定章分别劝惩。所有业经解清之湖北省及闽海、镇江、江汉、芜湖、粤海各关，着交部查取职名给予议叙。其未经解清之江苏江宁浙江江西等省，着查取职名议处。此项经费，关系紧要。即着该督抚饬司将欠解银两，迅即如数拨解，毋再迟延，致误要需。嗣后各省关务当遵照指拨数目，按年解清，不得任意延宕。

奕劻等奏，请饬内务府归还海军衙门借款等语。着总管内务府大臣，即将十三年分欠解银一万两，十四年分应还银八万两，并本年应还之款，一并迅筹解还，勿再延宕。

以神机营备操暨海军学堂出力，予副都统衔营总国胜以副都统记名简放，坐补浙江盐运使惠年以盐运使用，余升叙开复有差。①

十八日壬辰(7月15日)

以积欠课帑，革直隶长芦盐商候选道高裕原职，并勒追。

豁免运漕遭风江苏船户孙永昌承运损失漕米。

秋七月初五日己酉(8月1日)

以助办奉赈集款数逾十万，上海绅士候选道员袁天锡等十八员，传旨嘉奖。

抚恤山东莒州沂水县被雹灾民。②

闽浙总督卞宝第奏，江西船民与福建延平民人发生械斗。③

初六日庚戌(8月2日)

抚恤琉球国遭风难民如例。

---

① 《清实录·德宗景皇帝实录》卷二七一。

② 《清实录·德宗景皇帝实录》卷二七二。

③ 朱寿朋：《光绪朝东华录》，十五年七月己酉，中华书局1958年版，第2635~2636页。

初七日辛亥(8月3日)

以抽收厘捐，办理不善，革浙江知县王宗丞职，象山县知县邹文沅开缺降补。

十二日丙辰(8月8日)

调两广总督张之洞为湖广总督，漕运总督李瀚章为两广总督。

十四日戊午(8月10日)

以直隶布政使松椿为漕运总督。未到任前，以淮扬海道徐文达暂行护理。
以前西安将军吉和为杭州将军。

廿四日戊辰(8月20日)

有人奏，道员龚寿图，前于光绪六年，在上海设立机器织布局，招合股分银四十万两，至今十年，迄未开办；去年忽称资本亏折，改由龚彝图经理，如不续加银两，前票作为废纸，以致物议哗然，请饬查办等语。各省招合股分，原期易于集款，以裨商务。若如所全各节，假称亏折，蓄意诳骗，将来招股，势必观望不前，实属不成事体。着曾国荃等确切查明，应如何设法勒限清厘，以恤商亏，而儆效尤之处，着即据实覆奏，毋稍徇隐。寻奏：龚寿图当创办之初，即陈明专管官务，并不经手银钱，委无设词诳骗情弊。龚彝图是北洋大臣札委接办局务，亦非私相授受。老股加价三十两，逾限不加，以三股折作一股，给换新票，禀准有案，并非作为废纸。所有局中亏折，系专管商务之候选道郑官应所为。应严催郑官应来沪，勒限究追，以儆效尤。以后局务，责成龚寿图等认真经理。报闻。①

廿七日辛未(8月23日)

抚恤广东嘉应、镇平、平远、从化、广宁、陆丰六州县被水灾民。

---

① 《清实录·德宗景皇帝实录》卷二七二。

廿九日癸酉(8月25日)

两广总督张之洞奏，粤省筹捐经费，购置外洋机器，建厂自造枪炮，以为自强久计。下所司知之。①

八月初二日乙亥(8月27日)

光绪帝奉慈禧太后懿旨：总理海军事务衙门奏遵议通筹铁路全局一折，据称拟照张之洞条陈，由卢沟桥直达汉口，现在先从两头试办，南由汉口至信阳州，北由卢沟至正定府，其余再行次第接办，并胪陈筹款购地各节，所奏颇为赅备。业据一再筹议，规画周详，即可定计兴办。着派李鸿章、张之洞会同海军衙门，将一切应行事宜，妥筹开办，并派直隶按察使周馥、清河道潘骏德随同办理，以资熟手。此事造端闳远，实为自强要图。惟创始之际，难免群疑。着直隶、湖北、河南各督抚，剀切出示，晓谕绅民，毋得阻挠滋事。总期内外一心，官商合力，以蒇全功，而裨至计。②

海军衙门请将郑工捐改为海防捐，再展一年，以备海防船炮等需。③

初三日丙子(8月28日)

福建船政船厂为广东所造新式穹甲兵轮“广乙”号完工下水。④

初七日庚辰(9月1日)

本日总理各国事务衙门户部会奏，议驳刘铭传奏基隆煤矿及新竹煤油拟令英商承办一折，已依议行矣。该衙门所奏台湾煤矿，如合同内所载定立年限，指定界限，不准华民开挖，加征土煤厘捐各节有妨本地民生，及洋商承办后种种流弊，立论极为切当。此事开办十余年，未著成效，实由承办之人，经理不善。该抚思

① 《清实录·德宗景皇帝实录》卷二七二。

② 《清实录·德宗景皇帝实录》卷二七三。

③ 中国史学会主编：《洋务运动》，《中国近代史资料丛刊》第6册，上海人民出版社1961年版，第257~261页。

④ 刘传标：《近代中国船政大事编年与资料选编》第2册，九州出版社2011年版，第381页。

欲补救，不于所用官商实力讲求，辄与英商订拟合同，虽可作为罢论，究属多此一举，办事殊属粗率。着传旨申饬。该抚接奉此旨后，即着按照该衙门所奏，慎选贤员，破除积习，将煤矿各事宜认真核实，妥为经理。总在用人得宜，自可渐收成效。如产煤日绌，亏折太多，亦应酌量情形，另筹办法，毋再草率从事，致滋后患。①

初八日辛巳(9月2日)

督办船政候补三品京堂裴荫森奏，闽厂经费不敷，海关六成洋税，未能照拨。请饬部筹画，设法解济。下部议。

十五日戊子(9月9日)

闽浙总督卞宝第奏，茶税历年递减，部拨各款，力难如数筹解。下部知之。

廿四日丁酉(9月18日)

以神灵显应，加浙江钱塘县金华将军封号曰“诚感”，福建崇安县扣冰古佛封号曰“灵佑”。②

廿五日戊戌(9月19日)

总理各国事务衙门奏，瑞典那威国王诞生皇孙，请饬出使俄德奥和国大臣洪钧转行致贺。报可。

廿六日己亥(9月20日)

直隶总督李鸿章奏，恳将本届山海钞关加增赢余银两截留，备海口水雷营需用。从之。③

① 《清实录·德宗景皇帝实录》卷二七三；中国史学会主编：《洋务运动》，《中国近代史资料丛刊》第7册，上海人民出版社1961年版，第80~81页。

② 《清实录·德宗景皇帝实录》卷二七三。

③ 《清实录·德宗景皇帝实录》卷二七三。

九月初一日甲辰(9 月 25 日)

以江南水旱为灾，英国君主捐银助赈，命总理各国事务衙门致谢，赏律师担文三品顶戴。①

初二日乙巳(9 月 26 日)

督办船政候补三品京堂裴荫森奏，闽厂协造粤东“广庚”“广乙”兵轮，先后下水，并陈厂务情形。又奏，经费支绌，请暂停青州开船坞工程。均下所司知之。

初七日庚戌(10 月 1 日)

山东巡抚张曜奏，东纲商情苦累，应捐进关厘头等项，请展限启征。从之。

以广东布政使游智开署广东巡抚。

初九日壬子(10 月 3 日)

浙江巡抚崧骏奏，温州等属被风被水，查勘抚恤情形。得旨：即着饬属妥为抚恤，毋任灾民失所。

二十日癸亥(10 月 14 日)

浙江巡抚崧骏奏，遵旨设法安顿流民，严拿会匪游勇，及现在地方安谧情形。报闻。②

廿五日戊辰(10 月 19 日)

总理海国事务衙门奏，仿照西法用印花税，以备海军经费。下所司议。

两广总督张之洞奏，粤省试铸银元，查无流弊，洋商汇丰银行，并求附铸行用。下部议。寻奏：请旨允准试办。惟银元铸成后，是否即由该洋行发出行用。局

① 《清实录·德宗景皇帝实录》卷二七四。

② 《清实录·德宗景皇帝实录》卷二七四。

中鼓铸机器，如有损坏，该洋行是否贴款添购，应令该督查明报部。从之。又奏，粤省钱局落成，开炉铸造，恭进钱样，并陈办理情形。得旨：各省钱样，向有成式。该省铸钱，应用清文宝广二字，并不必添铸库平一钱字样。

广东高州镇总兵黄廷彪，开缺另简，以前潮州镇总兵郑绍忠为广东高州镇总兵官。

以亏欠银米，革广东南澳同知周锜职，并勒追。①

廿六日己巳（10 月 20 日）

两广总督张之洞奏，外国教士所设育婴堂，最易滋事，现与法国领事商定稽察办法。下所司知之。

廿八日辛未（10 月 22 日）

以出洋期满，予参赞徐寿明以道员即选，道员瑞元等升叙有差。

予捕盗受伤殒命，广东广州协把总朱善庆优恤。

予出洋病故，秘鲁领事署供事张丕勋优恤。

廿九日壬申（10 月 23 日）

两广总督张之洞奏，粤省盗匪炽悍，恳请明定获盗章程，照军营劳绩优奖。下部议。又奏，粤省连山厅猺匪，滋蔓日广，委员查办情形。报闻。②

冬十月十四日丙戌（11 月 6 日）

浙江巡抚崧骏奏，勘明本年各厅州县被风被水灾歉情形。得旨：着即饬属确切查勘，速筹赈抚，以恤灾黎。

十五日丁亥（11 月 7 日）

光绪帝晓谕：本年江苏久雨为灾，自八月以来，连旬不止。苏州、松江、常州、镇江、太仓各府州属，俱遭水患，兼以浙西、皖南蛟水下注，江湖并涨，禾稼

---

① 《清实录·德宗景皇帝实录》卷二七四。

② 《清实录·德宗景皇帝实录》卷二七四。

淹没，粮价陡长。该省猝被奇灾，朕心实深悯恻。着于该省藩库拨银五万两以资急赈，复钦奉慈禧太后懿旨，着发去宫中节省内帑银五万两，作为苏州等府赈款，着刚毅分拨灾区，妥速散放，用副深宫轸念穷黎至意。

光绪帝晓谕：本年秋间，浙江大雨连旬，水势涨发，杭州、嘉兴、湖州、宁波、绍兴、台州、金华、严州、温州、处州俱被水灾，前据崧骏奏报，谕令妥为抚恤。嗣据续报，杭、嘉、湖三府情形最重，复降旨令该抚酌拨银米，速筹赈抚，准其作正开销。惟该省被水之区，多至十府，且系秋后成灾，民情益形困苦，朝廷加恩着于浙江藩库提银五万两，作为赈抚之需，并钦奉慈禧太后懿旨，着于宫中节省内帑项下，发去银五万两，交崧骏妥速赈济，以全民命。

光绪帝谕令：各省添购机器等项，照章应于事前奏明立案。乃近阅张之洞叠次奏报，于添购机器等事未经奏明，辄先向洋商订立合同。如前购织布铸钱机器，及沙路铁桩，本日具奏购买炼铁机器，动需巨款，皆于已经议办之后，始行入奏，殊属非是。国家经费有常，岂容任意开支。除将所奏交该衙门核议外，嗣后如有建议创办之事，及购买机器军火各项物料，均着先行陈请，候旨遵行，不得于未经奏准之先，率行举办。

两广总督张之洞奏，分派将领，添募水陆勇丁，分路缉捕情形。下所司议行。①

十七日己丑(11月9日)

张之洞奏，建筑琼廉海口炮台炮堤，改订台炮车炮，以固防局一折。各省筑台购炮等事，均应先期咨商海军衙门议定有案，方准兴办。前经该衙门奏准通饬遵照，琼廉防务，张之洞前于巡视海口折内，奏明兴办，惟系统陈大概情形，并未将筑台若干，购炮若干，先行咨商海军衙门筹定请旨。现在阅时已久，始将购炮筑堤各节，一一陈奏，均系动用巨款，率行定议，殊属不合。张之洞着传旨申饬，所奏琼廉等处现办各事宜，仍着该衙门议奏。

两广总督张之洞奏，法国兵轮驶至崖州之榆林港，量水插标，显背条约，请饬总理各国事务衙门照会禁阻，并拟筹款在该港驻营筑台，以保形势。下所司议行。②

十八日庚寅(11月10日)

两江总督曾国荃奏，拟于奉拨南洋防费项下，挪银十万两，购办外洋新式后膛

① 《清实录·德宗景皇帝实录》卷二七五。

② 《清实录·德宗景皇帝实录》卷二七五。

枪炮，以资军用。下所司议行。

以江苏淮扬海道徐文达，为福建按察使。

二十日壬辰(11 月 12 日)

刘铭传奏，副将进山开路，中伏阵亡，恳恩优恤一折。据称九月初间，副将刘朝带，因番社抚定，进山开路，猝遇凶番伏路戕害等语。

予台湾军营病故总兵石玉成等，二十一员优恤。

赏德国驻京使臣克林德宝星。

廿六日戊戌(11 月 18 日)

前经总理各国事务衙门奏，现在交涉事务较前倍多，翻译语言文字最关紧要，请派员专管同文馆，以资训练，当派曾纪泽、徐用仪总理其事。现已数月，整顿情形若何，着该大臣等即行覆奏。

詹事志锐奏，请饬整顿商务，以保利权一折，着该衙门议奏。寻总理各国事务衙门奏，原奏所请减厘金、加洋税两端，揆之目前情形，诸多窒碍，势所难行。至矿务工作，业已次第开办。所称瓷器创设公司仿造西式一节，能否获利，殊无把握，应请毋庸置议。从之。

詹事志锐奏，洋人密耳士、满德遇事欺蒙，请饬总理各国事务衙门，照会国使，并咨行各督抚，勿用此二人。

詹事志锐奏，请饬各省试行小火轮船，并甘肃举办电线等语，着该衙门议奏。寻总理各国事务衙门奏，各省试行小火轮船，应请旨饬下南北洋大臣、沿江沿海各督抚察看情形，通盘筹画，请旨遵行。至甘肃兴办电线，查由保定至嘉峪关，官商分办，业经陕甘总督杨昌濬，会同北洋大臣李鸿章先后奏准开办，并声明关外应如何展拓，已与署新疆巡抚魏光焘等设法兴修，另行奏明办理。该詹事所陈各节，应毋庸议。从之。①

廿八日庚子(11 月 20 日)

督办船政光禄寺卿裴荫森奏，协造粤东“广庚”轮船，试洋赴粤，并现办厂工情形。下所司知之。

---

① 《清实录·德宗景皇帝实录》卷二七五。

三十日壬寅(11月22日)

前据张之洞叠次具奏，广东拟设织布官局，购办织布纺纱机器及筹购机器，创设炼铁厂各折。先后降旨交该衙门议奏。兹据户部奏称，购办机器以及建厂等费，按镑价折合，共需银九十余万两，张之洞既未先行奏报，亦未咨商该部，无从遥度，请饬李瀚章筹议等语。织布炼铁两事，果能办有成效，固可收回利权。惟究竟有无把握，且经费所需甚巨，能否措有的款，并张之洞已汇之十三万一千余两，究由何款动用，未发之八十余万两将来是否有着，均着李瀚章详细查明，迅速具奏，候旨遵行。寻奏：订购炼铁机器，创设铁厂，已付定价洋银十三万二千六百余两，粤东碍难办理情形，已奏明请旨在案。订购织布机器建筑厂屋，似应放鄂省兴办，则采买棉花，取资较便。至订购机器款项，张之洞任内所付之二十二万九千余两，系由闱姓商捐及军需项下支垫。其未付之十七万四千三百余两，俟机器运到，仍当设法筹付，免致失信外人。下部知之。

陕西巡抚张煦奏，派员赴天津购买洋炮火药，以备军实。下所司知之。①

十一月初四日丙午(11月26日)

抚恤朝鲜国遭风难民如例。

初五日丁未(11月27日)

两广总督张之洞奏，广东州县疲累，现经定章筹款，永远禁革陋规馈遗，裁免司库捐摊。酌减差务浮费，加给道府州县公费津贴，以清治本，恳予立案。下部知之。又奏，测绘广东全省海口，纂订图说，告竣进呈。得旨：图留览。②

初六日戊申(11月28日)

张之洞奏，劣绅欠缴屯田变价，把持违抗，据实奏参一折。广东东莞县万顷沙围田一百三十余顷，该处绅士承领三十余年，应缴屯价等项银两甚巨，叠经严催，迄未完缴。经张之洞确切查办，准所缴银两抵扣外，仅令收回未缴价之八十余顷，拨作广雅书院常产。该绅等仍复抗不遵交，实属把持违抗，渔利妄为，自应从严惩

① 《清实录·德宗景皇帝实录》卷二七五。

② 《清实录·德宗景皇帝实录》卷二七六。

处，以儆豪强。候选直隶州知州黎家崧、户部郎中何庆修、教谕郭庚吉、职员钱万选均着一并革职，永不叙用。礼部主事邓佐槐着暂行革职，俟查办完竣后，察看有无阻挠情事，再行奏明请旨。

两江总督曾国荃等奏，江苏久雨为灾，遵陈办赈情形。得旨：所筹尚属周妥。即着饬令该委员等认真经理，以期实惠及民。

浙江巡抚崧骏奏，秋汛风潮旺大。杭州府属三防塘工冲损甚多，请添拨银两筹修。下部知之。

两广总督张之洞奏，粤省创设水陆师学堂，著有成效，现拟派登练船，周历海口，以资娴熟。报可。又奏，西学确有实用，宜旁收博采，以济时需。除算学外，尚有矿学、化学、电学、植物学、公法学五种，皆足以资自强而裨交涉。下所司知之。①

初七日己酉（11 月 29 日）

张之洞奏，筹办海防善后各案，开单报销一折。该省自光绪九年起至十四年底止，办理海防用款。前经该督奏请开单具奏，当交户部核议，业经奏驳，降旨饬令造册报销，该督未候谕旨，辄即开单奏报，殊属非是。着即懔遵前旨，分晰造册，送部查核毋稍含混。

浙江巡抚崧骏奏，海盐县石塘短字等号坦水工竣，请酌保出力员弁。得旨：准其择尤酌保数员，毋许冒滥。②

初九日辛亥（12 月 1 日）

何福堃奏，海防捐输减成，宜分别办理一折。着该部议奏。

户部奏，光绪十六年内务府经费，拟拨两浙盐课银五万两、广东盐课银五万两、福建茶税银五万两、闽海关常税银十万两、洋税银五万两、江海关洋税银五万两、太平关常税银十万两、九江关常税银十五万两，共银六十万两。

御史何福堃奏，出洋游历人员，请饬豫立保奖限制等语。着该衙门议奏。

十一日癸丑（12 月 3 日）

户部奏，议驳给事中方汝绍奏海防新捐，请变通推广一折。此次海防新捐，一切条款章程，均经该部照郑工例厘定。嗣据李鸿章奏请变通捐章选法，后经部分别

① 《清实录·德宗景皇帝实录》卷二七六。

② 《清实录·德宗景皇帝实录》卷二七六。

准驳，奏准通行。该给事中所陈道府优定选班，及改奖移奖展限，皆于定章有碍。武职报捐，业于同治年间，奉旨永远停止；至会试殿试捐免罚科，尤属有乖体制。均着毋庸置议。

十三日乙卯（12 月 5 日）

两广总督李瀚章请饬湖广总督张之洞，将前在粤省所购炼铁、织布机器带至湖北开办。①

十四日丙辰（12 月 6 日）

总理海军事务衙门奏，开办铁路，请饬部岁拨的款二百万，不借洋债，不购洋铁，用葳全工。如所请行。②

十六日戊午（12 月 8 日）

总理各国事务衙门奏，遵议洋法印花税，遽难议行。又奏，葡萄牙国君主薨逝，卡洛斯一世嗣立，请行文唁贺。均报可。③

十七日己未（12 月 9 日）

本年浙江被水甚重，灾区之广，几遍全省。前经特拨巨帑，藉资赈济。嗣据崧骏奏请，于藩运两库，拨银十五万两，作为冬春办赈之需，复降旨照所请行，并谕令该抚将赈抚办法，先行驰奏，现尚未据奏到。刻下正在办理冬赈，情形若何，着即迅速覆奏，以慰廑系。

卞宝第奏，提督因病恳请开缺，据情代奏等语。浙江提督欧阳利见着准其开缺。

闽浙总督卞宝第奏，闽盐因江匪滋事，碍及帮销，商力疲敝，应办票运，二十四届奏销，恳展限三月，以纾商困。从之。

出使美日秘国大臣张荫桓奏，美国赔款，散放完竣，并匀拨山东赈款。又奏，

---

① 中国史学会主编：《洋务运动》，《中国近代史资料丛刊》第 7 册，上海人民出版社 1961 年版，第 208 页。

② 《清实录 · 德宗景皇帝实录》卷二七六。

③ 《清实录 · 德宗景皇帝实录》卷二七七。

美国废约，现驳正者。华人假道美境，及华商往来美国照式两事，谨缮呈往来照会。均下所司知之。

以出洋三年期满，予翻译官内阁候补侍读恩光奖叙。①

十八日庚申（12 月 10 日）

以办事公正，赏英国领事费笠士宝星。

二十日壬戌（12 月 12 日）

调湖南提督冯南斌为浙江提督，未到任前，以浙江巡抚崧骏暂行兼署。以广东高州镇总兵郑绍忠为湖南提督，未到任前，以湖南巡抚邵友濂暂行兼署。

以记名副都统克什克图为三姓副都统。以记名提督左宝贵为广东高州镇总兵官。

廿三日乙丑（12 月 15 日）

前据张之洞奏，潮州添募三营，归知府弹压调遣，当交兵部议奏。兹据该部奏称，查明潮州镇标及城守营额设制兵一千九百余名，壮勇练兵一千五百名，为数不为不多，果能训练认真，何至不敷调遣等语。各省裁勇节饷，屡经降旨饬遵。该督何得于现存勇丁外，遽行添募。所请选募安潮营之处，着不准行。惟各营兵勇，积习甚深，如张之洞所奏，或藉端生事，或呼应不灵，自应及时整顿，着李瀚章核实稽查，力除积弊，以资弹压而靖地方。

廿四日丙寅（12 月 16 日）

御史杨晨奏，本年浙江天台、仙居、临海、黄岩、太平近山沿海各乡，均被水灾，台州府城有常平仓谷万石，请饬及早散放；又同治年间，设立培元局，存钱约十万有奇，发商生息，请饬酌提放赈等语。该处被灾甚重，自应速筹赈济，着崧骏饬令该府将常平仓谷，即行开放，并将培元局存款酌提分拨各县，以济赈需。务期核实经理，不准劣绅把持舞弊。另奏，被灾地方，饥民夺食，奸徒乘机肆抢，宁绍温台各府多有滋事之案，亟宜禁防，并着饬属一体查拿究办，以靖闾阎。

总理各国事务衙门奏，德国国君寄到瓷瓶二尊，恭贺大婚庆典，谨拟答覆国

---

① 《清实录·德宗景皇帝实录》卷二七七。

书。报闻。①

廿五日丁卯(12 月 17 日)

以直隶正定镇总兵叶志超为直隶提督。

予朝鲜差次病故知县纪堪篪、淹毙游击赵开元优恤。

予海防积劳身故直隶记名提督易用刚等二十七员优恤。

廿九日辛未(12 月 21 日)

户部、总理各国事务衙门奏，豫拨东北边防经费一折。据称光绪十六年，东北边防经费，照案指拨山东地丁银十二万两、山西地丁银十万两、浙江地丁银八万两、江西地丁银五万两、安徽地丁银十万两、江苏厘金银八万两、江西厘金银八万两、浙江厘金银八万两、安徽厘金银五万两、湖北厘金银八万两、福建厘金银八万两、广东厘金银八万两、江海关六成洋税银十万两、江汉关六成洋税银十万两、闽海关六成洋税银十万两、九江关六成洋税银八万两、粤海关六成洋税银十二万两、夔关常税银四万两、四川津贴银八万两、两淮盐厘银十二万两、四川盐厘银十五万两、山东粮道库银五万两，请饬依限报解。②

十二月初一日壬申(12 月 22 日)

本年浙江各府属，被水成灾，民情异常困苦，叠经颁帑拨款，广为赈抚，并谕令崧骏将应征钱粮赋课，查明分别蠲缓。兹据崧骏奏称，该省有漕各州县受灾过重，本年漕白粮米，实难征运，现拟剔熟酌征地丁钱粮等语。加恩着照所请。所有杭州、嘉兴、湖州三府，应征本届漕白粮米，即着全行蠲免，以纾民困。其应征地丁一项，浙东各属，被灾较轻，仍着照例剔熟征收。杭、嘉、湖三府属被灾极重之区，应征地丁，并着一律蠲免。其余田亩，各按成熟分数，分别酌量征收。③

十四日乙酉(公元 1890 年 1 月 4 日)

闽浙总督卞宝第奏，新改澎湖镇总兵巡洋会哨事宜，请饬核议。下部议。

---

① 《清实录·德宗景皇帝实录》卷二七七。

② 《清实录·德宗景皇帝实录》卷二七七。

③ 《清实录·德宗景皇帝实录》卷二七八。

十七日戊子(公元1890年1月7日)

张曜奏，利津县韩家垣地方，新河通畅，请筑堤束水，俾全河由此归海一折。山东黄水为患，皆由入海之路不畅，以致上游连年漫溢。既据该抚查明利津县南北岭迤下韩家垣地方，距海仅三十九里，本年河水，由此入海者十之六七。如果筑堤束水，能使全河悉由此归壑，自较挑挖铁门关海口，远近难易，迥不相侔。着即照所议，于该处两旁添筑大堤，束水中行，并于萧神庙以下河身，截筑土埂，以免两行力弱，易致停淤。所需工用银九万八千余两，即着张曜于司库提拨应用。

十九日庚寅(公元1890年1月9日)

蠲缓浙江鄞、慈溪、镇海、象山、山阴、会稽、萧山、诸暨、余姚、新昌、嵊、临海、黄岩、天台、仙居、东阳、浦江、遂安、桐庐、分水、温、玉环、奉化、上虞、宁海、金华、义乌、乐清、兰溪、永康、武义、西安、龙游、江山、常山、开化、建德、淳安、寿昌、永嘉、瑞安、平阳、泰顺、丽水、缙云、青田、龙泉、庆元、景宁、宣平五十厅州县，暨台州卫被水被旱被风被潮暨沙淤坍没各地方本年额赋及旧欠银米有差。①

廿六日丁酉(公元1890年1月16日)

缓征两淮泰海二属东台、何垛、丁溪、庙湾、富安、安丰、梁垛、草堰、刘庄、伍佑、新兴、板浦、临兴、中正十四场被风被潮灶地新旧折价钱粮。

廿七日戊戌(公元1890年1月17日)

先是山东巡抚张曜奏，请停捐翎枝以重名器，谕令户部总理海军事务衙门议奏。至是奏上，翎枝与官阶，有实惠虚荣之别，若因其滥，遽停此项捐例，似未免过事拘执。该抚请将翎枝停捐之处，应毋庸议。惟此后翎枝捐数，是否仍援郑工事例，或照部议减数收捐，相应请旨定夺。得旨：仍照郑工事例收捐。

廿八日己亥(公元1890年1月18日)

蠲免两浙鸣鹤、钱清、西兴、石堰、杜渎、海沙、鲍郎、芦沥八场，暨镇海县

---

① 《清实录·德宗景皇帝实录》卷二七九。

之龙头、慈溪之沙荡田地被灾灶课，其余歉收场地缓征、减征、递缓有差。

豁免浙江杭州、嘉兴、松江三府荒芜灶荡额课钱粮。①

廿九日庚子(公元1890年1月19日)

朝鲜国遣使表贡方物，赏赉如例。

是年

全国海关出口货值银九千六百九十四万七千八百三十二两，进口货值银一亿一千零八十八万四千三百五十五两，入超银一千三百九十三万六千五百二十三两。征收货税银(海关洋税)二千一百八十二万三千七百六十二两。②

大沽船坞为北洋海防营所造轮船“飞龙”号，完工下水，供天津巡缉海盗、转运海军饷械。③

光绪十六年　庚寅　公元1890年

春正月初八日己酉(1月28日)

抚恤琉球国遭风难民如例。④

初十日辛亥(1月30日)

抚恤琉球国遭风难民如例。

---

① 《清实录·德宗景皇帝实录》卷二七九。

② 刘锦藻:《清朝续文献通考·国用四》卷六六，商务印书馆1934年版，第8225~8229页。

③ 刘传标:《近代中国船政大事编年与资料选编》第2册，九州出版社2011年版，第385页。

④ 《清实录·德宗景皇帝实录》卷二八〇。

廿九日庚午(2 月 18 日)

两江总督曾国荃奏，借拨巨款，拣派大员，驰赴江苏、浙江灾区加放春赈。得旨：该督筹办赈务，不分畛域，极为周妥。即着督饬印委各员，核实散放，以恤灾黎。①

二月十一日辛巳(3 月 1 日)

山东巡抚张曜奏，沿河被水州县民情困苦，东海关所辖之青光、利津、沾化、海丰四口外来粮贩，请免收税厘，以恤民艰。从之。②

十五日乙酉(3 月 5 日)

直隶总督李鸿章奏，轮船招商局结存官款，提还津沽铁路洋债，并由商船酌认官款息银，备充赈需。又奏，筹款接办蒙自至保胜电线，与越南法线相连。均下所司知之。

十七日丁亥(3 月 7 日)

北洋海军总教习琅威理，因升旗事件辞职。③

十八日戊子(3 月 8 日)

总理各国事务衙门奏，遵议朝鲜越垦流民，请将清丈升科事宜，妥为经理。从之。

十九日己丑(3 月 9 日)

吉林将军长顺致电李鸿章，谓朝鲜与俄国订立《陆路通商条约》，将位于该国东北隅之庆兴府所属温贵海口沿岸地方租让于俄。李鸿章电询驻韩委员袁世凯，后

---

① 《清实录·德宗景皇帝实录》卷二八〇。

② 《清实录·德宗景皇帝实录》卷二八一。

③ 李锡亭：《清末海军见闻记》，戚其章：《中日战争》，《中国近代史资料丛刊续编》第 6 册，中华书局 1993 年版，第 23~24 页。

者称应无其事。①

廿二日壬辰(3月12日)

刘铭传奏，剿办台北内山番社情形一折。上年九月间，宜兰凶番戕害官弁，经刘铭传派总兵吴宏洛等督队进剿，于十二月间，叠毁白阿歪等社。各番恐怖，将为首凶番有敏阿歪等捆送求抚，讯明正法。所有加九岸叛番，据称此次剿办，暂知敛迹。另片奏，带兵官侵冒饷银，故违军令，并营务处委员怂恿为奸等语，游击郑有勤、守备张安珍均着革职即行正法，江苏候补知县徐石麒着革职永不叙用，已革县丞凌云俟拿获到案，讯明惩办。②

廿四日甲午(3月14日)

总理各国事务衙门奏，重庆开办通商，停止轮船上驶，续议条款及先后筹办情形，并请派员画押。得旨：着派奕劻、孙毓汶，与英国使臣画押。③

廿六日丙申(3月16日)

詹事府詹事志锐奏，出使随员，请于总理海军两衙门遴员派委，并请随带同文馆学生充当翻译各折片。着该衙门议奏。寻总理各国事务衙门奏：出使随员，拟俟每届更换使臣时，由臣等商同出使大臣，遴派章京一二员随往，俾资练习，以储使才。其出使西洋者，由总理海军事务衙门酌派章京二员，随到彼国，俾广见闻而资考订。至同文馆学生充当翻译，应于馆中功课较优者酌派。依议行。④

廿七日丁酉(3月17日)

督办船政光禄寺卿裴荫森奏，修整“龙威”钢甲兵船工竣，请赏还各学生顶戴，并请饬部立案。从之。

---

① 《李鸿章全集·电稿》第2册，安徽教育出版社2008年版，第206页。

② 《清实录·德宗景皇帝实录》卷二八一。

③ 王彦威：《清季外交史料》卷八二，书目文献出版社1987年版，第6~9页。

④ 《清实录·德宗景皇帝实录》卷二八一。

闰二月初六日丙午（3 月 26 日）

以救护外洋失事船只出力，予山东荣成县知县毕炳炎等奖叙。

以出洋三年期满，予驻美参赞官刑部候补郎中彭光誉奖叙。①

初九日己酉（3 月 29 日）

以福建布政使刘瑞祺为山西巡抚，未到任前，以山西按察使潘骏文暂行护理。以江苏按察使刘树堂为福建布政使。

十一日辛亥（3 月 31 日）

总理各国事务衙门奏，朝鲜弱小，不足自存，现筹整顿事宜六条。一、精练水陆各军；一、东三省兴办铁路；一、该国税司，由中国委派；一、该国派使，应守属国体制；一、阻止该国借外债；一、匡正该国秕政。钦奉慈禧太后懿旨，所议六条内整顿练兵、兴办铁路两条，均合机宜，惟揆之该国现在情形，必须筹一切实办法，方免延误。原拟后四条，尚近空言，着该衙门会同李鸿章再行妥筹具奏，醇亲王仍一并与议。

以记名总兵宋得胜为福建汀州镇总兵官。②

十二日壬子（4 月 1 日）

总理各国事务衙门奏，《烟台条约》，续增专条六条，与英使华尔身于闰二月十一日公同盖印画押，以昭信守。报闻。

闽浙总督卞宝第奏，福建福清县南日一岛，孤悬海中，素为盗匪出没。请建兵房，外筑墙围，仿照营制，以戢盗风而安商旅。允之。又奏，捕获著名海盗出力人员，恳恩予奖。得旨：着准其酌保数员。毋许冒滥。③

十三日癸丑（4 月 2 日）

前据刚毅奏，江苏宝山县境内蕰藻河，年久失修，该河迤西大坝，壅遏水脉，

---

① 《清实录 · 德宗景皇帝实录》卷二八二。

② 《清实录 · 德宗景皇帝实录》卷二八二。

③ 《清实录 · 德宗景皇帝实录》卷二八二。

现在兴工挑浚等情。兹据给事中金寿松奏称，薀藻河屡开即塞，自立坝以来，嘉定附近诸河，幸免淤塞。若将堤闸拆去，利少害多，请饬通筹全局。傥业已开工，仍宜将堤闸移建黑桥口，或另勘善地设闸，并于吴淞等处下游一律细勘，陆续择要修治等语。修浚河道，原期保卫农田，必须熟权利害，为一劳永逸之计，未可专顾一隅，致滋流弊。着曾国荃体察情形，妥筹具奏。寻奏：抚臣刚毅因须疏浚吴淞江，不得不从薀藻河入手。前拟拆坝修闸，本照原案办理。惟黑桥口地方，河宽六十余丈，与海口相接，建闸工巨费繁，且潮汐冲激，断难抵御，拟于黑桥口左近黄泥塘，将现筑之拦水坝，暂缓开挖，加镶石块，俾固坝基，另于坝内开浚引河以通河流，于嘉定宝山水利，均有裨益。下部知之。①

廿二日壬戌(4月11日)

督办船政光禄寺卿裴荫森奏，遵裁冗员，依限具报。又奏，船厂设立船台船槽铁水坪。因泥沙日涨，渐就淤垫，拟编插竹篐，引水刷沙。并下所司知之。

以出洋学生期满学成，予监督福建道员周懋琦等奖叙。

予出洋病故，船政驾驶学生五品顶戴陈鹤潭等优恤。

廿五日乙丑(4月14日)

清廷谕令：户部右侍郎曾纪泽，才猷练达，任事勤能，由荫生部属，承袭一等侯。同治年间，奉特旨以四五品京堂用，朕御极后，叠加迁擢，洊陟卿贰，简任出使大臣，联络邦交，熟悉一切情形，办理悉臻妥协。嗣在总理各国事务衙门行走，并帮办海运事务，均能尽心职守。日前偶感微疴，赏假调理，方谓即可就痊，长资倚畀，忽闻溘逝，轸惜殊深。加恩赏给太子少保衔，照侍郎例赐恤。任内一切处分，悉予开复。应得恤典，该衙门查例具奏。

前叠经谕令李鸿章，将水陆各军认真操练，并特派大臣督办东三省练兵事宜。原以边防海防，均关紧要，水师与陆军相辅而行，必须实力整饬，方足以固疆圉而壮军威。现在北洋轮船水师，业已创办有成，一切操演章程，悉臻详备。奉天、吉林、黑龙江官兵，数年以来，经该将军更番抽练，营规兵制，亦已一律整齐。但立法固期尽善，办理尤贵认真，平时若不精益求精，临事何以收御侮折冲之效。所有北洋水陆各军，着李鸿章督饬各该统领，将操防事宜，大加整顿，务使一船得一船之用，一兵得一兵之用，方可有备无患。至东三省兵丁，素称骁健，果能愈练愈精，自可悉成劲旅，着定安、裕禄、长顺、依克唐阿各饬该总统等悉心训练，不可

① 《清实录·德宗景皇帝实录》卷二八二。

稍形懈弛。总之办事以核实为主，练兵尤以勤苦为先。各该大臣膺此重寄，务当各竭心力，振刷精神，将挑选将弁、筹备火器各事宜，加意讲求，期收实效，不得因目前无事，稍涉偷安，致负委任。并着将如何遵办情形，据实覆奏。寻定安等奏：现在各营于按日分操合操外，加演梅花阵式，并分日走队数十里。军械火器，亦常令兵丹试演擦磨，藉习勤苦而资熟练。仍当悉心讨论，相助为理，以期精益求精，缓急可恃。下所司知之。

总理各国事务衙门奏，前议要件，遵旨再行妥筹。查朝鲜国王暗弱，受人愚弄，举动渐不如前，不得不杜渐防微。豫为之计，前议六条，以整顿武备、兴办铁路为先。果能及时认真办理，则与后四条刚柔相济，现在固可消患未萌，将来亦觉缓急可恃。

福建台湾巡抚刘铭传奏，历剿叛番并彰化土匪，并案请奖之总兵苏得胜等三百三十五员，委属异常劳绩，恳照原保奖叙，并请嗣后剿办番务，概照异常核奖。并下部议。①

廿六日丙寅(4 月 15 日)

福建台湾巡抚刘铭传奏，全台田亩，清丈完竣，年额征银五十一万二千九百六十九两零，随征补水平余银一十二万八千二百四十二两零，加官庄租额银二万八千余两，全年共银六十七万余两，比较旧额，溢出银四十八万八千余两零，应请作为定额。至新设台湾、云林、苗栗三县，征额另咨，遇有坍涨，随时分别升除。澎湖一厅，孤悬荒岛，地粮银一百三两零，仍循其旧。下部知之。又奏，全台官庄田园，现查丈共计一万五千三百五十二甲零，较旧额有赢，重定租额，一律征谷。统计台湾、彰化、安平、凤山、嘉义五县，年共征谷五万六千零九十五石余，折银三万三千六百五十七两余，较旧额多征银五千余两。下部知之。②

廿八日戊辰(4 月 17 日)

李鸿章致函醇亲王，关东铁路即可举办，已派员带工匠前往勘测，拟取道营口以至吉林。③

① 《清实录·德宗景皇帝实录》卷二八二。

② 《清实录·德宗景皇帝实录》卷二八二。

③ 《李鸿章全集·电稿》第 2 册，安徽教育出版社 2008 年版，第 219 页。

三月初一日庚午（4月19日）

李瀚章奏，拿获著名海盗，请将出力人员奖励一折。广东滨海等处，盗匪设立堂名，肆行劫掠，久为闾阎巨患。其中匪首曾鲈鱼全一名，多年稔恶，纠结党羽，在广东一带洋面，出没靡常，时至内地抢劫，并杀伤事主，拒毙官兵，犯案不计次数。现经李瀚章会商提督方曜督饬署副将何长清等奋力搜捕，将该犯擒拿正法，夺获贼船五只，贼械多件，并缉获各堂匪首八名，匪党多名，分别惩办。在事出力员弁，不无微劳足录，署香山协副将何长清、署香山县知县李征庸、游击丁志德、卢满江、副将黄金福均着交部从优议叙，把总何长虹着以千总补用，并加都司衔，署把总武举麦国昌、把总何长祺均着以千总即补，并加守备衔，千总陈到、把总梁荣均着加守备衔，以示鼓励。①

初二日辛未（4月20日）

慈禧太后懿旨：福建台湾巡抚刘铭传，着帮办海军事务。

清廷谕令：船政事宜，极关紧要。近年以来该局积习甚深，所委各员，多有不实不尽之处。裴荫森性情长厚，于刁劣员绅，未能钤束，以致诸务渐就废弛。本日已明降谕旨，令裴荫森来京供职，派卞宝第兼管船政事务。该督平日办事，尚属认真，务当破除情面，实力整顿，将从前弊端，悉心禁革。凡一切应办事宜，随时咨商总理海军事务衙门，奏明举办。总期实事求是，毋蹈因循粉饰旧习，以副委任。②

初四日癸酉（4月22日）

海军衙门电告张之洞，铁路移缓就急，先办营口至珲春，续办芦汉。寻张之洞电复，湖北即专意筹办煤铁、炼钢造轨。③

初五日甲戌（4月23日）

以随办北洋洋务出力，当分省补用道罗丰禄二品顶戴，候补同知张子伟三品封典，余升叙加衔有差。

① 《清实录·德宗景皇帝实录》卷二八三。

② 《清实录·德宗景皇帝实录》卷二八三。

③ 《李鸿章全集·电稿》第2册，安徽教育出版社2008年版，第222、227页。

十二日辛巳(4 月 30 日)

李瀚章奏，甄别属吏等语。广东东莞县知县王煦，才具庸懦，兼有嗜好，着勒令休致。潮阳县知县陈垲，拘牵寡断，不洽舆情，着开缺留省另补。合浦县知县林兆禧，识见浅陋，听断无才，惟文理尚优，着以教职归部选用。

两广总督李瀚章奏，查明粤盐碍难再行加价，下部知之。又奏，琼州创设水陆练军，请增给加饷船租等项。允之。

十三日壬午(5 月 1 日)

广东惠潮嘉道德泰，着李瀚章、游智开悉心察看，如竟不能胜任，即行据实参奏，毋稍迁就。寻李瀚章等奏：惠潮嘉道德泰，尚能胜任。报闻。

两广总督李瀚章奏，广东机器钱文，遵旨改铸清文宝广二字，并请将原定每文重一钱，酌改为八分，以便周转。下部议。寻户部议上：广东铸钱，应暂准变通。得旨：着准照李翰章所请办理。①

十七日丙戌(5 月 5 日)

刘铭传奏，剿平南澳番社，请将在事将领分别赏罚一折。台湾南澳各番，负隅抗拒，经刘铭传派兵往剿，先后攻破番社。现在该番穷蹙乞抚，即着刘铭传督饬各员，将开山招垦各事宜妥筹办理，毋稍草率。

福建台湾巡抚刘铭传奏，台湾府县，请定文武学额，并台南台北各府厅县学额，分别循旧增改。又奏，请将凤山县训导移设云林县，台南府训导移设苗栗县。均下部议。

予阵亡台湾宜兰防军统带副将刘朝带、傅德柯，在宜兰县合建专祠。②

廿三日壬辰(5 月 11 日)

改台湾彰化县猫雾捒巡检为台湾县捒东巡检，移驻葫芦墩。从福建台湾巡抚刘铭传请也。

李鸿章向奥国银行借定库平银三千万两，作为关东铁路之用，岁息四厘半，三

---

① 《清实录·德宗景皇帝实录》卷二八三。

② 《清实录·德宗景皇帝实录》卷二八三。

年交清。①

廿四日癸巳(5月12日)

以办理天津武备学堂期满出力，予候选直隶州知州荫昌以知府选用，参将贾天成二品封典，余升叙加衔有差。

廿六日乙未(5月14日)

总理各国事务衙门奏，俄商由科布多运货回国，拟照约刊刻运照，颁天津海关，转发俄商，俟行抵科布多呈缴。从之。

以随使期满，予驻日本参赞官江苏候补直隶州知州钱德培，以知府用。

廿七日丙申(5月15日)

福建台湾巡抚刘铭传奏，台湾新设郡县，请筹拨款项，兴办城垣衙署工程。从之。②

夏四月初七日丙午(5月25日)

署广东巡抚游智开因病解职，以两广总督李瀚章兼署广东巡抚。

调福建台湾布政使蒯德标为广东布政使，以前云南布政使于荫霖为福建台湾布政使。③

初十日己酉(5月28日)

抚恤琉球国遭风难民如例。

十一日庚戌(5月29日)

总理海军事务衙门奏，疆臣条奏要件，请饬慎密一折。各省封疆大吏，陈奏重要事件，未经明降谕旨交内阁发钞者，外间如有传播，应根究泄露之人，治以应得

---

① 《李鸿章全集·电稿》第2册，安徽教育出版社2008年版，第234页。

② 《清实录·德宗景皇帝实录》卷二八三。

③ 《清实录·德宗景皇帝实录》卷二八四。

之罪，定制綦严。光绪十年四月，曾经降旨严饬各大臣督抚等于机密之事，不准稍有宣露，乃张之洞、刘铭传、黄彭年议覆铁路事宜三折，竟至刊登申报，一字不讹，深堪诧异。在朝廷顺时立政，为所当为，本未于交涉外洋之局，别存成见，而辗转钞传，讹言纷起。西国新报，谓我意存猜忌，俄人遂有促兴东悉毕尔铁路之举。似此怀疑挟忌，诚恐别生枝节，总由该督等漫不经心，一任幕友钞胥，宣泄传播，殊非慎密之道。嗣后各省将军督抚，凡遇关系重要折件，务当备加谨密，稿存内署，择令亲信之人缮写，不准照寻常公事行司发房。经此次申诫之后，傥再不知慎重，致漏消息，誊播各口新闻纸，即着总理海军事务衙门、总理各国事务衙门指名奏参，严行根究，决不宽贷。

命孙开华来京陛见，以闽浙总督卞宝第兼署福建陆路提督。①

十五日甲寅(6月2日)

总理各国事务衙门、户部奏，整顿土药税厘，请饬详查妥办一折。内地栽种土药，为中国出产大宗。前据该衙门会奏，请饬各省体察情形，酌量加税，当依议行。诚以洋药充斥，久为中国漏卮。近年以来，民间栽种日多，获利甚重，骎骎有不可复遏之势。果能设法稽征，认真办理，既可裨益饷需，且亦收回利权之一助，并可以征为禁，隐寓崇本抑末之意。乃各省先后覆奏，多以窒碍为词，数年之久迄无切实办法。近闻吉林、黑龙江、呼兰、热河及四川、云南、江南、淮徐等处，土药出产日繁，各该省局卡征收税项，官吏隐匿入己，为数甚巨，弊端百出，尽饱私囊，以致征多报少，于国课毫无裨补，含混欺饰，实堪痛恨。若不及时整顿，于洋药并征办法大有关碍，税数必将日绌，何以昭核实而裕饷源。着盛京吉林黑龙江将军各直省督抚、热河都统、奉天府府尹详察各该省地方情形，或于出产之处，就地征收，或于贩运过境，严查走漏，或即就现在私收之项，和盘托出，悉数归公。均由该将军督抚等秉公严查，详悉筹议。其从前匿报之员，咎有应得，朝廷姑从宽典，不追既往，着一并免其参处。经此次严谕之后，各疆臣务当破除情面，实力稽核，即将各该处出产行销及私征各实数，详查声覆，按季专款开报，不得于百货厘金内，笼统声叙，以免牵混。此事期在必行，着勒限三个月，各将原定新定各办法，迅速覆奏，不准空言塞责，仍前含混，致干重咎。该衙门前饬总税务司赫德查开各处出产销路暨价值厘税数目，即着咨行该将军督抚等，以备参考。寻总理各国事务衙门、户部会奏：综核各省覆奏土药税厘，除徐土川土而外，凡有出产之区，或令于本省征足后运至他省，概不重征。或于本省碍难征足，分次递征。其一切经费，拟照徐州土药章程，比照厘局定章，于正项内酌提一成，撙节动用。如果经征

① 《清实录·德宗景皇帝实录》卷二八四。

人员，异常出力，著有明效，由该督抚咨明奏请优奖。从之。

赏西班牙首相萨格达等宝星。①

廿六日乙丑(6月13日)

卞宝第奏，船厂文案，捏开保奖，请旨惩办等语。知县王崧辰在福建船厂总办文案，本年闰二月间，保奖出洋学生。该员竟敢乘裴荫森患病之际，自开保奖，并未呈由卞宝第等会核，径行缮折发递，实属胆大妄为。且据该督奏称，该员代办船厂提调，声名最劣，自应严行惩办。所请撤销保案，并交部议处之处，不足蔽辜。王崧辰着即行革职，永不叙用。裴荫森失于觉察，并着交部议处。至前保出洋学生案内，如尚有似此冒滥之员，即着卞宝第确查，一并奏明撤销。

卡宝第奏，船厂距省较远，难于兼顾一折。福建船政，关系紧要。闻近年来弊窦丛生，虚糜甚巨，亟应实力整顿。卞宝第向来办事，尚能不避嫌怨。船厂离省六十里，并不甚远。虽不能在彼久驻，尽可随时前往，督率经理，至逐日稽查课程等事。着于道府中遴派廉干之员，常川驻局，认真查核。仍责成该督综理一切事宜，毋得稍有推诿。②

五月初二日庚午(6月18日)

广东机械局黄埔船局所造钢甲炮舰“广金”号完工下水。③

初五日癸酉(6月21日)

闽浙总督卞宝第奏，闽省盐务销滞商疲，恳免加价以顾课额。允之。④

初七日乙亥(6月23日)

抚恤琉球国遭风难民如例。

① 《清实录·德宗景皇帝实录》卷二八四。

② 《清实录·德宗景皇帝实录》卷二八四。

③ 刘传标：《近代中国船政大事编年与资料选编》第2册，九州出版社2011年版，第389页。

④ 《清实录·德宗景皇帝实录》卷二八五。

初九日丁丑(6 月 25 日)

以缴清赔款，复前出使日本大臣已革道员徐承祖职。

十三日辛巳(6 月 29 日)

直隶总督李鸿章奏，出海验收闽省船厂试造双机钢甲“平远”兵船情形。下所司知之。

廿五日癸巳(7 月 11 日)

以海运奉天米豆完竣出力，予直隶天津道胡燏棻、奉天奉锦山海关道诚勋优叙，余升叙有差。①

六月初二日庚子(7 月 18 日)

山东巡抚张曜奏，铁轨运土，最为迅速，河工堵口压土之时，深资得力，派员赴天津购造。报闻。②

初八日丙午(7 月 24 日)

浙江巡抚崧骏奏，嘉、湖二属，上年被水，应办白丝丝绵二项，请暂照历届减半之数办解，以恤商艰。从之

抚恤琉球国遭风难民如例。③

初十日戊申(7 月 26 日)

予游历南洋病故，刑部主事李瀛瑞议恤。

---

① 《清实录·德宗景皇帝实录》卷二八五。
② 《清实录·德宗景皇帝实录》卷二八六。
③ 《清实录·德宗景皇帝实录》卷二八六。

十三日辛亥(7月29日)

闽浙总督卞宝第奏，苏省遏粜，闽中粮价日昂，请嗣后沪米运闽，岁以二十万石为限，免税放行，毋再遏粜，于闽省民食大有裨益。得旨：着即咨行两江总督，查照办理。

十五日癸丑(7月31日)

云贵总督王文韶等奏，越南黑旗头目魏名高父子，入滇肆扰，剿办获胜，猛喇土署围解情形。得旨：仍着督饬派出员弁，合力兜剿，毋任该逆窜扰，致贻后患。

十九日丁巳(8月4日)

前因天津等处，被水成灾，业准李鸿章所请，拨银六万两，先就被水极重之区，办理急抚。惟念此次雨水过多，灾区甚广，饥民嗷嗷待哺，为日方长，尚恐不敷散放。加恩着将奉天运京粟米一万二千七百余石，并于本年江北河运漕米内，截留三万六千石，拨给备赈。其随漕轻赍等项银两，并着查照成案，核解直隶，作为津贴运米之需。

两江总督曾国荃奏，朝鲜国王，请将盗卖红参罚款捐赈。得旨：该国王捐资助赈，具见悃忱。惟念朝鲜国用不充，此项银两，仍着发还，以示体恤。①

二十日戊午(8月5日)

福建台湾巡抚刘铭传奏，基隆煤矿官办无效，洋人承办，又经部驳，现招富商承办，较为妥协。下户部议。

福建台湾布政使于荫霖因病解职，以前贵州布政使沈应奎为福建台湾布政使。

廿五日癸亥(8月10日)

浙江巡抚崧骏奏，遵查余杭县南湖等处工程，筹款兴办。下部知之。②

---

① 《清实录·德宗景皇帝实录》卷二八六。

② 《清实录·德宗景皇帝实录》卷二八六。

秋七月初二日庚午(8 月 17 日)

电寄薛福成，据总理各国事务衙门奏称，接英国使臣华尔身照会，代其君主致贺万寿等语，除饬该衙门照覆外，着薛福成至英外部传旨致谢。①

初七日乙亥(8 月 22 日)

以随办朝鲜商务，三年期满，予候选州同白曾烜等奖叙。

抚恤琉球国遭风难民如例。

初八日丙子(8 月 23 日)

闽浙总督卞宝第奏，闽防拟设水雷营，请饬拨款。下所司议。

予出洋病故千总王凤喈优恤。

十一日己卯(8 月 26 日)

吏部奏，会议福建台湾巡抚奏，凤山县训导移设云林县，台南府训导移设苗栗县，依议行。②

十九日丁亥(9 月 3 日)

盛京将军裕禄等奏，本年夏季，统巡城守尉与朝鲜会哨。报闻。

两广总督李瀚章奏，广东前经奏准购买机器试铸银元，于本年四月初开炉铸造。③

二十日戊子(9 月 4 日)

两江总督曾国荃奏，畿辅水灾，将苏浙赈捐筹解余款电汇以资急赈，计天津六万两、顺天三万两。下部知之。

---

① 《清实录·德宗景皇帝实录》卷二八七。

② 《清实录·德宗景皇帝实录》卷二八七。

③ 朱寿朋：《光绪朝东华录》，十六年七月丁丑，中华书局 1958 年版，第 2772 页。

湖广总督张之洞奏，电汇天津顺天赈银各一万两。下部知之。

廿六日癸巳（9月10日）

命候补翰林院侍读许景澄，充出使俄德奥和国大臣，江苏候补道李经方充出使日本国大臣。①

八月初二日己亥（9月15日）

抚恤琉球国遭风难民如例。

初七日甲辰（9月20日）

长江水师提督李成谋奏，巡阅营伍事竣，并交卸总统兵轮船事务。报闻。②

十五日壬子（9月28日）

户部、总理各国事务衙门会奏，台湾煤矿，招商承办章程，种种纰缪，请饬停办一折。前以基隆煤矿，刘铭传与英商订拟合同，办理粗率，当经降旨申饬，并谕令慎选贤员，另筹办法，该抚宜如何认真核实，妥为经理。乃此次所奏，仅称访招富商，同官合办。迨章程送部后，经该衙门会同查核，其办法种种纰缪，所称可疑者三，必不可行者五，实属抉摘隐微，确中情弊。此事既经官商合办，自应官为主持，何以一切事宜，悉授权于商人，官竟不能过问。且章程内既称各股皆系华人，何以总管矿务，转用洋人，显有冒充影射情事。其开挖河道自撤藩篱一节，更于海防大有关系。况以特旨饬令另议之件，该抚并不奏明请旨，辄即议立章程，擅行开办，尤非寻常轻率可比。刘铭传着交部议处。该抚接奉此旨，即将现办之局，赶紧停止，不准迁延回护。从来创办重大事件，必应虑及久远，慎之于始，不可胶执己见，亦不可轻信人言。基隆煤矿，久无成效，该抚务当熟思审虑，筹一妥善办法，明晰具奏，候旨定夺，勿再率意径行，致干重咎。寻吏部奏：遵议福建巡抚刘铭传应得革职处分。得旨：加恩改为革职留任。寻刘铭传覆奏：今商人退办，官若另开新矿，不独巨款难筹，以后逐年亏折之费亦难为继，惟有暂仍其旧，督令妥员格外

① 《清实录·德宗景皇帝实录》卷二八七。

② 《清实录·德宗景皇帝实录》卷二八八。

撙节，认真经理，以济船政及官轮之需。下所司议。①

十六日癸丑(9 月 29 日)

总理各国事务衙门奏，阻止朝鲜向各国借款，已由各出使大臣密覆，概不允借。惟日本覆语游移，再当随时酌度办理。报闻。又奏，本年与英国新订烟台续增专约六条，请用御宝互换。依议行。

十七日甲寅(9 月 30 日)

吉林将军长顺等奏，珲春炮台，改修完竣，安齐炮位。报闻。又奏，三姓试采金矿经费，实用实销，应请免其造报。下所司知之。

十九日丙辰(10 月 2 日)

署广东琼州镇总兵李先义呈递安折，缮写错误。着交部议处。

电寄洪钧，俄世子来华游历，已饬疆吏届时妥为照料。至不能入京谒见，俄君道歉情词，颇为周帀，着洪钧赴外部传旨致谢。

廿五日壬戌(10 月 8 日)

礼部奏，朝鲜告讣使臣，具呈恳恩请免遣使赐奠一折。据称该国王太妃薨逝，连年丧乱饥馑，国用艰难，丧祭之需，俱从俭约，恐钦使贲临，礼节设有不到，负罪滋甚，恳将颁敕由该使敬谨赍回等语。所陈困苦情形，自无虚饰。惟该国世守东藩，备叨恩礼，吊祭专使，载在典常，率循勿替。此天朝抚恤属藩之异数，体制攸关，岂容轻改。特念该国近年，国用异常窘乏，亦属实情，不得不于率循旧章之中曲加矜恤。向来遣使该国，皆由东边陆路行走，计入境后尚有十余站，沿途供亿实繁。此次派往大员，着改由天津乘坐北洋轮船前往，径至该国仁川登岸，礼成仍由此路回京。如此暂为变通，则道途甚近，支应无多。所有该国向来陆路烦费，悉从节省。至钦使到国以后，应行一切礼仪，凡无关冗费者，均应恪遵旧章，不得稍事简略。此朕德礼绥藩，有加无已之意。该国王奉此纶音，当倍深钦感也。

直隶总督李鸿章奏，筹修奉天营口炮台需款，援案截留新增赢余，并陈明关道

① 《清实录·德宗景皇帝实录》卷二八八。

诚勋报效银两，藉资兴办。得旨：诚勋着户部核给奖叙。①

廿九日丙寅(10月12日)

福建台湾巡抚刘铭传奏，台湾各属遭风被水情形，委员确查会勘。得旨：着即查勘赈抚，毋任灾黎失所。

予积劳病故，台湾参将王化祥等四十四员名分别优恤。

予故提督林文察台湾专祠列入祀典。从福建台湾巡抚刘铭传请也。②

九月初一日戊辰(10月14日)

电寄李鸿章，朝鲜告讣使，节录谕旨，电其本国，并无改易字句之处。袁世凯遽以不符电告，殊属冒昧。着李鸿章传旨申饬。③

初四日辛未(10月17日)

闽浙总督卞宝第奏，福州等属初被水灾，续又被风，请拨银万两，量加赈抚，以免失所。从之。

初五日壬申(10月18日)

以教练勤能，赏福建船政学堂洋教习赖格罗宝星，邓罗三品顶戴，斐士博五品顶戴。

以制造机器，颇有心得，赏还已革浙江试用道温子绍顶戴翎枝。

以倡办善举，赏浙江杭州同善堂匾额曰“乐善不倦”。④

十四日辛巳(10月27日)

电寄李鸿章，此次续昌等乘坐轮船前往朝鲜，着李鸿章严饬管带官约束兵丁，

---

① 《清实录·德宗景皇帝实录》卷二八八。

② 《清实录·德宗景皇帝实录》卷二八八。

③ 《清实录·德宗景皇帝实录》卷二八九。

④ 《清实录·德宗景皇帝实录》卷二八九。

不准登岸，免生事端。

廿四日辛卯（11 月 6 日）

江苏巡抚刚毅奏，宝山、镇洋、昭文、华亭四县所辖海塘，新出要工，情形危险，分别勘估，请拨厘金，并由江海关先行筹垫，以济工需。从之。

旅顺船坞全部竣工。①

廿七日甲午（11 月 9 日）

以劝集赈款，予新嘉坡福建绅商兼充暹罗领事、候选道陈金钟传旨嘉奖。

廿八日乙未（11 月 10 日）

予剿抚生番，积劳病故，福建台湾副将刘仁柏等议恤。②

冬十月初一日丁酉（11 月 12 日）

以开复前湖南提督罗大春为福建建宁镇总兵官。

以剿办台湾番社，叠著战功，予记名提督张兆连军机处存记。

予故福建建宁镇总兵苏得胜，照提督军营积劳病故例议恤，入祀原籍及立功地方昭忠祠，并于台北府城建立专祠，战绩宣付史馆立传。妻徐氏绝食殉节，旌表如例。从巡抚刘铭传请也。

以功在桑梓，予故提督林文察于本籍台湾省城建立专祠。③

初七日癸卯（11 月 18 日）

电寄沈秉成，着暂行署理两江总督，迅即赴任。

抚恤琉球国遭风难民如例。

---

① 刘传标：《近代中国船政大事编年与资料选编》第 2 册，九州出版社 2011 年版，第 393 页。

② 《清实录·德宗景皇帝实录》卷二八九。

③ 《清实录·德宗景皇帝实录》卷二九〇。

十一日丁未(11月22日)

以前两江总督刘坤一为两江总督。未到任前，仍以安徽巡抚沈秉成署理。

十四日庚戌(11月25日)

两江总督曾国荃着追赠太傅，照总督例赐恤，赏银三千两治丧，由江宁藩库给发。

命两江总督刘坤一兼充办理通商事务大臣。未到任前，以安徽巡抚沈秉成署理。①

十六日壬子(11月27日)

续昌等奏，此次奉使朝鲜，礼部派出通官，当差谨慎，请量加奖赏等语。六品通官豫和、七品通官恒霈，着每人赏银四百两，由总理衙门出使经费项下给发。

十七日癸丑(11月28日)

都察院奏，直隶监生桑冲汉等以叠遭河患，吁恳筹款兴工等词，赴该衙门呈递。据称直属水患，以安州九州县受害为最酷，请于十二连桥迤南之七里庄，开挖七里由古河，使水从三滩里出口，入东淀，自大河以达海，并隔断小北河，以御浑泄清，庶各邑永无水患等语。着李鸿章体察情形，所陈开河泄水各节，是否可行，据实覆奏。

出使英法义比国大臣薛福成奏，遵旨于伦敦互换印藏条约。下所司知之。

予出洋瘴故西班牙属岛马丹萨领事官曹廉荫恤加等。

赏西班牙署使赫海连、参赞欧达兰、义大利参赞贾雅第等宝星。②

廿三日己未(12月4日)

福建台湾巡抚刘铭传奏，基隆煤矿，遵谕饬商退办，惟势难停歇，现拟委员仍就旧井开采。如果出产日绌，亏折日多，即遵总理各国事务衙门原议停止，俟筹有

① 《清实录·德宗景皇帝实录》卷二九〇。

② 《清实录·德宗景皇帝实录》卷二九〇。

巨款，再于产煤丰旺之区，另开新矿。下部议。①

廿四日庚申(12 月 5 日)

调浙江定海镇总兵杨岐珍为海门镇总兵官，以记名总兵陈永春为浙江定海镇总兵官。

以全漕告竣，仓场侍郎兴廉、游百川下部议叙。②

十一月初一日丁卯(12 月 12 日)

光绪帝谕令：各国订约以来，玺书通问，岁时不绝，和好之谊，历久弥敦。驻京各国使臣，均能讲信修睦，联络邦交，深堪嘉悦。上年正二月间，叠逢庆典，钦奉懿旨，命总理各国事务衙门设燕款待。寰海联情，洵称盛举。兹朕亲裁大政，已阅二年。在京各国使臣，谊应觐见，允宜仿照同治十二年成案，并增定岁见之期，以昭优礼。所有各国驻京实任署任各使臣，着于明年正月，由总理各国事务衙门，奏请定期觐见，即于次月，在该衙门设燕款待。嗣后每岁正月，均照此举行。续到使臣，按年觐见。至国有大庆，中外胪欢，并着该衙门届时奏请筵燕，用示朝廷修好睦邻，有加无已至意。所有应行礼节，着该衙门先期具奏。③

初二日戊辰(12 月 13 日)

山东巡抚张曜奏，山东秋收歉薄，前往奉天采买红粮，运回平粜，请暂免各海口应征粮税。允之。

以记名提督陶定昇为广东琼州镇总兵官。

初五日辛未(12 月 16 日)

李鸿章奏报旅顺船坞竣工及工程状况。④

---

① 中国史学会主编：《洋务运动》，《中国近代史资料丛刊》第 7 册，上海人民出版社 1961 年版，第 100 页。

② 《清实录·德宗景皇帝实录》卷二九〇。

③ 《清实录·德宗景皇帝实录》卷二九一。

④ 李鸿章：《验收旅顺各要工折》，《李文忠公全集·奏稿》卷六九。

初九日乙亥(12月20日)

予同文馆教习周仪典奖叙。

十二日戊寅(12月23日)

以遵约交还叛酋，赏法领事罗图高宝星。①

十八日甲申(12月29日)

户部奏，豫拨来年京饷一折。另片奏光绪十七年内务府经费，报解盐课茶税等款，共银六十万两，请饬依限完解等语。

廿一日丁亥(公元1891年1月1日)

醇亲王奕譞薨。

廿七日癸巳(公元1891年1月7日)

抚恤琉球国遭风难民如例。

廿八日甲午(公元1891年1月8日)

以救护英国轮船出力，予福建都司陈绍勋等奖叙。②

十二月初四日己亥(公元1891年1月13日)

直隶总督李鸿章电奏，俄国太子游历中国，拟定款待礼节。奉电谕，李鸿章电报已悉。即着该大臣电致各该督抚，俟俄太子抵口岸时，一律照议亲行款待，以重邦交。③

① 《清实录·德宗景皇帝实录》卷二九一。
② 《清实录·德宗景皇帝实录》卷二九一。
③ 《清实录·德宗景皇帝实录》卷二九二。

十二日丁未(公元1891年1月21日)

山东巡抚张曜奏，请将山东盐斤，每引加收津贴课银二百两，以济京饷；每包例重三百二十斤，准其加卤耗盐一百二十斤，以期裕课恤商，两得兼顾。下部知之。

廿四日己未(公元1891年2月2日)

以前江南苏松镇总兵滕嗣林为广东琼州镇总兵官。

以拿获洋盗，予福建游击陈绍芳、都司杨永年等优奖。

廿五日庚申(公元1891年2月3日)

出使英法义比国大臣薛福成奏，请筹设英法荷日所属南洋各埠领事官，保护华民。下所司知之。

以捐助赈款，予候选道广东南海县知县李征庸在任以道员即选。

廿六日辛酉(公元1891年24日)

浙江巡抚崧骏奏，采办米石完竣，在事各员，均能始终勤奋，恳准择尤酌保。得旨：准其酌保数员，毋庸冒滥。

蠲缓浙江仁和、海沙、鲍郎、芦沥、横浦、浦东六场荒芜未垦各地灶课钱粮。①

廿九日甲子(公元1891年2月7日)

蠲缓两浙芦沥、杜渎、钱清、西兴、海沙、南监、长亭、横浦、浦东等场暨慈溪、镇海二县，清泉、龙头、穿长三场被灾场灶荡田灶课钱粮。

豁免两浙各厅州县场光绪五年以前民欠正耗钱粮七万余两。②

---

①《清实录·德宗景皇帝实录》卷二九二。

②《清实录·德宗景皇帝实录》卷二九二。

是年

全国海关出口货值银八千七百一十四万四千四百八十两，进口货值银一亿二千七百零九万三千四百八十一两，入超银三千九百九十四万九千零一两。征收货税银(海关洋税)二千一百九十九万六千二百二十六两。①

天津铁光寺所造“铁龙”号完工下水。②

光绪十七年　辛卯　公元 1891 年

春正月初四日己巳(2 月 12 日)

以上年万寿庆典，锡类推恩，赏年逾八秩海澄公黄懋澄之祖母王氏匾额曰“彤管流辉”，福建水师提督彭楚汉之母黄氏匾额曰“凯歌洽庆”，福建台湾澎湖镇总兵吴宏洛之母孔氏匾额曰“虎节增荣”，山东曹州镇总兵王连三之母钱氏匾额曰“柳帐萱荣”。③

十四日己卯(2 月 22 日)

署两江总督沈秉成奏，江南创设水师学堂，延订洋文汉文各项教习，分别驾驶管轮两门，各计额设学生六十名，按日轮课按季考试，以定班次。并将原设鱼雷学堂裁撤，挑选优等学生，送至旅顺鱼雷营加习海操。其余归并堂内，以示节省。请准将在事各员，俟办理著有成效，援照北洋成案，给予奖叙。如所请行。④

① 刘锦藻：《清朝续文献通考·国用四》卷六六，商务印书馆 1934 年版，第 8225～8229 页。

② 刘传标：《近代中国船政大事编年与资料选编》第 2 册，九州出版社 2011 年版，第 396 页。

③ 《清实录·德宗景皇帝实录》卷二九三。

④ 《清实录·德宗景皇帝实录》卷二九三。

十八日癸未(2 月 26 日)

署两江总督沈秉成等奏，查明江苏省十六年分征收漕白二粮实数，并酌定海运办理章程十条，剔除弊端，节减浮滥，以重漕政。下部知之。

廿四日己丑(3 月 4 日)

礼部奏，朝鲜国王李熙遣使表进方物，应否赏收。得旨：例贡着赏收，其谢恩贡物，着留抵下次正贡。

廿五日庚寅(3 月 5 日)

上御紫光阁，德国使臣巴兰德等觐见，呈递国书。

廿六日辛卯(3 月 6 日)

两广总督李瀚章等奏，广西宁明州地处边徼，境接越南，弹压巡防，均关紧要。请将馗纛营都司一营，移扎州城，以资保卫而重地方，馗纛地面作为汛地，由该营酌拨弁兵赴防。下部议。①

二月初六日庚子(3 月 15 日)

前出使日本国大臣黎庶昌奏，日本近年，事事讲求，海陆两军扩张整饬，工商技艺日异月新。中国与之唇齿相依，宜将琉球一案，彼此说明，别定一亲密往来互助之约，用备缓急。下所司知之。

出使美日秘国大臣催国因奏，小吕宋议设领事，西班牙国外部径直推辞，请禁彩票以相抵制。下所司议。

予出使日本随员陈明远等暨日本各口商董谭国柱等奖叙，已故神户领事署翻译官杨锦庭优恤。②

① 《清实录 · 德宗景皇帝实录》卷二九三。

② 《清实录 · 德宗景皇帝实录》卷二九四。

初十日甲辰(3月19日)

予出使俄德随员知府塔克什讷、新嘉坡领事左秉隆等奖叙，驻德参赞翰林院编修汪凤藻记名以知府用。

十三日丁未(3月22日)

出使日本国大臣李经方奏，筑地大阪一处，请添设副理事官。从之。①

赏德国翻译官葛尔士、日国参赞萝邻德宝星。

十四日戊申(3月23日)

总理海军事务衙门奏，颐和园工程用款，拟由海防捐输项下挪垫。从之。

十六日庚戌(3月25日)

海军衙门奕劻等奏，颐和园工程用款不敷，请由海防捐输项下挪垫。②

十七日辛亥(3月26日)

总理海军事务衙门奏，请派大臣出海，会校北洋合操。得旨：现届校阅海军之期，着派李鸿章、张曜认真会校。

闽浙总督卞宝第奏，请将提督刘端冕等留闽差遣委用。允之。又奏，千总吴陆在德国炮厂开枪行凶，经该国收禁，请饬知照德外部，将该员交回治罪。下所司知之。

以捐备救生船只，予已故道员吴修鼓等建坊。③

廿九日癸亥(4月7日)

赏德国总兵福合尔宝星。

---

① 《光绪朝东华录》，十七年二月丁未，中华书局1958年版，第2846页。

② 《清末海军史料》，海洋出版社1982年版，第685页。

③ 《清实录·德宗景皇帝实录》卷二九四。

三月初三日丁卯(4 月 11 日)

福建船政船厂为广东所造钢制鱼雷快船“广丙”号(总第三十二号)，船身完工下水。①

初九日癸酉(4 月 17 日)

署两江总督沈秉成奏，开浚吴淞江，出力员弁，恳恩酌保。得旨：准其酌保数员，毋许冒滥。

十二日丙子(4 月 20 日)

仓场衙门奏，新造剥船工竣，应否派员验收。得旨：即着兴廉、游百川，就近验收。

十四日戊寅(4 月 22 日)

山东巡抚张曜奏，整顿土药税厘情形。下所司知之。

十九日癸未(4 月 27 日)

浙江温州镇总兵周振邦，着卞宝第、崧骏悉心察看。如竟不能胜任，即行据实参奏，毋稍迁就。寻卞宝第等奏，察看周振邦尚堪胜任。报闻。②

廿二日丙戌(4 月 30 日)

以神灵显应，颁直隶永定河北上汛河神庙匾额曰“金堤永固”。

廿四日戊子(5 月 2 日)

出使英法义比国大臣薛福成奏，请于香港等处酌设领事。下所司议。寻总理各

① 刘传标：《近代中国船政大事编年与资料选编》第 2 册，九州出版社 2011 年版，第 397 页。

② 《清实录 · 德宗景皇帝实录》卷二九五。

国事务衙门奏，英国使臣华尔身称香港领事，只宜以税司兼充，语涉含糊，应饬薛福成察探英廷之意，再行商办。从之。

颁给新加坡等处领事关防，从出使大臣薛福成请也。

赏洋员科敦，暨巴拿马美总领事阿丹宝星。

以随使出洋期满，予候选知府刘福谦等奖叙。①

廿五日己丑(5月3日)

出使英法义比国大臣薛福成奏，缅甸分界通商事宜，亟应豫为筹备，不使英国独占先着，以免临时棘手。下所司议。寻总理各国事务衙门奏，遵查光绪十二年六月臣署奏准与英署使欧格讷议约五条，内第三条称中缅边界，应由中英两国派员勘定，其边界通商事宜，亦应另立专章，彼此保护振兴等语。查滇省永昌、顺宁、普洱等府，沿边自西而南而东，八关九隘十土司，犬牙相错，以蛮允一面为入缅之捷径，腾越、龙陵两厅及各土司之地实远在潞江以西。曾纪泽寄示外部问答误以怒江为潞江，经臣署叠次电辩谓潞江以东，本皆滇境，无惑于英人虚惠，徒受欺诳。薛福成折复引前语，殆未深考。其掸人南掌，则系潞江下游入海之境。部落瓈细，瘠弱不能自存，逼处英法两大之间，获犹石田，自不值越国守险，徒滋劳费。如其情殷内附，或可羁縻为服属，俾峙藩篱此中操纵机宜。应先责成滇省大吏，确查实在情形，再定办法。至滇缅相通要道，向以蛮募新街为水陆绾毂之冲。乾隆三十三四年间，大兵征缅，以新街为重镇。其地西枕大金河江，一名怒江，西图名为厄勒瓦谛江，距腾越边外铜壁等关最近。前曾纪泽与英外部等议，既有大金河江两国公共之说，如能以八募为我商埠保护，既便商情，控扼亦资形势，但英人坚持未允，终恐难以如愿。至旧八募地势稍僻，似非形胜之区，或亦非彼之所靳也。现据薛福成奏，英廷屡派干员驰往滇缅交界，察看形势，自为将来勘界地步。彼未催问，我亦未便发端。缘滇省边外疆域形势，为中国舆图所不载，若不先行查勘明确，将来议界时必至无所依据。应请饬下云贵督臣王文韶密派干员，往沿边一带，详细访查，何者为土司之境，何者为瓯脱之区，何者为野人之地，以及山川道里风土地名，逐一绘图贴说，开具节略，咨送臣署，以凭考核，届时再当相机办理。薛福成所请先与辩论之处，暂可从缓。依议行。②

① 《清实录·德宗景皇帝实录》卷二九五。

② 《清实录·德宗景皇帝实录》卷二九五。

廿七日辛卯(5 月 5 日)

刘铭传奏，病仍未痊，恳请开缺一折。福建台湾巡抚刘铭传着准其开缺，并开去帮办海军事务差使。

夏四月初十日癸卯(5 月 17 日)

山东巡抚张曜奏，创建青州海岱书院工竣，并捐银发典生息，以为驻防旗生膏火。下部知之。①

十一日甲辰(5 月 18 日)

予因公溺毙，江宁补用知州禹金声议恤。

予福建阵亡及积劳身故员弁黄贻堂等七员旌恤。

十二日乙巳(5 月 19 日)

张曜奏，台湾为东南重地，情殷效力一折。览奏具见悃忱。福建台湾巡抚，已简放邵友濂矣。张曜自任山东巡抚以来，于地方事宜，均能实心办理。现在山东黄河，关系紧要。该抚修防认真，深资倚畀，务当仰体朝廷廑念河防之意，悉心区画，毋负委任。

十六日己酉(5 月 23 日)

李鸿章、张曜奉旨校阅北洋海军，并巡视北洋各海口防务。②

廿五日戊午(6 月 1 日)

出使俄德奥和国大臣许景澄奏，俄国建筑东境海参威铁道情形。下所司知之。

---

① 《清实录·德宗景皇帝实录》卷二九六。

② 李鸿章：《巡阅海军事竣折》，《李文忠公全集·奏稿》卷七二。

廿六日己未(6月2日)

总理海军事务衙门奏，颐和园工程紧要，请借动出使经费。从之。

予因公溺毙，山东候补知县孔昭采等十三人议恤，昭采妻刘氏仰药殉夫，并予旌表。①

五月初六日己巳(6月12日)

总理海军事务衙门奏，已革同知吴樾练军出力，可否送部引见。得旨：吴樾获咎较重，所请送部引见之处，着不准行。②

初八日辛未(6月14日)

李鸿章、张曜奏，会同校阅海军，并查勘各海口台坞工程事竣一折。该大臣等周历旅顺等处，调集南北洋轮船，会齐合操，并将水陆各营，以次校阅。技艺均尚纯熟，行阵亦属整齐，各海口炮台船坞等工俱称坚固。李鸿章尽心筹画，连年布置，渐臻周密，洵堪嘉许，着交部从优议叙。张曜会同筹办，着交部议叙。各将领训练士卒，修建台坞，不无微劳足录，着准其择尤保奏，以示鼓励。海军关系至要，必须精益求精，仍着李鸿章、张曜切实讲求，督饬提镇各员，认真经理，以期历久不懈，日起有功。另片奏，拟在胶州烟台各海口添筑炮台等语，着照所请行。③

廿二日乙酉(6月28日)

应日本政府邀请，北洋海军提督丁汝昌，率“定远”“镇远”“致远”“靖远”“经远”“来远”六舰，赴日访问，是日抵达马关。翌日奉旨：“日本既有意修好，着严饬丁汝昌加意约束将弁兵勇，不得登岸滋事。长崎前辙，俄储近事，皆应切鉴。其巡历情形及回伍日期，并着随时电奏。”舰队二十四日至神户，二十九日至横滨，继而至东京。下月二十四日由长崎回国。④

---

① 《清实录·德宗景皇帝实录》卷二九六。
② 《清实录·德宗景皇帝实录》卷二九七。
③ 《清实录·德宗景皇帝实录》卷二九七。
④ 《李鸿章全集·电稿》第2册，安徽教育出版社2008年版，第372页。

廿五日戊子(7 月 1 日)

吉林将军长顺奏，朝鲜国民越界被获，照章解回查办。下礼部知之。

廿九日壬辰(7 月 5 日)

以助剿海盗出力，赏新疆回子郡王玛木特黄马褂。①

六月初三日乙未(7 月 8 日)

山东巡抚张曜奏，再陈海防情形。其见南洋兵船，铁皮厚仅数分，有事断难得力。请收停厂澳，岁可节费五十余万，以之另造铁甲坚船，则精良适用，足以震慑远人。得旨：着海军衙门会同刘坤一妥议具奏。寻总理海军事务衙门会奏，遵议南洋水师略为变通，酌减人数，节省银两，专备添购碰快雷艇之需。从之。②

初五日丁酉(7 月 10 日)

以出洋翻译期满，予驻日随员候选道庄兆铭等奖叙。

初九日辛丑(7 月 14 日)

抚恤琉球国遭风难民如例。

初十日壬寅(7 月 15 日)

山东巡抚张曜奏，漕船回空，如归地方官经理，势必任情装载，借口水浅，恣意刁难。请仍照向章，由南省委员自行催趱。得旨：着该抚咨行刘坤一等转饬照办。

---

① 《清实录 · 德宗景皇帝实录》卷二九七。

② 《清实录 · 德宗景皇帝实录》卷二九八。

十一日癸卯(7月16日)

护理福建台湾巡抚沈应奎奏，准吏部咨，台湾清赋保案，应加删汰。前保官绅，均系实在出力，恳特恩准奖，以昭信赏。得旨：所请开复各员，着该部议奏，余均如所请奖励。①

十四日丙午(7月19日)

以出洋翻译期满，予驻德随员户部笔帖式阎海明奖叙。

以交涉驯顺，赏西班牙国外部大臣公爵德都安、协理外部大臣裴喇斯宝星。

二十日壬子(7月25日)

两江总督刘坤一奏，南洋海防江防，应分别筹办。现饬总统兵轮前寿春镇总兵郭宝昌等考核各号兵轮，期归实用。其水师学堂，拟酌裁教习学生名数，俟南洋兵轮购制齐全，再行规复旧章。下所司知之。②

廿四日丙辰(7月29日)

出使日本国大臣李经方丁忧，赏假百日，回籍治丧。以翰林院编修汪凤藻，暂署出使日本国大臣。

廿五日丁巳(7月30日)

以光禄寺卿薛福成为太常寺卿。

秋七月初一日癸亥(8月5日)

黑龙江将军依克唐阿等奏，清厘呼兰等处浮多熟地，派员清丈其私垦荒边，并令按晌作价，发照纳租，委员公费，即就地价照费项下动支，随年册报。下部知

① 《清实录·德宗景皇帝实录》卷二九八。

② 《清实录·德宗景皇帝实录》卷二九八。

之。又奏，购办轮船机器由外撙节筹备，不另请款，恳免造报。下部议。①

初三日乙丑(8 月 7 日)

广东水师提督方耀因病出缺，调湖南提督郑绍忠为广东水师提督，以广东潮州镇总兵娄云庆为湖南提督，记名提督刘世俊为广东潮州镇总兵官。

初五日丁卯(8 月 9 日)

直隶总督李鸿章奏，威海卫大连湾添设水雷三营，酌定员名饷数。下所司知之。

出使日本国大臣李经方奏，箱馆事务渐繁，请添设副理事官，在彼专驻，以资保护。下所司知之。

以逋欠洋债，革驻法参赞副将陈季同职，并勒追。

追予故大学士左宗棠、两江总督沈葆桢，在福建马江船厂，合建专祠。从闽浙总督卞宝第请也。

予因公溺毙，出使日本随员直隶知县孙点优恤。②

初六日戊辰(8 月 10 日)

抚恤琉球国遭风难民如例。

初七日己巳(8 月 11 日)

闽浙总督卞宝第等奏，北洋协台枪炮价值，无力筹还，请作正开销。下所司议。寻奏，请在出使经费项下开销。依议行。

十四日丙子(8 月 18 日)

山东巡抚张曜奏，盗贼抢劫，多持洋枪。请严定私造及贩卖洋枪罪名，并地方官失察处分。下部议。

---

① 《清实录·德宗景皇帝实录》卷二九九。

② 《清实录·德宗景皇帝实录》卷二九九。

十九日辛巳(8月23日)

以山东布政使福润护理山东巡抚。

廿二日甲申(8月26日)

总理各国事务衙门奏，已革驻法参赞陈季同所欠洋款，若提京监追，恐该革员一时未能措还，办理殊多窒碍。请饬由北洋提解讯追。至出使大臣薛福成请将该欠款由出使经费项下，先代垫还，无此政体，应毋庸议。又奏，新加坡改设总领事，其关防应援案由出使大臣就近刊给香港领事，俟设立后，照此办理。并从之。①

廿四日丙戌(8月28日)

李瀚章等奏，海疆要缺道员，未能胜任，请旨开缺一折。广东惠潮嘉道德泰，心性因循，事理未能明晰，着即行开缺。

予因公溺毙，故广东碣石镇标左营把总卢湘等议恤。

廿五日丁亥(8月29日)

张曜所部嵩武一军，训练有年，纪律尚整，且所办皆海防之事，着归李鸿章节制调遣。仍着该统领孙金彪认真约束操演，工作兼营，务期一律整齐，缓急足恃，不得日久生懈。

直隶总督李鸿章奏，添设威海卫水师学堂，酌拟员役饷数。下所司知之。又奏，故兵部左侍郎郭嵩焘事迹，请宣付史馆。得旨：郭嵩焘出使外洋，所著书籍，颇滋物议。所请着不准行。

实授福润为山东巡抚。

以洋员效力北洋，当差勤勉，赏丹国人博来璞尔生、英国人蓝博德安得禄宝星。②

---

① 《清实录·德宗景皇帝实录》卷二九九。

② 《清实录·德宗景皇帝实录》卷二九九。

廿六日戊子(8 月 30 日)

吉林将军长顺等奏，吉林朝鲜，以图们江为界，请改桥为渡，设舢板等船，以便巡查等语。其营制饷章，仍照松花江水师营章程办理。下部知之。

是月

天津大沽船坞所造“捷顺”号布雷船完工下水，供大连湾使用。①

八月初二日癸巳(9 月 4 日)

工部奏，旅顺船坞等工经费，请饬下北洋大臣分晰咨部，以凭查核，抑或由该大臣自行奏结。得旨：着由李鸿章自行奏结。

直隶总督李鸿章奏，故山东抚臣张曜，前因垫发所部嵩武军饷项，挪借洋商七十四万七千余两，垂殁遗书，请代恳饬筹还。俾不至失信远人，贻口舌而辱朝廷。得旨：衙门妥议具奏。寻奏：拟于山西、河南、山东、直隶等省分别指拨，按期解交北洋，归还欠款。又奏，嗣后大小官员，如借用洋商银两，须总理各国事务衙门奏明有案，方可借给。否则朝廷概不与闻，亦不为之代追。均从之。

命庆郡王奕劻总理海军事务，正白旗汉军都统定安、两江总督刘坤一帮办海军事务。②

初四日乙未(9 月 6 日)

浙江巡抚崧骏奏，拿获温台二属土匪出力员弁，可否酌保。得旨：着准其酌保数员，毋许冒滥，仍饬严拿逸匪务获究办。③

初九日庚子(9 月 11 日)

闽浙总督卞宝第奏，闽鹾商情困惫续减盐厘，限满万难规复，请照案再展三

① 刘传标：《近代中国船政大事编年与资料选编》第 2 册，九州出版社 2011 年版，第 399 页。

② 《清实录·德宗景皇帝实录》卷三〇〇。

③ 《清实录·德宗景皇帝实录》卷三〇〇。

年。下户部议。

十一日壬寅(9 月 13 日)

直隶总督李鸿章奏，遵查部议北洋停购船械，目前饷绌，自宜暂停。至裁减勇营一成，应俟各处炮台工竣后，再行酌办。如所请行。

十三日甲辰(9 月 15 日)

两江总督刘坤一等奏，镇江等属各教案，分别议结。得旨：仍着严拿逸匪，务获究办。又奏，徐州土药税厘，江海镇江两常关仍请免予代征，以顺商情而裕饷源。下所司议。

十六日丁未(9 月 18 日)

护理福建台湾巡抚沈应奎奏，台湾新设各学文武生员，查明辖籍，分拨归管，并议廪粮起住日期。下部知之。

以记名提督曹正兴为浙江处州镇总兵官。①

廿四日乙卯(9 月 26 日)

两广总督李瀚章奏，拿获南海等县匪犯正法一百七十六名，出力员弁请奖。得旨：着准其择尤酌保数员，毋许冒滥。又奏，剿办雷琼等处会匪洋匪出力员弁请奖。下部议。

以除莠安良，勋绩卓著，予故广东水师提督方耀，照军营立功后积劳病故例优恤，事迹宣付史馆立传，子廷珍及岁引见。

廿五日丙辰(9 月 27 日)

总理海军事务衙门奏，吉林请奖之协领富顺，已有翎衔，无可加保。得旨：富顺着交部从优议叙。

① 《清实录·德宗景皇帝实录》卷三〇〇。

三十日辛酉(10月2日)

以救护触礁海船出力，予山东福山县知县康鸿逵、浙江补用县丞刘毓琳、署山东荣成县海丰县知县廉存、试用县丞费邦俊升叙。①

九月初六日丁卯(10月8日)

以捐银助赈，赏驻烟台英领事宝士德等宝星，教士法思远武成宪传旨嘉奖，予福建长乐县民汤祥錾建坊。②

初九日庚午(10月11日)

闽浙总督卞宝第等奏，台湾新案交代，请仿照山东新章办理。下部知之。

以历年办理海军出力，予海军提督丁汝昌、直隶按察使周馥优叙，总兵邓世昌、副将方伯谦、叶祖珪等赏换勇号，复总兵吴康安职，赏还勇号，余奖励有差。

以效力勤劳，赏承修威海卫日岛炮台德国兵官汉纳根花翎，加总兵衔，英人天津机器局教习施爵尔、铁路监工金达、北洋医官伊尔文三品顶戴，施爵尔、金达并给宝星，余颁赏有差。

以操巡怠玩，革北洋海军守备定远船驾驶大副邝国光“定远”船炮务、二副邓世聪职。

十二日癸酉(10月14日)

张曜所部嵩武军，前经令归李鸿章节制调遣。兹据该督奏称该军马步十一营，四营驻扎烟台，七营分扎曹州兖州一带，距天津千有余里，将领贤否，无从深知，饷糈一切，头绪太繁，未便纷纷檄调，请仍归山东巡抚节制。所奏自系实情。惟念驻扎烟台之四营，距天津较近，近裨海防，着仍遵前旨，由李鸿章督同孙金彪实力操防，毋稍懈弛。至分防曹兖一带之七营，即着仍归福润节制，以专责成。③

① 《清实录·德宗景皇帝实录》卷三〇〇。
② 《清实录·德宗景皇帝实录》卷三〇一。
③ 《清实录·德宗景皇帝实录》卷三〇一。

十四日乙亥(10月16日)

福建建宁镇总兵罗大春因病出缺，以记名总兵胡德兴为福建建宁镇总兵官。

十六日丁丑(10月18日)

总理各国事务衙门奏，德使巴兰德来署面称，紫光阁为筵燕藩属之地，见诸记载。同治十二年以来各国使臣，于此觐见，在圣意固属优待。而道路传闻，总疑视与国使臣等于藩属，于体面有碍，坚请代奏，另定处所。依议行。①

十七日戊寅(10月19日)

以歼毙巨匪麻面度人，予浙江海门镇总兵杨岐珍优叙。

以亏短灶课，革已故浙江石堰场大使刘棻章职，提属勒追。②

十八日己卯(10月20日)

命护理福建台湾巡抚布政使沈应奎来京陛见。

命新授广东潮州镇总兵刘世俊俟赴任时来京陛见。

廿一日壬午(10月23日)

以监造台湾炮台训练得力，赏洋员巴恩士宝星。

廿四日乙酉(10月26日)

两江总督刘坤一奏，遵陈整顿防营情形，并撤换营弁，以除积习。下部知之。

廿七日戊子(10月29日)

直隶总督李鸿章奏，旅顺口由洋人包建大石船坞，及船澳厂库各工，动用银

① 王彦威：《清季外交史料》卷八四，书目文献出版社1987年版，第32~33页。

② 《清实录·德宗景皇帝实录》卷三〇一。

两，请准照数开支。如所请行。又奏，苏浙海运经费，仍请由漕项内动支。又奏，报新造大连湾水雷营小火轮船开支经费。又奏，上年顺直水灾，各省捐助棉衣，请照章给奖。并下部知之。

出使英法义比国大臣薛福成奏，英法两国教案，牵涉既广，关系较巨，谨分别治本治标办法，以备采择。下所司知之。①

是月

江苏审结江海关查获英籍税司梅生偷运军火一案。

冬十月初五日丙申（11 月 6 日）

山东巡抚福润奏，遵查嵩武军分防七营，应仍暂扎曹兖巡缉，俟来岁体察情形，再回海防。下部知之。②

祥生公司为上海拖驳公司制造新式拖船一艘。③

初八日己亥（11 月 9 日）

两广总督李瀚章奏，洋务紧要，请将通判王存善暂缓送部引见，留粤委用。允之。

以拿获会匪首犯出力，予广东在任候选道南海县知县李征庸军机处存记。遇有道员缺，请旨简放。

十四日乙巳（11 月 15 日）

浙江巡抚崧骏奏，浙省应解河饷，力难照额筹解。其历年灾荒缺额，并请邀免。下部议。

以办理漕运无误，予仓场侍郎祥麟、许应骙议叙。④

① 《清实录·德宗景皇帝实录》卷三〇一。

② 《清实录·德宗景皇帝实录》卷三〇二。

③ 刘传标：《近代中国船政大事编年与资料选编》第 2 册，九州出版社 2011 年版，第 400 页。

④ 《清实录·德宗景皇帝实录》卷三〇二。

十五日丙午(11 月 16 日)

以创办海军事务衙门出力，赏镶蓝旗满洲副都统恩佑尚书衔，正红旗汉军副都统尚昌懋头品顶戴，余升叙加衔有差。

十六日丁未(11 月 17 日)

闽浙总督卞宝第奏，闽省福泉等属猝被风雨，水涨即退，分别抚恤情形。得旨：着即分饬查勘，妥为抚恤，毋任失所。

廿四日乙卯(11 月 25 日)

以办理交涉出力，予奥国使臣萨鲁斯齐宝星。

廿七日戊午(11 月 28 日)

山东巡抚福润奏，东省本年抽收土药税厘，请暂按二成留支。又奏，上年齐东县缓征不敷米石，请仍照成案折给实银。均如所请行。①

十一月初五日乙丑(12 月 5 日)

抚恤琉球国遭风难民如例。②

初八日戊辰(12 月 8 日)

予故广东水师提督吴长庆于登州建立专祠。从山东巡抚福润请也。

十一日辛未(12 月 11 日)

以滇越电线，如期通接，予在事出力云南补用道李必昌等优奖，赏洋员占臣宝星。

① 《清实录·德宗景皇帝实录》卷三〇二。
② 《清实录·德宗景皇帝实录》卷三〇三。

十五日乙亥(12 月 15 日)

户部奏，豫拨来年京饷一折。另片奏光绪十八年内务府经费，拟拨两浙盐课银五万两、广东盐课银五万两、福建茶税银五万两、闽海关常税银十万两、洋税银五万两、太平关常税银十万两、九江关常税银十五万两，共银六十万两。①

十六日丙子(12 月 16 日)

闽浙总督卞宝第奏，遵议部议裁勇腾饷办法，请就阙额暂停募补。如限内不足一成，请展限办理。有警仍准随时募足，以备调遣。从之。

以擅收规费，革台湾沪尾守备康长庆职。②

十九日己卯(12 月 19 日)

予海防军营积劳病故记名提督李宝林、参将胡九兰优恤。

廿四日甲申(12 月 24 日)

以福建台湾道兼按察使衔唐景崧为福建台湾布政使。

廿五日乙酉(12 月 25 日)

有人奏，粤海关监督联捷，品行卑污，声名狼藉，派充各税项差使，贿赂公行，夤缘为利。此次出京之后，沿途骚扰，物议沸腾，请饬查办等语。着李瀚章按照所参各节，确切查明。寻奏：被参各款，均无实据。报闻。

予故记名提督前广东琼州镇总兵陶定昇恤典如例，事迹宣付史馆立传，并附祀安徽陕西甘肃故大学士曾国藩、左宗棠、故提督刘松山专祠。

廿八日戊子(12 月 28 日)

山东巡抚福润奏，滨河等属田亩被淹，分别饬查抚恤。报闻。③

① 《清实录·德宗景皇帝实录》卷三〇三。

② 《清实录·德宗景皇帝实录》卷三〇四。

③ 《清实录·德宗景皇帝实录》卷三〇四。

是月

光绪帝命总署大臣带同文馆洋教习二人，来书斋讲解洋文。①

十二月初二日壬辰（公元 1892 年 1 月 1 日）

吏部奏，总理海军事务衙门保奖办事出力各员与例不符，声明请旨。得旨：均着仍遵前旨给奖。

以劝募直隶赈捐出力，赏浙江布政使刘树堂头品顶戴，浙江盐运使惠年等传旨嘉奖。②

初四日甲午（公元 1892 年 1 月 3 日）

漕运总督松椿奏，请将祈雨立应之清河县龙君庙敕加封号，列入祀典。下礼部议。

初七日丁酉（公元 1892 年 1 月 6 日）

山东巡抚福润奏，续抽兖曹镇标步兵四百名，改练山东步队练军左营，亦驻曹州。与前练中营，一体训练。下部知之。

初八日戊戌（公元 1892 年 1 月 7 日）

山东巡抚福润奏，沂水县盐务，商办诸多未协，请仍复旧章，归该县兼办以专责成。下部知之。③

初九日己亥（公元 1892 年 1 月 8 日）

户部奏，请将新海防捐输再展一年，以赡海军。从之。

---

① 翁同龢：《翁同龢自订年谱》，《翁同龢日记》第 8 卷，中西书局 2012 年版，第 3854 页。
② 《清实录·德宗景皇帝实录》卷三〇五。
③ 《清实录·德宗景皇帝实录》卷三〇五。

十一日辛丑(公元 1892 年 1 月 10 日)

闽浙总督卞宝第奏，福建土药税厘，按亩征收，于民不便，请行停止，改于出产县分，设卡派员征收。下所司知之。①

十三日癸卯(公元 1892 年 1 月 12 日)

两江总督刘坤一等奏，遵旨酌议部臣筹补部饷办法四条。一、已劝谕两淮盐商，按引认捐银一百万两；一、江苏各关局押收土药税厘，尽数解部；一、防务现多未备，购买外洋枪炮船只机器项上实无余款可拨；一、兵力不足，马步营勇，未可遽议裁减一成。下部知之。

十五日乙巳(公元 1892 年 1 月 14 日)

杭州将军吉和等奏，满营洋枪队练军，颇有成效，请照海军衙门章程奖励。下兵部议。②

十八日戊申(公元 1892 年 1 月 17 日)

浙江巡抚崧骏奏，挑浚余杭南湖苕溪工程完竣。下部知之。

福建台湾巡抚邵友濂奏，大科崁内山社番滋事，调兵剿办。报闻。

以亏空库款，革已故署浙江嘉善县知县秦继武职，并勒追。③

二十日庚戌(公元 1892 年 1 月 19 日)

闽浙总督卞宝第奏，新设长门水雷营训练雷兵。又奏，闽厂拟添制中号快船，以资转运梭巡。并下所司知之。

命闽浙总督兼理船政大臣卞宝第来京陛见，以福州将军希元兼署闽浙总督，兼理船政大臣。

以购运巨炮出力，赏洋员满德等宝星。

---

① 《清实录·德宗景皇帝实录》卷三〇五。

② 《清实录·德宗景皇帝实录》卷三〇五。

③ 《清实录·德宗景皇帝实录》卷三〇六。

廿二日壬子(公元 1892 年 1 月 21 日)

蠲缓直隶静海歉收淀地泊地，应征本年暨节年民欠租银。

廿八日戊午(公元 1892 年 1 月 27 日)

江苏巡抚刚毅奏，厘务洋务需人，请将奉旨发往台湾差遣之江苏直隶州知州胡传、知县汪瑞曾仍留江苏。得旨：台湾差遣需人，胡传等着仍遵前旨发往。

蠲免浙江仁和、海沙、鲍郎、芦沥、横浦、浦东六场荒坍未垦灶荡本年灶课钱粮。其海沙、芦沥、杜渎、钱清、西兴、长亭、横浦、浦东、袁浦、青村、清泉、龙头、穿长、下砂头十四场被灾灶荡本年灶课钱粮并蠲缓。①

是年

全国海关出口货值银一亿零九十四万七千八百九十四两，进口货值银一亿三千四百万三千八百六十三两，入超银三千三百零五万五千九百六十九两。征收货税银(海关洋税)二千三百五十一万八千零二十一两。②

广东黄埔船局所建炮船“宝璧”、钢甲炮舰“广玉”，完工下水。③

光绪十八年　壬辰　公元 1892 年

春正月初七日丁卯(2 月 5 日)

予杭州乍浦满营阵亡殉难官兵妇孺一万六千余名口同治年间所建昭忠祠，列入

① 《清实录·德宗景皇帝实录》卷三〇六。

② 刘锦藻：《清朝续文献通考·国用四》卷六六，商务印书馆 1934 年版，第 8225～8229 页。

③ 刘传标：《近代中国船政大事编年与资料选编》第 2 册，九州出版社 2011 年版，第 401 页。

浙江祀典。①

初九日己巳(2 月 7 日)

浙江巡抚崧骏等奏，拿获温台巨匪毛炳一，讯明惩办，并查明积年获匪出力员弁，汇案保奖。得旨：准其酌保数员，毋许冒滥。

十三日癸酉(2 月 11 日)

杭州将军吉和等奏，以牧租发典生息，作为满营梅青书院膏火。下所司知之。

浙江巡抚崧骏奏，将顺直赈捐余款改解山东赈济。下户部知之。又奏，勘明东防境内石塘工程，请择要估修。下工部知之。②

十七日丁丑(2 月 15 日)

闽浙总督卞宝第奏，福建德化县匪首陈拱滋事，提督孙开华缉匪无功，请议处。得旨：孙开华着交部议处。

廿二日壬午(2 月 20 日)

福建台湾巡抚邵友濂奏，台湾用人拨款及劳绩保奖，均请变通办理。允之。

廿三日癸未(2 月 21 日)

直隶总督李鸿章奏，审明口外滋事逆首杨悦春等，按律惩办。下刑部知之。

直隶大名镇总兵徐道奎因病出缺，以署天津镇总兵吴殿元为大名镇总兵官。

廿六日丙戌(2 月 24 日)

予出洋病故，湖北通判沈云驎等优恤。

---

① 《清实录·德宗景皇帝实录》卷三〇七。

② 《清实录·德宗景皇帝实录》卷三〇七。

廿八日戊子(2月26日)

山东巡抚福润奏，盐务行票，请免加耗盐。下户部知之。

以捐施药料，福建候补道唐廷枢等传旨嘉奖。①

二月初一日庚寅(2月28日)

两广总督李瀚章奏，查阅虎门长洲前中路各炮台，均属完固，并黄埔雷厂船台竣工情形。下所司知之。②

十三日壬寅(3月11日)

邵友濂奏特参庸劣不职各员等语。福建台湾云林县知县李联珪，貌似有才，行为贪暴；办理三角涌抚垦委员候选县丞刘殿英，改名蒙保，声名狼藉，舞弊营私；办理大嵙崁抚垦委员补用知府贵州候补同知沈启溁、驻防大嵙崁营官已革提督高登玉，玩误事机，致开番衅。李联珪、刘殿英、沈启溁均着即行革职；刘殿英、沈启溁并着俟经手事件查办完竣，驱逐回籍；高登玉着发往军台效力赎罪，以示惩儆。

福建台湾巡抚邵友濂奏，遵查台湾用款支绌，无可腾挪解部。下部知之。又奏，各属命盗各案，逾限未结，实因前办清赋分治，不能兼顾阁积，请免计审限，并严定章程清理。如所请行。

十六日乙巳(3月14日)

闽浙总督卞宝第奏，闽盐销滞课绌，请将应办票运二十六届奏销，展限造报，并将永德田南帮应征课厘，暂准不计定额。下部议。又奏，德化匪乱，已将匪首胞弟陈众拿获，并将激变之盐哨翁栋正法，及查办情形。得旨：仍着严拿匪首陈拱务获，毋任漏网。

命浙江巡抚崧骏来京陛见，以浙江布政使刘树堂暂行护理巡抚。③

廿二日辛亥(3月20日)

闽浙总督卞宝第奏，福州海口长门及电光山最占形势，请设台置炮，以固海

① 《清实录·德宗景皇帝实录》卷三〇七。

② 《清实录·德宗景皇帝实录》卷三〇八。

③ 《清实录·德宗景皇帝实录》卷三〇八。

防。下部知之。又奏，拿获伪造奖札要犯刘裕山讯办，并拟请此后各省保奖，填写年貌。下部议。①

廿七日丙辰(3 月 25 日)

北洋大臣李鸿章奏，黑龙江省创设电线，工料银共十一万有奇。其不敷之一万余两，请归吉林划抵，下部议。

闽浙总督卞宝第奏，闽省濒海，多来江浙布商贩运土布为生。土布为洋纱所织，行销本滞，可否酌减税厘，以示体恤。得旨：如所请行。②

廿八日丁巳(3 月 26 日)

以援救遭风难民，予直隶千总胡观能奖叙。

三月初四日壬戌(3 月 31 日)

以报效神机营枪价，赏山东巡抚福润尚书衔。③

初七日乙丑(4 月 3 日)

两江总督刘坤一等奏，拟将徐州土药，照山东、四川等省，酌加捐银通行各省，不再重征。下所司议行。又奏，续修《两淮盐法志》。报闻。

初九日丁卯(4 月 5 日)

以督造轮船出力，赏道员宜霖花翎。

十一日己巳(4 月 7 日)

福州将军兼署闽浙总督希元奏，动缺仓谷，援案请缓买补。从之。又奏，诏安县官绅，捐建考棚，请饬立案。下部知之。④

① 《清实录·德宗景皇帝实录》卷三〇八。
② 《光绪朝东华录》，十八年二月丙辰，中华书局 1958 年版，第 3087 页。
③ 《清实录·德宗景皇帝实录》卷三〇九。
④ 《清实录·德宗景皇帝实录》卷三〇九。

十二日庚午(4 月 8 日)

以两广总督李瀚章，兼署广东巡抚。

十七日乙亥(4 月 13 日)

福建台湾巡抚邵友濂奏，基隆试办金砂，设局抽厘。下部知之。

十九日丁丑(4 月 15 日)

两广总督李瀚章奏，炉饷停征期满，暂难复额，请每年由铁厘项下，如数拨补。下部知之。

二十日戊寅(4 月 16 日)

两广总督李瀚章奏，请以水师提督郑绍忠，兼办陆路缉匪。报闻。

廿一日己卯(4 月 17 日)

总理各国事务衙门奏，俄使商接珲春等处电线，请派大员妥议章程。得旨：着派李鸿章与俄国使臣妥商。奏明办理。

直隶总督李鸿章奏，长芦减交军需复价限满，请再展缓五年，以恤商力。从之。

出使美日秘国大臣崔国因奏，豫筹中美续约办法。一、拒止禁工。一、限制传教，并冀推及英法各国以杜后患。下所司知之。

出使日本国大臣李经方奏，请添派学习东文翻译，请于使署增设二员，各口理事署增设一员，并照出洋学生章程一例请奖。从之。

以随使期满，予日本使署翻译官郑汝骙等暨丁忧中书曾纪寿等奖叙。①

廿四日壬午(4 月 20 日)

仓场侍郎祥麟等奏，新造拨船工竣，请派员验收。得旨：即着祥麟、许应骙就

① 《清实录·德宗景皇帝实录》卷三〇九。

近验收。

福州将军兼署闽浙总督希元奏，奉驳台湾海防各款，各分别增删。下部议。又奏，光绪十三十四两年闽省海防报销实力核减，余银追缴存库。下部知之。

廿九日丁亥(4 月 25 日)

福州将军兼署闽浙总督希元奏，号商兑解京协各项，必须倾镕，仍请照旧开支火耗，以昭平允。从之。①

夏四月初七日乙未(5 月 3 日)

予故广东巡抚刘瑞芬恤典如例。②

十一日己亥(5 月 7 日)

调江苏巡抚刚毅为广东巡抚，山西巡抚奎俊为江苏巡抚。

十六日甲辰(5 月 12 日)

以冒险救出商轮人口，予广东守备黄伦苏以都司补用，加游击衔。③

廿五日癸丑(5 月 21 日)

以驻俄期满，予随员福建候补知府延年，以道员归原省补用，并加布政使衔，翻译官盐大使李家鳌以知县即选，并加同知衔。④

五月初一日戊午(5 月 26 日)

直隶总督李鸿章奏，天津至热河，创办电线。经由之处，请饬地方文武一体保护。如所请行。

---

① 《清实录·德宗景皇帝实录》卷三〇九。
② 《清实录·德宗景皇帝实录》卷三一〇。
③ 《清实录·德宗景皇帝实录》卷三一〇。
④ 《清实录·德宗景皇帝实录》卷三一〇。

以天津武备学堂期满出力，予候选知府荫昌等升叙加衔有差。①

十五日壬申(6月9日)

河南巡抚裕宽奏，遵旨议覆筹补库储各条。其停购外洋枪炮及令盐商普律捐输，应由南北洋大臣暨盐务省分督抚分别办理。至土药税厘，收数无多，自后全数批解，不准截留。若营勇减成，实为节饷大宗。惟豫省勇营，除嵩毅两军调防外，历次裁撤，现已不敷分布，请准免裁减以固疆圉。下部知之。②

十六日癸酉(6月10日)

李鸿章奏，北洋海军自光绪十五年开用新章，同年共收银一百零七万七千百五十两，共支银九十九万七千八百一十三两。③

廿八日乙酉(6月22日)

闽浙总督卞宝第因病解职，以吏部左侍郎谭钟麟为闽浙总督。

六月初三日己丑(6月26日)

以看管官犯脱逃，革福建台湾补用游击龚席珍、都司潘德良职，并讯办。

初八日甲午(7月1日)

山东巡抚福润奏，烟台练军营弁兵，酌量裁减以节饷需。下部知之。

初十日丙申(7月3日)

加福建晋江县城隍神封号曰“昭威”；江苏常熟县顶山龙神封号曰“显佑”，匾额曰“利溥中流”；金坛县城隍神封号曰“惠保”，匾额曰“灵昭翊赞”；浙江孝丰县天目山龙神封号曰“利泽”，匾额曰“霖雨苍生”；江苏上海县天后神匾额曰“泽被东瀛”，

① 《清实录·德宗景皇帝实录》卷三一一。

② 《清实录·德宗景皇帝实录》卷三一一。

③ 中国史学会主编：《洋务运动》，《中国近代史资料丛刊》第3册，上海人民出版社1961年版，第155~166页。

海神匾额曰“庆锡安澜”，风神匾额曰“灵翊利济”，城隍神匾额曰“保厘苍赤”。①

十四日庚子（7 月 7 日）

有人奏，请饬严禁派捐一折。据称山东各州县，海口征税之处，有本地恶绅，藉修城修庙为名，设立私局，于商船进口交纳正税外，复按船之大小、货之多寡，派令捐赀，名曰土捐，尽入私橐，州县官置若罔闻，商贾畏其强横，隐忍捐纳，请饬严禁等语。各省设关征税，自有定章，岂容本地绅民，私立名目，额外勒派。着福润确切查明，严行禁止，以重税课而恤商旅。寻福润奏：查明绅民实无设立私局任意派捐情事。报闻。

十六日壬寅（7 月 9 日）

总理各国事务衙门奏，筹议滇缅界务，请专派出使大臣薛福成向英国外部商办，以重事权。从之。

廿四日庚戌（7 月 17 日）

予积劳病故，浙江温州镇标左营游击陈炳贵优恤。②

廿五日辛亥（7 月 18 日）

以卓负将才，予福建台湾营员赵怀业、张兆连、孙显寅军机处存记。

廿六日壬子（7 月 19 日）

李鸿章与俄使喀西尼议定中俄《电报接线条款》。③

廿八日甲寅（7 月 21 日）

两广总督李瀚章奏，闽厂续造“广乙”“广丙”两兵轮，验收情形。下所司

① 《清实录·德宗景皇帝实录》卷三一二。
② 《清实录·德宗景皇帝实录》卷三一二。
③ 王彦威：《清季外交史料》卷八五，书目文献出版社 1987 年版，第 17~21 页。

知之。①

闰六月初四日庚申（7月27日）

总理各国事务衙门奏，遵议出使大臣薛福成奏请严禁私购外洋军火，以杜隐患。从之。

山东巡抚福润奏，章邱等县滨河被灾村庄，分别迁出情形。报闻。②

初五日辛酉（7月28日）

以筹解海军巨款，予直隶总督李鸿章、湖广总督张之洞优叙，两广总督李瀚章等二十一员议叙有差。

初七日癸亥（7月30日）

抚恤琉球国遭风难民如例。

十一日丁卯（8月3日）

直隶总督李鸿章奏，直隶补用道袁世凯，办理通商交涉事宜，颇著劳绩，恳恩擢用。得旨：袁世凯着以海关道存记简放。

十五日辛未（8月7日）

总理各国事务衙门奏，中俄议接陆路电线，订定约款。从之。

福州将军兼署闽浙总督希元奏，办理洋务各员，恳恩仍照原请给奖。允之。又奏，察看海坛镇总兵吴奇勋，晓畅戎机，尚堪任使。报闻。

十八日甲戌（8月10日）

礼部奏，朝鲜国与奥国订定条约通商章程税则。下所司知之。

江苏巡抚奎俊奏，加征洋药税厘，存储关库，听候拨用。下所司知之。③

① 《清实录·德宗景皇帝实录》卷三一二。

② 《清实录·德宗景皇帝实录》卷三一三。

③ 《清实录·德宗景皇帝实录》卷三一三。

廿三日己卯(8 月 15 日)

以办理边界交涉得力，赏俄国总兵左克罗斯奇宝星。

廿五日辛巳(8 月 17 日)

护理浙江巡抚刘树堂奏,勘明海盐县境坍塌石塘各工,拟筹款次第兴修。下部知之。①

廿六日壬午(8 月 18 日)

两江总督刘坤一奏，江南机器制造总局，铁铜机炉，不敷锻炼，拟添购以图扩充。下部知之。

秋七月初二日丁亥(8 月 23 日)

以浙江海门镇总兵杨岐珍为福建水师提督。

初三日戊子(8 月 24 日)

以记名总兵孙昌凯为浙江海门镇总兵官。②

初五日庚寅(8 月 26 日)

福州将军兼署闽浙总督希元奏，闽盐帮情困迫，请暂免盐厘以资补救。允之。又奏，福建设局劝织，所织土布，请仍准免征进口税厘，其运售出口，无论官局民局，一概四折征收，以昭公允。从之。

十一日丙申(9 月 1 日)

以报效海军巨款，予候选道潘永受军机处存记遇缺请简。

① 《清实录・德宗景皇帝实录》卷三一三。
② 《清实录・德宗景皇帝实录》卷三一四。

十八日癸卯(9月8日)

总理各国事务衙门奏，筹办帕米尔界务，现经电知出使大臣许景澄，与俄外部切实辩论以杜狡谋，并知照新疆抚臣，严饬现驻色勒库尔、布隆库尔各营，慎固边防，毋挑边衅。又奏，现俄阿交哄，必须俟其退兵，乃可与之议界。并报闻。①

十九日甲辰(9月9日)

江南瓜州镇总兵钟明亮因病出缺，以提标中军副将谢浚畲为江南瓜州镇总兵官。

以拿获巨匪，予福建台湾都司郑超英以游击补用。

二十日乙巳(9月10日)

直隶总督李鸿章奏，遵旨与俄使妥商连接中俄边界陆路电线，订条约十款，在天津画押盖印，各自分执。下所司知之。

以捐赈巨款，赏粤海关监督联捷二品顶戴花翎。

廿二日丁未(9月12日)

山东巡抚福润奏，历年滞销盐引，请仍按三七之数，分别配春，于恤商之中，兼寓裕课之意。下部知之。

廿八日癸丑(9月18日)

以兵民感恋，予故广东水师提督方耀于虎门太平寨建祠。从两广总督李瀚章请也。②

八月初五日庚申(9月25日)

予前浙江巡抚赵士麟、帅承瀛专祠，列入祀典。从护理浙江巡抚刘树堂请也。③

---

① 《清实录·德宗景皇帝实录》卷三一四。

② 《清实录·德宗景皇帝实录》卷三一四。

③ 《清实录·德宗景皇帝实录》卷三一五。

初十日乙丑(9 月 30 日)

出使英法义比国大臣薛福成奏，坎巨提回部被英兵攻击，逐其头目，叠与英外部商议，由中国派员会同英员，封立新酋以全两属体统，计可克期妥结。又奏，回疆边外，有回部错居之地曰帕米尔，为英俄与中国三国出入之门户，英俄近颇注意经营。若不妥筹分界，恐俄人益肆诡谋，英亦渐生异心。应由总理各国事务衙门催俄勘界，以期一劳永逸。①

九月初二日丁亥(10 月 22 日)

有人奏，去冬广东省城匪徒，白昼伙抢连劫铺户；今年西关等处，有枪毙练勇、刀伤妇女情事；官轮缉私，被贼诱夺船只，兵弁受伤；揭阳县衙署被火，案卷焚毁；海关苛罚商贩，巡勇炮毙土人，众情愤怨，罢市六日；连平州牧不洽舆情，致激民变。此等重案，皆未参办，请饬彻查等语。所奏如果属实，殊属不成事体，着李瀚章、刚毅按照所参各节，确切查明，据实覆奏，毋得稍有隐饰。寻李瀚章等奏：省城盗劫各案，均已破获；轮船被劫，已经参办；揭阳衙署被火，及海关苛罚商贩、炮毙土人，均无其事，田明曜亦无激变之事。报闻。②

初五日庚寅(10 月 25 日)

山东巡抚福润奏，铜山引盐，商人无力运销，暂归南运局委员承办，以顾地方而重课款。下部知之。

初九日甲午(10 月 29 日)

两江总督刘坤一奏，候补道刘麒祥、曾丙熙均堪胜海关道员之任。得旨：刘麒祥、曾丙熙均着以海关道记名简放。

初十日乙未(10 月 30 日)

赏俄罗斯官索廓罗夫斯其宝星。

---

① 《清实录·德宗景皇帝实录》卷三一五。

② 《清实录·德宗景皇帝实录》卷三一六。

十四日己亥(11月3日)

李瀚章等奏，特参庸劣不职各员一折。广东雷州府海防同知仝绍奭，嗜好日深，工于谋利；署崖州知州候补通判陈虞书，暴戾贪酷，任性妄为；署新安县知县候补知县邓清圻，贪鄙性成，遇事需索；新兴县知县葛尧臣，藉端科派，声名恶劣，均着即行革职。花县知县李其寯，庸碌无能，难期振作，着勒令休致。署澄海县知县截取知县李作桢，胸无主宰，办事乖方，惟文理尚优，着以教职归部铨选，以肃官方。

直隶总督李鸿章奏，借给朝鲜银十万两，由华商出名订立合同，限期拔还，于保护属藩大局殊有裨益。允之。①

廿五日庚戌(11月14日)

福建台湾巡抚邵友濂奏，续假期满，病仍未痊，吁请开缺。得旨：着赏假两个月，毋庸开缺。又奏，恒春县社番滋事，派兵剿办。得旨：着即饬万国本等迅速会剿。以清余孽。

以拿获巨匪出力，予广东千总李世桂等奖叙。

予故广东水师提督方耀，在潮州本籍建立专祠。从两广总督李瀚章请也。

廿八日癸丑(11月17日)

山东巡抚福润奏，烟台胶州海口，兴筑炮台，正须增兵工作。驻防嵩武两营，请免调回豫。得旨：将来台垒工程完竣，着抽拨两营调回河南驻扎。

予故前任闽浙总督卞宝第恤典如例。②

冬十月初三日丁巳(11月21日)

直隶总督李鸿章奏，密云官兵，折色米价不敷糊口，请每石加银二钱。从之。又奏，芦纲各岸滞销，原停引目，实难复额，请照原案推展五年，以恤商艰。允

① 《清实录·德宗景皇帝实录》卷三一六。

② 《清实录·德宗景皇帝实录》卷三一六。

之。又奏，沧州驻防请改用洋枪操演。从之。①

初六日庚申(11 月 24 日)

命福建水师提督杨岐珍来京陛见。

以报效海军巨款，予广东南海县道员周荣曜军机处存记，遇缺简放。

十五日己巳(12 月 3 日)

有人奏，江南枭匪横行，请设防严缉一折。据称淮北淮南，透私之地甚多，浸灌皖岸。各关卡不查私盐，以致枭风日炽。抢劫之案，层见叠出。请饬筹办等语。着刘坤一、奎俊、沈秉成、松椿体察情形，妥筹办理。

十八日壬申(12 月 6 日)

浙江巡抚崧骏奏，塘工坍卸过多，筹议添拨修费。从之。②

廿一日乙亥(12 月 9 日)

以广东同文馆办理出力，予协领刘绍基、翻译官熙臣等升叙加衔有差。

廿四日戊寅(12 月 12 日)

直隶总督李鸿章奏，朝鲜续借银十万两，仍由华商出名，订立合同，按期由朝鲜海关拔还。允之。③

十一月初一日乙酉(12 月 19 日)

直隶总督李鸿章奏，天津武备学堂，三年期满，出力员弁及优等学生请予奖

① 《清实录 · 德宗景皇帝实录》卷三一七。
② 《清实录 · 德宗景皇帝实录》卷三一七。
③ 《清实录 · 德宗景皇帝实录》卷三一七。

叙，并将咨奖各弁，照异常劳绩成案核奖。允之。①

初五日己丑(12月23日)

吏部奏，会议福建台湾县南投社县丞，移设彰化县之鹿港。从之。

初八日壬辰(12月26日)

福建台湾巡抚邵友濂奏，六月间台湾各属暴雨，七八月复遭风雨，房屋坍塌，人口压溺。得旨：即着饬属妥为抚恤，毋任失所。

以海运奉天米豆出力，予直隶候补知州裴敏中等十员奖叙。

以遵命助赈，予前署直隶津海关道李兴锐、候选郎中黄绍贤暨其弟候选州判绍宪各为其故父母建坊。②

初九日癸巳(12月27日)

山东巡抚福润奏，裁汰登荣两营水师，仍酌留战兵，作为练军。又奏，本年麦豆收成歉薄，应征漕麦漕豆，援案改征粟米。均下部知之。

十四日戊戌(公元1893年1月1日)

缓征两江泰州、海州所属富安、安丰、梁垛、东台、何垛、刘庄、伍祐、新兴、庙湾九场暨板浦、中正、临兴三场被灾灶地折价钱粮有差。

十五日己亥(公元1893年1月2日)

两江总督刘坤一奏，武职大衔，借补小缺章程，已届限满，请再行展限以资疏通。下部议。又奏，上海、丹阳两县，今昔情形不同，请互相更改缺字。从之。

予故福州副都统富森布恤典如例。

① 《清实录·德宗景皇帝实录》卷三一八。

② 《清实录·德宗景皇帝实录》卷三一八。

十六日庚子(公元1893年1月3日)

总理各国事务衙门奏，遵议江苏江阴等处教案，偿款不敷，应由镇江关道洋药税款项下开销。地方文武办理民教，尚属相安，所有摘顶记过处分，请一律给还注销。从之。①

十九日癸卯(公元1893年1月6日)

以记名总兵陈济清，为浙江处州镇总兵官。

廿二日丙午(公元1893年1月9日)

两广总督李瀚章等奏，广东连平州莠民滋事，调兵弹压，获犯审讯等情。得旨：仍着将吴南斗等设法擒拿，以弭后患。

以粤海关监督候选道广英办事妥慎，交军机处记名遇缺请简。

廿三日丁未(公元1893年1月10日)

户部、总理各国事务衙门奏，豫拨东北边防经费一折。据称光绪十九年东北边防经费，照案指拨山东地丁银十二万两、山西地丁银十万两、浙江地丁银八万两、江西地丁银五万两、安徽地丁银十万两、江苏厘金银八万两、安徽厘金银五万两、湖北厘金银八万两、湖南厘金银八万两、福建厘金银八万两、江海关六成洋税银十万两、江汉关六成洋税银十万两、夔关常税银三万两、赣关常税银一万两、闽海关六成洋税银十万两、九江关六成洋税银八万两、四川盐厘银十五万两、两淮盐厘银十二万两、四川津贴银八万两、山东粮道库银五万两、广东厘金银八万两、粤海关六成洋税银十二万两，请饬依限报解等语。

廿七日辛亥(公元1893年1月14日)

闽浙总督谭钟麟奏，浙江海门镇标左营游击一员，现驻大域，请改驻健跳卫城，移拨弁兵，扼要控制，兼顾水陆。下兵部议。②

---

① 《清实录·德宗景皇帝实录》卷三一八。

② 《清实录·德宗景皇帝实录》卷三一八。

廿八日壬子（公元1893年1月15日）

以德国兵官汉纳根，效力北洋，差满回国，赏给宝星。

十二月初三日丁巳（公元1893年1月20日）

福建船政船厂所建穹式钢甲猎舰“福靖”完工下水。①

初七日辛酉（公元1893年1月24日）

福建台湾巡抚邵友濂奏，请恢拓制造枪子火药两厂，添购机器。下所司知之。

蠲缓浙江仁和、钱塘、海宁、富阳、余杭、临安、新城、於潜、昌化、嘉兴、秀水、嘉善、海盐、平湖、石门、桐乡、归安、乌程、长兴、德清、武康、安吉、孝丰、山阴、会稽、萧山、诸暨、余姚、临海、黄岩、宁海、天台、仙居、金华、东阳、义乌、汤溪、常山、开化、建德、淳安、遂安、桐庐、分水、鄞、慈溪、奉化、镇海、象山、上虞、新昌、嵊、太平、兰溪、永康、武义、西安、龙游、寿昌、永嘉、乐清、瑞安、平阳、泰顺、玉环、丽水、缙云、青田、龙泉、宣平七十厅州县，暨杭、严、嘉、湖、台、衢六卫所被旱、被风、被潮、被虫及沙淤、石积各地方新旧地漕杂课有差。②

初八日壬戌（公元1893年1月25日）

山东巡抚福润奏，沿海地方被潮筹款赈恤。得旨：即着饬属，妥为抚恤，毋任失所。

初九日癸亥（公元1893年1月26日）

以救护外洋失事船只出力，予前山东宁海州知州周源瀚等奖叙。

予故山东巡抚张曜济南专祠，列入祀典。从山东巡抚福润请也。

---

① 刘传标：《近代中国船政大事编年与资料选编》第2册，九州出版社2011年版，第405页。

② 《清实录·德宗景皇帝实录》卷三一九。

十二日丙寅（公元1893年1月29日）

换铸福建台湾凤山县印信，从福建台湾巡抚邵友濂请也。

以出洋期满，予参赞官吴浚等升叙。

予出洋病故，翻译官钱文魁优恤。

十三日丁卯（公元1893年1月30日）

以剿平福建台湾恒春县滋事番社，总兵万国本、提督张兆连等赏换勇号，余升叙有差。

十六日庚午（公元1893年2月2日）

以歼毙浙江巨匪麻面度人，予都司陈得昌等八员升叙。

蠲免浙江钱塘、富阳、余杭、新城、於潜、昌化、乌程、长兴、安吉、孝丰、诸暨、金华、兰溪、东阳、义乌、浦江、汤溪、龙游、建德、淳安、遂安、寿昌、分水二十三县，暨杭严卫所荒废未种地方本年地漕。其新城、於潜、昌化、安吉、孝丰，新垦田本年全蠲，来年半蠲。钱塘、富阳、余杭、於潜、昌化、龙游、杭严卫所新垦屯地塘荡，蠲征各半。①

廿八日壬午（公元1893年2月14日）

蠲缓两浙盐场灶荡被灾地方应征灶课，其杭嘉松各场荒芜未垦灶地荡涂本年灶课钱粮并豁免。②

廿九日癸未（公元1893年2月15日）

闽浙总督谭钟麟奏，建筑厦门炮台，购置铜炮，需款甚巨，请展缓海防捐一年。从之。

赏朝鲜国使臣李乾夏等绒缎荷囊有差。

---

① 《清实录·德宗景皇帝实录》卷三一九。

② 《清实录·德宗景皇帝实录》卷三一九。

是年

全国海关出口货值银一亿零二百五十八万三千五百二十五两，进口货值银一亿三千五百一十万一千一百九十八两，入超银三千二百六十八万九千零五十四两。①

光绪十九年　癸巳　公元1893年

春正月初六日庚寅(2月22日)

福建台湾巡抚邵友濂奏，台湾铁路，经费不足，拟修至新竹县即行截止。报闻。②

以救护海洋失事英国商轮，予署福建澎湖镇总兵王芝生，仍以总兵记名遇缺请简。

初九日癸巳(2月25日)

浙江巡抚崧骏奏，拿获台匪出力各员请奖。下部议。

初十日甲午(2月26日)

浙江巡抚崧骏奏，浙东徽广等六地积引过重，恳援照山东办法，运六余二。下户部议。

予故山东巡抚张曜，于本籍捐建专祠。从浙江巡抚崧骏请也。③

① 刘锦藻：《清朝续文献通考·国用四》卷六六，商务印书馆1934年版，第8225～8229页。

② 《清实录·德宗景皇帝实录》卷三二〇；中国史学会主编：《洋务运动》，《中国近代史资料丛刊》第6册，上海人民出版社1961年版，第197～198页。

③ 《清实录·德宗景皇帝实录》卷三二〇。

廿一日乙巳(3 月 9 日)

以办事和平，赏德国教士安治泰二品顶戴。

廿四日戊申(3 月 12 日)

邵友濂奏，考察属员贤否一折。据称台湾请补嘉义县知县邓嘉缜，明体达用，沉毅有为；署凤山县事淡水县知县李淦，心精力果，守洁才长，堪备循良之选，均着传旨嘉奖，仍饬令该员等益加奋勉，毋得始勤终怠。福建候补通判王培莆，罔利营私，肆无忌惮；选用直隶州知州陈长庆，诪张为幻，物议沸腾，均着革职，驱逐回籍，以肃官方。

以记名总兵秦怀亮为福建建宁镇总兵官。①

廿八日壬子(3 月 16 日)

两广总督李瀚章等奏，营弁在洋救护商轮出力，请奖。允之。

二月初一日甲寅(3 月 18 日)

以才堪佐治，予文职浙江温处道赵舒翘等五员、武职总兵张其光等五员军机处存记。②

初三日丙辰(3 月 20 日)

山东巡抚福润奏，灾广赈繁，请将四成赈捐，再行展办一年。允之。

初四日丁巳(3 月 21 日)

有人奏，洋面巡防不力，请饬整顿一折。据称普陀岩、温州、台州、福宁一带洋面，屡有盗匪虏船劫货杀害商人之事，地方官不为越境缉拿，巡洋师船以讳盗为

---

① 《清实录·德宗景皇帝实录》卷三二〇。

② 《清实录·德宗景皇帝实录》卷三二一。

得计，甚且安居内港，洋面不靖，该员弁竟未之知，请饬认真整顿等语。着谭钟麟、崧骏严饬水师将弁，实力梭巡，严拿匪类。倘有讳盗疏防情事，别经破案，立即严参惩办。不得有名无实，任意安居内港，虚縻饷需。另片奏，福建米价昂贵，请派轮船保护商运，或由官轮采运，及仿照广东开局铸钱各等语，着谭钟麟斟酌情形，妥筹办理。①

初五日戊午(3月22日)

光绪帝谕令：上年直隶安州等州县，洼区被灾较重，叠经赏拨银米，蠲缓粮租，开办赈捐，分别接济。惟念现距麦秋为时尚早，小民生计维艰，允宜再沛恩施，俾资春抚。着于本年江苏海运到津漕米内截留五万石，由李鸿章详查应赈户口，核实散放，并以工代赈。其随漕轻赍等项及剥价、运费、经剥耗食米石，并着分解赈局应用。该督务当严饬所属，认真抚恤，毋任官吏稍有弊混，用副轸念民艰，有加无已至意。

以谙习洋务，予直隶候补道罗丰禄等四员，以海关道记名简放。

初十日癸亥(3月27日)

山东巡抚福润奏，东省土药税厘，准部咨一成留支，不敷开销，请仿照江南徐州按一五成留支，以资应用。下部议行。

十五日戊辰(4月1日)

上御承光殿，德国请假回国使臣巴兰德觐见。

湖广总督张之洞等奏，湖北织布官局应完税厘，请援照上海新关章程，本地销售者免税。运往各处者，完一正税，沿途概免。并下部知之。

十六日己巳(4月2日)

以英国新嘉坡总督施密司、伦敦府尹威德海，募捐苏皖赈款，命出使大臣薛福成传旨嘉奖。

---

① 《清实录·德宗景皇帝实录》卷三二一。

二十日癸酉(4 月 6 日)

驻朝鲜通商委员袁世凯致电李鸿章，谓朝鲜东学党生事。①

廿一日甲戌(4 月 7 日)

以捐赈巨款，予候选道玉铭军机处存记，遇缺请简；调署广东南海县茂名县知县潘泰谦以知府在任即选；署番禺县候补知县李祖荣以知府仍留原省即补。

廿二日乙亥(4 月 8 日)

两广总督李瀚章等奏，粤省闱姓弛禁，原为收回利权，藉济饷需。欲杜弊窦，自应妥筹接收日期。嗣后乡试文场收票，限于士子入闱日截止，武场限于马射开闱日截止，会试文场原限三月二十三日，今改十六日，武场仍限马射开闱日。此于关防并无窒碍，而于粤饷实有裨益。报闻。

以津沪文报局员三年期满，予直隶候补道黄建筦等十九员奖叙。

予因公漂没，海军管轮参将陆麟清优恤。

以两次勘乱，藩属衔感，准提督吴兆有、总兵左世柏、左克成等十员，附祀朝鲜汉城原任广东水师提督吴长庆专祠。从直隶总督李鸿章请也。②

廿四日丁丑(4 月 10 日)

有人奏，登、莱府属荒歉成灾一折。据称山东登、莱府属，上年春夏亢旱，秋雨连旬，宁海、莱阳、海阳、文登、荣成、即墨各州县被灾较重，地方官并不报灾，征收如故，贫民无力自给，迤逦北来，及投往奉天各海口，千百成群，致成饿殍，请饬派员购买米石平粜等语。着福润迅速查明，饬属妥为赈抚，一面将办理情形，先行据实覆奏，以慰廑系。寻奏：登、莱两府，山多田少，民食不敷，向赖奉天粮贩接济。上年麦秋尚称中稔，惟杂粮较形歉薄，民间并未报灾。适值奉省歉收，商贩不继，民食惟艰，往北谋生者益众，然与逃荒不同。现值青黄不接之时，业经饬属筹办平粜，并严饬地方官查明无告穷民，先将积谷散放。如非出外工作

① 《李鸿章全集·电稿》第 2 册，安徽教育出版社 2008 年版，第 540 页。

② 《清实录·德宗景皇帝实录》卷三二一。

者，即行截留，资送回籍，妥为安抚。报闻。①

三月初二日甲申(4月17日)

以出洋三年期满，予驻英随员内阁中书胡惟德、驻法随员浙江候补同知联豫等十四员、驻日本随员江西补用同知洪遐昌等二员奖叙，赏新加坡总领事道员黄遵宪三代从一品封典。

初七日己丑(4月22日)

山东巡抚福润奏，遵议设法整顿东纲盐务。一、依限奏销；一、整饬巡务；一、体恤商艰；一、裁革浮费。下部知之。②

初九日辛卯(4月24日)

以报效海军巨款，予郎中李肇文、知府李瑜以道员分发直隶江苏，附贡胡承谏以主事选用。

初十日壬辰(4月25日)

总理各国事务衙门奏，中俄接电约款，请钤用御宝互换。依议行。

十五日丁酉(4月30日)

湖广总督张之洞奏，汉阳铁厂计日告成，豫筹开炼成本，酌拟节省腾挪办法。下户部、总理海军事务衙门速议。寻奏：扣留两湖应解关东铁路经费，碍难照准。至由湖北粮道库内借拨无碍京饷之杂款十万两，作为代北洋筹垫轨木之用，应如所请办理。从之。③

廿一日癸卯(5月6日)

以纂修《两淮盐法志》告成，予江苏候补道王定安优叙，余出力举人朱孔彰等

① 《清实录·德宗景皇帝实录》卷三二一。
② 《清实录·德宗景皇帝实录》卷三二二。
③ 张之洞：《预筹铁长成本折》，《张文襄公全集·奏议》卷三三。

十一员并给奖。

廿四日丙午(5 月 9 日)

两广总督李瀚章奏，查明办理边防及清乡缉匪出力员弁，总兵冯绍珠、副将郑润材等恳恩予奖。下部议行。又奏，新造“广金”“广玉”兵轮，拟定员弁兵丁薪粮银数。下部知之。

廿五日丁未(5 月 10 日)

以救护外洋遭风船只出力，予广东潮阳县知县何福海以知府在任选用，余升叙有差。

廿七日己酉(5 月 12 日)

仓场衙门奏，新造拨船工竣，请派员验收。得旨：着祥麟、许应骙就近验收。

三十日壬子(5 月 15 日)

福建邵武府知府董毓琦、福宁府知府严良勋，着谭钟麟悉心察看。如竟不能胜任，即行据实参奏，毋稍迁就。

广东惠潮嘉道曾纪渠、韶州府知府张赓扬，着李瀚章、刚毅悉心察看。如竟不能胜任，即行据实参奏，毋稍迁就。

以前浙江温州镇总兵张其光，为福建澎湖镇总兵官。①

夏四月初三日乙卯(5 月 18 日)

闽浙总督谭钟麟等奏，闽浙两省，海洋辽阔，商船每致疏虞，请添设护商师船，以资保卫。如所请行。②

初四日丙辰(5 月 19 日)

以台湾淡水防营文武弁勇，历年阵亡瘴故，准于大嵙崁地方，捐建昭忠祠，

① 《清实录·德宗景皇帝实录》卷三二二。

② 《清实录·德宗景皇帝实录》卷三二三。

列入祀典。从福建台湾巡抚邵友濂请也。

抚恤朝鲜国遭风难民如例。

廿三日乙亥(6月7日)

以剿办越南游匪得力，赏管带绥远营补用知府覃克振谋勇巴图鲁名号，余奖叙有差。其瘴故阵亡文武员弁，暨兵团妇女等一百八十七名口，议恤如例。

廿九日辛巳(6月13日)

电寄出使各国大臣，嗣后办理交涉事件，总须格外慎密。每遇更换各国出使大臣，未经奉旨之先，该大臣不得将保荐之人，先行漏言，懔遵毋忽。①

五月初四日乙酉(6月17日)

总理海军事务衙门奏，琉璃料件，逾限尚未解齐，请旨饬催一折。现在各处工程，应用琉璃瓦料。该窑欠解数目甚多，着工部严催该监督饬传该商，将欠解料件，务于六月内一律解齐，以重要工。傥再藉词延宕，即着该衙门据实奏参。②

初五日丙戌(6月18日)

福建台湾巡抚邵友濂奏，恳加拨台湾恩广中额一名。下礼部议驳。

十九日庚子(7月2日)

两江总督刘坤一奏，南北洋各口税务司办事出力，恳恩分别给奖。允之。

廿三日甲辰(7月6日)

奎俊奏，保荐贤员，恳恩嘉奖擢用一折。据称江苏吴县知县凌焯，勤求治理，关心民瘼；上海县知县黄承暄，理繁治剧，措置裕如；奉贤县知县金元烺，勇于任事，有条有理；大挑尽先知县汪瑞曾，有体有用，学识兼长。凌焯、黄承暄、金元

① 《清实录·德宗景皇帝实录》卷三二三。

② 《清实录·德宗景皇帝实录》卷三二四。

粮均着传旨嘉奖，汪瑞曾着交吏部带领引见。仍着该抚督饬该员等尽心民事，勉为循吏，毋得始勤终怠。①

六月初七日丁巳（7 月 19 日）

福建台湾巡抚邵友濂奏，已革署嘉义县知县罗建祥垫挪官庄银谷，请将参追之案先行饬部注销。允之。②

初十日庚申（7 月 22 日）

光绪帝御承光殿，德国使臣绅珂觐见，呈递国书。

十一日辛酉（7 月 23 日）

两江总督刘坤一奏，江苏候补道蔡钧办理洋务，深资得力，恳恩录用。允之。又奏，副将廖德旺，请改归江苏内洋里河水师补用。下兵部知之。

十七日丁卯（7 月 29 日）

总理各国事务衙门奏，广西龙州等处添设洋关，公事繁剧，请加税务司公费。从之。又奏，滇越界图，与督臣现奏不符，谨覆陈当日画界情形及现在办法。报闻。

出使日本国大臣汪凤藻奏，调员署西翻译官，并请添调翻译人员，以资接替。允之。

十九日己巳（7 月 31 日）

山东巡抚福润奏，订购法国挖泥机器船价，现由粮道库提银凑给。下所司知之。

以挟私互讦，降福建台湾艋舺营参将陈友定为游击，嘉义营守备何永忠为把总。

① 《清实录·德宗景皇帝实录》卷三二四。

② 《清实录·德宗景皇帝实录》卷三二五。

廿一日辛未(8月2日)

以出洋期满，予驻美随员同知黎荣耀等奖叙，其当差勤慎之洋员杜来尔等一并给奖。

廿二日壬申(8月3日)

直隶总督李鸿章等奏，上海机器局创造枪炮，卓著成效，请择尤保奖。下吏部知之。①

以训迪有效，赏武备学堂铁路总教习洋员包尔宝星。

福建船政青洲石船坞完工，可以接纳北洋海军最大铁甲船。②

廿九日己卯(8月10日)

电寄许景澄等，电均悉，现在帕米尔界务为中俄吃紧交涉，较之法暹争界，尤关切要。庆常着准其暂行调往。③

秋七月初三日癸未(8月14日)

浙江巡抚崧骏奏，海盐县境坍卸石塘，择要分别修砌，并筑随塘坦水等工。又奏，东塘埽工险要，循旧改建匡合盘头。并下工部知之。④

初九日己丑(8月20日)

以随办北洋洋务出力，赏候选道伍廷芳等从一品封典，余升叙加衔有差。

初十日庚寅(8月21日)

出使英法义比国大臣薛福成奏，请饬总理各国事务衙门，核议保护出洋华民良

① 李鸿章：《上海机器局请奖折》，《李文忠公全集·奏稿》卷七七。

② 刘传标：《近代中国船政大事编年与资料选编》第2册，九州出版社2011年版，第407页。

③ 《清实录·德宗景皇帝实录》卷三二五。

④ 《清实录·德宗景皇帝实录》卷三二六。

法，并声明禁止出洋旧例已删，以杜吏民诈扰，暨准各口领事核给护照，俾海外华民得筹归计。又奏，请酌议派拨兵船保护外埠华民。并下所司议。寻奏，应如所请行。至派拨兵船，宜俟日后体察情形，再行筹办。从之。

缓征山东寿光、乐安、昌邑、潍、利津、平度、掖七州县被潮村庄粮赋灶课。

十二日壬辰（8 月 23 日）

以征银不解，革署广东澄海县知县李作桢、增城县知县杨逢篁职，并勒追。

八月初一日庚戌（9 月 10 日）

以捐赈巨款，予粤海关监督联捷，以副都统记名，遇缺题奏。①

初四日癸丑（9 月 13 日）

总理各国事务衙门奏，遵议出使大臣薛福成奏申明新章，豁除海禁旧例。请嗣后良善商民，无论在洋久暂、婚娶生息，概准由使臣或领事官给与护照，任其回国，治生置业，并听随时经商出洋，毋得仍前藉端讹索。如所请行。②

初七日丙辰（9 月 16 日）

以管修台湾水陆电线出力，赏洋员韩生宝星。

十一日庚申（9 月 20 日）

两广总督李瀚章奏，虎门沙角，为南洋第一门户，亟应保卫。现咨由陆路提督添练标兵五百五十名，饬高阳罗镇总兵添练标兵三百名，又连州地方，毗连猺寨，饬三江协副将添练标兵二百名，扼要驻防。其练兵兼习炮火，添募炮教习四员。请饬立案。下部知之。③

① 《清实录·德宗景皇帝实录》卷三二六。
② 《清实录·德宗景皇帝实录》卷三二七。
③ 《清实录·德宗景皇帝实录》卷三二七。

十四日癸亥(9月23日)

闽浙总督谭钟麟奏，闽省盐厘，累民累商，屡蒙恩免四成，尚有六成未减，吁恳全行蠲免，以苏民困而恤商艰。下部议驳。

十九日戊辰(9月28日)

浙江巡抚崧骏奏，杭州满营洋枪队，操练已有成效，请加津贴，以裨防务。允之。

以中俄议接海兰泡、珲春等处电线竣事，赏俄使喀希呢、阔雷明暨随员巴幅罗福宝星，电报局丹国洋员博来三品顶戴。①

九月初四日癸未(10月13日)

以出使美国随员三年期满，予分省试用知府谭乾初等四员升叙有差。

予积劳病故，驻美随员候选县丞程汝楫优恤。②

初十日己丑(10月19日)

山东巡抚福润奏，恭逢庆典，盐商报效银四万两。得旨：准其报效。

上海机器织布局，失火焚毁。③

十四日癸巳(10月23日)

光绪帝谕令：本年顺天直隶雨水过多，灾区甚广，业经赏拨漕米展办赈捐，藉资接济。惟念现距麦秋尚远，灾民待赈方殷，允宜再沛恩施，俾资冬春赈抚。着于江苏江北来年应解河运漕米内，各赏拨米五万石。现在该省尚未采买兑运，即着刘坤一、奎俊将前项漕折银两，迅速核明，提解直隶应用。其随漕轻赍等项及剥价运

① 《清实录·德宗景皇帝实录》卷三二七。

② 《清实录·德宗景皇帝实录》卷三二八。

③ 中国史学会主编：《洋务运动》，《中国近代史资料丛刊》第7册，上海人民出版社1961年版，第453~455页。

费耗食米石，并着一并核解。至此次灾情过重，为日方长，仍恐不敷应用，着再拨江苏海运漕米八万石，俟明春运抵天津，准其就近截留。所有随漕轻赍等项及由天津运通耗米运费，亦照案一并解交赈局应用。李鸿章于该两项银米解到时，仍按顺天、直隶，各半分拨。①

廿四日癸卯(11 月 2 日)

赏给日斯巴尼雅国参赞官阿乐岳宝星。

廿六日乙巳(11 月 4 日)

出使英法意比国大臣薛福成奏，与英外部商办滇缅界线，滇边西南两面，均有展拓。又奏，查明车里、孟连两土司地，全属中国，与英无涉。下所司知之。②

冬十月初二日庚戌(11 月 9 日)

两江总督刘坤一奏，添设九洑洲等处炮台。下部知之。

初三日辛亥(11 月 10 日)

本年顺天直隶各属，骤被水灾，叠经赏拨银米，分设粥厂，办理急赈。嗣因灾区较广，拨给奉天粟米一万四千四百余石、江苏江北漕米各五万石备赈。并因办理冬春赈抚，续拨河运漕米折价十万石，截留海运漕米八万石，分解顺天直隶应用。复准李鸿章所请，动拨直隶藩库银十万两，广为散放。采育镇等处，添设粥厂。准如孙家鼎等所请，加拨银米。又因湖南醴陵县等处被旱，由户部垫拨银三万两，发交吴大澂分别散给。山东沿河各属被水，谕令福润截留新漕六万石，以备冬赈。③

初四日壬子(11 月 11 日)

以全漕告竣，予仓场侍郎祥麟、许应骙议叙，江苏督粮道景星等优叙有差。

---

① 《清实录·德宗景皇帝实录》卷三二八。

② 《清实录·德宗景皇帝实录》卷三二八。

③ 《清实录·德宗景皇帝实录》卷三二九。

十九日丁卯(11月26日)

以有功地方，予故广东水师提督方耀建祠。从两广总督李瀚章等请也。

廿六日甲戌(12月3日)

出使俄德奥和国大臣许景澄奏，新疆省南路以和阗为极边，其地绵亘二千余里，西洋人通称为昆仑山。光绪十六年，俄国地里会遣矿学人博格达诺委趄，前往该处详测金矿所在，著有图说。计自和阗州至克里雅城，得矿三处，曰玉陇哈什河，曰策勒村，曰克里雅角。克里雅以东，得矿五处，曰索尔戛克，曰乌鲁克河，曰阔帕，曰莫罗札河，曰池曰干河。均在昆仑山北麓。逾山以南，得矿一处，曰坎波拉克。凡九处。其金砂或凝结岩壁，或随山水冲注，土民赴采者约及二千人，日可出金五十余两。诚能就已开矿地，由官设厂经理，数年而后，财用渐裕，可省中原输挽。似应按照该俄人所述各矿情形，覆加查察，庶于边情地利，得有确征。下所司议。①

十一月初四日壬午(12月11日)

闽浙总督谭钟麟奏，闽省勇饷积欠过多，请截留裁减夫粮等银。下户部议。②

初五日癸未(12月12日)

户部、总理各国事务衙门奏，豫拨东北边防经费一折。据称光绪二十年东北边防经费，照案指拨山东地丁银十二万两、山西地丁银五万两、安徽地丁银十万两、江苏厘金银八万两、江西厘金银八万两、浙江厘金银八万两、安徽厘金银五万两、湖北厘金银八万两、湖南厘金银八万两、福建厘金银八万两、江海关六成洋税银十万两、江汉关六成洋税银十万两、夔关常税银三万两、赣关常税银一万两、闽海关六成洋税银十万两、九江关六成洋税银八万两、四川盐厘银十五万两、两淮盐厘银十二万两、四川津贴银八万两、山东粮道库银五万两、广东厘金银八万两、粤海关六成洋税银十二万两，请饬依限报解等语。

---

① 《清实录·德宗景皇帝实录》卷三二九。

② 《清实录·德宗景皇帝实录》卷三三〇。

廿七日乙巳（公元 1894 年 1 月 3 日）

直隶总督李鸿章奏，长芦补欠积欠二款，势难补征，仍请照案推展五年，以纾商力。从之。

以捐款赈灾，予广东澳门绅董何仲殷等建坊。①

十二月初二日庚戌（公元 1894 年 1 月 8 日）

予故浙江巡抚崧骏恤典如例，赏其子户部候补郎中昆敬以本部郎中即补。②

初三日辛亥（公元 1894 年 1 月 9 日）

缓征江苏泰、海二州被水地方场灶钱粮。

初十日戊午（公元 1894 年 1 月 16 日）

谕军机大臣等，刑部奏，遵议出使大臣薛福成奏请申明新章豁除海禁一折。据称内地人民流寓各国，其有确守华风情愿旋归乡里者，应由各出使大臣核给护照，任其回国，并由沿海各督抚督饬地方官严禁胥吏人等侵扰诈索；至私出外境各条，薛福成所请酌量删改之处，拟俟纂修则例时奏明办理等语，着依议行。即由总理各国事务衙门咨行沿海各督抚，及出使各国大臣一体遵照。③

十一日己未（公元 1894 年 1 月 17 日）

总理各国事务衙门奏，俄人归还巴尔鲁山借地。报闻。

十七日乙丑（公元 1894 年 1 月 23 日）

从总理衙门请，准驻美使臣杨儒与美国签订《华工保护条约》。④

---

① 《清实录·德宗景皇帝实录》卷三三〇。

② 《清实录·德宗景皇帝实录》卷三三一。

③ 《清实录·德宗景皇帝实录》卷三三一。

④ 王彦威：《清季外交史料》卷八八，书目文献出版社 1987 年版，第 8~10 页。

十八日丙寅(公元1894年1月24日)

蠲缓浙江杜渎、芦沥、海沙、钱清、西奥、长亭、横浦、浦东、清泉、龙头、穿长十一场被灾灶荡钱粮有差。①

二十日戊辰(公元1894年1月26日)

闽浙总督谭钟麟奏，长汀县拿获哥匪许存仁等讯明正法，惟匪首常直臣等未尽弋获，已严饬所属文武认真购缉。得旨：即着饬属严拿匪首常直臣等务获惩办。

廿四日壬申(公元1894年1月30日)

出使日本国大臣汪凤藻奏，修建日本长崎口文庙落成，请颁匾额。得旨：着南书房翰林恭书匾额一方，交汪凤藻祇领敬谨悬挂。寻颁匾额曰“文教东渐”。②

是年

全国海关出口货值银一亿一千六百六十三万二千三百一十一两，进口货值银一亿五千一百三十六万二千八百一十九两，入超三千四百七十三万零五百零八两。征收货税银(海关洋税)二千一百九十八万九千三百两。③

上海发昌机器厂为朝鲜华侨商人所建轮船“汉阳”号完工，航行于济物浦与汉城在之间，开中国船舶出口先河。④

① 《清实录·德宗景皇帝实录》卷三三一。

② 《清实录·德宗景皇帝实录》卷三三一。

③ 刘锦藻：《清朝续文献通考·国用四》卷六六，商务印书馆1934年版，第8225~8229页。

④ 刘传标：《近代中国船政大事编年与资料选编》第2册，九州出版社2011年版，第410~411页。

光绪二十年　甲午　公元 1894 年

春正月初六日甲申(2 月 11 日)

安徽巡抚沈秉成奏，广东绅士选用道刘学询，购得日本国书商仿刻西清古鉴一书铜板全副，计一千九百一十五块，情殷报效，解送军机处交纳转进。得旨：着交总理各国事务衙门收存。①

初八日丙戌(2 月 13 日)

蠲免浙江仁和、海沙、鲍郎、芦沥、横浦、浦东六场荒芜坍没未垦各灶地荡涂，应征光绪十九年分灶课钱粮。②

初十日戊子(2 月 15 日)

闽浙总督谭钟麟奏，“福靖”穹甲快船，订购洋炮。前督臣卞宝第未经奏明，遽立合同，未免疏忽。惟事属已成，未便失信洋人，恳仍照案办理。下所司议。寻总理各国事务衙门奏：所需炮位，既由鄂厂铸造，自不应仍与外洋定议，承办各员均属疏忽。惟业经订立合同，不得不准如所请，并请饬鄂厂停造，以免重复。得旨：承办各员均着查取职名，交部议处。③

十一日己丑(2 月 16 日)

电寄薛福成，电奏已悉。滇缅约事，着照所议办理。

---

① 《清实录·德宗景皇帝实录》卷三三二。
② 《清实录·德宗景皇帝实录》卷三三二。
③ 《清实录·德宗景皇帝实录》卷三三二。

十七日乙未(2月22日)

总理各国事务衙门奏，日本国君主举行二十五年婚期庆礼，请颁给贺书礼物。得旨：着由该衙门酌量备办。①

十八日丙申(2月23日)

两江总督刘坤一等奏，查明苏省十九年分征收漕白二粮实数，并酌定海运章程十条。下户部知之。又奏，两淮盐商认捐顺天赈银三十万两，分三限缴完，请饬随时给奖，并免交部饭加平银两，以恤商情。从之。

廿四日壬寅(3月1日)

中英订立《续议滇缅界务、商务条款》。②

廿六日甲辰(3月3日)

两广总督李瀚章奏，广东水陆师学堂，派登练船各学生，及添建机器厂支用各款，请饬立案。下部知之。

廿八日丙午(3月5日)

两广总督李瀚章奏，盐商捐银十二万两，助购枪炮，请照各省赈捐章程给奖。下所司议。

二月初五日壬子(3月11日)

以捐助育婴堂经费，予浙江海宁州知州李洪春建坊。③

---

① 《清实录·德宗景皇帝实录》卷三三三。

② 王彦威：《清季外交史料》卷八九，书目文献出版社1987年版，第19~27页。

③ 《清实录·德宗景皇帝实录》卷三三四。

初六日癸丑（3 月 12 日）

予故浙江巡抚崧骏，于浙江省城捐建专祠，列入祀典，政迹宣付史馆立传。从护理浙江巡抚刘树堂请也。

十二日己未（3 月 18 日）

两江总督刘坤一等奏，崇明县东南海岸，被潮冲啮，坍近城垣，请将堵筑经费，作正开销。允之。又奏，购办德国鱼雷炮艇四艘并改鱼雷厂为鱼雷营，先期练习，俟雷艇到华时，即可分配巡操。下所司知之。

以收回俄国原借巴尔鲁克山全境，予出力员弁伊塔道英林等奖叙。

十三日庚申（3 月 19 日）

漕运总督松椿奏，刘老涧滚坝堵筑完竣。下部知之。

广东琼州镇总兵滕嗣林，因病解职，以记名提督杨安典为广东琼州镇总兵官。①

二十日丁卯（3 月 26 日）

以湖北麻城教案办理和平，赏瑞典国总领事柏固宝星。②

廿六日癸酉（4 月 1 日）

以出洋期满，予兼驻英法随员、内阁中书陈星庚，驻俄参赞、候选知府升允等八员，驻德参赞、内阁中书潘鸿等七员，驻日本参赞、补用直隶州知州吕曾祥等二十三员，升叙有差。

廿七日甲戌（4 月 2 日）

御史杨晨奏，浙江衢、严、台、温各卫津租银两，奏准核减七成后，胥役仍多照旧征收，且因卫田散在各县，册籍混淆，恶胥有贿改包办等弊，而地方官因非已

① 《清实录·德宗景皇帝实录》卷三三四。

② 《清实录·德宗景皇帝实录》卷三三五。

事，往往控诉不理，请饬查禁等语。吏胥违例征收，藉端舞弊。如果属实，大干法纪。着廖寿丰确切查明，如有前项弊端立即从严征办，毋稍宽纵。又片奏，“定海洋面，去年民客因事滋闹，渔商被杀，民居被焚，尚未结案；黄岩镇总兵自同治年间，改驻海门卫城，以左右二营，分驻松门健跳，海门镇署早成，而二营至今未闻举办”，即着该抚查明办理。至所称定海海门例由二镇总兵巡洋弹压，石浦添设之红单船，亦宜随同巡护等语。着该抚查照旧章，督饬该总兵等，认真巡缉，不得稍涉惧懈。①

廿八日乙亥(4月3日)

北洋大臣李鸿章奏，“定远”等铁快船拟添置新式快炮十二尊，共需银三十五万余两。②

三月初三日庚辰(4月8日)

两广总督李瀚章奏，广东历年缉匪出力员弁，拟恳比照成案，择尤酌保，以示鼓励。得旨：着准其择尤保奖，毋许冒滥。③

十八日乙未(4月23日)

御史褚成博奏，洋商违约筑池，存储火油，大拂民情，请饬禁阻一折。据称去冬有德国商人，在上海县浦东陆家渡地方，购地筑池，为存储火油之用，众情疑骇，力求禁阻；南洋大臣曾委苏松太道聂缉规，与该国领事再三辩论；今年二月，该洋商不候华官允准，擅将火油装运抵沪，且闻另有洋人在汉口购买地基，亦为存储火油而设，请饬速行阻止等语。洋商开池存油，是否有碍民居，着南北洋大臣详细查明，设法阻止，妥筹办理。寻李鸿章等奏：遵查上海浦东地方，洋商试办火油池栈，设于旷地，并无贴邻。所制桶管，亦均稳固。油池严防渗漏，亦已备列设限防险章程，与民居汲饮，不致有妨。且载明傥有渗漏，殃及居民，除赔偿外，即由地方官会同领事将池拆毁，不得再行建造。如有未尽，仍当饬令苏松太道随时查察妥办。至汉口地方，据查尚无筑池形迹。已将所订章程，通行各口，一体遵照。下所司知之。

御史钟德祥奏，风闻奉天通化县前有奸商禀请开采煤油矿务，并无资本，只

① 《清实录·德宗景皇帝实录》卷三三五。

② 《清末海军史料》，海洋出版社1982年版，第124~125页。

③ 《清实录·德宗景皇帝实录》卷三三六。

以营私，因购买机器，被洋人控告，迄今不知作何了结。奉天为陪都重地，恐外来奸徒，复以开矿借口，滋酿事端，请饬严禁等语。奉天通化县地方，究竟有无奸商，呈请开矿之事，着裕禄确切查明。如有其事，即行禁止等语。并着通饬各城副都统，嗣后该省无论腹地沿边，凡有矿之区，一律禁止开采，以杜觊觎而重根本。①

廿一日戊戌(4 月 26 日)

出使英法意比国大臣薛福成奏，与英国外部议定滇缅界务商务条约二十条，克日先将草约画诺，以杜狡变。又奏，此次定约，中国之船，可以在大金沙江往来行走。下所司知之。

廿四日辛丑(4 月 29 日)

直隶总督李鸿章奏，前出使大臣崔国因，于英美海军章程，颇知奥窔。此次臣等奉命校阅海军，拟请饬令随同前往，以资考证。得旨：崔国因着于大考后即行赴津。②

夏四月初二日戊申(5 月 6 日)

两广总督李瀚章奏，钦州越南界务，现与法员陆续勘议，按照界线，有水处以水为界，免如陆地之犬牙参差；有山处以山为界，免如平原之易于侵占。所有分茅岭板兴岭板典岭怀等处，及彼之纵横峒中十里，全数归我。惟披劳地方，各分一半，原系以水为界，固不得不然。业已次第完竣，彼此疆界分明，庶无后虑。下所司知之。③

初三日己酉(5 月 7 日)

以广州协副将黄金福为广东南韶连镇总兵官。

抚恤台湾澎湖厅属被雨灾民。

---

① 《清实录·德宗景皇帝实录》卷三三七。

② 《清实录·德宗景皇帝实录》卷三三七。

③ 《清实录·德宗景皇帝实录》卷三三八。

李鸿章等奉旨校阅北洋海军。①

初八日甲寅(5月12日)

总理各国事务衙门户部会奏，议驳吴大澂奏，湘茶亏折，拟设局销运，请拨出使经费及息借洋款一折。据称茶市价，时有涨落，而其价之高下，实亦随制法为转移。英商购买茶叶，类皆径运西国。香港新嘉坡为过路埠头，并非运销之地。吴大澂设局销运，拟向汇丰洋行息借银五六十万两。即使运销稍有利益，恐亦不敌借款之折耗。出使经费现存无几，碍难借拨，均应毋庸议等语。清廷批复：吴大澂所奏设局销茶，既据该衙门筹商，实无把握。其所请借拨出使经费，及息借洋款各节均着毋庸置议。原折着钞给阅看。

廿七日癸酉(5月31日)

李鸿章、定安奏，会同校阅海军，及沿海陆军，并查勘各处台坞等工竣一折。本年海军会校之期，现经李鸿章会同定安周历旅顺等处，调集南北洋轮船，会齐合操，并将水陆各营以次校阅，技艺纯熟，行阵整齐。各海口炮台船坞等工，亦一律坚固。办理渐著成效。李鸿章督率有方，着交部议叙。各将领训练士卒，修建台坞，不无微劳足录，着准其择尤保奏。②

直隶总督李鸿章等奏，中国海面辽阔，绵亘万余里，经总税务司赫德历年设立警船灯塔浮椿等二百六十余处，尽心筹画，不无微劳，拟请传旨嘉奖。从之。③

三十日丙子(6月3日)

出使美日秘国大臣杨儒奏，与美国外部重订限禁华工保护华工约款详细情形。下所司知之。

以出洋期满，予江苏直隶州知州欧阳庚等升叙加衔有差。

五月初一日丁丑(6月4日)

李鸿章决定派叶志超、聂士成率军一千五百名，乘轮前往朝鲜牙山，并饬丁汝

① 李鸿章：《校阅海军事竣折》，《李文忠公全集·奏稿》卷七八。

② 李鸿章：《校阅海军事竣折》，《李文忠公全集·奏稿》卷七八。

③ 《清实录·德宗景皇帝实录》卷三三九。

昌派“济远”“扬威”二舰赴仁川护商。①

初五日辛巳(6 月 8 日)

以募助赈捐，南洋槟榔屿等处华商郑嗣文等传旨嘉奖。②

初七日癸未(6 月 10 日)

出使英法意比国大臣薛福成奏，新订滇缅条约，中国须派领事官驻扎仰光，豫拟拣员充补。下所司知之。

初九日乙酉(6 月 12 日)

户部奏，遵旨详细覆勘，重修《两淮盐法志》一折。《盐法志》一书，为累朝典章所系，必应详加考订，不得稍有舛误，方足以垂久远。前据刘坤一奏，重修《两淮盐法志》告成，缮写黄册进呈，当交户部详细覆勘。兹据奏称，统观是书，铨叙虽详，未能尽善，将措词失当及抵牾漏略芜杂脱误之处，逐条指出，分为订正、补辑、覆核、签商四类凡一千三百余条，缮成清册，即着发交刘坤一督饬原纂之员，遵照该部所奏，详慎考核，妥速办理，另缮黄册呈览。③

十七日癸巳(6 月 20 日)

前据御史安维峻奏，江苏崇明县产盐包课地方，违例设引扰民滋事各节，当经谕令刘坤一等确查具奏。兹据奏称，崇明设立盐局，时阅十余年，官经五六任，并非费永济为之创始。自试办以来，官商无不亏折，既于国课商情皆无利益，即着永远停撤。以后应如何认真整顿，使淮私不致侵占，于国计民食两有裨益之处，仍着浙江巡抚督饬该运司审察情形，妥速筹办。崇明县门丁金竹庵被逐后，辄敢改易姓名，充当局书，致招物议，业经责惩。着饬令地方官严加管束，不准复出滋事。其余所参各节，或事出有因，或传闻失实，均着毋庸置议。④

---

① 《李鸿章全集·电稿》第 2 册，安徽教育出版社 2008 年版，第 684 页。
② 《清实录·德宗景皇帝实录》卷三四〇。
③ 《清实录·德宗景皇帝实录》卷三四〇。
④ 《清实录·德宗景皇帝实录》卷三四一。

廿一日丁酉(6月24日)

盛京将军裕禄奏，奉省舆图测绘完竣。下所司知之。

直隶总督李鸿章奏，筹办接展库尔喀喇乌苏至塔尔巴哈台电线。下所司知之。又奏，请展收直岸盐斤加价以恤商艰。允之。

福建台湾巡抚邵友濂奏，请添设云林县林圮埔分防县丞一员。下部议行。

廿二日戊戌(6月25日)

电寄李鸿章，叠次电信，均经总理各国事务衙门呈览。现在日本以兵胁议，唆使朝鲜恇怯惶惑，受其愚弄。据现在情形看去，口舌争辩，已属无济于事。前李鸿章不欲多派兵队，原以衅自我开，难于收束。现倭已多兵赴汉，势甚危迫。设胁议已成，权归于彼，再图挽救，更落后着。此时事机吃紧，应如何及时措置，李鸿章身膺重任，熟悉倭韩情势，着即妥筹办法，迅速具奏。前派去剿匪之兵，现应如何调度移扎，以备缓急之处，并着详酌办理。俄使喀希呢留津商办，究竟彼国有无助我收场之策，抑另有觊觎别谋。李鸿章当沉几审察，勿致堕其术中，是为至要。①

廿六日壬寅(6月29日)

直隶总督李鸿章奏，天津总医院，遵照海军章程接续开办，估需经费银两。下所司知之。

豁免江苏海运漂没漕粮二千八百二十余石。

廿七日癸卯(6月30日)

两广总督李瀚章等奏，广东省城郊外建造火药库工竣。下部知之。

海军提督丁汝昌致电李鸿章，请求将驻扎朝鲜牙山之“镇远”“济远”“广丙”三舰撤回，得到许可。②

---

① 《清实录·德宗景皇帝实录》卷三四一；戚其章：《中日战争》，《中国近代史资料丛刊续编》第1册，中华书局1989年版，第8~9页。

② 《李鸿章全集·电稿》第2册，安徽教育出版社2008年版，第735~736页。

廿八日甲辰(7月1日)

李鸿章本月二十七八等日电信，均经总理各国事务衙门呈览。前经叠谕李鸿章酌量添调兵丁，并妥筹办法，均未覆奏。现在倭焰愈炽，朝鲜受其迫胁，势甚岌岌。他国劝阻，亦徒托空言，将有决裂之势。李鸿章督练海军，业已有年，审量倭韩情势，应如何先事图维，熟筹措置。傥韩竟被逼携贰，自不得不声罪致讨。彼时倭兵起而相抗，亦在意计之中。我战守之兵及粮饷军火，必须事事筹备，确有把握，方不致临时诸形掣肘，贻误事机。李鸿章老于兵事，久著勋劳，即详细筹画，迅速覆奏，以慰廑系。南洋各海口，均关紧要。台湾孤悬海外，倭兵曾至番境，尤所垂涎，并着密电各督抚不动声色，豫为筹备，勿稍大意。①

廿九日乙巳(7月2日)

李鸿章奏，酌度倭韩情势豫筹办理一折。据称倭人乘机构衅，遽以重兵胁韩。傥至无可收场，必须豫筹战备。请饬户部先行筹备的饷二三百万两，以备随时指拨等语。倭人迫胁朝鲜，其焰方张，势将决裂。外援内防，自宜先事豫筹。惟该督练办海军有年，前据陈奏校阅操演情形，俱臻精密，自已足备缓急。兹据奏称北洋铁快各舰，堪备海战者，只有八艘。究竟海军所练之兵，共有若干，此外北洋分扎沿海防军若干，及直隶练营兵丁可备战守者若干，着即逐一详细覆奏。所请筹备饷需银两，俟覆奏到日，再降谕旨。

出使俄德奥和国大臣许景澄奏，帕米尔界务，已与俄约。未经定议以前，彼此各不进兵。下所司知之。

出使英法义比国大臣薛福成奏，请酌定南洋副领事随员保奖章程。下部议。

命前福建巡抚刘铭传来京陛见。

赏俄国副管界官巴萨勒甫斯塞宝星。②

六月初二日丁未(7月4日)

前据总理各国事务衙门呈递李鸿章二十七日电信，与英领事言及，应由英外部令水师提督带铁快舰赴倭责问、勒令撤兵一节。倭人肇衅，挟制朝鲜。傥致势难收束，中朝自应大张挞伐，不宜借助他邦，致异日别生枝节。即如英国处此时势，如

---

① 《清实录·德宗景皇帝实录》卷三四一。

② 《清实录·德宗景皇帝实录》卷三四一。

出自彼意，派兵护商，中国亦不过问，若此议由我而发，彼将以自护之举，托言助我，将来竟以所耗兵费，向我取偿，中国断不能允。李鸿章此议，非但示弱于人，仍贻后患，殊属非计，着毋庸议。嗣后该大臣与洋人谈论，务宜格外审慎，设轻率发端致误事机，定惟该大臣是问。①

初四日己酉(7月6日)

李鸿章奏遵覆北洋现有兵数，请饬拨的饷以备战守一折。据称北洋战舰过少，沿海陆军分布直隶、山东、奉天三省海口，扼守炮台，合计只二万人。各处绿营扼要巡防，备多力分，断难抽调。体察倭韩情势，出境援剿至少亦须二三十营。此次请筹的饷二三百万，实系通盘筹画，豫防未然等语。该督所奏，自为先事豫筹以备缓急起见。即着户部、海军总理衙门会同妥议具奏。②

初五日庚戌(7月7日)

电寄邵友濂等，据邵友濂塌奏，请饬南洋调派兵轮三四艘赴台协助，并饬聂缉规驻沪办理后路转运。即着刘坤一酌派兵轮前赴台湾备用，聂缉规着暂缓来京陛见。

电寄李鸿章等，现在倭韩情势未定，袁世凯在彼可以常通消息，且与各国驻韩使臣商议事件，亦较熟习，毋庸调回。

以记名总兵刘祥胜为浙江温州镇总兵官。

初八日癸丑(7月10日)

电寄李鸿章等，前因邵友濂请调南洋兵轮三四艘赴台协助，当令刘坤一酌派备用。兹据电奏，南洋兵轮不敷分拨，拨调“南琛”兵轮及“威靖”运船两号前往台防，恐难得力，请于北洋广东再调数号赴台。着李鸿章电商李瀚章，酌量派拨。

初九日甲寅(7月11日)

本日据总理海军事务衙门、户部会奏，遵旨筹拨北洋的款，以备战守一折。据

① 《清实录·德宗景皇帝实录》卷三四二。

② 故宫博物院文献馆：《清光绪朝中日交涉史料》卷一四，1932年，第4~5页。

称海军衙门拟于北洋生息款内提拨银一百五十万两，户部拟于东北边防经费及筹备饷需本年京饷等款内共拨银一百五十万两，由李鸿章分别提用。着依议行。该衙门所筹银两，皆系有着的款，即着李鸿章查照提解。务将战守一切事宜，随时妥为筹备，以期缓急足恃。①

初十日乙卯（7 月 12 日）

御史张仲炘奏，藩属阽危，敌人叵测，请一意决战，以弭后患一折。倭人以重兵突至朝鲜，肆其挟制，现复愿与中国商议，以共保朝鲜为词，以尚有所顾忌。如果无碍中朝体制，无损朝鲜权力，原不妨量予通融，以全大局。然倭情叵测，议之成否，尚难逆料。若待事至决裂，然后议战议守，势已无及，不可不先事筹备。着李鸿章豫为筹画，水陆各军如何分进，粮饷军火如何转运，沿海要口如何防守，一切事宜熟筹调度，谋定后动，方可迅赴戎机。

十二日丁巳（7 月 14 日）

清廷谕令：倭人以重兵胁制朝鲜，虽与商议撤兵，久未就绪，和议恐不足恃，亟应速筹战备，以杜狡谋。前经叠谕李鸿章先事豫筹，毋致落人后着。现在事机紧迫，着李鸿章速为筹备，先派一军由陆路前往边境驻扎，以待进发。宋庆所部素称得力，东三省练军及左宝贵所带兵勇，亦皆可用。应如何抽拨之处，着分别咨商，速筹调派。水路叶志超一军，兵力尚单，须有继进之军，以资接应。沿海各口，如旅顺、大连湾、威海等处皆关重要，如何布置，均应逐一妥筹。其军火器械粮饷，一切均应克日办齐，先期给发，方不至仓猝误事。

电寄李鸿章等，叶志超电已悉。所筹派轮赴牙山将我军撤回一节，彼顿兵不动，我先行撤退，既嫌示弱。且将来进剿，徒劳往返，殊属非计。现在和商之议，迄无成说，恐大举致讨，即在指顾。着李鸿章体察情形，如牙山地势不宜，即传谕叶志超先择进退两便之地，扼要移扎，以期迅赴戎机，毋致延误。②

十三日戊午（7 月 15 日）

本日据奕劻面奏，朝鲜之事，关系重大，亟须集思广益，请简派老成练达之大臣数员会商等语。着派翁同龢、李鸿藻与军机大臣、总理各国事务大臣会同详议，

① 《清实录·德宗景皇帝实录》卷三四二。

② 《清实录·德宗景皇帝实录》卷三四二。

将如何办理之处，妥筹具奏。寻翁同龢等奏：倭兵驻韩日久，和议未成，自当速筹战事。据李鸿章来电，现派卫汝贵、左宝贵、叶志超等统兵进平壤，马玉昆进义州，所筹尚属周密。应请饬各军迅速前进，暂以护商为名，不明言与倭失和，藉观动静。现在各国皆愿调停，英人尤为著力。盖英最忌俄，恐中倭开衅，俄将从中取利也。此时大兵既与相持，彼如仍请派员与议，亦不必催令撤兵。所请如有不妥，我可议驳。傥有裨政务，亦可饬行。既收保护利权，亦不失上国体制，届时再当请旨遵行。傥仍要求必不可行之事，或竟先逞凶锋，则惟大张挞伐，各国当亦晓然共谕矣。报闻。

刚毅进京祝嘏，以两广总督李瀚章兼署广东巡抚。①

十四日己未(7月16日)

有人奏，此次朝鲜之乱，实出自汪凤藻保护金玉均回国，派通事吴升同赴上海，以致被刺，日本有所借口，遂开边衅；并汪凤藻在日本，诸事信任其弟汪凤瀛，凡优差要职，皆用私亲邱瑞麟等，相为奸利，不顾嫌疑。着李鸿章按照所参各节，确切查明，据实覆奏。

电寄李鸿章，现在倭韩情事已将决裂。如势不可挽，朝廷一意主战。李鸿章身膺重寄，熟谙兵事，断不可意存畏葸。着懔遵前旨，将布置进兵一切事宜，迅筹覆奏。

十五日庚申(7月17日)

日本近以重兵胁朝鲜，经各国叠催撤兵，迄无成说。现饬李鸿章亟筹战备，调集诸军。吉林与朝鲜北道接壤，亦应先期整备。着长顺将边防事严密筹办，不得徒事张惶。所探俄兵船八只在摩口崵开操，摩口地属何处，此项船只是否虚张声势，抑另图进扎，别有趋向。仍着密探电闻。

侍郎志锐奏，倭人谋占朝鲜，事机危急，直隶提督叶志超、海军提督丁汝昌，意存观望，纵敌玩寇等语。现当议定进兵之际，该二员是否勇往可靠，抑竟有畏葸情形，着李鸿章随时留心体察，毋得稍有疏忽，致误事机。另片奏，总兵姜桂题、贾起胜等久立战功，谋勇素著，北洋统将郑崇义、卫汝成等年力富强，素饶胆略，请饬量为任用等语，并着李鸿章酌量调派。总期于军事有裨。②

① 《清实录·德宗景皇帝实录》卷三四二。

② 《清实录·德宗景皇帝实录》卷三四二。

十六日辛酉(7 月 18 日)

倭韩之事，关系重大，特派尚书翁同龢、李鸿藻与军机大臣、总理各国事务大臣会同详议，妥筹具奏。兹据该大臣等会议覆奏，倭人以重兵驻韩，日久未撤，和局迄无成议，不得不速筹战事。李鸿章现派卫汝贵等分统盛军毅军，前往平壤等处，并调叶志超一军移扎平壤。着李鸿章即饬派出各军，迅速前进，勿稍延缓。其左宝贵马步八营，并着咨行裕禄速急派往，以资厚集。各军到后，一切进止机宜，即由该督妥筹调度，用慰廑系。

电寄李鸿章，袁世凯着准其调回。①

十七日壬戌(7 月 19 日)

本日据御史安维峻奏，海军报效无益，请一律停止一折。着海军衙门会同户部议奏。寻奏，嗣后报效人员，除与海军衙门定章相符者，仍查核户部是否合例再行办理外，其报捐巨款之案，即比照赈捐，一并停止，以清吏治。依议行。

十八日癸亥(7 月 20 日)

福建台湾巡抚邵友濂奏，请于台北府属大嵙崁地方设南雅分防同知，以理番捕盗。下部议行。又奏，台南打狗口收税海关，请移驻安平。下所司知之。

以办理台湾铁路工程出力，赏洋员玛体孙宝星。②

廿一日丙寅(7 月 23 日)

御史钟德祥奏，船政关系至重，废弛已久，请饬议实力整顿一折。着海军衙门，咨商南北洋大臣，按照该御史陈各节，详筹利弊，悉心妥议具奏。

电寄李鸿章，倭人非但无撤兵之意，近复添兵往韩。察其举动，势难理谕。前李鸿章电称叶志超牙山一军，船移甚险，由陆扼要，相机移扎，较有把握，且梗倭军汉釜相通南路，现调津军二千余，合叶军共五千人，可当一面等语。今倭使致朝鲜文内，欲令我军退出境外，并有延不议覆自有决意从事之语。彼如开衅，必先向叶军决战。该处地势是否相宜，并如何策应之处，务宜及早筹备。傥倭兵逼近，已

① 《清实录·德宗景皇帝实录》卷三四三。

② 《清实录·德宗景皇帝实录》卷三四三。

露交仗之迹，则衅开自彼，立即整军奋击，不可坐失机宜。平壤各军，约计何时可以到齐。若南路一有战事，则北路各军，即应前往夹击，使彼两面牵制，较易得手。此外如何调度，着李鸿章悉心筹议，随时具奏。①

廿二日丁卯(7月24日)

电寄李鸿章等，倭人要挟无理，亟须豫筹战备。李鸿章所派各军，到防后如何相机应敌，着严饬诸将领妥慎办理，毋误事机。其奉天调往之军，并着转电迅速前进。傥有观望不前，致有贻误，定将该大臣等重惩。闻姜桂题、郑崇义均称勇往，着李鸿章酌量调遣。此外如有著名宿将，即着奏调前往，以资得力。袁世凯着饬令迅速来京。

电寄李瀚章等，广东南澳镇总兵刘永福，着李瀚章传知该员，酌带兵勇，迅速前赴台湾，随同邵友濂办理防守事宜，并谕邵友濂知之。

电寄谭钟麟等，倭人要挟无理，恐难就范。台湾重地，亟须豫筹战备。福建水师提督杨岐珍，着谭钟麟传知该员酌带兵勇，迅速渡台，会商邵友濂妥筹布置，并谕邵友濂知之。

廿三日戊辰(7月25日)

日舰在丰岛海面攻击我“济远”等舰，中日战争爆发。②

廿四日己巳(7月26日)

电寄谭钟麟，南澳镇总兵刘永福，着谭钟麟饬令酌带兵勇，前往台湾，随同邵友濂办理防务。

电寄廖寿丰，电奏已悉。参将吴杰，已电谕刘秉璋饬令迅速赴浙。前办法防时，并无由英保护定海之事，中国地方岂可令外国保护，所请殊属非是，着毋庸议。南洋兵轮除本省防务需用外，已拨台湾两只。能否再行匀拨浙洋之处，着该抚电商刘坤一酌量办理。③

---

① 《清实录·德宗景皇帝实录》卷三四三。

② 戚其章:《中日战争》,《中国近代史资料丛刊续编》第6册，中华书局1989年版，第20页。

③ 《清实录·德宗景皇帝实录》卷三四三。

廿五日庚午（7 月 27 日）

电寄李鸿章，现在朝鲜电报阻隔，应如何设法择地安设，以期迅通消息之处。着李鸿章速筹电覆。

廿六日辛未（7 月 28 日）

东三省练兵大臣定安等奏，日本在朝鲜构衅，会商抽调兵勇，派员统率，进驻朝鲜平壤一带，以固奉省边防。又奏，抽拨黑龙江马步各队，至吉林听候调遣。均报闻。

廿七日壬申（7 月 29 日）

电寄李鸿章，日本击我兵轮，业已绝好开衅，出使日本大臣汪凤藻应即撤令回国。

电寄裕禄，现在丰升阿、左宝贵等已分带劲旅，驰赴平壤。后路防守策应，均嫌空虚。应如何添调兵弁，妥筹布置之处，着裕禄奏明办理。寻裕禄奏，遵旨截留饷项，添募勇劳，并现今筹办情形。如所请行。

电寄李鸿章等，邵友濂奏，台岛孤悬，饷械支绌，请分饬协济等语。着南北洋大臣、闽浙总督先事豫筹，设法援应，免致临时贻误。

电寄李鸿章，叶志超一军兵力本单，经李鸿章添兵接应，忽被倭人击沉一船，闻伤人不少，究竟登岸之兵若干，现在牙山海口船阻隔，又无电信可通。我军处此危地，粮饷军火如何接济，近日有无倭兵与叶军接仗，如何探听确信，着李鸿章速筹办理，以慰廑系。其前驻义州平壤各军如何调度情形，一并覆奏。

电寄邵友濂，电奏已悉，林维源着准其留办台湾团防事务。①

廿八日癸酉（7 月 30 日）

电寄李鸿章，现与日本业已开仗，必须厚集兵力，广筹后应。李鸿章久历戎行，从前旧部中立功将弁，及现在各腹省训练得力兵勇，该督知之必悉，均可奏明调派。至平壤已为倭踞，毅盛两军业由义州前进，应如何陆续添兵前往，合力攻剿；叶志超据探接仗得胜，拟赴水原，该军饷械如何接济俾免缺乏之处，均着迅速

---

① 《清实录・德宗景皇帝实录》卷三四三。

酌办。

以日本悖理违法，首先开衅，备文照会各国公使。

廿九日甲戌(7月31日)

电寄李鸿章，前据奏统率需人，请饬刘铭传迅速北上。昨据电奏，因病未能赴召，现在进剿各军，应否另调大臣统率，着迅筹具奏。

电寄廖寿丰，电奏已悉。所有镇海定海防务，着派张其光总统，该抚现拟添募十营分布。着照所请行。①

秋七月初一日乙亥(8月1日)

清廷谕令：朝鲜为我大清藩属，二百余年，岁修职贡，为中外所共知。近十数年来，该国时多内乱，朝廷字小为怀，叠次派兵前往戡定，并派员驻扎该国都城，随时保护。本年四月间，朝鲜又有土匪变乱。该国请兵援剿，情词迫切。当即谕令李鸿章拨兵赴援，甫抵牙山，匪徒星散。乃倭人无故派兵，突入汉城，嗣又增兵万余，迫令朝鲜更改国政。种种要挟，难以理喻。我朝抚绥藩服，其国内政事，向令自理。日本与朝鲜立约，系属与国，更无以重兵欺压，强令革政之理。各国公论，皆以日本师出无名，不合情理，劝令撤兵，和平商办。乃竟悍然不顾，迄无成说，反更陆续添兵。朝鲜百姓，及中国商民，日加惊扰。是以添兵前往保护，讵行至中途，突有倭船多只乘我不备，在牙山口外海面，开炮轰击，伤我运船，变诈情形，殊非意料所及。该国不遵条约，不守公法，任意鸱张，专行诡计，衅开自彼，公论昭然。用特布告天下，俾晓然于朝廷办理此事，实已仁至义尽，而倭人渝盟肇衅，无理已极，势难再予姑容。着李鸿章严饬派出各军，迅速进剿，厚集雄师，陆续进发，以拯韩民于涂炭。并着沿江沿途各将军督抚，及统兵大臣，整饬戎行，遇有倭人轮船驶入各口，即行迎头痛击，悉数歼除，毋得稍有退缩，致干罪戾。②

初二日丙子(8月2日)

电寄李鸿章，电奏已悉。叶志超廿五、六两日，又连获胜仗，毙倭贼二千余人。该提督偏师深入，以少击众，克挫凶锋，深堪嘉悦。惟倭调汉城之兵，悉往迎敌，叶军势孤可虑。卫汝贵、马玉昆、左宝贵各军，日内行抵何处，着李鸿章迅速

① 《清实录·德宗景皇帝实录》卷三四三。

② 《清实录·德宗景皇帝实录》卷三四四。

电催，星夜前进，直抵汉城，与叶志超合力夹击，以期迅奏肤功，勿得稍涉迁延，致滋贻误。

李鸿章电奏，添定快船得力，请先筹款等语。经海军衙门户部会商，拨银二百万两，交李鸿章应用。所需快船每只约价若干，何时可到华，着该督查明覆奏。

初三日丁丑(8 月 3 日)

慈禧太后懿旨，据李鸿章电称，直隶提督叶志超一军，在朝鲜牙山一带地方，于六月二十五六等日，与倭人接仗，击毙倭兵二千余人，实属奋勇可嘉。加恩着赏给该军将士银二万两，以示鼓励戎行至意。

电寄李鸿章，连日电奏均悉。叶志超进剿获胜，已明降谕旨奖赏。所有北路各军，计现在均由平壤进发。叶志超以孤军当巨寇，釜山又有续到倭兵，待援万分吃紧，着加电迅催。但有一军先到汉城，与叶军声息相通，已足以壮军威而寒贼胆。一俟诸军齐到，即可合力驱逐倭寇，以解汉城之围。至叶军后路，久断接济，由于海军护运不能得力。前据电称，丁汝昌寻倭船不过，折回威海，布置防务。威海僻处东境，并非敌锋所指。究竟有何布置，抑藉此为藏身之固，丁汝昌屡被参劾，前寄谕令李鸿章察看，有无畏葸纵寇情事，着即日据实覆奏，毋得稍涉瞻徇，致误戎机。如必须更换，并将接统之员，妥筹具奏。①

初四日戊寅(8 月 4 日)

有人奏，广东南海县举人康祖诒，刊有《新学伪经考》一书，诋毁前人，煽惑后进，于士习文教，大有关系，请饬严禁等语。着李瀚章查明。如果康祖诒所刊《新学伪经考》一书，实系离经畔道，即行销毁，以崇正学而端士习。寻两广总督李瀚章奏，查明《新学伪经考》乃辨刘歆之增窜圣经，以尊孔子，并非离经，既经奏参，即饬其自行抽毁。报闻。

电寄李鸿章，海军必须多备快船，方能得力。现已拨银二百万两，款足敷用。即着迅速定购，克期送华，以济急需。

电寄刘坤一，德馨电奏，现就防营中筹备劲旅三四营，选将管带，听候南洋大臣调遣。设有警报，驰赴吴淞江阴一带，合力战守。并饬属查办保甲，严防匪徒窃发。所筹均系现在应办之事，着刘坤一电知湖广、江苏、安徽等省一律仿照办理，俾数省联为一气，以清奸宄而固江防。

---

① 《清实录 · 德宗景皇帝实录》卷三四四。

初五日己卯(8月5日)

电寄李鸿章，电奏已悉。袁世凯着毋庸来京，即驰赴平壤，办理抚辑事宜。余均着照所请行。初三日电饬察看丁汝昌有无畏葸纵寇情事，即日据实覆奏。昨据该大臣覆总理衙门电称，丁汝昌又带六船赴朝鲜洋面，尚未见接奉电旨覆奏。丁汝昌前称追倭船不遇，今又称带船出洋，傥日久无功，安知不仍以未遇敌船为诿卸地步。近日奏劾该提督巽懦规避偷生纵寇者，几于异口同声。若众论属实，该大臣不行参办，则贻误军机，该大臣身当其咎矣。着接奉此旨后，即日据实电覆，不得有片词粉饰。①

初六日庚辰(8月6日)

李鸿章奏均悉，叶志超一军，以少敌众，致有失挫，战守情势，稍异于前。此时平壤后路，必须陆续添兵援应。饷需军火，尤须源源接济，毋致缺乏。大同江口，为平壤运路，关系紧要，应令海军各艘，梭巡固守。遇有倭船前来，即行奋击，不得稍有疏失。至倭人有战胜后窥伺京津之说，山海关等沿海各口，尤应加意严防。至腹地等省兵勇，及李鸿章旧部得力将领，应仍遵前旨，迅即调派，以资厚集。均着速筹妥办，勿误事机。

电寄刘坤一，传谕江苏臬司陈湜，召募旧部勇丁数营，一俟成军后即行北上。

电寄依克唐阿，电奏已悉。该将军以倭人欺压朝鲜，请亲率马步八营由吉林烟集仑入咸镜道进剿，实属勇往可嘉。着即配齐军装器械，驰赴平壤一带，会合盛毅各军，相机剿办。应需粮饷军火等项，应如何豫为筹备随时接济之处，并着电商裕禄、李鸿章妥议具奏。

命台湾布政使唐景崧、广东南澳镇总兵刘永福，帮同台湾巡抚邵友濂办理防务。

准粤海关监督德生，报效慈禧太后六旬万寿庆典银两。

初七日辛巳(8月7日)

清廷密谕：自光绪十年越南用兵之后，创办海军，已及十载。所有购船制械选将练兵诸事，均李鸿章一手经理。乃倭人自上次朝鲜变乱，经我军戡定，该军败挫而归，从此蓄谋报复，加意练兵，此次突犯朝鲜，一切兵备，居然可恃。而我之海

① 《清实录·德宗景皇帝实录》卷三四四。

军，船械不足，训练无实。李鸿章未能远虑及此，豫为防范，疏慢之咎，实所难辞。现在添购快船，已属补牢之计。究竟何时可到，能否赶及此次战事，足备进攻之用，着李鸿章迅即奏覆。因思海军为国家第一要务，此后必须破除常格，一意专营。该大臣熟悉中外情形，于兹事久经体察，应如何扩充办理，总成大军，可以出洋攻剿。计需购船械若干，用款若干，应分几年购办，如何仿照西法，慎选将才，精求训练，均着李鸿章通筹熟计，详晰陈明，候旨遵办。

两江总督刘坤一奏，海防戒严，筹备吴淞等处防守情形。得旨：即着督饬各将士严密筹备，毋稍疏懈。又奏，遵旨酌派兵轮，前赴台湾备用。现据报称“南琛”“威靖”两船，业抵台湾，听候邵友濂调遣。报闻。

浙江巡抚廖寿丰奏，筹备镇海等处防守情形。得旨：所筹均尚周妥。即着认真严防，不可稍涉大意。

丰绅入都祝嘏，以两江总督刘坤一兼署江宁将军。①

初九日癸未(8 月 9 日)

电寄谭钟麟，杨岐珍现已渡台。着派黄少春办理厦门防务，兼管水师提督衙门事。

初十日甲申(8 月 10 日)

电寄刘坤一，私购米粮出洋，本为条约所禁。现闻日本有在上海等处买米之说，着严饬江海关道认真稽查，严禁内地米粮，一概不准出洋，并着知照沿海各省，一律严行查禁。

十一日乙酉(8 月 11 日)

电寄李鸿章，水雷为守口利器。现在威海开仗，该处口内曾否安设，其山海关、大连湾、旅顺、塘沽等处，有无水雷及各项堵口御敌之件，着李鸿章详晰电奏。

电寄李鸿章，据奏威海接仗情形，各电具悉，李鸿章已电饬丁汝昌回防迎剿。威海为南北要冲，津沽门户，应责成该提督实力严防。其余北洋沿海各口，亦应往来梭巡，遇敌即击。至敌情变诈百出，飘忽靡定，着李鸿章随时相机调度，朝廷不为遥制。行军纪律，赏罚为先，畏葸者不可姑容，奋勇者亦须奖励。即如管驾“济

① 《清实录·德宗景皇帝实录》卷三四四。

远”之方伯谦，于牙山接仗时，鏖战甚久，炮伤敌船，尚属得力，着李鸿章传旨嘉奖。至南洋兵轮太少，着转电龚照瑗、许景澄分向英德各厂，询明现成可用之快船，即与议价添购两只，迅即来华。款项由户部筹给，李鸿章即电刘坤一知之。

电寄福润，现在倭船游弋北洋海面，昨已在威海开仗，据李鸿章电称登州未有布置。着福润迅速调派数营前往驻扎，严密防守，勿稍疏懈。①

十二日丙戌(8月12日)

电寄李鸿章，倭船运兵驶赴北洋海面，意图滋扰，事机甚紧，亟应加意严防。丁汝昌所带兵舰，现在何处，着李鸿章严饬令速赴山海关一带，遇贼截击。若能毁其数船，亦足以逭前愆。其山海关陆路，尤应速添重兵扼守，并派大员驰赴山海关等处，驻扎巡阅，相机堵剿。畿疆门户，关系尤要，着李鸿章调派宣化练军、正定马队，并分电河南、山西，派调嵩武各军，及大同练军，一并驰赴通州驻扎，并已谕令神机营派马步队赴通驻防，以卫京畿。前任提督曹克忠，籍隶天津，着饬速募津勇数营，在天津后路屯扎，以资策应。初十日夜，经过旅顺之倭船，现在驶往何处，着随时侦探电闻。李鸿章所称南米接济军食，未便概禁出洋，已电刘坤一照办。本日张之洞等请派吴凤柱带兵五百赴津填扎，亦已照请矣。

电寄依克唐阿，奉天防务紧要，毋庸赴平壤，即带八营，驰赴奉天，听候谕旨，择要驻扎。

电寄定安，定安现驻奉天，该处防务紧要，所有吉林黑龙江两省练军，着调集奉省备用，毋稍迟误。

电寄张之洞，电奏饬派吴凤柱带马礼三营五百名，驰赴天津，听候调遣。着照所请行。

电寄刘坤一，李鸿章电称禁米出洋，应分别晓谕。如奸商运米赴倭，应行严禁。其由海道转运南北各省者，仍准华洋各商船承运，由沪关切实稽查等语。着刘坤一分饬沪镇芜各关，一体遵办。

山东巡抚福润奏，山东海口可容居舰者有三，曰烟台，曰威海，曰胶澳。威海为海军根本重地，烟台系各国通商口岸，均为敌人所觊觎，商由直隶总督李鸿章慎密布置。胶澳炮台尚未竣工，现已暂行停止，专事巡操。至登莱两府滨海岛屿纷岐，一旦封禁海口，沿海居民，恐为敌所勾引，饬将各渔船挨编字号责令联保，择壮健者勤加训练以备调用。如所请行。②

① 《清实录·德宗景皇帝实录》卷三四四。

② 《清实录·德宗景皇帝实录》卷三四四。

十三日丁亥(8 月 13 日)

电寄李鸿章，电奏已悉。十一二日，倭船在威海一带游弋往来，并据裕禄电称金州大连湾口外，亦有倭船游弋。敌情叵测，亟须兵舰截击。丁汝昌巡洋数日，何以未遇一船，刻下究在何处尚无消息。李鸿章已专船往调，着再设法催令速回北洋海面，跟踪击剿。该提督此次统带兵船出击，未见寸功，若再迟回观望，致令敌船肆扰畿疆，定必重治其罪。需用快船，除购定阿摩士一船外，其智利二快船，着电知龚照瑗一并购定，赶紧送华应用。巴西大快船，行迟价巨，从缓购买。川盐副本，亦毋庸提用。裕禄请饬刘盛休各营合力防守，才即饬令与奉天防军，联络守御，以杜窥伺。本日据御史安维峻奏，倭船由旅顺直扑山海关，并有兵船二只，在大沽口游弋等语。究竟山海关、大沽口有无贼踪，着李鸿章确探严防，并随时迅速电闻，以纾廑系。山海关宜有重兵扼守，现有防军若干，并着查明覆奏。

电寄福润，电奏已悉。登州防务紧要，该抚嵩武四营，及章高元召募两营防守。着照所请，再募数营合力严防，以杜窥伺。

十四日戊子(8 月 14 日)

总理各国事务衙门奏，法国游历士吕推，行抵西宁，被番屯枪伤，捆投通天河淹毙。

电寄李鸿章等，前据李鸿章奏，禁米出洋，分别办理，当经电谕刘坤一照办。兹据覆奏拟设法变通，凡津商运米，取保给照，其余各省关仍遵前旨查禁等语，着李鸿章、刘坤一会商妥办。总期可杜奸商，无误民食，是为至要。①

十六日庚寅(8 月 16 日)

左庶子戴鸿慈奏，光绪十年间，广东省城海口长洲沙路一带创设石桩，足限洋船突入。闻李瀚章到任后，已将石桩起去，轮船可以径达省垣，请饬照旧设立等语。着李瀚章查明覆奏。

电寄李鸿章，电奏均悉。定购三快船，拨款尚不敷用。着李鸿章电询龚照瑗，核明实需用款若干，再由户部添拨。俄有动兵逐倭之意，此非我所能阻，然亦不可联彼为援，致他日藉词要索。总须由我兵攻剿得胜，则俄虽派兵续出，亦落我后。着李鸿章饬催水陆诸将，奋迅图功，慎勿虚盼强援，转疏本计。

---

① 《清实录 · 德宗景皇帝实录》卷三四四。

卫汝贵等军，于初五日齐到平壤，计休息已及旬日，浮桥谅已造成。着电饬各统将筹商妥协，迅速进兵，一面并将布置后路情形覆奏。叶志超、聂士成分道赴平壤，聂仅隔二百里，日内应已早到。叶军有无消息，并着询明电覆。

电寄刘坤一，据电称上海租界，查获华装倭人二名，搜出图据，现在美领事署管押等语。本日已由总理衙门照会美使，饬令领事交出讯办。着即饬江海关道告知美领事，迅即交犯严讯，并根究党与，一律搜捕，按照军律惩办。

调安徽巡抚李秉衡为山东巡抚，山东巡抚福润为安徽巡抚。①

十七日辛卯(8月17日)

御史易俊奏，土药税厘，请归户部收纳充饷等语。着该衙门议奏。寻总理各国事务衙门会奏，所请碍难照准，依议行。

十八日壬辰(8月18日)

以救回朝鲜牙山洋面兵勇，赏法德英国兵船船主宝星。

十九日癸巳(8月19日)

元山税司报称，倭有炮队上岸，未言数目。我驻平壤诸军，带有炮队若干，着查明奏覆。十三日平壤电称，聂士成带队数千抵金川，距平二百余里，无叶军消息。现又据仁川税司函称，叶志超领二千五百人，在黄海道，距汉城迤北三百余里，又未言聂士成现抵何处。两信所传，是一是二，以里数计之皆去平壤不远，何以数日无到平确信，殊属可疑。着李鸿章电饬平壤，再行确探迅覆，以纾廑系。

有人奏，请于奉天辽阳岫岩一带，酌设粮台，将军火、粮草广为储峙，鸭绿江多备运船，源源接济，渡江以东沿路添设驿站，直达战所，调用东三省马队节节分扎，专司来往文报等语。着李鸿章妥筹酌办。

着速催姜桂题、程允和召募成军，令袁世凯会同带领，即赴前敌，相机进剿。陈长庆，着交袁世凯等差遣委用。②

---

① 《清实录·德宗景皇帝实录》卷三四五。

② 《清实录·德宗景皇帝实录》卷三四五。

二十日甲午(8月20日)

接山海关电称，吉林兵路过辽阳，毁坏教堂，殴伤德李二教士，李姓已因伤身死等语。着定安、裕禄先行据实严参，并将滋事凶犯，迅速查拿到案。

以闽浙总督谭钟麟兼署福州将军。

廿一日乙未(8月21日)

前据电奏，倭船东去，海军各艘赴旅顺添煤，再赴烟台，沿途巡缉。今又数日，未据电奏，丁汝昌现往何处，倭船自东去后有无消息，着李鸿章即日电覆。嗣后海军各船，巡至何口，即由该口电报李鸿章将何时到口，何时起行，往何处转奏，再至别口亦然，不得数日无电，致劳廑系。又昨据龚照瑗电称，智利二轮，约十六日到吕顺，是否即旅顺，抑别一地名，十六日是否行程十六天，并着奏覆。朝鲜国王乞援来电，着李鸿章电告闵丙奭，将近日大兵进剿，拯救该国危难情形，详细谕知该国王可也。

李鸿章电称，龚照瑗另拟商购快船，需款较巨。着倏户部筹有的款，即行电知遵办。①

廿二日丙申(8月22日)

电寄李鸿章，平壤前敌各军，到者计及万余。倭人闻我进兵，亦屡有添兵北赴平壤之信。自应迅图进剿，先发制人。况各军到彼休息，亦已旬余。后路未到之兵，亦应陆续全到。若迁延不进，坐失事机，致彼汉城之守益固。丁汝昌周历各口，迄无所遇。彼前者乘虚至威海等处开炮，既系避船而行，现在丁汝昌由旅顺开行，安知敌船不复来旅顺。务当料敌意向，侦敌踪迹，以冀适与相值，痛加截剿。旅顺两口对峙，为北洋吃紧门户，傥遇倭船临近，务须迎头奋击，勿令阑入一步。

直隶总督李鸿章奏，请拨江北江苏河运漕米，接济军食。如所请行。

廿三日丁酉(8月23日)

清廷谕令：倭船前在威海旅顺等处，施放空炮，旋即远扬，难保不乘我之懈，

① 《清实录·德宗景皇帝实录》卷三四五。

再来猛扑。威海、大连湾、烟台、旅顺等处为北洋要隘，大沽门户。海军各舰，应在此数处来往梭巡，严行扼守，不得远离，勿令一船阑入。傥有疏虞，定将丁汝昌从重治罪。又闻津郡倭奸最多，一经拿获，即应照例惩办，不准轻予开释，致堕诡谋。

电寄李鸿章，现在倭人构衅，北路防务紧要。冯子材夙著战功，现在驻防钦州，能否带队北上。着李瀚章与该提督妥商覆奏。

着传知湖北提督程文炳募勇数营，即行北上。所需军械饷项，由刘坤一拨给。

广东巡抚刚毅奏，查明四月二十七日琼州府属之会同乐会二县，猝遭飓风暴雨，倒塌衙署庙宇民居，并有压毙人口。潮州府属之海阳县，大雨冲塌社甲堤岸，淹浸房屋田地，并淹毙妇孩数名口。得旨：据奏会同等县遭风被水，情形较重，着即饬令妥员，前往勘明，分别抚恤，毋任失所。①

廿四日戊戌(8月24日)

有人奏，风闻南洋统带兵船提镇大员，将兵轮驶入吴淞内河，并不出洋巡儆，且麇聚上海夷场，饮博冶游，竟有旬时不一到船住宿者，请饬查参等语。着刘坤一确切查明，据实具奏，毋稍徇隐。寻两江总督刘坤一奏，各轮未能出巡大洋，实为船力所限，尚非该管带泄沓之咎。报闻。

廿五日己亥(8月25日)

电寄李鸿章，龚照瑗议购之智利快轮，需价若干，制造是否精良，行走能否迅速，务须切实考核，再行商购。因其船并非铁甲，又值居奇之时，价必增贵。若但据经手洋人夸饰之词，虚糜巨款，无裨实用，殊属不值。着电知龚照瑗妥慎办理，并将所议之价，先行电覆。

现在驻扎平壤各军，为数较多，亟须派员总统，以一事权。直隶提督叶志超战功夙著，坚忍耐劳，即着派为总统，督率诸军相机进剿。所有一切事宜，仍随时电商李鸿章妥筹办理。

广西右江镇总兵张春发、广东署高州镇总兵潘瀛，着李瀚章传知该二员各募数营，统带北上。所需枪械，着由苏元春营内及广东省分别拨给。

有人奏，日本使臣出京，与领事诸人逗留上海，尚未回国等语。着刘坤一确切查明，该使臣等究竟何时出境，有无潜匿不去情事，据实电覆。

① 《清实录·德宗景皇帝实录》卷三四五。

盛京将军裕禄奏，奉天练军驻扎朝鲜，请加兵饷等银。如所请行。①

廿六日庚子(8 月 26 日)

前因叶志超一军，与倭人接仗获胜，仰荷慈恩，颁赏银二万两，以示鼓励。嗣据电奏，该军欲移公州，而倭兵二万余人突来围袭，我军奋勇对敌，鏖战六时之久，倭兵死者千七百余人，我军伤亡三百余人，该提督等以众寡势殊，设伏退敌，遂率兵东渡汉江，暂驻平康，自请严议，并请将出力及阵亡将弁勇丁，分别奖恤等语。叶志超一军，本为朝鲜定乱，兵数不多。此次途遇倭军，数倍于我，四合攻扑，卒能以少击众全师而出。虽有伤亡，功过足以相抵。所请严议之处，着加恩宽免。该军将弁冒暑苦战，奋勇出力，深堪嘉奖，着准其择尤奏保。阵亡弁勇，即着查明请恤。现在该提督已抵平壤，与大军相合，即着统率诸将，协力进剿，迅奏肤功，以慰悬盼。

此次倭人背约肇衅，直隶提督叶志超在牙山接仗，兵力过单，当经李鸿章派令丁汝昌前往接应。该提督辄以未遇倭船，折回威海办防，置叶志超一军于不顾，已属不知缓急。嗣复统带各船，巡历海口，观望迁延，毫无振作。若不加以惩处，何以肃军律而励士心。海军提督丁汝昌，着即行革职，仍责令戴罪自效，以赎前愆。傥再不知奋勉，定当按律严惩，决不宽贷，懔之。

电寄李鸿章，前议购智利两轮，龚照瑗二十四日电称，智忽毁议，究何因故翻悔，电语殊不明晰。着即详细覆奏。又二十五日来电，南美有大快轮五可售，但云机会极好，而于船质价值，何人来议，一概未言。原电太觉简略，何能遽准定购，着再电详陈候旨。

电寄刘坤一，有人奏，南洋机器轮舶，多购倭煤。现在日本禁煤出口，遂致匮乏。徐州利国矿，池州各沿江沿海煤矿，请饬择地开采。南洋煤斤，现在果否缺乏，所奏是否可行，着查明覆奏。

浙江巡抚廖寿丰奏，续筹浙洋要区情形。下所司知之。又奏，镇海为浙江屏蔽，定海孤悬海上，又为镇海咽喉，应归提督张其光总统。报闻。又奏，海防紧要，请令藩司赵舒翘暂缓北上。得旨：赵舒翘着仍于十月初一日以前到京。

松椿入都祝嘏，以江苏布政使邓华熙署漕运总督。②

廿七日辛丑(8 月 27 日)

电寄李鸿章等，现在军务紧要，所有前敌后路及沿海各军络绎云集，需用军火

① 《清实录·德宗景皇帝实录》卷三四五。

② 《清实录·德宗景皇帝实录》卷三四五。

等项，必须宽为筹备，源源接济。着李鸿章、刘坤一查明南北洋各局所存。如尚不敷应用，亟应设法购办。子药一项，各局皆能自制，即饬加工赶造，务期充足敷用，勿致临时误事。

电寄龚照瑗，南美快轮一只系在英厂制造，即着龚照瑗就近详细察看。船质炮械，如果实系精良，即与妥议购定，迅即送华。

电寄李鸿章，平壤后路空虚，亟须添兵填扎。据李鸿章电，已传袁世凯克日启程赴韩。即着迅催姜桂题、程允和召募成军，即赴前敌，毋稍延缓。

电寄李鸿章，现在倭船屡窥海口，海军防剿，统带亟须得人。丁汝昌畏葸无能，巧猾避敌。卿贰科道连章纠劾，异口同声。前据李鸿章电称，因叶军接济难通，屡商该提督用海军护送，辄以恐堕奸计为词，迄不照办。当高升轮船被击后，正倭船纵横无忌之时，乃丁汝昌报称统带各船，于廿五六日，往返汉江口外，并无所遇，折回威海。其为捏饰，显而易见。按其先后迁延观望情形，参以众人公论，断难胜统带之任。若不早为更换，直待偾事之日，虽治以重罪，亦复何济于事。兹特严谕李鸿章，迅即于海军将领中遴选可胜统领之员，于日内覆奏。丁汝昌庸懦至此，万不可用。该督不得再以临敌易将及接替无人等词曲为回护，致误大局。懔之。

廿八日壬寅(8月28日)

御史安维峻奏，请清查闽粤奉天关税弊窦，以济军储等语。着户部议奏。

本日据李鸿章电称，叶志超因病恳请开缺就医，复恳收回成命，另派总统等语。叶志超孤军御敌，冒险出围，督率有方，堪胜总统之任。现虽暂时患病，着毋庸开缺，在营安心调理。一俟痊愈，既统率全军，合力进剿，毋许固辞。

以我军在朝鲜成欢等处歼毙倭兵，赏提督叶志超翎管等物，总兵聂士成等巴图鲁名号，江苏候补知府张云锦等花翎，余升叙加衔有差，予阵亡副将李大本等优恤。①

廿九日癸卯(8月29日)

慈禧太后懿旨，现在大兵进驻平壤，各军将士冒暑遄征，备尝艰苦。恐因水土不服，致生疾病。深宫轸念殊殷，着发去平安丹四十匣，由李鸿章祗领，速递叶志超军营，颁给各军将士，以示体恤。

总理各国事务衙门奏，重订中外保护华工约六条。又奏，请饬杨儒于中美约本

① 《清实录·德宗景皇帝实录》卷三四五。

互换后，即将中墨约章妥议。如所请行。又奏，互交罪犯一条，应立专约。报闻。

三十日甲辰(8 月 30 日)

电寄李瀚章，电奏已悉，冯子材着毋庸北上。

以恃符抗玩，革琼州镇标试用参将吴世恩职。①

八月初一日乙巳(8 月 31 日)

前因海军统领，亟须得人，丁汝昌畏葸无能，屡被参劾，谕令李鸿章遴员接替。兹据李鸿章奏称，自近年部议停购船械，十四年后，我军未增一船，各船行用日久，愈旧愈缓。前曾奏明海上交锋，恐非胜算。今日海军力量，攻人不足，自守有余。应遵旨严防威旅门户，为保船制敌之计，不敢轻于一掷。丁汝昌前剿粤捻，叠著战功，创办海军，情形熟悉。目前海军将才，尚无出其右者。总兵刘步蟾、林泰曾未经战阵，难胜统率之任。若另调他省水师人员，更虑偾事贻误，恳请主持定断等语。朝廷赏功罚罪，一秉大公。丁汝昌统率全军战舰，未能奋勉图功，以致众口交腾。当此军情紧急之时，不得不严行查究，免致贻害将来。既据该大臣密筹海军彼此情势，战守得失，详晰覆奏，自系实在情形。丁汝昌暂免处分，着李鸿章严切诫饬，嗣后务须仰体朝廷曲予保全之意，振刷精神，尽心防剿，傥遇敌船猝至，有畏缩退避情事，定按军法从事，决不姑宽。威海旅顺为北洋门户，必须加意严防，勿得稍有疏失。此次大东沟侦见红色船既经远去，该提督仍应驰回威旅一带，梭巡固守，并随时勤加侦探，相机迎击，以期力挫敌锋，藉观后效。②

福建台湾巡抚邵友濂奏，筹备海防，谨陈全台布置情形，饷械支绌，并恳饬拨的款，一面先向上海洋商筹借银一百五十万两，以应急需。下户部速议。寻奏：各口戒严，用款日繁，进款骤减。各海关拨款解台，一时实难设筹。至订借洋款，前奉通饬不得轻借，应否准其订借之处，请旨裁定。得旨：仍着户部筹拨的饷，毋庸借用洋款。③

初二日丙午(9 月 1 日)

电寄吴大澂，电已悉。该抚到威海后，一切进止，应候旨遵行，何得率行督军

---

① 《清实录·德宗景皇帝实录》卷三四五。

② 李鸿章：《覆奏海军统帅折》，《李文忠公全集·奏稿》卷七八。

③ 《清实录·德宗景皇帝实录》卷三四六。

出海。至前此张曜帮办海军，系奉懿旨特派，并无总署奏派之事。该抚竟自行陈请，殊属冒昧。着传旨申饬。

初三日丁未(9月2日)

杨岐珍着驻扎台北，总统基沪诸军，以一事权。刘永福着即赴台南，会同镇道筹商布置，务臻周密。

电寄李鸿章，龚照瑗所购阿摩士轮船，议定包送，各费即着李鸿章电饬照所议办理，赶早开行。秘鲁兵轮行驶迟缓，着毋庸购买。①

初五日己酉(9月4日)

两广总督李瀚章奏，筹备海防，谨陈省河、琼州、潮州三处布置情形。此外沿海各处，已督饬文武会合兵团，加意防范。报闻。

初六日庚戌(9月5日)

电寄刘坤一，现在平壤进兵，北洋海口防务亦亟，着刘坤一饬催陈湜、程文炳赶紧召募，克日启行，以资厚集。

初七日辛亥(9月6日)

电寄李鸿章，前议购鱼雷猎船，据清单内开，行程颇速，价亦合宜，着即于汇丰现存之二十万磅内购买四只。其每点钟能行二十八迈之说，究竟能如所言否，应如何试行验看，购船系由何人经手，是否即在德国购定，现在各国禁船出口，运送有无阻滞，均着李鸿章详细筹画，迅即电覆。

直隶总督李鸿章奏，营口为奉省海疆门户，东岸炮台守兵太单，应再添募以足五百名之数。下部知之。②

初八日壬子(9月7日)

电寄李鸿章，电奏已悉。初六日叶志超电称，已与诸将各派弁兵，至阳德一带

① 《清实录·德宗景皇帝实录》卷三四六。
② 《清实录·德宗景皇帝实录》卷三四六。

详探贼踪所向，即分道进剿。现已三日，探兵应陆续回营。如探明图窜何处共分几道，即着督同各统将率领精兵迎头痛剿，不得专待后路，坐失事机。昨因虑平壤诸将，或有各存意见之处，降旨询问。今阅叶志超覆电，亦有此意。虽经李鸿章屡次戒饬，并称断不至不服调度，仍恐难免此弊。着李鸿章传谕叶志超力矢公忠，破除情面。如遇有前项情事，即行据实电告李鸿章，立予严参惩办，不得一字掩饰，致误戎机，是为至要。

初九日癸丑(9 月 8 日)

户部奏，请饬各省息借商款等语。现在倭氛不靖，购船募勇需饷浩繁，息借商款，京城业经创办，即着各直省督抚，遍谕官绅商民人等，如有凑集资本，情愿借给官用者，准赴藩司关道衙门呈明，即照户部办法议定行息，填给印票。其票钤用藩司关道印信，填明归还本利限期，准于地丁关税项下，照数按期归还，不得丝毫挂欠。如集款至一万两以上，准将筹集之人先行请奖，虚衔封典，以示鼓励。此举系属创办，总须各督抚力矢公忠，督率属僚，示人以信，收发之际，务须严禁需索留难抑勒诸弊，有犯立予严惩。各商民具有天良，但使本息无亏，当无不踊跃从事也。

电寄李鸿章，前奏威海卫后路海汊甚多，深虑敌船抄袭，请俟吴大澂到后，查酌进止等语。现在吴大澂已航海到威，着即察酌形势，驻扎后路以固威防。其由清江起陆四营，何时可到，并着查明电奏。

电寄李鸿章，前据电称，拿获倭人石川五一，讯无传播军情，惟形迹可疑，押候讯办等语。倭奸埋藏地雷炸药，屡经言官以该督隐匿不即参奏。天津距京甚近，若其事毫无影响，何至众口喧传。所获倭人既形迹可疑，岂宜含糊轻纵。着李鸿章饬将该犯石川五一，严行审讯，务得确情，明正其罪，并将有无埋藏炸药之事，据实覆奏。

电寄刘坤一，电悉，倭犯楠内福原二名，既经供认探报军情，其为奸细无疑。着刘坤一饬令江海关道，取具供词，即行就地正法。①

初十日甲寅(9 月 9 日)

聂士成着准其回津交派营官召募，仍于旬日之间，赶赴平壤大营，合力剿贼，不得迟误。

山东巡抚福润奏，烟台海口华洋杂处，弹压不容稍疏，练军兵数较单，不敷分布。请将前裁练军枪炮兵丁五十名，添补足额，以资巡防。下部知之。

---

① 《清实录·德宗景皇帝实录》卷三四六。

十一日乙卯(9月10日)

东三省练兵大臣定安等奏，吉林出征官兵，在途殴毙英国教堂洋人。逞凶兵丁王江，审明正法，以肃军律。下部知之。

十二日丙辰(9月11日)

张之洞电奏，现由许景澄密购大批精枪一万三千枝、弹六百五十万颗、连珠快炮八尊，弹配足，约两个月到沪，共价约二十四万两，运费未言，先汇定银七万两，日内即可起运等语。现在军火需用正亟，此项枪械，订购甚属合宜，已谕许景澄照办，并令商订径运天津。着李鸿章即饬江海关道，无论何款，先垫付定银七万两，汇交许景澄办理。①

十三日丁巳(9月12日)

漕运总督松椿奏，筹办防堵，檄饬管带淮海水师营弁，率领炮船巡防沿海各口，一面严禁奸商运粮济寇。

十四日戊午(9月13日)

光绪帝谕令：现在海防紧要，长江水师提督责任綦重，着刘坤一酌举一二人，专折驰奏，候朕简用。

山东曹州镇总兵王连三奏，请抽调东省陆路劲旅数营，进援朝鲜。得旨：览奏具见诚悃。惟现在曹州捕务紧要，仍着会同地方官认真办理。将来如需添调，再候谕旨。②

十七日辛酉(9月16日)

据称十四以后平壤电线不通，聂士成拟俟吕本元马队到安州后与平军约期夹攻，着李鸿章电催吕本元即日拔队前进，迅速会剿，以通运道。此路电线最关紧

① 《清实录·德宗景皇帝实录》卷三四六。

② 《清实录·德宗景皇帝实录》卷三四六。

要，如系倭奸截断，即着查探明确，赶紧接续安设。铭军十七启行，即日可到义州，并着电饬迅赴安州，与聂士成等合力进剿，毋稍延缓。①

十八日壬戌（9 月 17 日）

倭人渝盟肇衅，迫胁朝鲜，朝廷眷念藩封，兴师致讨。北洋大臣李鸿章总统师干，通筹全局是其专责，乃未能迅赴戎机，以致日久无功，殊负委任，着拔去三眼花翎，褫去黄马褂，以示薄惩。该大臣务当力图振作，督催各路将领，实力进剿，以赎前愆。

前据御史安维峻奏，请清查闽粤奉天关税弊窦，以济军储，当经饬令户部议奏。兹据奏称，海关丛弊本多，其中实在情形各省从不报部。其苞苴津贴等款，部中无从稽查。闽粤两关局面素称宽博，东边道木税实一大宗。该御史所奏中饱各节，不为无因，请饬清查等语。清廷着谭钟麟、李瀚章、裕禄秉公查访。

现在平壤后路，倭兵麇聚愈多，情形紧迫。肃州顺安，系南北要道，关系尤重。即着李鸿章转饬叶志超迅督各军，设法剿办，并催聂士成速带吕本元马队及续到铭军，与叶志超前后夹击，先将要路流通，以便声势联络，节节防剿。盛军何以不能得力，着叶志超将实在情形查明参奏，各营将领如有桀骜不驯、退缩不前者，并着叶志超据实奏参，即以军法从事，毋稍宽纵。

电寄李鸿章，现在平壤后路，需兵十分紧急。铭军业报起程，着李鸿章迅催该军，于大东沟登岸，星速前赴安州，合力进剿现踞肃州顺安之贼，以通南北要道。其护送运船之海军大队，并着丁汝昌于铭军登岸后，即行统率，驶回威旅，巡防各海口，遇敌即击，不得稍有延误。②

中日在黄海发生海战。③

十九日癸亥（9 月 18 日）

电寄李鸿章，现在平壤后路吃紧，义州空虚可虑，沈阳边防尤关紧要。毅军素称劲旅，即着宋庆先行统带所部，驰赴义州驻扎，一面募足三十营，以备攻剿。所需月饷，已饬由户部筹拨，不至缺乏。所称息借洋款，将来还镑，尚不吃亏一节，并已饬户部熟筹覆奏矣。

---

① 《清实录·德宗景皇帝实录》卷三四七。

② 《清实录·德宗景皇帝实录》卷三四七。

③ 《坪井航三海战报告》，［日］海军军令部编：《二十七八年海战史》上卷，1905 年，第 241 页；李鸿章：《大东沟海战折》，《李文忠公全集·奏稿》卷七九。

二十日甲子(9月19日)

海军各舰在大东沟洋面，与倭船接仗，击沉彼船三只，我军沉毁四只。彼船以伤重退去，我军十一舰，经丁汝昌带回旅坞修理。着李鸿章查明伤亡士卒，请旨优恤，一面饬丁汝昌，将各舰赶紧修复，以备再战。倭船数多于我，并图深入内犯。此时威旅门户及沿边山海关各口十分吃紧，应饬分防驻守各兵弁昼夜诇察，严密防范，毋令一船近岸。山海关各口后路及畿辅一带，应如何增兵驻守之处，并着李鸿章悉心筹画，严密布置。平壤自电线断后，军情隔绝，倭兵渐集后路，图窜奉疆，铭军现已登岸，着即暂驻义州，与安州聂士成、定州吕本元先行通信，共筹防剿。宋庆一军，昨饬进义州，今军情又变，着暂缓赴义，先带所部四营在九连城驻扎，与铭军声息相通，以固沿江一带防守。叶志超等军究竟如何进止，如能回剿顺安肃州踞匪，便可与后路通气，着设法查探具奏。①

廿一日乙丑(9月20日)

有人奏，“广乙”兵船管带林国祥于朝鲜小阜岛之战，奋不顾身，出力御敌，请超擢任用等语。着李鸿章查明该管带如果奋勇得力，即行破格擢用，以昭激劝。

据刘坤一电奏，英船运米济倭，已派“开济”船赴台助截等语。着邵友濂饬令严密巡查。遇有他国商船装运米粮，接济倭人，经过台湾洋面，即行截留，勿任偷渡。

廿二日丙寅(9月21日)

电寄李鸿章，电奏均悉。昨令宋庆带所部四营，驻扎九连城，与铭军固守沿江一带。本日已降旨，派宋庆帮办北洋军务。现在奉边紧急，势难专顾旅顺一隅，仍着宋庆一面派员召募，一面先行驰赴九连城，布置防守。旅顺既有姜桂题等军填扎，着李鸿章饬令认真固守，勿稍松劲。义州为奉边屏蔽，转运局亦在该处，刘盛休所带铭军，着即在义州驻扎，与前敌各军联络防剿，力遏寇氛。叶志超等军现扎安州以北，倭又有绕窜义州之信，恐被隔绝，着即令统率各军，回顾后路，沿途遇贼即击，至义州驻扎，与铭军合力防守。

电寄李鸿章，丁汝昌现患伤病，海军提督着刘步蟾暂行代理。丁汝昌赶紧调

① 《清实录·德宗景皇帝实录》卷三四七。

治，一俟稍痊，仍行接统。①

廿三日丁卯(9 月 22 日)

户部奏息借华款，推行各省及海外各埠，酌拟章程一折。所拟戒抑勒、去壅蔽、立限期、定平色、准扣抵各条，即着该部知照各直省督抚，实力奉行，毋滋流弊。另片奏，如集款至一百万两以上者，其善堂会馆请给匾额，并将绅董首事酌奖一二人以示鼓励。着照所请行。

电寄定安，鸭绿江一带，地段绵长，大东沟口外，已有倭船停泊。深恐贼踪窜越，务当扼要严防，并酌建炮台，遇有倭船驶入，即行迎头剿击，毋令一人登岸，是为至要。

电寄龚照瑗，前由刘坤一电令龚照瑗购买枪械。何时起运，约何时可到，着迅即覆奏。龚照瑗来电，每多语句不清。嗣后电信字句，务须明晰，不得再有费解之语。

总理各国事务衙门奏，中英议接滇缅边界陆路电线。现经李鸿章与英使欧格讷议约十款，办理完竣。将来接线用款，及常年经费，由李鸿章督饬勘估核办。从之。②

廿四日戊辰(9 月 23 日)

记名提督广东高州镇总兵左宝贵，久历戎行，卓著劳勩，此次进援朝鲜，在平壤接仗，力疾血战，奋不顾身，已受重伤，在炮台督队，旋因胸前中枪阵亡。左宝贵着照提督阵亡例，从优赐恤，任内一切处分悉予开复，加恩予谥，入祀昭忠祠。

李鸿章奏，倭兵猛扑平壤，诸军退至安州，据实奏参，并自请严议一折。据称八月十四至十八等日，倭兵三四万，分扑平壤。我军奋勇迎敌，力战五昼夜，子尽粮绝。总兵左宝贵阵亡，叶志超等遂拔队退至安州一带，在博川画江固守等语。叶志超等均着加恩免其议处，李鸿章自请严议，着一并宽免。奉天营官守备杨建胜，首先开城脱逃，着即严拿正法。统带仁字营记名提督江自康，驻守城外北山，先自撤队，着撤销前次保案，并摘去顶戴。统带盛字左军四川重庆镇总兵孙显寅，出险不停，直赴沙河，着即行革职。

李鸿章电奏，查明海军接仗详细情形。本月十八日开战时，自“致远”冲锋击沉后，“济远”管带副将方伯谦首先逃走，致将船伍牵乱，实属临阵退缩，着即行

① 《清实录 · 德宗景皇帝实录》卷三四七。

② 《清实录 · 德宗景皇帝实录》卷三四七。

正法。“广甲”管带守备吴敬荣，随“济远”退至中途搁礁，着革职留任，以观后效。

李鸿章电称日耳曼厂猎船，论其吨数比泰来猎艇为廉，成期又速。着李鸿章电询许景澄，查明如果实系精利，即行定购。其泰来猎艇，即可少购两只。

李鸿章电奏，许景澄所购枪炮，请续拨四十万马克等语。着李鸿章电饬江海关道，如数核算银两，于出使经费内垫拨电汇，并由该道先行电知许景澄为要。

现因北路军情紧要，必须知兵战将协力防剿。台湾防军，现已不少。着邵友濂传知刘永福，迅即北上，听候调遣。其所部兵勇，酌带几营，应由何路行走，随同北来，并着与该总兵妥商办理，勿稍延缓。①

廿五日己巳(9月24日)

据电称，倭船两艘，由威海游弋西北山后，复向西行等语。倭人素有北犯之谋，现在奉天边防，固形吃紧，更恐其由海道载兵，突至山海关一带，伺隙登岸，极为可虑。威旅为渤海门户，然海面相距甚宽，海军兵舰又多损伤。彼若以大队兵船，乘夜前进，为炮台轰击所不及，一经驶入，则北洋沿海口岸皆属可危。此次倭两艘西行，难保非先来窥探动静，豫为扑犯之计。此两船现往何处，有无续来者，着李鸿章饬令沿海各口，随时探报。近据李鸿章奏陈军情，以迎击大股倭寇，断不敢稍有疏虞自任，似防守确有把握。现在山海关一带防兵究有若干，如兵力尚单，急须迅速添调扼扎，切毋迟误。伦敦电内，有倭兵月末可抵威武峪之语，此地在奉天何处，着李鸿章电询裕禄覆奏。

现饬田在田回东募勇，由天津赴德州。着李鸿章拨给小轮前往以期迅速。

电寄增祺，电奏已悉。俄兵开操，及小舟夜渡旋去，迹虽可疑，然只宜确探暗防，却不可轻动启衅。俟俄督覆到，即行电奏。②

廿六日庚午(9月25日)

李鸿章奏，宋庆募勇及转运经费无出。着户部速拨的款三十万两解津，俾资应用。

海军修理船只，九月中下旬始齐，为期太迟。着饬催加工赶办。宋庆、刘盛休、叶志超等军，均集九连城一带，须有大粮台，总司接济。究竟安设何处，前旨询李鸿章，至今尚未筹覆。周馥、袁世凯现在何处，亦未据覆奏。着接奉此旨，即

① 《清实录·德宗景皇帝实录》卷三四七。

② 《清实录·德宗景皇帝实录》卷三四七。

行电闻。①

廿七日辛未(9 月 26 日)

御史齐兰奏，近闻山东烟台等处匪徒猖獗日甚，系李洪一党。现与倭人交兵，深恐乘隙滋扰，请饬查拿惩办等语。清廷着李秉衡查明据实覆陈。寻奏：遵查烟台一带，并无匪踪，居民亦不知李洪名目，委无乘隙滋扰情事。现派弁勇，认真梭巡，俾靖奸宄。报闻。

李鸿章电奏，台湾拿获代倭运货之英船，其货物似应分别提充等语。昨据邵友濂电奏，业据税务司所言，谕令将枪弹等件充公，其船只即行释放，于英商亦无亏损，办法已属公允。着毋庸再议。

湖广总督张之洞等奏，汉口茶务，为商务大宗，关系厘税巨款，亟应设法维持。查红茶销路，以俄商购办为最多。现拟由南北两省分筹官款，酌量购茶，自行运俄试销，下所司知之。

廿九日癸酉(9 月 28 日)

电寄李鸿章，前在牙山海面，“广乙”管带林国祥，以孤船当劲敌，战阵奋勇，力竭船沉。着暂行革职，委署“济远”管带，以观后效。东沟之战，倭船伤重，“镇远”“定远”将士苦战出力，着李鸿章酌保数员，以作士气。②

九月初一日甲戌(9 月 29 日)

电寄李鸿章，昨据赫德接沪关密电，倭兵三队来华，头队指黄海等语。当经总署电知该大臣严防。倭船连日无动静，昨威海见船两只，东沟见船九只，测量探水，旋即驶去，难保非头队所遣前来探信。威旅及内海各口防务，十分紧急。海军修补之船，须赶紧准备护口迎敌。各口扼守台岸之兵，尤须联络声势，昼夜加紧严防，迎头截击，毋令一船近岸。其东沟口岸，即饬聂桂林、丰升阿督率所部，并知照铭盛毅各军，合力防御，毋稍疏忽。

电寄李鸿章，据电奏，善联添募陆勇，请提洋税积余银两，为置办军火等项之需等语。现在营口防务紧要，着准其在本关积存税项内提银十万两应用。

电寄刘坤一，现在北洋各船，修理需时，各海口防务，十分紧急。着暂调“南

① 《清实录·德宗景皇帝实录》卷三四七。

② 《清实录·德宗景皇帝实录》卷三四七。

瑞”“开济”“寰泰”三船，迅速北来助剿，务须连樯前进，不可离远，免被敌人截击。刘坤一即遵谕行。①

初二日乙亥(9月30日)

前经降旨派宋庆帮办北洋军务，现在已赴奉天。除依克唐阿一军外，所有北洋派赴朝鲜各军，及奉省派往东边防剿各营，均着归宋庆节制。如有不遵调遣者，即以军法从事，不得稍涉徇纵，致误戎机。

电寄吴大澂，现在沿海各口，自山海关至大沽，地段绵长，防务紧要。着派吴大澂周历各处，总司稽查，随时酌量缓急，调集兵队，与李鸿章合力固守，勿得稍有疏虞。

出使美日秘国大臣杨儒奏，通筹寓美华民善后事宜，并派员赴墨西哥分途查看情形。前开议之中墨约款，当与墨国使臣商妥后，由总署奏请允行，以符历届办理成案。下所司知之。

初三日丙子(10月1日)

宋庆现在帮办军务，业已前往奉天驻扎，节制各军。所有叶志超总统，着即撤销，以一事权。奉边鸭绿江一带，及大东沟等处，现有防军若干，目前如何布置防守，将来如何设法进剿，着宋庆妥为筹画，详悉具奏。前据刘盛休电称，吕本元马队过江侦探，究竟敌中如何情形，贼踪所指，究在何处，着随时探明，迅速电奏。

以畏难蒙混，革海军提标把总张得旺职。②

初四日丁丑(10月2日)

现据刘盛休探报，贼离义州六十里，江防益形吃紧。宋庆现已起程，不日可到防所。现当贼踪初至，大队未来之时，正宜一鼓作气，迎头痛击。铭军四千，系属生力，马玉昆素隶宋庆部下，战阵勇往，着宋庆悉心酌度。何人可膺前敌，何人可充后劲，并联络各营，合力奋剿。毋得徒恃株守，致落后着。并将现办情形，随时电闻。

电寄李鸿章，在籍提督曹克忠，向来带兵勇往。现在畿辅防务紧要，着李鸿章饬令迅速召募津勇数营，在山海关一带择要扼扎。程之伟所带大同马步二千人，已

① 《清实录·德宗景皇帝实录》卷三四八。

② 《清实录·德宗景皇帝实录》卷三四八。

抵通州。刻下各海口需兵分布，应令驻扎何处，着李鸿章妥筹覆奏。

电寄刘坤一，电奏均悉。南洋现仅五船，分防吴淞江阴等处，实嫌单薄，请免派赴北洋等语，所奏尚系实情，即着毋庸派拨。程文炳所部各营，应令驰抵天津，再行候旨。

电寄邵友濂，据奏刘永福请回粤募勇等情。现在防务紧急，刘永福着仍遵前旨，酌带现部营勇，先行北上。余令派员回粤召募数营，赶紧赴防，不得延缓。①

初五日戊寅(10月3日)

以神灵显应，颁直隶永定河北中汛河神庙匾额曰“安流顺轨”，南二工河神庙匾额曰“澜平秋障”。

电寄裕禄，据电奏左宝贵炮队炮位，已有毁失。现派聂桂林接统，前请起支饷数，有无更改，着裕禄另行奏明办理。②

初六日己卯(10月4日)

有人奏，山东登莱两府米面出口者甚多，经潍县知县查出，扣留白面数万斤，其人逃匿未获，皆由登莱道利其出口税用，故使倭人得资接济；该道刘含芳两目失明，贪懦不堪，甫闻警报，即送眷口至黄县居住，以致沿海居民惊扰；海防局总办李正荣，昏庸乖谬，与为表里，请饬查办等语。着李秉衡按照所参各节确切查明，据实具奏。寻奏：登莱各府出产无多，小民零星贩运，并无大宗出口资敌，刘含芳尚无贪鄙留难情事，李正荣人尚安详，所参均无实据。报闻。

电寄李鸿章，据张之洞电奏，各国陆战，专恃地营。上海译有《营垒图说》等书，又有《炮准心法》《炮法求新》《攻守炮法》《营城揭要》诸书，皆沪局译刊通行，请分发各营。着李鸿章即将此等书籍，迅即发交各营，赶紧练习，以资应用。③

初七日庚辰(10月5日)

德铭、吉升阿奏，遵旨饬调察哈尔官兵赴防山海关一折。所有张家口至山海关沿途一带地方，应备该官兵店房草干饭食，并装运军械车辆。着李鸿章、孙家鼐、陈彝迅饬各该地方官，查照咸丰八年调防山海关成案，妥为豫备，以利遄行。

---

① 《清实录·德宗景皇帝实录》卷三四八。

② 《清实录·德宗景皇帝实录》卷三四八。

③ 《清实录·德宗景皇帝实录》卷三四八。

据电，大同江见有倭船二十六只，装满陆兵，在彼候信，不知开往何处等语。大同江既见倭船多只，难保不即日分图扑犯。李鸿章亟应迅饬沿海各口扼守台岸之兵，加紧严防，遇有倭船近岸，即行迎头奋击，毋稍松劲。又据刘盛休电，贼离义州三十里，忙牛哨、长甸口均能渡江。是贼踪逼近，军情益形紧急。着即严饬刘盛休督率所部，扼守沿江一带，勿任窜越。其忙牛哨、长甸口两处，尤应分兵严防。并电饬前敌现有各军，多发侦探，联络会合，奋力抵御，不得一军接仗，诸军束手。傥有疏虞，致令贼踪窜过江岸，定惟该大臣是问。宋庆计尚在途，着探明飞催到防，并着迅速电闻，以慰廑系。

电寄裕禄，昨据刘盛休电报，倭贼已抵义州，江防吃紧。本日已谕令定安、裕禄加意严防。鸭绿江渡船，前有旨饬令撤归西岸，今电云均有船可渡，是否遗漏未撤之船，抑系彼岸朝鲜之船。着一面查覆，一面派兵前往撤尽。前询该省险要，据称金山湾唐木城摩天岭各处，虽非一夫当关，尚皆有险可守。着裕禄赶紧派兵扼扎，勿令偷越。又鸭绿沿江一带口岸，有无可以安设水雷杜贼潜渡之处，着查明一并办理。此时贼踪已至义州，该将军等竟无电奏，岂安坐省城，绝无侦探耶。着明白回奏。

电寄李鸿章，海军受伤各船，闻已陆续修齐。惟大船二只，须月半始修好，未免过迟。着星夜加工办理，遇有敌船闯进，迎头截击。如攻扑口岸，须与炮台前后合力轰打，以收夹击之效。毋得藉词延宕，致干咎戾。大同江口倭船二十六只，着探明去向覆奏。

闽浙总督谭钟麟奏，闽盐商情万分疲惫，限期迫届，立见倾危。恳将西路邵武等二十三帮及县澳等帮盐厘，全行蠲免，以恤商艰。下部议。①

初八日辛巳(10月6日)

电寄宋庆，李鸿章奏，据边门电报宋庆初九日可到边。着即赴九连城察看前敌各军，及沿江分扎各营，应如保妥为布置，会合防剿。一遇贼至，孰为前锋，孰为接应，并如何分兵，包抄掩袭，一切相机策应，均应详慎豫筹，毋致临时仓猝误事。该提督既膺帮办之任，所有各营统归节制，务须不避嫌怨，申严军律，于应行整顿事宜，不得稍存姑息。前有旨令查卫汝贵被参各款，着迅速确查，据实覆奏，毋准丝毫徇隐。至鸭绿江地段绵长，必须择应行设防之处，或筑土炮台，或建地营，或设水雷，一切防具，妥慎筹办。至所召勇营，现到若干，其余何时可以成军，着即行电奏。依克唐阿早报起程，其何日到九连城，未据奏到，并着查明即覆。

① 《清实录·德宗景皇帝实录》卷三四八。

电寄李鸿章，旅顺后路空虚，亟应设法防守，或酌量地势，多筑土炮台，以资捍御。着李鸿章迅速筹办。

电寄裕禄，据奏请饬吉林机器局，赶造枪弹接济。着知照长顺迅速筹办，所请解运军粮等经费，着准其作正开销。

电寄许景澄，前经刘坤一、张之洞电令许景澄购办之枪械，是否全行起运，约于何时可到。着即电覆。①

初九日壬午（10 月 7 日）

前据李鸿章电奏，海军各舰在大东沟洋面，与倭船接仗情形。当经谕令该大臣查明伤亡将士，请旨优恤。兹据覆奏详细情形，此次海军护送运船，突遇倭船，鏖战三时之久。我军以兵舰十艘，当倭船十二只，以寡敌众，循环攻击，始终不懈。俾陆军得以登岸，我船被沉四只，击沉倭船三只，余船多受重伤。各将士效死用命，深堪嘉悯。提督衔记名总兵邓世昌、升用总兵林永升均着照提督例从优议恤。邓世昌首先冲阵，攻毁敌船，被溺后遇救出水，义不独生，奋掷自毁，忠勇性成，死事尤烈，并着加恩予谥。升用游击陈金揆，着照总兵例，从优议恤，以慰忠魂。

电寄李鸿章，本日电奏已悉，倭贼惯用狡谋，刻下以多船窥伺威海一带，聚散靡定，难保非声东击西，日内以大队乘隙猛扑。即着李鸿章严饬守口台汛各军，昼夜严防，多备水雷，并陆续运送子药炮弹，勿致乏缺。遇有敌船驶近口岸，即迎头痛击，不准稍有疏虞。

电寄邵友濂，刘永福前在滇粤，与洋人接仗，威声颇著。近因倭焰鸱张，言事诸臣，多有请令其统率偏师，直捣长崎各岛，为釜底抽薪之计者。着邵友濂询问刘永福，此时御倭之策，伊能否确有见地。前该总兵请回粤多召旧部，若果如所请，伊能否直赴日本，以奇兵制胜。应令详细筹度，据实电奏。

直隶总督李鸿章奏，嗣后海军各船，有前敌冲锋，军舰沉焚而将士遇救得生者，请免治罪。如所请行。②

初十日癸未（10 月 8 日）

电寄刘坤一，据李鸿章电报，倭船八只，初八日在成山洋面游弋，至夜直向南去，恐往南洋等语。着刘坤一督饬守口各将弁，勤加侦探，严密防范。

电寄李鸿章，据电称海参崴委员探报，图们江对岸有倭兵四千，俄界亦添兵五

① 《清实录 · 德宗景皇帝实录》卷三四八。

② 《清实录 · 德宗景皇帝实录》卷三四八。

千，豫备就机行事等语。所称就机行事，词意含糊，着再饬密探电闻。

浙江巡抚廖寿丰奏，参将吴杰前在镇海炮台立功，形势熟悉，现饬令总管镇海口南北两岸炮台，听候提臣张其光节制。报闻。①

廿一日甲午(10月19日)

洋员汉纳根此次打仗出力，身受重伤，已降旨赏给宝星以示鼓励。该洋员在北洋当差有年，若令统领师船，出洋攻剿，是否相宜，并应如何重其职任，授以实官之处，均着李鸿章妥筹具奏。有人奏，盛宣怀承办转运，授买兵米，浮冒多至数十万金，天津招商局突被火焚，兵米付之一炬，难保无侵蚀后希图掩饰之弊等语。着李鸿章确切严查，据实覆奏，不准稍涉回护。寻奏：洋员汉纳根受伤尚未全愈。目下海军战舰，力量过单，势难遽令出洋攻剿。该员已蒙赏给宝星，并加提督衔，足资鼓励，似毋庸遽授实职。至前敌各营兵米，盛宣怀但司转运，并未经手采买，无从浮冒。招商局被焚，查无官米存储在内。该栈房产，系洋商保险，照数赔修，盛宣怀无从侵蚀，更无可掩饰。报闻。

电寄李鸿章，据电称李家鳌密探各节已悉。中俄夙敦睦谊，中国并无疑俄之心。李家鳌电中何以有政府疑俄日甚，恐反激变之语，着李鸿章电知吉林黑龙江将军，转饬边界各官，遇有交涉，务与开诚联络，俾释疑忌，仍以勿露痕迹为要。②

廿二日乙未(10月20日)

电寄李鸿章，据刘盛休电称，倭贼在义州城西水门外，修搭浮桥，又安平河口，见贼距我军四十余里等语。着宋庆督饬江防各军严加扼守，并昼夜巡逻，防其偷搭浮桥，乘隙抢渡。其北路安平河口，系倭恒额防守之境，着该副都统督率所部奋力堵御，并着宋庆速饬游击之师，前往策应，不得稍分畛域，致失事机。来电修搭浮桥五十九过江即是虎山，又下游探至安平河口等语，数句不甚明晰。所称浮桥五十九，是否浮桥五座；十九日过江，江字是否鸭绿江下游之江，抑别有支河；虎山在何处，是否仍在朝鲜境内；倭恒额系守长甸蒲石，水口在江上游，何以此电云探至下游，着李鸿章饬刘盛休逐句明白电覆。

昨已有旨令陈湜驻扎山海关，着即统率所部各营克日前往。到防后勤加训练，以资备御，所请军装等四项，着准其开支立案。饷械一切，与李鸿章商办。

---

① 《清实录·德宗景皇帝实录》卷三四八。

② 《清实录·德宗景皇帝实录》卷三五〇。

廿三日丙申（10 月 21 日）

以督造轮船出力，赏直隶候补道傅云龙花翎。

廿四日丁酉（10 月 22 日）

谕军机大臣等，电寄宋庆，电奏已悉。虎耳山形势，该提督已亲往察看，布置防剿情形，尚属周妥。着随时勤加侦探，尤防乘夜偷渡，一遇贼踪登岸，即统率各军迎头痛击，切勿待其全军尽渡，致落后着。倭人诡诈，恐其声东击西。北路上游各口，尤应会同依克唐阿加意严防，互相策应，不可稍有疏忽。

浙江巡抚廖寿丰奏，浙省防兵不敷分布，现饬营弁由宁波等处各募一旗，填扎镇海防所。又乍浦为省垣门户，其澉浦尖山各海口，又为乍防后路，不可无居中策应之师，复饬副将蒋益智等各募一营，以备调遣。下部知之。①

廿五日戊戌（10 月 23 日）

有人奏，天津招商局失火，中国兵米货物尽行烧毁，外国所存之件先期搬空，情弊显然。又天津军械所委员张士珩盗卖军火，得银四十万，与张佩纶等瓜分。李鸿章勒令各营取具领状，请饬查办等语。着王文锦确切查明，据实具奏，毋稍徇隐。

电寄宋庆，电奏已悉。据称虎耳山地势，可筑土炮台，不宜涉水扎营，惟就爱河西岸，屯扎放兵，并派步队专防爱河等语。虎耳山巅既可筑台，须防敌人渡江后占踞，凭高施炮，则西岸不能立营，深为可虑。着宋庆勤加侦探，遇有偷渡之贼，即行合力奋击，毋令进踞虎耳，致成负嵎之患，是为至要。山下地多浮沙，旱雷难施，江口密布水雷，亦拒敌登岸之要着。着宋庆察酌办理，如不敷用，即亟电北洋陆续递送。

电寄长顺，现在倭贼麇聚义州，时来鸭绿江上游窥探游弋，应严防伺隙偷渡。依克唐阿兵力尚单，着长顺于吉林兵丁内，拣选精锐三四千人，派委得力将弁统带，迅赴奉省，归依克唐阿调遣，以资厚集，毋得延误。

电寄李鸿章，洋员汉纳根，久在北洋当差，果敢惟成，打仗奋勇。其平日训练有方，总理衙门现有面询事件，着李鸿章传谕该员即行来京。

直隶总督李鸿章奏，通筹北洋备倭饷需，及定购快船各款，未敷甚巨，恳请饬部迅行照数添拨备用。下所司速议。寻总理海军事务衙门奏，北洋备倭经费及订购

---

① 《清实录·德宗景皇帝实录》卷三五〇。

快船，先后会同户部拨银五百万两，又由广东捐输长芦课价拨银各六十万两。除借支使费等外，尚余九十万两，应饬查明，并快船究购几只，需价若何，一并赶紧奏咨报部。从之。

以大东沟海战出力，予海军提督丁汝昌议叙，赏右翼总兵刘步蟾、左翼总兵林泰曾、游击杨用霖、李鼎新、都司吴应科巴图鲁名号，守备沈叔龄花翎，并议叙加衔有差。予阵亡都司沈寿昌等优恤，赏洋员汉纳根提督衔，哈卜们等花领宝星。①

廿六日己亥（10月24日）

福建陆路提督黄少春奏，筹办厦门防务，率带所部各营分别布置扼扎。查厦门向设南字靖海勇练四营，先经提臣杨岐珍悉拔赴台。此次仅有楚军达字三营，旋由台调回靖海中营一营，尚形单薄。现拨派兵轮二艘，来厦助守，并将险要处所逐一履勘，严密设防。报闻。

日军登陆花园口，开始入侵辽东半岛。②

廿七日庚子（10月25日）

御史钟德祥奏，中国煤铁本足自给，请条陈粤矿一折。据称广东、广西产煤甚多，廉州之合浦、韶州之英德，暨右江百色等处，煤质甚美，运载尤便，拟请饬招商开办；广东之佛山、广西之左江，往时均有铁炉不少，自洋铁入口，炉铁停工，亦拟请与煤矿同一办法，并请将煤铁免厘轻税等语。近年煤铁之用，所需最广，亟应讲求开采。惟度地兴工，必须踏勘确实。着李瀚章、张联桂派委妥员，考察各该处地方情形。如所产煤铁实系可用，自应妥立章程，设法开办，以兴矿务而开利源。

电寄定安等，现据宋庆电奏，二十五日，有倭贼千余，由东洋河至蒲石口等处渡江，倭恒额等退至红石磊子等语。当即电谕依克唐阿宋庆等趁该匪偷渡，为数无多，会合痛剿。该匪既已渡河，势必蔓延为患。兴京重地，相距甚近，着定安、裕禄迅即添派兵队，前往驻守，不得稍有延误，是为至要。

电寄杨儒，据张之洞电奏，巴西有带甲快艨船二艘可买，一系商船改造，上年初成，载重五千顿，舱面钢板，马力四千匹，速率廿二海里，装煤三千三百顿，有十五寸炸药炮一尊，十二生一尊，十生二尊，小炮十七尊，鱼雷管四，随带鱼雷艇二只，三生七机器炮二尊，船身长三百八十英尺，宽三十八英尺，吃水二十英尺；

① 《清实录·德宗景皇帝实录》卷三五〇。

② 《日清战争实记》，戚其章：《中日战争》，《中国近代史资料丛刊续编》第8册，中华书局1962年版，第93页。

一系四年前造快船，舱面钢板，马力二千八百匹，速率十八海里，载煤六百五十顿，有十二生炮二尊，七生六炮二尊，小炮十二尊，鱼雷管五，船身长二百六十英尺，宽三十四英尺，吃水十九英尺。两船配件齐全，俱有电灯、连雷艇，及备用子弹甚多，共价美洋银一百八十五万六十圆，请饬查验定购等语。着杨儒派委妥员前往，按照该督所称，详细查验。此二船船身长短及炮械多寡、迈里迟速，一切数目是否相符，其船是否精良可用，并定购后何时可以运送到华，迅速电覆，请旨办理。①

廿八日辛丑(10 月 26 日)

电寄李鸿章等，连日据宋庆电奏，倭人自东洋河至蒲口河口等处纷纷渡江，又于义州抢渡虎耳山。我军接仗，未能击退，后无援军，势甚危急，恐其乘虚内犯。山海关一带，防守尤关紧要，着李鸿章、吴大澂将该处布置情形，及应如何添兵堵御之处，妥筹善策。

电寄李鸿章，前令蒋尚钧带所部四营驰赴奉省，陈湜带已到六营驰往山海关填扎，又据李鸿章奏，吴凤柱马队五百暂扎芦台，候添募成军，再赴山海关。现在倭氛已越奉边，山海关防务更形吃紧。陈湜六营何日到关，着即行电覆。吴凤柱募勇，无论已未成军，着先带马队驰往关防驻守，不得延误。奉边业经开仗，宋庆亦亟须添兵助剿。蒋尚钧、刘世俊九营三哨，何日由营口一路赴防，约于何日可到，并着李鸿章一面饬催，一面覆奏。

电寄李鸿章，现在倭氛已越奉边，近畿防务，更形吃重。转瞬北洋冰合，海口各防稍松。着李鸿章于直隶通省练兵内，筹拨五六千名，选派敢战将弁，迅速统带赴京通一带，听候谕旨分扎，不得延误。

电寄李鸿章，现在倭氛不靖，商运多阻，京师需米甚殷。应如何招商采买之处，着李鸿章斟酌办理。

电寄刘坤一，现在倭兵已越奉边。近畿一带，防务更形吃紧。着刘坤一悉心酌度，在辖境三省防军之内，筹拨五六千人，带足枪械子药，拣派敢战将弁，迅速统率附搭商轮来京。朝廷明知江防重要，难以抽调，但畿疆尤为切近，不得不移缓就急。该督当仰体此意，赶紧筹画办理，不得稍有推卸，致误事机。

电寄崧蕃，着崧蕃即饬丁槐带亲兵一营，并准调旧部将弁，挑选劲卒二千名，迅速北上。所需饷项，即将黔省筹备之五万两，提拨应用。②

---

① 《清实录·德宗景皇帝实录》卷三五〇。

② 《清实录·德宗景皇帝实录》卷三五〇。

廿九日壬寅(10月27日)

现在倭寇渡江肆扰，畿疆门户，关系紧要。即着唐仁廉克日前往天津，面商李鸿章拨给勇营，迅即带赴山海关一带，扼要驻扎，相机防剿。并着将统军到防日期，随时电奏。

倭人扰及奉边，军报日紧，亟须添兵助剿。着派张汝梅赶紧召募旧部，挑选精壮，俟成军后，一面统带北上，一面奏明听候调遣。将此传谕知之。

电寄李鸿章，现在倭贼渡江肆扰，畿疆门户，万分紧要。该大臣每次电报前敌军情，于一切布置防守情形，略无一语。刻下奉边被扰，寇氛甚炽。该大臣身膺重寄，谅已随时设法，竭力图维。边门锁钥，非仅山海关一处吃紧。其迤北各口，逼近京畿，处处皆虞窜越。该督以奉省为鞭长莫及，岂直北一带，亦可置之度外耶。朝廷旰食增忧，日夜焦虑。该大臣具有天良，自当尽心筹画，以纾廑系。着于奉旨后即行电覆。

电寄裕禄，前据宋庆电奏，倭寇由东洋河等处踹渡，副都统倭恒额堵遏不及，实属恇怯无能，着先行革职，仍令带罪图功，以观后效。昨据刘盛休电，贼复由下游渡江，贼势甚众，我军退至九连城，急待援救。上游依克唐阿及倭恒额之兵，信息不通，着裕禄设法知照该将军等速筹策应，不得株守一隅，致误大局。

电寄长顺，前因依克唐阿兵力较单，命长顺于吉林防练各军选择三四千人，驰往奉省，归依克唐阿调遣。现在倭贼大股，已渡江肆扰，奉省危急，着长顺亲带此项军兵，星夜赶赴奉省，相机助剿。能在倭贼后路包抄截击，尤为釜底抽薪之计。并将起程到防日期，随时电闻。吉林将军，着恩泽署理。

电寄长顺，吉林金厂头目韩效忠，向来人颇勇往，现在何处。着长顺查明召募前来，令其召致素识胆勇敢战之士，共成数营，即归该将军统带，赴奉省助剿，以资得力。①

三十日癸卯(10月28日)

有人奏，粤海关监督德生，纵容门丁朱源即朱玉亭等，于广州所属佛山、石龙两口，私派家人至百余人之多，潮州各口，亦混派家人孙珊等数十名，苛虐羁罚，无所不至，并向关商冯永安等需索银两未遂，怂恿德生藉端斥革，复以洋银万圆，私贿德生，将大关税厂向设夫头革退。六月间，德生之子入京，勒令各税厂凑送程仪洋银三千余圆，请饬查办等语。所奏如果属实，亟应严行参办。着李鸿章确切查

① 《清实录·德宗景皇帝实录》卷三五〇。

明，据实覆奏，毋稍徇隐。

电寄李鸿章，现在倭氛已入奉疆，又有由金复登岸之贼，意图北犯。奉省兵力不足，亟须添兵助剿。昨令吴凤柱驻扎山海关，目前辽防更急，着吴凤柱统所部马步及新募四营，再由李鸿章将驻扎小站之卫汝成所募五营，拨给吴凤柱管带，驰赴奉省辽阳一带助剿。李鸿章接奉此旨，迅即遵办，令吴凤柱克日成行，毋得稍涉延误。

电寄李鸿章，现在倭氛已越奉边，前敌军情万紧。前据李鸿章电奏，刘世俊五营三哨，于二十八日乘轮赴营口登陆，蒋尚钧二千人亦于二十八日由临榆起旱前进，无论行抵何处，着李鸿章再加严催，星夜进发，毋得片刻延误。

电寄李鸿章，前据崧蕃电称，丁槐统带亲兵一营先行，并饬旧部员弁挑选二千名续进。现在军情万紧，该镇行抵何处，着李鸿章电催兼程北上，毋得片刻迟延。

电寄李鸿章，前令吴元恺统率所部炮队四营迅速北上。现在军情万紧，该员无论行抵何处，着李鸿章转电催令趱程前赴，迅往山海关，听候吴大澂调遣，毋得片刻延误。

电寄刘坤一，李光久已于九月十七日，由江宁起程。现在无论行抵何处，着刘坤一转电赶紧催令趱程北上。如无电报可通之处，并着设法由飞马严催，毋稍延缓。

电寄刘坤一，魏光焘于九月二十四日，已到江宁。现在无论行抵何处，着刘坤一转电赶紧催令趱程北上。如无电报可通之处，并着设法由飞马严催，毋稍延缓。

电寄张之洞，前有旨令熊铁生募勇北上。现在军情万紧，着张之洞催令该员迅速趱程前进，毋得片刻迟延。

电寄杨昌濬，现在畿疆防务紧要。前调甘肃马步八营，行抵何处，着杨昌濬电催该军兼程北上，毋得片刻迟延。①

冬十月初一日甲辰(10 月 29 日)

电寄刘坤一，据李鸿章电奏，现在沪米昂贵，芜湖、镇江米价较松，着刘坤一饬知芜湖、镇江各关，免税凭照验收出口，毋准需索留难，以济兵食。

电寄刘坤一，据电奏，抽调刘光才五营，即日带械北上。着照所请，设法由海道前来，较为迅速，俟商办后即行奏报。②

---

① 《清实录·德宗景皇帝实录》卷三五〇。

② 《清实录·德宗景皇帝实录》卷三五一。

初二日乙巳(10月30日)

电寄李鸿章，据电奏，昨所请曹克忠召募三十营，电中脱落三字，与王文锦等原奏一万五千人数目相符，着即照此办理，并由户部先发银十万两应用。

闽浙总督谭钟麟奏，议覆息借洋款商款各情，查借银论镑，洋人百计绕算，中国受累无穷，请饬各省以后不准再有借银论镑之事。华商非无银，地方官能取信于民，借款亦自易易。拟设总局，按部章月息七厘变通办理，以周年七厘还商民，留一分四厘充局费。下部议。

初三日丙午(10月31日)

户部奏遵议李鸿章奏东征倭寇，筹费为难一折。据称北洋历次报部销案，多与例章未符，均系照案核销。此防剿倭寇，费用既巨，弊窦易滋，请饬核实撙节等语。现在军务紧要，一切用款，虽不拘以常格。惟饷需支绌，亦应力杜侵欺。着李鸿章严饬经办各员，核实动用，总期功归实际，款不虚糜，是为至要。

刘坤一电奏，遵旨电饬镇江关出口米石，免税放行。惟芜湖关如准开禁免税出口，纷纷用洋轮装运，厘金无着。请将该关暂缓弛禁，以顾饷源等语。着户部速议具奏。

电寄李鸿章，电奏已悉。现在旅顺防务紧要，卫汝成五营，着先行驰往协防。吴凤柱新募四营，着加紧训练，以备调遣。当此贼氛益迫，李鸿章专任畿疆，责无旁贷。所有北洋各海口布置防守情形，该督亦应身亲巡历，重悬赏格，激励将士，竭力守御。不得临敌退缩，致误事机。

总理海军事务衙门会奏，添拨饷需，及购船各款。依议行。

山东巡抚李秉衡奏，派记名提督夏辛酉接统嵩武四营，并原驻登州之登荣练军一营，及新募之福字中军两营，悉归统带，仍令驻扎登州，以备战守。下部知之。

署福州将军闽浙总督谭钟麟奏，前任经征洋税挪借饷项并未解各款数目，缮单呈览，请饬部酌议，设法弥补。下部议。①

初四日丁未(11月1日)

有人奏，倭军半系叶志超、卫汝贵等溃散之卒，有记名提督龙殿扬之侄龙稚梅为之分统，龙殿扬屡经弹劾，罪恶昭著，李鸿章犹任以召募，深恐贻患将来。又汇

① 《清实录·德宗景皇帝实录》卷三五一。

丰银行买办道员吴懋鼎，以米八千包接济倭军，并偕倭人往绘北海关海里，吴懋鼎系铁路总办，举铁路以畀倭，亦在意计之内等语。着李鸿章按照所参各节，密查覆奏，不得稍涉徇隐。

电寄张煦等，现在倭寇扰及奉境，畿疆吃紧，兵力尚形不足。着张煦、李秉衡、鹿传霖、刘树堂挑选劲旅数千，派令得力将领，统带入卫，切勿延缓。

以洋员汉纳根献策御倭，赏银一千两。①

初五日戊申（11 月 2 日）

宁夏镇总兵卫汝贵，统带盛军，临敌退缩，以致全军溃败，并有克扣军饷、纵令兵勇沿途抢掠情事，卫汝贵着革职拿问，交刑部治罪。海军提督丁汝昌统带战舰，不能得力，所有交部议叙之案，着即撤销。

电寄张之洞，据电奏，瑞生洋行有比国连珠小毛瑟枪一万枝，共价六十七万两。着张之洞电饬刘麒祥与洋行即行定购。所需价银，由户部筹拨。其奥枪八千枝，如未售去，着一并定购。

电寄李秉衡，现在旅顺后路，防务吃紧，着即派夏辛酉统带驻扎登州之嵩武四营，即日渡海前往，毋许刻迟。登州防营，着该抚另行调派。

命两江总督刘坤一来京陛见，以湖广总督张之洞署两江总督。

初六日己酉（11 月 3 日）

朕钦奉懿旨，总税务司赫德当差有年，深资得力，兹逢庆典推恩，伊子承光着赏给三品顶戴，以示优异。

朕钦奉懿旨，宋庆军营棉衣缺乏，着海军衙门赶制棉衣五千件，迅速解往，由宋庆颁给军士应用以示恤。

电寄李鸿章，现在倭氛逼近金州，旅顺后路危急。船坞要地，亟应尽力保护。李鸿章专任海军，不得以金复非直隶辖境，稍存诿卸。着悉心筹画，再行调拨就近海防兵勇前往援应，与姜桂题等各军竭力固守，毋得畏难推诿，致干咎戾。

电寄李瀚章，近闻广东有拖罟渔船，人极勇往，本船各有炮械，惯习波涛，可直赴日本为捣穴之计。着李瀚章传谕郑绍忠派员设法召募三四十只，给以行粮，即令迅赴长崎、横滨、神户三岛，攻其不备。傥能扰其口岸，毁台斩级，报明后立予重赏。如有夺获敌人货财物件，即行赏给。并先与计明船价，傥被敌人伤毁，即照数给还。现在倭以全力并赴前敌，国内定必空虚，亟宜用釜底抽薪之策。此事郑绍

① 《清实录·德宗景皇帝实录》卷三五一。

忠当能力任，着李瀚章悉心筹办，即行密电奏闻。

予积劳病故，台湾统领沪尾防军提督衔总兵王芝生照军营立功后病故例优恤。

赏朝鲜使臣筵宴，赐朝鲜王妃缎匹。①

初七日庚戌(11月4日)

刚毅现已补授军机大臣，着开广东巡抚之缺，以侍郎候补。

前有人奏，天津军械所委员张士珩(一作张世珩)盗卖军火各节，当交王文锦确切查明，现尚未据覆奏。兹又有人奏称，张士珩总理天津军械局，去年购洋枪四万杆，费银数十万两，每万两实用三千，倭人又以重价将洋枪尽行购去等语。着王文锦归入前案，一并确查，据实具奏。

电寄唐仁廉，据电奏召募勇营，请由户部先发银六万两；又拟购义国步枪一万枝，连子药共价银四十万两，均着照所请行。其运费保险一切，来电未经声叙，着户部查核办理。

电寄长顺，据奏奉军应需枪弹，实难赶造接济。奉天各军，需用枪弹甚急，着长顺催提所购物料，到后即饬赶紧制造，分拨奉省应用，毋许推诿。

电寄李秉衡，电已悉。现在旅顺防务，万分吃紧。登州尚非敌锋所指，尽可移缓就急，何得专顾一隅，致滋贻误。着懔遵前旨，饬夏辛酉统带四营，即日拔队前往，不准刻延。其登州防营，着于入卫兵内截留四营填扎。

电寄许景澄，电已悉，并接俄太子电相同。着许景澄亲赴外部，告以接到俄太子电，朕深为悼惜，着该大臣传旨吊唁。②

初八日辛亥(11月5日)

电寄长顺，近据电奏，调集边练各军，于初十日后启程。刻下倭寇已过凤凰城，金州后路亦有登岸之贼。奉省情形紧要，着长顺迅速前进，探明贼踪，约会宋庆合力夹击，并设法抄袭后路，牵制贼势，方可得手。

电寄李秉衡，昨命迅饬夏辛酉统带四营前往旅顺。该处兵力仍嫌不足，着将入卫之四营，一并催赴旅顺，克日拔队，毋准逗遛，并着李鸿章约期令商轮前往载运。

以署两江总督张之洞兼署江宁将军。

以前广西巡抚马丕瑶为广东巡抚。

---

① 《清实录·德宗景皇帝实录》卷三五一。

② 《清实录·德宗景皇帝实录》卷三五一。

初九日壬子(11 月 6 日)

昨谕李鸿章饬令李光久五营，驻扎山海关，俟该营到齐后，桂祥即统率所部移扎蓟州。所有前调察哈尔马队官兵一千五百名，即着归沙克都林札布统带，仍在山海关驻扎，以资守御。

张之洞电奏，订购洋枪一万五千枝，弹一千五百万，共价银一百万零五千两，先付半价等语。着户部如数筹拨。

电寄李鸿章，现在贼逼金州，旅防万分危急。其登岸处在皮子窝，必有贼舰湾泊，及来往接济。着李鸿章即饬丁汝昌、刘步蟾等统率海军各舰，前往游弋截击，阻其后路。至旅顺后路无炮台，闻尚间有山险，其平坦处所，亟应用地营土炮台之法，设险以守。着传谕该防营诸将，乘贼踪未至，赶将此项台垒，星夜兴筑，并密布地雷，以资守御。此仓猝中设防要着，诸将不得轻视，致令长驱径进，无可措手也。①

初十日癸丑(11 月 7 日)

电寄李鸿章，龚照瑗电称，现议购巴西快轮一只，着照所请定购。惟原电未言何时可到，着李鸿章电询即覆。

电寄李鸿章等，李秉衡电悉，章高元所部八营，着照所请，即日东渡，毋得刻延。并着李鸿章派船速往载运。

电寄张之洞，刘坤一奏，陈凤楼一军难以抽调等语。现在京畿防务紧要，必须先其所急。陈凤楼一军，着张之洞仍饬令北上。徐属需兵巡缉，着该署督另筹调拨。近日倭氛逼近旅顺，北洋战船不敷，若得南洋四艘，前来助剿，较为得力。着张之洞酌量情形，迅速覆奏。②

十一日甲寅(11 月 8 日)

电寄许景澄，奥国主电贺慈禧太后万寿，着许景澄电奥外部，传旨致谢。

电寄长顺，据奏覆陈调队情形一折。现在宋庆以金州告警，督队南下，摩天岭及长甸一带防军亟待援助。着长顺迅带现调军兵，拔队先行。到防后与依克唐阿、聂士成等会商战守机宜，不得以调集需时，迁延观望，致滋贻误。另片奏，请截留

① 《清实录·德宗景皇帝实录》卷三五一。

② 《清实录·德宗景皇帝实录》卷三五一。

齐字营毛瑟枪六百杆、镇边军毛瑟枪一千杆。着照所请行，即由该将军知照定安、依克唐阿可也。

十二日乙卯(11月9日)

电寄李鸿章，昨饬酌量再抽调数营，往援旅顺，尚未据电覆。定镇海舰，李鸿章昨电称不敢轻进，候汉纳根回再商。章高元八营，亦未及东渡。现在旅顺情形益急，昨饬汉纳根回津，是否已到；其所举之船主马吉芬，是否已往威海；若以马吉芬统带铁船，护送章高元八营赴旅，该船主能否胜任，不致疏虞，着李鸿章面询汉纳根妥筹办理，即行覆奏。

总理各国事务衙门奏，军务需款甚巨，现拟借用洋款一千万两，借还皆依库平，不论镑价，长年七厘行息，划二十年本息还清。依议行。

会典馆奏，呈进中外海疆要隘全图。得旨：留览。①

十三日丙辰(11月10日)

定安办理东三省练兵有年，乃平日训练不精，以致所调营兵，临阵不能得力，实属大负委任。正白旗汉军都统定安，着交部严加议处。依克唐阿督兵进剿，节节观望稽延，于贼渡蒲石河等处未能援救，亦属畏葸无能。黑龙江将军依克唐阿，着交部议处。

电寄李鸿章，前于初三日，因旅顺防务紧要，电饬李鸿章身亲巡历，激励守御，迄今旬日，不见一字覆奏。此外电询饬查之件，亦多无覆电。当此军情万紧之时，岂容如此玩误。现在旅防益危，该督更无筹画，但付之“焦急”二字。“定远”各船，前奏三十五日修好，嗣又称起碇机器未全，已久逾前限，不意今日来电，仍云尚未配妥，“来远”亦只修一半。不知两月以来，丁汝昌所司何事，殊堪痛恨。“定远”为该军制胜利器，今据称水道狭隘，不能展动，似与“来远”均尚在坞中未出，傥被堵口，直不啻拱手赍盗矣。着丁汝昌即日前往旅，将两船带出。傥两船有失，即将丁汝昌军前正法。李鸿章当懔遵谕旨办理，谅亦无从再为捏饰。旅顺援兵，仍着设法运送，不得因来往冒险，膜视不救也。并着即日覆奏。

电寄李鸿章，张之洞电奏海关内外，惟有掘长濠，用车炮两法，可防登岸。应于海滨可登岸处掘濠三道，外濠引海水注之，内两濠伏兵，用枪伺击。外濠低，内濠高，即以濠土堆墙，可藏兵。此事兵勇皆能为之，并雇民夫助筑，数日可成等语。此法甚为便捷，着吴大澂即行周历各海岸防营，各按地势赶紧兴筑，克期告

① 《清实录·德宗景皇帝实录》卷三五一。

成，不得片刻玩延，并着于三日内覆奏。又张之洞在粤，曾购车炮一百八尊，已奏拨畿辅防营。又购琼廉海防大车炮数十尊，亦经李瀚章解归北洋。车炮为防登陆之利器，北洋存炮，数应不少。除已拨用外，现在实存若干，着查明迅即覆奏，一面拨与吴大澂发交各营备用。

电寄张之洞、据电奏，调员差委等语。朱采、黄遵宪均着准其调用，其新加坡总领事，即由该督电知龚照瑗改派。所请李先义在粤募勇五六营赴江，应需饷项，着电商李瀚章借拨。又请调江汉关税务司穆和德，已饬总理衙门传谕赫德办理矣。①

十四日丁巳(11 月 11 日)

电寄李鸿章，电奏已悉。现在运兵赴旅非海舰护送，别无办法。马格禄往探情形，当已回津，即与汉纳根、丁汝昌定议如何设法护运，仍责令丁汝昌统率前往，不准推诿。旅防既急，沿海各口防营布置，尤关紧要。着李鸿章即赴大沽北塘等处巡阅，有无疏漏懈弛。亟须整顿之处，妥为经理，以作士气而免疏虞。昨谕饬查现存车炮若干，着迅速开单，一面覆奏，一面拨赴山海关各营应用。

电寄李鸿章，陈湜后四营，已过津赴山海关。着李鸿章传谕赶紧训练，并通饬全营，申严纪律，毋许骚扰地方。

电寄李秉衡，据电奏，烟台等处逃勇滋事，着照所请，严拿就地正法，以靖地方。

电寄许景澄，电已悉。中俄交好最久，俄前主尤敦睦谊，今值嗣君即位，中国拟遣专使赍书致贺。着许景澄先告外部，俾悉邦交加密之意。

黑龙江将军依克唐阿奏，探悉倭寇，分三路内侵，调兵严防冲要情形。报闻。

以福建水师提督彭楚汉署长江水师提督。

十五日戊午(11 月 12 日)

电寄裕禄，电悉。现在旅顺告警，内海各口防务，处处吃紧。吴大澂、陈湜等军断难抽调，本日已电谕长顺迅带吉林兵队，星速前赴奉省协防矣。

电寄杨儒，闻倭人向美国购铁舰四只，价一千一百万元，有无其事。着杨儒探明电覆。

直隶总督李鸿章奏，津防续募芦勇千人，分编两营。所有营制饷章，及劝捐给奖各事宜，均照原案办理。下所司知之。

山东巡抚李秉衡奏，曹州镇总兵王连三遵旨带队北上，酌拨马队粮饷军火，并

① 《清实录·德宗景皇帝实录》卷三五一。

委员署理镇协各篆。下部知之。①

十六日己未(11月13日)

有人奏，前月底天津有戈什哈押船户运米两船，将赴海口，船户悄将米包拆开，俱是火药，惟面上数包是米。船户赴关道首告，查验果然，并有督署图记。关道即赴督署禀陈，至今尚无发落等语。如果实有其事，自难掩人耳目，着李鸿章据实具奏。寻李鸿章奏，遵饬关道及新关税务司认真查访，实无戈什哈押船运米赴海口，被船户拆见火药情事。报闻。

琅威理前在北洋训练海军，颇著成效。自该员请假回国后，渐就废弛，以致本年战事未能得力，亟应力加整顿。着总税务司赫德传谕琅威理迅即来华，以备任使。此外堪胜管带驾驶各洋员，并着琅威理悉心选募，酌带前来，切勿迟缓。

电寄李鸿章，电悉。章高元八营，着即由登州乘轮赴营口，会合宋庆进剿。据称旅顺可以暂支，惟前电有各炮台防守可支半月，惟乏粮等语。究应如何馈运接济，着李鸿章设法迅速办理，切勿饰词敷衍，致滋贻误。②

十七日庚申(11月14日)

据电奏，十四、十五等日，聂士成、吕本元等接仗情形。该防营兵力不敷，若遇大股，难以抵御。本日据伊克唐阿电称，现又移扎宽甸。该将军自统兵以来，辗转避就于无贼处所，退怯情形显而易见。着裕禄飞饬该将军迅统所部，至大高岭一带，与聂士成、吕本元等军互相救应，合力防剿。傥再藉词迁延，定必重治其罪。长顺已报启程，仍着裕禄传旨迅速迎提，毋任延缓。

电寄许景澄，电悉。俄主殡期，着许景澄往送。

十八日辛酉(11月15日)

电寄李鸿章，宋庆电奏已悉。刻下金州已陷，旅顺情形万紧，该提督已抵盖平，着即前赴复州一带，相机进剿，以挚贼势。刘盛休当贼兵渡江时，未经出战，程之伟行军迟滞，闻敌先退。此两军万不可恃，着宋庆严加察看，如不能得力，即行传旨撤退，另派营官管带整顿，统归宋庆调遣。李永芳五营，前经刘树堂派令入卫，业已启程。现在该提督兵力不敷，着李鸿章饬催李永芳所部，迅赴宋庆军营，

---

① 《清实录·德宗景皇帝实录》卷三五一。

② 《清实录·德宗景皇帝实录》卷三五二。

以资厚集。即日海口封冻，津防稍松，自应先其所急。并着李鸿章于李光久、潘万才诸军酌量派拨，传谕唐仁廉统带并会同吴凤柱一军赴奉，以为宋庆后路接应。以上各军粮饷军火，均着李鸿章饬令粮台源源接济。宋庆有此兵力，即可将金州一路之贼迅筹剿灭，以解旅顺之危。聂士成营中炮少，着李鸿章电知周馥设法解济为要。

电寄胡燏棻，前据汉纳根呈递练军节略，意以倭氛甚炽，非赶募新勇十万人，选派洋将，用西法认真训练，成一大枝劲旅，不足以大挫凶锋。现在海军单弱，亦亟须购置船炮，自成一军，纵横海面，截击敌之运船，水陆相辅，可操胜算。其说颇多中肯。倭人此次专用西法制胜，我军新挫之余，难期振作。其新募多营，技艺未娴，号令不一，猝遇大敌，均不可靠。详察汉纳根所议，实为救时之法。着照所请，由督办王大臣谕知汉纳根，一面迅购船械，一面开召新勇，召募洋将，即日来华，赶速教练成军。所有一切章程，均责成臬司胡燏棻，会同该员悉心筹画，禀明督办王大臣立予施行，不令掣肘。至一切教练之法，悉听该员约束，傥有故违，准该员据实申呈，按律严办，决不宽贷。

电寄丁汝昌，丁汝昌十六日曾到旅顺晤诸统将，镇东局轮运送粮械亦到，可见旅顺口外，并非时有倭船梭巡。仍着丁汝昌统率各舰，不时游弋，牵制贼势。①

十九日壬戌(11 月 16 日)

刘坤一奏，前办上海招商局广东候补道张鸿禄，因亏空局款，奏参革职，开复后仍在上海起造花园，聚集游人，日事征逐，声名甚劣，实属品行卑鄙，有玷官箴。张鸿禄着即行革职，勒令回籍，不准逗遛上海，以儆官邪。

本日召见之直隶候补道徐建寅，着前赴北洋，将“镇远”“定远”等船炮位情形详细察看，并赴机器局查验合膛炮弹现存若干，是否敷用，据实禀明。

电寄李鸿章，近日旅顺告警，海军提督丁汝昌统带师船不能得力，着革去尚书衔，摘去顶戴，以示薄惩，仍着带罪图功，以观后效。

山东巡抚李秉衡奏，驰抵烟台一带筹办海防，布置情形。又奏，就近督同夏辛酉募练防营，固守登州。并报闻。又奏，东省防营太少，请增练劲旅二十营，以备缓急。下部知之。

会办奉天防剿事宜广东陆路提督唐仁廉奏，遣将分往各省召募，请照霆军营制，酌加正勇盐粮银两。如所请行。②

---

① 《清实录·德宗景皇帝实录》卷三五二。

② 《清实录·德宗景皇帝实录》卷三五二。

二十日癸亥(11 月 17 日)

电寄李鸿章，闻大沽之南，有母猪河口，地僻人稀，向无防汛。傥敌由此登陆，尤为便捷。着李鸿章迅即派人察看，酌拨数营驻扎防守，并密布地雷，以资备御。闻曹克忠已募四营，或即派令前往，着迅筹覆奏。

电寄李鸿章，现派道员徐建寅赴津，查看"镇远""定远"等船炮位子弹等项。着李鸿章将各兵舰即行调赴大沽，令该员详细查验覆奏。

电寄李鸿章，现在宋庆赴援旅顺，兵力甚单，倭人又图截其后，亟需接应之兵。前令章高元八营，由登州乘轮赴营口前进。着李鸿章迅即派船往运，何日可抵营口，并着先行覆奏。

电寄李瀚章，现在畿辅大兵云集，需用枪械甚多，闻广东局存不少。着李瀚章迅即查解数千杆来京备用。

电寄张之洞，据电奏，拟援案劝令盐商集捐银百万，照海防例给奖，专备江南海防之用等语。着照所请办理。

廿一日甲子(11 月 18 日)

本日据电奏，"镇远"为水雷浮标挤伤进水，总兵林泰曾服毒身死等语。览奏不胜诧异。丁汝昌电称"镇远"前因进口时为水雷挤伤，似此电之前，已有电将此事原委，报明李鸿章，而李鸿章并无电奏。此船原泊何处，进何口，被水雷浮标挤伤，既是水雷浮标，应碰伤船帮，何以挤伤船底，又何致派查数次，未能觅出伤处。林泰曾纵因船损内疚，何至遽尔轻生。来电叙述既属含糊，情节更多疑窦，殊堪愤闷。难保该船无奸细勾通，用计损坏。着李鸿章严切查明，据实详晰覆奏，不得一字疏漏。京津耳目甚近，此事实情，无难即日发觉，谅该大臣亦不敢代为掩饰也。

电寄宋庆，宋庆所部各营，或南援旅顺，或在大高岭等处守御。各将士当此严寒之时，昼夜勤苦，忠勇可嘉，实深廑念。加恩着赏银一万两，由户部颁发，解交宋庆分给各营，以示奖励。①

廿二日乙丑(11 月 19 日)

电寄李鸿章，昨据电称，十七日旅顺水师营一带，枪炮之声竟日，并有火光。

① 《清实录·德宗景皇帝实录》卷三五二。

兹又据电称，羊头洼龙王塘等处，有倭兵登岸击退。此均据民船之言。究竟战守情形如何，实深悬系。刻下金州已为贼踞，宋庆由盖平前进，必须添兵接应，方能救旅顺之危。叠谕李鸿章令唐仁廉统带李光久、潘万才并会同吴凤柱一军赴奉，为宋庆后路声援。着饬令即日开拔，不得稍有迟延。并将启程日期，迅速覆奏。

电寄李鸿章，据电奏，章高元四营，已派轮往运。其胶澳四营，着该督电催李秉衡迅速饬赴莱州，派轮运往营口，勿稍延缓。

调闽浙总督谭钟麟为四川总督，以前河南巡抚边宝泉为闽浙总督。

廿三日丙寅（11 月 20 日）

电寄李鸿章，平壤之役，叶志超恇怯退缩，毫无布置，虽未若卫汝贵之罪状累累，而偾军之咎则同，前已交宋庆查办。宋庆军事正繁，尚未查覆。叶志超着先行革职，以肃军纪。

电寄李鸿章，据电奏，"镇远"擦伤情形已悉。"镇远"为海军上等船只，一有损坏，即应赶紧详晰具奏，不应俟续报，始以大概情形电闻。此电所叙由旅顺回威海进口，皆前电所未及，殊属疏忽。且海舰管带，自应用奋勇之人，既称林泰曾胆小，何以派令当此重任。则该大臣平日用人不当，已可概见。杨用霖系丁汝昌所派，果否可靠，仍悉心察看。闻"平远"管驾李和练达出色，且赋性忠勇。如果属实，即可调充镇远管带，以期得力，着李鸿章迅即查明覆奏。再袁世凯近在何处，是否与周馥同办转运，周馥屡电无伊名，并着电覆。

电寄谭钟麟，张之洞电，江阴为长江门户，并无后膛大炮，难资攻击。福建有卞宝第购存四尊，除安设长门二尊外，尚有二尊。原拟安设厦门炮台，现炮台未成，请先借与江南应用，当设法雇洋船妥运，以后照式定购还闽等语。江阴关系长江数省全局，且为敌所注意，自较厦防为急。着谭钟麟即将所存大炮二尊，借给应用。惟海道运送不易，并着该督勿先泄露，密电张之洞设法妥办为要。①

廿四日丁卯（11 月 21 日）

电寄李鸿章，据电奏，旅顺连日接仗情形。姜桂题等冲锋迎剿，叠有斩获。该将士奋勇出力，深堪嘉尚，着赏银一万两，由李鸿章拨解该营散放，以示奖励。倭兵锐气已挫，姜桂题等即可乘此军威，激励将士，奋勇出剿，不可株守待援，致落后着。需用粮械，仍着李鸿章设法源源接济，勿令缺乏。宋庆已距金州不远，着李鸿章将旅顺获胜待援情形，迅即知照，令其相机攻剿，以分贼势。现在章高元一

① 《清实录·德宗景皇帝实录》卷三五二。

军，已由营口前进，并令唐仁廉带兵继进，以为宋军后路援应。并着饬令各军迅速遄行，期将金州一路之贼，合力夹击，悉数歼除。前谕李鸿章拨兵防守母猪河曾否筹办，着即日覆奏。魏光焘所部到津后，着李鸿章饬令赴山海关一带驻扎，归吴大澂节制，毋庸来京陛见。①

旅顺失陷，日军大屠杀。②

廿五日戊辰（11 月 22 日）

电寄刘秉璋，据电称，遵拨洋炮十尊、洋枪二千四百杆，运送江西，接运至京等语。着刘秉璋电知张之洞，俟此项枪炮到时，即行派员接解来京应用，毋稍延缓。

总理各国事务衙门奏，酬答英国君主礼物，恭拟国书呈览。依议行。

浙江巡抚廖寿丰奏，海氛不靖，京饷银两，援照海运经费汇解成案，请由号商领汇，赴部投纳。下部知之。

以山西太原镇总兵聂士成为直隶提督。

以办理教案和平，赏山东德国主教安治泰二品顶戴。

旅顺军港失守。

廿六日己巳（11 月 23 日）

电寄张之洞，据电奏，请饬冯子材募旧部粤勇十营，速来江南办防。即着该督电知冯子材照数召募，赴江南办理防务。钦州一带防营，并着知照李瀚章另行派员统带。

廿七日庚午（11 月 24 日）

电寄李鸿章，据电旅顺失守，览奏曷胜愤懑。该大臣调度乖方，救援不力，深堪痛恨，着革职留任，并摘去顶戴以示薄惩而观后效。刻下逆氛益炽，各海口处处吃紧。着李鸿章迅即亲赴大沽北塘等处，周历巡阅，严密布置，不准再事迁延，致干严谴。宋庆一军，刻距金州不远，本为救援旅顺。现在旅顺已失，该提督亟应回顾海盖、辽阳等处，杜其纷窜西北之路，并会同唐仁廉、吴凤柱、章高元等军择要

---

① 《清实录·德宗景皇帝实录》卷三五二。

② 《日清战争实记》，戚其章：《中日战争》，《中国近代史资料丛刊续编》第 8 册，中华书局 1962 年版，第 126~127 页。

分扎，相机堵剿，力遏寇氛。至旅顺失守情形，仍着李鸿章迅即查明覆奏。

电寄吴大澂，据奏山海关驻防各营，足资镇守一折。据称该关防务，请以一身任之，断不使倭兵越关一步，并请俟各军到齐，率行东征，力图规复朝鲜等语，词气甚壮，固与恇怯退缩、见于辞色者迥异。但临事而惧，古有明训。况倭人狡诈百出，其攻战全师西法，器精人众，而又运以阴谋。现在旅顺又为所踞，我沿海各口处处吃紧，畿疆危逼情势，更甚于前。该抚当比重任，务宜督率将士，勤加侦探，昼夜严防，于攻守机宜，慎之又慎，切不可掉以轻心，致他日言行不能相顾，懔之勉之。又沙克都林札布现挑选人马赴锦，需饷甚急，着由吴大澂拨借银一万两。俟该营领饷拨还。

电寄李秉衡，据电称，旅顺不守，所有失守情形，已据李鸿章电奏。旅顺既失，恐倭将并力以图威海。该处沿海可以登岸之处，必须派兵严密防守，免致乘虚抄截。①

廿八日辛未（11 月 25 日）

有人奏，浙江防军半多虚额，请饬查核一折。据称此次海防事起，新募营勇，只足补旧营之虚额，新加练军亦不足数，总领统带号令不一，教习哨长不谙训练，宁波防勇仅防道署，而明火抢劫，置若罔闻，定防水师广勇等项，徒供张其光护从，而地方骚扰不恤，有名无实，虚耗饷糈。着廖寿丰严加整饬。另片奏，“元凯”“超武”轮船，仅供大吏来往差使，并不巡缉洋面。该船两次修造等费，浮冒甚巨，系支应局司道与同知余乾枢、通判贡廷桢朋比侵渔，着廖寿丰一并查明，据实具奏，不得稍涉含混。

电寄裕禄，有人奏，关外设防，必须分扼要害。如田庄台、杜家口、天桥厂、长山寺、望海甸、狗儿湾等处，均系咽喉保障，请设重兵防守。着裕禄查明应否添兵分驻，并知照宋庆一体防备勿忽。

电寄许景澄，电已悉。俄嗣主成婚，着许景澄亲赴外部，传旨致贺。

廿九日壬申（11 月 26 日）

电寄李鸿章，前因旅顺告警，海军不能得力，降旨将丁汝昌革去尚书衔，摘去顶戴。以示薄惩。现在旅顺已失，该提督救援不力，厥咎尤重。丁汝昌着即革职，仍暂留本任，严防各海口，以观后效。前谕李鸿章亲赴大沽北塘等处巡阅布置，着

① 《清实录·德宗景皇帝实录》卷三五二。

即日前往，不得再延。仍于奉旨后，即行电覆。①

十一月初一日癸酉(11月27日)

电寄李鸿章，有人奏，旅顺未失以前，总办船局道员龚照玙，潜逃回津，声称旅顺失守，擅离职守，摇惑人心等语。龚照玙在旅顺，是否专办船局，抑有别项差使，如果有潜逃惑众等情，着李鸿章据实参奏，勿稍徇隐。寻李鸿章奏，龚照玙本系委办旅顺船坞局工程，兼办水陆营务处差，查明并无事前潜逃、扬言惑众情事。惟系管理船局之员，船坞失陷，自有应得之咎。应请将该员革职，仍恳留营效力。得旨：龚照玙着即革职。不准留营。

电寄裕禄，据宋庆转丰升阿、聂桂林电报，退出岫岩至老凤峪，稍息兵力。丰升阿、聂桂林统带官兵，久不得力，前已交裕禄确查。此次退出岫岩，据报毙贼不少。究竟是否属实，有无退避捏报情形，着裕禄查明速覆。

电寄李秉衡，电已悉。旅顺失事，沿海一带口岸，处处皆为要防。洋河等处防营，碍难抽调出关。章高元八营，现正会合宋庆堵剿北窜之贼，断不能折回威海。仍着李秉衡督饬现有防军，并催省西调募各营，迅速到防，协力固守，毋稍疏懈。②

初二日甲戌(11月28日)

有人奏，此次倭船逼攻旅顺，已豫知埋藏水雷之所，曲折绕避，竟无一舰碰伤。且当前军酣战之际，后营突然火起，遂致军心震扰。凡被贼攻陷之地，无非汉奸导引所致等语。着李鸿章、张之洞知照沿海各省督抚严饬地方文武，实力稽查，搜捕净尽，以杜勾引之患。奉天各军，着裕禄、宋庆一律督饬严查，勿稍疏忽。

电寄李鸿章，本日胡燏棻奏，察看山海关防务，拟添炮台情形。据称偕同汉纳根，赴关周历查勘，筹议添设炮台各节，实合机宜。此项工程，着即饬提督周兰亭，就近雇工，按照所拟做法，赶紧兴办，限半月内一律告成。余均照所议，由李鸿章转饬遵照办理。

广西按察使胡燏棻奏，封河期近，所有外洋订购军火，及沿江各省协济饷械，必须陆运，拟沿途设局派员经理。③

---

① 《清实录·德宗景皇帝实录》卷三五二。

② 《清实录·德宗景皇帝实录》卷三五三。

③ 《清实录·德宗景皇帝实录》卷三五三。

初三日乙亥(11 月 29 日)

电寄许景澄，先后订购枪械等若干，是否全行起运，均约何时可到。着分晰电陈。

初四日丙子(11 月 30 日)

电寄李鸿章等，据宋庆电奏，金岫之贼两路齐进，兵分力单，不足抵御。拟将各军会集迎战，较易得力。所筹尚合机宜。着李鸿章再行饬催唐仁廉、吴凤柱迅速前进，与宋庆等合力迎剿。蒋尚钧一军，现在何处，并着宋庆查覆。各军经过之处，宋庆应严行分饬，不得骚扰居民。如有干犯，即按军法惩办。①

初五日丁丑(12 月 1 日)

电寄李鸿章等，倭以诡谋叠胜。其侦探甚秘，又不吝重赏。平时钱粮优给，临阵有进无退。我军积疲不振，亟应从此数端整顿。旅顺被踞旬余，贼中动静，杳无消息。着李鸿章严饬刘含芳等，勤探确报，并知照宋庆各军，均须设法密探贼情，豫为戒备。至平时如何优恤勇士，酌加口分，临时如何重悬赏格，激厉敢死，溃退者如何立予正法，并着李鸿章、宋庆迅即筹商办法，通饬各军一体遵照，一面详细电闻，毋得延误。

电寄李鸿章，前经津海关道与伦道呵订借洋款一百万镑，已有成议。着李鸿章电知龚照瑗，即与银商安蒙士庄，详立合同画押。

电寄张之洞，闻倭人攻陷旅顺后，其第三队兵已乘轮南行，尚未知其所向。现在北洋海口将冻，恐其扰及南洋。着张之洞严饬吴淞各口加意防守，并分电闽浙台湾各督抚，一律严防。勿稍松劲。

电寄吴大澂，滦州乐亭海口，闻封冻不过数日，又有经冬不冻之说。吴大澂曾驻乐亭，情形必悉，着将该两处海口及各别口，向年封冻处所日期，详查覆奏。②

初六日戊寅(12 月 2 日)

电寄宋庆据电奏，倭第一二两军，有到牛庄会合，北犯奉天之说。现在盖平左近，已见贼踪。着宋庆速统所部，与章高元会合堵剿，断其北窜辽沈、西扑牛庄之

---

① 《清实录·德宗景皇帝实录》卷三五三。

② 《清实录·德宗景皇帝实录》卷三五三。

路。观宋庆电，贼似零星散布，未见大股聚集。务当乘此时统合诸军，痛加剿洗，毋令分窜为患，是为至要。

电寄吴大澂，电已悉。旅顺有倭船动身，昨英使亦言之，其去向则不能确知。今伦敦电既有拟往山海之说，不可不加意严防。吴大澂所请重赏严罚，及临时酌调贾起胜各节，均依议行。惟贾起胜所守洋河口，系老水贴岸，须与李鸿章酌之。

初七日己卯（12月3日）

电寄李鸿章，电悉。到沪枪械，由津雇车接运，年内既可应用，即着赶速办理，并派员接递催趱，知照江苏山东两省，沿途照料，毋得延误。

电寄裕禄，凤秀电奏，东山抚顺一带炮手最多，松树嘴等处乡团，向来著名勇敢，请饬地方官绅督办联络，酌给军械口粮，可资御敌等语。奉省民气素厚，兼多朴勇壮健之人，近来谢永恩带团助剿，已著成效。且为将来边防永久之计，团练亦必不可少。着裕禄悉心筹画，切实兴办，勿得视为具文。

初九日辛巳（12月5日）

办理天津团练事宜兵部左侍郎王文锦等奏，订购洋枪，拨还垫款，并添募护卫勇丁名数。下部知之。

浙江巡抚廖寿丰奏，续拟添募勇营，筹办海防。下部知之。又奏，两浙盐斤，一律照章加价，并另筹盐商报效海防经费。下部知之。又奏，请将本省捐输钱文，尽数留充防饷。下部议。①

初十日壬午（12月6日）

电寄宋庆，据奏，临阵悬赏，有贪功争夺之弊，拟先传谕进有重赏，退有严刑，统领大员一律办理。所筹尚中肯要。着即传谕各营将弁兵勇，俾共懔遵。倭踞金旅，在我军之南。其岫岩一股，分隔在北。现在零星分扰，非大股麇聚之比。宋庆当整顿全军，或分或合，相机雕剿，齐心力战，能乘此寒令，南船冻阻，北贼亦畏冷怯战，获一大捷，则大局转机，即在指顾。

电寄李鸿章，电已悉。旅顺贼情，仍着饬令刘含芳随时探明奏闻。前闻旅顺倭船，有南去一股，连日未据南洋闽浙奏报，究竟贼踪何往，着再设法确探电覆。

总理各国事务衙门奏，各国提存出使经费，谨将收拨总数，汇核请销，并请催

① 《清实录·德宗景皇帝实录》卷三五三。

还借款，暨粤海关积欠出使经费。依议行。又奏，天津铁路公司，拟借德华洋款，系遵奏定之案。洋商先禀该国驻京使臣，咨明总署，事属可行。报闻。

出使英法义比国大臣龚照瑗奏，遵旨在伦敦互换滇缅界务商务条约，谨派员赍呈。下所司知之。

以出洋随员四次期满，予候选知府王锡庚以道员分省补用，并赏加二品衔。①

十一日癸未(12 月 7 日)

电寄谭钟麟，有人奏，浙江防军，半多虚额，饬据廖寿丰查覆，尚无此弊，惟提督张其光，驭下稍宽。现在海防紧要，必需军令严明，方能整饬，张其光能否胜任，着谭钟麟据实覆奏。毋稍瞻徇。

电寄依克唐阿，据电奏初四日接仗情形。据称我军三面受敌，分水口地势险要，不得不扼此驻守，遂连夜追至该处，分兵严防。该将军此次接仗失利，兵勇伤亡不少，现舍草河口而去，与聂士成等相隔愈远，殊属退葸。现在聂士成等后路无援，仍着依克唐阿整队前进。总期与聂士成、吕本元等军会合，剿办方能得手，不得迁延退避，贻误大局，致干罪戾。

电寄廖寿丰，电已悉。冯子材业准张之洞奏调前赴江南，所有浙省海防，着处州镇陈济清，帮同张其光认真经理，不得稍涉宽纵。②

十二日甲申(12 月 8 日)

电寄李鸿章，据电称，宋庆转电，贼有先犯威海卫之说。虽据称已于陆路筑长墙地沟，添设土炮台，大沽亦筑台，多布旱雷。惟既有履冰而北之言，所有北洋各口均须加意严防。金旅踞匪情形，仍着刘含芳随时确探。

两广总督李瀚章奏，添募营勇，水陆分防以保岩疆。又奏，盐商力薄，粤盐碍难提厘加价。又奏，息借华款，谨拟章程奏明立案。又奏，广东经费支绌，未能筹款解部。下部知之。

十三日乙酉(12 月 9 日)

提督聂士成等于前月二十九日，在奉天督军攻剿倭寇获胜，夺回连山关要隘，阵毙倭酋富冈三造，歼贼甚众。业经颁给聂士成、吕本元赏件，并赏给军士银两。

① 《清实录·德宗景皇帝实录》卷三五三。

② 《清实录·德宗景皇帝实录》卷三五三。

兹复据裕禄奏，本月初九日，倭人复由分水岭来扑。聂士成商令吕本元、孙显寅、耿凤鸣等军并督同夏青云等分路扼守。初十日早闻，该提督等各挑奋勇千余人，抢占分水岭，敌众越岭而逃，官军追杀至草河口，枪毙数十人，余向两山奔走。该将士耐寒苦战，奋勇可嘉，所有此次出力将弁人等，着裕禄、宋庆并入前案，择尤保奖，以示鼓励。

电寄张之洞，据电奏，请上海息借商款，议定章程等语。着照所请办理。即令总理衙门，饬令总税务司转饬沪关税司遵行。①

十四日丙戌（12月10日）

据裕禄、唐仁廉电奏，奉天军务吃紧，闻天津新城西沽军械库，所存七八九生脱克鹿卜炮，尚可拨数十尊。如不能拨，查吴大澂曾在北洋购备此炮，现可拨二十四尊。又天津亲兵练军炮队，可拨克鹿卜九生行炮十尊，大沽炮队可拨六尊，天津水师营可拨十尊，山海关可拨四尊，请饬如数拨给，并配全车架子药箱，一切随带拉马，每炮各带足子药一百颗，天津大沽山海关三处，各派炮队哨官一员，每尊炮手一名，克期到奉。现在天津库局，有无此项炮位，能否酌量匀拨，俾济急需，着李鸿章迅即查明覆奏。寻李鸿章奏，查明天津库局，存炮无多，新购者道远运艰，又难速到，实属无可匀拨。报闻。

电寄宋庆，据电奏，倭贼北犯，复州失守，现在整备御敌。贼踞金旅，其合股北窜，自在意中。此次迎战机宜，关系重要。宋庆当懔遵前旨，重赏严罚，力战者破格奖赉，畏缩者立正军法，不可稍涉迟疑瞻顾，贻误戎机，自干咎戾。尤须先期会合章高元及所部将领，定前敌后应、更番叠进、分合包抄之策。宋庆所募新勇，现已到几营，李永芳五营，闻已到津，着电知李鸿章迅催到防，仍即电覆。

两江总督刘坤一等奏，饷需紧要，拟就地筹捐，以资接济。下部知之。②

十五日丁亥（12月11日）

旅顺失守详细情形，叠经谕令李鸿章确查覆奏，并查明道员龚照玙如有潜逃惑众等情，据实奏参。现尚未据奏到。兹据李秉衡奏，海军主将率兵舰望风先逃，以回顾威海为名，惟恐不速；陆路仅数营迎战失利，余营统领营官皆未交绥，全行退散。似此情形，主将恇怯先退，各营相率效尤，以致险要不能固守，长寇焰而损国威，殊堪痛恨。着李鸿章懔遵前旨，确切查明，据实参奏。此等偾事之员，人言藉

---

① 《清实录·德宗景皇帝实录》卷三五三。

② 《清实录·德宗景皇帝实录》卷三五三。

藉，谅该大臣必不至曲为回护，代人受过也。

电寄李鸿章，据电称，俄馆调兵四十名，赴京护卫。此事断不可行。告以在京各馆，中国应认保护。伊若调兵，他国亦将仿照，转恐人心疑惑，易致生事。着李鸿章切实阻止，勿稍迁就，是为至要。

电寄张之洞，据电奏，请将外洋运到枪枝，留于南洋。现在倭寇又陷复州，意图北窜。前敌兵力尚单，添调各军，专恃此项洋枪解到，方能进发。该督反以江南为前敌，辄请截留应用，实属不顾大局。着传旨申饬，即着该督催令迅速运解来京，傥有延误，惟张之洞是问。

办理天津团练事宜兵部左侍郎王文锦等奏，募勇已成十二营，前往小站驻扎，以资防守。继成各营，当陆续饬往。又奏，添拨炮车炮勇，及时训练。并报闻。

署两江总督张之洞奏，查明苏省松沪两厘局分卡，无可裁并，请循旧办理。报闻。

以两届三年期满，始终勤慎，赏黑龙江俄文翻译官候选主事赓善四品衔，再留差三年。①

十六日戊子（12 月 12 日）

电寄李鸿章，电均悉，北洋军火，待用甚亟。张之洞昨奏请留前购枪械，已降旨申饬，未经允准，并令迅催运解。王连三所部勇八百名，已饬令移扎山海关，归吴大澂调遣。伊军尚无枪械，着李鸿章设法拨济。“镇远”船现已补塞，着随时饬催赶紧修济，以备应用。昨因俄馆请派兵护卫，降旨令李鸿章阻止，今意国又请，亦应一律辩驳，告以中国必任保护，当可无虞，以免他国再行渎请。前调各省兵勇北上，未到者尚多，着李鸿章再行转电经过各省督抚，沿途催趱前进。如有观望不前、故意玩误者，严行奏参，照军律惩治。

特命户部发给赏银十万两，交宋庆祗领，宣谕所部各营将士，傥能大挫金复贼众，立予按名给赏，不得稍淹时日，以示破格旌功之至意。

山东巡抚李秉衡奏，东纲民困商疲，恳免二文加价，以示体恤。如所请行。②

十七日己丑（12 月 13 日）

电寄李鸿章等，李鸿章、吴大澂电均悉。近日海口尚未封冻，倭船时来窥伺，而宋庆兵力不敷，待援亦急。所有陈湜十营、李光久三营，着迅速开拔，毋准稍延。其魏光焘六营，仍留驻山海关，随同吴大澂协力防守。刘光才五营，已先后抵

① 《清实录·德宗景皇帝实录》卷三五三。

② 《清实录·德宗景皇帝实录》卷三五四。

津，着即驰赴山海关驻扎，归吴大澂调遣，以厚兵力。近闻倭船有乘天气和暖，分扑海口，及由榆关登岸之信，亟须加意严防。着李鸿章、吴大澂随时勤加侦探，督领各将领昼夜提备，毋得稍涉大意。其滦乐一带，地势空虚，仍着妥筹防守，不可疏漏，是为至要。

电寄宋庆，据电奏，倭由大孤山添来大股，吕本元、聂士成退守分水岭乞援等语。宋庆已饬蒋尚钧就近策应，现在贼势南路尤重，宋庆一军不可轻行移动，必须稳慎进取，妥筹兼顾。现因海口未冻，倭船在榆关一带时来窥伺。魏光焘六营，暂留驻关。陈湜十营及李光久三营，已令星速开拔，为该军后继矣。

以转运饷械出力，赏“利运”等轮船管驾英国人摩顿等六名宝星。①

十八日庚寅(12月14日)

侍讲樊恭煦奏，北洋冰冻，防守更宜严密一折。据称闻天津谣传，敌将于冰坚后，由歧河口、洋河口、秦王岛三处涉冰登陆。敌若由秦王岛登陆，可由乐亭昌黎直达临榆。若由歧河口登陆，则大沽北塘之防，亦皆为所牵掣。其余沿海边岸冰凝以后，平坦坚实，处处可行，深为可虑等语。刻下北洋各海口封冻在即，敌船不能近岸，第狡谋叵测，恐敌兵于水浅冰坚防军稀少之处，乘间内犯，不可不加意防范。着李鸿章、吴大澂详察各口情形，将各防军酌量移扎，使之无隙可乘，方为稳妥。闻歧河口一处，防兵甚少，曹克忠一军，能否分队驻扎，并着李鸿章与王文锦等会商办理。

电寄宋庆，据电奏，现拟督铭毅各军移扎大石桥，防寇由海城西犯，兼顾北路。刘世俊为章高元接应，助剿南路。同日据聂士成等电，倭队新添大股，与伊克唐阿等军均退扎原处等语。近日旅顺之贼，均赴金复，大孤山又复添来兵队，难保不合股北犯。宋庆当勤加侦探，稳扎稳打并联络各军互相援应，不得偏顾一隅，致有疏失。伊克唐阿、聂士成、吕本元等军均退至何处驻扎，务须同心协力，声气相通，杜其西窜辽沈之路，是为至要。②

十九日辛卯(12月15日)

有人奏，司道大员奸贪反复，不堪任用一折。据称道员盛宣怀，前署津海关道时，赔李鸿章之妻开典被窃银十数万两，李鸿章以为忠。凡采办军火、可获大利之事，一切任之。招商电报各局，任其自为。去冬串通张士珩将津局枪炮卖与日本，

① 《清实录·德宗景皇帝实录》卷三五四。

② 《清实录·德宗景皇帝实录》卷三五四。

得价八十万，以少归公，余皆分用。年来侵吞公款，剥取商民，拥家资数百万。胡燏棻与其弟胡家桢，包揽京捐致富，以安徽、浙江两籍各捐道员。胡燏棻任天津道时，办理赈捐，出入多虚，此次办理粮台，纯事铺张，以汉纳根妨己，故作危疑之词，以败其成。又片奏，大连湾旅顺之失，赵怀业、龚照玙、卫汝成、黄士林或救援不力，或畏葸逃遁，并有满载辎重情事各等语，着王文锦按照原参各节，确切查明，据实具奏，毋稍徇隐。

电寄宋庆，本日据宋庆、裕禄电奏，倭贼由岫岩分股窜扰，已及海城东界，海城军情吃紧。辽阳交界，亦有倭股。着长顺迅调所部各军，加意严防，相机堵剿，杜其北犯之路。

电寄李鸿章，给事中余联沅奏，大沽守备单弱，敌或由板沙浅处乘冻登岸，北塘芦台等处仅新募数营驻防，全不可恃；沧州盐山祁口等处毫无准备；关内外各海口，如乐亭昌黎一带应一律严防；吴大澂未经战阵，以虚骄之气，作夸大之辞，请加训诫各等语。昨因封冻在即，恐敌兵乘隙内犯，论令李鸿章、吴大澂加意防范。所有沿海各口空虚之处，应如何详察地势，严密守备，着该督等懔遵前旨，迅速妥筹，并将办理情形覆奏。吴大澂驻守榆关，责任綦重，该抚陈奏之词，颇觉勇往，惟言行必须相顾，当懔慎战之义，与各将领和衷商搉，固结军心，熟筹战守之策，勿为纸上空言，有负委任。①

二十日壬辰(12 月 16 日)

电寄李鸿章，前叠据电报，余虎恩十营于十月二十四日到清江，熊铁生十营于十月初十日由鄂启程，吴元恺四营于十月二十五日由河南启行，申道发四营于十月二十八日到郯城，宋朝儒四营于十月二十五日到郯城，杨金龙两营一哨于十月初九日由江宁启行。现在均未到防，显有观望迁延情弊。着李鸿章分电沿途各督抚，严催各该将领等迅速趱行北上。傥查系有意玩延，即着严参惩办。

电寄宋庆，李鸿章奏，据周馥电报，海城失守，辽沈电线又为贼断，览奏殊深愤懑。现在岫岩之贼，绕出宋庆之后，铭毅各军两面受敌，军情危急。倭贼向以包抄击系为得计，宋庆当会合诸军，严密防范相机堵剿。章高元现驻盖平，御金复之贼，宋庆相去不远，应彼此声势联络，以杜分窜，是为至要。

电寄邓华熙，刻下北路军情紧要，需用枪械甚急，现由镇江运赴清江前进。着邓华熙即在清江设立转运局，派员经理，多备车辆，俾解到军火，源源运送，一面由天津粮台，雇用车辆，前往接运。②

---

① 《清实录·德宗景皇帝实录》卷三五四。

② 《清实录·德宗景皇帝实录》卷三五四。

廿一日癸巳（12月17日）

裕禄奏，查明官军退出岫岩情形，据实覆陈一折。已革副都统丰升阿、已革提督聂桂林，昨因在析木城遇敌，又复溃退。降旨，将该革员等拿交刑部治罪。兹据裕禄奏称，十月十九至二十一等日，倭兵叠扑岫岩州城，丰升阿、聂桂林等军督队堵剿，乃遽退出岫岩至龙凤峪一带，竟置州城于不顾，实堪痛恨，着刑部归入前案，一并按律定拟具奏。守备周鼎甲、参将金得凤、张占魁接仗不力，均着先行革职，金得凤、张占魁并着撤销勇号，仍责令该三员随营效力，以观后效。

宋庆奏，遵旨查办统将被参，据实覆陈一折。已革甘肃宁夏镇总兵卫汝贵，平时待兵寡恩，此次赴朝鲜援剿，不能约束弁勇，纵令到处骚扰，以致民人怨谤，种种罪状，实为偾事之尤。卫汝贵业经降旨革职拿问，着李鸿章、裕禄懔遵叠次谕旨，查明该革员行抵何处，严饬押解员役，迅即解交刑部治罪，毋许逗遛。已革直隶提督叶志超，由公州退回平壤，并未接仗，沿途所报战状尽系虚捏，迨行抵平壤又复漫无布置，即行溃退，其时安州尚有马步八营，可为策应，该革员并不扼守安州，乃竟退过鸭绿江，实属统驭无方，大负委任；革职留任海军提督丁汝昌，统领海军多年，自倭人启衅以来，叠经谕令统领师船，出海援剿，该革员畏葸迁延，节节贻误，旅顺船坞是其专责，复不能率师援救，实属恇怯无能，罪无可逭。叶志超、丁汝昌均着拿交刑部分别治罪。

电寄张之洞，据电奏，拟饬韩庆云募勇三营，归其统带，于松沪一带，扼要驻扎等语。着照所请行。

两广总督李瀚章奏，筹拨枪弹，解赴北洋应用。①

廿二日甲午（12月18日）

电寄李鸿章，昨降旨，将丁汝昌拿问治罪。海军统帅需人，着李鸿章于海军将领中，详加遴选，据实保奏，候旨擢用。李和、杨用霖二员，管驾海舰，素称得力。道员徐建寅，近往威海察看船只，据丁汝昌电，颇称其能。此数人才具能否擢授提镇，抑或暂令署缺，察其果能胜任，再予除授，李鸿章应悉心酌度，迅速覆奏。美国投效二人，自述十事，言虽近诞。惟西人向多幻术，无妨试验虚实，并着李鸿章派员切实试看，有无明效，再行奏覆。威海为我军诸舰当驻之所，防御尤关紧要。“镇远”一艘，前饬令加工修补，何时可以竣工备用，并着先期电覆。

---

① 《清实录·德宗景皇帝实录》卷三五四。

廿三日乙未(12月19日)

督办军务处奏，洋队应暂行停办，留经费为购船置械之用。又奏，洋员汉纳根与臬司胡燏棻订购枪械，请饬部照数拨银。均依议行。

两广总督李瀚章奏，粤东厘捐各厂，无可裁并。报闻。

廿四日丙申(12月20日)

电寄李鸿章，裕禄、唐仁廉电称，海城既失，亟宜北保辽沈，南顾营口。此路无险可扼，须设营垒炮台。吴大澂新购德国大炮一百十二尊，已抵关者二十二尊，请饬拨十二生膛十二尊、十八生膛二尊，派弁随带炮手药弹，限八昼夜解至沈阳，以救危急等语。奉省需用洋炮，吴大澂处如能拨给，着即迅速解往。傥无可分拨，着李鸿章设法酌量拨给。

电寄刘树堂，电悉。李永芳到京，据称枪械无多。今阅此电，所发洋枪背枪。想是李永芳启行后，给各队领取。其应解海军衙门洋步枪一千杆、豫存抬枪八百杆，着该抚即行赶解应用。如能年内多造，更济急需，并着迅速筹办。①

廿五日丁酉(12月21日)

叠据善联、袁世凯营口局各电，宋庆二十四日接仗不利，退守牛庄。其本日战状及宋得胜受伤情形，尚未据宋庆电报，殊深焦灼。现在贼氛正恶，宋庆兵力不敌，惟有联合前敌各部及章高元等，坚守牛庄，兼顾营口，严杜西窜之路，是为至要。

据电奏，威海防剿万紧，一时难易生手等语。丁汝昌既经拿问，海军提督，即着刘步蟾暂行署理，仍着李鸿章遴员保奏，候旨擢用。丁汝昌俟经手事件，交替清楚后，速即起解。

电寄吴大澂，刻下山海关内外，计已封冻。所有滦乐一带，是否有可以踏冰登岸之处，着吴大澂加意严防，并详细覆奏。

廿六日戊戌(12月22日)

电寄宋庆、李鸿章，宋庆电奏均悉。连日海城接战，伤亡甚众，宋庆率队回扎

---

① 《清实录·德宗景皇帝实录》卷三五四。

田庄台，并据袁世凯报，牛庄已失，览奏殊深愤懑。刻下寇踪已至牛庄，营口甚为紧急。宋庆一军，现扎田庄台，亟应整顿队伍，激励将士，力遏西窜之路。章高元、徐邦道等扼守盖平，已为倭兵所隔，能否调令截击牛庄一股，与宋庆两面合剿，着即妥为调度。姜桂题、程允和、张光前等已明降谕旨。革职留营。仍责令带罪图功。以观后效。现据长顺电奏。辽阳亦甚危急。陈湜一军现已出关，即着宋庆知照该臬司径赴沈阳，与长顺商同防剿，毋稍疏虞。

电寄李鸿章，电悉。美员宴汝德所呈水战防口各款，如试验有效，即须付给定银等语。此事总以效验为凭，究竟以何船试验，若以敌船为验，则必须出海攻战，若用华船，则断无自行击沉之理；其余各法，如何取效，并着详细询明，逐条覆奏。

电寄长顺，据电称倭逆在辽海交界，势将北窜。辽西另有一股，恐将包抄等语。

留办台湾团防帮办垦抚事务太仆寺卿林维源奏，台湾团防就绪，并报效土勇二营，自备粮饷，择要驻扎。①

廿七日己亥(12 月 23 日)

电寄李鸿章，据电称戴宗骞等禀请暂留丁汝昌办理防务等语。丁汝昌着仍遵前旨，俟经手事件完竣，即行起解，不得再行渎请。

电寄吴大澂，昨据电奏，裕禄等请拨炮位，该营仅由李鸿章拨给二十二尊，前购田鸡炮十尊，不敷分拨等语。惟奉省防务，万分吃紧。着即匀拨田鸡炮数尊，解往辽阳应用。余虎恩所部，已到七营，即着开赴山海关，归吴大澂调遣。其余三营，不日可到。所有各营到防日期，着吴大澂分晰具奏。

廿八日庚子(12 月 24 日)

电寄李鸿章等，电奏均悉。刘光才五营、申道发三营，着同扎乐亭，以厚兵力。今年天气较暖，海口多未封冻，着李鸿章、吴大澂分饬守口将领，加意严防，毋稍疏懈。蹈冰上岸之说，着吴大澂俟封冻后，详查覆奏。

三十日壬寅(12 月 26 日)

电寄宋庆，据电奏，金旅倭逆大股，分两路北窜，均距熊岳不远等语。该逆既渐北趋，或东犯辽阳，西窜牛庄，均未可定。宋庆现扎田庄台，即当督率各军，豫

① 《清实录·德宗景皇帝实录》卷三五四。

为布置。①

十二月初一日癸卯（12 月 27 日）

依克唐阿奏，请将打仗出力及伤亡员弁兵勇奖恤一折。依克唐阿所部各军，自十月二十八日以后，在草河岭等处叠次与倭人接仗，先后毙贼二千余名，尚属奋勉出力。其阵亡官弁兵勇，为国捐躯，殊堪悯恻。即着依克唐阿查明请旨分别奖恤。另片奏请将临阵脱逃之哨官拿办等语。

电寄裕禄，据奏大高岭为辽阳东路门户，现在贼队仍踞草河口。聂士成、吕本元、孙显寅等军未便移动等语，自系目前实在情形。即着裕禄飞咨宋庆另行筹调，并饬知聂士成等仍严扼大高岭，以杜贼西窜之路。近年奉省册报，尚有库存银四十万两，如办理军务经费不敷，即于此项库存先行给发，再由户部拨归还。

命神机营拨毛瑟哈乞开斯枪一千杆、子母百万粒、大炮丸弹喷筒火箭等，护黑龙江将军增祺拨十响快枪子母五十万粒，马队五哨，解赴前黑龙江将军依克唐阿军营备用。②

初二日甲辰（12 月 28 日）

电寄李鸿章等，据电称倭船在荣成之龙须岛窥探，旋即南驶。李秉衡电称，分防威海东西后路情形。惟荣成至威海百余里，兵力不敷分布，能得威海拨出两营，联络扼扎，声势稍旺等语。倭人窥伺威海，必由后路海口无兵之处登岸，亟应随时防范。着李鸿章、李秉衡严饬在防各军勤加侦探，何处有贼，即行会合驰击，毋得株守一隅，致令乘间扑犯。荣威相距较远，防军太单，着李鸿章酌拨威海两营，与东军分布要隘，合力严防，以资策应。并饬威海守将戴宗骞等遇贼即击，勿落后着。

以装运军火报效运费，赏洋员满德李德宝星。

予援护朝鲜轮船被轰殉难，副将骆佩德等七十员名、成欢平壤阵亡总兵秦成亮等四十五员名优恤。

续予大东沟殉难海军员弁副将衔游击陈策等优恤。③

---

① 《清实录·德宗景皇帝实录》卷三五四。

② 《清实录·德宗景皇帝实录》卷三五五。

③ 《清实录·德宗景皇帝实录》卷三五五。

初六日戊申(公元1895年1月1日)

出使美日秘国大臣杨儒奏，古巴华侨锐减，请裁撤马丹萨分领事，以节经费。如所请行。

办理天津团练事宜、兵部左侍郎王文锦奏团练成军。报闻。

以随使期满，予古巴总领事署翻译候选州同刘鸿鋆等升叙。

以中越勘界事竣赏洋员兰尔生等宝星。

予积劳病故，秘鲁嘉里约埠商董李杰议恤。①

初七日己酉(公元1895年1月2日)

电寄李鸿章，革员龚照玙既在天津，着李鸿章即行派员押解赴部，不准藉词逗留。

据宋庆电奏，叶志超现在山海关患病等语。着李鸿章、吴大澂迅即派员押解赴部，不准藉词逗遛。

电寄宋庆，据奏，莩兰店大股，有向皮子窝东趋之谣。海城南三十余里，倭已设卡。又李鸿章转据吕本元等电，贼在通原堡上下，挖洞匿其中，大股在薛礼站长岭子各山头架炮各等语。该逆分路窜扰，无非接应海城之贼，以图东窥辽阳，或西窜牛庄，均未可定。现在依克唐阿、长顺俱在辽阳，与大高岭防军，当可策应。宋庆仍当探明贼踪所向，相机攻剿，毋任纷扰。

初八日庚戌(公元1895年1月3日)

李鸿章奏，遵查旅顺失守各将领中黄仕林落水救出，赵怀业、卫汝成二员尚无下落等语。记名提督黄仕林失守炮台，着革职拿交刑部治罪。赵怀业、卫汝成，仍着严密查拿，迅速解部，毋任逃匿。

电寄宋庆，据奏倭寇又到熊岳蓝瓜岭等处，薛福站沙河一带，亦到万余人，恐聚集北犯，已分派各营，相机抵御。仍着确探贼踪，分股截剿，力遏寇氛。

广东提督唐仁廉奏，抵奉会商防剿情形。得旨：布置情形已悉，即着会同裕禄等严密防守，毋稍疏虞。②

---

① 《清实录·德宗景皇帝实录》卷三五五。

② 《清实录·德宗景皇帝实录》卷三五五。

初十日壬子(公元 1895 年 1 月 5 日)

朕钦奉慈禧太后懿旨，张荫桓、邵友濂现已派为全权大臣，前往日本会商事件。所有应议各节，凡日本所请均着随时电奏，候旨遵行。其与国体有碍、及中国力有未逮之事，该大臣不得擅行允诺，懔之慎之。

有人奏，宋庆、聂士成两军宜厚援应，宽筹接济，并胪陈各将领优劣及陆军海军急宜豫筹等各节。着刘坤一按照所陈，悉心妥筹具奏。寻奏：宋庆等所部，因饷项不敷，暂难添募。闽粤江浙兵轮，均系木壳，能依附炮台守口，不能出海争锋。沿海防务，北洋兵轮，应请饬李鸿章等分任责成。至各将优劣及军械等局，关系重要。到关后，容当相机调度，随时整饬。

电寄李鸿章等，前经降旨将军营失事各员拿交刑部治罪。兹据有人奏称，闻龚照玙已潜行回籍，赵怀业匿迹之罘，此外如叶志超、卫汝贵、卫汝成、黄仕林等或藉词逗遛，或改装逃逸等语。该革员等获咎甚重，岂容延不到案。着李鸿章即将现在直境各革员，严饬委员迅速押解。其有逃至山东及安徽原籍者，并着李秉衡、福润严密访拿解京，毋任隐匿。①

十一日癸丑(公元 1895 年 1 月 6 日)

电寄宋庆，据奏海城踞寇万余，并据探称恐后有大股。宋庆应督率各军确探严防，准备合力截剿。其进攻海城之毅嵩等军，务须联络声势，稳慎图功，不可坠其诡计。②

十二日甲寅(公元 1895 年 1 月 7 日)

有人奏，疆吏贪妄玩寇，自撤藩篱，请旨查办一折。据称光绪九年前尚书彭玉麟驻办粤防，在虎门内以大石实船，坠于河底，跨以巨木长桥，有事则堵塞，以防洋船径进；嗣李瀚章督粤，竟一概拔毁；本年濒海戒严，该督思照旧堵筑，无如工料所施，难如从前坚固，又须糜费数十余万两；至防务则仅派著名贪劣之副将杨安典召募千余人，敷衍塞责，军械则卖与台湾，得银数万两，实属疏防玩寇。

抚恤朝鲜国遭风难民如例。

---

① 《清实录·德宗景皇帝实录》卷三五五。

② 《清实录·德宗景皇帝实录》卷三五六。

十三日乙卯（公元 1895 年 1 月 8 日）

电寄吴大澂，有人奏，乐亭县地临海滨，口岸数处，如大清河老米沟臭水沟各口，轮船皆可进泊等语。前因乐亭防务紧要，已饬刘光才申道发统率所部驻守。着吴大澂再行申谕，随时严密稽查，加意防范，不得稍涉疏懈。

电寄李鸿章，据奏连日叠据探报，倭有猛扑威海之说，又成山有倭船数只，来往游弋。着李鸿章严饬威海水陆将弁，加意扼守，昼夜严防。并知照李秉衡合力备御，不可稍涉大意。嗣后成山威海等处，如有倭船窥伺，并着李秉衡随时电奏。

电寄张之洞，江阴为长江门户，防务紧要。杨文彪五营，着准其留于该处防守。张桂林五营，着即饬令北上，归刘坤一调遣。

山东巡抚李秉衡奏，筹办海防，库款奇绌，请将前借陕甘赈款暂缓拨还。允之。①

十六日戊午（公元 1895 年 1 月 11 日）

电寄李秉衡，据称威海后路各岛，可登岸处甚多，地广兵单，难以周密等语。着李秉衡就现有新旧各营，择要扼扎，并于各口多筑土炮台，随时瞭望，遇有倭船游弋，炮力可及之处，即行轰击，毋任驶近窥伺。革员赵怀业、卫汝成久无下落，难保不潜匿东境，仍着通饬严密访拿，一经获到，即行解京。

十七日己未（公元 1895 年 1 月 12 日）

电寄李鸿章等，前闻倭寇有图扑威海之说，业经谕令加意严防。兹复据李鸿章电，称探闻倭兵第三军已于十四日在广岛开行，欲赴威海上岸等语。旅顺既为倭踞，现又图犯威海，意在毁我战舰，占我船坞，彼之水师可往来无忌，其谋甚狡。敌兵扑犯，必乘我空隙之处。威海左右附近数十里内，尤为吃紧。着李鸿章、李秉衡飞饬各防军昼夜梭巡，实力严防，不得稍有疏懈。

电寄李鸿章等，现闻盖平被陷前敌军情吃紧，宋庆所部兵力恐难分布，极须添兵接应。潘万才为宋庆旧部，派令前往，可资臂助。着李鸿章即饬潘万才带领所部，星驰出关，听候调遣。其秦皇岛地方，亦关紧要，着吴大澂即派吴元恺一军填扎该处，认真防守。

署福建台湾巡抚唐景崧奏，请将硫磺樟脑各公司赢余银两，归入台防善后案内

① 《清实录·德宗景皇帝实录》卷三五六。

列册造报。下部知之。①

十八日庚申（公元 1895 年 1 月 13 日）

宋庆电奏，盖平于十五日失守，请将总兵章高元、徐邦道严议并自请治罪等语。章高元驻防盖平，于贼犯该州时，接仗未能得力，徐邦道赴援迟缓，均属咎无可辞。山东登州镇总兵章高元、直隶正定镇总兵徐邦道，均着交部严加议处。宋庆调度无方，着一并交部议处。

有人奏，吴大澂言大而夸，不谙军旅，日惟手一洋枪，讲究准头，洋洋自得；所部勇丁，每月仅关饷三两四钱；魏光焘、刘光才、余虎恩等受其节制，无不心怀抑郁，诚恐有误全局；且其官阶较大，自负不凡，恐与刘坤一多所掣肘等语。

电寄李鸿章，昨因倭寇欲犯威海，已谕李鸿章等飞饬严防。第念海军战舰，数已无多，岂可稍有疏失。若遇敌船逼近，株守口内转致进退不能自由。应如何设法调度，相机迎击，以免坐困，着李鸿章悉心筹酌，饬令海军诸将妥慎办理，并先行覆奏。②

十九日辛酉（公元 1895 年 1 月 14 日）

慈禧太后懿旨：倭寇既踞海城，又陷盖平军情日紧，现值海口封冻，正宜先其所急。移关内之军，迅赴前敌迎剿，以遏寇氛。本日已电谕吴大澂统带所部，及魏光焘、吴元恺各军，即日拔队出关。刘坤一身为统帅，一切调度机宜，责无旁贷，着即前赴山海关扼要驻扎，与关内外各军联络声势，妥筹进止，能于海口未开冻之前，得有大捷，军事庶有起色。

电寄李鸿章，前据总税务司探闻，倭兵第三军二万二千人欲往威海，今成山西南有倭轮抛锚，似系先来试探，其大队恐将踵至。着李鸿章、李秉衡饬令各军，加意严防。敌船动静，并着随时确探电闻。

二十日壬戌（公元 1895 年 1 月 15 日）

电寄李鸿章，昨据李鸿章电称成山西南，有倭轮抛锚。兹复据奏，又有倭船游弋威海洋面，中炮退去等语。敌船时来窥伺，必有诡谋。仍着饬令在防各军，勤操固守，遇船即击，并严防后路为要。昨已谕令吴大澂带兵出关助剿，并令刘坤一前

---

① 《清实录·德宗景皇帝实录》卷三五六。

② 《清实录·德宗景皇帝实录》卷三五六。

赴山海关驻扎。该督需用洋枪，着李鸿章于南来解到洋枪内，先拨五千杆，配带子药，解交刘坤一军营应用。

以倭犯盖平，力战捐躯，予记名提督杨寿山、副将李仁党优恤。①

廿一日癸亥(公元1895年1月16日)

御史齐兰奏，前任粤海关监督联捷任满年余，并未来京，显有交代不清情弊。德生现亦任满，俟新任监督文佩到任，应即清理交代回京等语。着李瀚章严催联捷、德生赶紧将交代清楚，迅速回京，傥再任意迟延，即行据实参奏。

电寄李鸿章，现已授刘坤一为钦差大臣，不日前往山海关驻扎。其北洋津沽一带防务及海军事宜，李鸿章责无旁贷，仍当振刷精神，悉心筹办。海军提督需人，着李鸿章仍遵前旨，遴选妥员，以备简用。

电寄李鸿章等，据奏英法等船聚集烟台，探闻倭兵将由成山登岸，似非虚语。该处情形万紧，防守能否周密，殊深廑系。着李鸿章、李秉衡分饬各将领昼夜侦探，防其以小船载兵，乘隙登岸。务当遇贼即击，勿蹈皮子窝覆辙，是为至要。

钦差大臣两江总督刘坤一奏，出驻榆关，拟请抽调各营，分派帮办。并陈事宜八条。一、分任责成；一、进兵次第；一、申明赏罚；一、采用人材；一、筹画饷械；一、酌给津贴；一、添募亲军；一、设局支应。下督办军务处速议。寻奏，请如所议办理。未尽事宜，仍由该大臣随时具奏。从之。

蠲免两浙仁和、杜渎、海沙、鲍郎、芦沥、钱清、西兴、长亭、横浦、浦东十场灾歉及荒坍未垦各灶地荡涂钱粮灶课。②

廿二日甲子(公元1895年1月17日)

谭钟麟奏遵查闽海关税务情形一折。据称福州将军衙门所入平余申水银，每岁尚有七八万两闽关常税，频年短征，良由用人太多，积弊太久。大卡六处，小卡三十六处，所派委员家人等不下二百数十人，各卡巡船丁役，合计有二百余人。巡船需索规费，为害商民甚烈。供给将军衙门陋规，有到任铺垫及贴贡谕礼等名目，每年委员平柜巡船丁役所分约七八万两。拟将常税并归厘局经收，将军派员在局稽查按月分解，将平柜图记查河巡船等悉行裁撤，虽常税未必增多，商民可免扰累等语。着庆裕到任后，谭钟麟与之会商妥筹，将各项弊窦实力革除，拟定章程，奏明

① 《清实录·德宗景皇帝实录》卷三五六。

② 《清实录·德宗景皇帝实录》卷三五七。

办理。寻庆裕奏，闽关应征货物，现多赴海关报纳，又因前任将军用人太多，以致征无起色。现经沙汰，亲督委员力求整顿。至平余申水贴贡等项，现在贴贡已裁。余款归还洋款本息镑价及善举等项，勉强敷衍，未便再裁。下部知之。

予海防积劳病故，记名提督贾宏材优恤。

续予大东沟殉难海军学生六品军功何如锦等议恤。①

廿三日乙丑(公元 1895 年 1 月 18 日)

电寄李秉衡，李鸿章电奏戴宗骞等防守威海，禁止渔船下海，东省已调五营，均扎荣成左近等语。倭寇如犯威海，前面防守较严，所虑乘虚窜扰后路，李秉衡务当相机布置，督饬防营，时刻严防，以杜窥伺。

廿五日丁卯(公元 1895 年 1 月 20 日)

电寄宋庆，倭寇分作数股，图扑营口，亟应乘其未至，调派将领分路抄截，牵制贼势，一面激励军心，整备队伍，直前迎击，并豫悬重赏以待破敌奏功。本日据营口电报，长顺、依克唐阿已将析木城海城克复，尚未据该将军等奏报。如果属实，是东路情形稍松，恐贼将并力西犯。宋庆务当妥筹布置，力保营口，是为至要。

电寄李鸿章等，倭船在登州开炮一时之久，旋即驶去，并闻大连湾泊有倭船近五十艘，似即广岛开来之船，诡谋叵测。威海之防，不可一日稍松。仍着李鸿章、李秉衡分饬水路各军，严密防守，力与相持，毋令乘隙登岸，是为至要。②

廿七日己巳(公元 1895 年 1 月 22 日)

电寄李鸿章等倭兵登岸，荣成失守，览奏殊深愤懑。东省兵力较单，致有疏失，李秉衡自请议处，着加恩宽免。丁槐一军，准其留于山东调遣。该营需用枪械，着李秉衡电商李鸿章于南省解来枪内，经过东省时，酌拨应用。刻下贼已登岸，必将猛扑威海。着李秉衡厚集援军，迅往遏截，并激励将士，如有能奋勇破敌者，立予重赏。威防戴宗骞等军，守御尚能出力。现在贼踪逼近，仍着李鸿章饬令在防各军，固结兵心并力截击，不得临敌畏却，致误大局。闻敌人载兵皆系商船，而以兵船护之。若将“定远”等船齐出冲击，各可毁其多船，断其退路，此亦救急

① 《清实录·德宗景皇帝实录》卷三五七。

② 《清实录·德宗景皇帝实录》卷三五七。

之一策，着李鸿章速筹调度为要。本日据吴大澂电奏，魏光焘营内枪械甚少，请于天津新到德枪内借拨一千杆。该抚所购洋枪，正月中旬亦可到津，如数拨还等语。现在魏光焘出关需用甚急，着李鸿章即行拨给勿误。①

廿八日庚午(公元1895年1月23日)

电寄李鸿章等，戴宗骞所拟悬赏励士各节，均着照所议办理。现在贼踪逼近南岸，其兵船多只，难保不闯入口内，冀逞水陆夹击之诡谋。我海舰虽少，而铁甲坚利，则为彼所无。与其坐守待敌，莫若乘间出击，断贼归路。威海一口，关系海军甚重。在事将弁兵勇，傥能奋力保全，将登岸之贼迅速击退，朝廷破格酬功。即丁汝昌身婴重罪，亦可立予开释。着李鸿章剀切晓谕马格禄等，同心戮力，克建殊勋，实深殷盼。至东境驻军本少，威海待援尤急，所有昨准归该省调遣丁槐一军，及现已由徐州启程之陈凤楼五营，均着李秉衡查明行抵何处，迅即饬赴威海协同剿贼，不得稍涉延误。刘坤一所调江南各营内再有何军可以暂行留东助剿，着李秉衡与刘坤一电商办理。

电寄长顺等，依克唐阿电奏已悉。据称进攻海城，荣和裹创力战，毙贼甚多，尚属奋勇。现在贼众分股图犯营口，海城踞贼谅不甚多。长顺、依克唐阿两军，兵力尚不为少，务当联络布置，合力堵剿。如能规复海城，则辽阳之防，自可稳固。着该将军等激励将士，相机办理。大鸟已死，是否属实，并着探明电覆。寻奏，击毙倭酋系属三岛，并非大鸟。报闻。②

廿九日辛未(公元1895年1月24日)

电寄刘坤一，现在威海需兵甚亟。刘坤一所调江南马步诸军，着即分电饬知由山东境迅赴威海助剿，归李秉衡调遣。至海城踞贼，连日据长顺等电奏，接仗互有胜负，攻城未甚得手，宋庆电奏营口情形亦急。刘坤一此电所称海城已复，东路较松，倭尽锐赴山东，尚未尽合情势。吴大澂已定初二日出关，山海要防，不容一刻稍懈。刘坤一着即统率牛师韩、马心胜、宋朝儒、杨金龙各军，迅速赴关，不得在津逗遛，傥有贻误，定惟该大臣是问。贼之踞荣成，逼威海，其意似仍在占踞海口，窥伺近畿。程文炳、董福祥两军，未便轻议移动。该大臣请令前赴山东保护运道，尚非当务之急，着毋庸议。③

---

① 《清实录·德宗景皇帝实录》卷三五七。

② 《清实录·德宗景皇帝实录》卷三五七。

③ 《清实录·德宗景皇帝实录》卷三五七。

三十日壬申(公元 1895 年 1 月 25 日)

电寄李鸿章等，成山倭轮四十艘，已开赴东洋。其上岸之贼，逼近威海来势甚锐。威海南岸炮台，正当荣成来路，最为吃重。在防兵勇，必须齐心戮力，共效死守，不得稍涉疏虞。傥能坚守勿退，力却凶锋，朝廷破格酬庸，定加以不次之赏。如有临敌溃退者，即以军法从事。李鸿章、李秉衡当剀切晓谕全营将士俾共懔遵。①

是年

全国海关出口货值银一亿二千八百一十万四千五百二十二两，进口货值银一亿六千二百一十万二千九百一十一两，入超银三千三百九十九万八千三百八十九两。征收货税银(海关洋税)二千二百五十二万三千六百零五两。②

① 《清实录·德宗景皇帝实录》卷三五七。

② 刘锦藻：《清朝续文献通考·国用四》卷六六，商务印书馆 1934 年版，第 8225～8229 页。

主要参考书目

《清实录》，中华书局1985年影印本。

《清代起居注册(光绪朝)》，台湾联经出版事业公司1987年影印本。

《宣统帝起居注》，广西师范大学出版社2007年影印本。

《清史稿》，中华书局1977年点校本。

《中国地方志集成》，上海书店、巴蜀书社、凤凰出版社1991—2009年版。

《台湾文献汇刊》，九州出版社、厦门大学出版社2005年版。

《清代史料笔记丛刊》，中华书局1979—2013年版。

《中国边疆研究资料文库·海疆文献初编：沿海形势及海防》，知识产权出版社2011年版。

《中国海疆文献续编·海运交通》，线装书局2012年版。

《清代档案史料丛编》，中华书局1978—1990年版。

《清光绪朝中日交涉史料》，故宫博物院编，1932年版。

《清朝文献通考》，浙江古籍出版社2000年影印本。

《清朝续文献通考》，浙江古籍出版社2000年影印本。

《中外旧约章汇编》，生活·读书·新知三联书店1957年版。

《十九世纪美国侵华档案资料选编》，中华书局1959年版。

《华工出国档案史料汇编》，中华书局1985年版。

《清季外交史料》，书目文献出版社1987年版。

《中美关系史料》，台北"中央研究院"近代史研究所1968年版。

《中法战争》，新知识出版社1955年版。

《中日战争》第1册，中华书局1989年版。

《洋务运动》，上海人民出版社1961年版。

《中华帝国对外关系史》，三联书店1957年版。

《东印度公司对华贸易编年史》，中山大学出版社1991年版。

《近代中国租界史稿》，中国财政经济出版社1988年版。

《中国近代对外贸易史资料》第1册，中华书局1962年版。

《近代中国船政大事编年与资料选编》，九州出版社2011年版。

《中国近代报刊史》，山西人民出版社1981年版。

《郭嵩焘奏稿》，岳麓书社 1983 年版。
《曾纪泽遗集》，岳麓书社 1983 年版。
《张靖达公奏议》，台湾文海出版社影印。
《上海研究资料》，上海书店 1984 年版。
《申报》，上海书店 2008 年影印本。